KURT MEIER

Emile Durkheims Konzeption der Berufsgruppen

Soziologische Schriften

Band 49

Emile Durkheims Konzeption der Berufsgruppen

Eine Rekonstruktion und Diskussion ihrer Bedeutung
für die Neokorporatismus-Debatte

Von

Dr. Kurt Meier

Duncker & Humblot · Berlin

Als Habilitationsschrift auf Empfehlung der Fakultät für Sozialwissenschaften der Universität Mannheim gedruckt mit Unterstützung der Deutschen Forschungsgemeinschaft

CIP-Titelaufnahme der Deutschen Bibliothek

Meier, Kurt:
Emile Durkheims Konzeption der Berufsgruppen: e. Rekonstruktion u. Diskussion ihrer Bedeutung für d. Neokorporatismus-Debatte / von Kurt Meier. — Berlin: Duncker u. Humblot, 1987
  (Soziologische Schriften; Bd. 49)
  Zugl.: Mannheim, Univ., Habil.-Schr., 1984
  ISBN 3-428-06350-3
NE: GT

Alle Rechte vorbehalten
© 1987 Duncker & Humblot GmbH, Berlin 41
Satz: Werksatz Marschall, Berlin 45
Druck: Berliner Buchdruckerei Union GmbH, Berlin 61
Printed in Germany
ISBN 3-428-06350-3

Vorwort

In der vorliegenden Arbeit wird die Konzeption der Berufsgruppen des französischen Soziologen Emile Durkheim rekonstruiert und nach ihrem Nutzen für die soziologische Analyse gegenwärtiger sozialer Verhältnisse — speziell neokorporatistischer Phänomene — befragt. Dabei wird hier Nutzen verstanden als Möglichkeit, soziale Akteure als vor je spezifische Handlungs-*alternativen* gestellt zu sehen; die Entdeckung und Präzisierung derartiger Optionen eröffnet der Analyse die Frage nach den Bedingungen, von denen es abhängt, wie die Akteure auf derartige Alternativen reagieren. Dementsprechend breche ich meine Überlegungen immer dann ab, wenn es mir mit Hilfe von oder angeregt durch Ideen von Durkheim gelungen zu sein scheint, die Struktur der Optionen der Akteure herauszuarbeiten. Ich verstehe diese Arbeit daher als Versuch, zur Theoriebildung in der Soziologie auf dem Weg über die Präzisierung von Fragestellungen beizutragen, die an den Problemen, vor die soziale Akteure gestellt sind, ansetzen.

Diese Arbeit wurde 1984 als Habilitationsschrift an der Fakultät für Sozialwissenschaften an der Universität Mannheim eingereicht. Für ihre Entstehung waren einzelne Personen, Gruppen und Umstände vor allem dadurch wichtig, daß sie die Größe meines Handlungsspielraums und die Richtung meiner inhaltlichen Orientierung beeinflußt haben; sowohl Erweiterungen als auch Verengungen und sowohl Interesse und Ermutigungen als auch Skepsis habe ich erfahren. Aus vielfältigen Gründen möchte ich Frau Professor Dr. Birgitta Nedelmann danken. Entscheidend wichtig für diese Arbeit waren die aus einer eigentümlichen soziologischen Atmosphäre resultierenden substantiellen Impulse und die institutionellen Chancen, die mir Herr Professor Dr. M. Rainer Lepsius vermittelte. Die Bedeutung, die Herr Professor Dr. Peter Flora und Herr Professor Dr. Wolfgang Zapf für diese Arbeit gehabt haben, geht weit über die Funktion als Gutachter hinaus. Das intellektuelle und soziale Milieu der Fakultät für Sozialwissenschaften der Universität Mannheim war heterogen und offen genug, eine derartige Arbeit möglich werden zu lassen. Die Kollegen der Sektion Soziologische Theorien der Deutschen Gesellschaft für Soziologie und des Soziologischen Arbeitskreises Emile Durkheim (SAKED) dürften nicht wissen, welche ihrer Diskussionen für mich besonders anregend waren; gleichwohl habe ich Grund, mich bei ihnen zu bedanken.

Schließlich danke ich der Deutschen Forschungsgemeinschaft für die mir gewährte Druckbeihilfe.

Kurt Meier

Inhaltsverzeichnis

Einleitung 11

KAPITEL I

Die Debatte um den Neokorporatismus 15

1. *Problemstellung* 15
2. *Ein Überblick über die Korporatismus-Debatte* 16
3. *Drei substantielle Schwerpunkte in der Neokorporatismus-Diskussion* ... 23
   a) Strukturen von Interessenorganisationen: Das „Schmitter-Problem" .. 25
   b) Sozio-ökonomische Funktionen von Interessenorganisationen: Das „Winkler-Problem" 28
   c) Politische Funktionen von Interessenorganisationen: Das „Lehmbruch-Problem" 31

KAPITEL II

Funktionen und Strukturen von Berufsgruppen bei Durkheim: Ein Überblick 35

1. *Durkheims Konzept der Berufsgruppen* 35
2. *Durkheims politische Soziologie* 41
3. *Bezugspunkte zur Analyse von Berufsgruppen* 48

KAPITEL III

Struktur und Pathologien moderner Gesellschaften 51

1. *Durkheims Theorie der sozialen Struktur moderner Gesellschaften* 51
   a) Moderne Gesellschaften als ökonomische Gesellschaften 52

	b)		Durkheims Thema: Interaktionen in modernen Gesellschaften	56
	c)		Normale und pathologische Interaktionen	62
	d)		Durkheims Fragestellung	66
2.	*Durkheims Erklärungsansatz: Arten normativer Muster*			67
	a)		Anomie	71
		aa)	Das Anomie-Konzept der „Arbeitsteilung"	77
		bb)	Das Anomie-Konzept im „Selbstmord"	84
		cc)	Handlungs-Anomie und Bedürfnis-Anomie	88
	b)		Zwang	106
		aa)	Die erzwungene Arbeitsteilung	106
			α) Ziel-Zwang	110
			β) Zwangs-Passivität	112
			γ) Handlungs-Zwänge: Handlungs-Rigidisierung und institutionelle Diskriminierung	113
		bb)	Zwangskonstellationen im „Selbstmord"	116
			α) Fatalismus und Zwang	118
			β) Altruismus und Zwang	120
	c)		Fehlerhafte Arbeitsteilung	125
		aa)	Normierter Handlungs-Egoismus	126
		bb)	Normierter Ziel-Egoismus	128
		cc)	Handlungs-Altruismus	134
	d)		Normative Konstellationen und pathologische Effekte: Zusammenfassung	135

KAPITEL IV

Das Problem der Akzeptanz von Normen — 140

1.	*Strukturmerkmale von Berufsgruppen und die beiden Probleme der Akzeptanz und der Genese von Normen*	140
2.	*Das Vorwort zur 2. Auflage der „Arbeitsteilung"*	148
	a) Diagnose	148
	b) Ursachen der Pathologie	149
	c) Therapie	152
3.	*Strukturmerkmale von Berufsgruppen und die Akzeptanz von Normen*	154
	a) Interne Merkmale von Berufsgruppen und Akzeptanzeffekte	160
	b) Kontextverknüpfungen von Berufsgruppen und Akzeptanzeffekte	171
	c) Berufskategorie, Berufsorganisation und der Prozeß der Akzeptanzförderung	181

4. *Politische Aspekte der Akzeptanzförderung durch die Berufsgruppen* 191
   a) Die politische Entlastungsfunktion der Berufsgruppen 192
   b) Unterstützungsleistungen der Berufsgruppen für den Staat 195
   c) Staatsstruktur, Berufsgruppen und Akzeptanz 196
   d) Politische Parteien und Normakzeptanz 197

KAPITEL V

Das Problem der Genese von Normen — 200

1. *Vorbemerkungen* 200
   a) Das Problem der Normgenese 200
   b) Die Träger der Normgenese 202
   c) Der Prozeß der Normgenese 204

2. *Deskriptive soziologische Analyse des Normsetzungsverhaltens des Staates* 208
   a) Durkheims soziologische Staatsformenlehre 209
      aa) Die Staatsformen unter evolutionärer Perspektive 209
      bb) Die Staatsformen als gesamtgesellschaftliche deskriptive soziologische Modelle 211
   b) Arten von Entscheidungshandlungen des Staates 213
   c) Heuristische Folgerungen für die vergleichende soziologische Analyse von Staaten 218
      aa) Das Volumen der Entscheidungen 219
      bb) Die Ausgewogenheit (Gerechtigkeit, Balance) von Entscheidungen 219
      cc) Der Inhalt der Entscheidungen 221
      dd) Der Status der Akteure 224
      ee) Die Rezeptivität der Aktore 226

3. *Deskriptive soziologische Analyse des Normsetzungsverhaltens der Berufsgruppen* 227

4. *Ein Ansatz zur soziologischen Erklärung der Normsetzung durch den Staat und durch die Berufsgruppen* 235
   a) Determinanten des staatlichen Normsetzungsverhaltens 235
   b) Determinanten des Normsetzungsverhaltens der Berufsgruppen 238

5. *Die Selektion von Normen durch den Staat* 238
   a) Kontext, Macht, Kommunikation und relative Autonomie 239

b) Externe Determinanten staatlichen Normsetzungsverhaltens: Macht 242
     aa) Die Macht der sozialen Akteure 242
     bb) Die Macht der Berufsgruppen 245
     cc) Die Macht der Öffentlichkeit 246
  c) Externe Determinanten staatlichen Normsetzungsverhaltens: Kommunikation 246
  d) Interne Determinanten staatlichen Normsetzungsverhaltens: Die relative Autonomie des Staates 252
     aa) Der Begriff der relativen Autonomie 253
     bb) Das Problem der Erklärung der relativen Autonomie 261
     cc) Determinanten der relativen Autonomie: Ressourcen und Normen 270
     dd) Determinanten der relativen Autonomie: Die Bedingtheit der Autonomie 278
  e) Funktionen der Berufsgruppen für die gesellschaftliche Autonomie des Staates 281
  f) Die relative Autonomie des Staates gegenüber den Berufsgruppen ... 290

6. *Die Selektion von Normen durch die Berufsgruppen* 292
  a) Externe Determinanten: Macht 293
  b) Externe Determinanten: Kommunikation 301
  c) Interne Determinanten: Relative Autonomie 304
  d) Zusammenfassung 308

KAPITEL VI

Determinanten der Genese und Strukturformen von Berufsgruppen   310

1. *Durkheims Zeitdiagnose über das Fehlen starker Berufsgruppen* 313

2. *Das Problem der Organisierung von Berufsgruppen auf nationaler Ebene* 318

3. *Aufgaben einer Analyse von Strukturmerkmalen von Berufsgruppen* 326

Abschließende Bemerkungen   328

Literaturverzeichnis   332

Einleitung

In der vorliegenden Arbeit wird eine Darstellung und Interpretation von Emile Durkheims Vorstellungen über die Funktionen und Strukturen von Berufsgruppen entwickelt.

Eine systematische Rekonstruktion dieses Teils des Werkes des soziologischen Klassikers (1858-1917) liegt bisher nicht vor. Dazu dürfte u. a. der Charakter von Durkheims Äußerungen zu diesem Themenkomplex beigetragen haben. Durkheim hat seine Absicht, eine Abhandlung über das Berufsverbandswesen zu verfassen, nicht realisiert; seine Vorstellungen zu den Berufsgruppen sind vielmehr über verschiedene Teile seines Werkes verstreut. Es bedarf daher einiger Anstrengungen, sie systematisch herauszuarbeiten. Außerdem kommt Durkheim auf die Berufsgruppenproblematik in sehr unterschiedlichen thematischen Zusammenhängen zu sprechen; er erwähnt sie z. B. in Verbindung mit seiner Familiensoziologie, seiner politischen Soziologie, der Analyse von Pathologien wie Selbstmorden, der Frage der Wirtschaftsregulierung. Das erschwert den Umgang mit dieser Problematik. Schließlich ist Durkheims Behandlung der Berufsgruppen eng mit seinen sozialreformerischen und politisch-ideologischen Vorstellungen verknüpft; ihre „wissenschaftliche" Relevanz ist somit nicht offenbar, sondern muß vielmehr eigens erst ermittelt werden.

Angesichts dieser Ausgangssituation bedarf eine Rekonstruktion der leitenden Gesichtspunkte. Ich werde zwei Aspekte verwenden:

1. Inhaltlich-thematisch gehe ich von der seit einigen Jahren in den Sozialwissenschaften intensiv geführten Diskussion über den Neokorporatismus aus. Im Zentrum dieser Debatte steht die Frage der Interessenvermittlung durch Interessenorganisationen in modernen Gesellschaften. Diese Debatte ist zwar in sich heterogen; es können aber drei zentrale Problemschwerpunkte herausgearbeitet werden, die sich dann als thematische Bezugspunkte für die Rekonstruktion von Durkheims Vorstellungen über die Berufsgruppen verwenden lassen. Diese Problemschwerpunkte beziehen sich auf die ökonomischen Funktionen, die politischen Funktionen und die Strukturen von Interessenorganisationen.

2. Der zweite Gesichtspunkt, unter dem die Rekonstruktion von Durkheims Vorstellungen über die Berufsgruppen erfolgt, betrifft eine bestimmte soziologische Analyseperspektive. Ich glaube, daß auch Emile Durkheim, wie andere Klassiker der Soziologie, etwa Karl Marx, Max Weber oder Georg

Simmel, ein antireifikatorisches theoretisches soziologisches Programm verfolgt. Der Kern dieses Programms besteht in der Aufforderung an den analysierenden Soziologen, gesellschaftliche Phänomene stets auf die Handlungen anzugebender Akteure zurückzuführen. Deskriptiv sind gesellschaftliche Phänomene also als Handlungen von Akteuren zu konzeptualisieren; sie erscheinen als von „Machern" „Gemachtes"; und zu erklären sind gesellschaftliche Phänomene dadurch, daß man die Handlungen der Akteure erklärt. Ich bezeichne diese Sichtweise als „aktorzentrierte Perspektive".

In Durkheims Behandlung der Berufsgruppen wird diese Perspektive der Analyse benutzt. Aber ihre Wahrnehmbarkeit wird nicht nur schon dadurch erschwert, daß Durkheims Behandlung der Berufsgruppen so fragmentarisch blieb; sie wird auch durch gewisse mißverständliche Formulierungen Durkheims behindert, die sich auf den Charakter der Soziologie als Wissenschaft und auf ihren Gegenstand, die Gesellschaft, die ein Objekt „sui generis" sei, das strikt von individuellen Akteuren unterschieden werden müsse, beziehen. Durkheims Forschungspraxis sieht anders aus. Ich werde daher versuchen, die Konsequenzen der bei Durkheim selbst angelegten aktorzentrierten Sicht für die Art, in der Berufsgruppen und ihre gesellschaftliche Bedeutung zu analysieren wären, explizit herauszuarbeiten. Immer wenn von der „Struktur" von Berufsgruppen die Rede ist, stellt es sich als Aufgabe, die Träger der Handlungen zu ermitteln, aus denen sich das „Struktur" genannte Phänomen ergibt; zur Erklärung der Struktur sind dann die Handlungen der entsprechenden Akteure zu erklären. Immer wenn von der „Funktion" (oder der „Bedeutung") von Berufsgruppen die Rede ist, stellt es sich als Aufgabe, diejenigen Akteure zu ermitteln, für die die Berufsgruppen Bedeutung oder Funktionen, d. h. Effekte haben. Demgemäß hat eine soziologische Erklärung der Funktionen von Berufsgruppen zu zeigen, daß sich die Berufsgruppen als Determinanten der Verhaltensweisen dieser Akteure betrachten lassen.

Von der Rekonstruktion von Durkheims Vorstellungen über die Berufsgruppen unter den genannten beiden Aspekten erhoffe ich mir sowohl einen Beitrag für die Durkheimforschung als auch für die Diskussion um den Neokorporatismus. Für die Durkheimforschung, die bisher Durkheims Äußerungen zu den Berufsgruppen unter systematischen Gesichtspunkten noch nicht aufgearbeitet und ausgewertet hat, könnte der Versuch des Nachweises interessant sein, daß sich Durkheims verstreute und in ihrem Charakter schillernde Beobachtungen zu den Berufsgruppen unter einer begrenzten Anzahl inhaltlicher Bezüge — die zudem noch den Reiz haben, aus einer aktuellen Debatte gewonnen zu sein — systematisch darstellen lassen. Für die Debatte um den Neokorporatismus verspreche ich mir Anregungen, die auf zwei Ebenen liegen. Zunächst könnte für sie ein Autor sichtbar werden und Interesse gewinnen, dessen Analysen der Berufsgruppen sie bisher kaum wahrgenommen und mit denen sie sich jedenfalls noch nicht auseinandergesetzt hat. Darüber hinaus könnte die bei Durkheim angelegte und in der vorliegenden Arbeit explizit herausgearbeitete aktorzentrierte Art soziologischer Analyse einen Beitrag zur Präzisierung auch der Forschungsprobleme leisten, um deren Lösung sich die Neokorporatisten bemühen.

Die beschriebenen Ziele bestimmen den Aufbau der vorliegenden Arbeit. In Kapitel I werde ich einen Überblick über die aktuelle Korporatismusdiskussion geben und dann als drei Schwerpunkte der Debatte die Fragen nach den ökonomischen Funktionen, den politischen Funktionen und den Strukturen von Interessenorganisationen herausarbeiten. Es folgt ein erster Überblick über Durkheims Konzept der Berufsgruppen und seine in engem Zusammenhang damit stehende politische Soziologie (Kapitel II). Die systematische Darstellung und Interpretation von Durkheims Auffassungen über die Berufsgruppen ist Gegenstand der Kapitel III bis VI. Dabei wird stets ein doppeltes Ziel verfolgt. Zum einen wird eine Rekonstruktion von Durkheims Vorstellungen entwickelt. Diese werden dann jedoch nicht als irgendwie abschließende Antworten behandelt; vielmehr schließt sich an sie der Versuch an, sie als Anstöße und Ausgangspunkte aufzufassen für die Formulierung weiterführender Fragestellungen zur Analyse von Berufsgruppen bzw. Interessenorganisationen aus aktorzentrierter Perspektive.

In dieser Arbeit können viele Themen, die im Hinblick auf Durkheims Vorstellungen über die Berufsgruppen, die Diskussion des Neokorporatismus und die Beziehungen zwischen diesen beiden Ideenkomplexen Interesse verdienen, nicht behandelt werden. Einige dieser Themen seien genannt. Was die Interpretation von Durkheims Schriften angeht, so sind zwei Einschränkungen besonders hervorzuheben. Erstens: Zugunsten der Konzentration auf systematische und heuristische Aspekte verzichte ich auf die Behandlung der geistesgeschichtlichen Frage der Herkunft von Durkheims Vorstellungen über die Berufsgruppen. Zweitens: Da mir primär daran gelegen ist, über eine Diskussion von Durkheims Auffassungen über die Berufsgruppen Anregungen zur Erschließung und Strukturierung von Forschungsgebieten zu gewinnen, werde ich auf die Diskussion zahlreicher historischer, konzeptueller und theoretischer Einzelfragen verzichten. Etwa kann ich auf Durkheims Ansichten über die mittelalterlichen Zünfte und die Gründe ihres Untergangs ebensowenig eingehen wie auf seine Interpretationen von Autoren wie Kant, Hegel, Spencer, Montesquieu, Rousseau oder Saint-Simon. Auch eine —sehr wohl mögliche und nützliche — detaillierte Auseinandersetzung mit für Durkheim zentralen Kategorien wie „Arbeitsteilung", „Pathologien", „Normen" kann im Rahmen dieser Arbeit nicht erfolgen; vielmehr wird hier stets versucht, den Sinn nachzuvollziehen, den Durkheim mit diesen Konzepten verbunden haben dürfte. Im Hinblick auf den Korporatismus ist vor allem zu beachten, daß ich von einer Gesamtdarstellung und Würdigung dieser Debatte absehen muß. Angesichts ihres Umfangs und ihrer Vielschichtigkeit wäre dies ein eigenes Unternehmen. Für eine solche Auseinandersetzung wäre es aber sicher nützlich, über eine Reihe von expliziten Fragestellungen und Beurteilungskriterien zu verfügen. Einige Anregungen dafür könnten sich aus den Vorstellungen ergeben, die der soziologische Klassiker Emile Durkheim über die Berufsgruppen entwickelt hat.

KAPITEL I

Die Debatte um den Neokorporatismus

1. Problemstellung

Die intensiv geführte Debatte um den Neokorporatismus hat inzwischen eine über zehnjährige Geschichte, denn sie begann mit Beiträgen, die 1974 erschienen. Ich nehme dieses Datum zum Anlaß für ein Resümee. Dabei werde ich selektiv vorgehen und theorie- und forschungsstrategische Überlegungen in den Vordergrund stellen. Das ist ein etwas „trockenes" Vorhaben, da keine Daten und Forschungsergebnisse darüber präsentiert oder diskutiert werden, ob und gegebenenfalls welche „neuen und neuesten gesellschaftlichen Entwicklungen und Tendenzen" sich im Bereich der Beziehungen zwischen Interessenorganisationen, Staatsapparat und ökonomischen Akteuren schon abspielen oder abzeichnen. Vielmehr geht es mir um die Frage, wie man sich sozialwissenschaftlich auf derartige Phänomene einlassen kann (und vielleicht einlassen sollte).

In der Neokorporatismusdebatte wird versucht, zu „neuen" Aussagen über die Interessenorganisationen und deren gesellschaftliche Bedeutung zu kommen. Nun können solche „neuen" Aussagen ja entweder einen Wechsel des Gegenstandes reflektieren, der von den beobachtenden Sozialwissenschaftlern nicht „verpaßt", sondern bemerkt und formuliert wurde — „Interessenorganisationen verhalten sich 1984 anders als 1954" —; neue Aussagen können aber auch aus einer neuen Art der Betrachtung folgen. In der Korporatismusdebatte spielt, leider in oft schwer unterscheidbarer Mischung, beides eine Rolle. Als „neue Theorie" über die Interessenorganisationen wird dann etwa die — an sich ja schlicht deskriptive (wenn auch forschungspraktisch womöglich außerordentlich schwierig überprüfbare) —Vermutung verstanden, daß Interessenorganisationen heutzutage Funktionen erfüllen, die früher von politischen Parteien monopolisiert wurden; während früher (angeblich) eine Art Arbeitsteilung zwischen Interessenorganisationen und Parteien herrschte, wobei die Interessenorganisationen sich auf die Funktion der „Artikulation von Interessen", die Parteien dagegen sich auf die Funktion der „Aggregation von Interessen" spezialisierten, seien die Interessenorganisationen inzwischen in entscheidender Weise auch an der Aggregation beteiligt (Lehmbruch 1983: 3). Eine tatsächliche „theoretische Innovation" jedoch ist es, wenn Interessenorganisationen, deren Betrachtung sich früher auf Fragen ihrer Binnenstruktur und ihrer lobbyistischen Effizienz beschränkte, nun auch vergleichend im Hinblick auf Parteien analysiert werden. Mir geht es nur um solche letzteren Aspekte; die Frage lautet also, ob sich in der Korporatismus-Diskussion neue sozialwissenschaftliche Ansätze für den Umgang mit dem Problem der Interessenorganisation abzeichnen.

Theoretische Ansätze sind nun u. a. dadurch charakterisierbar, zu welchen Arten von Fragestellungen sie veranlassen. Deshalb wird zunächst versucht, die Problemschwerpunkte zu ermitteln, die der Debatte zugrunde liegen. Dies erweist sich als recht schwieriges Unternehmen. Allerdings wird diese Schwierigkeit nur denjenigen erstaunen, dem die wichtige, aber nicht leicht vermittelbare Einsicht fremd ist, daß die Formulierung präziser Fragestellungen oft nicht am Anfang der wissenschaftlichen Erkenntnis steht, sondern ihr Ergebnis ist. Die ermittelten Fragestellungen dienen dann als Gesichtspunkte, unter denen im Hauptteil dieser Arbeit Durkheims Auffassungen über Struktur und Funktionen von Berufsgruppen dargestellt werden.

2. Ein Überblick über die Korporatismus-Debatte

Man kann den Eindruck einer gewissen Exotik, den die Debatte um den Neokorporatismus für Außenstehende haben mag, zunächst dadurch etwas relativieren, daß man sie als einen Teil der Verbändeforschung begreift. Die sozialwissenschaftliche Erforschung von Verbänden ist unter verschiedenen und sich verändernden Bezeichnungen und Schlagworten erfolgt; sie hat eine umfangreiche Literatur hervorgebracht. An Überblicken über diese Diskussion in Form von zusammenfassenden Darstellungen und Lesebüchern besteht kein Mangel (z. B. Alemann und Heinze 1979a, Beyme 1980, Dettling 1976, Ehrmann 1958, Ehrmann 1968, Garson 1978, Heinze 1981, Hennis 1961, Hirsch-Weber 1955, 1969, Köser 1973, Kremendahl 1977, Massing 1969, Naschold 1971, Nuscheler und Steffani 1972, Raschke 1978, Salisbury 1975, Steffani 1980, Varain 1973, Weber 1977, Zeuner 1976). Dieser Umstand erlaubt es, hier auf eine generelle Darstellung dieses Forschungsgebiets zu verzichten und sich unmittelbar der Debatte des neuen Seitentriebes der Verbändeforschung zuzuwenden, die unter dem Stichwort „Neokorporatismus" geführt wird.

Diese Debatte hat sich in einer rasch angeschwollenen Literatur niedergeschlagen. Der Zugang dazu ist nicht immer ganz einfach, da sie vielfach noch als „graue Literatur" von Arbeitspapieren zirkuliert oder über unterschiedliche sozialwissenschaftliche Zeitschriften verstreut ist. Neuerdings sind jedoch zu diesem Thema bereits eine Reihe von leichter zugänglichen Mono-

2. Ein Überblick über die Korporatismus-Debatte

graphien erschienen (Crouch 1977, Harrison 1980, Heinze 1981, Hofrichter 1982, Panitch 1976) sowie Sammelbände vorgelegt worden (Alemann 1981, Alemann und Heinze 1979, 2. Aufl. 1981, Berger 1981, Buksti und Eliassen 1979, Crouch und Pizzorno 1978, Lehmbruch und Schmitter 1982, Schmitter und Lehmbruch 1979). Auch eine vorläufige (allerdings ziemlich lückenhafte) Bibliographie existiert bereits (Cawson 1983).

Die Rede vom „Korporatismus" erhielt — nach einigen frühen Formulierungen bei Autoren wie Gunnar Heckscher (1958), Samuel Beer (1969), Stein Rokkan (1966, 1970), Nils Elvander (1966), Andrew Shonfield (1965) den eigentlichen Anstoß 1974 durch die offenbar unabhängig voneinander entstandenen Arbeiten von Gerhard Lehmbruch (1974), Olof Ruin (1974), Philippe C. Schmitter (1974) und Robert E. Pahl und Jack T. Winkler (1974). Inzwischen beteiligten sich an dieser Debatte Ökonomen, Soziologen, Politologen, Historiker und Juristen. Darüber hinaus lassen Veröffentlichungen in den Massenmedien (Alemann 1980, Hofmann 1980, Piel 1979) es möglich erscheinen, daß der Neokorporatismus ein Element der Selbstdeutung der politischen Elite werden könnte.

Eine Erklärung dieser offenbaren Attraktivität des Begriffs Neokorporatismus muß vermutlich mehrere Umstände — und dabei in unterschiedlicher Weise für unterschiedliche Autoren — beachten. In zahlreichen Beiträgen wird Skepsis und Kritik gegenüber dem Pluralismus als theoretisches Modell und gesellschaftliche Praxis geäußert und von daher die Suche nach alternativen Konzeptionen begründet (z. B. bei Alemann 1981a, Alemann und Heinze 1979c: 42, Heinze 1981, Lehmbruch 1979b, Schmitter 1974). Manchmal reflektiert die Rede vom Neokorporatismus Zweifel an der Zulänglichkeit marxistisch inspirierter Staats-, Kapitalismus- und Klassenanalysen (Jessop 1979, Kastendiek 1981, Panitch 1979, Winkler 1976, 1977). In einen sehr generellen Problemzusammenhang wird der Korporatismus auch in systemtheoretisch inspirierten und an Integrationsproblemen orientierten Analysen gestellt (Willke 1979). Unüberhörbar sind auch normative Konnotationen — pejorativer oder provokativer Art —, die aus den historischen Bedeutungsassoziationen des Begriffs des Korporatismus resultieren. Zum Teil münden solche normativen Diskussionen dann in ordnungspolitische Überlegungen (z. B. bei Anderson 1977, Böckenförde 1976 — der zwar nicht das Wort Korporatismus verwendet, aber die Sache diskutiert —, Dettling und Groser 1979, Offe 1979).

In der Diskussion des Korporatismus variieren aber nicht nur die Anlässe und Anstöße zur Behandlung des Themas; auch die Art der theoretischen und methodischen Ansätze zu dieser Problematik weist unterschiedliche Versionen auf. Manche Autoren verwenden bekannte theoretische Ausgangspunkte wie die soziologische Organisationstheorie (Olsen 1981) oder die neue politische Ökonomie (Groser 1981, Lehner 1979); andere Autoren gehen von empirisch beschriebenen Sachverhalten aus wie dem System der staatlichen Beratungsgremien und Expertenkommissionen (z. B. Johansen und Kristensen 1982; Süllow 1981; 1982a, Wassenberg und Kooiman 1980). Schließlich ist substantiell eine zunehmende Ausweitung des Bezugs festzustellen. War zunächst eine gewisse Konzentration auf ökonomische oder ökonomienahe Fragen wie Einkommenspolitik (Armingeon 1983a, 1983b; Lehmbruch 1977a, 1978a), industrielle Beziehungen (Streeck 1981, 1982), industrielle Reorganisation (z. B. Narr und Offe 1976, Wassenberg 1982, Esser 1982, Esser und Fach 1981) festzustellen, so zeichnet sich in letzter Zeit eine Verwendung des Konzeptes auch in Bereichen wie der Sozialpolitik (Heinze 1981a, Dahme und Hegner 1982) und der Gesundheitspolitik (Wiesenthal 1981) ab. Auch dem wissenschaftslogischen Status nach ist diese Literatur heterogen; sie enthält allgemeine theoretische und begriffliche Analysen, normative Reflexionen, quantitative und qualitative Fallstudien über einzelne Länder, qualitative und quantitative komparative Analysen, historische Untersuchungen.

Insgesamt ergibt sich damit der Eindruck, daß diese Debatte unter den etwas variierenden und noch nicht konsolidierten Bezeichnungen wie „Neokorporatismus", „liberaler Korporatismus", „korporativer Pluralismus" ein Sammelbecken darstellt für eine Vielzahl unterschiedlicher ideologischer, theoretischer, substantieller und methodischer Interessen. (Außerdem dürften auch Strömungen wissenschaftlicher Moden und des Zeitgeistes mit für die Hochkonjunktur des Begriffs verantwortlich sein (vgl. Panitch 1980)). Umso wichtiger erscheint es dann, zu versuchen, den kognitiven Gehalt der Diskussion freizulegen, um zu verhindern, daß als Folge eines „Konjunkturabschwungs" nicht auch potentiell wichtige Fragestellungen verschüttet werden.

Die schnell angeschwollene Literatur hat bereits eine Reihe von Versuchen der Selbstreflexion veranlaßt. Dabei zeigt sich ein interessantes Phänomen. Obwohl nämlich diese Systematisierungsversuche mit z. T. recht unterschiedlichen Perspektiven arbeiten, stellt sich doch in zweifacher Hinsicht eine Konzentration der Schwerpunkte der Diskussion heraus, nämlich sachlich und paradigmatisch. Sachlich erfolgt eine Konzentrierung der Debatte insofern, als sich das Interesse schwergewichtig auf Probleme der Organisierung, Definition, Artikulation, Entscheidung, Implementierung und Legitimierung von Interessen in industriell hochentwickelten kapitalistischen Ländern zuspitzt. Diese Verengung auf den „Neo"-Korporatismus oder „liberalen" Korporatismus bedeutet zugleich eine zunehmende Ablösung von anderen Forschungsgebieten, die ebenfalls unter dem Stichwort des Korporatismus bearbeitet werden. Zu denken ist dabei vor allem an die Diskussion über den Korporatismus in Lateinamerika (z. B. Malloy 1977, Newton 1970, Purcell 1981, Pike und Stritch 1974), an Korporatismus als

2. Ein Überblick über die Korporatismus-Debatte

faschistische Projekte und Praxis (Mayer-Tasch 1971) und an Korporatismus im Sinne historischer ständestaatlicher Strukturen (Black 1984, Gerhard 1980, Gilb 1981, Lousse 1980, Nocken 1981, Winkler 1972). — Ich selbst schließe mich hier dieser Begrenzung des Problembereichs an, und behandle also Korporatismus einzig im Hinblick auf wirtschaftlich hochentwickelte und politisch liberal verfaßte Gesellschaften.

Was den paradigmatischen Aspekt betrifft, so wird eine Konzentrierung auf eine begrenzte Anzahl von „Ansätzen" oder „Perspektiven" der Analyse des Neokorporatismus festgestellt. Dies spiegelt sich in der Bedeutung, die bestimmten Autoren zugeschrieben wird: Die Beiträge einer relativ kleinen Gruppe von Autoren gelten als irgendwie typisch oder paradigmatisch. Diese Einschätzung ergibt sich, obwohl die Gesichtspunkte, die bei dieser Beurteilung des Standes der Diskussion verwendet werden, recht heterogen sind; sie haben teils wissenschaftshistorischen und -kulturellen (Lehmbuch 1979c), methodologischen (Heisler 1979) und ideologischen (Kastendiek 1979a) Charakter, teils greifen sie Selbstetikettierungen der Autoren (Kastendiek 1981) auf, teils beziehen sie sich auf die Art der schwerpunktmäßig thematisierten Phänomene (Alemann und Heinze 1979b; 1981b).

Einige dieser Darstellungen seien kurz vorgeführt, da sie die Heterogenität der Diskussion beleuchten. Hans Kastendiek (1979a, 1979b, 1981) beispielsweise knüpft bei seiner zusammenfassenden Darstellung an der Selbstcharakterisierung der Autoren an und kommt darüber zur Unterscheidung von Ansätzen nach ihrem dominanten Sachbezug. Dieser Bezug des Korporatismus-Konzeptes könne das „ökonomische System" sein (bei Jack T. Winkler), das „System der Interessenvermittlung" (bei Philippe C. Schmitter) oder das „politische System" (bei Gerhard Lehmbruch sowie Leo Panitch und Bob Jessop). Ähnlich argumentieren auch Leo Panitch (1980) sowie Ulrich von Alemann und Rolf G. Heinze (1979b; 1981b). Nach der Darstellung dieser letzteren Autoren lassen sich die Beiträge zum Neokorporatismus erstens nach den primären gesellschaftlichen Bereichen unterscheiden, in denen die Determinanten — die unabhängigen Variablen — der Entwicklung korporatistischer Strukturen lokalisiert werden; der Nachdruck liege dabei entweder auf dem sozio-politischen oder dem sozio-ökonomischen Bereich. Zweitens könne man nach der Reichweite unterscheiden, die den korporatistischen Entwicklungen zugeschrieben werde; diese Zuschreibung könne sehr weit gehen und an ein „System" insgesamt erfolgen oder aber als eine „Variante" innerhalb eines gegebenen Systems dargestellt werden. Alemann und Heinze arbeiten also mit folgendem Schema (vgl. 1981b: 50):

		Gesellschaftliche Reichweite	
		Systemcharakter	Strukturvariante
Gesellschaftliche Determination	Sozio-politische Integration	(1) Vom Pluralismus zum Korporatismus	(2) Korporatismus als institutionalisierter Pluralismus
	Sozio-ökonomische Grundstruktur	(3) Vom Kapitalismus zum Korporatismus	(4) Korporatismus als kooperativer Kapitalismus

Als Vertreter entsprechender Korporatismus-Konzepte verweisen sie auf Schmitter (zu (1)); Lehmbruch und Ruin (zu (2)); Winkler (zu (3)) und Panitch und Jessop (zu (4)).

Einen anderen Systematisierungsvorschlag hat Gerhard Lehmbruch (1979c, 1982) gemacht. Lehmbruch geht von nationalen Wissenschaftstraditionen aus, in denen zunächst sehr unterschiedlich verstandene Korporatismus-Begriffe und darauf bezogene Forschungen dominierten, die dann aber einer gewissen Konvergenz des Verständnisses Platz machten. Wichtige neuere Ansätze, deren Komplementarität zu untersuchen sei, wurden danach von Vertretern der „skandinavischen Schule" (s. z. B. Buksti und Eliassen (H.) 1979), der „englischen Schule" (wie Crouch; Winkler) sowie von Schmitter, Lehmbruch selbst und Panitch geliefert.

In der kritisch-wertenden Darstellung von Martin Heisler (1979) schließlich wird die Literatur auch unter den Aspekten beschrieben, welchen wissenschaftstheoretischen Status die Beiträge besitzen (normativen Charakter; deskriptive oder explikative Relevanz) und welche theoretisch-analytischen Bezugsrahmen verwendet werden (marxistische, funktionalistische oder interaktionistische); auch hier erfolgt eine Auseinandersetzung u. a. mit Beiträgen von Schmitter, Lehmbruch und Panitch (die mit organisationstheoretischen und empiristischen Ansätzen konfrontiert werden).

Auch mir geht es in diesem Kapitel um die Herausarbeitung von Schwerpunkten der Debatte. Das für mich wichtige Kriterium dabei ist jedoch weder die terminologische Selbst- und Fremdetikettierung der Autoren, noch ihre Einbettung in wissenschaftliche Traditionen, noch der wissenschaftstheoretische Status ihrer Beiträge. Vielmehr interessiere ich mich für die simple — aber erstaunlich schwer beantwortbare — Frage, welches die Phänomene sind, die von den verschiedenen Autoren als beschreibenswerte und erklärungsbedürftige Sachverhalte ausgewählt werden.

2. Ein Überblick über die Korporatismus-Debatte

Die gewählte Perspektive läßt sich verdeutlichen, wenn man sie direkt mit den angedeuteten alternativen Betrachtungsweisen vergleicht. Erstens: Da mein Interesse an der Debatte über den Neokorporatismus auf Erklärungsprobleme bezogen ist, interessieren systematische Ansätze zur Behandlung der Fragen der Bedingungen und der Konsequenzen von unterschiedlichen Formen von Interessenorganisationen. Von daher tritt die — etwa wissenschaftssoziologisch gesehen interessante — Frage der zeitlichen und räumlichen Verteilung der Debatte über den Neokorporatismus in den Hintergrund.

Zweitens: Ein solches systematisches und substantielles Interesse legt auch einen bestimmten Umgang mit den Selbstcharakterisierungen der Autoren der relevanten Literatur nahe. Wie dargestellt ist die Debatte über den Neokorporatismus durch eine große Heterogenität gekennzeichnet. Z. T. beruht diese Heterogenität m. E. aber auf der von den verschiedenen Autoren betriebenen Pflege bestimmter terminologischer Traditionen, auf ihrer Identifizierung mit bestimmten sozialwissenschaftlichen Paradigmen (wie dem „Marxismus" oder dem „Strukturfunktionalismus"), auf der Verwendung bestimmter Etikette zur Bezeichnung der jeweiligen Erkenntnisinteressen. Solche metatheoretischen, begrifflichen und terminologischen Heterogenitäten sind jedoch für eine Kumulation des Wissens über das Problem der Interessenvermittlung außerordentlich hinderlich. Sie erschweren zugleich auch eine Identifizierung und präzise Konfrontierung tatsächlich alternativer Positionen. Für mich stellt sich deshalb die Aufgabe, solche metatheoretischen Identifizierungen und terminologischen Traditionen gleichsam zu unterlaufen. Dies kann man dadurch versuchen, daß man auf einer Ebene niedrigerer Abstraktion soziale Phänomene identifiziert und spezifiziert, die als Gegenstände der Beschreibung und Erklärung fungieren sollen; diese Objekte lassen sich dann als Bezugspunkte zur vergleichenden Lokalisierung und Bewertung der verschiedenen Beiträge verwenden. (Daß ein solches Vorgehen verschiedene Risiken enthält, ist offenkundig. Denn es macht die Ent-Etikettierung von „Ansätzen" zum Programm und berührt damit den sensiblen Bereich wissenschaftlicher und ideologischer Identität. Die m. E. vertretbare These beispielsweise, daß Emile Durkheims einschlägige Beiträge ihn als einen „Ökonomisten" ausweisen, und daß seine Problemformulierungen und seine Lösungsvorschläge vergleichbar sind mit manchen Beiträgen marxistisch orientierter Staatstheoretiker, könnte sowohl einigen Durkheimianern als auch einigen Marxisten unbehaglich sein.)

Drittens: Die Analyse und Bewertung der Literatur über den Neokorporatismus primär nach wissenschaftslogischen Normen darüber, was als „Theorie" gilt (wie bei Heisler 1979), ist zwar möglich, verfehlt jedoch die Problemlage und ist insofern wenig hilfreich. Denn diese Perspektive setzt eine Frage als beantwortet voraus, in deren Präzisierung ja gerade ein zentrales Problem besteht, nämlich die Frage nach dem oder den Phänomenen, die als beschreibenswert und erklärungsbedürftig anzusehen sind oder angesehen werden sollten. Da Theorien intellektuelle Instrumente zur Lösung intellektueller Probleme sind, muß intensive Arbeit auf die Formulierung eben dieser Fragestellungen verwendet werden. Heislers eigene Beiträge zu diesem Aspekt bleiben eher dürftig; sie erschöpfen sich im wesentlichen in dem Appell, „politische" Phänomene zum Inhalt der Theorie zu machen und „a composite picture of a corporate pluralist regime in operation" (1979: 290) zu entwickeln, wobei die Orientierung an einer weitgefaßten Vorstellung von Koordinierung (1979: 293) nützlich sei; schließlich (1979: 294) aber landet auch Heisler selbst bei Arten von Aussagen, wie sie in der Debatte auch sonst gemacht werden — wie beispielsweise über die Notwendigkeit (?), der sich Regierungen ausgesetzt sähen, Verantwortlichkeiten auf Interessenorganisationen abzuwälzen. Damit ergibt sich: Dem Ruf nach einer Erhöhung des theoretischen Gehaltes der Diskussion ist voll beizustimmen; der Weg dazu wird jedoch eine theoretisch orientierte Präzisierung erklärungsbedürftiger Phänomene sein müssen.

Zusammenfassend kann man dreierlei festhalten: Erstens: Die skizzierten Berichte geben einen Eindruck von der großen Mannigfaltigkeit in der Debatte über den Korporatismus. Zweitens: Dieser „Reichtum" der Diskussion ergibt sich dabei primär nach Kriterien, die dem Binnensystem der Wissenschaftlergemeinde zugehören und wissenschaftliche Traditionen, Schulen, Sprachsysteme, Identitäten, Normen betreffen. Drittens: Von *dieser* Art der Heterogenität ist eine andere Form von Vielfalt zu trennen, die nicht auf die Wissenschaftler, sondern auf den Objektbereich gerichtet ist. Hier geht es um die Frage, ob und welche Mehrzahl von Perspektiven entwickelt wurde, unter denen Interessenorganisationen sich betrachten lassen. Vielleicht kann man argumentieren, daß „idealerweise" wissenschaftliche Gruppierungen gerade dadurch konstituiert werden, *daß* sie über *bestimmte* Perspektiven des Umgangs mit den interessierenden Sachverhalten verfügen. Aber dieses Ideal wird oft nicht erreicht. Das zeigt sich z. B. darin, daß, sieht man genauer hin, von Vertretern unterschiedlicher wissenschaftlicher „Lager" oft die gleichen Fragen und Aussagen über die Interessenorganisationen formuliert werden, oder darin, daß die Aussagen über die Interessenorganisationen eher deskriptiver Natur sind und mehr als Materialien zur Illustration von „Positionen" verwendet werden als daß in nachvollziehbarer Weise aus unterschiedlichen Positionen entsprechend unterschiedliche Konsequenzen für die Betrachtung der empirischen Sachverhalte gezogen würden.

Vor diesem Hintergrund erscheint es mir gerechtfertigt, einmal eine Betrachtung der Diskussion zu versuchen, die sich auf substantiell unterschiedliche Aussagen über die Interessenorganisationen konzentriert. Dabei kommt es mir jedoch nicht auf die Ermittlung von widersprüchlichen Ergebnissen (etwa im Sinne einer „Prüfung" alternativer deskriptiver oder kausaler Hypothesen) an, sondern auf das Herausarbeiten von unterschiedlichen Zugängen zum Objektbereich der Interessenorganisationen.

Als Ausgangspunkt dazu läßt sich folgende Charakterisierung der Problemlage verwenden. Im Mittelpunkt der meisten Beiträge steht die Frage nach Funktionen und Strukturen von Interessenorganisationen. Eine theoretisch angeleitete, durch systematische Untersuchungen empirisch gestützte Antwort auf diese Frage steht aus. Vielmehr hat der Neokorporatismus den Charakter einer globalen empirischen Vermutung (welche oft genug als „Trend" bezeichnet und damit bereits wieder etwas eingeschränkt wird). Strukturell lautet diese Vermutung, daß der Komplex der Interessenorganisationen zunehmend „kompakter" und verfestigter wird. Funktional wird vermutet, daß ein Zuwachs der Bedeutung der Interessengruppen stattgefunden hat. Diese Mutmaßungen stellen den Kern und gemeinsamen Nenner der Neokorporatismusdebatte dar. Die einzelnen Beiträge zur Debatte unterscheiden sich darin, wie sie dieses gemeinsame Thema variieren — mit Hilfe welcher Terminologien, welcher theoretischen Traditionen, welcher empirischen Materialien und welcher Erklärungsskizzen.

Mich interessiert nun an diesen Variationen ein besonderer Aspekt, nämlich das Problem des Analyseobjektes. Zwei Fragen lassen sich hier stellen. Erstens: Ist es der Diskussion bereits gelungen, eine genauere Vorstellung ihres Problembereichs zu erarbeiten (in bezug auf den man die Fülle der Ansätze als konkurrierende Lösungsversuche betrachten kann), oder ist der Objektbereich noch nicht präzise angehbar (so daß die Vielfalt der Ansätze eine Unsicherheit über die Problemstellung anzeigt)? Zweitens: Bezieht sich die Debatte denn überhaupt auf einen einzigen gemeinsamen Problemkomplex, oder werden nicht vielmehr eine Mehrzahl von Sachverhalten diskutiert? Was die erste Frage angeht, so konnte m. E. noch keine sehr große Präzisierung des Erkenntnisobjektes erreicht werden. Das macht nun natürlich auch eine sichere Beurteilung der zweiten Frage unmöglich. M. E. aber gibt es einige Anzeichen dafür, daß die Heterogenität der Diskussion auch auf einer (jedoch mehr oder weniger undeutlich bleibenden) Orientierung an unterschiedlichen Sachverhalten, die als beschreibungswürdig und erklärungsbedürftig gelten, beruht.

3. Drei substantielle Schwerpunkte in der Neokorporatismus-Diskussion

Das folgende Schema versucht, die latenten Unterschiede zu benennen und damit zugleich einen Beitrag dafür zu leisten, daß die weitere Diskussion expliziter als bisher geführt werden kann. Es ist also sowohl als Hilfe zur

Interpretation der Literatur als auch zur Stimulierung der Debatte gedacht. Das Schema greift die verbreitete Intention der Neokorporatisten auf, das Phänomen der Interessenorganisationen im weiteren Kontext des gesamtgesellschaftlichen Systems zu analysieren. Unter dem Gesichtspunkt der Spezifikation von Forschungsgebieten stellt sich dann vor allem die Frage: Wie läßt sich der gesellschaftliche Kontext näher kennzeichnen, in den die Interessenorganisationen gestellt werden sollen? In diesem Zusammenhang kann man, zugegeben sehr grob, aber für eine erste Orientierung vielleicht ausreichend, zwei Aspekte der sozialen Differenzierung komplexer Gesellschaften beachten und folgende gesellschaftlichen Bereiche unterscheiden: a) Dem Aspekt der horizontalen Differenzierung gemäß läßt sich inhaltlich der Bereich der „Politik" von dem der „Gesellschaft" (inklusive der Ökonomie) unterscheiden. b) Dem Aspekt der vertikalen Differenzierung gemäß lassen sich organisierte Ebenen von Handlungen variierenden Aggregationsniveaus unterscheiden. Der Einfachheit halber dichotomisiere ich diese Dimension; es ließen sich aber etwa auch drei Aggregationsniveaus unterscheiden. Aufeinander bezogen ergeben sich damit die folgenden gesellschaftlichen Sektoren, denen sich jeweils Handlungseinheiten zuordnen lassen:

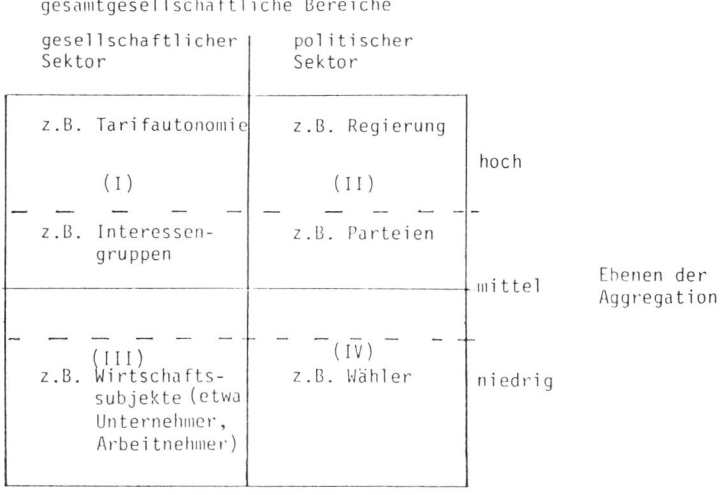

Orientiert an diesem Schema lassen sich sowohl die Unterschiede und Ähnlichkeiten in den Beiträgen verschiedener Autoren lokalisieren als auch die Schwankungen innerhalb einzelner Analysen erfassen. Unter dem Gesichtspunkt der hier dominant verfolgten Frage nach der Spezifikation von

Forschungsprogrammen in der Korporatismusdebatte regt dieses Schema zur Unterscheidung vor allem folgender Problemstellungen an. 1) Auf Zelle (I) bezogen stellt sich der Analyse zunächst die konzeptuelle und deskriptive Aufgabe, Arten von Ausprägungen von Interessenorganisationen zu erfassen; solche unterschiedlichen Ausprägungen wären dann als zu erklärende Sachverhalte zu behandeln. Dabei legt das Schema die Beachtung von vier Klassen möglicher Determinanten nahe; neben Umständen im System der Interessenorganisationen selbst wird man an den gesamtgesellschaftlichen Kontext der Interessenorganisationen denken — und das heißt jetzt: an den gesellschaftlich-wirtschaftlichen Sektor (III), an den hochaggregierten politischen Sektor (II) und an den niedrig aggregierten politischen Sektor (IV). Theoretisch gesehen ist hier eine Organisationssoziologie zu entwickeln, die gesamtgesellschaftliche Determinanten betont. 2) Die Perspektive läßt sich auch umkehren; man fragt dann danach, welche „Funktionen" Arten von Interessenorganisationen für den Kontext haben, in dem sie sich befinden. In dieser Weise läßt sich Feld (I) mit Feld (III) verknüpfen und also fragen, welche Bedeutung die Interessenorganisationen für das gesellschaftlich-ökonomische System besitzen. Begrifflich zu konstruieren und deskriptiv zu erfassen sind hier also Variationen der Bedeutung von Interessenorganisationen für das gesellschaftlich-ökonomische System, und theoretisch sind die Mechanismen zu ermitteln, über die Interessenorganisationen solche Bedeutungen gewinnen. 3) In entsprechender Weise läßt sich Zelle (I) und Zelle (II) verknüpfen, d. h. die Frage stellen, welche „Funktionen" die Interessenorganisationen für das organisierte politische System — etwa die Regierung — haben. Auch hier käme es zunächst darauf an, Varianzen der Bedeutung von Interessenorganisationen für das politische System zu spezifizieren und dann die Mechanismen zu ermitteln, die für solche Varianzen wichtig sind[1].

Diese Fragerichtungen sollen nun etwas näher erläutert und zur kontrastierenden Charakterisierung einiger mit Autorennamen verbundener Ansätze verwendet werden, die prägend für die Korporatismusforschung sind.

a) Strukturen von Interessenorganisationen: Das „Schmitter-Problem"

Ein mögliches Erkenntnisinteresse der Korporatismus-Forschung kann sich auf Strukturmerkmale der Interessenorganisationen — sowohl einzelner als auch des Komplexes der Interessenorganisationen insgesamt — richten. Dann lautet die Frage, ob es spezifische Änderungen der Struktur der

---

[1] Im Prinzip ließe sich auch nach den Funktionen von Interessenorganisationen für niedrig aggregierte politische Akteure — also etwa Wähler — fragen; diese Frage ist jedoch m. W. in der Korporatismusliteratur bisher nicht direkt thematisiert worden; auch ich werde darauf nicht weiter eingehen.

Interessenorganisationen gibt, die es nützlich erscheinen lassen, von „korporatistischen" Tendenzen zu sprechen. Diese Frage hat terminologische, konzeptuelle, deskriptive und explikative Aspekte und ist sichtlich sehr global. Einige Aufgaben, die sich in diesem Zusammenhang stellen, seien genannt. Die Ausarbeitung dieser Problematik hat sich zunächst darauf zu richten, Dimensionen auszuwählen und zu spezifizieren, im Hinblick auf die solche Veränderungen zu erfassen wären (z. B. Zahl von Interessenorganisationen, dominanter Organisationstyp, Art der vertretenen Interessen, Ausmaß und Art — z. B. Konfliktivität — der Interaktionen der Interessenverbände). Dann kann und sollte man — zunächst ganz pauschal formuliert — danach fragen, ob der Kontext, innerhalb dessen sich die Interessenorganisationen befinden, Konsequenzen für die Merkmale hat, die die Interessenorganisationen aufweisen. Im Rahmen des vorgeschlagenen Schemas (vgl. zum folgenden stets die Tabelle auf S. 24) liegt es z. B. nahe, nach Erklärungen für die Art der Ausprägung der Interessenverbände bei (III) der Art des sozio-ökonomischen Systems — etwa seinem Konzentrationsgrad —, bei (II) der Art des hoch-aggregierten politischen Systems — etwa der föderalen oder zentralen Staatsverfassung —, und bei (IV) den niedrig-aggregierten politischen Akteuren — etwa dem Ausmaß der Wählerfluktuation — zu suchen. Dabei wären die Mechanismen zu ermitteln, die bewirken, daß die Art des Kontextes Konsequenzen für die Art der Interessenorganisationen hat.

Im Lichte dieser Programmatik lassen sich einige Beiträge zur Korporatismus-Debatte sehen, speziell solche von Philippe C. Schmitter[2]. Natürlich wird dabei nicht unterstellt, dieser Autor hätte sich *nur* zu dem Problem der Bildung von Arten von Interessenorganisationen und Konstellationen von Interessenorganisationen geäußert. Wohl aber scheint mir bei ihm hier ein Schwerpunkt zu liegen, und es lohnt sich auf jeden Fall, sich wenigstens knapp vor Augen zu führen, was seine Beiträge zur genannten Problematik sind. In äußerster Komprimierung kann Schmitters Argumentation in folgenden Punkten zusammengefaßt werden. (1) Schmitters Ausgangspunkt ist nicht ein als problematisch thematisierter Komplex von sozialen Phänomenen, sondern die Feststellung einer ungleichgewichtigen Entwicklung innerhalb der politologisch-soziologischen Theorie zur Frage der Interessenvermittlung. Danach gibt es einerseits ein relativ differenziertes Kategorien- und Hypothesengerüst über Strukturen und Funktionen von Parteiensystemen (Zelle II), nicht jedoch entsprechende Ausarbeitungen im Hinblick auf Interessenorganisationen (Zelle I). Schmitter macht diese ungleiche Entwicklung zu seinem Problem und unternimmt den Versuch, sie zu vermindern.

---

[2] Vgl. Schmitter 1974; 1977; 1979; 1981b. Ausführlichere Auseinandersetzungen mit diesem Ansatz finden sich u. a. bei Alemann und Heinze 1979b; 1981b; Beyme 1981; Bregnsbo 1978; Heinze 1981: 82-93; Heisler 1979; Hofrichter 1982; Jessop 1979; Kastendiek 1978; 1979a; 1979b; 1981; Lehmbruch 1978b; 1979c; 1979d; 1981; Nedelmann und Meier 1979; Panitch 1979; 1980.

3. Drei substantielle Schwerpunkte in der Neokorporatismus-Diskussion 27

(2) Als Mittel dazu dient ihm zunächst einmal die Entwicklung eines differenzierten Vokabulars zur Beschreibung unterschiedlicher struktureller Formen der Organisierung von Interessen. Denn die übliche Rede einzig vom „Pluralismus" der Interessenorganisationen, die sich schlicht auf die Tatsache stützt, daß eine „Mehrzahl" von Interessenorganisationen existiert, ist geeignet, gerade das zu erschweren, worauf eine systematische Analyse zu zielen hätte: nämlich auf die Entdeckung von „Varianzen", also von *verschieden*artigen Systemen der Interessenvermittlung. In Orientierung an und durch Abgrenzung von einem eng gefaßten Konzept „pluralistischer" Systeme der Interessenvermittlung entwickelt Schmitter die Begriffe „korporatistische", „syndikalistische" und „monistische" Interessenvermittlung. Beispielhaft seien seine Definitionen von Pluralismus und Korporatismus zitiert. Zum Begriff des Pluralismus heißt es (zit. nach Pike und Stritch 1974: 96):

„Pluralism can be defined as a system of interest representation in which the constituent units are organized into an unspecified number of multiple, voluntary, competitive, nonhierarchically ordered and self-determined (as to type or scope of interest) categories which are not specially licensed, recognized, subsidized, created or otherwise controlled in leadership selection or interest articulation by the state and which do not exercise a monopoly of representational activity within their respective categories."

Demgegenüber sagt Schmitter zum Korporatismus (Pike und Stritch 1974: 93 f.):

„Corporatism can be defined as a system of interest representation in which the constituent units are organized into a limited number of singular, compulsory, noncompetitive, hierarchically ordered and functionally differentiated categories, recognized or licensed (if not created) by the state and granted a deliberate representational monopoly within their respective categories in exchange for observing certain controls on their selection of leaders and articulation of demands and supports."

In bezug auf diese pluralistischen und korporatistischen Konzeptionen (sowie auch in bezug auf Syndikalismus und Monismus) unterscheidet Schmitter schließlich noch je zwei Ausprägungen, nämlich „staatliche" und „gesellschaftliche" Versionen, die danach unterschieden werden, ob die für die Genese und das Funktionieren dieser Systeme wichtigsten Impulse und Determinanten bei den Interessenorganisationen selbst oder beim Staat liegen. Insgesamt ergeben sich so 8 Arten von durch Interessenorganisationen getragenen Formen der Interessenvermittlung.

(3) Schließlich entwickelt Schmitter einige Thesen zur Erklärung der Entstehung solcher unterschiedlichen Systeme. Er konzentriert sich dabei auf gesellschaftlichen Pluralismus und gesellschaftlichen Korporatismus (Zelle I) und setzt sie in Beziehung zu Formen der sozio-ökonomischen

Struktur (Zelle III), nämlich zu struktureller Differenzierung einerseits und Klassenbildung andererseits (Schmitter 1977). Danach führen Prozesse struktureller Differenzierung auf der ökonomischen Ebene zur Ausbildung pluralistischer Strukturen der Interessenvermittlung, während die Formierung von Klassenstrukturen zur Ausbildung korporatistischer Formen der Interessenvermittlung Anlaß gibt. Außerdem schreibt er politischen Faktoren — insbesondere Staatshandlungen — große Bedeutung für die Ausprägung der Interessenvermittlung zu (Schmitter 1981b).

Es ist hier nicht der Ort, diese Konzeption ausführlicher zu kritisieren oder Modifikationen vorzuschlagen[3], da es im Augenblick ja nur darauf ankommt, unterschiedliche Arten der Fragestellung in der Korporatismusforschung hervorzuheben. Unter diesem begrenzten Gesichtspunkt gesehen hat sich gezeigt, daß das Problem der begrifflichen Unterscheidung von Arten von Interessenorganisationen und Konstellationen von Interessenorganisationen und das Problem der Erklärung solcher Variationen eines der Themen ist, mit denen sich die Debatte um den Neokorporatismus beschäftigt. Ich werde im folgenden diese Thematik als „Schmitter-Problem" bezeichnen.

Das Schmitter-Problem wird unten als Bezugspunkt dienen, um nach dafür relevanten Vorstellungen bei Emile Durkheim zu fragen und so die Äußerungen dieses soziologischen Klassikers in eine aktuelle Diskussion einzubringen.

b) Sozio-ökonomische Funktionen von Interessenorganisationen: Das „Winkler-Problem"

Fragen ganz anderen Charakters beziehen sich auf Feld (III) der Tabelle auf S. 24. Global gesprochen geht es hier um die Funktionen, die Interessenorganisationen für niedriger aggregierte gesellschaftliche Akteure erfüllen; auch in dieser Hinsicht mag es Veränderungen geben, die die Verwendung des Wortes Neokorporatismus nahelegen und nützlich erscheinen lassen. Als einen ebenfalls schon „klassischen" Beitrag zu dieser Problematik kann man die Arbeiten von Jack T. Winkler sehen (Winkler 1975; 1976; 1977; 1977a; 1979; Pahl und Winkler 1974; weiterführend: Poole 1982). Knapp zusammengefaßt läßt sich dieser Ansatz wie folgt darstellen. (1) Winklers Interesse gilt dem ökonomischen System hochindustrialisierter Gesellschaften. Er versteht darunter die institutionellen Muster der Entscheidung über Produktion, Austausch und Verteilung.

---

[3] Diese hätten sich vor allem a) auf Sinn und Zweckmäßigkeit einer derart vieldimensionalen, „idealtypisch" verstandenen Begriffsbildung zu beziehen, sowie b) auf die Mechanismen, durch die sich Kontextvariationen in variierende Formen und Handlungen von Interessenorganisationen umsetzen.

3. Drei substantielle Schwerpunkte in der Neokorporatismus-Diskussion 29

(2) Seine Frage bezieht sich — in dieser Hinsicht ähnlich wie bei Schmitter — zunächst nicht auf die Erklärung empirischer Phänomene, sondern sie ist konzeptueller Natur; er fragt, ob die herkömmlichen Begrifflichkeiten ausreichen, um die Realität dieser institutionellen Struktur und ihre Veränderungen begrifflich überhaupt zu erfassen. Seiner Auffassung nach arbeitet diese herkömmliche Begrifflichkeit mit der Dichotomie Kapitalismus/Sozialismus. „Kapitalistische Systeme" sind solche, in denen „private" Akteure aufgrund von privatem Besitz über die Produktionsmittel entscheiden; in „sozialistischen Systemen" dagegen entscheiden „öffentliche" Akteure aufgrund von öffentlichem Besitz der Produktionsmittel. Winkler hält diese Konzeption für zu undifferenziert. Er schlägt statt dessen vor, die Aspekte „Kontrolle" und „Eigentum" analytisch zu trennen. Man kommt auf diese Weise zu vier — statt zu zwei — ökonomischen Systemen, von denen eines als „Korporatismus" bezeichnet wird:

		Eigentum	
		öffentlich	privat
Kontrolle	öffentlich	"Sozialismus"	"Korporatismus"
	privat	"Syndikalismus"	"Kapitalismus"

(3) Schließlich führt Winkler eine Reihe von Indikatoren und Mechanismen an, die für eine Transformation kapitalistischer Wirtschaftssysteme in korporatistische sprechen sollen, d. h. also für eine Verlagerung von faktischer Kontrolle weg von Privaten und hin zum Staat bei unveränderten privaten Besitzverhältnissen. Als zentrale Determinanten sieht er dabei einerseits technische und organisatorische Veränderungen der Produktion, die über eine Vergrößerung der Produktionseinheiten den Marktmechanismus zerstören, und andererseits zunehmende Verschärfungen des internationalen ökonomischen Wettbewerbs[4].

Es ist offenkundig, daß die sowohl bei Winkler als auch bei Schmitter auftauchenden Bezeichnungen „Kapitalismus", „Korporatismus" und „Syndikalismus" je einen anderen Sinn besitzen. Das eröffnet große Möglichkeiten zu terminologischen Verwirrungen und zu Kämpfen um die Legitimität von Namen. Ein Teil der „Korporatisten" hat sich insbesondere über Winklers Vorstellung eines Verschwindens des Kapitalismus empört und diesen Ansatz durch Ignorierung zu bestrafen versucht. Da mich selbst im Augenblick weniger terminologische Fragen als sachliche Probleme interessieren, sehe ich hier von derartigen Behandlungen dieses Ansatzes ab und frage

---
[4] Zur Kritik an Winkler vgl. z. B. Cox 1981, Nuscheler 1979, Panitch 1980, Westergaard 1977.

wieder nur: Wie ist diese Konzeption vor dem oben entwickelten Schema von Fragestellungen zu beurteilen? Dabei konzentriere ich mich auf die auf „westliche" Industriegesellschaften beziehbaren Typen Kapitalismus und Korporatismus.

Winklers Hauptinteresse bezieht sich auf die Frage der Art der Kontrolle ökonomischer Handlungen und Prozesse; deshalb unterscheidet er diese Typen danach, wie die Kontrolle erfolgt — durch die Privaten oder durch den Staat. In meinen Augen hat Winkler mit der Frage der Kontrolle ein theoretisch und praktisch wichtiges Problem aufgeworfen. Ich werde es im folgenden als „Winkler-Problem" bezeichnen. Es ließ sich mit Hilfe meines Schemas gesellschaftlicher Bereiche (vgl. die Tabelle auf S. 24) — das so seinen Wert zur Hervorhebung von sachlichen Schwerpunkten der Diskussion erwies — relativ eindeutig fixieren. Tatsächlich jedoch ist dieses Schema darüber hinaus von konstruktiv-kritischer Bedeutung. Das wird klar, wenn man Winklers Versuch zur Lösung seines Problems betrachtet. M. E. enthält er Schwächen, so daß Anlaß für eine Suche nach ergänzenden oder alternativen Formulierungen besteht.

Typologisch spricht Winkler im Fall des „Korporatismus" von „öffentlicher" Kontrolle. Tatsächlich jedoch untersucht er mit größerem Nachdruck die Frage, weshalb ökonomische Phänomene „öffentliche Bedeutung" erlangen, als das Problem, *wie* öffentliche Kontrolle *ausgeübt* wird. Dadurch aber entsteht der (soziologisch ganz unbefriedigende) Eindruck, als geschähe öffentliche Kontrolle durch einen im Prinzip omnipotenten Staat, für den sich bei seinen Manipulationen lediglich Probleme der Taktik und Zweckmäßigkeit stellten. Will man einen solchen, m. E. wichtige Fragestellungen verschüttenden Eindruck vermeiden, dann muß die Analyse auf die Ermittlung der Umstände zielen, unter denen welche Kontrollinstrumente vorhanden sind, verwendet werden und Wirkung entfalten. Winkler berührt diese Fragen, aber er begnügt sich hier mit ad hoc-Hinweisen (besonders auf veränderte rechtliche Praktiken (Winkler 1975; 1979a)). Offenbar sieht er nicht, daß gerade *diese* Fragen es sind, denen — greift man *sein* Problem auf — die nachdrücklichste theoretische und empirische Bearbeitung zukommen müßte. Hier rächt sich, daß Winkler zwar zwischen „privat" und „öffentlich" unterscheidet (worin man eine Entsprechung zu meiner Trennung von „(Wirtschafts)Gesellschaft" und „Politik" sehen kann), daß er aber für die von mir vorgeschlagene weitere und begrifflich unabhängige Dimension der Aggregierung keine Entsprechung hat. Denn diese Dimension veranlaßt dazu, auch die besondere Frage danach aufzuwerfen, welche Bedeutung *Verbänden* zukommt. Verbände geraten hier dann also unter dem Aspekt in den Blick, mögliche Mittel der Kontrolle zu sein. In dieser Hinsicht kann die Bedeutung von Verbänden variieren. Im Kontext eines kapitalistischen Systems können sie Instrumente von Privaten sein, also Formen kapitalistischer Selbstkontrolle darstellen. Kapitalistische Systeme lassen sich dann durch den Grad kennzeichnen, in dem sie es zu einer solchen hochaggregierten Selbstregulierung gebracht haben (z. B. in Form der Tarifautonomie oder des Einlagensicherungsfonds der Banken (vgl. Ronge 1977a; 1980)). Im Kontext korporatistischer Systeme (in Winklers Sinn) können Verbände Instrumente des Staates sein; Arten korporatistischer Systeme ließen dann durch das Ausmaß kennzeichnen, in dem Regierungen sich nicht auf staatliche Bürokratien, sondern auf Verbände bei der Kontrolle ökonomischer Akteure und Handlungen stützen.

Auf Details dieser Problematik der Kontrolle wird unten einzugehen sein. Hier ist zunächst festzustellen, daß im Rahmen der Korporatismusdebatte die Frage der Kontrolle ökonomischer Akteure und Prozesse aufgeworfen wurde, das „Winkler-Problem".

Auch diese Problematik läßt sich als Bezug zur Darstellung und Interpretation der Rolle, die Berufsgruppen bei Durkheim spielen, verwenden; damit ist eine zweite Möglichkeit spezifiziert, von der aus es sich für die Teilnehmer an der Debatte um den Neokorporatismus lohnen könnte, sich mit dem soziologischen Klassiker Emile Durkheim zu befassen.

c) Politische Funktionen von Interessenorganisationen: Das „Lehmbruch-Problem"

Schwerpunkt der Analyse der Interessenorganisationen können schließlich auch die Funktionen sein, die die Verbände für das politische Subsystem der hochaggregierten politischen Akteure — z. B. nationale Regierungen — haben. Auch in dieser Hinsicht mag es Entwicklungen geben, die die Rede vom Neokorporatismus rechtfertigen. Davon geht z. B. Gerhard Lehmbruch aus. Auch sein Ansatz sei, als ein häufig zitierter Beitrag zur Debatte um den Korporatismus, kurz skizziert (vgl. Lehmbruch 1974; 1977a; 1977b; 1978a; 1979a; 1979b; 1982; 1983; 1983a; Czada und Lehmbruch 1981). (1) Lehmbruchs Ausgangspunkt sind weder die niedrig aggregierten gesellschaftlichen Akteure (wie bei Winkler) noch das System der Interessenorganisationen (wie bei Schmitter); vielmehr geht er von einem der hochaggregierten politischen Akteure (Zelle II) aus, nämlich Regierungen in liberalen Demokratien. Dabei thematisiert er speziell die Frage, wie Regierungen mit dem großen Erwartungsdruck umgehen, den sie auf sich gerichtet sehen. Inhaltlich beziehen sich diese Erwartungen auf politische Garantien stabiler ökonomischer Verhältnisse.

(2) Lehmbruchs These lautet, daß eine typische Art der Reaktion von Regierungen auf solchen Druck in dem Versuch besteht, die großen Interessengruppen von Kapital und Arbeit zu „instrumentalisieren", d. h. sie in die

Politik der Regierung einzubeziehen und auf die Politik der Regierung zu verpflichten. Die Handlungskonstellationen, die sich aus solchen Versuchen ergeben können — etwa in Form von „konzertierten Aktionen" (Lehmbruch und Lang 1977) —, werden von Lehmbruch als „liberaler Korporatismus" bezeichnet. „Liberaler Korporatismus" ist ein andauerndes, gemeinsames, aufeinander abgestimmtes Handeln von Regierungen und großen Wirtschaftsverbänden (speziell Gewerkschaften und Unternehmerverbänden), dessen Kern einkommenspolitische Entscheidungen sind. Nicht konstitutiv für den Begriff des Neokorporatismus im Lehmbruchschen Sinne ist dagegen die institutionelle Form, insbesondere der Grad der Formalisierung, dieses Handelns. Von derartigen neokorporatistischen Handlungssystemen lassen sich etwa klientelistische Systeme — wie zwischen Bauernverbänden und Teilen der Staatsadministration — unterscheiden (weil sie thematisch begrenzter sind); auch Kontaktstrukturen zwischen staatlicher Administration und Interessengruppen auf der Ebene spezialisierter Beratungsgremien stellen (weil sie ebenfalls thematisch begrenzter sind und weil sie eher der Entscheidungsvorbereitung — der Information, der Beratung und dem Einfluß — als der „Setzung" von Daten dienen), keinen „Korporatismus" dar.

(3) Das Auftreten eines solchen Handlungssystems ist von verschiedenen Bedingungen abhängig, die die empirische Korporatismusforschung sich aufzuhellen bemüht. Zu denken ist hier u. a. an a) bestimmte Strukturmerkmale der ökonomischen Interessenverbände, die deren Kooperationsfähigkeit bedingen, vor allem ihr Zentralisierungsgrad, b) Fähigkeiten der Regierung, die Interessengruppen für eventuelle kooperationsbedingte Opfer zu entschädigen, und c) die Neigung des Parteiensystems, der Regierung den für die Entfaltung der Beziehungen mit den Interessenverbänden nötigen Spielraum einzuräumen — etwa dadurch, daß die Parteien ihre Tätigkeiten auf die Behandlung ideologisch-dramatischer Fragen beschränken und also dem Subsystem von Regierung und Interessenverbänden die ökonomische Alltagspolitik überlassen.

Zusammengefaßt kann man also sagen, daß sich der Ansatz von Lehmbruch auf Probleme des politischen Subsystems — speziell von Regierungen — bezieht und nach der Bedeutung oder den Funktionen von Interessenorganisationen dafür fragt. Damit ist ein Problem — das „Lehmbruch-Problem" — formuliert, das einerseits eine in der derzeitigen Neokorporatismus-Diskussion aktuelle Fragestellung betrifft, und das es andererseits von Interesse erscheinen läßt, sich der Vorstellungen des soziologischen Klassikers Emile Durkheim über die politische Bedeutung von Interessengruppen zu vergewissern.

Die charakteristische Unterschiedlichkeit der herausgearbeiteten drei Problemstellungen, die als Bezugspunkte zur Analyse von Emile Durkheims Auffassungen über die Berufsgruppen dienen werden, läßt sich durch die folgende Abbildung hervorheben:

3. Drei substantielle Schwerpunkte in der Neokorporatismus-Diskussion

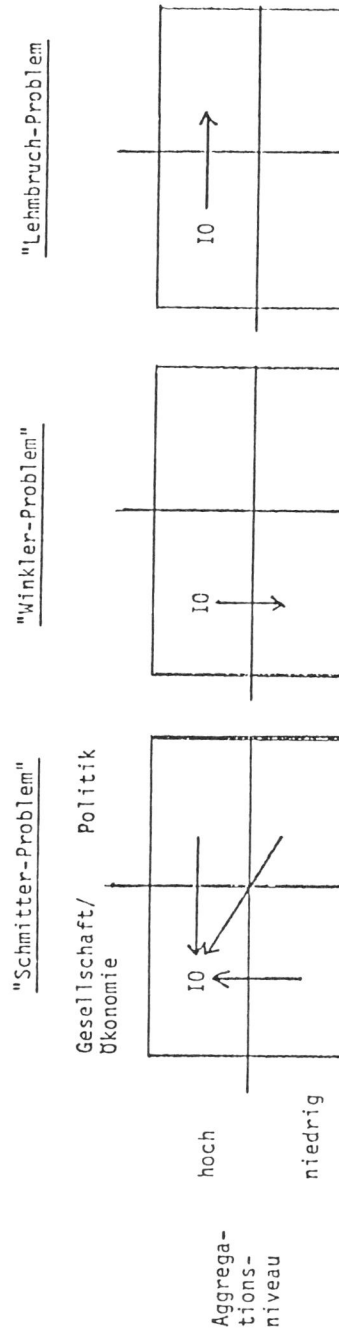

(IO = Interessenorganisationen)

Die Konstruktion einer einzigen Theorie über die Struktur und die Funktionen von Interessenorganisationen bzw. Berufsgruppen ist sicher ein attraktives Ziel; angesichts der dargestellten Unterschiedlichkeit der Fragestellungen erscheint es jedoch wenig wahrscheinlich, daß sich dieses Ziel direkt erreichen läßt, und eher ratsam, die einzelnen genannten Probleme Schritt für Schritt zu bearbeiten. Für diesen Versuch könnte eine Erinnerung an die Vorstellungen Durkheims über die Berufsgruppen nützlich sein. Über diese ist zunächst überblicksartig zu berichten.

KAPITEL II

Funktionen und Strukturen von Berufsgruppen bei Durkheim: Ein Überblick

1. Durkheims Konzept der Berufsgruppen

Durkheim hat den Berufsgruppen eine große Bedeutung zugeschrieben. Dies spiegelt sich u. a. darin, daß er beabsichtigte (A: 39), eine Monographie über diesen Gegenstand zu verfassen. Zwar hat er dieses Projekt nicht ausgeführt, aber er kommt auf dieses Problem in so unterschiedlichen Kontexten zu sprechen wie 1885 in seiner Besprechung von Albert Schäffles „Bau und Leben des sozialen Körpers" (1885a bzw. 1975a: 355-377), 1892 in seiner Soziologie der Familie (Durkheim 1921a bzw. 1975c: 35-49), dem Buch über die Arbeitsteilung von 1893 (Durkheim A), den Vorlesungen über den Sozialismus von 1895/96 (Durkheim So), seiner Monographie von 1897 über den Selbstmord (Durkheim S), seinen Vorlesungen von 1898/1900 zur Politischen und zur Rechtssoziologie (Durkheim L) und dem Vorwort zur zweiten Auflage der Arbeitsteilung von 1902 (Durkheim A).

Mit dem folgenden Überblick wird versucht, die Vielzahl der Bezüge anzudeuten, unter denen Durkheim auf Berufsgruppen zu sprechen kommt. Er orientiert sich an der Chronologie des Werkes.

In der Schäffle-Besprechung werden Berufsgruppen als „Körperschaften" gefaßt, deren Unterdrückung entweder zur egoistischen Ausbeutung der Schwachen durch die Starken oder zur despotischen Staatsintervention (bzw. zum Oszillieren zwischen diesen beiden Möglichkeiten) führe. Diesen Gefahren sei durch eine Restauration der Korporationen entgegenzutreten; dazu müsse deren Organisation aber natürlich den modernen Bedingungen des schnellen Wandels und extremer Arbeitsteiligkeit angepaßt sein (1975a: 370f.).

In der Schlußvorlesung über die Soziologie der Familie von 1892 (Durkheim 1975c: 35-49) betrachtet Durkheim die Berufsgruppen vor dem Hintergrund der Evolution der Familie. Er stellt zwei gegenläufige Trends fest; daran knüpft er jeweils Vermutungen über das Befinden der Individuen. Einerseits tritt eine Abnahme des Volumens und eine Reduzierung ökonomischer Funktionen der Familie ein. Durkheim vermutet, daß dies die Bedeutung der Familie als stabilem Orientierungs- und Motivationsbezug für die Individuen — insbesondere für ihre Arbeitsleistungen — vermindern wird. Ohne solche Bezüge jedoch gerate das Individuum in einen Zustand „moralischen Elends" (1975c: 45, üb. K. M). Andererseits sieht Durkheim eine zunehmende Konsolidierung der Ehe als Institution; diese erlangt einen öffentlichen Status und wird als Kollektiv eigentumsfähig. Ist nun diese neue Institution geeignet, als stabiler Orientierungs- und Motivierungsbezug für Arbeitsanstrengungen und Opferbereitschaften des Individuums zu dienen? Durkheim bezweifelt es. Er vermutet, daß ein Individuum zu Arbeitsanstrengungen und zum Verzicht auf momentane Genüsse umso mehr bereit ist, je stärker es an sozialen Einheiten und Zwecken orientiert ist, die über es hinausgehen und es überleben. Auch ihre Institutionalisierung kann jedoch die Kurzfristigkeit der Ehe nicht verhindern. „Nur eine einzige Gruppe ist erkennbar, die dem Individuum nahe genug ist, um ihm festen Halt zu geben; die dauerhaft genug ist, um seine Perspektive zu erweitern. Das ist die Berufsgruppe. Ich sehe nur sie als möglichen Nachfolger der Familie im Hinblick auf die ökonomischen und moralischen Funktionen, die die Familie selbst immer weniger zu erbringen vermag" (1975c: 47, üb. K. M.). Die Berufsgruppe erscheint hier also als geeigneter Kandidat, Funktionen der Motivierung zu Arbeitsleistungen zu übernehmen, die durch die veränderte Familie nicht mehr erbracht werden.

In der ersten Auflage der „Arbeitsteilung" von 1893 werden Berufsgruppen nur kurz als mögliche Basis des politischen Lebens (A: 231) sowie als Struktur zur Regelung des ökonomischen Sektors (A: 258; 412) erwähnt. Ausführlicher dagegen ist die Diskussion in den Vorlesungen über den Sozialismus von 1895/96 (So). Diese Vorlesungen sind Teil einer geplanten, aber nicht realisierten umfassenden Geschichte der sozialistischen Doktrinen. Durkheim behandelt dabei diese Doktrinen nicht als wissenschaftliche Theorien — etwa als „Miniatursoziologien" (So: 41) —, sondern aus soziologischer Sicht, nämlich als soziale Sachverhalte, also als „Objekte", die es — genau wie andere soziale Objekte (etwa Selbstmord, Familie, Kriminalität, Religion (So: 44)) — zu beschreiben und in ihrer Entstehung und Entwicklung zu erklären gilt (So: 42; 44). Durkheim verwendet die Arbeitshypothese, daß die sozialistischen Doktrinen als Reaktionen auf bestimmte soziale Wandlungen betrachtet werden können, in bezug auf die sie einen „kollektiven Schmerzensschrei" (So: 41; 42) darstellen. Sie enthalten Situationsdiagnosen und Reformvorstellungen. Die Identifikation des Kerns dieser Vorstellungskomplexe versucht Durkheim mittels der begrifflichen Trennung von „sozialen" Funktionen, d. h. Klassen von Verhalten, die sich auf eine soziale Einheit als Ganzes beziehen und normalerweise durch den Staat repräsentiert werden, und „individuellen" Funktionen, zu denen ökonomische Handlungen zu zählen sind, die keinen solchen kollektiven Bezug haben. Zwischen diesen beiden Typen von Funktionen können variierende Beziehungen bestehen oder herzustellen versucht werden; als „sozialistisches" Projekt (im Gegensatz zum Projekt der „individualistischen Ökonomen" (So: 52)) bezeichnet Durkheim die Forderung, eine intensive und regelmäßige Beziehung zwischen den ökonomischen Funktionen und dem dirigierenden und bewußten Zentrum der Gesellschaft — typischerweise dem Staat — zu schaffen. (Dabei variieren die einzelnen sozialistischen Doktrinen in ihren Auffassungen über die strukturelle Form der Vermittlung (z. B. durch Professionsgruppen und Korporationen (So: 54)) und das jeweilige Gewicht des Staates bzw. der ökonomischen Funktionen (So: 61f.).) Im Rahmen dieser Auffassung von Sozialismus unternimmt Durkheim u. a. eine ausführliche Analyse der Lehre von Henri de Saint-Simon. Durkheim stimmt Saint-Simons Gesellschaftsdiagnose zu (So: 244), lehnt aber dessen Therapie ab. Saint-Simon hatte hervorgehoben, daß in modernen Gesellschaften den ökonomischen Funktionen die entscheidende Bedeutung zufällt, während das Gewicht militärisch-politischer und religiöser Funktionen zurückgeht. Allerdings vollzieht sich dieser Strukturwandel weder ohne Friktionen noch ist er bereits abgeschlossen. Die Krise der Gegenwart beruhe genau darauf, daß die *volle* Entfaltung des ökonomischen Prinzips — die kollektive Organisierung der ökonomischen Handlungen; die Ersetzung der Herrschaft über Menschen durch die wissenschaftliche Kontrolle über Sachen; die Steigerung der Produktivität; die Entwicklung der internationalen Beziehungen zu friedlichen ökonomischen Austauschbeziehungen (So: 236 f.) — noch nicht realisiert sei. Daher käme es darauf an, diese Emanzipation der ökonomischen Funktionen aus ihren Bindungen zu vollenden. Hier setzt Durkheims Kritik ein, zunächst in Form eines hypothetischen Arguments: „Die Annahme, daß diejenige Art der Unterordnung, in der sich die Industrie früher befand, nicht mehr in Übereinstimmung ist mit den neuen Bedingungen des kollektiven Lebens, impliziert nicht, daß jede Form von Abhängigkeit unvernünftig wäre. Es kann gut sein, daß die jetzt nötige Transformation nicht in einer Unterdrückung jeglicher Unterordnung, sondern in einem Wandel ihrer Form besteht..." (So: 239, üb. K. M.; s. auch So: 243). Dieses Argument verschärft Durkheim zur These, daß tatsächlich ökonomische Funktionen nur dann harmonisch und gleichgewichtig kooperieren könnten, wenn sie durch einen Rahmen „moralischer Kräfte" reguliert und limitiert werden (So: 239). Denn nicht unbegrenzte, sondern nur begrenzte ökonomische Bedürfnisse könnten befriedigt werden und Zufriedenheit bewirken; und als Mechanismen der Begrenzung kämen beim Menschen kaum physiologische Umstände, sondern nur die Autorität moralischer Regeln in Betracht: „Wenn soziale Ordnung herrschen soll, dann muß die Masse der Menschen mit ihrem Los zufrieden sein. Aber um sie zufrieden zu machen ist es nicht nötig, daß sie mehr oder weniger haben, sondern entscheidend, daß sie davon überzeugt sind, kein Recht auf mehr zu haben. Und hierfür ist es absolut zentral, daß es eine Autorität gibt, deren Überlegenheit sie anerkennen und die ihnen sagt, was angemessen ist" (So: 242, üb. K. M.). Als mögliche

Kandidaten dieser Disziplinierung betrachtet Durkheim professionelle Gruppen oder Korporationen (So: 245). Als „ökonomische" Gruppen besitzen sie den nötigen Sachverstand, um nicht in sachfremder Weise zu regulieren, und als „Gruppen" von Individuen mit gleichen Interessen, Ideen und Gefühlen verfügen sie über die notwendige moralische Autorität über die einzelnen Mitglieder. Um dieses Potential voll zu nutzen, sollte man ihnen einen öffentlichen Status verleihen und Kompetenzen übertragen, zu deren Erfüllung der Staat immer weniger fähig sei — Kompetenzen administrativer Art, Kompetenzen der Konfliktregulierung, Kompetenzen der Gesetzesapplikation auf konkrete Umstände (So : 246).

Auch in seiner Analyse des Selbstmords von 1897 (S) kommt Durkheim auf Berufsgruppen zu sprechen. In dieser Arbeit, die u. a. als Demonstration der Möglichkeit von Soziologie als quantitativ-empirische Wissenschaft (S: 17 ff.) und substantiell als Beitrag zur Analyse der „kollektiven Krankheit" (S: 20) der europäischen Gesellschaften gedacht war, wird die Frage untersucht, von welchen sozialen Umständen Selbstmordverhalten abhängt. Durkheims Antwort beruht einerseits auf der Konstruktion von vier unterschiedlichen sozialen Konstellationen und andererseits auf der These, daß Individuen in solchen Konstellationen erhöhte Selbstmordneigungen besitzen. Interessanterweise zeigt sich dabei übrigens, daß die Konstruktion dieser Konstellationen an die bereits erwähnten begrifflichen Elemente anknüpft und diese systematisiert. Zum einen erinnert es an seine Familiensoziologie, daß Durkheim Individuen dadurch charakterisiert, in welchem Ausmaß sie an sozialen Gruppen als Ziel ihres Handelns orientiert sind; Individuen ohne eine solche Orientierung bezeichnet er als „egoistisch", Individuen mit einer sehr starken Gruppenorientierung „altruistisch". Zum anderen erinnert es an seine Vorstellungen im „Sozialismus", wenn Durkheim Individuen danach charakterisiert, in welchem Ausmaß ihre Ansprüche sozialen Regelungen unterworfen sind; Situationen schwacher Ausprägung solcher Regelungen werden als „anomisch", Situationen sehr starker Ausprägung als „fatalistisch" bezeichnet. Eine genauere Diskussion dieser Konstellationen wird unten vorgenommen; im Augenblick genügt es festzuhalten, daß Durkheim glaubt, daß in modernen Gesellschaften besonders leicht egoistische und anomische Verhältnisse auftreten (S: 429 f.), da diese als extreme Ausprägungen der in modernen Gesellschaften generell verbreiteten individualistischen und Fortschrittsorientierungen anzusehen seien, und daß sich daraus Arten und Raten des Selbstmordes erklären lassen.

Von dieser Konzeption ausgehend fragt Durkheim nach Möglichkeiten der Verminderung der Selbstmordraten. Dabei diskutiert er u. a. alternative Gruppierungen, über deren Stärkung man eine Reduktion des Egoismus und der Anomie versuchen könnte. Die Bekämpfung des Egoismus hat darin zu bestehen, daß den Individuen ein fester, über sie hinausweisender Sinnbezug für ihre Handlungen vermittelt wird (S: 442). Ein solcher Sinnbezug entsteht dort, wo Individuen fest in soziale Gruppen integriert sind. Die „politische Gesellschaft" schätzt er als für die meisten Individuen zu „fern" ein, als daß sie einen regelmäßigen und hinreichend starken Einfluß ausüben könnte (S: 443 f.). Religiöse Gruppen sind wegen des mit ihnen verbundenen Verzichtes auf intellektuelle Offenheit zunehmend unzeitgemäß (S: 444 ff.). Dagegen könnten Berufsgruppen wichtige Strukturen sein oder werden, die für die Akteure einen Verhaltenskontext darstellen, der ihnen einen dauerhaften und konkreten Sinnbezug vermittelt (S: 449 ff.).

U. a. hebt Durkheim dabei folgende Aspekte hervor: a) Die Gleichheit der Tätigkeiten und Interessen ist ein geeigneter Nährboden für die Entstehung „sozialer" Ideen und Gefühle (S: 449). b) In der Vergangenheit besaßen Korporationen neben externer Autonomie vor allem auch interne Autorität; es gibt keine Gründe, warum die sozialen, korporativen Interessen — im Gegensatz zu privaten Interessen — nicht wieder Respekt erlangen könnten (S: 449). c) Berufsgruppen haben einen umfassenden Einflußbereich: sie wirken ununterbrochen, sie wirken in alle Aspekte des beruflichen Lebens hinein; und (da der Beruf typischerweise die dominante Lebenstätigkeit ist) sie erfassen den größten Teil des Lebens insgesamt (S: 449 f.). d) Allerdings setzt dieser umfassende Einfluß eine Reorganisation der Berufsgruppen voraus; sie müssen ihren Status als juristisch bloß tolerierte und politisch ignorierte private Akteure aufgeben und zwar nicht notwendig zu einem obligatorischen, aber doch zu einem anerkannten Organ des öffentlichen Lebens werden (S: 450). e) Darüber hinaus müssen ihnen — damit sie nicht bloße Formalien bleiben — definitive Funktionen alloziert werden. Sie besitzen eine besondere Eignung zur Detailregulierung des beruflichen Lebens — von Fragen wie etwa Arbeitszeit; Gesundheit; Löhne; soziale Absicherung und Unterstützung; Pensionen; Konflikte zwischen Branchen (S: 451 f.). Da diese Gruppen berufsspezifisch organisiert sind und deshalb Kenntnisse der jeweiligen besonderen Umstände haben, können sie staatliche Rahmennormierungen ausfüllen. Auf diese Weise können sie ein Pendeln zwischen — einerseits — einer unflexiblen und sachlich unangemessenen Detailregulierung durch die schwerfällige Staatsmaschinerie und — andererseits —einem untragbaren Verzicht auf Regulierung überhaupt verhindern. f) Das Problem des „korporativen Egoismus" läßt sich lösen, indem andauernde Beziehungen der Korporationen zum dirigierenden Zentrum des öffentlichen Lebens — dem Staat — hergestellt werden, da solche Beziehungen die Bewußtheit der Solidarität der Korporationen untereinander bewirken (S: 453 f.).

Auch das Problem der Anomie kann mit Hilfe der Korporationen bekämpft werden (S: 454 ff.). Durkheim glaubt, die überzogenen Ansprüche resultierten daraus, daß isolierte Individuen Maßstäbe verlieren. Nur Gruppen besitzen die Autorität, ihren Mitgliedern Opfer und Konzessionen abzuverlangen und so die Überzeugung von Verteilungsgerechtigkeit entstehen zu lassen.

Schließlich deutet Durkheim an (S: 465), daß die in der beschriebenen Weise reorganisierten und vitalisierten Korporationen auch zur Basis des politischen Systems werden könnten.

Die ausführlichste Diskussion der Korporationen erfolgt in den Vorlesungen Leçons de sociologie. Physique des mœurs et du droit (L) und im Vorwort zur zweiten Auflage der Arbeitsteilung von 1902 (A). Die Leçons stellen Vorlesungen Durkheims in der Version von 1898 dar; sie sind der erhaltene Teil eines umfangreicheren Kurses über Ethik (Lukes 1975: Kap. 13). Die Berufsgruppen werden hier in bezug auf ökonomische und auf politische Funktionen diskutiert. Durkheim sieht zentrale ökonomische Beziehungen wie die zwischen Arbeitnehmern und Arbeitgebern, konkurrierenden Produzenten und Unternehmern und der Öffentlichkeit (L: 15) als normativ ungeregelt, d. h. anomisch an. Die Verfolgung normativ unmoderierter Interessen aber führt nicht zur Befriedigung von Wünschen, sondern zu einem chronischen Kriegszustand und zu dauernden Unzufriedenheiten (L: 22). Die Moderierung der Interessen von Individuen kann nur durch die moralische Autorität von Gruppen erfolgen. Gerade in den zentral wichtigen Bereichen von Industrie und Handel — im Gegensatz zu z. B. staatsnahen Berufen — aber fehlen solche Gruppen als organisierte Einheiten (L: 13 f.). Dabei zeige die geschichtliche Erfahrung (etwa das Alte Rom und das mittelalterliche Europa (L: 40-44)), daß Berufsgruppen zu solchen Regelungen fähig seien. Allerdings jedoch müssen diese Gruppen den jeweiligen ökonomischen Bedingungen angemessen sein; zum Beispiel habe mangelnde Anpassung an die großräumig operierende Industrie die lokal orientierten Zünfte unterminiert (L: 44-46). Durkheim folgerte daraus, daß die für die wünschenswerte Regulierung des ökonomischen Lebens unabdingbaren Korporationen national organisiert sein müßten (L: 46). Die verschiedenen Industriezweige würden einen aus Wahlen hervorgehenden administrativen Rat bilden, eine Art Miniaturparlament (L: 46 f.). Diesem wären im Rahmen staatlicher Rahmenregulierungen (L: 50) zunächst einmal legislative, exekutive und judikative Kompetenzen über Gegenstände wie Arbeitsbedingungen, Löhne, Beziehungen von Konkurrenten untereinander (L: 47), Pensionen, Gesundheitswesen (L: 50) einzuräumen. Organisationsstrukturell gesehen sollte die nationale Zentralisierung durch regionale Körper balanciert werden (L: 47 f.) und formale oder faktische Zwangsmitgliedschaft bestehen (L: 49); in der Spitze der Korporationen sollten Repräsentanten der Arbeitgeber und der Arbeitnehmer vertreten sein, die eventuell (L: 49 f.) oder ziemlich sicher (A: 64, Fußnote) von beiden Personenkategorien separat zu nominieren wären.

Durkheim sah in den genannten ökonomischen Funktionen nur einen Anfang; die Korporationen könnten ihre Tätigkeiten sowohl auf kulturelle und rekreative Bereiche ausweiten (A: 65 f.) als auch womöglich sogar die Familie als diejenige Struktur ablösen, in der das Vermögen der Individuen weitergegeben wird (L: 51; 255 f.).

Schließlich sieht Durkheim in den Korporationen auch eine geeignete und wahrscheinliche Basis für das politische System (L: 116 f.; 122; A: 66 ff.). Früher bestand eine Entsprechung zwischen der dominant territorialen Gliederung der Gesellschaft und der territorialen Organisation des politischen Systems. Durch das zunehmende Gewicht der Gliederung der Gesellschaft nach funktionalen Kriterien erlangte die anhaltend territoriale Organisation des politischen Systems einen artifiziellen Charakter und es entstand faktisch eine direkte, unvermittelte Konfrontation zwischen dem Staat und der Masse der Individuen[1]. Das Ergebnis dieser Konstellation sei nicht nur a) ein Mangel an der Vermittlung der gesellschaftlich relevantesten Probleme in das politische System (A: 67) sowie b) ein Mangel an inhaltlicher Kompetenz des Staatspersonals (L: 125); vielmehr sei c) auch ein Verlust der Autonomie des Staates und d) eine Tyrannis des Staates über die Individuen zu erwarten (L: 116; 118 f.). Durch die Bildung und Verwendung der Korporationen auch als Basis des politischen Systems ließen sich die Kluft zwischen Individuen und Staat vermitteln und die sich aus ihr ergebenden Folgeprobleme lösen.

Diese Position bedarf der Erläuterung. Das kann durch eine knappe Skizze der Grundzüge von Durkheims „politischer Soziologie" geschehen. Dabei wird deutlich, in welcher Art bei Durkheim der Zusammenhang zwischen Korporationen und politischem System hergestellt wird.

2. Durkheims politische Soziologie[2]

Auch bei der politischen Soziologie ist man jedoch — wie beim Thema der Berufsgruppen selbst — auf Rekonstruktionsversuche aus unterschiedlichen Quellen angewiesen, denn Durkheim hat keine einzelne, in sich abgeschlos-

---

[1] In der neueren politischen Soziologie findet sich diese Vorstellung vor allem als Theorie der „Massengesellschaft" formuliert (s. z. B. Kornhauser 1959; Shils 1975; Halebsky 1976).

[2] Da hier und in der vorliegenden Arbeit insgesamt die Frage der heuristischen Bedeutung von Durkheims Auffassungen über die Berufsgruppen und über politische Phänomene im Vordergrund steht, verzichte ich auf die Behandlung der theorie- und geistesgeschichtlichen Frage, ob und wie Durkheim hier auf ältere Vorstellungen in der Literatur — so etwa von Tocqueville — zurückgegriffen hat. (Zu diesen Fragen s. z. B. Barnes 1920, bes. 250-54, Gouldner 1958; Hayward 1960; Nisbet 1970; Nisbet 1975; 136 ff.; Tiryakian 1979.)

sene politische Soziologie verfaßt. Seine entsprechenden Formulierungen sind teils in den lange bekannten und leicht zugänglichen Arbeiten über die Arbeitsteilung, den Selbstmord, den Sozialismus ziemlich verstreut. Andere relevante Arbeiten wurden zum Teil erst relativ spät bekannt. Dies gilt vor allem für seine vielleicht ausführlichste zusammenhängende Behandlung dieses Problemkomplexes in den Vorlesungsaufzeichnungen „Leçons de sociologie" (L) und für das Fragment über den Staat (1900c bzw. 1975c: 172-78). Darüber hinaus waren für die Wahrnehmung Durkheims als eines politischen Soziologen natürlich auch so schlichte Umstände wie Übersetzungszeitpunkte (wie bei dem wichtigen Aufsatz „Deux lois de l'évolution pénale" 1901a) und so konzeptuell komplizierte Probleme wie die unterschiedlich engen bzw. weiten Vorstellungen darüber wichtig, was sinnvollerweise zum Problemkomplex der „politischen" Soziologie zu rechnen sei[3]. Schließlich dürften Annahmen über die historischen Anlässe, die Durkheim zur Formulierung seiner Probleme bewegten, ebenfalls eine Rolle gespielt haben[4]; je mehr solche Anlässe in der politischen Geschichte besonders Frankreichs gesehen werden, umso stärker ist die Neigung, Durkheims schriftlichen Reaktionen darauf ebenfalls einen „politischen" Charakter zuzusprechen. Wie immer diese Fragen im einzelnen beantwortet werden mögen, so sind immerhin so unterschiedliche Autoren wie z.B. Anthony Giddens (1977b) und Robert A. Nisbet (1975) der Auffassung, daß die politische Soziologie einen wichtigen Bestandteil von Durkheims Soziologie insgesamt darstellt.

Im Zentrum der politischen Soziologie Durkheims[5] steht seine Analyse von Funktionen und Strukturen des Staates und deren Wandel. Darüber hinaus besitzt ein zweiter Typ von Akteuren eine wichtige Bedeutung, nämlich sogenannte intermediäre Strukturen oder „sekundäre Gruppen" —deren Struktur, Funktionen und Wandel. Daß diesen letzteren Akteuren „politische" Bedeutsamkeit zugeschrieben wird, machte bereits der Überblick über Durkheims Behandlung der Berufsgruppen — als *eines* Typs von sekundären Gruppen — deutlich. Wie werden diese Akteure und ihre Beziehungen untereinander gefaßt?

---

[3] Eine extreme Position in dieser Hinsicht nimmt Bernard Lacroix (1981) ein, der Durkheims Arbeiten insgesamt als „Politische Theorie" versteht. Zur Kritik vgl. Besnard 1981a; Meier 1982.

[4] Vgl. hierzu neben der grundlegenden Arbeit von Lukes (1975) u. a. Collins und Makowsky (1972), Giddens (1971 und 1977b), König 1976; 1978), Lacroix (1981), Tiryakian (1979), Warner (1976).

[5] Darstellungen und Diskussionen verschiedener Aspekte von Durkheims politischer Soziologie finden sich u. a. bei Allardt (1968), Aron (1971), Barnes (1920), Bendix (1971), Birnbaum (1976), Bottomore (1981), Coser (1960), Filloux (1970; 1977), Giddens (1971 und 1977b), Gouldner (1958), Hayward (1960), Lacroix (1981), Lukes (1975), Mawson (1970), Meier (1981), Müller (1983), Nisbet (1970; 1975), Prager (1981), Richter (1960), Steeman (1963), Wallwork (1972).

Durkheim definiert zunächst das Konzept „politische Gesellschaft". Darunter versteht er einen Verband einer mehr oder weniger großen Anzahl sekundärer sozialer Gruppen, die einer gemeinsamen Autorität unterworfen sind, welche ihrerseits souverän ist (L: 55). Als „Staat" (im engeren Sinn) bezeichnet er die soziale Gruppe, die mit dieser Souveränität ausgestattet ist (L: 56). In bekannter Durkheimscher Manier gehen bei dieser Definition die Festlegung eines Vokabulars mit dem Versuch zusammen, das „Wesentliche" eines Phänomens in die Definition einzubringen. Dies drückt sich im gegenwärtigen Zusammenhang darin aus, daß Durkheim Wert auf die Feststellung legt, daß der Begriff des Staates sich stets auf eine Mehrzahl von sekundären Elementen bezieht. Grob gesagt kann man also feststellen, daß Durkheim von vornherein den Staat (als souveräne Autorität) einer dieser Autorität unterstellten *komplexen* politischen Struktur gegenüberstellt (L: 55 f.).

Damit läßt sich die Frage stellen, worin die Verknüpfung zwischen den beiden Elementen Staat und differenzierte politische Struktur — die man auch als unterschiedlich hohe „Ebenen" sozialer Organisierung (L: 55 f.) betrachten kann — besteht. Von Durkheim wird diese Frage einigermaßen überraschend beantwortet. Statt etwa davon zu sprechen, daß der Staat auf die differenzierte politische Struktur über „Macht" (oder „Kontrolle" oder „Einfluß") vermittelt bezogen sei, spricht Durkheim davon, daß der Staat für die (politische) Gesellschaft „denkt und entscheidet". Diese Auffassung —der Durkheim wiederum dadurch Nachdruck zu verleihen sucht, daß er sie als „Definition" formuliert — stützt er dadurch ab, daß er den Staat im engeren Sinne durch die Tätigkeiten des „Denkens" und „Entscheidens" charakterisiert (L: 61 f.) und davon explizit exekutive administrative Organe unterscheidet, die die Entscheidungsimplementierung tragen (L: 59 f.).

Welches ist nun der Inhalt des Denkens und Entscheidens des Staates? Durkheim diskutiert hier mehrere alternative Positionen, um dann seine eigene Lösung vorzuschlagen. Als empirisch unzutreffend weist er zunächst „individualistische" Theorien zurück (die er Autoren wie Herbert Spencer, Adam Smith, Jean Jacques Rousseau, Immanuel Kant zuschreibt) (L: 63), wonach der Staat sich auf den Schutz eines Minimums gewisser individueller Rechte beschränke(n solle); diese Auffassung sei durch die faktische Expansion staatlicher Tätigkeiten widerlegt. Diese Expansion sei erklärungsbedürftig.

Ebenfalls zurückgewiesen wird die mit Georg Wilhelm Friedrich Hegel assoziierte „mystische" Lösung (L: 66), wonach der Staat *über*individuelle Ziele verfolge, in bezug auf welche Individuen höchstens als Diener und Instrumente erscheinen. Unter Anspielung auf die Dreyfus-Affäre von 1894 bemerkt er, daß die Reaktivierung eines „Kults des Stadtstaates in neuer Form" bloß auf die derzeitige „Konfusion der Ideen" zurückzuführen sei (L:

66 f.). Überindividuelle Ziele und deren Verfolgung durch den Staat seien charakteristisch für frühere Gesellschaftsperioden; im Zuge der sozialen Evolution jedoch sei eine unumkehrbare Emanzipation der Ansprüche des einzelnen Individuums eingetreten (L: 69 f.).

Damit hat Durkheim zwei von ihm als „normal"[6] deklarierte unterschiedliche evolutionäre Trends konstatiert, nämlich eine Funktionsmultiplizierung des Staates und eine moralische Qualifizierung des Individuums und seiner Ansprüche. Durkheim verknüpft diese beiden Entwicklungen miteinander; nicht nur sieht er hier keinen Widerspruch, sondern eine positive Kausalbeziehung: Eine der wesentlichen und immer dominanter werdenden Funktionen des Staates bestehe („normalerweise") nämlich gerade in der Förderung des Kultes des Individualismus: *dies* also ist der zentrale Inhalt des Denkens und Entscheidens des Staates.

Welcher Mechanismus liegt dieser Emanzipationsförderung zugrunde? Durkheim entwickelt hierzu vor allem zwei Argumente. Erstens: Ein wesentliches Argument in den „Leçons" (L: 77 f.) besteht in dem Hinweis, daß die Emanzipation und Pflege des Individualismus sich aus bestimmten strukturellen Konfigurationen ergibt. Die Emanzipation des Individuums resultiert aus der Mediatisierung sekundärer Autoritäten (etwa lokaler, familialer, beruflicher o. ä. Art) mit ihren notwendig tyrannischen Neigungen durch den als Gegengewicht wirkenden Staat. (Der *konstellative* Charakter dieses Arguments wird deutlich in Durkheims These, daß der Staat *allein* zu einer solchen Emanzipationsförderung nicht fähig sei: bei fehlenden sekundären Akteuren werde der Staat selber repressiv.) Dieses Argument läßt sich auch in evolutionärer Perspektive formulieren: Mit zunehmender Größe und Komplexität der Gesellschaft steigt die Zahl der Kontexte, in denen die Individuen der Tyrannis sekundärer Autoritäten ausgesetzt zu werden drohten; zur Erfüllung seiner kompensierenden Funktion habe daher der Staat seine Tätigkeiten entsprechend zu multiplizieren (L: 79).

Dieses konstellative und evolutionäre Argument ergänzt Durkheim mit einem zweiten. Die Frage kann ja gestellt werden: Unter welchen *Wert*gesichtspunkten erfolgt die Emanzipation des Individuums aus der Dominanz sekundärer Akteure? Nach Durkheim handelt es sich dabei nicht um die Mobilisierung der Individuen im Hinblick etwa auf die Glorifizierung nationaler Größe, sondern um die Glorifizierung des Individuums als *autonome* Handlungseinheit. Oder genauer: Nationale Konkurrenzen würden zunehmend im Wettbewerb um die Perfektionierung der Realisierung des Individualismus bestehen[7]. Auch in dieser („kulturellen") Hinsicht sieht Durkheim

---

[6] Auf Durkheims — oft nicht unproblematische — Vorstellung von „Normalität" und ihre Unterscheidung von „Pathologie" wird noch zurückzukommen sein.

[7] Eine ausführliche Behandlung dieses Themas findet sich auch in Durkheims Vorlesungen über moralische Erziehung (Durkheim 1973e).

einen unumkehrbaren evolutionären Trend, in dessen Dienst der Staat steht (L: 82 f.).

Durkheim verwendet seine konzeptuelle Entscheidung, den Staat als Denk- und Entscheidungsveranstaltung zu betrachten, die auf eine komplexe politische Gesellschaft bezogen sei, auch für die Konstruktion einer Typologie von *Staatsformen*. Diese sieht er wiederum in evolutionärer Abfolge; als evolutionären Höhepunkt betrachtet er dabei die Entwicklung der „Demokratie".

In die Charakterisierung dieser Staatsformen gehen vor allem drei Dimensionen ein: (1) der Grad struktureller Ausdifferenzierung des Staates als Denk- und Entscheidungssystem aus der Gesellschaft; (2) die Intensität und Form der Kommunikation zwischen Staat und Gesellschaft, und (3) der Umfang der Gegenstände, auf die sich diese Kommunikation bezieht.

1. Der Grad struktureller Ausdifferenzierung des Staates aus der Gesellschaft erscheint vor allem deshalb wichtig, weil er eine Voraussetzung zur Etablierung eines „Milieus" darstellt, in dem sorgfältiges Reflektieren und bedachtes Entscheiden möglich wird. Fehlende oder mangelhafte strukturelle Ausdifferenzierung führe zur Absorbierung des Staates in die Gesellschaft und unterwerfe ihn den blinden, unklaren, widersprüchlichen und wechselhaften Strömungen von Gefühlen, Ideen und Glaubensinhalten der öffentlichen Meinung (L: 60 f.; 95 ff.). Dies führe bei niedrig entwickelten Gesellschaften mit festen Traditionen zur weiteren Verfestigung des Traditionalismus; bei höher entwickelten Gesellschaften habe es eine hektisch oszillierende Politik an der Oberfläche und ein faktisches Stagnieren der gesellschaftlichen Strukturen, verbunden mit einer Verlagerung der tatsächlichen Macht weg vom Staat (als Deliberator) und hin zur Bürokratie (L: 112 f.) zur Folge.

2. Die Intensität und Form der Kommunikation zwischen Staat und Gesellschaft kann unterschiedlich ausgeprägt sein; sie kann unterschiedlich häufig und regelmäßig stattfinden und ein- oder zweiseitig verlaufen. „Demokratie" kennzeichnet Durkheim durch regelmäßige, häufige und zweiseitige Kommunikation; eine solche Konstellation habe den Effekt, das Verständnis der Gesellschaft für die staatlichen Reflexionen und Entscheidungen zu fördern (statt die Rolle der Gesellschaft zu reduzieren auf die eines bloßen Objekts staatlicher Entscheidungen), die Betrachtung und Behandlung des Staates als einer mystisch-sakralen Einheit abzubauen und den Staat mit den tatsächlichen Problemen der Gesellschaft zu konfrontieren (L: 97 ff.). Strukturelle Träger dieser Kommunikation seien Institutionen wie etwa Parlamente, Presse, Erziehung, Wahlrecht (L: 99 f.).

3. Schließlich charakterisiert Durkheim politische Systeme auch durch die Zahl unterschiedlicher Gegenstände, die in den politischen Kommunika-

tionsprozeß eingebracht werden dürfen. Demokratien seien — dem evolutionären Trend entsprechend — durch die immer stärkere Ausweitung politisch behandelter Gegenstände gekennzeichnet (L: 100 f.). Da diese Behandlung vor allem in konzentrierter, abwägender Reflexion und Entscheidung bestehe, seien Demokratien durch ein hohes Innovations- und Wandlungspotential gekennzeichnet.

Wie erklärt sich dieser „normale" evolutionäre Trend der zunehmenden Demokratisierung in Form der strukturellen Ausdifferenzierung des Staates, der Kommunikationsintensivierung zwischen Staat und Gesellschaft und der Ausweitung politisch bearbeiteter Gegenstände? Durkheim bietet verschiedene Begründungen unterschiedlichen Charakters an. a) So verwendet er etwa folgende funktionalistische Argumentation (L: 108 f.): Je stärker Gesellschaften nach Umfang und Komplexität wachsen, desto mehr bedürfen sie zur Durchführung ihrer Angelegenheiten der Reflexion. Blinde Routine und uniforme Tradition seien ungeeignet zum Betreiben eines Mechanismus von einiger Kompliziertheit. Im Kontext sich schnell ändernder Umstände genügten Gewohnheiten nicht als Kontrollmethode; vielmehr sei Einsicht, Reflexion und die Entdeckung neuer und effektiver Praktiken nötig, da nur dies es gestatte, die Zukunft zu antizipieren. b) An anderer Stelle (A: 262 f.) ergänzt Durkheim diese funktionalistische Begründung mit einem Argument eher darwinistischer Art. Das gesellschaftlich notwendige Reflexionsniveau könne sich — im Staat sichtbar werdend — dadurch durchsetzen, daß schneller Wandel der Umstände einerseits zur Unterminierung partikularistischer segmentärer Autoritäten führe und sie deshalb substituierbar werden lasse, und daß dieser Wandel andererseits zur Zunahme der Betroffenheit der gesamten Gesellschaft durch einzelne Wandlungsprozesse führe. Diese Kombination von Machtaufweichung und Interdependenzsteigerung erkläre die zunehmende Akzeptierung von deliberierenden Versammlungen als Institutionen. Die Fortschritte in Richtung der Demokratisierung ergeben sich daher als eine unweigerliche Konsequenz aus dem mobilen Zustand des sozialen Milieus. c) Einen weiteren Impuls für die Zunahme der Demokratisierung lokalisiert Durkheim auf kultureller Ebene, nämlich im individualistischen Wertkomplex. Dieser Wertkomplex fordere ja „autonome", auf der Basis von Selbstbewußtsein und Einsicht in die Sachzusammenhänge handelnde Persönlichkeiten. Eben dieser Vorstellung entspreche aber die Demokratisierung, die ja auf Reflexion und Intelligenz — statt auf Befehlen, Tradition und sakralem Respekt — beruhe (L: 109 f.).

Wie schon bemerkt steht im Zentrum von Durkheims politischer Soziologie eine Beziehung, deren einer Pol der Staat darstellt und deren anderer Pol durch die politische Gesellschaft, d. h. durch die Gesamtheit sekundärer Gruppen gebildet wird. Nach der knappen Darstellung von Durkheims Begriff des Staates und der ihm zugeschriebenen Funktionen, Effekte und

2. Durkheims politische Soziologie

Entwicklungsbedingungen ist deshalb nun kurz auf die sekundären Gruppen einzugehen. Diese sekundären Gruppen kann man als organisierten Ausdruck der sozial-strukturellen Verhältnisse verstehen. Damit liegt es nahe, die sekundären Gruppen unter zwei Aspekten zu diskutieren, nämlich im Hinblick auf die soziale Struktur (und die dadurch induzierten Verhaltensweisen der auf dieser Ebene konzeptualisierten individuellen Akteure) einerseits und im Hinblick auf das „regulative Zentrum" — den Staat — andererseits. Für beide Arten von Relationen ist es entscheidend, welche Merkmale die sekundären Gruppen besitzen.

Durkheim betont vor allem zwei Merkmalsdimensionen, nämlich (1) die *Autonomie* und (2) die *Art* der sekundären Gruppen.

1. Sekundäre Gruppen können unterschiedlich autonom ausgeprägt sein. Für „pathologisch" hält Durkheim dabei jeweils die extremen Ausprägungen, also sowohl extrem starke als auch extrem schwache Autonomie; als „normal", d.h. nicht pathologisch, betrachtet er ein mittleres Ausmaß an Autonomie[8]. Extrem autonome sekundäre Gruppen haben eine kollektive Tyrannei dieser Gruppen über die einzelnen sozialen Akteure (L: 75) zur Folge. Im Zerbrechen dieser extremen Ausprägung der Autonomie lag ja, wie erwähnt, eine der wesentlichen emanzipationsfördernden Funktionen des Staates. Auf der anderen Seite führt eine extrem schwache Ausprägung autonomer sekundärer Gruppen oder gar ihr völliges Fehlen a) zur objektiven Tyrannisierung der Individuen durch den Staat (L: 77; Durkheim 1973f), b) zur gesteigerten subjektiven Empfindung dieser Tyrannei (wegen der Größe der Distanz zwischen Staat und Individuen), und c) zu sachlichen Unzulänglichkeiten der (dann staatlichen) Regulierung. Eine strukturelle Sicherung der individuellen Freiheitsrechte, der Hinnahmebereitschaft von kollektiven Entscheidungen durch die Individuen und der Sachgemäßheit von Entscheidungen ergibt sich einzig bei der Koexistenz eines aktiven Staates mit halbautonomen sekundären Gruppen.

2. Eine zweite Dimension zur Charakterisierung von sekundären Gruppen bezieht sich auf deren Art. Sie bleibt bei Durkheim etwas undeutlich. Man wird aber wohl sagen können, daß hier Durkheims Unterscheidung segmentär/funktional wichtig ist. Sekundäre Gruppen lassen sich ja mit der sozio-ökonomischen Struktur in Beziehung setzen. Der Transformation dieser Struktur von einem segmentären zu einem funktionalen Typ kann deshalb eine ebensolche Reorganisierung der sekundären Gruppen entsprechen. Durkheim konkretisiert diese Auffassung durch den Hinweis auf die abneh-

---

[8] Diese begriffliche Strategie der Unterscheidung jeweils polarer Ausprägungen auf einem Kontinuum von mittleren Ausprägungen entspricht derjenigen, die auch bei der Konstruktion der Selbstmordtypen verwendet wurde. Vgl. dazu und die damit verbundenen theoretischen und methodischen Probleme z. B. Lacroix 1973, Smelser 1976a und 1976b.

mende Bedeutung familialer und territorialer Einheiten (L: 116 f.) und durch die evolutionär zunehmende Bedeutung von *Berufs*gruppen (L: 123 ff.). Da Durkheim in modernen Gesellschaften dem *ökonomischen* Subsystem die gesamtgesellschaftliche Priorität zuschreibt (L: 16 f.; A: 41), ist damit *eine* Voraussetzung dafür gegeben, daß die *zentralen* gesellschaftlichen Probleme politisch bearbeitet werden können. Sollten diese Berufsgruppen außerdem noch den erläuterten halbautonomen Charakter haben, dann wäre auch die *zweite* Bedingung für eine sachgemäße politische Bearbeitung der sozial relevantesten Probleme gegeben.

Daran, daß sich die Berufsgruppen als die zentralen sekundären Gruppen in der beschriebenen Weise entwickeln, hat Durkheim keinen Zweifel. Seine eigenen reformerischen Vorstellungen versucht er durch Extrapolationen evolutionärer Trends abzustützen. Nur Unverständnis und Vorurteile (L: 23; A: 45) und strukturelle Verhärtungen (L: 31; A: 52) stehen der Entwicklung solcher Berufsorganisationen im Weg, die die Transformation der sozialen Struktur von einer segmentären zu einer funktionalen, d. h. arbeitsteilig spezialisierten Ausprägung reflektieren und die regulative Reintegrierung der Gesellschaft teils selbst betreiben, teils an den Staat vermitteln. Denn „normalerweise" gilt ein allgemeines soziologisches Gesetz, wonach Individuen mit ähnlichen Ideen, Interessen, Gefühlen und Berufen sich gegenseitig anziehen, Interaktionsbeziehungen aufnehmen, im Laufe der Zeit eine Gruppe ausbilden, als solche eine Moral entwickeln und diese den Mitgliedern gegenüber durchsetzen (L: 31 f.).

3. Bezugspunkte zur Analyse von Berufsgruppen

Damit läßt sich ein Zwischenergebnis formulieren. Bei der Darstellung von Beiträgen zur Neokorporatismusdebatte wurden oben drei inhaltliche Schwerpunkte der Diskussion unterschieden; im Vordergrund stand entweder die Analyse von Strukturformen der Interessenorganisationen selbst (z. B. bei Schmitter), oder die Analyse der sozio-ökonomischen Bedeutsamkeit von Interessenorganisationen (z. B. bei Winkler), oder schließlich die politische Bedeutsamkeit der Interessenorganisationen (z. B. bei Lehmbruch). Auf der anderen Seite hat der knappe Überblick über Durkheims Äußerungen zu den Berufsgruppen und zum Staat gezeigt, daß auch von diesem Autor eine Vielzahl von mit Berufsgruppen verbundenen Aspekten angesprochen werden. Im einzelnen wurde speziell deutlich, daß alle in der Neokorporatismus-Debatte thematisierten Problemkomplexe auch (schon) Gegenstände von Überlegungen des soziologischen Klassikers Emile Durkheim waren: Auch Durkheim spricht die Frage unterschiedlicher struktureller Formen von Berufsgruppen und ihre Ursachen, die Frage der sozio-öko-

3. Bezugspunkte zur Analyse von Berufsgruppen

nomischen Funktionen von Berufsgruppen und die Frage der politischen Funktionen von Berufsgruppen an. Die derart konstatierbare thematische Identität und Konstanz rechtfertigt es in meinen Augen, eine genauere Analyse *der Art* zu versuchen, in der Durkheim mit seinen (aber eben auch mit den noch heute diskutierten) Problemen umging. Daraus könnten sich heuristische Implikationen für die anhaltende Diskussion ergeben. Allerdings kann natürlich nicht erwartet werden, daß Durkheims eigene Formulierungen um die mich hier primär interessierenden thematischen Schwerpunkte — Strukturen der Berufsgruppen, sozio-ökonomische Funktionen der Berufsgruppen, politische Funktionen der Berufsgruppen — gruppiert sind. Daher ist es nötig, seine Formulierungen entsprechend zu reorganisieren.

Dabei ergibt sich aus dem präsentierten Überblick ein Hinweis auf die einzuschlagende Vorgehensweise. 1) Aus diesem Überblick wird m. E. bereits ein Sachverhalt deutlich, den man in einer werkinterpretatorischen These zusammenfassen kann, wonach nämlich Durkheims Hauptinteresse sich auf die Frage der „Ordnung der Gesellschaft" oder der „gesellschaftlichen Ordnung" — das „Hobbes-Problem" in der Formulierung von Talcott Parsons (1949: 89 ff.) — richtet; *dieses* Problem ist der zentrale Gesichtspunkt, unter dem die Diskussion der Bedeutung von Berufsgruppen erfolgt. Auch in der Korporatismus-Diskussion spielt die Frage der „gesellschaftlichen Bedeutung" der Interessenorganisationen eine große Rolle. Nun unterstellt die Rede von „Bedeutung" ja einen Bezugspunkt, im Hinblick auf den Interessenorganisationen relevant erscheinen; daher könnte es für die Korporatismus-Debatte von Interesse sein, *wie* von Durkheim der gesellschaftliche Bezug — die Ordnungsproblematik — expliziert wird. — Dieser Thematik ist das nächste Kapitel „Struktur und Pathologien moderner Gesellschaften" gewidmet. 2) An die Spezifizierung der Bezugsproblematik läßt sich mit der Frage der funktionalen Relevanz der Berufsgruppen anknüpfen. Diese funktionale Relevanz kann in verschiedenen Formen gegeben sein. In den folgenden Kapiteln wird mit zwei in dieser Hinsicht wichtigen begrifflichen Unterscheidungen gearbeitet. Zum einen läßt sich unterscheiden, ob die Berufsgruppen ihre gesellschaftliche Funktion auf direkte oder auf indirekte Weise erfüllen. Das oben sogenannte „Winkler-Problem" bezieht sich auf die direkte Ausübung von gesellschaftlichen Funktionen durch die Berufsgruppen. Bei der indirekten Form interessiert speziell die Bedeutung der Berufsgruppen für staatliche Handlungen und Funktionen; dies sind Zusammenhänge, die oben als „Lehmbruch-Problem" bezeichnet wurden. Die zweite wichtige Unterscheidung ergibt sich aus der — gleich ausführlich darzulegenden — Tatsache, daß sich Durkheim die gesellschaftlichen Funktionen primär als normative Regulierung der sozialen Akteure vorstellt; dann nämlich kann man die Funktion der Setzung der Normen — das „Problem der Normgenese" — von der Funktion der Durchsetzung von Normen — dem „Problem der Normakzeptanz" — unterscheiden. — In Kapitel IV wird das Problem der — direkten und indirekten — Relevanz der Berufsgruppen für die Frage der Normakzeptanz, in Kapitel V das Problem der —direkten und indirekten — Relevanz der Berufsgruppen für die Frage der Normgenese diskutiert. 3) Nach diesen Funktionsanalysen wird schließlich die Relevanz von Durkheims Formulierungen für das „Schmitter-Problem" der Strukturen der Interessenorganisationen diskutiert. Daß die Behandlung von Strukturfragen von Berufsgruppen am Schluß erfolgt, erscheint auch deshalb naheliegend, als — wie aus dem Überblick deutlich wurde —Durkheim die Strukturmerkmale der Berufsgruppen durchgängig unter instrumenteller Perspektive — im Hinblick auf ihre Eignung zur Bewirkung von sozialer Ordnung — betrachtet.

KAPITEL III

Struktur und Pathologien moderner Gesellschaften

1. Durkheims Theorie der sozialen Struktur moderner Gesellschaften

Die Annahme, daß dem „Problem der sozialen Ordnung" zentrales Gewicht in Durkheims Arbeiten zukommt, ja daß man darin *den* Schlüssel zu seinem Werk sehen kann, ist häufig geäußert worden (vgl. Müller 1983, Kap. 2). Ich stimme dieser Interpretation zu. Allerdings jedoch ist dieses Ordnungsproblem derart vielschichtig und von Durkheim selbst auch unter so unterschiedlichen Aspekten behandelt worden, daß eine Klarstellung über die für mich wichtigen Aspekte nötig ist. Von der Thematik der Neokorporatismus-Debatte her liegt es nahe, eine nicht-philosophische und nicht-abstrakte Konzeption zu verwenden. Einer der Umstände, der Durkheim oft dazu veranlaßt, die Ordnungskonzeption in sozial-philosophischen Zusammenhängen zu diskutieren, hängt mit seiner Absicht der Etablierung der Soziologie als empirischer Wissenschaft zusammen; denn Durkheim hielt zur Begründung und Legitimierung dieser neuen Disziplin den Nachweis für wichtig, daß man das hergebrachte sozial-philosophische Ordnungsproblem in theoretisch-empirischer Weise reformulieren und lösen könne. Die erfolgte Institutionalisierung der Soziologie als Disziplin entlastet nun von diesem Begründungsdruck und erlaubt es mir, für meine begrenzten Zwecke von dieser geistes- und disziplingeschichtlichen Dimension abzusehen. Die hohe Abstraktheit betrifft den Bezug des Ordnungsbegriffs: „die Gesellschaft", „das Soziale"; diese extreme Abstrahierung der Ordnungsproblematik hängt z. T. ebenfalls mit den genannten spekulativen philosophischen Hintergründen zusammen; z. T. hat Durkheim selbst zu ihr beigetragen durch seine Vorliebe für dichotome Begriffe wie Gesellschaft/ Individuum, sozial/individuell, normal/pathologisch und durch seine sich zunehmend intensivierende Beschäftigung mit „elementaren" sozialen Phänomenen (vgl. hierzu Lukes 1975: 16-30).

Auf der anderen Seite jedoch — und das ist für mich wichtig — arbeitet Durkheim auch mit konkreter umschriebenen Objektbezügen der Ordnungsproblematik. Gerade seine Ausführungen zu den Berufsgruppen sind ein Beleg dafür. Denn wenn Durkheim von der Bedeutung der Berufsgruppen — oder auch der des Staates — für die soziale Ordnung spricht, dann impliziert dies ja eine sektorale Differenzierung von (Gesamt-)Gesellschaft;

es geht dann nicht mehr um „die soziale Ordnung (schlechthin)", die Geordnetheit des Sozialen oder der Gesellschaft schlechthin, sondern um Ordnung in bestimmten gesellschaftlichen Bereichen, zwischen bestimmten gesellschaftlichen Akteuren[1]. Um welche bestimmten gesellschaftlichen Bereiche und um welche Akteure handelt es sich dabei? Was ist hier unter Ordnung zu verstehen? Warum ist hier Ordnung ein „Problem", warum also besteht — in Durkheims Terminologie — Regulierungs-„Bedürftigkeit"? Und worauf beruht die Annahme der Regulierungs-„Fähigkeit" der Gesellschaft?

Die Diskussion dieser Fragen führt in einen Problembereich, den man als „Durkheims Theorie der sozialen Struktur" bezeichnen könnte. Diese ist im folgenden darzustellen. Wenn die Debatte um den Neokorporatismus, darin Durkheims Vorstellungen folgend, auch unter der Perspektive des Regulierungspotentials von Interessengruppen geführt werden kann und sollte —wie hier deutlich zu machen versucht wurde —, dann lohnt auch die Überlegung, ob und gegebenenfalls wie diese Debatte von Durkheims Vorstellungen über die Regulierungs*bedürftigkeit* und *-fähigkeit* der Gesellschaft profitieren kann.

a) Moderne Gesellschaften als ökonomische Gesellschaften

Durkheim optiert u. a. für die Betrachtung von Berufsgruppen unter Funktionsgesichtspunkten. Daher wird es nötig, eine inhaltliche Spezifizierung des Funktionsbezugs vorzunehmen. Welche Akteure und Handlungen oder Handlungsbereiche sollen Bezug für die Analyse der Funktionen von Berufsgruppen sein?

Die Auswahl eines solchen inhaltlichen Funktionsbezugs ist sicher willkürlich, aber doch ein *Problem*; denn in sie geht oft ein Verständnis von dem Gewicht des Forschungsgegenstandes ein, welches explizit formuliert und diskutiert werden sollte. Gesichtspunkte für solche Zuschreibungen von Gewichtigkeiten können z. B. Annahmen über theoretische Interessantheit oder substantielle Bedeutsamkeiten sein. Im ersten Fall lautet die Frage: Glaubt man — und mit welcher Begründung im Detail? — mittels der Selektion eines *bestimmten* inhaltlichen Funktionsbezuges zentrale empirisch-theoretische Probleme der Disziplin behandeln zu können? Die Beantwortung dieser Frage ist offenkundig sowohl vom jeweiligen Stand der Disziplin abhängig als auch vom Charakter der sozialen Entwicklung. Für ein wiedererwachtes makrosoziologisches Interesse beispielsweise sind Fragen wie die nach den Relationen zwischen gesellschaftlichen Subsystemen

---

[1] Daher — ausgehend von der Unterscheidung gesellschaftlicher Bereiche —eröffnet sich von Durkheimschen Formulierungen ein Rahmen zur Diskussion auch der Frage nach der Ordnung beim Staat und bei den Berufsgruppen — also nach der Ordnung der Ordner. Darauf wird zurückzukommen sein.

1. Durkheims Theorie der sozialen Struktur moderner Gesellschaften 53

—etwa zwischen Wirtschaft und Politik — naheliegend; ist dieses makrosoziologische Interesse institutionell orientiert, dann kann es sich z. B. anbieten, bei der Analyse der Beziehungen zwischen Politik und Ökonomie danach zu fragen, ob und inwieweit und warum diese Handlungsbereiche im Laufe der sozialen Entwicklung unterschiedliche institutionelle Ausformungen erhielten (z. B. „Markt" vs. „parlamentarische Herrschaft").

Etwas anders stellt sich das Problem, wenn zum Kriterium der Selektion eines Funktionsbezuges Annahmen über substantielle Bedeutsamkeiten gemacht werden. Dann nämlich liegt ein Hauptproblem zunächst einmal in der Explizierung von „Bedeutsamkeit"; denn erst nach einer solchen Explikation kann ja weiter gefragt werden, warum einem gesellschaftlichen Bereich große und warum einem anderen relativ bescheidene Bedeutsamkeit zukommt. Glaubt man also — und auf Grund welcher Argumente? —, daß das gesamtgesellschaftliche Funktionieren forschungsstrategisch z. B. eher über eine Analyse von ökonomischen Prozessen (statt etwa: von polizeilichem Handeln oder militärischen Organisationen) erfaßt werden kann? Wie läßt sich diese Vorstellung einer unterschiedlichen funktionalen Gewichtigkeit theoretisch-begrifflich formulieren und empirisch ermitteln?

Wie ist Durkheim mit diesen Fragen umgegangen? Anthony Giddens (1971a; 1972) hat die These vertreten, daß Durkheims Soziologie keinen „Bruch" aufweist, sondern daß sie durchgängig an einer historischen und evolutionären Perspektive festhält, die schon im Buch über die Arbeitsteilung formuliert wurde. Dieser Auffassung stimme ich zu. Sie lag auch der oben versuchten Rekonstruktion von Durkheims politischer Soziologie zugrunde. Dabei ist nun die Beobachtung wichtig, daß nach Durkheims Vorstellung einerseits Arbeitsteilung zwar als sehr allgemeines Organisationsprinzip von Gesellschaften und darüber hinaus von lebender Materie zu betrachten ist (A: 79 ff.); andererseits spielt bei seiner Diskussion moderner Gesellschaften *der ökonomische Sektor* als Bezug der Arbeitsteilung die herausragende Rolle (und *nicht* etwa die *allgemeine* Frage der funktionalen „sozialen Differenzierung", wie sie z. B. auch als Verhältnis von Politik und Wissenschaft thematisiert werden könnte). Daraus folgt: Mit der Berechtigung, mit der man sagen kann, daß Durkheim seiner Gesellschaftsanalyse die Vorstellung einer sich evolutionär verändernden Struktur der Arbeitsteilung zugrunde legte, kann man auch sagen, daß Durkheim — in einem gewissen und zu präzisierenden Sinn — „Ökonomist" war. Dieser Ökonomismus zeigt sich auch in seiner Analyse der Berufsgruppen und des Staates; beide beziehen sich primär auf die Frage der „Steuerung" oder „Regulierung" *ökonomischen* Verhaltens[2].

---

[2] Da von Durkheim in diesem Sinne also moderne Gesellschaften wesentlich als „Wirtschaftsgesellschaften" verstanden werden, spreche ich im weiteren abwechselnd und austauschbar davon, daß sich die Regulierung auf „soziale Akteure" oder auf „ökonomische Akteure" bezieht.

Die Interpretation, wonach Durkheims Typologie von Gesellschaften — „segmentär" oder „mechanisch" bzw. „organisch" — sich primär auf ökonomische Sachverhalte bezieht, und wonach es sich um eine ökonomische Regulierungsproblematik handelt, die den dominanten Bezug zur Analyse der Funktionen von Berufsgruppen und Staat abgibt, darf aber nicht mißverstanden werden. Sie bedeutet zunächst einmal nicht, daß Durkheim etwa bloß ökonomische Fragen behandelt hätte; schon das Selbstmordverhalten ist so nicht ausreichend charakterisierbar, und noch weniger die von Durkheim analysierten familialen, religiösen, pädagogischen und wissenschaftlichen Phänomene. Gerade die Frage der Entwicklung der Wissenschaft nimmt bei Durkheim einen wichtigen Stellenwert ein; interessanterweise versucht er hier, wie noch deutlich werden wird, die Beziehungen zwischen einzelnen Disziplinen als Problem der Arbeitsteilung zu konzeptualisieren, also in Analogie zur Entwicklung einer arbeitsteiligen Wirtschaftsverfassung. Zweitens kann auch keine Rede davon sein, daß Durkheim die Funktionen der Berufsgruppen und des Staates ausschließlich im Hinblick auf die ökonomische Dimension gesehen hätte; andere Funktionsbezüge wurden ja bereits bei dem Überblick über Durkheims Thematisierung von Berufsgruppen deutlich; auch auf sie wird noch näher einzugehen sein. Trotz dieser Einschränkungen bleibt jedoch der Nachdruck auffällig, mit dem Durkheim an ökonomischen Problemen orientiert war, und von hierher ist zu fragen, warum und wie Durkheim gerade diese Probleme behandelte.

Zwei Aspekte scheinen mir in diesem Zusammenhang wichtig, einmal die bereits angesprochene Frage der relativen Bedeutsamkeit der Ökonomie, zum anderen die Frage der Charakterisierung der ökonomischen Verhaltensdimension. Durkheim hat verschiedentlich bemerkt (z. B. S: 292; So: 128; L: 16 f.), daß moderne Gesellschaften primär als ökonomische Gesellschaften zu betrachten seien, daß in ihnen also die Gewichtigkeit des ökonomischen Bereichs besonders ausgeprägt sei. Diese Zuschreibung eines „funktionalen Primates" an den ökonomischen Sektor wird ein Grund für den Nachdruck gewesen sein, mit dem sich Durkheim mit diesem Bereich beschäftigte. Allerdings jedoch sollte bemerkt werden, daß in diesem Zusammenhang einige Fragen offen bleiben.

Zwar ist es verständlich, daß es für Durkheim aufgrund seiner makrosoziologischen Interessen naheliegen mußte, sich mit ökonomischen Aspekten zu beschäftigen, *sofern* er diesen Aspekten eine so herausgehobene gesamtgesellschaftliche Bedeutung zuschrieb. Aber damit sind ja die wichtigen Probleme erst formuliert und nicht schon gelöst, nämlich die Probleme, wie die unterschiedliche Gewichtigkeit verschiedener gesellschaftlicher Sektoren — so z. B. die Suprematie der Ökonomie — theoretisch zu fassen, empirisch festzustellen und kausal zu erklären ist.

1. Durkheims Theorie der sozialen Struktur moderner Gesellschaften 55

Durkheim hat diese Probleme als eigenständige theoretische Fragestellungen nicht systematisch behandelt, geschweige denn gelöst. Meist ist er von der Annahme der Dominanz des ökonomischen Sektors in modernen Gesellschaften als Tatsache ausgegangen (vgl. Müller 1983: 96). Die vielleicht nachdrücklichste Diskussion findet sich im „Sozialismus" (So) im Zusammenhang mit der Darstellung der Lehre von Saint-Simon. Durkheim referiert — offenbar zustimmend — dessen historische Analysen, wonach die Entwicklung der Moderne als Prozeß der zunehmenden Zurückdrängung von Politik/Militär und Religion/Theologie und der zunehmenden Emanzipation und autonomen Entwicklung der Ökonomie (und der Wissenschaften) begriffen werden kann (vgl. auch L: 16 f.). Am Ende gelingt es dem ökonomischen Element sogar, die Abhängigkeiten umzukehren und sich die militärischen Elemente zu unterwerfen (So: 154), politischen Einfluß zu erlangen (So : 154) und sich die Wissenschaft dienstbar zu machen (So: 176; 184; 185). In diesem Zusammenhang deutet er dann an (So: 187 ff.), daß man die relative gesamtgesellschaftliche Bedeutung von Lebensbereichen nach dem Ausmaß bestimmen könne, in dem *alle* Gesellschaftsmitglieder von ihnen betroffen werden. Außerdem erwähnt er hier einen funktionalen Aspekt, nämlich die Frage der „Einheit" einer Gesellschaft als „einer" Gesellschaft; diejenigen Mechanismen, die dies bewirken, sieht er als grundlegend an. Aufgrund dieser beiden Andeutungen kann man vermuten, daß Durkheim diejenigen gesellschaftlichen Sektoren als dominant betrachtet, die die meisten Akteure insofern betreffen, als sie sie mit anderen Akteuren verbinden. In dieser Perspektive stellt Durkheim den Primatswechsel zwischen Politik und Ökonomie dar: In der vorindustriellen Zeit hätten politische Fragen jedermann interessiert, da sie jedermann betroffen hätten; es habe sich nämlich um Gesellschaften gehandelt, die primär durch gemeinsamen Glauben und Tradition gekennzeichnet waren, und die Regierung sei der Ausdruck dieser Gemeinsamkeit gewesen. Konstitutiv für die soziale Identität und den Zusammenhang der Akteure waren also Gemeinsamkeiten des Glaubens, symbolisiert in der politischen Herrschaft, nicht jedoch ökonomische Aspekte, da in dieser Hinsicht Autarkie, also Isoliertheit der Akteure, vorherrschte. In modernen Gesellschaften dagegen beruhe die Einheit der Gesellschaft auf dem System interdependenter, unterschiedlicher, komplementärer Funktionen, die primär ökonomischer Natur seien. Die Rolle der Politik sei reduziert auf die *einer* einzelnen Spezialfunktion neben anderen[3].

---

[3] Für neuere soziologische Diskussionen dieses Primat-Problems siehe z. B. Offe 1973; Luhmann 1970, bes. S. 225 ff.; Luhmann 1972; Parsons und Smelser 1956: Kp. 2; Smelser 1963: Kp. 3. Die systemtheoretischen Ansätze zu diesem Problem beruhen oft darauf, die bei Durkheim vorherrschende Orientierung an einem einzigen funktionalen Problem — dem der „Integration", in bezug auf das strukturelle Äquivalente analysiert werden — aufzugeben und stattdessen eine Mehrzahl funktionaler Probleme anzunehmen. Zur Bestimmung des relativen gesamtgesellschaftlichen Gewichtes von strukturellen Elementen ist dann nicht nur ihre Bedeutung für die

Wie immer man zu diesen Andeutungen stehen mag, so ist jedenfalls festzuhalten, daß Durkheim 1) in modernen Gesellschaften den Primat im ökonomischen Handlungsbereich liegen sah und daß er 2) diesen ökonomischen Handlungsbereich als dominanten Bezug seiner Analysen von Berufsgruppen verwendete.

Damit ergibt sich die Frage, genau welche Problematik Durkheim als spezifisch für die moderne Wirtschaftsgesellschaft identifizierte. Das Buch über die „Arbeitsteilung" behandelt dieses Thema; bei ihrer Beantwortung kommt den beiden Begriffspaaren „segmentär/organisiert" und „normal/pathologisch" eine wichtige Bedeutung zu.

b) Durkheims Thema: Interaktionen in modernen Gesellschaften

Das Buch über die „Arbeitsteilung" enthält in seinen drei Teilen eine Typologie von Gesellschaften, eine genetische Theorie der Entstehung moderner Gesellschaften und eine Analyse von Pathologien moderner Gesellschaften. Durkheim bezeichnet moderne Gesellschaften als „organisiert", vormoderne dagegen als „segmentär". Er will damit, wie bereits angedeutet, betonen, daß in traditionalen Gesellschaften die einzelnen sozialen Elemente insbesondere auch ökonomisch in hohem Maß autark waren, so daß es nur wenige durch interdependente Abhängigkeiten erzwungene Interaktionen gab und man sich die Gesellschaftsstrukturen als eine Addition von Segmenten vorstellen kann. Für moderne Gesellschaften dagegen ist die arbeitsteilige Spezialisierung typisch; sie zwingt die einzelnen Einheiten wegen ihrer fehlenden Autarkie in Interaktionen und bewirkt eine Gesellschaftsstruktur, die ein „organisiertes" Ganzes darstellt.

Da hier die Bedeutsamkeit Durkheims für die Debatte um den Korporatismus interessiert, welche sich auf moderne Gesellschaften bezieht, muß auf Durkheims Theorie der Genese moderner Wirtschaftsgesellschaften nicht näher eingegangen werden; diese Theorie operiert mit den sich ändernden Faktoren des Volumens und der Dichte von Gesellschaften, welche —vermittelt über Existenzbedrohung und Versuche der Umgehung von Wettbewerb — zu zunehmender Spezialisierung führen[4]. Wichtig für meine Zwecke

---

Erfüllung *einer* Funktion, sondern auch die relative Bedeutsamkeit dieser verschiedenen Funktionen zu bestimmen. Ein Ansatz dazu kann etwa die in der Organisationssoziologie (s. z. B. Thompson 1967 oder Crozier 1964) explizierte Vorstellung sein, wonach sich das Gewicht von Funktionen aus dem Grad der Unsicherheit der Probleme und Phänomene ergibt, auf welche sie bezogen sind. Womöglich hat Luhmann (1970: 225 ff.) ähnliches im Sinne, wenn er funktionales Primat in Zusammenhang mit der Fähigkeit zur Erfassung und Reduktion von Komplexität bringt.

[4] Für neuere Diskussionen dieser Theorie siehe z. B. Schmid 1981a; Rüschemeyer 1982.

1. Durkheims Theorie der sozialen Struktur moderner Gesellschaften 57

ist jedoch die Art der Problematik, die Durkheim für moderne Gesellschaften identifizierte. Diese Identifikation erfolgt nämlich aus einer ganz bestimmten Perspektive bei der Betrachtung der Merkmale der Modernität.

Die Umstellung segmentärer zu organisierten Gesellschaften bedeutet neben 1) einer zunehmenden Spezialisierung einzelner ökonomischer Handlungen vor allem 2) eine zunehmende Verlängerung ökonomischer Handlungsketten und 3) eine strukturelle Ausdifferenzierung ökonomischer Handlungen aus anderen Lebensvollzügen. Daraus jedoch ergeben sich soziale „Probleme" im Sinne von sozialen „Herausforderungen": Ökonomische Handlungen verlieren durch Spezialisierung und durch Marktausweitungen ihre allgemeine Bekanntheit und unmittelbare Überschaubarkeit, und sie verlieren durch die Ausdifferenzierung von funktional spezialisierten Arbeitsstätten ihre Einbettung in lokale und familiare Bezüge. Durch die drei Momente der Spezialisierung, der Generalisierung und der Ausdifferenzierung stellt sich also die Frage, wie dann noch *Inter*aktionen der ökonomischen Akteure untereinander ermöglicht werden können.

M. E. kann man hier, in erster Annäherung, den Kern von Durkheims Auffassung der Problematik moderner Gesellschaften sehen: Wie lassen sich Interaktionen zwischen einerseits voneinander abhängigen, andererseits unterschiedlichen (weil spezialisierten) Akteuren vermitteln? Und dieses Problem nimmt deshalb dramatische Ausmaße an, weil die Bedeutung des sozialen Bereichs, in dem vor allem diese Art der Arbeitsteilung sich zunehmend ausbildet, zugleich derjenige gesellschaftliche Bereich ist, der gesamtgesellschaftliches Primat erworben hat — der ökonomische Sektor. Die Charakterisierung Durkheims als eines „Ökonomisten" kann damit jetzt dahingehend präzisiert werden, daß er im ökonomischen Bereich die zentrale Herausforderung der Einheit moderner Gesellschaften gesehen hat: die zentrale Quelle der Bedrohung ihrer Einheit als „einer" Gesellschaft (A: 41 f.; L: 16 ff.).

Nun ist jedoch noch eine weitere präzisierende Bemerkung zur Charakterisierung von Durkheims Problemdefinition wichtig, die m. E. eine entscheidende perspektivische Weichenstellung bedeutet. Die Spezialisierung, Generalisierung und Ausdifferenzierung ökonomischer Handlungen erlaubt die Thematisierung von mindestens folgenden zwei sehr unterschiedlichen Sachverhalten: 1) Die Tatsache der *Spezialisierung* ökonomischer Handlungen und die damit verbundene Entwicklung längerer ökonomischer Handlungsketten kann in das Zentrum der Analyse gerückt werden; als Problem läßt sich dann die Frage formulieren: Welche Mechanismen vermitteln ökonomische Interaktionen angesichts zunehmender gegenseitiger Abhängigkeit und abnehmender persönlicher Kenntnis der Akteure? Dieses Problem wird noch verschärft durch den Umstand, daß auf traditionelle Mechanismen, die sich als „Hilfen" aus dem familialen und lokalen Kontext in den ökonomischen Bereich übertragen ließen, wegen der Ausdifferenzierung zunehmend weniger zurückgegriffen werden kann. Alte Formen der Vermittlung wären also zu substituieren; worin könnte diese Substitution bestehen? 2) Alternativ kann die Tatsache der *Ausdifferenzierung* des ökonomischen Handelns aus anderen Handlungskontexten als Hauptbezug der Analyse thematisiert werden; die Frage lautet dann: Welche Mechanismen bewirken, daß ein *gesamt*gesellschaftlicher Zusammenhang zwischen den sich womöglich nach je unterschiedlichen Richtungen entfaltenden Handlungsbereichen hergestellt wird[5]? Meiner Ansicht nach hat Durkheim, wie aus seiner oben rekonstruierten politischen Soziologie deutlich wurde, nicht diese zweite Frage der Mechanismen der Integration sich differenzierender Handlungsbereiche behandelt, sondern die erste der genannten Fragen der Substitution von Vermittlungsmechanismen für ökonomische Interaktionen.

Wie hat man diesen Sachverhalt zu beurteilen? M. E. muß man zunächst sehen, *daß* es sich hier um unterschiedliche Fragen handelt, die sich jedoch als *gleichermaßen* fruchtbar erweisen könnten. Daß Durkheim primär am Problem der Interaktionen ungleichartiger Akteure orientiert war und nicht am Problem der Beziehungen unterschiedlicher Lebensbereiche (wie etwa Max Weber[6]) kann man feststellen, mag man vielleicht auch bedauern (wenn man sich selbst für andere Probleme interessiert), ist aber schwerlich zu kritisieren, da ja ein Autor nicht alle Fragestellungen verfolgen kann[7]. Wichtig ist zunächst einmal die Erkenntnis der Unterschiedlichkeit der Problemstellungen. Durkheims Fragestellung bezieht sich auf Interaktionen

---

[5] Ob diese so unterschiedlich zugespitzten Fragerichtungen eine Entsprechung oder Ähnlichkeit mit Lockwoods (1971) Unterscheidung von „Sozialintegration" und „Systemintegration" haben, lasse ich hier offen. Eine positive Antwort würde allerdings aber die Identifizierung von „Sozialintegration" bzw. „Interaktion" mit „persönlichen Primärbeziehungen", „Informalität" und „Lebenswelt" (Habermas 1981b: Kp. VI, vgl. die Kritik von Bohnen 1984) als unglücklich erscheinen lassen. Insofern ist auch die Art, wie Müller (1983) versucht, die Lockwoodschen Kategorien als Interpretationshilfe bei Durkheim zu verwenden, nicht überzeugend.

[6] Schwerlich kann man sich bei Durkheim eine Problemexposition auch nur vorstellen, wie sie Max Weber (1963) in dem Aufsatz „Theorie der Stufen und Richtungen religiöser Weltablehnung" entwickelt hat!

[7] Bei dieser Einschätzung gehe ich vom Primat solcher Fragestellungen aus, die explikativ orientiert sind; diese *müssen* sich ja stets um „Verengungen", d. h. um Präzisierungen der aufzuklärenden Sachverhalte bemühen. Zu einem anderen Urteil kann man vielleicht kommen, wenn man es als Aufgabe nachvollziehen kann, ein „umfassendes" konzeptuelles Rückrat für die Soziologie zu entwerfen. Typisch dafür ist die Art, wie Parsons (mit Durkheim und anderen Klassikern) verfährt. Aber z. B. auch Poggi (1972: 242) bemerkt „kritisch" zu Durkheim, daß sich dessen Ansatz nur für *bestimmte* Probleme eigne. Ich neige dazu, dies als Vorteil anzusehen; allerdings enthält dies die Aufforderung, sich um die genaue Ermittlung der Reichweite und Grenzen solcher „verengten" Ansätze zu bemühen.

1. Durkheims Theorie der sozialen Struktur moderner Gesellschaften 59

im Kontext von Arbeitsteiligkeit, speziell auf die Vermittlung ökonomischer Interaktionen — statt auf die Beziehungen zwischen verschiedenen Lebensbereichen. Kritisch zu beurteilen ist m. E. also nicht diese Fragestellung selbst, wohl aber eventuell Durkheims Antwortversuch auf diese seine Frage. Und tatsächlich zeigen sich hier gewisse Schwierigkeiten. Diese ergeben sich m. E. aus der Durkheimschen Fassung der Annahme, wonach in modernen Gesellschaften dem ökonomischen Handlungsbereich der Primat zukommt.

Im Prinzip ist ja das Thema, wie ökonomische Interaktionen im Kontext von Spezialisierung, Generalisierung und Ausdifferenzierung vermittelt werden, theoretisch unabhängig von der Frage des gesamtgesellschaftlichen Gewichtes; die Vermittlungsfrage läßt sich auch dann stellen, wenn man im ökonomischen Sektor im Vergleich zu anderen Sektoren nicht den dominierenden Handlungsbereich sieht. Geht man jedoch von der Annahme der Dominanz aus, dann führt dies zwar nicht logisch zwingend, aber doch suggestiv zu der Perspektive, die Analyse der Beziehung zwischen ökonomischen und nicht-ökonomischen Elementen 1) nicht nur in Termini von „Angemessenheit" oder „Nicht-Angemessenheit" der nicht-ökonomischen Momente für die ökonomischen zu formulieren (z. B. in Form der Frage, ob die Art der Berufsgruppen dem Ausmaß der ökonomischen Arbeitsteiligkeit „entspricht"), sondern 2) die Analyse nach Feststellung des Angemessenheitsverhältnisses als beendet zu betrachten, und insbesondere also keine systematischen Untersuchungen der Bedingungen vorzunehmen, die Unangemessenheit hervorbringen.

Die hier gemeinte abstrakt formulierte Problematik führt in Durkheims Soziologie moderner Gesellschaften mit ihrem Bezug auf die Frage der Vermittlung ökonomischer Interaktionen zu einer gewissen perspektivischen Verengung. Wie in Kp. II bereits gezeigt, arbeitet Durkheim mit der Vorstellung von drei Ebenen sozialer Organisierung, die durch drei Arten von Akteuren gebildet werden, nämlich primäre (besonders ökonomische) Akteure, sekundäre Akteure (z. B. Berufsgruppen) und Staat. Diese Konzeption ermöglicht die Formulierung der Frage nach der Rolle des „institutionellen Überbaus" von Berufsgruppen und Staat für die Interaktionen der primären ökonomischen Akteure. Die Beantwortung dieser Frage kann in der Form erfolgen, daß man die Art der Ausprägung der sekundären Akteure und des Staats im Hinblick auf die ökonomischen Akteure als angemessen oder unangemessen beschreibt. Konstellationen der Unangemessenheit liegen etwa vor, wenn funktional spezialisierten ökonomischen Akteuren regional orientierte Berufsgruppen gegenüberstehen, oder wenn neben ökonomischen Akteuren, die an friedlicher Produktion und Handel orientiert sind, ein international aggressiver Staat existiert. Es widerspricht *nicht* der Annahme des gesamtgesellschaftlichen Primates der Ebene der primären Akteure, wenn man solche Diskrepanzen feststellt und wenn man die Hypothese formuliert (und ihre Präzisierung sowie ihre empirische Untersuchung zum wissenschaftlichen Programm erhebt), daß solche Diskrepanzen die Wirkung haben können, die Entfaltung der ökonomischen Interaktionen zu hemmen; gerade für Durkheim ist ja charakteristisch, daß er zugleich das ökonomische Primat und die zentrale Bedeutung nicht-ökonomischer Momente betont. Aber die Primatsannahme drängt doch die systematische Analyse der *Ursachen* dafür in den Hintergrund, daß solche Diskrepanzen entstehen und sich erhalten können. Ein Teil dieser Ursachen kann nämlich auf den Ebenen der sekundären Akteure bzw. des Staates vermutet werden; es erscheint deshalb wichtig, ihrer Ermittlung prinzipiell ein großes Gewicht einzuräumen. Im Schatten der Prioritätsannahme droht eine solche intensive Analyse aber zu unterbleiben. Auch wenn sich also die Problem*stellung* auf die Frage der Bedingungen der Interaktionen strukturell unterschiedlicher, nicht-autarker Akteure bezieht (statt auf die Beziehung zwischen unterschiedlichen gesellschaftlichen Bereichen), so kann es sich für die Problem*lösung* als entscheidend herausstellen, Konzeptionen über diese unterschiedlichen Handlungsbereiche zu erarbeiten. Verzichtet man auf derartige Ausarbeitungen, dann verengt sich der Erkenntniswert von Analysen auf die Frage relativer „Angemessenheiten".

Ein Beispiel dafür ist etwa Durkheims Behandlung des alten Gilde-Systems. Durkheim bemerkt, daß alle Institutionen — so auch die Gilden — im Laufe der Zeit einen Realitätsverlust erleiden könnten (L: 31, A: 52). Er verfügt aber über keine Kategorien, mit deren Hilfe sich solche Diskrepanzen zwischen den Berufsgruppen und den sozialen Akteuren analysieren ließen. Durkheim impliziert, *daß* die höheren Ebenen sozialer Organisation von der „Basis" her gesehen „verselbständigt" sein können; er liefert aber keine Analyse der Bedingungen und der Prozesse, die eine solche Verselbständigung bewirken. Hier zeigt sich eine Gefahr der Vorstellung von „Ebenen", wenn diese als stets aufeinander bezogen gedacht werden, wobei der primären Ebene das Primat zugeschrieben wird. Zwei fragwürdige Aspekte seien genannt. Zunächst ist die Vorstellung einer prinzipiellen thematischen Entsprechung im Verhältnis der unterschiedlichen Handlungsebenen zueinander bedenklich. Weshalb soll man annehmen, daß es der Regelfall ist, daß z. B. Berufsgruppen sich stets gerade mit denjenigen Themen beschäftigen, die — etwa — Unternehmer und Arbeitnehmer berühren? Zweitens neigt Durkheim — „soziologistisch" — dazu, die Entstehung von Handlungsthematiken einseitig den Akteuren der sozio-ökonomischen Ebene zuzuschreiben. Danach erscheinen die Akteure des „Überbaus", also sekundäre Gruppen und Staat, als „Reflex" der Art der Ausprägung und der Geschwindigkeit der Veränderung der sozio-ökonomischen Struktur bzw. es wird gefordert, daß sie ein solcher Reflex seien. Die Möglichkeit von „Reflexionen" in umgekehrter Richtung gerät jedoch dann entweder aus dem Blick, oder sie kann nur als „Störung" bezeichnet werden,

1. Durkheims Theorie der sozialen Struktur moderner Gesellschaften   61

und jedenfalls steht für eine systematische Analyse solcher Phänomene kein Instrumentarium bereit[8]. Dabei sind die beiden eben genannten Annahmen unnötig restriktiv. Es erscheint vielmehr ratsamer, das Ausmaß der thematischen Entsprechung als prinzipiell variabel anzusehen, so daß Situationen hoher Entsprechung nicht als Normalfälle, sondern eher als Sonderfälle erscheinen. Und mit der Möglichkeit, daß auf höheren Handlungsebenen Themen ganz eigener Art entstehen können, sollte ebenfalls gerechnet werden. Diese beiden Feststellungen legen es daher nahe, das Verhältnis von Handlungsebenen eher im Sinne von Relationen zwischen „Sub-Systemen" zu verstehen, die u. U. jeweils ganz eigene Probleme entwickeln und behandeln und sich deshalb auch von einander verselbständigen können.

Ein weiteres Beispiel führt zur gleichen Schlußfolgerung. Bei der Diskussion der Grenzen staatlicher Regulierungsfähigkeit verweist Durkheim oft auf die „Ferne" des Staates zum Wirtschaftsleben[9]; nicht diskutiert wird jedoch eine andere mögliche Ursache, nämlich die u. U. andere Handlungslogik des Staates, etwa eine andere Wertstruktur und Verfahrensform; diese kann den Staat zu Themen oder zu einer Art des Umgangs mit ihnen zwingen, die den ökonomischen Akteuren nicht angemessen erscheint.

Durkheim neigt also dazu, die Relationen zwischen den „Ebenen" der sozialen Organisation durch *identische* Themen — besonders ökonomische — zu konstruieren und auf eine genauere Analyse der möglichen *autonomen* Dynamik auf den Ebenen der einzelnen Berufsgruppen, der Relationen der Berufsgruppen untereinander und des Staates zu verzichten[10]. Hier liegt

---

[8] Bei Durkheim findet die Vorstellung, wonach sich gegenüber etwas wie einer sozialen „Grundstruktur" von Gesellschaften „Epiphänomene" (zu denen auch Politik gehört) unterscheiden lassen, sowohl Eingang in seine Versuche zur Konstruktion von Typen von Gesellschaften (s. R: Kap. 4) als auch in seine praxeologischen Vorstellungen. In letzterer Hinsicht ist die etwas pauschal verwendete Formel bezeichnend, wonach ein Soziologe nur *generelle* Gesetze und Angemessenheiten ermitteln könne, es aber den sozialen Akteuren überlassen sein müsse, konkrete institutionelle und organisatorische Regelungen zu erfinden und zu etablieren. Diese vielleicht sympathisch wirkende Zurückhaltung könnte jedoch theoretisch-konzeptuelle Probleme über die Relation zwischen verschiedenen Handlungsbereichen verdecken. (Eine berühmt gewordene Abweichung Durkheims selbst von diesem Muster stellt der Aufsatz „Deux lois de l'évolution pénale" (1901a) dar, in dem er auf Indifferenzen zwischen gesellschaftlichen Entwicklungsniveaus und politischer Herrschaft verweist.)

[9] Vgl. z. B. A: 68; S: 443.

[10] Nimmt man noch den Umstand hinzu, daß Durkheim auch keine genauere Analyse der strukturellen Art der ökonomischen und gesellschaftlichen Akteure entwickelt hat (worauf noch einzugehen sein wird), so ergibt sich der Eindruck, daß Durkheim zwar gesellschaftliche Bereiche (ebenenartig) unterscheidet, daß aber eine nähere Charakterisierung der für diese Bereiche konstitutiven Akteure weitgehend ausbleibt. Die zentralen Kategorien von Handlungseinheiten, auf die Durkheim immer wieder zurückgreift, sind „Individuen" und „Gruppe", wobei Gruppe häufig synonym mit „Gesellschaft" verwendet wird.

einer der wesentlichen Unterschiede zwischen Durkheim und Max Weber; Durkheim hat eben keine Analyse der Eigengesetzlichkeit von Komplexen organisierter Akteure (speziell von Berufsgruppen und von politischen Akteuren) vorgenommen und von *daher* auch die Relation solcher Organisationen und der Politik zur Gesellschaft, vor allem zur Ökonomie, untersucht; vielmehr hat er solche Organisationen und die Politik als „institutionellen Überbau" betrachtet und instrumental auf die Frage der Regulierung (speziell der Ökonomie) verengt.

Die relative Vernachlässigung der Analyse von Organisationen und von Politik als eigene Handlungsbereiche erschwert aber womöglich auch die Suche nach Antworten auf Durkheims eigenes Problem, nämlich das Problem der Fähigkeiten — *und Grenzen!* — der Verwendung von Berufsgruppen und von Politik als Regulierungsmechanismen im Hinblick auf gesellschaftliche Interaktionen. Organisationsspezifische oder politikspezifische Umstände könnten ja deren Regulierungspotential systematisch mitbestimmen[11].

Allerdings jedoch ist zu wiederholen, daß diese kritische Bemerkung in keiner Weise impliziert, daß Durkheims *Fragestellung* (nach den Bedingungen von Interaktionen zwischen arbeitsteilig differenzierten Akteuren) problematisch wäre. Vielmehr ist es Durkheim hier gelungen, ein zentrales soziologisches Problem (mit besonderer Bedeutung für moderne Gesellschaften) zu identifizieren und zu isolieren und mit dem Hinweis auf die „Regulierung" sozialer Interaktionen eine Perspektive zur Lösung dieses Problems zu eröffnen. Eben dieses Problems und seiner Fruchtbarkeit wegen wird ja hier auch vorgeschlagen, das Durkheimsche Thema als einen der möglichen Bezüge auch für die Korporatismusforschung zu verwenden.

c) *Normale und pathologische Interaktionen*

Im Anschluß an diese Überlegungen zur Frage der Auswahl und der analytischen Spezifizierung der Regulierungsproblematik als Funktionsbezug der Berufsgruppen stellt sich das Problem der Formulierung und Erfassung von „Dimensionen der Variation" innerhalb des selegierten und spezifizierten Handlungsbereichs. Dabei können solche Variationen faktisch auftreten (also etwa Nationen durch starke bzw. durch schwache Klassenkonflikte gekennzeichnet sein) oder aber hypostasiert werden (also etwa in Form des Argumentes, daß — gäbe es zum Beispiel keine liberalen Parteien — der Klassenkonflikt in den entsprechenden Ländern schärfer wäre). Auch hier kann man sich natürlich auf den Standpunkt stellen, allein dem persön-

---

[11] Eben dies sind beides zentrale Themen von Max Webers Wirtschafts- und politischer Soziologie.

1. Durkheims Theorie der sozialen Struktur moderner Gesellschaften   63

lichen Interesse des Forschers käme es zu, sich für die Thematisierung z. B. des Ausmaßes der Klassenspannung zu entscheiden. Die Frage ist jedoch, ob es nicht Selektionsgesichtspunkte gibt, die einen etwas weniger idiosynkratischen Charakter haben (vgl. Merton: 1965). Jedenfalls liegt hier das systematische Problem vor, daß Soziologie als Gesellschaftsdiagnose explizierter Dimensionen bedarf, in bezug auf die sie Gesellschaften beschreiben kann. Man kann beispielsweise ökonomisches Verhalten nach seiner Produktivität betrachten und also differenzielles Wirtschaftswachstum als zentrale „abhängige Variable" verwenden. Durkheim selbst hat dies abgelehnt (L: 21 f.). Wie hat er sich positiv diesem Problem gegenüber verhalten? Die Antwort wurde bereits angedeutet und ist jetzt näher auszuführen. Zur Charakterisierung von Interaktionen verwendet Durkheim die Unterscheidung von „Normalität" und „Pathologie"[12]. Der Bezug der Regulierungsproblematik kann damit also als die Frage formuliert werden, von welchen Umständen es abhängt, ob (speziell ökonomisches) Verhalten und Interagieren eine „normale" oder eine „pathologische" Ausprägung annimmt. Die Frage der „regulativen Funktionen" der Berufsgruppen wird damit zur Frage der Effekte, die diese Akteure für die normale bzw. pathologische Ausprägung speziell auch ökonomischer Interaktionen besitzen[13].

Nun ist diese Unterscheidung von Normalität und Pathologie in der Literatur scharf kritisiert worden (s. z. B. Lukes 1975: 28-30; Giddens 1971a: 506-508; Coser 1960; Parsons 1949: 372-75; Tenbruck 1981: 344). Ist dies gerechtfertigt? Durkheim schwebte m. E. vor, über die Ermittlung von sozialen Typen und typischen Entwicklungsrichtungen Kriterien zur Beurteilung der Normalität bzw. Gesundheit oder der Pathologie sozialer Phänomene zu entwickeln. Ganz abgesehen von den Problemen, die bei der Konstruktion solcher Typen entstehen (vgl. Kap. 4 der „Regeln") und die sich in Situationen verschärfen, bei denen sich Typen von Gesellschaften verändern, kommt es dabei vor allem zu einer unzulässigen Verquickung von normativen und kognitiven Aussagen. Außerdem ist die Unterscheidung normal/pathologisch bei Durkheim schon deswegen etwas eigentümlich, weil sich aus

---

[12] Durkheim hat diese Unterscheidung ausführlich im 3. Kapitel seiner „Regeln" entwickelt. Zentrale einschlägige Argumente finden sich bereits in der (in späteren Auflagen stark gekürzten) Einleitung zur ersten Auflage der „Arbeitsteilung" von 1893 (1964 a, 411-435). Interessanterweise vermutet Nisbet (1975: 190, FN 6), daß Durkheim diese Kürzung u. a. deshalb vornahm, um das Gewicht des Vorwortes zur 2. Auflage über die Berufsgruppen zu erhöhen. — Daß die deutsche Ausgabe von 1977 nicht hierin der amerikanischen folgte und die für das Verständnis von Durkheim wichtigen Passagen der Einleitung zur ersten Auflage als Anhang übernahm ist nur eine ihrer vielen Bedauerlichkeiten. (Zur detaillierten Kritik der deutschen Ausgabe vgl. Alber 1981.)

[13] Klassifikatorisch bedeutet dies, daß man mit Durkheim also 4 Typen von Gesellschaften unterscheiden kann, die sich aus der Kombination der beiden Dimensionen segmentär/organisiert und normal/pathologisch ergeben.

seiner Darstellung implizit ergibt, daß all die modernen Gesellschaften, die er betrachtete, in zentralen Aspekten nicht als normal, sondern als pathologisch zu diagnostizieren waren — womit er seine zentrale These, *daß* hohe Arbeitsteilung vereinbar mit, ja Quelle von Solidarität sei, selbst stark relativiert, wenn nicht gar unterminiert (vgl. z.B. Friedmann 1956).

Auf der anderen Seite gibt es jedoch mindestens zwei Gründe, diese Kritik nicht so zu überziehen, daß der potentielle Gewinn, der in Durkheims Vorstellungen über Normalität und Pathologie liegt, nicht genutzt wird. Eine erste Überlegung bezieht sich darauf, in welcher Weise die Kategorien von Normalität und Pathologie in Durkheims Analysen eingehen. Dazu ist festzustellen, daß diese Konzepte oft zugleich eine werthaltige wie eine kognitive Komponente besitzen. „Normalität" bezieht sich — werthaltig — auf Sachverhalte, die man akzeptierend hinnehmen oder aktiv fördern „soll", da sie für die „Gesundheit" des sozialen Zusammenhangs notwendig oder nützlich seien; zugleich aber werden diese Sachverhalte auch kognitiv-empirisch in dem Sinn behandelt, daß Durkheim die These vertritt, diese Sachverhalte seien empirisch möglich und nach den gegebenen oder evolutionär sich herausbildenden sozialen Bedingungen sogar typisch und wahrscheinlich[14]. Hier kann nun zwar kritisch eingewandt werden, daß aus der Behauptung, ein Sachverhalt habe eine gesundheitsförderliche oder -unabdingbare Bedeutung (wie immer „Gesundheit" in bezug auf soziale Tatbestände spezifiziert sein mochte), logisch nicht abgeleitet werden kann, daß man sich deshalb für diesen Sachverhalt einzusetzen habe — weil ja die Verpflichtung auf Gesundheit ein normatives Postulat darstellt, dem man sich nicht unterwerfen muß. Aber aus diesem Ansatz eröffnen sich m. E. doch zwei interessante Frageperspektiven. Erstens stellt sich ja die Frage, ob die Phänomene, zu deren Unterstützung Durkheim aufruft (z. B. die Akzeptierung und Förderung der Arbeitsteilung; die Unterstützung des moralischen Individualismus[15]) tatsächlich Sachverhalte sind, die sich unter bestimmten sozialen Bedingungen herausbilden. Das aber bedeutet dann ja nichts anderes, als daß bei Durkheim „Werte" und bewertete Sachverhalte als *Gegenstände der Analyse* fungieren, um deren Beschreibung und Erklärung er selbst sich bemüht und Soziologen generell sich legitim bemühen. Zweitens handelt es sich ebenfalls um ein kognitives Problem, zu ermitteln, ob die von Durkheim angenommene Gesundheitsrelevanz solcher Phänomene tatsächlich vorliegt oder nicht, ob also, instrumentell formuliert und auf ein Beispiel bezogen, Berufsgruppen tatsächlich geeignete Kandidaten sind, um z. B. Regie-

---

[14] Es muß aber daran erinnert werden, daß „Normalität" nicht *stets* mit „Schätzung" korrespondiert. Das prägnanteste Gegenbeispiel Durkheims ist ja seine These, daß eine gewisse Rate an Kriminalität als „normal" betrachtet werden müsse; gleiches gilt für bestimmte Raten an Selbstmord. (Vgl. R: 155-64, vgl. S: 428 f.)

[15] Prägnant formulierte Durkheim seine eigene Position zu dieser Frage in seiner Intervention in der Dreyfus-Affäre (Durkheim 1970k).

1. Durkheims Theorie der sozialen Struktur moderner Gesellschaften 65

rungen über ökonomische Sachverhalte zu informieren. Beides zusammen — die Frage der Genese bewerteter Sachverhalte und die Frage der Funktion solcher Sachverhalte — steht nicht nur nicht im Widerspruch zu Max Webers Postulat der Wertfreiheit[16]; vielmehr regt es auch zu einer Art der soziologischen Behandlung von Werten an, die größeres Interesse beanspruchen kann als alle groben und feineren „ideologie-kritischen" Versionen, bei denen Werte bloß als Maßstäbe fungieren, in bezug auf die Realitätsdeskriptionen auf Diskrepanzen befragt werden, und bei denen weder diese Wertmaßstäbe selbst noch die behaupteten Phänomene der Realität in systematischer Weise als Objekte von Erklärungen behandelt werden. Durkheim selbst hat sich von *dieser* Art der Analyse in Form normativer Oktrois explizit (als transzendental, mystisch, sentimental, unwissenschaftlich) distanziert (1964a: 435).

Aus einem zweiten Grund sind Durkheims Konzepte von Pathologie und Normalität von Interesse; denn im Zusammenhang ihrer Anwendung auf Handlungen und Interaktionen spezifiziert er sie nach Merkmalsdimensionen, die für die Frage wichtig sind, wie sich Handlungen differenzierter analysieren lassen als einzig mit Hilfe der Unterscheidung segmentär/organisiert. Daher sollten diese Dimensionen in die Kritik der Unterscheidung normal/pathologisch nicht pauschal eingeschlossen werden; sie verdienen vielmehr eine inhaltliche Würdigung.

In dem Buch über die Arbeitsteilung identifiziert Durkheim „normale" Zustände von Gesellschaften mit einem hohen Ausmaß von Solidarität, „pathologische" dagegen mit einem niedrigen. Auf pathologische und normale Gesellschaften segmentären Typs muß insofern nicht näher eingegangen werden, als es in dieser Arbeit ja um die Herausarbeitung von Bezugspunkten für die Diskussion des Neokorporatismus geht, der sich per Definition auf „moderne" Gesellschaften bezieht. In modernen Gesellschaften herrschen pathologische Zustände dann, wenn Solidarität nicht realisiert ist. Dabei bedeutet Solidarität das Ausmaß, in dem Individuen mit sich selbst und mit anderen Individuen „harmonisch" umgehen, also Selbst- und Fremdschädigungen gering und gegenseitige Förderungen ausgeprägt sind, und in dem insbesondere der Hobbessche Zustand des Krieges aller gegen alle vermieden ist. (Parsons (1949) spricht hier von dem „Problem der Ordnung" bei Durkheim, 307, FN 2; 313 ff.). Aus Durkheims Soziologie kann man also neben seiner Klassifikation von Gesellschaften nach segmentärem oder organisiertem Typ Vorschläge über Dimensionen der Variation innerhalb dieser Typen entnehmen. Diese lassen sich nun nicht nur unter normativen Gesichtspunkten diskutieren — im Hinblick auf Gründe für die Wünschbarkeit von Ordnung oder von Unordnung —, sondern auch als Spezifikationen von Erklärungsproblematiken verwenden. Auf der Ebene der Interaktionen

---

[16] Vgl. auch dazu: Wilson 1973: XXI.

sind dabei die wichtigsten dieser Dimensionen 1) die Intensität, d. h. die Menge und die Geschwindigkeit oder Flüssigkeit von Interaktionen, 2) die Konfliktivität in Interaktionen, die bis zur Schädigung, ja Zerstörung des sozialen Gegenübers reichen kann (z. B. bei ruinösem Wettbewerb und bei Klassenkämpfen), und 3) die Zufriedenheit und affektive Identifikation der Akteure mit den Interaktionen, an denen sie teilnehmen.

d) Durkheims Fragestellung

Damit kann die Durkheimsche Fragestellung im Hinblick auf moderne Gesellschaften abschließend umschrieben werden. Durkheim interessiert sich für das Problem, wovon es im Kontext von Arbeitsteiligkeit, d. h. bei zugleich sowohl sozialer Unterschiedlichkeit als auch gegenseitiger Abhängigkeit von Akteuren (wobei ökonomischen Akteuren eine prominente Rolle zugeschrieben ist), abhängt, welche Intensität, Konfliktivität und Affektivität die Beziehungen der spezialisierten Akteure aufweisen.

Betrachtet man diese Fragestellung, dann wird klar, daß hier ein sehr allgemeines Problem für die Soziologie formuliert ist. Zwei Aspekte seien betont. Erstens: Durkheims Fragestellung nimmt Bezug auf ein gerade als für die Moderne konstitutiv geltendes Merkmal — Arbeitsteiligkeit — und verknüpft dieses mit Aspekten von Interaktionen — deren Intensität, Konfliktivität, emotionale Ausprägung —, die ihrerseits ebenfalls einen sehr allgemeinen Charakter haben. Von daher gesehen erscheint diese Fragestellung nicht etwa als zeitbezogen, antiquiert, als von bloß historischem Interesse, sondern als „klassisch" in dem Sinn, daß sie als Bezug und Rahmen der Orientierung und Einschätzung auch aktueller soziologischer Forschungen verwendet werden kann. Durkheims Problem bleibt als soziologisches Programm aktuell gültig.

Zweitens: Die hohe Abstraktheit von Durkheims Fragestellung gestattet ihre Spezifizierung im Hinblick auf unterschiedliche konkrete soziale Sachverhalte. Dazu können auch die Phänomene gehören, für die sich die Korporatismus-Forscher interessieren — etwa also „industrielle Beziehungen" und die intervenierende politische Steuerung ökonomischer Prozesse. Ausgehend von einem Interesse an bestimmten konkreten sozialen Akteuren und sozialen Ereignissen und ausgehend von der Suche nach einer strukturierenden Fragestellung ergibt sich hier die Anregung, z. B. die Akteure auf dem Arbeitsmarkt in bezug auf deren arbeitsteilige Spezialisiertheit zu charakterisieren und dann nach den Bedingungen zu forschen, die variierende Ausprägungen an Intensität, Konfliktivität und Affektivität der industriellen Beziehungen zur Folge haben.

Nach dieser Charakterisierung von Durkheims Fragestellung ist als nächstes zu ermitteln, welche Perspektiven und Vorstellungen Durkheim zur Beantwortung entwickelt.

2. Durkheims Erklärungsansatz: Arten normativer Muster

Will man in einem Satz zusammenfassen, wie Durkheim die Frage nach den Determinanten der Ausprägungen der Interaktionen zwischen arbeitsteilig differenzierten sozialen Akteuren zu beantworten versucht, dann kann man sagen: Durkheim verweist zur Erklärung normaler oder pathologischer interaktiver Phänomene auf normative Verhältnisse.

Nun ist dies offensichtlich nicht als abschließende Antwort, sondern als Eröffnung einer Perspektive zu betrachten, die es nötig macht — aber eben auch gestattet — weitere Fragen anzuschließen. Einer Reihe solcher Anschlußfragen ist Durkheim selbst nachgegangen; andere hat er höchstens knapp berührt. Eine erste solche Anschlußfrage bezieht sich auf die sozialen Akteure. Bisher wurde ja festgestellt, daß sich Durkheims Fragestellung auf die Ausprägung von Interaktionen zwischen arbeitsteilig differenzierten Akteuren richtet. Die allgemeine Rede von Interaktionen und ihren Ausprägungen könnte nun dadurch zu konkretisieren versucht werden, daß man die Arten von Akteuren näher analysiert, die Träger dieser Interaktionen sind. In dieser Hinsicht finden sich bei Durkheim überraschenderweise nur wenige Anknüpfungspunkte. Durkheims morphologische Kategorien beziehen sich fast ausschließlich auf die makrosoziologische Ebene der Unterscheidung von Gesellschaftstypen (segmentär; organisiert), nicht aber auf die Ebene der Unterscheidung von Arten von primären sozialen Handlungseinheiten. Als solche primären Handlungseinheiten betrachtet Durkheim z. B. Tatsachen wie Individuen, Familien, Unternehmen, ökonomische Klassen. Er bemüht sich jedoch nicht um eine systematische Ordnung dieser heterogenen Phänomene. Insbesondere fehlt bei kollektiven Akteuren wie Unternehmungen eine Diskussion von Arten von Binnenstrukturen; Durkheim spricht hier lediglich sehr pauschal von der zunehmenden Bedeutung der „großen Industrie" und den Merkmalen der Spezialisierung und der nationalen Orientierung. Diese Beschränktheit ist einerseits insofern verwunderlich, als ja die konkrete Struktur der Akteure von nicht zu vernachlässigender Bedeutung für die Formen der Interaktion der Akteure untereinander sein dürfte. Auf der anderen Seite ist dieses Versäumnis von Durkheim aber auch verständlich. Es dürfte aus seiner Auseinandersetzung mit Markttheoretikern — vor allem mit Spencer — herrühren. Deren typische Nichtthematisierung der Struktur der Marktteilnehmer spiegelt sich auch bei Durkheim; Durkheims Kritik an diesen Theoretikern bezog sich nicht auf die Frage des

Charakters der Akteure, sondern auf die Frage der normativen Voraussetzungen von ausgeglichenen Marktkonstellationen und deren pathologische Gefährdungen.

Dennoch ist dieser Mangel einer Strukturanalyse von Akteuren festzuhalten. Mit einer solchen Strukturuntersuchung der sozio-ökonomischen Akteure könnte eine Analyse von Handlungsproblemen verbunden werden; dabei käme es darauf an, in konkreter Weise die Arten von Herausforderungen und Dilemmas zu erfassen, denen sich die sozio-ökonomischen Akteure gegenübersehen. Bei Durkheim finden sich auf allgemeiner theoretischer Ebene dazu gleichfalls kaum Erörterungen; man kann jedoch, wie sich zeigen wird, aus der Rekonstruktion der von ihm analysierten einzelnen empirischen Phänomene (wie Konkurrenzkampf, Klassenkampf, Verteilungs- und Rekrutierungsprobleme) einige Anknüpfungspunkte gewinnen[17].

Eine zweite Anschlußfrage drängt sich auf. Wenn als Problem die Erklärung unterschiedlicher Ausprägungen von Interaktionen spezifiziert ist, und wenn man als Erklärungsperspektive auf die normative Ordnung verweist, dann wird es nötig, variierende Ausprägungen auch dieser normativen Ordnung zu konstruieren; denn nur solche normativen *Varianzen* können ja für interaktive Varianzen verantwortlich sein. *Diesem* Problem hat sich Durkheim ausführlich gewidmet; seine entsprechenden Vorstellungen sind zentral für die hier interessierende Problematik der „Regulierung" von Interaktionen und deshalb in dieser Arbeit noch ausführlich zu würdigen. Im Augenblick genügt es, beispielshalber auf die Konstruktionen hinzuweisen, die Durkheim in der „Arbeitsteilung" entwickelt hat[18]. Dort arbeitet Durkheim im Hinblick auf moderne Gesellschaften mit vier Arten normativer Konstellationen, die sich in dem nebenstehenden Schema zusammenfassen lassen.

Eine dritte Anschlußfrage bezieht sich auf die Probleme, wie solche normativen Ordnungen gesetzt werden und Geltung erlangen können. Durkheim vertritt dazu die These, daß normative Ordnungen nicht sozusagen „aus sich selbst" entstehen, wirksam werden und wirksam bleiben können, sondern daß sie „der Gesellschaft" als ihres Trägers bedürfen. Dies ist der generelle theoretische Hintergrund, vor dem Durkheims Diskussion der Berufsgruppen zu betrachten ist. Es handelt sich hier um den Versuch, das

---

[17] Einen allgemeinen Vorschlag zur Analyse von Handlungsherausforderungen für Akteure bietet Talcott Parsons mit seinen vier Systemproblemen der Strukturerhaltung, Zielerreichung, Integration und Adaption an. Sie können als Achsen verstanden werden, um die sich bestimmte Interaktionen kristallisieren.

[18] Unten wird auch Durkheims Versuch der Konzeptualisierung normativer Konstellationen im „Selbstmord" dargestellt; dabei wird die These vertreten, daß die Ansätze in der „Arbeitsteilung" und dem „Selbstmord" in einigen wichtigen Punkten voneinander abweichen.

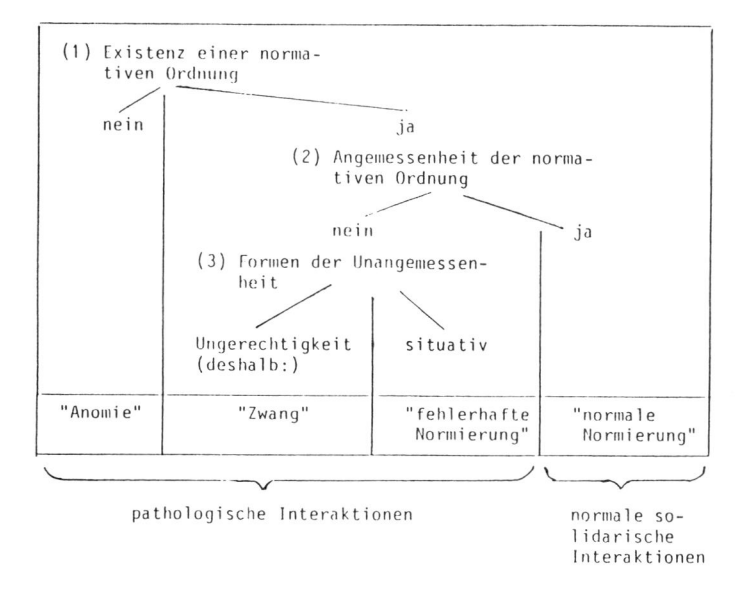

2. Durkheims Erklärungsansatz: Arten normativer Muster

Normative Konstellationen in modernen Gesellschaften
(orientiert an der "Arbeitsteilung)

```
(1) Existenz einer norma-
    tiven Ordnung
     /              \
   nein              ja
                    (2) Angemessenheit der norma-
                        tiven Ordnung
                         /           \
                       nein           ja
                    (3) Formen der Unangemessen-
                        heit
                       /        \
                 Ungerechtigkeit  situativ
                 (deshalb:)
```

| "Anomie" | "Zwang" | "fehlerhafte Normierung" | "normale Normierung" |

pathologische Interaktionen   normale so-
                                           lidarische
                                           Interaktionen

globale Problem der Regulierung von arbeitsteiligen, speziell ökonomischen Interaktionen durch die Spezifizierung bestimmter einzelner normativ relevanter „regulativer Akteure" zu konkretisieren.

Diese Art der Konzeptualisierung des Problems der Regulierung hat eine wichtige Implikation; es ergibt sich nämlich, daß das Regulierungsproblem der Erklärung von normalen bzw. pathologischen Interaktionsausprägungen der ökonomischen Akteure auf mehreren Ebenen zu behandeln ist. Drei Ebenen sind zu unterscheiden: Erstens ist die Relation zwischen normativen Konstellationen und normrelevantem Handeln zu thematisieren; hier stellt sich die Frage, von welchen Bedingungen es abhängt, ob das Verhalten der sozialen Akteure normkonform ausfällt oder nicht. Berufsgruppen interessieren hier in bezug auf ihre Fähigkeit oder Unfähigkeit, zur Normkonformität der sozialen Akteure beizutragen. Man kann auch sagen, daß es sich hier um das Problem der „Effektivität" der Steuerung der Akteure durch die (Normen der) Gesellschaft handelt; dabei wird Effektivität im Sinne von durchgesetzter Normgeltung verstanden (= „Problem der Akzeptanz" durch die sozialen Akteure).

Zweitens stellt sich die Frage der Relation zwischen norm-relevantem Verhalten und normalen bzw. pathologischen interaktiven Phänomenen (= „Problem der Pathologisierung"). Bei Durkheim gibt es *keine* definitorische

Identifizierung von Konformität mit Normalität bzw. von Devianz mit Pathologie (vgl. z. B. 1973e: 93, 106; 1976b: 88, 114 f.). Vielmehr sieht er hier getrennte Probleme. Diesen Umstand kann man dazu nutzen, Durkheim normative „humanistisch-praktische" Intentionen zuzuschreiben (vgl. z. B. Marks 1975: 1493 f.); man kann ihn aber auch zum Ausgangspunkt der Formulierung soziologischer Probleme machen. Es stellt sich dann nämlich die Aufgabe, die Beziehung zwischen Konformität und Devianz gegenüber bestimmten normativen Mustern einerseits und pathologischen bzw. normalen Interaktionen andererseits theoretisch und empirisch zu erforschen. Das bedeutet dann, daß die *Mechanismen und Prozesse* expliziert werden müssen, die bewirken, daß und wann aus konformen bzw. aus devianten Verhaltensweisen normale bzw. pathologische interaktive Phänomene resultieren. Besondere Bedeutung hat dabei die Konstellation, bei der norm-*konformes* Verhalten zu *pathologischen* Interaktionen der Akteure führt. Wenn Individuen hier in „krankhafter" Weise mit sich selbst und ihren Interaktionspartnern umgehen (z. B. sich selbst- oder fremdzerstörerisch verhalten), dann ist dies *nicht* den Individuen zuzuschreiben (die sich etwa dem Einfluß der Gesellschaft verweigerten), sondern dann ist dies das Resultat einer „kranken" Gesellschaft, die „falsch programmiert". Während man beim zuerst genannten Problem der Akzeptanz, d. h. der Effektivität der Durchsetzung normativer Regelungen, also Gesellschaften danach unterscheiden kann, ob sie „stark" oder „schwach" sind, lassen sich in bezug auf die Art der Richtung der Regelung Gesellschaften danach unterscheiden, ob sie „gesund" oder aber „krank" sind (was sich darin äußert, ob sie die unter ihrem Einfluß befindlichen Individuen „gesund" oder „krank" machen).

Drittens ist die Relation zwischen regulativen Akteuren (wie Berufsgruppen) und normativen Konstellationen zu thematisieren, denn die Regulierung wird ja als durch die normative Ordnung vermittelt gedacht. Die Fähigkeit von Berufsgruppen, das Verhalten der primären Akteure zu regulieren, besteht hier in der Fähigkeit, auf die Entstehung von normativen Konstellationen Einfluß zu nehmen (wobei dann davon ausgegangen wird, daß diese normativen Konstellationen ihrerseits das Verhalten der primären Akteure beeinflussen). Als Bezug für die Analyse des regulativen Potentials und Verhaltens der Berufsgruppen müssen daher die genannten normativen Konstellationen verwendet werden, also Anomie, Zwang, fehlerhafte Normierung, angemessene Normierung, eben weil angenommen wird, daß solche normativen Konstellationen Verhaltensweisen der primären Akteure zu induzieren vermögen, aus denen ihrerseits pathologische oder normale interaktive Phänomene resultieren können. Vor dem Hintergrund dieser Konstruktionen interessiert sich Durkheim für die Frage, welche Merkmale von Berufsgruppen dazu führen, daß es zur Ausprägung der genannten normativen Konstellationen kommt (= „Problem der Genese normativer Muster").

2. Durkheims Erklärungsansatz: Arten normativer Muster

Die genannten Zusammenhänge lassen sich wie folgt verdeutlichen:

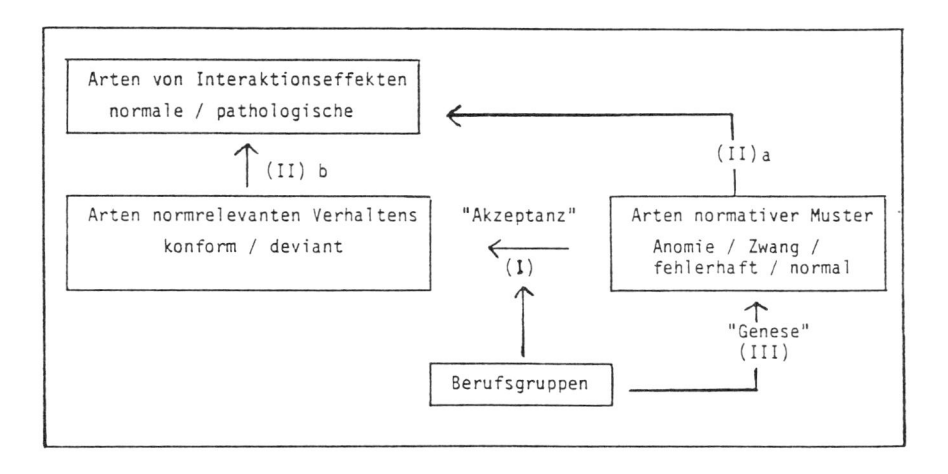

```
┌─────────────────────────────────────────────────────────────────────┐
│  ┌─────────────────────────────┐                                    │
│  │ Arten von Interaktionseffekten│ ←─────────────────┐              │
│  │  normale / pathologische    │                     │              │
│  └─────────────────────────────┘                    (II)a           │
│           ↑ (II) b                                   │              │
│  ┌─────────────────────────────┐  "Akzeptanz"  ┌─────────────────┐  │
│  │ Arten normrelevanten Verhaltens│ ←─────────  │ Arten normativer Muster │
│  │     konform / deviant       │    (I)        │  Anomie / Zwang /│  │
│  └─────────────────────────────┘               │ fehlerhaft / normal│ │
│                           ↑                    └─────────────────┘  │
│                           │                        ↑                │
│                           │                    "Genese"             │
│                           │                     (III)               │
│                    ┌──────────────┐                │                │
│                    │ Berufsgruppen │────────────────┘                │
│                    └──────────────┘                                 │
└─────────────────────────────────────────────────────────────────────┘
```

Zusammengefaßt läßt sich die aus Durkheims Formulierung sich ergebende Perspektive zum Problem der Regulierung der sozio-ökonomischen Interaktionen durch die Feststellung charakterisieren, daß die globale Rede von „der (Wirtschafts)Gesellschaft", die es etwa zu „steuern" gelte, zunächst dadurch unterlaufen wird, daß ein differenziertes begriffliches Instrumentarium über Aspekte der Interaktionen (variierende Ausprägungen der Intensität, der Konfliktivität und der Emotionalität — so: der Zufriedenheit) und über Formen normativer Konstellationen (Anomie, Zwang, fehlerhafte Normierung, angemessene Normierung) vorgeschlagen wird. Damit sind Bezüge für die Analyse von Berufsgruppen spezifiziert; diese sekundären Akteure erlangen dadurch Bedeutung, daß sie die Akzeptanz und/oder die Genese von Normen beeinflussen, und daß diese Normen ihrerseits für die Interaktionen der sozialen Akteure wichtig sind. Da in dieser Weise bei Durkheim Arten normativer Konstellationen entscheidend sind als Konstrukte, die die Beziehung zwischen den Interaktionen der primären Akteure und den Berufsgruppen vermitteln, werden diese Konstellationen im Vordergrund der folgenden Diskussion stehen müssen, die sich Durkheims Vorstellungen in größerem Detail widmet.

a) Anomie

Eine der normativen (oder, in Durkheims Terminologie: „moralischen") Konstellationen, die Durkheim konstruiert, um pathologische bzw. normale Interaktionen zu erklären, wird als „Anomie" bezeichnet[19]. Sie ist durch das

III. Struktur und Pathologien moderner Gesellschaften

Fehlen von Normen gekennzeichnet. In der „Arbeitsteilung" (A: 395-413) ist — im Gegensatz zum „Selbstmord", worauf zurückzukommen sein wird — diese Situation explizit in einen Kontext der Interaktion und der sozialen Differenzierung gestellt; die Frage lautet hier, wodurch die Interaktionen zwischen objektiv voneinander abhängigen ungleichartigen Akteuren vermittelt werden. Nach Durkheim kann dies durch „Moral" (oder „Normen") geschehen. Durkheims Gegenbegriff zu dem der „Moral" ist „Interesse". Wenn Normen fehlen, also eine „anomische" Situation vorliegt, erfolgt die Vermittlung daher durch die „Interessen" der Beteiligten. Positiv ausgedrückt sind anomische Situationen somit gekennzeichnet durch Interaktionen, die dominant durch die Orientierung der Akteure an ihren Interessen vermittelt werden[20].

Graphisch läßt sich diese Konstruktion wie folgt darstellen:

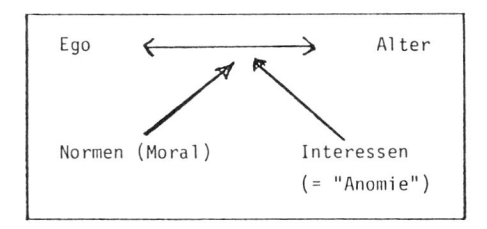

```
    Ego  <------>  Alter
            ↗  ↖
    Normen (Moral)   Interessen
                     ( = "Anomie")
```

Auf eine Implikation dieser Konstruktion ist gleich aufmerksam zu machen. Oben wurden drei Aspekte bei der Untersuchung der Regulierungsproblematik analytisch unterschieden: Die Relation zwischen normrelevantem Verhalten (konform/deviant) und normalen bzw. pathologischen interaktiven Phänomenen (das Problem der „Pathologisierung"), die Relation zwischen normativer Struktur und normrelevantem Verhalten (das Problem der Akzeptanz bzw. der Stärke der Gesellschaft) und die Relation zwischen Merkmalen der Berufsgruppen und der normativen Struktur (das Problem

---

[19] Die Literatur zur Anomie ist riesig. Sie kann hier nicht dargestellt werden. Allerdings müssen die — nicht ganz so umfangreichen — Beiträge, die an Durkheims Vorstellungen ansetzen, von denen unterschieden werden, die sich auf Robert K. Mertons Konzeption beziehen. M. E. läßt sich zeigen, daß Durkheims und Mertons (Merton 1968: Kp. IV und V; vgl. dazu auch Bohle 1975, Clinard 1964) Konzept der Anomie nur sehr begrenzte Gemeinsamkeiten aufweisen (vgl. dazu Besnard 1978, Meier 1982a bzw. 1983). Was Arbeiten zur Anomie in der Nachfolge Durkheims angeht, so sei etwa verwiesen auf Abrahamson 1980, Cashion 1970, Chazel 1967, Cherkaoui 1981, Lacroix 1973, Marks 1976, McCloskey 1976, Olson 1965, Parsons 1968.

[20] Im „Selbstmord" arbeitet Durkheim noch mit einem zweiten Mechanismus, der seiner Ansicht nach Verhalten und Interaktionen „steuern" oder „regulieren" kann, nämlich der organischen Konstitution. Auch darauf wird noch einzugehen sein.

2. Durkheims Erklärungsansatz: Arten normativer Muster   73

der Richtung der Steuerung). Nun ist Anomie als Fehlen normativer Regelungen definiert: In diesem Falle „verweigert" die Gesellschaft den Akteuren normative Regelungen, an denen sich diese bei ihren Interaktionen ausrichten könnten. Eine solche Verweigerung wird hier zwar als „normative Konstellation" betrachtet (und zwar auch dann, wenn die Abwesenheit von Regelungen ein „schlichtes Fehlen" ist, statt ihrerseits normativ gefordert zu sein — etwa entsprechend der Vorstellung, wonach man Arbeitsmärkte nicht durch Regelungen überformen „solle", sondern wonach man „die Pflicht" habe, die Marktkräfte sich selbst zu überlassen). Aber die Definition von Anomie als Fehlen von Regelungen impliziert natürlich, daß sich das Problem der „Devianz" oder „Konformität" von Handlungen gar nicht stellen kann. Es ist ein Mißverständnis, wenn „Anomie" in einem Atemzug mit „abweichendem Verhalten" genannt wird[21]; vielmehr ist bei Anomie Abweichung ja gar nicht möglich, da anomische Situationen normative Verweigerungen durch die Gesellschaft, also, wie es von Alemann (in einem Vortrag 1982) genannt hat: normative „schwarze Löcher" darstellen[22].

Damit aber hat die Unterscheidung zwischen dem Problem (1) (das Problem der Pathologisierung) und (2) (das Problem der Stärke der Gesellschaft) im Falle der Anomie keinen Sinn. Die Analyse vereinfacht sich also auf die beiden Fragen: Welche interaktiven Effekte ergeben sich wegen welcher Mechanismen und Prozesse aus anomischen Konstellationen, m. a. W.: (weshalb) macht die gesellschaftliche Verweigerung von Normen die Akteure krank (so daß man die Verweigerung selbst als krankhaft bezeichnen kann)? Und: Welche Umstände lassen anomische Konstellationen entstehen?

Auf Details wird unten einzugehen sein; hier reichen zunächst folgende Feststellungen. Was die Effekte anomischer Konstellationen angeht, so vertritt Durkheim die These, daß dominant durch Orientierung an Interessen gesteuerte Interaktionen pathologischen Charakter annehmen, d. h. durch Unzufriedenheiten, Konflikte oder Stockungen gekennzeichnet sein werden. Das ist um so gravierender, als ja im Kontext von arbeitsteiliger Spezialisierung ein Zwang zur Aufnahme von Interaktionen besteht, also diese Effekte unvermeidbar sind. Einige Gründe für die Vermutung pathologischer Effekte seien rekonstruiert. a) Die Orientierung eines Ego allein an seiner Interessenlage kann zu Handlungen führen, die in dem Sinne rücksichtslos sind, daß sie die Bedürfnisse eines Alter nicht respektieren. Damit entsteht die Möglich-

---

[21] Eine andere Frage ist natürlich der Prozeß der *Entstehung* von Anomie; es erscheint denkbar, daß die Abwesenheit normativer Muster eine Folge von zunehmender Nichtbeachtung von Normen sein kann.

[22] Höchstens für den Fall, daß Anomie positiv geforderte Norm ist, könnte man eine entsprechende Devianz-Kategorie konstruieren. Ein Beispiel dafür wäre die Zerstörung von — normativ geforderten — freien Märkten durch kartellartige Absprachen der Marktteilnehmer.

keit, daß der unbefriedigt bleibende und deshalb unzufriedene Alter die Beziehung meidet; dies kann wiederum, mittelbar, auch für Ego selbst unattraktive Effekte haben, da Ego auf die Kontinuität der Beziehung zu Alter angewiesen ist. Ein Beispiel dafür ist ein Unternehmer, der seine Waren, die er aufgrund fehlerhafter Mutmaßungen über Konsumentenbedürfnisse hergestellt hatte, nun nicht absetzen kann (A: 409 f.). b) Auch unmittelbar für Ego selbst ist die Orientierung einzig an seinen Interessen möglicherweise problematisch. Wie Durkheim oft sagt (so außer im „Selbstmord" (s. u.) z. B. in der „Moralischen Erziehung" (1973e: 91-99) und im „Sozialismus" (So: 239 ff.)), sind Interessen prinzipiell grenzenlos. Das impliziert, daß keine Kriterien der Interessen-*Realisierung* zur Verfügung stehen; mögliche Erfolge Egos erscheinen daher immer nur vorläufig und sind deswegen zur Befriedigung nicht geeignet. Darüber hinaus kann es bei ununterbrochenen Erfolgsbemühungen nicht ausbleiben, daß Mißerfolge eintreten. Die so entstehende permanente Unzufriedenheit eines Ego mit sich selbst kann zur Belastung auch der Beziehung Egos zu Alter führen — etwa durch Egos Unzufriedenheit als solche oder durch Egos Versuche, Alter maximal im Sinne von Egos Ansprüchen auszubeuten. c) Nach Durkheim sind Interessen außerdem notorisch instabil; beispielsweise verändern sie sich durch Veränderungen der Situation der Akteure. Soziale Beziehungen, die einzig auf Interessenkoinzidenzen beruhen, werden daher ebenfalls höchstens kurzfristiger Natur sein können (A: 243 f.). d) Diese Instabilität wird noch dadurch verstärkt, daß Interessen oft konfliktiv sind und deshalb eher zu Auseinandersetzungen als zu kooperativen Beziehungen führen (A: 243). e) Mit diesem Hinweis Durkheims auf die Instabilität und Konfliktivität von Interessen kann man die Vermutung verbinden, daß Akteure möglichst nur noch solche Interaktionen eingehen werden, in denen sie eine umgehende Honorierung erhalten, während sie andersartige Beziehungen zu vermeiden suchen werden. Sind sie dennoch gezwungen, dauerhaftere Beziehungen aufzunehmen, werden die Akteure durch Unsicherheit und Angst belastet werden. f) Ähnliche Vermutungen kann man mit einem weiteren Argument Durkheims verknüpfen. Durkheim weist darauf hin, daß es für einzelne Akteure praktisch unmöglich ist, ihre — etwa vertragsmäßigen — Vereinbarungen dadurch abzusichern, daß sie zukünftige Eventualitäten antizipieren und darauf bezogen Handlungen verabreden (A: 252 ff.); je offener die Zukunft erscheint, desto mehr werden Akteure deshalb zögern, sich in Interaktionen zu engagieren bzw. — bei unvermeidlichen Interaktionen —durch Unsicherheiten und Ängste belastet werden. g) Aber auch abgesehen von diesem Problem der offenen Zukunft entstehen der Aufnahme von Interaktionen Schwierigkeiten, wenn sich die Akteure einzig an ihren Interessen orientieren; denn wenn Ego und Alter gezwungen werden, je selbst stets erneut zu ermitteln, in welchen Punkten ihre Interessen entgegengesetzt sind, übereinstimmen, durch Kompromisse in Übereinstimmung ge-

2. Durkheims Erklärungsansatz: Arten normativer Muster

bracht werden können, entsteht ein Aufwand, der überhaupt nur noch eine begrenzte Zahl von Interaktionen zuläßt, jedenfalls aber unvermeidlich zu Stockungen in Interaktionen führt (vgl. auch 1973e: 90 f.).

Welche Umstände sind für die Entstehung anomischer Situationen verantwortlich? In der „Arbeitsteilung" (A: 408; 410 f.) operiert Durkheim mit einer Vorstellung, die man als Paradigma ungleichzeitiger Entwicklung bezeichnen könnte. Danach bilden sich Normen als Folge intensiver, dauerhafter und vielfältiger sozialer Kontakte. Allerdings erfolgt diese Sedimentierung oder Herauskristallisierung von Normen aus Interaktionen in einem allmählichen Prozeß. Deshalb ist es möglich, daß arbeitsteilige Beziehungen schon bestehen, ohne daß jedoch bereits regulierende Normen sich bilden und konsolidieren konnten. Dies soll vor allem dann gelten, wenn die *Art* der arbeitsteiligen Kontakte die Berührung der Akteure auf wenige Bereiche verengt, also vor allem bei funktional hochspezialisierten Beziehungen.

Die Beurteilung dieser Argumentation soll hier unter dem Aspekt der Frage erfolgen, ob und wie erfolgreich Durkheim mit seiner Konzeption der Anomie ein analytisches Instrument entworfen hat, welches sich als Ausgangspunkt zur Analyse von ökonomischen Handlungszusammenhängen in normativen Kontexten und als Bezug zur Analyse der Funktionen von Interessengruppen eignet. Die Bildung eines solchen Urteils wird jedoch durch die Tatsache erschwert, daß Durkheim den Begriff der Anomie auf Phänomene bezieht, die außerordentlich heterogen sind; damit taucht das Problem auf, ob er womöglich nicht mit *verschiedenen* Vorstellungen von Anomie operiert. Die Klärung dieses Problems ist nicht nur zur Beurteilung von Durkheims eigenen Beiträgen wichtig; auch im Hinblick auf die Verwendbarkeit des oder der Konzepte der Anomie in der neueren soziologischen Diskussion erscheint sie von Interesse. In bezug auf Durkheim selbst läßt sich der Begriff der Anomie als einer seiner Versuche interpetieren, die „Krise der Modernität" (Bellah 1973; König 1978a.; Müller 1983, bes. Kp. 2) begrifflich zu erfassen und konkret zu spezifizieren. Eine präzise Herausarbeitung dieses Begriffs verspricht damit Zugang zu Durkheims Deutung der Art von Krisen (oder „Gefahren" oder „Belastungen"), denen sich moderne Gesellschaften ausgesetzt sehen. Zugleich bildet eine solche Diagnose den Bezugspunkt für die Analyse von Mechanismen der Krisenverminderung und womöglich auch für sozial-technologische Interventionen — z. B. durch die Stärkung von „Berufsgruppen". Was die neuere soziologische Diskussion angeht, so existiert eine umfangreiche Diskussion des Anomiekonzeptes, die sich vor allem mit „abweichendem Verhalten" beschäftigt (vgl. z. B. Albrecht 1981). Durch die genauere Herausarbeitung des Konzepts bei Durkheim kann zu dieser Debatte ein Beitrag zu leisten versucht werden. Bereits erwähnt wurde, daß Anomie keine Form von, sondern geradezu einen Kontrastfall zu Devianz darstellt. Darüber hinaus ist zu bemerken, daß die meisten Theorien abweichenden Verhaltens sich auf diejenigen Normen beziehen, die durch — in Durkheims Terminologie — „repressive Sanktionen" gekennzeichnet sind, also vor allem auf strafrechtliche Regelungen, während für Durkheim selbst Anomie vor allem im Kontext von Arbeitsteiligkeit wichtig war, in welchem Normen „restitutiven" Charakters dominieren. Insofern wird dann deutlich, daß die dominierende Diskussion der Anomie-Theorie im Zusammenhang mit abweichendem Verhalten eine thematische Verengung gegenüber Durkheims ursprünglichen Formulierungen darstellt[23]. Durch die Rückbesinnung auf Durkheim kann deshalb ein Beitrag zur Revitalisierung der Anomie-Konzeption als Instrument zur makrosoziologischen Krisenanalyse geleistet werden; diese Konzeption könnte dann als Bezugspunkt für den Vergleich mit derzeitig geläufigen anderen oder anders bezeichneten Konstruktionen mit ähnlichen Intentionen dienen[24]. Was schließlich die Korporatismus-Debatte anbetrifft, so veranlaßt die Verwendung der Konzeption der Anomie natürlich die Prüfung der Frage, ob sie eine Perspektive zur Analyse der Regelung sozio-ökonomischer Interaktionen durch Berufs- oder Interessengruppen abgibt. Darüber hinaus erscheint es jedoch auch überlegenswert, ob nicht der Anwendungsbereich der Anomie-Konzeption noch fruchtbar ausgeweitet werden und etwa auch auf den Bereich der Politik und auf die Interessengruppen selbst bezogen werden könnte.

Ein erster Überblick über die relevanten Texte von Durkheim ergibt folgendes Resultat: In der „Arbeitsteilung" stellt Durkheim Anomie explizit in einen Kontext der sozialen Differenzierung und thematisiert dabei die Frage der Interaktionen ungleichartiger sozialer Elemente. Er illustriert seine Konzeption an drei verschiedenen Sachverhalten, die von ihm offenbar nicht bloß deshalb ausgewählt wurden, weil sie ihm den gemeinten Sinn des Konzepts plastisch zu veranschaulichen erlauben, sondern auch deshalb, weil er ihnen (wie auch ein vergleichender Blick auf den „Sozialismus" lehrt) eine große substantielle soziale Bedeutung zuschreibt. Es handelt sich a) um Zusammenbrüche von Unternehmen, b) um Klassenkämpfe und c) um die Beziehung verschiedener (besonders der Sozial-)Wissenschaften untereinander, also um Probleme der Ökonomie und der Wissenschaften. Im „Selbstmord" verwendet Durkheim die Konzeption der Anomie zur Analyse

---

[23] Tatsächlich weist Durkheim im Kapitel über Anomie (A: 395 f.) explizit darauf hin, daß es ihm nicht um Kriminalität geht; dies sei nämlich kein Fall der ihn interessierenden Arbeitsteiligkeit, sondern Differenzierung „schlicht und einfach".

[24] Im begrenzten Rahmen dieser Arbeit muß es bei diesen knappen Hinweisen bleiben; sie sollen andeuten, daß die feste Zusammenbindung des theoretischen Konstrukts der Anomie mit bestimmten inhaltlichen Themenbereichen für die theoretische Diskussion eine unglückliche Verengung und für die empirische Forschung eine ebenfalls unglückliche Fragmentierung zur Folge hat. — Näheres zum Nutzen der Anomie-Konzeption für die Analyse von Krisen enthält Meier (1982a).

zweier weiterer Sachverhalte, nämlich d) zur Erklärung der besonders starken Selbstmordanfälligkeit sowohl von ökonomischen Akteuren generell (im Kontext von Wirtschaftskrisen) als auch speziell von Unternehmern im Bereich von Handel und Industrie und e) von Ehemännern in Kontexten, in denen eine leichte Auflösbarkeit der Ehe durch ein entsprechend ausgeprägtes Institut der Scheidung besteht. Wieder wird hier Durkheims Interesse an Fragen des ökonomischen Bereichs deutlich; dazu kommt die Analyse des institutionellen Sektors der Familie.

Eine einheitliche Konzeption der Anomie würde nun implizieren, daß alle genannten sozialen Konstellationen gewisse strukturelle Gemeinsamkeiten besitzen. Lassen sich solche Gemeinsamkeiten identifizieren? In der „Arbeitsteilung" betrachtet Durkheim Anomie als Situation „fehlender Regelung" der Beziehungen zwischen verschiedenen Handlungseinheiten (A: 410). Im „Selbstmord" charakterisiert Durkheim Anomie ebenfalls als ein „Regulierung-"Problem (z. B. S: 273, 281, 296). Mindestens terminologisch liegt also eine konsistente Konzeption vor. Die Frage nach der Homogenität der Konzeption der Anomie verlagert sich dann auf die Art der Sachverhalte, auf die sich die Regulierung bezieht. Diese Frage liegt dem im folgenden angestellten Vergleich zwischen der „Arbeitsteilung" und dem „Selbstmord" zugrunde. Es gilt herauszuarbeiten, genau welche Sachverhalte Gegenstände der normativen Regulierung sein oder werden können. Man hat sich ja vor Augen zu halten, daß die Charakterisierung von sozialen Verhältnissen durch die Bemerkung, es sei ein Zerfall oder ein Mangel an Moral oder normativer Regulierung zu konstatieren, so lange ziemlich vage bleibt, als nicht präzisiert wird, genau welche Aspekte der Situation für faktisch regulierungsdefizitär und für prinzipiell regulierungsfähig gehalten werden. Welche Beiträge hat Durkheim für dieses Problem entwickelt, und wie sind seine Formulierungen in der „Arbeitsteilung" und im „Selbstmord" hierzu einzuschätzen?

Durkheim selbst hat die Frage der konzeptuellen Identität oder Differenz der Anomie-Konzeptionen in der „Arbeitsteilung" und im „Selbstmord" nicht diskutiert; es bleibt daher dem Interpreten überlassen, diese Frage zu untersuchen. Meine These hierzu lautet, daß sich 1) gewisse Elemente eines homogenen begrifflichen Bezugsrahmens herausarbeiten lassen, daß 2) zugleich aber auch substantiell unterschiedliche Analyseschwerpunkte oder Problematiken zu identifizieren sind, 3) wobei sich diese Unterschiede jedoch fruchtbar aufeinander beziehen lassen.

aa) Das Anomie-Konzept der „Arbeitsteilung"

Was zunächst die „Arbeitsteilung" angeht, so erfolgt die Homogenisierung der Analyse der heterogenen Situationen der Konkurse, des Klassenkampfes und der Wissenschaftsentwicklung durch die Gemeinsamkeit der Fragestellung, die Durkheim entwickelt und auf sie anwendet. Offenbar geht Durkheim (trotz, ja in gewissem Widerspruch zu seiner Rede von „Normalität") davon aus, daß es *nicht* selbstverständlich ist, daß ungleiche und objektiv voneinander abhängige soziale Elemente „solidarische" Beziehungen zueinander besitzen werden. Vielmehr kann es auch vorkommen, daß solche Beziehungen durch Defizite, wie etwa starke Spannungen, gekennzeichnet sind. Dann aber stellt sich für die sozialen Akteure womöglich das Problem und für die soziologische Analyse die Frage, mit Hilfe welcher Mechanismen solidarische — statt pathologische — Beziehungen bewirkt werden können. Diese identische Frage bezieht Durkheim — wenn auch z. T. etwas implizit — auf die Phänomene der Konkurse, des Klassenkampfes und der Entwicklung der Wissenschaften. Explizit formuliert lauten also die Probleme: Durch welche Mechanismen können solidarische Beziehungen zwischen Produzenten und Konsumenten hergestellt werden?; durch welche Mechanismen können solidarische Beziehungen zwischen Arbeitgebern und Arbeitnehmern hergestellt werden?; und: durch welche Mechanismen können solidarische Beziehungen zwischen verschiedenen Wissenschaften hergestellt werden?

Durkheim diskutiert im wesentlichen drei verschiedene denkbare Lösungen dieses Problems. Mit Auguste Comte assoziiert er eine Lösung, die man als „autoritär" bezeichnen kann; danach kann die Integrierung zweier sozialer Elemente nur durch die Intervention eines dritten Akteurs erreicht werden, der Solidarität verordnet und erzwingt — in den ökonomischen Fällen der Staat, im Fall der Wissenschaft die Philosophie. Durkheim bemängelt an dieser Theorie, daß sie das Ausmaß der Ferne zwischen Agenten wie dem Staat bzw. der Philosophie und den gesellschaftlichen Akteuren unterschätzt; Appelle blieben deshalb notwendig vage und allgemein und ohne Relevanz für die abgestimmte Vermittlung konkreter Handlungen; und Interventionen würden den spezifischen Bedingungen, unter denen die Akteure stünden, nicht gerecht werden können, sondern müßten ihnen als von außen auferlegter und als nicht hilfreicher Zwang erscheinen (A: 400-406).

Die „liberale" Lösung assoziiert Durkheim mit Herbert Spencer; danach ist Solidarität zwischen ungleichartigen Akteuren als Ergebnis reiner Interessenverfolgungsstrategien ansonsten völlig autonomer Akteure zu erwarten. Da in dieser Lösung Normen keine Rolle spielen, läuft sie auf das hinaus, was Durkheim als „anomisch" bezeichnet. Durkheim glaubt, daß reine Marktkonstellationen notwendig zu Fehlspekulationen, zu unvertretbaren sozialen Kosten bei der Anpassung an durch solche Fehlvermutungen ausgelösten Handlungen (A: 412) und zur Verlangsamung der sozialen Interaktionen (wegen der in diesem Fall notwendigen Fülle von je eigens neu zu verabredenden Vereinbarungen) (A: Buch I, Kp. 7) führen werden. Mit

2. Durkheims Erklärungsansatz: Arten normativer Muster

anderen Worten: Durkheim vermutet, daß reine Interessenorientierungen pathologische Befindlichkeiten und Zustände zur Folge haben.

Durkheims eigene Lösung enthält zwei Momente; danach erfolgt einerseits eine (man könnte sagen: „taktische") Anpassung der Akteure aneinander; dies geschieht jedoch vor dem Hintergrund normativer Orientierungen (vgl. bes. A: 240-265).

Für die hier diskutierte Frage der Homogenität oder Heterogenität der Konzeption der Anomie bei Durkheim ist es nun nützlich, die liberal-anomische Lösung und die normative Lösung in einer auf Akteure bezogenen Terminologie zu reformulieren. Dann kann man sagen, daß ein Aktor „Ego" einerseits bestimmte „Handlungen" faktisch vollzieht, und daß diese Handlungen andererseits mit „Bedürfnissen" oder „Zielen" konfrontiert sind (oder ausführlicher gesagt: daß der Träger von Handlungen einem durch Bedürfnisse gekennzeichneten anderen Aktor konfrontiert ist), wobei von diesen Bedürfnissen her die Handlungen als mehr oder weniger „passend" oder „angemessen" erscheinen. Träger dieser Bedürfnisse ist ein anderer Aktor „Alter". Solidarische Verhältnisse liegen dann vor, wenn gezeigte Handlungen und Bedürfnisse übereinstimmen; pathologische Verhältnisse sind durch Diskrepanzen von gezeigten Handlungen und Bedürfnissen gekennzeichnet. Durkheims normative Lösung besteht dann in der These, daß die Übereinstimmung von gezeigten Handlungen und Bedürfnissen durch Normen erreicht werden kann. Der Sachverhalt, auf den sich Normen beziehen, ist also die Relation zwischen den Handlungen des Egos und den Bedürfnissen Alters.

Dies läßt sich in folgender Abbildung verdeutlichen:

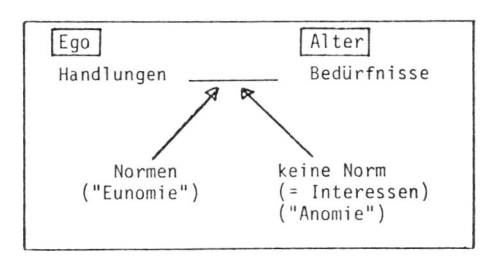

```
┌─────────────────────────────────────────┐
│  Ego                    Alter           │
│  Handlungen ─────────── Bedürfnisse     │
│             ↗    ↖                      │
│                                         │
│       Normen         keine Norm         │
│     ("Eunomie")     (= Interessen)      │
│                      ("Anomie")         │
└─────────────────────────────────────────┘
```

In diesen Begriffen von „gezeigten Handlungen" und „Bedürfnissen" lassen sich Durkheims Beispiele anomischer Arbeitsteilung rekonstruieren. Im Fall der Konkurse kann man argumentieren, daß das von Produzenten gezeigte Handeln in der Erstellung von bestimmten Arten und Mengen von Gütern und Dienstleistungen besteht. Demgegenüber gibt es Konsumentenbedürfnisse nach Gütern und Dienstleistungen bestimmter Menge und Art. Die Produktion und die Konsumentenbedürfnisse können mehr oder weniger diskrepant sein. Wichtige sozialstrukturelle oder morphologische Determinanten dafür sind Umstände wie die Auflösung lokaler, begrenzter und von den Produzenten aus eigener Lebenserfahrung bekannter Konsumentenmärkte und ihre Ersetzung durch umfassendere Märkte, z. B. durch Weltmärkte. Große Diskrepanzen können zu Absatzschwierigkeiten bestimmter Unternehmungen und als Folge zu Konkurswellen führen. Durkheims These besteht in diesem Zusammenhang nun in der Vorstellung, daß die Übereinstimmung von Produktion und Konsumbedürfnissen durch Normen gesichert werden könne. Allerdings bleiben seine Erläuterungen hier doch recht vage. Worauf genau sollten oder könnten sich die Normen beziehen? „Gezeigte Handlungen" und „Bedürfnisse" bilden ja eine zweipolige Relation, deren Regulierung durch die Regulierung eines jeden der beiden Pole (oder durch die Regulierung beider Pole) erreicht werden könnte. Wie verhält sich Durkheim hierzu? Als mögliche Regelungsmaterien weist er kurz auf die Frage der Zahl der Unternehmungen und der branchenspezifischen Übereinstimmung des Produktionsvolumens mit dem Niveau der Konsumption (A: 409) hin (ohne sich allerdings auf ein entsprechendes restriktives Gesetzesprogramm festlegen zu wollen). Immerhin wird deutlich, daß Durkheim dazu neigt, das Konsumniveau als „gegeben" anzusehen und sich eine Harmonisierung durch die Normierung der Produktion vorzustellen — statt etwa umgekehrt. Um diesen Umstand zu betonen, wird im folgenden deshalb vom Problem der „Handlungs-Anomie" gesprochen; diesem Konzept wird unten der Begriff der „Bedürfnis-Anomie" gegenübergestellt werden.

Die Auffassung, daß sich Handlungen im Prinzip an Bedürfnissen anpassen können, enthält natürlich die Unterstellung einer entsprechenden Flexibilität Egos. Auf diese Annahme wird unten noch zurückzukommen sein; begrifflich kann man sie so fassen, daß man Ego ein „Handlungspotential" zuschreibt, das es ihm erlaubt, *verschiedene* „faktische Handlungen" zu selegieren — etwa unter dem Gesichtspunkt ihrer relativen Adäquatheit zu den Bedürfnissen von Alter[25]. Durch normative Regulierungen wird eine derartige Selektion von faktischen Handlungen aus Egos Handlungspotential bewirkt, daß die Handlungen Egos den Bedürfnissen Alters angemessen sind.

Dies läßt sich in folgender Abbildung veranschaulichen:

---

[25] In einer Fußnote weist Durkheim einschränkend darauf hin, daß eine solche Plastizität sozialer Strukturen jedoch nicht unbegrenzt sei (A: 411).

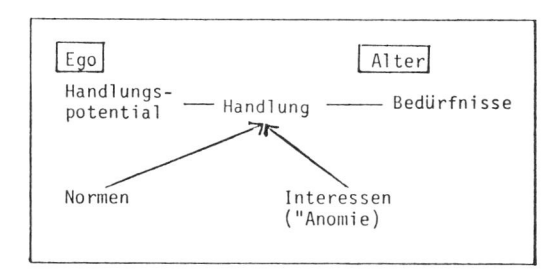

2. Durkheims Erklärungsansatz: Arten normativer Muster

```
   ┌───┐                      ┌─────┐
   │Ego│                      │Alter│
   └───┘                      └─────┘
   Handlungs-                        
   potential  ─── Handlung ─── Bedürfnisse
                     ⇗↑
                      
   Normen         Interessen
                  ("Anomie")
```

Nicht ganz deutlich wird bei Durkheim, wie man sich den konkreten Prozeß der Abstimmung von Handlungen und Bedürfnissen durch Normen vorzustellen hat. Aus Durkheims Andeutungen kann man aber entnehmen, daß verschiedene Momente hier eine Rolle spielen dürften. a) Zunächst ist es nötig, daß Ego „Informationen" über die Alter-Bedürfnisse erhält; gesicherte Informationsübertragungen setzen ihrerseits irgendwie „geordnete" soziale Arrangements voraus. b) Ein normatives Moment im engeren Sinne wäre es, wenn für Ego die generelle Verpflichtung gilt, die Bedürfnisse von Alter zu respektieren — statt sie zu ignorieren. c) Schließlich kann man durch einzelne normative Regelungen — z. B. in Form der von Durkheim erwähnten Restriktion der Zahl der Produzenten — versuchen, die Übereinstimmung der Produktion mit den Bedürfnissen der Konsumenten zu erreichen. Als Fazit ergibt sich damit, daß die Abstimmung von Produktion und Konsumentenbedürfnissen von Durkheim als Anpassung der Produktion an die Konsumentenbedürfnisse konstruiert und mittels Informationen, pauschalen normativen Verpflichtungen und detaillierten normativen Regulierungen für realisierbar angesehen wird. Festzuhalten bleibt aber jedenfalls, daß durch Normen die Relation von Bedürfnissen und Handlungen in der Weise reguliert wird, daß eine Regulierung der Selektion von Handlungen aus einem Handlungspotential erfolgt.

Im Fall des Klassenkampfes lassen sich ähnliche Überlegungen anstellen. Durkheim diskutiert hier die Bedürfnisse der Arbeiterschaft. Harmonische oder solidarische Industriebeziehungen setzen voraus, daß diese Bedürfnisse von den Unternehmern berücksichtigt werden. Dies impliziert die Notwendigkeit der Veränderung von Handlungs-Normen der Unternehmer als Konsequenz der Veränderung der Bedürfnisse der Arbeiter (sollen solidarische Verhältnisse gewahrt bleiben). Durkheim weist auf Veränderungen der Bedürfnisse der Arbeiterschaft hin, die das Resultat sozialstrukturellen Wandels sind; in den neuartigen sozialen Kontexten der *groß*industriellen Produktion, verstärkter Arbeitsreglementierung, Separierung des Arbeits- vom Familienbereich und Separierung der Arbeiter von den Unternehmern entwickeln sich neuartige Bedürfnisse, deren Befriedigung normativer Regelungen bedarf — etwa in Form der Entwicklung von Gesetzen über die Beschäftigungskonditionen (A: 409)[26]. — Vielleicht ist es für Durkheim selbstverständlich — jedenfalls geht er nicht darauf ein —, daß man auch die Arbeitgeber als Träger von Bedürfnissen und die Arbeiter als Handelnde betrachten kann. Hier hätte man dann z. B. die Bereitschaft der Arbeiter zur Erbringung eines bestimmten Arbeitsvolumens und die Bedürfnisse des Kapitals nach einer bestimmten Arbeitsleistung einander zu konfrontieren und dann danach zu fragen, ob und wie diese Momente konfligieren bzw. übereinstimmen können und ob Normen als Mechanismen der Akkordierung denkbar und wahrscheinlich sind. Gesetzliche Fixierungen von Normalarbeitstagen (-wochen, -jahren) können daraufhin untersucht werden, ob sie als Mechanismen fungieren, die das Leistungspotential der Arbeit regulieren[27].

Schließlich läßt sich auch die Frage des Wachstums der (Sozial-)Wissenschaften mit Hilfe der gleichen Terminologie Handlungspotential/Handlung/Bedürfnisse formulieren. Ein pathologischer Zustand der Wissenschaften liegt dann vor, wenn die Handlungen (Leistungen, Beiträge) *einer* Disziplin A nicht den Bedürfnissen der anderen Disziplinen B, C, etc. zu entsprechen scheinen. Als eine hierfür wichtige morphologische Determinante führt Durkheim die ökologische Dispersion von Wissenschaftlern an (A: 413). In solchen Kontexten steigt die Wahrscheinlichkeit von Pathologien; dies kann — so hätte man wohl Durkheim zu explizieren — darauf beruhen, daß regelmäßig veranstaltete Interaktionen und „Überbrückungsregeln" fehlen, deren Existenz es der Disziplin A erlauben würde, ihre Fragestellungen und Ergebnisse als relevant auch im Hinblick auf die Bedürfnisse der anderen Disziplinen B, C, etc. darzustellen (A: 409 f.).

Zusammenfassend kann man damit feststellen, daß Durkheim in der „Arbeitsteilung" Anomie im Kontext sozialer Differenzierung behandelt und dabei die Problemstellung so zuspitzt, daß er nach den Bedingungen der Befriedigung der Bedürfnisse eines Aktors durch einen anderen Aktor fragt. Die Formulierung und Lösung dieser Fragestellung erfolgt mit Hilfe eines zum Teil implizit bleibenden begrifflichen Instrumentariums, das sich wie folgt herausarbeiten läßt: Ein Aktor Ego ist einem anderen Aktor Alter konfrontiert; Ego ist gekennzeichnet durch die Verfügung über ein Hand-

---

[26] Die deutsche Übersetzung spricht hier irreführend von „Vertrag der Dienstleistungen" (für das französische „contrat de louage de services" (1960d: 359).

[27] Analog könnte man einen Begriff der z. B. „politischen Anomie" konstruieren, der sich auf die Beziehung zwischen Regierungen oder Parteien einerseits und Wählern oder Bürgern als Träger politischer Bedürfnisse andererseits bezöge. Dem Modell der „Arbeitsteilung" entsprechend wäre dann nach normativen Momenten zu fragen, die Parteien oder Regierungen dazu veranlassen, auf diese Bedürfnisse einzugehen („politische Handlungs-Normen" bzw. „politische Handlungs-Anomie"). (Einige Aspekte der normativen Überformung politischer Beziehungen werden in späteren Kapiteln diskutiert.)

2. Durkheims Erklärungsansatz: Arten normativer Muster

lungspotential und durch die Aktivierung bestimmter einzelner Handlungen; Alter ist charakterisiert durch ein Bedürfnis; es ist dem „regulativen" Einfluß von Normen zuzuschreiben, wenn Ego solche Handlungen aktualisiert, die den Bedürfnissen von Alter entsprechen.

Auf einige bemerkenswerte Aspekte dieser Konstruktion ist schon jetzt hinzuweisen; auf sie wird später noch einmal zurückzukommen sein. a) Fragt man sich, genau weshalb aus der normativen Konstellation Anomie pathologische Effekte für die Interaktionen resultieren sollen, dann liegt *eine* Antwort auf der Hand: fehlende Normen bewirken, daß bestimmte Bedürfnisse *Alters* nicht befriedigt werden, und aus dieser Alter betreffenden Kluft zwischen Bedürfnissen und ausbleibender Befriedigung, zwischen Ansprüchen und Realität, wird *Alter* zu Arten von Reaktionen veranlaßt, die Durkheim als pathologisch bezeichnet, etwa zur Unzufriedenheit mit der Interaktion, zur Aggressivität Ego gegenüber, zum Rückzug aus der Interaktion. Träger pathologischer Reaktionen ist also nicht derjenige Akteur, der im normativen „schwarzen Loch" zum Handeln gezwungen ist (Ego), sondern der von Egos Verhaltensweisen betroffene Akteur Alter. Es handelt sich also um eine indirekte Art der Erklärung von Pathologie: Die normative Konstellation der Anomie veranlaßt Ego zu bestimmten Verhaltensweisen, und diese Verhaltensweisen ihrerseits bewirken es, daß Alter pathologische Reaktionen zeigt. b) Diese Argumentation ist jedoch nur dann überzeugend, wenn bestimmte Annahmen über Alters Bedürfnisse gemacht werden; diese Bedürfnisse müssen nämlich wenigstens im Prinzip befriedigbar sein. Wie die Diskussion der Anomie-Konzeption im „Selbstmord" gleich zeigen wird, ist dies jedoch keineswegs eine selbstverständliche Annahme. c) Was den Aktor Ego betrifft, so wird dessen Bedeutung für die Pathologisierung der Relation zunächst lediglich in der Veranlassung oder Abwendung pathologischer Reaktionen von Alter gesehen: Ohne die Hilfe von Normen ist Ego nicht in der Lage, solche Handlungen auszuwählen, die die Bedürfnisse von Alter befriedigen; mit Hilfe von Normen dagegen kann Ego die für Alter „richtigen" Handlungen auswählen und so die Entstehung einer Kluft Bedürfnisse/Befriedigung, die zum Anlaß für pathologische Reaktionen werden kann, vermeiden.

Diese Art der Betrachtung Egos erscheint nun jedoch in spezifischer Weise unvollständig. Mindestens zwei Fragen verdienen es, gestellt zu werden. 1. Zum einen stellt sich das Problem, ob die gegebene Konstellation nicht nur bei Alter, sondern auch bei Ego pathologische Effekte induzieren wird. Wenn Ego Bedürfnisse Alters befriedigen will, wegen Normmangels aber nicht weiß, wie er dies (am besten) anstellen soll, dann bedeutet dies ja auch eine Belastung für Ego; Ego wird daher mit der Situation unzufrieden sein, sich unschlüssig-zögernd verhalten, Fehler machen und uneffizient sein, möglicherweise Aggressionen entwickeln. (Es liegt nahe anzunehmen, daß solche bei Ego induzierten Pathologien ihrerseits die Pathologie Alters verstärken.) 2. Dabei (und bei dem bei a) genannten und durch b) qualifizierten Mechanismus) wird davon ausgegangen, *daß* Ego an der Befriedigung der Bedürfnisse Alters orientiert ist, also diese Bedürfnisse befriedigen *will,* aber daß es ihm bei fehlender normativ vermittelter Orientierung schwer fällt, diese seine Absicht zu realisieren. Pathologie beruht hier nicht etwa auf Unwilligkeit Egos, sondern auf Unfähigkeit Egos. Nun wird man aber nicht einfach von einer solchen Bereitschaft Egos zur Befriedigung der Bedürfnisse Alters ausgehen können; aufklärungsbedürftig sind daher auch die Umstände, die Ego zu seiner Bereitschaft zur Befriedigung von Alters Bedürfnissen bewegen.

Nach dieser Charakterisierung der Anomie-Konzeption der „Arbeitsteilung" ist nun die Vorstellung von Anomie herauszuarbeiten, die Durkheim im „Selbstmord" entwickelt hat.

bb) Das Anomie-Konzept im „Selbstmord"

Durkheim arbeitet im „Selbstmord" mit der Konstruktion eines individuellen Akteurs, der über Mittel verfügt und Bedürfnisse hat (S: 279). An diese Unterscheidung Mittel/Bedürfnisse knüpft Durkheims Grundidee an, wonach nämlich das Verhältnis zwischen diesen beiden Elementen nicht unverrückbar ist; vielmehr können mehr oder weniger große Diskrepanzen zwischen diesen Elementen auftreten. Durkheim glaubt, daß große Diskrepanzen Belastungen für die betroffenen Individuen darstellen (und im Extremfall sogar Selbstmord bewirken).

Wie und wodurch entstehen solche Diskrepanzen und wie lassen sie sich vermeiden? Durkheim arbeitet mit zwei Klassen von Abstimmungsmechanismen, „natürlichen" und „gesellschaftlichen" (S: 279 f.). Im Tierreich werde die Balancierung der Beziehung zwischen Bedürfnissen und Ressourcen zuverlässig durch physiologisch-konstitutionell bedingten Begrenzungen der Bedürfnisse bewirkt. Parallel zu dem Ausmaß aber, in dem sich Menschen aus ihrer natürlichen Umwelt emanzipierten und die relative Bedeutung der gesellschaftlichen Umwelt zunähme, würden die biologisch bewirkten Bedürfnislimitierungen an Gewicht verlieren und damit die Möglichkeit der durch Interessen bestimmten Bedürfnisexpansion zunehmen. Unter solchen Verhältnissen sei eine Akkordierung von Mitteln und Bedürfnissen problematisch und nur noch durch soziale, „moralische" Regulierungen erreichbar.

Festzustellen ist damit, daß Durkheim im „Selbstmord" die *Bedürfnisse* als zu regulierende Sachverhalte ansieht; durch ihre normative Limitierung soll eine Übereinstimmung mit den Handlungsmitteln bewirkt werden können.

2. Durkheims Erklärungsansatz: Arten normativer Muster 85

Eine mangelnde Normierung der Bedürfnisse bezeichnet Durkheim als „Anomie"; um Verwechslungen auszuschließen und um den Unterschied zur „Handlungs-Anomie" der „Arbeitsteilung" zu betonen, wird hier im folgenden von „Bedürfnis-Anomie" oder auch „Ziel-Anomie" gesprochen.

Man kann diese Konzeption wie folgt darzustellen versuchen:

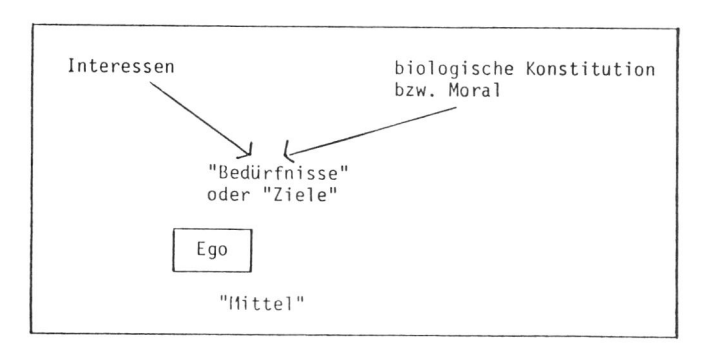

```
Interessen              biologische Konstitution
                        bzw. Moral
         ↘            ↙
          "Bedürfnisse"
          oder "Ziele"

          ┌─────┐
          │ Ego │
          └─────┘

            "Mittel"
```

Durkheim glaubt, daß sich mit dieser Konstruktion differentielles Selbstmordverhalten erklären läßt. Er versucht, dies in drei verschiedenen sozialen Kontexten zu zeigen. (1) Durkheim stellt fest, daß in Zeiten ökonomischer Krisen die Selbstmordraten steigen. Zur Interpretation dieser Tatsache konzeptualisiert er ökonomisches Handeln in den Termini von ökonomischen Bedürfnissen oder Zielen (Ansprüchen, Vorstellungen) der Wirtschaftssubjekte einerseits und von den Wirtschaftssubjekten verfügbaren ökonomischen Handlungsmitteln andererseits. Die ökonomischen Handlungsmittel beziehen sich auf die Leistungen und Leistungsfähigkeiten der Wirtschaftssubjekte; als ökonomische Ziele spezifiziert Durkheim zwei Komplexe, nämlich Ansprüche auf bestimmte Belohnungen für bestimmte Leistungen und Ansprüche auf Zugang zu Positionen (S: 283 ff.)[28]. In beiden diesen Bedürfnishinsichten können soziale Ungleichheiten (Schichtungshierarchien) bestehen, also Situationen, in denen bestimmte Akteure regelmäßig größere Belohnungen und attraktivere Positionen erhalten als andere Akteure. Damit müssen jedoch keineswegs notwendig starke gesellschaftliche Spannungen verbunden sein. Ob solche Spannungen auftreten oder nicht hängt vielmehr davon ab, ob gesellschaftlich gestützte normative Vorstellungen über „gerechte" Relationen zwischen bestimmten ökonomischen Leistun-

---

[28] Es ist interessant festzustellen, daß Durkheim die gleichen beiden Problemkomplexe — die Frage der Belohnungen und die Frage des Zugangs zu attraktiven Positionen — bereits in seiner Analyse von Pathologien in der „Arbeitsteilung" diskutiert hat. Dort allerdings betrachtet er sie unter dem Gesichtspunkt nicht der Anomie, sondern der „erzwungenen Arbeitsteilung", also nicht unter dem Aspekt der Unter-, sondern dem der Überregulierung. — Auf die „erzwungene Arbeitsteilung" wird unten eingegangen.

gen nach Art und Umfang und bestimmten Belohnungen nach Art und Umfang vorhanden sind bzw. ob die Art der Regelung des Zugangs zu Positionen als „gerecht" gilt. Dabei ist die Chance für solche normativen Balancierungen um so größer, je repetitiver die Prozesse in den betreffenden sozialen Kontexten sind, da dann die Wahrscheinlichkeit der Normsedimentierung am größten ist; im Vergleich zu stabilen Agrargesellschaften werden sie in modernen Gesellschaften daher zunehmend problematischer.

Vor dem Hintergrund dieser Schichtungstheorie entwickelt Durkheim seine Analyse der Folgen von Krisen. Man kann sie daher — was selten geschieht — mindestens zum Teil auch als eine Analyse der Desorganisation von Schichtungssystemen lesen. Ökonomische Krisen bedeuten eine rasche Veränderung der Ausstattung der Wirtschaftssubjekte mit ökonomischen Mitteln. a) Rasche Verschlechterungen der faktischen ökonomischen Situation sind nicht stets von gleichschnellen Verminderungen ökonomischer Ansprüche begleitet; die hier mögliche Diskrepanzvergrößerung führt zu Belastungen der Individuen. b) Rasche Verbesserungen der ökonomischen Lage („Glücks-Krisen") haben gleichermaßen problematische Konsequenzen für das Wohlbefinden der Individuen; sie können eine Stimulierung der ökonomischen Ansprüche bewirken, die dann über das hinausgehen, was mit den (vergrößerten) Mitteln erreichbar ist; auch diese Spannungen belasten die Individuen[29].

---

[29] Offenbar verwendet Durkheim hier eine These über die differentielle Elastizität von Bedürfnissen: Unter dem Einfluß gleich starker absoluter Mittelveränderungen erfolgt die Reduzierung von Bedürfnissen langsamer als ihre Steigerung. Wenn und soweit Bedürfnisse *sozial* determiniert sind, dann impliziert dies eine These über differentielle *soziale* Elastizitäten. Zugleich impliziert Durkheim hier eine These über soziale Differenzierungen in morphologischer Hinsicht; denn nur bei Unterstellung einer strukturellen Trennung und einer daraus folgenden Fremdheit z. B. des Familienkontextes und des Erwerbskontextes ist die Annahme plausibel, daß im Konsumkontext Erwartungen aufrechterhalten oder entwickelt werden können, deren Erfüllung im Erwerbskontext nicht möglich ist. Außerdem wird bei diesem Beispiel deutlich, daß eine einfache Dichotomisierung von „*der* Gesellschaft" (welche als Autor und Garant von Normen fungiert, durch die Bedürfnisse der Individuen begrenzt werden) und „*dem* (sozial isoliert vorgestellten) Individuum" (dessen Bedürfnisse keiner moralischen Regelung unterliegen, sondern einzig durch expandierende Interessen bestimmt werden) unzureichend ist; denn als Determinanten der expansiven oder am Schrumpfen gehinderten Bedürfnisse kann man sich hier ja jetzt multiple *soziale* Träger vorstellen. Dann aber erweisen sich auch die dichotomen Kategorien Moral/Interesse — die ja der Dichotomie Gesellschaft/Individuum entsprechen — als unzureichend. Durkheim zögert zwar nicht, prinzipiell von der Möglichkeit *multipler* Subgesellschaften in einem umfassenden Gesellschaftssystem auszugehen (vgl. z. B. A: 147, Fußnote); er schreckt jedoch davor zurück, die Möglichkeit anzunehmen, daß diese Subgesellschaften einander *widersprechende* Moralen haben könnten. Stattdessen versucht er, multiplen Gruppen jeweils *Sonder-* oder *Spezial-Moralen* zuzuschreiben, die zwar unterschiedlich, aber kompatibel sind. In gewisser Hinsicht wiederholt sich hier die Problematik, die oben im Hinblick auf die

2. Durkheims Erklärungsansatz: Arten normativer Muster 87

(2) Bei dem zweiten der von Durkheim analysierten sozialen Kontexte handelt es sich um die Berufsstruktur. Insbesondere Unternehmer sieht Durkheim als selbstmordgefährdete Berufskategorie an. Er führt dies auf eine — sich vor dem morphologischen Hintergrund der Entstehung immer größer und unüberschaubarer werdender Märkte vollziehende — exzessive Stimulierung von Wünschen und Ansprüchen durch ein „Meinungsklima" zurück, welches die prinzipielle Schrankenlosigkeit von Wünschen und Ansprüchen propagiere und deren Realisierungsmöglichkeit behaupte — und damit Enttäuschungen unvermeidlich werden lasse (vermittelt über die — durch die forcierte Risikobereitschaft und durch die vergrößerte Konkurrenz noch erhöhte — Wahrscheinlichkeit von Rückschlägen)[30].

(3) Schließlich unternimmt Durkheim eine Analyse von Familieninstitutionen. Die dabei festgestellte relativ größere Selbstmordgefährdung von Ehemännern in Kontexten, in denen leichte Scheidungsmöglichkeiten bestehen, erklärt Durkheim dadurch, daß er die unterschiedlichen Scheidungsmöglichkeiten als Anzeichen für eine unterschiedlich starke Regulierung des Sexualverhaltens interpretiert und dann annimmt, daß sich bei großem sexuellem Verhaltensspielraum eine solche Expansion erotischer Bedürfnisse ergibt, daß eine Befriedigung unwahrscheinlich wird. Daß Ehefrauen durch leichtere Scheidungsmöglichkeiten nicht gleichfalls selbstmordanfälliger werden, führt Durkheim auf deren stärkere Unterworfenheit unter natürlich-organische Regulierungen zurück[31].

Relation von Ökonomie und Politik diskutiert wurde. So ist es sicher legitim, sich für Spannungen und andere Pathologien zu interessieren, denen die Individuen im wirtschaftlichen Bereich ausgesetzt werden; um jedoch zu einer *Erklärung* der individuellen Reaktionen zu kommen, kann es nötig werden, auf die autonome Dynamik z. B. des Familienbereichs (oder anderer Orte der Konsumtion) einzugehen. (Kritische Bemerkungen zu Durkheim, die in ähnliche Richtung gehen, enthalten z. B. Müller 1983: 95-115 und Poggi 1972: Kp. 9).

[30] Durkheims „Meinungsklima" bedarf wohl ebenfalls eines *sozialen* Trägers; wiederum erweist sich Durkheims Neigung zur dichotomen Trennung „Individuen"/ „Gesellschaft" als nicht hilfreich; wichtig wäre stattdessen die Identifizierung multipler Segmente von Gesellschaften. Der Analyse wird auch nicht sonderlich dadurch gedient, wenn ein solches „Meinungsklima" wie eine Verirrung behandelt und als Quasi- oder Schein-Moral abqualifiziert wird (S: 292; 294). Tatsächlich handelt es sich wohl eher um eine „Institutionalisierung" von Anomie, d. h. um die Herausbildung von normativen Mustern (deren Träger zu ermitteln wären), wonach bestimmte gesellschaftliche Bereiche ungeregelt sein oder entregelt werden sollten.

[31] Interessanterweise bezweifelt Durkheim, daß die Ehepathologie allein durch eine verstärkte Normierung der Ehe in Form der Verschärfung der Scheidungsbedingungen behoben werden kann; von restriktiven Scheidungsregeln würden Männer profitieren, Frauen aber zu leiden haben. Es handelt sich hier also um eine antagonistische, nullsummenhafte Konfliktsituation. Offensichtlich sieht Durkheim das hier liegende Grundproblem im unterschiedlichen Grad der Gesellschafts- bzw. Naturbestimmtheit von Ehemännern und Ehefrauen. Dem entspricht, daß er sich eine Lösung

Zusammenfassend ergibt sich also, daß Durkheim die Diskrepanz zwischen Handlungszielen (Bedürfnissen, Ansprüchen u. ä.) und Handlungsmitteln so konstruiert, daß die Dynamisierung der Ziele durch Zusammenbrüche von Angemessenheitsvorstellungen und/oder durch faktische oder perzipierte Mitteldynamiken bewirkt wird: Als gegeben wahrgenommene Mittelausstattungen sind über Angemessenheitsvorstellungen mit dadurch begrenzten „realistischen" Zielen verknüpft; faktische Mittelveränderungen oder Definitionen der Situation, wonach „praktisch alles möglich" ist, lassen Angemessenheitsvorstellungen sich nicht entwickeln oder unterminieren sie und bewirken unlimitierte Bedürfnisse[32].

cc) Handlungs-Anomie und Bedürfnis-Anomie

Nach dieser Darstellung des Konzepts der Anomie im „Selbstmord" läßt sich explizit die Frage seiner Relation zum Begriff der Anomie der „Arbeitsteilung" aufwerfen.

Fragt man speziell, welche begriffliche Konstruktion hinter den Analysen im „Selbstmord" liegt, so kann man m. E. gewisse Parallelen zur „Arbeitsteilung" entdecken. In beiden Fällen arbeitet Durkheim 1. mit der Vorstellung, daß man die Übereinstimmung von Handlungen und Bedürfnissen als problematisch — statt als selbstverständlich — anzusehen hat, daß hier also ein „strukturelles Problem" liegt, und 2. mit der Idee, daß diese Übereinstimmung durch normative Regulierung bewirkt werden könne. Auf dieser Ebene kann man also davon sprechen, daß Durkheim in der „Arbeitsteilung" und im „Selbstmord" eine identische Konzeption des Anomie-Problems vertritt; es handelt sich um Situationen, in denen Handlungen und Bedürfnisse auseinanderklaffen, weil Normen fehlen, die eine Akkordierung bewir-

---

dieses Problems in einer Verstärkung der Gesellschafts- (statt bloß Haushalts- und Kinder-)Bezogenheit der Frauen vorstellt. Dies würde den Bedürfnisspielraum von Ehefrauen auf das Niveau der Ehemänner erhöhen und dann *beide* Akteure gleichermaßen für eine strenge Regulierung bedürftig und empfänglich werden lassen. Dabei stellt sich Durkheim diese „Vergesellschaftung" von Frauen substantiell jedoch nicht als ein zunehmendes Ähnlichwerden von Männern und Frauen vor; arbeitsteilig würden sich Frauen vielmehr auf andere Gegenstände als Männer (etwa ästhetische und charitative Fragen) spezialisieren. (Dem theoretischen Status nach entspricht Durkheims Charakterisierung des Unterschieds von Männern und Frauen als stärker gesellschafts- bzw. naturausgesetzt der morphologischen Charakterisierung von Märkten nach ihrem Umfang und ihrer Überschaubarkeit.)

[32] Durkheim thematisiert nicht die Frage der Mechanismen, die substantielle Ziele überhaupt erst attraktiv erscheinen lassen; die Etabliertheit von z. B. Reichtum als Wert oder Sexualität als Wert wird vorausgesetzt. Ganz im Sinne von Durkheims eigener Programmatik könnte man jedoch auch die normativen Ursachen solcher Wertsetzungen zu ermitteln suchen, z. B. durch Untersuchungen, die sich am Modell von Max Webers Religionssoziologie orientieren würden.

2. Durkheims Erklärungsansatz: Arten normativer Muster 89

ken könnten. Durch soziale Mechanismen, die entsprechende Normen entwickeln und ihre Akzeptanz bewirken würden, könnte damit eine Bekämpfung der aus Anomie resultierenden Verhaltenspathologien versucht werden.

Auf einer Ebene niedrigerer begrifflicher Generalität sind jedoch Unterschiede in den Analysen in der „Arbeitsteilung" und im „Selbstmord" festzustellen. Diese Unterschiede sollen im folgenden schrittweise herausgearbeitet und auf ihre Beziehungen zueinander — insbesondere auf die Frage ihrer Komplementarität — untersucht werden. In bezug auf den gemeinsamen begrifflichen Rahmen „Handlungspotential"/„Handlung"/„Bedürfnisse"/ „normativ bewirkte Akkordierung von Handlungen und Bedürfnissen" ist zunächst zu fragen, *wo genau* die normative Regulierung ansetzt. Betrachtet man unter diesem Gesichtspunkt die beiden Texte, dann zeigt sich, daß in der „Arbeitsteilung" die normativ bewirkte Akkordierung dadurch erfolgt, daß die Bedürfnisse als gegeben angenommen werden und eine Anpassung der Handlungen an sie durch eine entsprechende Selektion aus dem Handlungspotential erfolgt; im „Selbstmord" dagegen werden die Handlungsmöglichkeiten — und implizit damit auch die Handlungen selbst — als gegeben und begrenzt interpretiert und eine Akkordierung als Resultat der normativen Regulierung der Bedürfnisse betrachtet. Während also das Problem in der „Arbeitsteilung" in der Realisierung bedürfnisadäquaten Handelns besteht, liegt das Problem im „Selbstmord" in der Entwicklung und Stabilisierung von situationsadäquaten Bedürfnissen.

Dieser Unterschied läßt sich durch folgende Abbildung verdeutlichen:

Anomie im Sinne der "Arbeitsteilung":

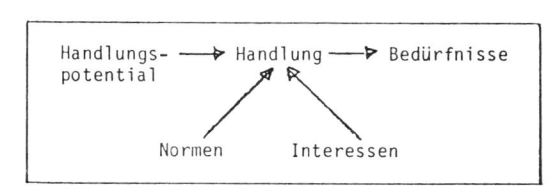

```
┌─────────────────────────────────────────────────┐
│                                                 │
│   Handlungs- ────▶ Handlung ────▶ Bedürfnisse   │
│   potential          ↗  ↖                       │
│                     ╱    ╲                      │
│                  Normen  Interessen             │
│                                                 │
└─────────────────────────────────────────────────┘
```

Anomie im Sinne des "Selbstmord":

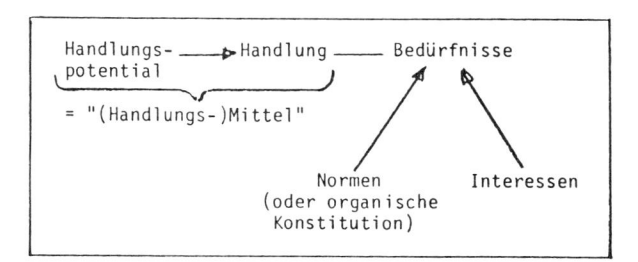

```
┌─────────────────────────────────────────────────┐
│                                                 │
│   Handlungs-────▶Handlung ──── Bedürfnisse      │
│  ⌐potential    ⌐                  ↑     ↖      │
│   ⎵⎵⎵⎵⎵⎵⎵⎵⎵⎵                    ╱       ╲    │
│   = "(Handlungs-)Mittel"        ╱         ╲    │
│                              Normen    Interessen│
│                           (oder organische       │
│                            Konstitution)         │
│                                                 │
└─────────────────────────────────────────────────┘
```

Wie ist dieser Unterschied zu beurteilen? M. E. gibt es keinen Grund, ihn etwa als „Widerspruch" aufzufassen; vielmehr erscheint es mir fruchtbarer, von komplementären Aspekten zu sprechen. Bezogen auf den begrifflichen Rahmen Handlungspotential/selegierte Handlung/Bedürfnisse/normative Regulierung stellt Durkheim in der „Arbeitsteilung" und im „Selbstmord" unterschiedliche Elemente ins Zentrum der Analyse. Man kann daher auch von zwei Varianten oder Versionen von Anomie sprechen, nämlich von auf die Handlungskomponente und von auf die Bedürfniskomponente bezogener Anomie, also von „Handlungs-Anomie" und „Ziel-" oder „Bedürfnis-Anomie". Eine umfassende Analyse von Anomie, d. h. von Diskrepanzen zwischen Verhalten und Bedürfnissen aufgrund von mangelnden Normen, hätte beide Varianten zu thematisieren. Für die Forschung stellt sich also sowohl die Aufgabe, die Umstände zu ermitteln, die es ermöglichen oder verhindern, daß — wie in der „Arbeitsteilung" — ein vorhandenes Handlungspotential nicht so in Handlungen aktualisiert wird, daß eine Bedürfnisadäquatheit erreicht wird, als auch die Frage nach den Umständen zu beantworten, die eine Divergenz oder Konsistenz von Bedürfnissen hinsichtlich gegebener Handlungsmittel bewirken.

Ein zweiter Unterschied zwischen der „Arbeitsteilung" und dem „Selbstmord" betrifft die Frage, wer eigentlich Träger der Bedürfnisse oder Ziele ist. Die Antwort ist offensichtlich; im „Selbstmord" ist es diejenige soziale Einheit, die zugleich auch über die relevanten Handlungsmittel verfügt; in der „Arbeitsteilung" ist es eine andere soziale Einheit „Alter". Dies wird in folgender Abbildung deutlich:

"Handlungs(mittel)-Anomie/-Eunomie"
(nach der "Arbeitsteilung"):

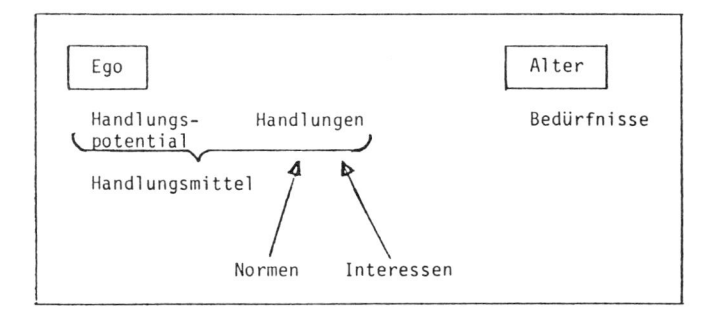

```
┌─────────────────────────────────────────────────────────┐
│  ┌─────┐                              ┌──────┐          │
│  │ Ego │                              │ Alter│          │
│  └─────┘                              └──────┘          │
│                                                         │
│  Handlungs-      Handlungen           Bedürfnisse       │
│   potential                                             │
│  Handlungsmittel   △ ▷                                  │
│                   / \                                   │
│                  /   \                                  │
│               Normen  Interessen                        │
└─────────────────────────────────────────────────────────┘
```

2. Durkheims Erklärungsansatz: Arten normativer Muster 91

"Bedürfnis-Anomie/-Eunomie"
(nach dem "Selbstmord) :

```
        Normen      Interessen
              ↘    ↙
             Bedürfnisse
     ┌─────┐
     │ Ego │
     └─────┘
           Handlungsmittel
```

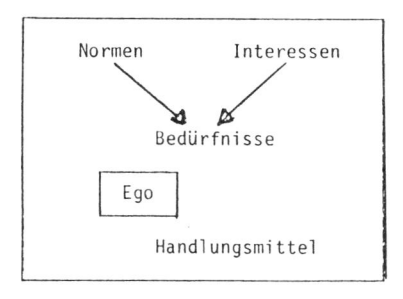

Wie ist dieser Unterschied zu beurteilen — unter dem Gesichtspunkt der Frage, ob das Anomie-Konzept ein präzises analytisches Instrument zur Beschreibung von auf Normmangel beruhenden Pathologien darstellt? Zunächst kann man einfach sagen, daß es sich eben um jeweils unterschiedliche Konstellationen handelt, die Gegenstand der Analyse sind — Interaktionssituationen im Falle der „Arbeitsteilung", individuelle Zustände im Falle des „Selbstmordes". Im Fall der „Arbeitsteilung" wird das Problem der sozialen Differenzierung analysiert, zugespitzt in der Frage, wie ein Aktor Ego den Bedürfnissen eines Aktor Alters genüge tun kann. Im „Selbstmord" dagegen geht es um die Möglichkeit Egos, seine *eigenen* Bedürfnisse zu befriedigen; dieses Problem wird in den Termini der Harmonisierung von Handlungsmitteln (bzw. Handlungen — betrachtet als Mittel) und Zielen formuliert.

Eine solche Interpretation ist sicherlich Durkheims Ausführungen angemessen. Sie läuft darauf hinaus, zwei Arten empirischer Konstellationen zu unterscheiden, nämlich interaktive (in der „Arbeitsteilung") und nicht-interaktive (im „Selbstmord"), und diesen beiden Konstellationen eine je spezifische Version von Anomie zuzuordnen, nämlich „Handlungs-Anomie" und „Bedürfnis-" oder „Ziel-Anomie". Beschränkt man sich auf diese Interpretation, dann hat das allerdings den Nachteil, daß die Anomie-Analysen im „Selbstmord" und in der „Arbeitsteilung" ohne Bedeutung füreinander bleiben, da sie eben unterschiedliche Konstellationen betreffen. Es fragt sich jedoch, ob man nicht, von Durkheim ausgehend, mit diesen Konzepten etwas freier umgehen kann. Läßt sich die feste Koppelung von Handlungs-Anomie und interaktiver Konstellation einerseits und von Ziel-Anomie und nicht-interaktiver Konstellation andererseits auflösen?

Dieses Problem wird im folgenden unter einer ganz bestimmten Perspektive diskutiert. Da ja der dominierende Gesichtspunkt der hier geführten Diskussion der Durkheimschen Konzepte die Frage betrifft, ob sich von ihnen aus Ansätze zur Analyse neokorporatistischer Phänomene ergeben, und da substantiell dabei die Frage der Regulierung ökonomischer arbeitsteiliger, also: interaktiver Konstellationen im Vordergrund steht, ist der Bezug der folgenden Überlegungen vorgegeben: Zu ermitteln ist, ob die Analyse der von Durkheim in der „Arbeitsteilung" beschriebenen interaktiven Konstellationen durch die Konzepte profitieren kann, die Durkheim im „Selbstmord" entwickelt hat.

Anlaß zu dieser Überlegung kann die Frage sein, ob sich denn allein mit Hilfe des Konzepts der Handlungs-Anomie Durkheims Problem der Stabilität/Normalität bzw. Pathologie interaktiver Konstellationen zureichend behandeln läßt. Tatsächlich glaube ich, daß diese Frage negativ zu beantworten ist; denn mir scheint, daß man ein wichtiges und noch ungelöstes theoretisches Problem identifizieren kann, das sich auf die in der „Arbeitsteilung" analysierten interaktiven Konstellationen bezieht und die Frage der Bedingungen der Stabilität dieser Interaktionen betrifft.

Dazu wurde bisher, Durkheims Analyse folgend, gesagt, daß es für diese Stabilität wichtig sei, daß es Normen gibt, die bewirken, daß die von Ego selegierten Handlungen den Bedürfnissen von Alter entsprechen. An dieser Stelle kann man sich nun jedoch fragen, ob dieses Argument als Antwort auf die Stabilitätsfrage wirklich ausreicht. Es mag ja zwar zutreffen, daß Normen Ego in die Lage versetzen mögen, die Bedürfnisse von Alter zu befriedigen[33] — wenn man in bezug auf Ego davon ausgehen kann, daß er an dieser Befriedigung orientiert ist. Aber *kann* man dies umstandslos annehmen? Kritisch ist zu überlegen, ob es plausibel ist, regelmäßig zu unterstellen, daß Ego auf Alter bezogene Handlungen allein deshalb zeigen und wiederholen wird, weil sie Normen entsprechen und weil sie Bedürfnisse *von Alter* befriedigen. Müßte man zur Erklärung dieser Selbstinstrumentalisierung, dieser völligen Adaptierung Egos für die Befriedigung Alters nicht eine außerordentlich starke Normorientierung bei Ego annehmen oder eine sehr starke Sanktionsbedrohung Egos unterstellen (wobei es in diesem letzteren Fall sehr fraglich erscheint, ob primär auf Drohungen beruhende Norm-Konformitäten tatsächlich zu „solidarischen" Beziehungen führen)? Ist nicht anzunehmen, daß solche Bedingungen auch nur in den seltensten Fällen vorliegen werden? Daher liegt es nahe, zu überlegen, ob für die Stabilität von Interaktionen nicht nur der Umstand wichtig ist, daß Ego Leistungen für Alter erbringt, sondern auch, daß Ego seinerseits eigene Bedürfnisse hat und Befriedigungen eigener Bedürfnisse erfährt. Dieses Problem jedoch —die Frage der Bedingungen der Befriedigung der Bedürfnisse Egos — ist das Thema im „Selbstmord". Deshalb erscheint die Analyse des „Selbstmor-

---

[33] Das gilt natürlich nur unter der inzwischen deutlich gewordenen Annahme, daß Alters Bedürfnisse nicht zielanomisch unlimitiert und also im Prinzip wenigstens befriedigbar sind.

des" auch von Interesse für die Problemstellung der „Arbeitsteilung" nach den Bedingungen stabiler Interaktionen.

Meine These lautet also, daß bei der Untersuchung von Interaktionen eine Verknüpfung der Analyse-Perspektiven aus der „Arbeitsteilung" und dem „Selbstmord" sinnvoll ist. Um die Art dieser Verknüpfung herauszuarbeiten, ist zunächst eine Entscheidung über den als Analyseeinheit zu betrachtenden Sachverhalt nötig. Die Orientierung an der Anomie-Konzeption von Durkheim impliziert für diese Frage bereits eine Vorentscheidung. Denn bei der Konzeption der Handlungs-Anomie aus der „Arbeitsteilung" wird die *Relation* zwischen Ego und Alter ja aus der Perspektive der *einzelnen Akteure* analysiert: es ist Normen zuzuschreiben, daß Ego solche Handlungen auswählt, die zur Befriedigung von Bedürfnissen von Alter geeignet sind, bzw. es beruht auf Normmangel, wenn es Ego nicht gelingt, die zu Alters Bedürfnissen passenden Handlungen auszuwählen.

Aber diese Auffassung enthält noch immer zwei Möglichkeiten der Ausrichtung der Analyse, die beide gleichermaßen von Interesse für das Problem der Pathologie sind; sie kann sich entweder auf Ego konzentrieren und nach dessen (womöglich pathologischen) Reaktionen auf Situationen mangelnder Normierung fragen, oder sie kann sich auf die (womöglich pathologischen) Reaktionen von Alter beziehen, indem sie die Konsequenzen der ausbleibenden Befriedigung seiner Bedürfnisse thematisiert. Als erklärungsbedürftig können also entweder Reaktionen von Ego oder von Alter betrachtet werden.

Zwei Gründe sprechen für die Konzentration der Analyse auf Ego. Erstens: Es ist naheliegend, zu vermuten, daß eine Belastung für soziale Beziehungen dann resultiert, wenn die Bedürfnisse eines Aktors (Alter) nicht befriedigt werden; weniger auf der Hand liegt dagegen die Frage, ob und wieso und welche pathologischen Effekte resultieren, wenn ein Aktor Ego sich in einer nicht-normierten Situation befindet. In seinem Kapitel zur anomischen Arbeitsteilung hat Durkheim vorwiegend die Belastung der Interaktionen durch die Verfehlung der Befriedigung von Alters Bedürfnissen thematisiert; die Konzentration auf Ego jedoch ermöglicht es, die Argumente Durkheims über die „nicht-kontraktuellen Elemente von Verträgen" (A: Buch I, Kp. 7) als zur Anomie-Problematik gehörig zu erkennen und daher in den gegenwärtigen Zusammenhang einzubringen. Zweitens: Oben wurde die Frage aufgeworfen, ob man nicht bestimmte Annahmen über Bedürfnisse auch von Ego und dessen Befriedigung machen müsse, wenn die Bereitschaft Egos zur Befriedigung von Alter und auf diesem Wege die „Normalität" der Beziehung zwischen Ego und Alter untersucht werden soll. Genau dies aber ist ja die Problematik, die Durkheim im „Selbstmord" verfolgt. Deshalb liegt es analysestrategisch nahe, als Einheit der Analyse Ego auszuwählen. Dieser Akteur ist also mit zwei Problemen konfrontiert, einerseits mit der aus der „Arbeitsteilung" bekannten Frage der Befriedigung der Bedürfnisse Alters, und andererseits mit der aus dem „Selbstmord" bekannten Frage der Befriedigung eigener Bedürfnisse (wobei jetzt jedoch Ego explizit in einem Kontext sozialer Interaktionen, z. B. sozialer Differenzierung gesehen wird, in dem die Handlungen und Bedürfnisse eines anderen Aktors Alter wichtig sind[34]). In bezug auf derartige interaktive Konstellationen — etwa die Relationen zwischen Produzenten und Konsumenten, zwischen Kapital und Arbeit, zwischen verschiedenen Wissenschaften, zwischen Ehemännern und Ehefrauen — hat man dann also stets nicht nur 1. im Sinne der „Arbeitsteilung" danach zu fragen, welche Chancen der Befriedigung der Bedürfnisse des jeweiligen Interaktionspartners Alter durch Ego bestehen, sondern auch 2. im Sinne des „Selbstmordes" zu ermitteln, welche eigenen Bedürfnisse und Ansprüche in solchen Kontexten Ego entwickelt, und inwieweit im Kontext der Interaktion deren Erfüllung erfolgt. Im Hinblick auf interaktive Konstellationen ist damit also nicht nur die Konzeption der Handlungs-Anomie aus der „Arbeitsteilung" mit der Betonung der Bedürfnisbefriedigung von Alter von Interesse, sondern auch die Konzeption der Ziel-Anomie aus dem „Selbstmord" mit der Betonung der Bedürfnisse von Ego. In solchen interaktiven Konstellationen müssen beide Versionen von Anomie zum Gegenstand von Untersuchung gemacht werden[35].

Graphisch läßt sich diese Problematik so darstellen:

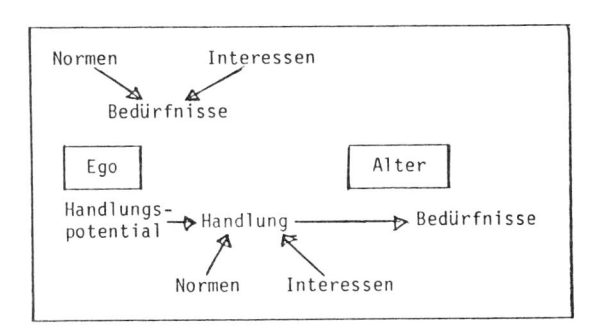

```
    Normen      Interessen
         ↘    ↙
        Bedürfnisse

    ┌─────┐              ┌─────┐
    │ Ego │              │Alter│
    └─────┘              └─────┘
    Handlungs-
    potential → Handlung ────────→ Bedürfnisse
                  ↑ ↖
               Normen  Interessen
```

---

[34] Die Begriffe „Ego" und „Alter" und deren „Bedürfnisse" sind in der hier durchgeführten Diskussion sehr abstrakte Symbole. Sie werden so verwendet, daß sie etwa auch die folgende Situation abdecken: Eine Person Ego (z. B. ein Lehrer) interagiert mit einer Person Alter I (z. B. einem Schüler), und wird dafür kompensiert. Diese Kompensation erfolgt durch Aktor Alter II (etwa einen Kultusminister). Der Einfachheit der Analyse halber wird auch bei solchen Konstellationen von „Alter" geredet, obwohl dieser offensichtlich aus heterogenen Elementen besteht.

[35] Für die Analyse nicht-interaktiver Konstellationen, also für die Untersuchung der „Lage" eines Aktors Ego, läßt sich dagegen nicht immer die Konzeption der Handlungs-Anomie aus der „Arbeitsteilung" verwenden — die ja voraussetzt, daß

2. Durkheims Erklärungsansatz: Arten normativer Muster

(Diese Abbildung macht zugleich auch sehr deutlich, daß die identifizierte doppelte Problematik der Befriedigung der Bedürfnisse von Alter durch Ego und der Befriedigung von Egos eigenen Bedürfnissen, die sich für Ego als das doppelte Problem der Selektion von Handlungen und der Selektion von Bedürfnissen darstellt, insofern in einem spezifischen Sinne eine noch unvollständige Perspektive zur Analyse von Interaktionen darstellt, als sie sich bloß auf Ego bezieht, und also durch entsprechende analoge Überlegungen im Hinblick auf den Aktor Alter zu ergänzen wäre.)

Nachdem damit deutlich geworden ist, daß die Stabilität interaktiver Beziehungen auch von der Realisierung der Ziele von Ego abhängen wird und dieser Aspekt deshalb mit in die Analyse einbezogen werden sollte, ergibt sich als nächstes die Frage, in welcher Weise diese Befriedigung erfolgen oder scheitern kann. Welche Mechanismen und Prozesse können bewirken, daß es in interaktiven Kontexten zur Befriedigung von Egos Bedürfnissen kommt bzw. eine solche Befriedigung ausbleibt? Man kann einer möglichen Antwort näher zu kommen suchen, indem man die im „Selbstmord" analysierten Konstellationen etwas eingehender betrachtet.

Durkheim behandelt im „Selbstmord" einen Aktor Ego, der „Bedürfnisse" hat und der über „Handlungsmittel" verfügt, die mehr oder weniger geeignet und ausreichend zur Bedürfnisbefriedigung sein können. Im Grunde handelt es sich also um eine Konstellation erreichter oder verfehlter Eigen-Befriedigung. Das zentrale Thema im „Selbstmord" ist nun, daß die Verfehlung der Befriedigung von Egos Bedürfnissen aus einer ungehemmten Expansion der Bedürfnisse Egos resultiert, die durch Normdefizite ermöglicht wurde. Wie aber kann man sich die Befriedigung der Bedürfnisse Egos vorstellen? Ihre normative Limitierung ist dafür ja nur eine notwendige, aber keine hinreichende Bedingung. Welche weiteren Mechanismen und Prozesse sind hier wichtig? Betrachtet man Durkheims Beispiele unter dieser Fragestellung genauer, dann ergeben sich zwar keine sehr präzisen Antworten. Immerhin aber enthalten sie doch einen wichtigen Hinweis, der auf die Bedeutung *inter*aktiver Aspekte auch bei den im „Selbstmord" analysierten Konstellationen hindeutet. In allen Fällen kann man nämlich argumentieren, daß die Befriedigung oder Nichtbefriedigung der Bedürfnisse Egos indirekt — über irgendwelche Alter vermittelt — erfolgt: Die Ansprüche der Wirtschaftssubjekte auf Belohnungen und auf Zugang zu attraktiven Positionen können ja nur dadurch erfüllt werden, daß irgendwelche Alter — z. B. Geschäftspartner und Arbeitgeber — sie konzedieren; die Ambitionen der Unternehmer

---

Ego mit einem *spezifizierten* Alter konfrontiert ist —, wohl aber die Konzeption der Ziel-Anomie des „Selbstmordes", bei der einzig auf die Bedürfnisse von Ego abgehoben wird; denn solche Bedürfnisse kann Ego auch dann haben, wenn er (bisher) keinen „Adressaten" identifiziert hat, an den er sich zur Bedürfnisbefriedigung wenden könnte.

können nur dann realisiert werden, wenn z. B. Marktpartner in bestimmter Weise handeln; und die Befriedigung der erotischen Bedürfnisse der Ehemänner hängt ab von relevanten Handlungen der Ehefrauen. Die Beispiele im „Selbstmord" unterstellen also keinen solipsistischen Aktor Ego, sondern sie implizieren, daß Alter von zentraler Bedeutung ist, und zwar deshalb, weil er die Befriedigung der Bedürfnisse Egos kontrolliert; wenn man sagt, daß Ego erfolgreich ist bei der Realisierung seiner — Egos — Ziele, dann meint man z. T. also, daß Ego bei anderen Aktoren Erfolg hat, daß es Ego also gelingt, einen Aktor Alter zur Befriedigung von Egos Bedürfnissen zu bewegen.

Dieser Zusammenhang läßt sich graphisch wie folgt deutlich machen:

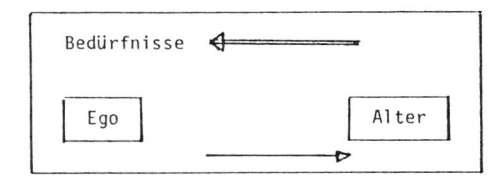

```
┌─────────────────────────────────┐
│ Bedürfnisse  ◁═══════════       │
│                                 │
│  ┌─────┐           ┌───────┐   │
│  │ Ego │           │ Alter │   │
│  └─────┘           └───────┘   │
│           ──────────▷           │
└─────────────────────────────────┘
```

Wovon hängt diese Fähigkeit Egos zur Befriedigung seiner Bedürfnisse im einzelnen ab? Im „Selbstmord" hat Durkheim ganz allgemein vom Problem einer möglichen Kluft zwischen den „Bedürfnissen" eines Akteurs und seinen „Möglichkeiten" gesprochen. Was die Bedürfnisse angeht, so dürfen diese nicht so stark expandieren, daß ihre Befriedigung angesichts eines vorhandenen Niveaus an Möglichkeiten illusorisch wird; vielmehr müssen diese Bedürfnisse prinzipiell befriedigbar erscheinen. Was aber hat man unter den „Handlungsmöglichkeiten" zu verstehen? Durkheim hat im „Selbstmord" keine ausführliche allgemeine konzeptuelle Diskussion dieses Begriffs vorgenommen. Für Details ist man auf die Rekonstruktion seiner Beispiele angewiesen. Nun ist der Begriff „Handlungsmöglichkeiten" zwar für die Konstruktion von psychologischen Spannungszuständen nützlich, aber m. E. soziologisch gesehen recht amorph. Seine soziologische Brauchbarkeit kann gesteigert werden, wenn es gelingt, ihn dadurch zu spezifizieren, daß man soziologisch interessante einzelne Aspekte aus der Heterogenität dieser Globalkategorie herauslöst. Dazu ist nun das oben explizierte handlungstheoretische begriffliche Gerüst der Anomie-Analyse in der „Arbeitsteilung" hilfreich[36]. Und zugleich kann damit ein Mechanismus herausgearbeitet

---

[36] Die konventionelle Meinung (z. B. von Lacroix 1973), wonach der Anomie-Begriff des „Selbstmordes" als Fortentwicklung und als begrifflich entwickelter als der Anomie-Begriff der „Arbeitsteilung" gelten kann, ist insofern unzutreffend. Nicht nur betrifft, wie gezeigt, der Anomie-Begriff in der „Arbeitsteilung" ein anderes substan-

2. Durkheims Erklärungsansatz: Arten normativer Muster

werden, der eine Antwort auf die Frage enthält, *weshalb* Ego an der Befriedigung der Bedürfnisse Alters orientiert ist.

Die in der „Arbeitsteilung" wichtigen konzeptuellen Momente waren Egos Handlungspotential, Egos Handlungen und Alters Bedürfnisse. Diese Elemente lassen sich jetzt auf die im „Selbstmord" thematisierte Frage der Befriedigung der Bedürfnisse von Ego beziehen, indem man argumentiert, daß Ego durch die Befriedigung der Bedürfnisse von Alter diesen zu „Gegenleistungen" bewegt, d. h. zu Handlungen von Alter, die für die Bedürfnisse von Ego relevant sind. Diese Formulierung impliziert, daß die im „Selbstmord" verwendete globale Konzeption der „Handlungsmöglichkeiten Egos" durch die folgenden einzelnen Elemente spezifiziert werden kann, die dann jeweils, entsprechend Durkheims theoretischer Perspektive, daraufhin zu betrachten wären, welche normative Überformung sie aufweisen. (1) Das „Handlungspotential Egos" besteht aus an Ego — statt an seine „Situation" — zurechenbare Handlungsbefähigungen (z. B. Verfügung über Wissen, Fertigkeiten, Kompetenzen, Kapital, Geld). Solche Ressourcen stellen „Werte" dar, die erworben, gepflegt, regeneriert und gegen mögliche Verluste sowie gegen Übergriffe durch andere Akteure geschützt werden müssen (vgl. Stinchcombe 1967; 1968: 188-98). — Wie oben gezeigt, ist bei Durkheim das Problem der Selektion von Handlungen wichtig. Damit unterstellt er implizit die Vorstellung eines generalisierten Handlungspotentials, aus dem Selektionen erfolgen. Aber Durkheim entwickelt diesen Begriff nicht näher. Hier scheint mir eine Differenzierung von Durkheims Ansatz möglich, die vor allem aus zwei Gründen sinnvoll sein könnte. Erstens: Oben wurde bereits darauf hingewiesen, daß Durkheim eine detailliertere Analyse der Art der Akteure, für deren Relationen er sich interessiert, nicht vornimmt. Diesem Versäumnis kann man z. T. dadurch zu begegnen suchen, daß man Akteure danach charakterisiert, mit welchen Arten und Mengen an generalisierten Ressourcen sie ausgestattet sind. Beispielsweise wären Beschäftigte danach zu kennzeichnen, ob sie über die Streikwaffe verfügen oder nicht, ob sie ein revolutionäres Bewußtsein haben oder nicht, ob sie über für politische Zwecke verwendbare freie Zeit verfügen oder nicht, ob sie über Kommunikationsmittel verfügen oder nicht. Zweitens: Diese generalisierten Ressourcen lassen sich — ganz entsprechend Durkheims Perspektive — auch danach betrachten, ob für sie normative Vorstellungen bedeutsam sind, und zwar als Mechanismen, die auf die Bewältigung der Probleme des Erwerbs und der Sicherung von Ressourcen bezogen sind. Von hier aus eröffnet sich

---

tielles Problem als der Anomie-Begriff im „Selbstmord", nämlich die Frage der Selektion von Handlungen statt die Frage der Selektion von Bedürfnissen; vielmehr kann die Analyse des spezifischen Problems im „Selbstmord" — die Spannung zwischen Bedürfnissen und Handlungsmöglichkeiten — von den begrifflichen Konstruktionen in der „Arbeitsteilung" profitieren.

eine Perspektive zur Formulierung einer Reihe von Fragen zur Funktion der normativen Ordnung für die Akteure bzw. zu den Effekten des Fehlens entsprechender normativer Strukturen. M. W. hat Durkheim diesen Fragen der normativen Überformung des Erwerbs und der Sicherung von Handlungspotential wenig Aufmerksamkeit gewidmet[37], im Gegensatz etwa zu Max Weber, der stets etwa die Bedeutung der Rechtsordnung und ihrer Stabilität für die Sicherung besonders ökonomischer Ressourcen hervorhob. Durkheim verwendet jedoch implizit die Vorstellung eines Handlungspotentials, und daher kann man, an dieses Konzept anknüpfend, seine eigenen Analysen entsprechend ergänzen. Zu untersuchen wären dann im Hinblick auf die hier interessierende Frage der Pathologisierung der Beziehung zwischen Ego und Alter etwa folgenden Probleme: Gibt es überhaupt normative Garantien der Verfügung der Akteure über ihre Handlungs-Ressourcen, und welche Form haben diese Garantien? Wie groß und wovon abhängig ist der Glaube der Akteure, daß im Fall gegebener Normierungen bei Abweichungen externe Akteure mobilisiert werden (können), die die Devianz vielleicht bestrafen, den Schaden aber jedenfalls restituieren? In welcher Hinsicht ist die normative Garantie der Verfügung der Akteure über ihr Handlungspotential unterentwickelt? Diese Fragen der normativen Überformung sind nun auch wichtig für das Problem der Pathologie der Interaktionen; denn ein Mangel an normativer Sicherung *kann* die Akteure dazu bewegen, sich mehr an der Absicherung ihrer Ressourcen zu orientieren als daran, mit ihrer Hilfe in kontinuierliche und andauernde Interaktionen einzutreten. Genau unter welchen Umständen dies eintritt, ist eine wichtige Forschungsfrage. Wann also führen mangelnde normative Sicherungen von Handlungsressourcen zur Stockung von Interaktionen, und wodurch können trotz solcher Ressourcenunsicherheiten die betroffenen Akteure dennoch zu Interaktionen veranlaßt werden — etwa durch die Verlockung eines besonders großen Gewinns?; durch eine internalisierte Risikomentalität?; durch die Geringfügigkeit des Einsatzes?; durch die Verwendung substitutiver sicherheitsspendender Methoden, etwa magische Sicherheitssurrogate?

Diese Fragen werden von Durkheim in dieser Weise nicht gestellt; aber als Ergänzung zu Durkheims Interesse an „Handlungs-Normierung" bzw. „-anomie" erscheinen sie mir von Interesse. An Durkheims Terminologie und theoretischer Perspektive orientiert kann man eine Bezeichnung für die eben angesprochenen Probleme prägen; es liegt nahe, beim Fehlen von Regeln und Legitimationen des Erwerbs und der Sicherung solcher Handlungspotentiale von „Ressourcen-Anomie" zu sprechen.

---

[37] Gewisse Andeutungen Durkheims zu diesem Problem lassen sich in seiner kurzen Diskussion „negativer Solidarität" finden (A: 156-163). Darüber hinaus lassen sich die Analysen über die Entstehung von Eigentumsrechten (L: Kap. 11-14) in diesem Licht sehen.

2. Durkheims Erklärungsansatz: Arten normativer Muster

(2) Von Egos Bereitschaft und Fähigkeit zur Aktivierung einzelner Handlungen aus dem Handlungspotential war schon die Rede; diese Selektionsproblematik war ja das zentrale Thema in der „Arbeitsteilung". Dabei stand die Frage der Bedeutung von normativen Elementen für das Problem im Vordergrund, wie Ego aus seinem Potential an *generalisierten* Handlungsmitteln solche konkreten einzelnen Handlungen auswählen kann, die eine bedürfnisrelevante Verwendung im Hinblick auf Alter bedeuten. Ein Zusammenbruch oder ein Mangel an solchen Normen wurde als „Handlungs-Anomie" Egos bezeichnet.

Dieses Problem der Selektion erscheint zunächst eher „technischer" Natur; daher verwundert es nicht, wenn man den Eindruck aus Durkheims Darstellung der (Handlungs-)Anomie in der „Arbeitsteilung" gewinnt, daß die Hauptschwierigkeit der Interaktion ein Kommunikationsproblem sei und darin liege, daß den Akteuren „Informationen" über die Bedürfnisse der Interaktionspartner fehlen. Dies erscheint jetzt als eine etwas verkürzte Sicht, die in zweifacher Hinsicht zu ergänzen ist. 1. Auf der einen Seite ist zu bemerken, daß Normen nicht nur deswegen für Ego wichtig sind, weil sie Unsicherheiten darüber abzubauen und aufwendige Ermittlungen darüber abzukürzen helfen, welches die Bedürfnisse Alters sind und welche Handlungen sich für die Befriedigung dieser Bedürfnisse eignen (A: Buch I, Kp. 7; 1973e: 90 f.). Vielmehr formen Normen ja auch die Art der Reaktionen Egos auf die Bedürfnisse von Alter, indem sie Ego zu bestimmten Handlungen Alter gegenüber verpflichten und also den Einfluß situativer Veränderungen neutralisieren (A: 243 f.); das hat zur Folge, daß Ego zwar einzelne „günstige" Chancen entgehen mögen, daß aber andererseits eine Entlastung Egos von der Notwendigkeit dauernder Ermittlungen von „opportunity costs" eintritt. 2. Neben dieser Frage der Bedeutung von Normen für die Akkordierung von selegierten Handlungen und Bedürfnissen ist jedoch auch die Bedeutung von Normen für die Prozesse der *Aktivierung* von Handlungspotentialen zu beachten. Von hier her ist es z. B. interessant, daß dies der Bereich ist, der bei Talcott Parsons (1966) im Hinblick auf *kollektive* Akteure „Politik" genannt wird, d. h. das Problem der „Mobilisierung von Ressourcen im Hinblick auf Ziele"; Hemmnisse für diese Mobilisierung können etwa „Olson-Konstellationen" des Widerspruchs zwischen individuellen und kollektiven Interessen sein, deren Überwindbarkeit durch Normen zu thematisieren wäre. Akteure lassen sich ja durch den Inhalt und den Umfang der Handlungen charakterisieren, zu deren Aktivierung aus dem vorhandenen Handlungspotential sie in der Lage sind. Dabei ist die Kenntnis der Bedürfnisse des Interaktionspartners nur *ein* relevanter und von normativen Regulierungen mitbestimmter Faktor. Andere und womöglich ebenfalls normativ beeinflußte wichtige Umstände sind etwa die vorhandene Autonomie bei Selektion und Anwendung von Aktivierungsmechanismen sowie der Glaube, gegenüber unvorhersehbaren Eventualitäten geschützt zu sein (A: 251 ff.).

Man kann Egos Handlungspotential und Egos Selektionsfähigkeit von einzelnen Handlungen unter den Begriff „Handlungs*mittel* Egos" zusammenfassen. Diese erschöpfen aber noch nicht die Handlungs*möglichkeiten* Egos; als ein weiterer Aspekt dieser Handlungsmöglichkeiten ist vielmehr die „Situation von Ego" zu betrachten. Diese Situation kann unterschiedlich ausgeprägt sein. Für die folgende Diskussion ist wichtig, ob Egos Situation einen im engeren Sinne nicht-interaktiven oder interaktiven Charakter besitzt, d. h. ob Ego mit seinem Handlungspotential, seiner Selektionsfähigkeit und -bereitschaft und seinen Bedürfnissen sich „der Gesellschaft insgesamt" gegenübersieht, oder aber ob er bestimmte einzelne Akteure Alter als Bezug seiner Selektion und als Quelle von Vorteilen spezifiziert hat. Nur in diesem letzteren Fall ist ja von einer „interaktiven Konstellation" in einem engeren und hier allein interessierenden Sinne zu sprechen. Liegt eine derartige interaktive Konstellation vor, dann kann man sie näher dadurch charakterisieren, daß man die bisher allein auf Ego bezogenen Kategorien nun auch im Hinblick auf Alter verwendet. Zu den Handlungsmöglichkeiten Egos gehören dann also auch (3) die „Bedürfnisse von Alter"; diese Bedürfnisse Alters implizieren in dem Sinne Handlungsmöglichkeiten Egos, als Ego über ihre Befriedigung versuchen kann, Alter zu von Ego geschätzten Handlungen zu bewegen. Auf die Frage der Normierung dieser Bedürfnisse von Alter sind Durkheims Überlegungen im „Selbstmord", die ja zunächst nur einem Aktor Ego galten, nun entsprechend zu beziehen; bei Fehlen oder Mangel an solchen normativen Momenten befindet sich Alter in einer Situation der „Bedürfnis-" oder „Ziel-Anomie". Das aber bedeutet, von Ego aus gesehen, eine radikale Entwertung seiner Handlungsmittel; denn die auf Normmangel beruhende Unbegrenztheit der Ansprüche Alters, seine „Unersättlichkeit", macht es für Ego praktisch unmöglich, Alter zufriedenzustellen und von daher Alters Bereitschaft zu stimulieren, seinerseits Handlungen zu aktivieren, die zur Befriedigung von Egos Bedürfnissen nötig wären. Die Ziel-Anomie Alters hat also — ganz abgesehen von ihren pathologischen Effekten für Alter selbst — für Ego in doppelter Hinsicht Belastungen zur Folge; einerseits wird Ego dazu veranlaßt, in dem Versuch, doch noch eine Befriedigung Alters zu erreichen, in großem Umfang sein Handlungspotential zu aktivieren, und andererseits kann Ego nicht damit rechnen, durch Alter kompensiert zu werden; das Resultat wird eine Erschöpfung Egos sein.

Ebenso, wie man die Bedürfnisse Alters als situativen Aspekt der Handlungsmöglichkeiten Egos betrachten kann, ist dies auch für Alters Handlungspotential und seine selegierten Handlungen möglich. Denn wenn man beachtet, daß hier ja die Frage der Befriedigung der Bedürfnisse Egos diskutiert wird, wobei diese Befriedigung durch Alter erfolgen kann, ist es konsequent, wenn man auch Alter mit Hilfe solcher Kategorien charakterisiert, die eben für Ego verwendet wurden; zu den Handlungsmöglichkeiten Egos gehören dann also noch (4) das „Handlungspotential" von Alter, welches für

2. Durkheims Erklärungsansatz: Arten normativer Muster 101

Ego als „Befriedigungspotential" erscheint, und (5) die Bereitschaft und Fähigkeit von Alter, spezifische einzelne Handlungen zu selegieren, die Egos Bedürfnisse mehr oder weniger befriedigen. In normativer Hinsicht gelten für Alters Befriedigungspotential und Handlungsselektionen die gleichen Überlegungen, die oben über Egos Handlungspotential und Selektionsfähigkeit angestellt wurden. Eine mangelhafte normative Überformung des Handlungspotentials und/oder der Selektion von Handlungen von Alter wird zur Folge haben, daß die Bedürfnisse Egos nicht erfüllt und deshalb von Ego getragene pathologische Reaktionen veranlaßt werden — Rückzug aus der Interaktion, Unzufriedenheit mit der Interaktion, Aggressionen und Konflikte.

Graphisch lassen sich diese Überlegungen wie folgt darstellen:

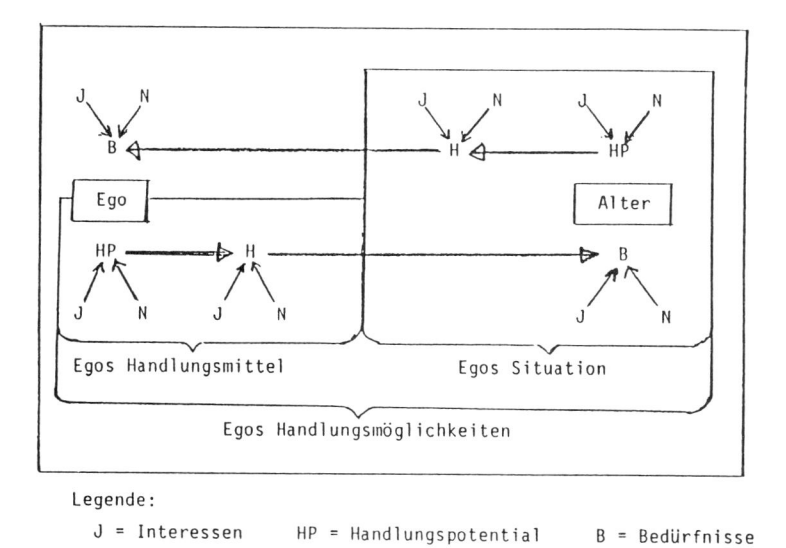

Legende:
J = Interessen   HP = Handlungspotential   B = Bedürfnisse
N = Normen   H = Handlungen

Mit Hilfe dieser aus der konzeptuellen Integration der „Arbeitsteilung" und des „Selbstmords" hervorgegangenen begrifflichen Elemente gelingt es, die Beispiele im „Selbstmord" präziser zu fassen, als es Durkheim selbst vermochte. Es zeigt sich jetzt nämlich, daß die von ihm in diesen Fällen angesprochene „Krise der Handlungsmöglichkeiten", durch die eine Kluft zu Bedürfnissen entsteht und in der Folge pathologische Reaktionen ausgelöst werden, sehr Unterschiedliches bedeuten kann. (1) Sie kann sich auf den —als schnell empfunden — Verlust der Ressourcen beziehen, über die

Ego bisher verfügte. Im Fall von Individuen kann man hier etwa an Altern oder an Krankheit denken, die z. B. einem Unternehmer die Unternehmungsfähigkeit rauben; ganze Volkswirtschaften können etwa vom plötzlich erreichten Ende bisher vorhandener Ressourcen betroffen werden. Dies sind Beispiele für nicht sozial bewirkte, sondern für biologisch bzw. physikalisch bedingte Krisen. Um durch soziale Umstände ausgelöste Krisen der Handlungsmöglichkeiten Egos handelt es sich beispielsweise, wenn ein Individuum sein Eigentum nicht länger (vor Enteignung oder vor Diebstahl) geschützt glaubt, oder wenn eine Volkswirtschaft im Zuge des Zusammenbruchs des internationalen Finanz- oder Handelssystems einen Teil ihrer bisher verfügbar geglaubten ökonomischen Möglichkeiten einbüßt. Wie ist eine solche Konstellation zu charakterisieren? Sicher entsteht durch den Verlust von Handlungsmöglichkeiten für den Aktor eine Diskrepanz zu seinen Bedürfnissen oder Zielen. Aber die oben vorgeschlagene begriffliche Präzisierung macht deutlich, daß es sich hier nicht um diejenigen Arten von Konstellationen handelt, die von Durkheim selbst diskutiert werden; denn es handelt sich hier nicht um eine durch Handlungs- bzw. durch Bedürfnis-Anomie verursachte Diskrepanz. Vielmehr wäre bei den eben diskutierten Krisen von Handlungsmitteln davon zu sprechen, daß sie durch „Ressourcen-Anomie" bewirkt wurden. Der Vorteil einer solch engen Fassung der Anomie-Begriffe ist evident; nur so werden Fragen möglich wie die, ob und welche Konsequenzen z. B. aus anomischen Ressourcenänderungen sich für die normative Überformung von Bedürfnissen und/oder Handlungen ergeben, ob also Mechanismen der gegenseitigen Stimulierung von verschiedenen Formen von Anomie existieren. (2) Egos relative Fähigkeit zur Aktivierung seiner Ressourcen im Hinblick auf die Bedürfnisse von Alter kann abnehmen, wobei diese Abnahme etwa aus nachlassender Arbeitsdisziplin resultieren kann; wenn man ganze Volkswirtschaften als Einheiten der Analyse verwendet und die Beziehung zwischen Produktion und Konsum thematisiert, dann kann eine solche Verminderung produzierter Güter und Dienste etwa durch die relative Betroffenheit durch industrielle Konflikte oder durch ein Zurückbleiben der technischen Innovationsrate im Vergleich zu konkurrierenden Volkswirtschaften bewirkt werden, welche ihrerseits durch fehlende normative Rahmenbedingungen verursacht sein können. Dies sind Beispiele für Durkheims „Handlungs-Anomie". (3) „Krise der Handlungsmöglichkeiten" von Ego kann aber auch bedeuten, daß der Interaktionspartner Alter —rasch — seine Bedürfnisse ändert, wobei dieser Wandel aus einem Zusammenbruch bisheriger normativer Vorstellungen über angemessenes Konsumverhalten resultiert; dadurch kann eine Entwertung der Handlungsfähigkeiten eintreten, über die Ego verfügt. Auch wenn hier also „Normen" bzw. ihr Mangel eine Rolle spielen und dadurch die Handlungsmöglichkeiten *Egos* berührt werden, wird eine solche Situation hier *nicht* als Anomie Egos bezeichnet, sondern als Bedürfnis-Anomie *Alters*.

In gleicher Weise wird bei den beiden letzten Faktoren der Handlungsmöglichkeiten von Ego verfahren: Eine Krise der Handlungsmöglichkeiten Egos kann schließlich ja auch bedeuten, daß Alter (4) seine Fähigkeit oder (5) Bereitschaft verliert, auf die von Ego geleistete Befriedigung von Alters Bedürfnissen kompensierend zu reagieren, z. B. wegen einer plötzlich nachlassenden Zahlungsmoral Alters. — Entsprechend kann man auch „Glückskrisen" im Sinne der plötzlichen Verbesserung der Lage von Ego präziser formulieren. — Im Fall der Ehe schließlich kann man für solidarische Interaktionen wichtige Momente u. a. (1) in dem Ausmaß der Verfügung des Ehemanns über z. B. erotisches Wissen, (2) in der Fähigkeit und Bereitschaft des Ehemanns zur geregelten Verwendung dieses Wissens in bezug auf seine Frau („Handlungs-Eunomie" bzw. „-Anomie" Egos), (3) in der Größe der legitimen Bedürfnisse der Ehefrau nach sexueller Befriedigung („Bedürfnis-Eunomie" bzw. „-Anomie" Alters), (4) in der Kapazität der Ehefrau zur z. B. moralischen Unterstützung des Ehemanns bei der Meisterung beruflicher Probleme, und (5) in der faktischen Verwendung dieser Kapazität („Handlungs-Anomie" bzw. „-Eunomie" Alters) vermuten.

Zusammenfassend läßt sich zur Anomie-Problematik damit folgendes festhalten. Durkheim hat in der „Arbeitsteilung" und im „Selbstmord" zwei unterschiedliche Anomie-Begriffe entwickelt. 1. In der „Arbeitsteilung" wird die Frage thematisiert, wovon die Fähigkeit von Ego abhängt, Leistungen für einen Interaktionspartner Alter zu erbringen, und zwar in einem Kontext, in dem Ego und Alter sozial differenzierte, unähnliche Akteure sind. In bezug auf dieses Problem analysiert Durkheim die normative Ordnung. Durkheim glaubt, daß Egos Fähigkeit zur Selektion von Handlungen, die Alters Bedürfnisse befriedigen, von der Existenz normativer Muster abhängt; fehlen solche Normen über zu selegierende Handlungen („Handlungs-Anomie"), dann ergeben sich pathologische Effekte für die Interaktion. Diese können in zweierlei Weise ausgelöst werden. Wenn sich Ego nicht an Normen orientieren kann, dann wird Ego leicht „unpassende" Handlungen auswählen, so daß eine Diskrepanz zwischen Egos Handlungen und Alters Bedürfnissen entsteht; die damit verbundene Enttäuschung Alters wird etwa zu Unzufriedenheiten Alters, Rückzug Alters aus der Interaktion, Aggressionen Alters führen. Zweitens wird Normmangel auch für Ego selbst eine Belastung darstellen (die zu einer Belastung der Interaktionen werden wird), da sie die Sicherheit und Zuversicht Egos bei der Selektion von auf Alter bezogenen Handlungen vermindert. 2. Im „Selbstmord" dagegen betrachtet Durkheim Ego nicht als mögliche Quelle der Befriedigung der Bedürfnisse eines Interaktionspartners; vielmehr wird Ego hier selber als Träger von Bedürfnissen gesehen. Darauf bezogen stellt Durkheim die Frage, wovon eine solche Ausprägung von Bedürfnissen abhängt, daß eine Übereinstimmung mit den Möglichkeiten Egos besteht und deshalb eine Bedürfnisbefriedigung erfolgen kann. Auch unter dieser Perspektive analysiert Durkheim die normative

Ordnung. Er betrachtet Normen als Mechanismen, die — über eine Spezifizierung und Fixierung von Bedürfnissen — eine Entsprechung zwischen Zielen und Möglichkeiten bewirken. Fehlen solche Normen („Ziel-Anomie"), dann tritt eine Kluft zwischen normativ unüberformten und deshalb expandierenden Bedürfnissen einerseits und begrenzten Möglichkeiten andererseits ein, die ihrerseits pathologische Effekte bei Ego auslöst, indem sie — etwa — die Entstehung von Verzweiflungsgefühlen und Verzweiflungstaten bewirkt. 3. Beachtet man, daß der der Ziel-Anomie unterliegende Aktor nicht sozial isoliert gedacht werden muß, sondern in interaktiven Beziehungen stehen kann, dann wird weiterhin zweierlei deutlich. Einerseits stellt sich heraus, daß für die Entstehung der Kluft zwischen Zielen und Möglichkeiten bei Ego (die ihrerseits entscheidend ist für die Entstehung pathologischer Effekte für Ego) nicht nur Egos eigene Handlungsmittel im engeren Sinn wichtig sind, sondern auch Merkmale seines Interaktionspartners Alter. Zweitens werden Mechanismen sichtbar, über die Pathologien, die durch die verschiedenen Formen von Anomie ausgelöst sein mochten, sowohl bei Ego sich verstärkend ineinandergreifen als auch auf Alter übergreifen können, so daß schließlich eine Pathologisierung der Beziehung von zwei Seiten erfolgt. Wenn etwa, zielanomisch bedingt, Egos Bedürfnisse an den Interaktionspartner Alter expandieren, dann kann dadurch Ego zur Mißachtung von eigenen Handlungsnormen bewegt werden (um Alter zu größeren Leistungen zu „zwingen"), wodurch wiederum die Bedürfnisse von Alter nicht mehr befriedigt werden, sodaß dessen Fähigkeit oder Bereitschaft abnimmt, seinerseits mit Ego solidarisch-kooperative Beziehungen aufrecht zu erhalten; dadurch aber vergrößert sich das Ausmaß der Nichtbefriedigung Egos zusätzlich, und aus dieser Kluft ergibt sich neuerlich und verstärkt ein Impuls für pathologisches Verhalten.

Eine Implikation dieser Analyse muß noch hervorgehoben werden. Es hat sich gezeigt, daß die dargestellten Anomie-Konzepte einen Ansatz bieten, der es ermöglicht, Beziehungen *zwischen* Akteuren zu analysieren, und zwar aus der *Perspektive der beteiligten Akteure*. Denn es wird ja danach gefragt, ob und wie Ego im Kontext normativer Muster und durch diesen Kontext bestimmt Handlungspotentiale erwirbt und absichert, Handlungen selegiert und Bedürfnisse entwickelt; dann wird festgestellt, welche interaktiven Effekte sich daraus ergeben — normal-solidarische oder pathologische. Dieser umweghafte Ansatz zur Analyse von *Beziehungen,* nämlich über die Perspektive der beteiligten *Akteure,* dürfte für die soziologische Analyse ganz unverzichtbar sein. „Soziale Beziehungen" bilden stets ja nur das von einem *Beobachter* zusammengefaßte Ergebnis der Handlungen der beteiligten Akteure. Die Analyse der Stabilität oder Labilität sozialer Beziehungen hat daher stets eine Analyse der Stabilität oder Labilität der Verhaltensweisen der beteiligten Akteure zu sein. Eine Aussage wie etwa die, daß sich die industriellen Beziehungen zwischen Arbeit und Kapital „verändert" hätten,

„weil" z. B. die Ansprüche der Arbeitnehmer unbescheidener als früher seien, suggeriert eine empirisch-kausale Erklärung, während sie tatsächlich lediglich eine (tauto)logische Transformation darstellt. Eine befriedigende Erklärung der Veränderung dieser Beziehung hätte vielmehr zu zeigen, auf welchen Umständen die wachsende Unbescheidenheit beruht (wie z. B. auf der Abschwächung der bedürfnisregulierenden normativen Muster).

Das Plädoyer für die Fokusierung der Fragestellung auf die einzelnen Akteure darf jedoch nicht mißverstanden werden. Es arbeitet mit der Vorstellung, daß Ego einer „offenen" Situation gegenübersteht, was den Erwerb von Handlungspotential, die Selektion von Handlungen und die Entwicklung von Bedürfnissen angeht, und mit der Annahme, daß die normativen Konstellationen, mit denen Ego zugleich auch konfrontiert wird, dafür von Bedeutung sind, wie Ego mit dieser „Offenheit" umgeht. Anomische normative Konstellationen werden, so Durkheims Vermutung, der Entwicklung von Interessen als Determinanten von Verhalten und Bedürfnissen großen Raum geben und pathologische Effekte für Interaktionen haben; existierende Normen sind „Hilfen" oder „Zumutungen", die die Offenheit eingrenzen, und diese können (allerdings — wie unten näher zu diskutieren sein wird — in Abhängigkeit von ihren Inhalten) solidarische Interaktionen bewirken. Die Tatsache, daß normative Konstellationen für Ego diese „Funktionen" haben, zu beeinflussen, wie Ego mit der offenen Ressourcen-, Handlungs- und Bedürfnislage umgeht, enthält jedoch insbesondere noch keine spezifische Annahme darüber, *wie die Akteure* den normativen Zustand, dem sie sich gegenübersehen, einschätzen oder „definieren". Allerdings aber ist es ein Vorteil des aktor-bezogenen Ansatzes, *daß* er diese Frage der Art der „Definition der normativen Situation" durch die Akteure nahelegt. Dieser Aspekt der Definition der normativen Situation erscheint nun so wichtig, daß er eine eigene terminologische Fassung verdient. Dabei ist hier neben dem kognitiven Aspekt der Bewußtheit der Wahrnehmung der normativen Situation durch die betroffenen Akteure vor allem die Frage wichtig, wie die betroffenen Akteure die normative Konstellation der Anomie bewerten und welche Haltung sie ihr gegenüber einnehmen, also die Frage, ob sie die normative Konstellation hinnehmen und schätzen, ja sogar selbst positiv moralisieren („normierte Anomie", z. B. des „freien Marktes", etwa in Form der Propagierung eines Kultes der Starken, des dauernden Fortschritts und der Suche nach immer neuen Verbesserungen und Veränderungen) oder aber ablehnen. Um „subjektive" oder „manifeste" Anomie handelt es sich dann, wenn von den beteiligten Akteuren selber in nennenswertem Umfang eine Situation als untragbar chaotisch erlebt und eine Regulierungsbedürftigkeit behauptet wird. Bei „objektiver" oder „latenter" Anomie dagegen wird durch den Forscher aus vergleichender Perspektive festgestellt, daß ein bestimmter Aspekt einer sozialen Beziehung der normativen Regulierung entbehrt. Diese Unterscheidung von manifester und latenter Anomie ermöglicht dann die Formulierung der Frage, wovon die Entstehung der Vorstellungen über Regelungsdefizite und Regelungsbedürftigkeiten abhängt. Beispielsweise dürfte eine „Liberalisierung von Märkten" im Sinne eines Abbaus staatlicher Normierungen („Deregulierung") *nicht notwendig* stets als Induzierung oder Verstärkung von (manifester) Anomie interpretiert werden (wenn eine solche Interpretation wohl auch sehr oft erfolgt); keine (manifeste) Anomie liegt vor, wenn das Walten und die Effekte der Marktgesetze als „natürlicher" Zustand und schlicht als hinzunehmendes Schicksal angesehen werden, demgegenüber die Forderung nach einer „Regelung" unangemessen erscheint. Eine Minimalbedingung dafür, daß Marktbeziehungen des Charakter von manifester Anomie zugeschrieben erhalten, sind der Glaube an die Möglichkeit der Regulierung des Marktgeschehens.

b) Zwang

In der „Arbeitsteilung" konstruiert Durkheim neben der Anomie eine zweite normative Konstellation, deren Konsequenzen pathologische — statt normale — Effekte für Interaktionen sein sollen. Es handelt sich um die „erzwungene Arbeitsteilung". In mancher Hinsicht ist diese Konstellation als Umkehrung der anomischen Situation zu verstehen; daher behalten einige der Kommentare, die oben zur Anomie gemacht wurden, entsprechend modifiziert ihre Geltung. Die Spiegelbildlichkeit beider Konstellationen ist m. E. jedoch begrenzt; deshalb ist eine genauere Betrachtung der erzwungenen Arbeitsteilung nötig. Darüber hinaus ist auch jetzt wieder zu untersuchen, in welcher Beziehung die erzwungene Arbeitsteilung zu den normativen Konstellationen steht, die Durkheim im „Selbstmord" konstruierte; neben dem „anomischen" behandelt er bekanntlich den „fatalistischen", den „egoistischen" und den „altruistischen" Selbstmord.

aa) Die erzwungene Arbeitsteilung

Während das definitorisch entscheidende Merkmal anomischer Situationen im Mangel an normativer Regelung besteht — einem völligen Fehlen oder einer ungenügenden Ausprägung —, sind Situationen erzwungener Arbeitsteilung durch die Existenz von Normen und die Wirksamkeit von Normen als Regulativ von Interaktionen gekennzeichnet (A: 416). Diese Normen werden jedoch von einem betroffenen Aktor Ego nicht freiwillig anerkannt, sondern abgelehnt. Ihre Durchsetzung erfolgt daher mittels Zwang. Die Geltung der abgelehnten Normen und ihre Durchsetzung durch Zwang führen zu Unzufriedenheit von Ego und belasten die betreffende soziale Beziehung.

2. Durkheims Erklärungsansatz: Arten normativer Muster

Im Lichte dieser Konzeption untersucht Durkheim zwei Arten von problematischen Situationen, nämlich die Frage der Rekrutierung und Ausgestaltung von Positionen einerseits und die Frage der Honorierung der Leistungen von Positionsinhabern andererseits. Man kann sagen, daß es sich bei beiden dieser Konstellationen um „Verteilungsfragen" handelt[38].

Als Beispiel für eine Konstellation erzwungener Arbeitsteilung in bezug auf die Frage der Besetzung und Ausgestaltung von Positionen verweist Durkheim u. a. auf die Klassenkämpfe (seiner Zeit) (A: 374). Diese seien dadurch gekennzeichnet, daß die niedrigeren Klassen nicht oder nicht länger mit der Rolle zufrieden seien, die ihnen durch Sitte oder durch Gesetz — also: durch bestimmte Normen — zugewiesen werde; vielmehr erhöben sie Ansprüche auf ihnen verschlossene Funktionen. Tatsächlich jedoch würde die Geltung der derzeitigen Normen mit Gewalt durchgesetzt; dies führe bei den unteren Klassen zu Unzufriedenheit und damit zur Verminderung von Solidarität.

Konzeptuell sind die beiden wesentlichen Elemente dieser Konstruktion die „Ansprüche des Aktors Ego" einerseits und die „Unterdrückung dieser Ansprüche durch Gewalt" andererseits. Durkheim elaboriert diese beiden Elemente. Hinsichtlich der erhobenen Wünsche, Ansprüche und Forderungen auf Positionsbesetzung und -ausgestaltung, die im Widerspruch stehen zur normativ verlangten und auch faktisch durchgesetzten Art der Positionsrekrutierung und -ausgestaltung, weist Durkheim — gegen Tarde — die Meinung als vordergründig zurück, die erhobenen Ansprüche würden schlicht aus der Imitation der höheren durch die niedrigeren Klassen resultieren (A: 417). Vielmehr bildeten sich Ansprüche (im Normfall) aufgrund und entsprechend zu gesellschaftlichen Verschiebungen zwischen den Klassen — etwa was deren Relation im Hinblick auf Intelligenz, Reichtum und Zahl angehe; nur wenn solche Verschiebungen eingetreten seien, sich Klassen also in etwa diesen Hinsichten objektiv ähnlicher geworden wären, könne es dazu kommen, daß die niedrigeren Klassen Ansprüche auf Positionen erheben, die bislang den höheren Klassen vorbehalten waren[39]. Im

---

[38] Es handelt sich hier substantiell um die gleichen Komplexe des Schichtungsproblems, die Durkheim im „Selbstmord" im Zusammenhang mit der Anomie-Konzeption diskutierte, und die oben (S. 84 ff.) bereits dargestellt wurden. Dies ist einmal mehr ein Zeichen für die Kontinuität der Auffassungen Durkheims über die als problematisch zu betrachtenden sozialen Phänomene.

[39] Hier arbeitet Durkheim praktisch also mit *zwei kollektiven* „normativ-moralischen" Determinanten von Wünschen: einerseits solchen, die Merkmalen und Fähigkeiten entsprechen; andererseits restriktiven normativen Vorstellungen der alten Privilegieninhaber; denn die strukturelle Veränderung der Klassensituation führt für die Unterklassen im Laufe der Zeit auch zu einer Veränderung der Ansprüche und einer zunehmenden *moralischen* Begründetheit dieser Ansprüche. Im Ergebnis stehen sich dann zwei konträre Arten von normativen Systemen gegenüber. Durkheim hat diesen Umstand nie wirklich explizit herausgearbeitet. Dies ist vermutlich darauf

108   III. Struktur und Pathologien moderner Gesellschaften

Hinblick auf die Unterdrückung solcher strukturell bestimmten Ansprüche betont Durkheim, daß die Geltung von dazu widersprüchlichen Normen durch unterschiedliche Formen des Zwangs garantiert werden könne; man habe nicht nur direkte und offene Gewalt zu beachten, sondern auch „indirekte" Zwänge, nämlich all diejenigen Umstände, die die Entfaltung der sozialen Fähigkeiten von Akteuren behindern (A: 419). Beispiele dafür seien die Besetzung von Ämtern etwa nach Vermögensverhältnissen oder Familienprestige — statt nach individuellen Fähigkeiten. Durch solche Kriterien werde ein „Konflikt" um die Besetzung der Positionen gar nicht erst zugelassen, sondern durch externe Zwangsmittel unterdrückt. (Durkheim glaubt, daß mit zunehmender Arbeitsteilung solche Arten von als ungerecht empfundenen Situationen verschwinden werden.)[40]

Die zweite Situation, die Durkheim als Beispiel für eine erzwungene Arbeitsteilung analysiert, betrifft gerechte bzw. ungerechte Austauschsituationen. Zur Exposition der Problemstellung weist Durkheim darauf hin, daß moderne Gesellschaften durch ein zunehmendes Volumen von Interaktionen gekennzeichnet seien, die auf „Vereinbarung" beruhten (die also, wie Max Weber sagen würde, „formal freien Tausch" darstellen). Die Frage der Solidarität oder Pathologie moderner Gesellschaften werde damit wesentlich zur Frage der solidarischen oder pathologischen Qualität von Interaktionen im Verhaltensbereich der formal freien Vereinbarung. Wie dargestellt, glaubt Durkheim, daß Vereinbarungen häufiger eingegangen und z. B.

---

zurückzuführen, daß er in seiner Dichotomisierung von (einer) Moral einerseits und (residual) dem Bereich der Interessen andererseits gefangen blieb.

[40] Diese Durkheimsche Analyse des Klassenkonfliktes ist in der Literatur (vgl. z. B. Coser 1960; Filloux 1970: 24-27; Lukes 1975: 174 ff.; Müller 1983: 134 f.; Pizzorno 1963: 11-14) häufig als unzureichend und als Anzeichen von Durkheims politischem Konvervatismus, bestenfalls Reformismus charakterisiert worden. Ich kann auf diese Diskussion nicht im einzelnen eingehen. Immerhin sollen zwei Anmerkungen gemacht werden. 1. Analytisch gesehen ist hier wichtig, daß Durkheim *nicht* nur das Problem der *Besetzung* von Positionen anspricht, sondern auch die Frage der *Ausgestaltung* von Positionen. Auch auf diesen letzten Aspekt könnten sich veränderte Ansprüche beziehen. Nimmt man diesen Hinweis auf, so könnte man etwa an die Entwicklung von Forderungen nach „Mitbestimmung" denken und dann immerhin fragen, was von der strukturellen Überlegenheit eines Kapitalisten übrig bleibt, wenn die Bereiche, in bezug auf die Arbeitnehmer mitbestimmen können, nur umfangreich genug ausgeweitet werden. 2. Man sollte m. E. die Analysekraft von (hier: Durkheims) Soziologie und die politischen Präferenzen eines Autors voneinander trennen. Das Hauptgewicht von Durkheims Reformvorstellungen liegt sicher auf einer Erhöhung der „Chancengleichheit" bei der *Besetzung* von Positionen; seine soziologischen Konzepte sind jedoch in dem Sinne „radikaler", als sie sich auch auf die Kompetenzen beziehen, die Positionen alloziert sind. Selbst wenn Durkheim selbst nur den ersten Aspekt betonte, so ist es radikaleren politischen Interessenten doch unbenommen, sich auch auf den zweiten Aspekt zu beziehen; und es spricht für die Qualität von Durkheims soziologischer Analyse, auf beide aufmerksam zu machen.

2. Durkheims Erklärungsansatz: Arten normativer Muster

in Form von Verträgen abgeschlossen werden, wenn für sie ein normativer Rahmen existiert — statt die „normative Leere" der Anomie. Nun ist die Frage der Solidarität oder Pathologie moderner Gesellschaften aber nicht nur eine Frage des Volumens, sondern auch der Qualität solcher normativen Muster. Diese Qualität kann man danach bemessen, ob die Befolgung der Normen und der durch sie gedeckten Vereinbarungen primär „freiwillig" oder primär durch Zwang oder dessen Androhung erfolgt. (Im letzteren Fall hat man damit zu rechnen, daß die Konformität zu den Normen und die Einhaltung der Vereinbarungen von Unzufriedenheiten begleitet sein werden; als Beispiel kann man an die Unzufriedenheit mit Gesetzen denken, die wucherische Praktiken zulassen. Bei vermeintlich lückenhaftem Zwang wird es zu Normverletzungen und zu Brüchen von Verabredungen kommen.) Damit ergibt sich, daß solidarische gesellschaftliche Beziehungen wesentlich auf normativem Konsens beruhen, und es stellt sich die Frage, von welchen Bedingungen solcher Konsens abhängt. Durkheim argumentiert, daß diejenigen Normen freiwillig respektiert werden, die sicherstellen, daß die getauschten Leistungen „äquivalenten Wert" besitzen; dabei ergäbe sich der Wert von Leistungen aus den drei Momenten des Aufwandes zur Leistungserbringung, der Intensität der Bedürfnisse von potentiellen Leistungsabnehmern und der relativen Fähigkeit der Leistungen, diese Bedürfnisse zu befriedigen.

Zusammengefaßt kann die Konstellation der erzwungenen Arbeitsteilung also folgendermaßen formuliert werden. Ein Aktor Ego erfährt gegenüber einem Aktor Alter „ungerechte" Behandlungen. Diese resultieren aus Normen, die von Ego abgelehnt und nur mittels Zwang durchgesetzt werden. Substantiell können sie sich darauf beziehen, daß Egos Leistungs*fähigkeiten* nicht gewürdigt werden (durch eine Zulassung zu oder Ausgestaltung von entsprechenden Positionen) bzw. daß Egos *faktische* Leistungen keine entsprechende Honorierung durch Gegenleistungen erfahren. Dabei ist unterstellt, daß Ego eine „Bewertung" der normativen Konstellation vornimmt. Diesem Umstand läßt sich begrifflich dadurch gerecht werden, daß man bei dieser Konstellation zwei Aspekte unterscheidet, nämlich den Norminhalt und die Normbewertung. Diese beiden Aspekte sind bei der erzwungenen Arbeitsteilung relativ deutlich, während Durkheim, wie gezeigt, im Falle der Anomie nicht auf die Frage einer Bewertung, einer „Definition der normativen Konstellation durch die Akteure" einging. 1. Was den Norminhalt angeht, so sieht sich Ego dem Ansinnen ausgesetzt, eigene Interessen (der Rekrutierung, der Honorierung) zugunsten der Ansprüche anderer Akteure einzuschränken. Ego selbst soll also die Überzeugung teilen, daß Alter Qualitäten besitzt, die eine Privilegierung begründen, und daß wegen der Art seiner eigenen Qualitäten Ego nur geringere Vorzüge zustehen. 2. Dieses Ansinnen auf Selbstbescheidung zugunsten einer — durch die kollektive Moral des Sozialzusammenhanges, an dem Ego und Alter (und wohl Dritte) teilnehmen, begründeten und so gestützten — Privilegierung Alters wird einer Beurteilung durch Ego unterzogen; die geforderte Einschränkung wird als nicht gerechte und nicht (mehr) gerechtfertigte Zumutung empfunden und deshalb abgelehnt. Ego ist freiwillig nicht mehr bereit, eine Moral zu akzeptieren, die auf eine eigene Beschränkung zugunsten fremder Vorteile hinausläuft. (Durkheim glaubt, daß solche Formen die Ungerechtigkeit evolutionär an Bedeutung verlieren werden.)

Es ist instruktiv und wegen Durkheims eigenen Hinweisen auch naheliegend, dieses Konzept der erzwungenen Arbeitsteilung mit dem Problem der Anomie zu konfrontieren. Dabei ist zu beachten, daß — wie oben gezeigt —Durkheim mit zwei Konzepten der Anomie arbeitet, nämlich Handlungs-Anomie (in der „Arbeitsteilung") und Ziel-Anomie (im „Selbstmord"). Zunächst sollen Zwang und Ziel-Anomie kontrastiert werden. M. E. lassen sich aus dieser Gegenüberstellung Anregungen zur Unterscheidung von zwei Formen von erzwungener Arbeitsteilung gewinnen, nämlich „Ziel-Zwang" und „Zwangs-Passivität".

α) Ziel-Zwang

In einem Satz zusammengezogen ergeben sich bei Ziel-Anomie deshalb pathologische Phänomene, weil Diskrepanzen zwischen Zielen von Akteuren und Realisierungschancen auftreten, wobei die Diskrepanzen Resultat relativ überzogener Ambitionen sind, welche sich aus einem Mangel an normativen Restriktionen ergeben. Worin besteht demgegenüber der Mechanismus, der im Fall der erzwungenen Arbeitsteilung pathologisches Verhalten entstehen läßt? Durkheim charakterisiert Bedürfnis-Anomie als normative Schwäche, erzwungene Arbeitsteilung dagegen als Übermaß an Normierung. Damit wird eine Symmetrie der Konstruktion dieser Begriffe suggeriert. M. E. täuscht dieser Eindruck jedoch. Zwar sind in beiden Konstellationen „Diskrepanzen" wichtig als Impuls für die Auslösung pathologischer Phänomene; aber die *Art* der Diskrepanz ist je unterschiedlich.

Am Beispiel der industriellen Beziehungen illustriert liegen Konstellationen des Ziel-Zwangs etwa in folgenden Situationen vor: Die zurückgewiesene und nur mittels Zwang aufrecht erhaltene Norm kann sich auf zeitliche Aspekte der Entwicklung von Bedürfnissen beziehen; so mögen die Arbeitnehmer Tarifverträge ablehnen, deren Langfristigkeit sich im Kontext einer inzwischen veränderten Wirtschaftslage zu ihren Ungunsten auswirkt. Sachlich ist Ziel-Zwang etwa dann gegeben, wenn Arbeitnehmer ein Interesse daran entwickeln, nicht mehr nur über Lohnfragen zu sprechen, sondern auch (z. B. wegen der Arbeitsplatzsicherung) bei Investitions- und Preisentscheidungen mitzuverhandeln, mit diesen Forderungen jedoch an normati-

2. Durkheims Erklärungsansatz: Arten normativer Muster

ven Barrieren scheitern. In sozialer Hinsicht kann Ziel-Zwang etwa bei von den Arbeitnehmern zurückgewiesenen, aber dennoch praktizierten Formen der Vertretung und der Aggregierung von Interessen bestehen; die Arbeitnehmer mögen lieber — erfolglos jedoch — ihre Interessen bei den Arbeitgebern durch selbst-selegierte und strikt kontrollierbare Arbeitnehmer als durch Funktionäre vertreten sehen, da sie dadurch höhere Ergebnisse glauben erreichen zu können.

Im Hinblick auf die beiden von Durkheim genannten Problembereiche betrifft Ziel-Zwang folgende Konstellationen: Im Fall der Rekrutierung und Ausgestaltung von Positionen werden die Ansprüche oder „Interessen" bestimmter Akteure nicht akzeptiert — sei es, daß ihre Leistungsfähigkeiten schlicht bestritten werden, sei es, daß Kriterien wie formale Ausbildung, Benimm, Herkunft die Priorität eingeräumt wird. Im Fall der Honorierung von Leistungen besteht ebenfalls eine Diskrepanz auf der Ebene der Bestimmungsgründe von Zielen von Ego. Egos Ansprüche auf „gerechte" Gegenleistungen, die seinem Aufwand und dem von ihm gestifteten Nutzen entsprechen, wird nicht nachgekommen (z. B. wegen Vorstellungen wie der, daß Männerarbeit oder Kopfarbeit im Prinzip höher zu bewerten sei als Frauen- bzw. Handarbeit).

Der Mechanismus der Pathologisierung bei Anomie und bei Ziel-Zwang läßt sich in folgender Weise graphisch veranschaulichen:

Ziel-Anomie:

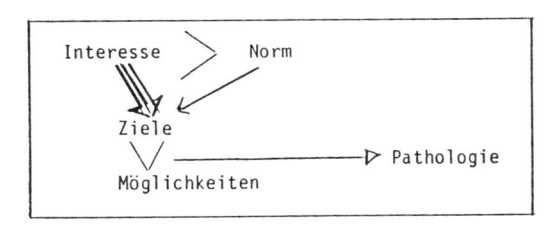

```
Interesse     >    Norm
         \\\       ↙
          ↘ Ziele ↙
           \\ ←
            _____→ Pathologie
         Möglichkeiten
```

Ziel-Zwang:

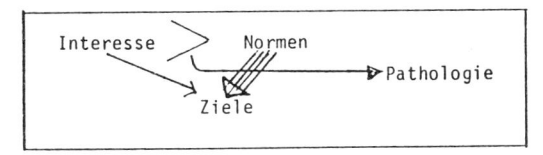

```
Interesse     >    Normen
           \        ↙///
            ↘ Ziele ←         → Pathologie
```

Man kann damit also zunächst konstatieren, daß den Konzepten der Ziel-Anomie und der erzwungenen Arbeitsteilung ein gemeinsamer begrifflicher Bezugsrahmen zugrunde liegt. Er enthält die Elemente: Determinanten der faktisch relevanten „Ziele" von Akteuren: „Interessen" bzw. „normative Definitionen"; „Möglichkeiten der Zielrealisierung". In diesem Rahmen betrifft die zielanomische Diskrepanz die Beziehung zwischen Zielen und Möglichkeiten; sie resultiert aus der Dominanz von Interessen über fehlende oder schwache normative Definitionen. Die Zwangsdiskrepanz betrifft die Relation zwischen Interessen und normativen Definitionen; Interessen werden durch normative Definitionen mittels Zwang dominiert. Während also in beiden Konstellationen insofern eine parallele Konstruktion vorliegt, als das Verhältnis von Interessen und normativen Definitionen im Zentrum steht, ist jedoch der Mechanismus, aus dem Pathologien resultieren, je unterschiedlich; ziel-anomische Akteure erleiden ein Scheitern an der Realität, zwangsausgesetzte Akteure leiden an der (zwangsgestützten) normativen Entlegitimierung von eigenen zugunsten fremder Ansprüche.

Diese Schlußfolgerung lädt zur Überlegung ein, ob man nicht noch eine andere Version von erzwungener Arbeitsteilung konstruieren könnte, bei der der Mechanismus, aus dem sich Pathologien ergeben, parallel zu dem bei der Ziel-Anomie wäre, bei dem also Diskrepanzen zwischen Zielen und Möglichkeiten auftreten. M. E. ist eine solche Situation identifizierbar; sie sei als „Zwangs-Passivität" bezeichnet.

β) Zwangs-Passivität

Dabei handelt es sich um die interessante Konstellation, daß die Ziele von Akteuren durch dominierende Normen über zulässige Ansprüche verengt werden und dies einen relativen *Überschuß* an Möglichkeiten zur Folge hat, die ungenutzt bleiben. Eine solche Konstellation erscheint denkbar, und zwar nicht nur als Phänomen von Überflußgesellschaften (vgl. Simon/Gagnon 1977), sondern auch in depressiven ökonomischen Phasen. Ein Beispiel für das letztere wäre die Situation, in der im Kontext zunehmender Arbeitsmarktprobleme bestimmten Kategorien von erwerbstätigen Personen —etwa Jugendlichen, Behinderten, Frauen, über 60jährigen — angesonnen wird, auf eigene Ansprüche kontinuierlicher Berufstätigkeit zugunsten anderer Gruppen erwerbsfähiger Personen oder der „Gemeinschaft" insgesamt zu verzichten und sich stattdessen mit Hilfs- oder Hausarbeiten zu bescheiden. Sicher kann eine solche Zumutung als ungerecht empfunden und zurückgewiesen werden; insoweit resultiert dann der Impuls zu pathologischem Verhalten — z. B. in Form von Unzufriedenheit — wieder aus der Diskrepanz zwischen den beiden Ziel-Determinanten normative Definition über zulässige Ambitionen vs. (als gerecht und legitim empfundene) Interessen. Analytisch getrennt davon erscheint jedoch noch ein anderer Mechanismus der Genese von Unzufriedenheit denkbar. Selbst wenn die Akteure zunächst das

2. Durkheims Erklärungsansatz: Arten normativer Muster 113

Ansinnen akzeptieren, auf Beschäftigungsansprüche zu verzichten, kann die Erfahrung der Situation der „Unterforderung", also die Tatsache, mit zwar realisierbaren und normativ zulässigen Zielen (Hilfs- oder Hausarbeiten) konfrontiert zu sein, die jedoch die Handlungsmöglichkeiten der Akteure nicht voll ausschöpfen, Pathologien induzieren. Dies könnte sich z. B. — was empirisch zu untersuchen wäre — in einer allgemeinen Unzufriedenheit und/oder in einer möglichen Instabilität solcher Konstellationen ausdrücken. Eine denkbare Art des Zerfalls solcher Situationen kann die (von Durkheim und Simon/Gagnon auch angedeutete) Dynamik sein, bei der ein Mittelüberschuß auf die Dauer die Glaubwürdigkeit von normativen Definitionen unterminiert, die die Ziele restringieren. Sobald und soweit dies eintritt, kann der erste Schritt auf dem Weg zur Entwicklung einer anomischen Konstellation beschritten sein.

Als nächstes ist die Zwangskonstellation mit der Handlungs-Anomie zu konfrontieren; dies regt zur Konstruktion einer Konstellation an, die man als „Handlungs-Zwang" bezeichnen kann, und die ihrerseits zwei Fälle umfaßt: „Handlungs-Rigidisierung" und „institutionelle Diskriminierung".

γ) Handlungs-Zwänge: Handlungs-Rigidisierung und institutionelle Diskriminierung

Handlungs-Anomie betraf die Situation, in der ein Aktor Ego über Handlungsressourcen verfügt, aber keine Kriterien und „Techniken" dafür besaß, in welcher Weise diese Ressourcen zu aktivieren und auf einen Aktor Alter zu beziehen sind; daraus konnten sich pathologische Effekte ergeben, weil Ego sich unsicher und unschlüssig beim Umgang mit seinen Ressourcen war und/oder weil es Ego nicht gelang, Alter die (von Alter oder auch von Ego selbst) gewünschte Behandlung zukommen zu lassen. Kann man spiegelbildlich einen Begriff des „Handlungs-Zwangs" konstruieren? M. E. läßt sich hier an zwei Konstellationen denken. (1) Die erste kann als „Handlungs-Rigidisierung" bezeichnet werden. Dabei ist ein Aktor Ego sich nicht wegen fehlender Normen unsicher darüber, wie er seine Handlungsmöglichkeiten auf Alter hin konkret aktivieren soll, sondern dabei sieht sich ein Aktor Ego im Gegenteil mit einer Vielzahl von detaillierten Normen, welche durch Zwang garantiert werden, über die Behandlung Alters konfrontiert. Dies kann jedoch pathologische Effekte haben; etwa kann die Übernormierung eine Inflexibilität beim Umgang mit Alter bewirken.

Auch hierbei sollten wieder zwei Aspekte unterschieden werden, nämlich a) die Frage des Inhaltes der Normierung und b) die Frage von Egos Haltung zu diesen Normen. a) Substantiell handelt es sich hier um Normen, die von Ego fordern, sich in einer intensiven Weise auf Alter einzulassen, in Dauerkontakten mit Alter zu stehen und sich für Alter voll und jederzeit zur Verfügung zu halten. Dies kann zur Pathologisierung der Interaktionssituation führen. Wenn Ego beispielsweise stets erst auf die Wünsche von Alter hin aktiviert wird, dann werden Möglichkeiten der Initiative Egos nicht voll genutzt, die Fähigkeit Egos zu Initiativen womöglich selber verschüttet, und es treten Stockungen und Verlangsamungen in der Interaktion auf. b) Ego kann das normative Ansinnen, sich für Alter dauernd zur Verfügung zu halten, akzeptieren, aber auch als Zumutung empfinden und ablehnen. Dann betrachtet Ego diese Normen als schwer erträgliche Einengungen. In einem solchen Fall kann die Konformität zu den etwa als schikanös und/oder als unsinnig elaboriert erscheinenden Normen nur durch Zwang gesichert werden. Solcher Zwang kann aber seinerseits pathologische Effekte bewirken; wo immer möglich, wird Ego die Normierungen zu unterlaufen versuchen; ansonsten wird sein Verhalten primär an der Vermeidung negativer Sanktionen und nicht an der Förderung und Produktivität der Interaktionen orientiert sein.

(2) Während bei der Zwangsarbeitsteiligkeit in Form von Handlungs-Rigidisierung Pathologien aus der Komponente der Handlungsmöglichkeiten resultieren, läßt sich eine weitere Konstellation von Zwang konstruieren, bei der sich aus einer Spannung zwischen Handlungsmöglichkeiten und Zielen pathologische Effekte ergeben. Man kann hier von „institutioneller Diskriminierung" sprechen. In diesem Fall orientiert sich ein Aktor Ego an normativ legitimen und den eigenen Interessen entsprechenden Zielen, scheitert jedoch bei dem Versuch der Realisierung dieser Ziele an der Art der normativen Überformung der Handlungsmöglichkeiten.

Durkheims Beispiele, die oben als Fälle von Bedürfnis-Zwang gedeutet wurden, könnten bei genauerer Analyse eine theoretisch andere Struktur aufweisen und dann für den Begriff des Handlungs-Zwangs in Form der institutionellen Diskriminierung zur Illustration herangezogen werden. Bei der Besetzung von Positionen mögen die Rekrutierungsansprüche z. B. von Angehörigen aus der Unterschicht oder von Frauen normativ zugestanden, ja voll legitimiert sein („jeder kann, darf und soll sich bewerben"); die Art des Prozesses der Rekrutierung mag jedoch dazu führen, daß bestimmte Aspirantenkreise systematisch unter- und andere systematisch überprivilegiert werden. So mögen attraktive Positionen formal nach universalistischen Zugangskriterien besetzt werden, praktisch aber ohne Zugang zu größeren Geldmitteln, sozialen Kontakten, Verfügung über die Hochsprache und über bestimmte Benimmfertigkeiten nicht erworben werden können. Vergleichsweises läßt sich auch für die *Schaffung* attraktiver Positionen sagen; jedermann mag es z. B. freistehen, Organisationen zur Bündelung von Einfluß zu bilden, mit Hilfe derer auf z. B. die humanere, stimulierendere und mitbestimmte Ausgestaltung von Arbeitsplätzen hinzuwirken versucht werden kann, während faktisch etwa Vermögensverhältnisse und die Zahl von In-

2. Durkheims Erklärungsansatz: Arten normativer Muster 115

teressenten sehr unterschiedliche Organisierungschancen bedeuten (Offe 1969; Offe/Wiesenthal 1980; Olson 1965). In dem Ausmaß, in dem solche Mittelverteilungen normativ bestimmt oder mitbestimmt sind, kann man von Zwangsnormierung im Sinne von Durkheim sprechen. Pathologische Effekte dürften sich aus solchen normativen Handlungszwängen in Form der „institutionellen Diskriminierung" a) sowohl aus dem normativen Inhalt als auch b) je nach der Haltung der betroffenen Akteure zu diesen diskriminierenden Normen ergeben können. a) Objektiv handelt es sich um eine Konstellation, bei der bei der Besetzung und Ausstattung von Positionen normativ garantierte Privilegien und Diskriminierungen wichtig sind. Auf diese Privilegien und Diskriminierungen werden „Begründungen" bezogen sein, nach denen die gegebenen Normen für *alle* Beteiligten günstig sind, z. B. deshalb, weil die Ausstattung bestimmter Kategorien von Akteuren (z. B. die Besitzer von Universitätspatenten) mit Privilegien auch den nicht-privilegierten Akteuren zugute kommen wird. Solche normativen Strukturen werden den Effekt haben, daß ungeeignetes Personal garantierten Zugang zu Positionen besitzt und deshalb eine mangelhafte Ausfüllung dieser Positionen erfolgen wird, während geeignete Personen der Zugang praktisch versperrt wird. Darüber hinaus kann die Reduktion des Wettbewerbsdrucks, der aus dem normativ gespaltenen Rekrutierungsmarkt erfolgt, das Niveau der Leistungsmotivation niedrig halten. b) Die Tatsache der Diskriminierung bzw. Privilegierung kann nun außerdem noch Gegenstand der Definition der Situation durch die Akteure werden; bestimmte Akteure können sich als ungerechterweise diskriminiert ansehen und ihre eigenen Ambitionen nicht länger an der spezifischen Selektivität der Rekrutierungsmechanismen scheitern sehen wollen und daher die entsprechenden Normen ablehnen; den Normen mag dann nur noch mit Zwangsmitteln Geltung zu verschaffen sein. Allein die Tatsache und der Aufwand an Zwangsmitteln dürften zur Pathologisierung der Interaktionen führen, verstärkt z. B. durch die zunehmend zynische Haltung der diskriminierten Gruppen.

Auch die Frage des gerechten Verhältnisses von Leistung und Gegenleistung kann vom Konzept der „institutionellen Diskriminierung" her betrachtet werden. Über den relativen Wert der Leistungen der Akteure mag Einigkeit bestehen, und dennoch kann es „in der Praxis" zu ungerechtfertigten Einkommensunterschieden kommen, die die Konsequenz bestimmter (durch Zwangsmittel aufrechterhaltener) Normen sind. Ein Beispiel dafür ist die von Durkheim kritisch diskutierte Institution der Vererbung von Vermögen, die den Nachkommen reicher Eltern Einkommen beschert, welches durch Arbeitsleistungen nicht gerechtfertigt ist (z. B. L: 213 ff.). Solche garantierten Privilegien binden Ressourcen, die deshalb nicht mehr zur Mobilisierung von Handlungen zur Verfügung stehen; darüber hinaus kann die Frage der Vermögensverteilung zum Gegenstand von Deutungen und Konflikten werden und auf diese Weise pathologische Effekte bewirken.

Durkheim hatte in der „Arbeitsteilung" unter „Zwang" alle die Mechanismen zusammengefaßt, die — ob direkt oder indirekt — Diskrepanzen zwischen Fähigkeiten und Positionsausstattungen bzw. zwischen Leistungen und Gegenleistungen überbrücken. Es hat sich jetzt gezeigt, daß solche Mechanismen nicht nur in der gewaltgestützten Restringierung von Ansprüchen (Ziel-Zwang und Zwangs-Passivität), sondern auch in der Art der Normierung von Handlungsmöglichkeiten (institutionelle Diskriminierung und Handlungs-Rigidisierung) liegen können. Dabei erschien es wichtig, analytisch zu trennen zwischen a) denjenigen pathologischen Effekten, die aus einem Inhalt der Normen resultieren, der bestimmten Akteuren Zurückhaltung auferlegt, während er andere Akteure privilegiert, und b) denjenigen pathologischen Effekten, die resultieren können, wenn diese Normen beurteilt, abgelehnt und nur noch mittels Zwang aufrecht erhalten werden können. Über Durkheims eigene Formulierungen wurde vor allem an zwei Stellen hinausgegangen. Zunächst hat Durkheim die von mir betonte Unterscheidung der pathologischen Effekte als Resultat einerseits des Inhaltes der Normen, andererseits der Haltung zu Normen, nicht explizit vorgenommen; beide Momente sind vielmehr vermengt. Zweitens hat Durkheim offenbar nur den einen Fall des Ziel-Zwangs vor Augen gehabt, nicht jedoch Zwangs-Passivität und Handlungs-Zwänge. Meine Erweiterungen wurden dadurch angeregt, daß die oben entwickelten zwei Arten von Anomie — Ziel-Anomie und Handlungs-Anomie — als kontrastierende Konstrukte heuristisch verwendet wurden.

Ausgehend von diesen verschiedenen Versionen von Zwangs-Konstellationen, deren Konstruktion von Durkheims theoretischen Argumenten und empirischen Illustrationen in der „Arbeitsteilung" abgeleitet bzw. angeregt wurde, ist nun wieder zu ermitteln, ob und gegebenenfalls welche Entsprechungen und Ergänzungen sich für diese Zwangs-Konstellation im „Selbstmord" finden; greift Durkheim auch dort die Vorstellung von Zwangsnormierung auf?

bb) Zwangskonstellationen im „Selbstmord"

Eine erste Schwierigkeit bei der Behandlung diese Frage besteht dabei darin, daß Durkheim im „Selbstmord" von „Zwang" nicht spricht. Man ist daher auf die inhaltliche Interpretation der verschiedenen Typen des Selbstmordes angewiesen. Da es jedoch dazu unterschiedliche Interpretationen[41] gibt, muß der Versuchscharakter der folgenden Deutung unterstrichen werden.

---

[41] Die Sekundärliteratur über den „Selbstmord" und dabei vor allem über Durkheims Typologie ist immens. Ihre Darstellung und kritische Würdigung würde den Rahmen dieser Arbeit sprengen und muß daher unterbleiben. Grob gesagt überwie-

2. Durkheims Erklärungsansatz: Arten normativer Muster

Werkgeschichtlich ist zu konstatieren, daß Durkheim in der „Arbeitsteilung" 1893 drei Formen von abnormaler Arbeitsteilung unterschieden hat — nämlich anomische, erzwungene und „eine weitere" —, während er 1897 vier Arten des Selbstmordes unterschied (anomischen, fatalistischen, egoistischen, altruistischen), wobei der Fatalismus lediglich in einer Fußnote (S: 318) erwähnt wird. Da einiges für eine Affinität zwischen der „3. Form pathologischer Arbeitsteilung" und dem „Egoismus" spricht (wie noch zu zeigen sein wird), liegt es werkgeschichtlich nahe, im „Altruismus" eine Entsprechung zur „erzwungenen Arbeitsteilung" zu vermuten. Denn es muß ja naheliegend erscheinen, die in den beiden Werken am ausführlichsten entwickelten Konstruktionen aufeinander zu beziehen. Diese Ansicht hat z. B. Heine von Alemann (1982 in einem Vortrag) vertreten, der den „Selbstmord" gewissermaßen als eine empirische Studie im Kontext der theoretischen Konzeption der „Arbeitsteilung" sieht. Andererseits hat Durkheim ja in der „Arbeitsteilung" selbst schon Anomie und Zwang einander kontrastiert; und im „Selbstmord" ist diese Spiegelbildlichkeit von Anomie und Fatalismus explizit formuliert (aber eben ohne daß die fatalistische Konstellation näher diskutiert würde). Schließlich fällt doch auf, daß im „Selbstmord" vier und nicht, wie in der „Arbeitsteilung", drei Konstellationen unterschieden werden. Mir scheint eine sinnvolle Deutung möglich, wenn man argumentiert, daß die Konzeption der „erzwungenen Arbeitsteilung" von 1893 differenziert wurde in den beiden Konstruktionen des Fatalismus und des Altruismus:

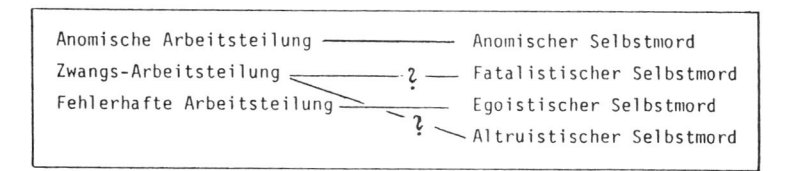

```
Anomische Arbeitsteilung  ──────────  Anomischer Selbstmord
Zwangs-Arbeitsteilung  ─────── ? ───  Fatalistischer Selbstmord
Fehlerhafte Arbeitsteilung ─┐    ───  Egoistischer Selbstmord
                            ? ╲────── Altruistischer Selbstmord
```

---

gen in ihr die Tendenzen, Durkheim (insbesondere im Hinblick auf inkonsistent erscheinende Formulierungen und auf die Werkentwicklung) „verstehen" oder aber „Fehler" und „Mängel" Durkheims identifizieren zu wollen; im Ergebnis erscheint dann die „Selbstmord"-Studie oft entweder als brillante Leistung oder als durch Schwächen gekennzeichnete Arbeit. Paradoxerweise führt beides meist dazu, daß man die Sache auf sich beruhen läßt; an einer perfekten Sache ist nichts weiter zu tun, und von einer fehlerhaften Sache wendet man sich besser ab. Versuche dagegen, kritisch-konstruktiv und weiterführend an Durkheims Formulierungen anzuknüpfen, sind selten. — Wichtige Beiträge enthalten (u. a.): Cresswell 1972; Dohrenwend 1959; Douglas 1967; Giddens 1977d; Hynes 1975; Johnson 1965; König 1978a; Lacroix 1973; Nisbet 1965; 1975; Parsons 1949; 1968a, Pope 1975; Selvin 1965.

α) Fatalismus und Zwang

Was den fatalistischen Selbstmord angeht, so resultiert er aus „einem Übermaß von Regulierung", bei Personen, „denen die Zukunft mitleidlos vermauert wird, deren Triebleben durch eine bedrückende Disziplin gewaltsam erstickt wird" (S: 318). Als Beispiele nennt Durkheim sehr junge Ehemänner (deren Vitalität noch zu groß für die normative Restriktion der Ehe sei) und kinderlose verheiratete Frauen (die zu eigener Regulierung in der Lage seien und für die die Ehe zum nicht-kongenialen Joch werden könne). Er führt den Fatalismus jedoch bloß als logischen Gegensatz zur Anomie ein, dem ansonsten kaum Gewicht in modernen Gesellschaften zukäme. Allenfalls könne er für historische Situationen (etwa dem Selbstmord von Sklaven) und für Situationen exzessiven physischen oder moralischen Despotismus interessant sein.

Da Durkheim sich auf diese Bemerkungen beschränkt, steht man vor der Wahl, den Fatalismus entweder — als nicht elaboriertes Konzept — zu ignorieren oder aber spekulativ mit ihm umzugehen. Die letztere Möglichkeit aufgreifend kann man fragen, ob und welche Beziehungen sich zur erzwungenen Arbeitsteilung herstellen lassen.

Nun wurden oben die beiden Versionen des Bedürfnis-Zwangs und des Handlungs-Zwangs unterschieden; daher ist zunächst zu überlegen, ob beide oder welche der beiden Versionen von Zwang die erwähnten Fälle zu erfassen in der Lage sind. M. E. kann man die von Durkheim genannten Beispiele im Sinne des Bedürfnis-Zwangs, nicht aber plausibel als Handlungs-Zwang interpretieren. Bei Handlungs-Zwang wird dem Aktor ja ein bestimmtes Ziel als legitime soziale Ambition und zugleich persönliches Interesse zugestanden, die praktische Realisierung jedoch verhindert. Aber gerade an einem solchen Zugeständnis von Ambitionen fehlt es in den zitierten Beispielen. Dies hat zwei Implikationen. Zunächst stellt sich dann heraus, daß Durkheims Andeutung im „Selbstmord", der Fatalismus sei logisches Spiegelbild der Bedürfnis-Anomie, nicht voll aufrecht zu erhalten ist. Wie gezeigt, resultiert bei Ziel-Anomie der pathologische Impuls ja aus der Diskrepanz zwischen Zielen und Möglichkeiten, welche sich ihrerseits aus normativ unlimitierten Zielen ergibt. Eine logische Spiegelbildlichkeit hätte beim Fatalismus den pathologischen Impuls dann ebenfalls in der diskrepanten Spannung Ziele/Möglichkeiten zu verorten. Eben dies ist aber ja nicht der Fall; denn beim Fatalismus besteht die Pathologien induzierende Diskrepanz ja auf der Ebene der Determinanten von Zielen, nämlich als Widersprüchlichkeit von Interessen und Normen. „Fatalismus" scheint mir deshalb nichts als eine andere Bezeichnung für die oben „Ziel-Zwang" genannte Situation zu sein.

2. Durkheims Erklärungsansatz: Arten normativer Muster   119

Eine weitere Implikation ist noch wichtiger, nämlich die Frage der Relevanz der Konstellation für moderne Gesellschaften. Wenn man den Fatalismus als „Ziel-Zwang" konzeptualisieren kann, dann leuchtet es nicht ein, daß Durkheim ihm 1897 so wenig Bedeutung für moderne Sozialverhältnisse zuschreibt. Denn zwar mag aus Ziel-Zwang heutzutage seltener *Selbstmord*verhalten resultieren; aber die Bedeutsamkeit von Ziel-Zwang in modernen Kontexten (beispielsweise bei „ungerechten" Positionsbesetzungen und bei „ungerechten" Entlohnungen) hatte Durkheim selbst noch 1893 ja unterstrichen. Von daher gesehen kann man dann sagen, daß die Reduktion des Fatalismus im „Selbstmord" auf eine Fußnote und die Beschränkung seines empirischen Anwendungsbereichs die Abnahme von Durkheims analytischem Interesse an Situationen reflektiert, bei denen ungerechte Sozialverhältnisse durch normative Regulierungen von Zielen bewirkt werden[42]. Stattdessen ist Durkheims Tendenz gewachsen, in Normen per se schon „nützliche", d. h. Solidarität und Harmonie fördernde — statt u. U. Pathologien induzierende — Strukturen zu sehen. Dieser Eindruck wird noch dadurch verstärkt, daß es im „Selbstmord", wie gezeigt, keine Äquivalente zur erzwungenen Arbeitsteilung in Form des Handlungs-Zwangs gibt.

Der Vergleich zwischen der Konzeption der erzwungenen Arbeitsteilung von 1893 und des Fatalismus von 1897 hat daher ein eher negatives Ergebnis erbracht. Die Unausgearbeitetheit des Fatalismus zwingt zu Spekulationen. Es scheint aber so, daß Durkheim die Thematik gewaltgestützter normativ bewirkter Unterdrückung von *relativen* Interessen nicht mehr verfolgt, sondern die Problematik auf *absolute* Repression — die Unterdrückung orga-

---

[42] Durkheims knappe Ausführungen machen es unmöglich zu entscheiden, ob er die Lage von Sklaven, jungen Ehemännern und kinderlosen Ehefrauen in repressiven normativen Kontexten als „ungerecht" qualifiziert hätte. Jedenfalls sind sowohl Sklaven etc. als auch ungerecht rekrutierte und entlohnte Akteure insofern in einer identischen Situation, als die ihnen zugebilligten Ziele aus einer zwangsgestützten Dominanz normativer Definitionen über Aktorinteressen resultieren. Vielleicht kann man einen gewissen Unterschied zwischen beiden Situationen als „absolute" bzw. „relative" Unterdrückung bezeichnen, wobei nur das letztere als „Ungerechtigkeit" erscheint. Im Fall der absoluten Unterdrückung würden konstitutive organische Bedürfnisse von Akteuren durch Normen vergewaltigt werden — elementare menschliche Bedürfnisse nach einem Minimum an Handlungsspielraum bei Sklaven; die Triebstruktur bei jungen Männern; die organische Konstitution bei Frauen. Bei der relativen Unterdrückung werden Interessen von Akteuren unterdrückt, die sie aus einem Vergleich zur Lage anderer Akteure entwickeln. Wenn man absolute Repression derart biologistisch deutet und scharf von relativer Repression unterscheidet, dann hätte man zu konstatieren, daß bei Durkheim 1897 die Frage „gerechter" sozialer Verhältnisse gar nicht mehr thematisiert wird — in deutlichem Kontrast zu den Formulierungen von 1893. (Als einen dritten Sub-Typ des Bedürfnis-Zwangs könnte man die technisch bedingte Unterdrückung von Interessen bezeichnen, etwa im Fall von Professionellen, denen in bürokratischen Handlungskontexten der von ihnen für ihre spezifischen Tätigkeiten beanspruchte Spielraum aus organisationstechnischen Gründen nicht zugebilligt wird.)

nisch-konstitutioneller Interessen — verengt. Von Handlungs-Zwang durch die Art des Arrangements der Mechanismen der Zielrealisierung bei zugebilligten Interessen ist gar nicht mehr die Rede. Wenn man bei Durkheim Anregungen zur soziologischen Analyse von Ungerechtigkeit sucht, erscheint die Orientierung am „Zwang" der „Arbeitsteilung" fruchtbarer als am „Fatalismus" im „Selbstmord"; aus dem späteren Werk kann man zu dieser Thematik höchstens die Anregung zur Unterscheidung von absoluter und relativer Interessenlage übernehmen. Als wichtig hat sich der „Selbstmord" für dieses Thema Zwang und Ungerechtigkeit dagegen in indirekter Weise erwiesen. Im „Selbstmord" verleiht Durkheim der Frage des Fehlens von Normen über Ziele (Ziel-Anomie) entscheidendes Gewicht; fragt man von hier ausgehend spiegelbildlich nach den Effekten einer Normierung von Zielen, dann wird eine Konstellation des Zwangs in Form des Bedürfnis-Zwangs sichtbar, die die Unterscheidung zum Zwang in Form von „Handlungs-Zwang" nahelegt und deren empirische Bedeutung es verdient, Gegenstand der Forschung zu werden.

Damit ist die zweite Frage aufzugreifen, die sich einem Vergleich der „Arbeitsteilung" und des „Selbstmord" im Hinblick auf die Frage des Zwangs stellt, nämlich die Relation zwischen erzwungener Arbeitsteilung und Altruismus.

β) Altruismus und Zwang

Durkheim glaubt, bestimmte Arten des Selbstmordes auf eine sehr schwach ausgeprägte individualistische und statt dessen sehr stark ausgeprägte überindividuelle Orientierung von Akteuren zurückführen zu können. Er verweist bei primitiven Gesellschaften z. B. auf Krieger, die sich drohendem Altern oder Krankheit durch Selbstmord entziehen (S: 242), oder auf Ehefrauen und Diener, die ihrem Gatten bzw. Herrn durch Selbstmord in den Tod nachfolgen (S: 243). Dabei entspricht dieses Verhalten nicht privater „Wahl" der Akteure, sondern ist ihnen normativ als sanktionsgestützte Pflicht auferlegt, welche für überindividuelle Zwecke erbracht wird. Im Vergleich zu solchen überindividuellen Zwecken wird den individuellen Interessen und den einzelnen Akteuren nur eine geringe Eigenbedeutung zuerkannt. Durkheim spricht hier von „Altruismus". Dabei ist Altruismus negativ definiert. Durkheim kennzeichnet Altruismus nämlich — vielleicht etwas irreführend — nicht etwa als eine *spezifische* Art dominierender Orientierung eines Ego an *anderen* Akteuren oder Sachverhalten, sondern als niedrige Bewertung des Aktors Ego und seiner Interessen selbst (etwa nach dem Motto: „Nimm dich nicht (so) wichtig!")[43]. Neben diesem „obliga-

---

[43] Wer oder was der positive Orientierungsbezug solcher Altruisten ist, kann, wie die folgenden Ausführungen zeigen, variieren. In allen Fällen jedoch soll es sich um

2. Durkheims Erklärungsansatz: Arten normativer Muster

torischen altruistischen Selbstmord" nennt Durkheim noch zwei andere Versionen. Beim „optionalen altruistischen Selbstmord" (S: 248) besteht zwar keine massiv sanktionierte normative Verpflichtung zum Selbstmord in bestimmten Situationen, wohl aber gesellschaftliche Schätzung für solches Verhalten, die ihrerseits aus einer sozial eingeübten niedrigen Bewertung des Lebens einzelner Individuen resultiert. Der „akute altruistische Selbstmord" schließlich resultiert aus einer situationsindifferent generalisierten Renunziation des Lebens im Namen der Erreichung von etwas „eigentlich" Wichtigem, z. B. Erlösungszustände im Hinduismus und im Jainismus.

In welchen sozialen Umständen treten solche Formen des Altruismus auf? Durkheim sagt, daß altruistische Orientierungen typisch sind für die Situationen starker Gruppenintegration: „Voraussetzung dafür nämlich, daß dem Individuum ein nur so bescheidener Platz im Kollektiv zugebilligt wird, ist die, daß es fast ganz in der Gruppe aufgeht, und daß folglich diese Gruppe sehr stark integriert sein muß. Bedingung dafür, daß die Bausteine so wenig Eigenleben haben, ist, daß die Gesamtheit eine in Form und Zeit festgefügte Einheit ist" (S: 246). Ideen, Gefühle, Tätigkeiten sind gleich oder ähnlich, die geringe Gruppengröße erlaubt andauernde gegenseitige Beobachtung und Überwachung. In solchen Kontexten hat ein Individuum keine Nische zur Entwicklung von Eigenartigkeiten, und aus solchen Kontexten, also (wie Marx sagen würde:) Arten von sozialem Sein, resultiert auch die Art der Konzeptionen, mit Hilfe derer die Individuen ihre Umwelt und sich selbst interpretieren (S: 254), also ihr soziales Bewußtsein und die Art der normativen Muster, demgemäß sich Akteure verhalten sollen. Ein Akteur, der *faktisch* primär Teil *einer kompakten* Gruppe ist, wird sich dementsprechend auch „als Teil" eines größeren Ganzen *fühlen und identifizieren* und starken Gruppennormen unterliegen.

In bezug auf höher entwickelte Gesellschaften glaubt Durkheim, daß der Wert, der den individuellen Akteuren und ihren persönlichen Interessen eingeräumt wird, zunimmt, und daß deshalb das Phänomen des altruistischen Selbstmords entsprechend zurücktritt. In Einzelfällen könnten altruistische Momente für den Enthusiasmus mitverantwortlich sein, mit dem manche Märtyrer ihren Tod hinnahmen; sie könnten auch bei dem Selbstmord von Personen eine Rolle spielen, die Schande von z. B. ihrer Familie abwenden wollten. Als chronisches Phänomen sei altruistischer Selbstmord jedoch in modernen Gesellschaften auf einen bestimmten sozialen Kontext

---

nicht-individuelle, sondern um *über*-individuelle Bezüge handeln. Dem liegt Durkheims Vorstellung (s. z. B. 1973e: 110 f.) zugrunde, daß es für einen Ego, der sich selbst nicht wichtig nimmt, auch keinen Grund gibt, *anderen einzelnen* Akteuren einen großen Wert zuzubilligen. Als Bezug bleiben dann nur *über*-individuelle Objekte, etwa Gruppen, Repräsentanten von Gruppen, Symbole von Gruppen.

beschränkt, nämlich auf das Militär. Als Ursache dafür nennt Durkheim die für diese Institution typische und sich in striktem Gehorsam ausdrückende Unterordnung persönlicher Meinungen und Interessen unter externe Kontrolle, verbunden mit der massiven, kompakten Gruppenstruktur, die einen rigiden Kontext für die Akteure darstelle und unabhängige Strebungen verhindere (S: 263 f.). Vor einem solchen normativen Hintergrund würden kleine Anlässe ausreichen, um einen Aktor zu Selbstmordhandlungen zu bewegen (S: 269 f.).

Betrachtet man Durkheims Darstellung des altruistischen Selbstmords unter dem Gesichtspunkt, welche Mechanismen einen Aktor zur Selbstauslöschung veranlassen, dann stellt man eine gewisse Inkonsistenz fest. Bei den zuerst genannten Fällen (Diener und Ehefrauen, die ihrem Herrn bzw. Gatten in den Tod nachfolgen; enthusiastische Hinnahme des Todes durch Märtyrer bzw. Hingabe des Lebens durch — wie Weber sagen würde — „religiöse Virtuosen") ist der Selbstmord ein normkonformes bzw. ein auf Wertrealisierung gerichtetes Verhalten. Dagegen erfolgt bei Personen, die Schande von ihrer Gruppe abwenden wollen oder bei Soldaten der Selbstmord als Reaktion auf akute Verzweiflungssituationen vor dem Hintergrund einer schwach ausgeprägten Bewertung des einzelnen Individuums. In den ersten Beispielen wird also eine hinreichende Erklärung des Selbstmordverhaltens versucht; eine weitergehende soziologische Analyse könnte dann erstens nach den Bedingungen fragen, die Normenkonformität (statt Normdevianz — also die Weigerung, Selbstmord zu begehen) bzw. Wertüberzeugtheit sichern, und zweitens zu ermitteln versuchen, unter welchen Umständen sich derartige altruistische Normen, insbesondere solche, die Selbstmord verlangen, entwickeln. Im Fall der Soldaten und der Familientragödie aber wird lediglich eine notwendige normative Bedingung für Selbstmord — ein schwach ausgeprägter Individualismus im Sinne (nicht einer „schwachen Person", sondern) einer Fähigkeit und Bereitschaft zum Hintanstellen der eigenen Person — genannt. Offen bleibt bei Durkheim (und deshalb weiteren Untersuchungen vorbehalten) aber, unter genau welchen zusätzlichen Bedingungen es bei solchen Akteuren zum Selbstmord kommt — der ihnen ja *nicht* (wie in den anderen Fällen) normativ angesonnen oder auch nur nahegelegt ist.

Sieht man von dieser Differenz — explizite normative Forderung nach Selbstmord im Interesse eines überindividuellen Sachverhalts statt bloß normative Forderung nach Zurücktreten der Interessen des Aktors hinter überindividuelle Zwecke — einmal ab, dann liegt der gemeinsame Kern der als altruistisch bezeichneten Konstellationen also in einem normativ geforderten Zurückstehen individueller Interessen zugunsten von etwas „Größerem"[44]. Von hier aus kann jetzt die Frage gestellt werden, ob und welche

---

[44] Nur in seltenen Fällen wird man wohl wirklich annehmen können, daß die

Beziehung sich zwischen der altruistischen Konstellation im „Selbstmord"
und der Zwangssituation der „Arbeitsteilung" herstellen läßt.

Als Fälle erzwungener Arbeitsteilung wurden oben, nach einem Vergleich mit den Anomie-Konzepten, die beiden Konstellationen des Handlungs-Zwangs (Handlungs-Rigidisierung und institutionelle Diskriminierung) und des Bedürfnis-Zwangs (Ziel-Zwang und Zwangs-Passivität) herausgearbeitet. Die Diskussion des Fatalismus zeigte dann, daß im „Selbstmord" von Handlungs-Zwang nicht mehr die Rede war; sie regte jedoch zur Unterscheidung von relativem und absolutem Bedürfnis-Zwang an. In beiden Versionen von Ziel-Zwang aber dominieren normative Definitionen über die privaten persönlichen Interessen der Akteure. In der „Arbeitsteilung" hatte Durkheim hervorgehoben, daß es unterschiedliche Formen und Mechanismen geben könne — direkte und indirekte —, durch die sich die Kluft zwischen normativen Definitionen und individuellen Ansprüchen mittels Zwang überbrücken ließe. Von hier aus gesehen erscheint es gerechtfertigt, „Altruismus" als eine Form von Ziel-Zwang zu interpretieren. Denn auch hier wird von dem betroffenen Aktor gefordert, die eigenen Interessen zugunsten normativ definierter anderer Ansprüche zurückzustellen. Allerdings besteht ein Unterschied zu der bisher besprochenen Situation Ziel-Zwang; dieser bezieht sich auf das Medium und/oder die Begründung, mittels derer die Dominanz der Normen gegenüber den Interessen als Determinanten der Ziele des Aktors gesichert wird. Die Unterdrückung individueller Interessen wird jetzt nicht, wie beim Fatalismus, trotz der Ablehnung der Normen durch die Akteure mittels Gewalt im konventionellen Sinne erreicht, sondern durch „Argumente", also kulturelle Propaganda, wonach ein Individuum als Mitglied eines Kollektivs für dieses Kollektiv persönliche Opfer zu bringen habe. (Beispielsweise „sollen sich Mütter für ihre Familien aufopfern". Im Bereich der industriellen Beziehungen „sollen" Arbeitnehmer Loyalität zu und notfalls auch Aufopferungsbereitschaft gegenüber ihrem Betrieb und Verständnis für die Probleme und Anweisungen der Arbeitgeber zeigen.) Dabei mag diese identitätsbezogene Rhetorik von den betroffenen Aktoren hingenommen, ja womöglich von ihnen selbst offensiv verfochten werden. Die Selbstverleugnung des Individuums beruht hier also auf identitätsbezogenen und womöglich internalisierten Deutungen. Das impliziert auch, daß durch „bloßen" Wechsel von Deutungen aus altruistischen Aufopferungssituationen Unterdrückungskonstellationen werden können, also etwa die Leistungen von Müttern für ihre Familien nicht mehr als legitime Opfer, sondern als durch Repressionen abgezwungene relativ ungerechte oder absolut unerträgliche Handlungen gelten. Für die so „desillusio-

---

Sozialisation von Altruisten dermaßen „erfolgreich" war, daß ihnen selbst nicht wenigstens ansatzweise deutlich wäre, *daß* sie ihre persönlichen Interessen zurückstellen. Gerade *dieses* Wissen kann eine Quelle der Kraft des Altruisten sein.

nierten" Individuen können ihre bisherigen Leistungen, ja ihre ganze Existenz den Sinn verlieren, gekoppelt z. B. mit Depressionen über die entgangenen Lebenschancen. Der Kern des Unterschiedes von Fatalismus und Altruismus liegt damit also in der Dimension der *Deutung* der normativen Ordnung durch die betroffenen Akteure: Im Falle des Altruismus akzeptiert der Akteur die von ihm geforderte Selbstverleugnung, weil er damit einen Dienst am größeren Ganzen zu erbringen vermeint; im Falle des Fatalismus fehlt ein solcher Glaube, das normative Ansinnen auf Selbstverleugnung wird abgelehnt und Normkonformität beruht einzig auf Gewalt.

Damit hat sich also gezeigt, daß die im „Selbstmord" entwickelte Konstellation des Altruismus mit der Zwangssituation der Arbeitsteilung in Beziehung gesetzt werden kann und eine interessante Bereicherung dafür darstellt. Diese Bereicherung besteht vor allem in dem Hinweis, daß Diskrepanzen zwischen normativen Forderungen und individuellen Interessen nicht nur durch direkte oder indirekte Zwänge im konventionellen Sinn „unterdrückt", sondern auch durch identitätsbezogene sinnvermittelnde kulturelle Konstrukte „überbrückt" werden können. Ob man diese letztere Situation als „Zwang" bezeichnen will, ist eine eher terminologische Frage; Durkheims Formel in der „Arbeitsteilung" jedoch, wonach als Zwang *alle* Mechanismen zu verstehen seien, die die Entfaltung individueller Interessen und Fähigkeiten behindern würden, könnte eine solche Bezeichnung rechtfertigen.

Damit bleibt eine letzte Frage zu bedenken. Die Interpretation des Altruismus von der Problemstellung der „Arbeitsteilung" her wirft die Frage auf, ob die altruistische Form von Zwang ebenfalls pathologische Konsequenzen für Interaktionen haben wird. Diese Frage ist nicht ganz leicht zu beantworten. Durkheims Altruisten der primitiven Gesellschaften handelten ja *normkonform*, wenn sie Selbstmord begingen. Da der Abbruch der gesellschaftlichen Kontakte durch den Selbstmord den normativen Erwartungen entspricht, ist seine Qualifizierung als „pathologisch" nicht umstandslos möglich. Vielmehr entsteht hier das Problem, ob und unter welchen Umständen derartige altruistische Normen ihrerseits als „normal" oder „pathologisch" gelten können. Ich lasse diese Frage hier offen. (Durkheim selbst hätte womöglich gesagt — vor dem Hintergrund seiner allgemeinen These, daß die Frage der Normalität oder Pathologie nur je spezifisch im Hinblick auf bestimmte gesellschaftliche Verhältnisse zu beurteilen sei (S: 426 ff.; R: Kp. 3) —, daß solch altruistischer Selbstmord einen positiven Beitrag zur Solidarität darstellen kann (nämlich dann, wenn diese Normen konstitutiv für die Existenz der Gruppe sind).) Über die Frage der Normalität oder Pathologie altruistischer Selbstaufgabe in modernen Kontexten läßt sich leichter ein Urteil bilden. Was den altruistischen Selbstmord (z. B. im Militär) angeht, so war ja festzustellen, daß solcher Selbstmord *nicht* normativ gefor-

2. Durkheims Erklärungsansatz: Arten normativer Muster 125

dertes Verhalten, sondern spontanes Reagieren auf Handlungsschwierigkeiten darstellt. Insofern kann man nicht sagen, daß hier institutionalisierten Erwartungen entsprochen wird; vielmehr hat man einen Rückzug aus und Abbruch von Interaktionen festzustellen — in diesem Sinne also pathologische Merkmale. Altruismus, der sich in weniger krassen Formen äußert, z. B. als rückhaltlose Aufopferung von Personen für „Höheres" (traditional-deferentielle Arbeitnehmer; 150%ige Mütter, Politiker, Wissenschaftler, Künstler u. ä.), müßte eigens im Hinblick auf normale bzw. abnormale Merkmale untersucht werden. Wichtig wären dabei Fragen wie die, ob und wann das Sich-Hineinsteigern in „Aufgaben" deren Förderung wirklich dient. (Altruistische Mütter beispielsweise, die nur ihrer Familie leben, mögen u. U. nicht mehr in der Lage sein, der Familie eigene persönliche Impulse zu geben, und in diesem Sinne also die Vielfältigkeit der Interaktionen gerade nicht fördern. Womöglich mag auch die Anstrengung, die sie ihr Altruismus kostet, für die anderen Akteure spürbar werden und auf diese belastend wirken. Deferentiell-beflissene und wenig selbstbewußte Arbeitnehmer können die Arbeitgeber der Notwendigkeit zu Innovationen entheben; außerdem kann die geringe Kaufkraft, die sie durchsetzen, ökonomisch eher depressive Effekte haben; schließlich kann die Selbstbescheidung ein solch offen ausbeuterisches Verhalten der Unternehmer provozieren, daß die Deferenz umschlägt in eine fatalistische Deutung und aggressives Reagieren.) Zu fragen wäre auch, ob und wann die altruistische Hingabe die Form der exklusiven Förderung nur bestimmter Ziele oder Gruppen annimmt zu Lasten anderer Ziele oder Gruppen; beispielsweise können altruistische Binnenloyalitäten (z.B. in Form von Betriebs-Egoismus) zur Erschwerung von Intergruppenbeziehungen führen, in dieser Hinsicht also Solidarität beeinträchtigen. In dieser Weise kann man also auch über die Analyse der normativen Konstellation des Altruismus einen Zugang zur Untersuchung pathologischer sozialer Beziehungen gewinnen.

Damit bleibt eine letzte Form anomaler Arbeitsteilung zu besprechen und ihre Beziehung zu den Typen des Selbstmordes zu diskutieren. Auf einigen wenigen Seiten skizziert Durkheim in der „Arbeitsteilung" „eine andere abnormale Form" der Arbeitsteilung, ohne ihr eine eigene Bezeichnung zu geben. Ich habe sie oben als „fehlerhafte Arbeitsteilung" bezeichnet.

c) Fehlerhafte Arbeitsteilung

Die Beschreibung dieser Konstellation ist nicht ganz deutlich; ich lese sie so, daß man von „normiertem Handlungs-Egoismus" sprechen kann.

aa) Normierter Handlungs-Egoismus

Durkheim geht wieder von den „abnormalen" Fällen aus, in denen zwar Arbeitsteiligkeit stark ausgeprägt ist, die erwartete Solidarität aber dennoch nicht eintritt. Dies liege diesmal jedoch nicht an fehlenden Normen oder an nur mittels Zwang durchsetzbaren Normen des Inhaltes, daß von Alter sehr starke Verzichte gefordert werden, sondern an solchen Normen, die nur ein geringes Volumen an kooperativen Handlungen zwischen Ego und Alter zulassen. Offenbar benutzt Durkheim hier also die Unterscheidung, ob das Handlungspotential von Ego kooperierend — auf Alter bezogen — verwendet wird oder nicht (also z. B. ungenutzt bleibt oder eine nicht auf Alter, sondern auf Ego selbst bezogene Verwendung findet). Es geht nun Durkheim, wie er betont, nicht primär um die Tatsache, daß man kooperativ ungenutztes Handlungspotential als ökonomische Verschwendung bedauern kann; vielmehr stellt er die Frage, weshalb ein geringes Volumen an auf Alter bezogene Handlungen Egos auch noch zur „Chaotisierung" dieser (geringen) Interaktionen zwischen Ego und Alter führen kann. Immerhin gäbe es ja — wenn auch relativ wenige — interdependente Handlungen; und von daher könne man — wenn auch in bescheidenem Ausmaß — mit der Entstehung von Solidarität rechnen. Durkheim argumentiert nun, daß ein geringes Ausmaß von Kooperationen bei der Erfüllung von Aufgaben eine Diskontinuität, eine Zerstückelung von Kontakten der Akteure untereinander bedeutet; dadurch aber blieben die gegenseitigen Kenntnisse der Akteure über die Probleme und Bedürfnisse des jeweils anderen gering sowie ihre Konzertierungserfahrungen (im Vergleich zu ihrer Selbstbezogenheit) begrenzt. Aus diesen mangelnden Kenntnissen und Fähigkeiten ergebe sich, daß die (wenigen) Kooperationsversuche, zu denen es faktisch käme, nicht erfolgreich ausfielen. Ergänzend kann man vielleicht noch argumentieren (was Durkheim nicht tut), daß Egos relativ starke Beschäftigung mit sich selbst zur Ausprägung von sich verfestigenden idiosynkratischen Handlungsneigungen führen dürfte, die von Ego nicht oder nur ungern aufgegeben werden und deshalb Kooperationen erschweren. Durkheims Theorie lautet also: Kooperieren will geübt sein; ohne regelmäßige Übung mißlingen Kooperationsversuche; bestimmte normative Muster können solche Übungen verhindern. Ich nenne diese Konstellation deshalb „normierten Handlungs-Egoismus". Durkheims Hypothese behauptet damit, daß aus normiertem Handlungs-Egoismus pathologische Interaktionseffekte resultieren[45].

---

[45] Diese Überlegung Durkheims läßt sich übrigens mit einem Modell eines zirkulären Prozeßmechanismus verbinden, bei dem eine gegenseitige Verstärkung des normierten Handlungs-Egoismus und der Verschlechterung des Kooperationsproduktes eintritt. Das wird möglich, wenn man die oben bereits — bei Anomie und bei Zwang — verwendete Dimension der „Deutung der normativen Situation durch die Akteure" auch jetzt wieder heranzieht. Wenn — entsprechend Durkheims Argumen-

2. Durkheims Erklärungsansatz: Arten normativer Muster   127

Wie kommt es zu einer solch unglücklichen normativen Allokation von spezialisierten Tätigkeiten? Bei Durkheim findet man keine ausführlichere Behandlung dieser Frage; er weist lediglich darauf hin, daß solche Normen nicht auf dem Fehlen eines regulativen Steuerungsorgans beruhen müßten, sondern, im Gegenteil, häufig von solchen regulativen Mächten selbst verursacht würden (A: 430). (Überlegungen, wie eine Vermeidung von Handlungsnormen erreichbar ist, die in der beschriebenen Weise pathologische Interaktionseffekte haben, hätten deshalb an der Frage anzusetzen, wie die regulativen Organe dazu veranlaßt werden können, „angemessenere" Normen zu setzen. Hier ist der Verknüpfungspunkt mit Durkheims unten ausführlich zu besprechender Analyse der Beziehungen zwischen den Akteuren der Sozialstruktur einerseits und den regulativen Akteuren — wie Berufsgruppen und Staat — andererseits.)

Vor dem Hintergrund dieser Konstruktion sind nun wieder die im „Selbstmord" entwickelten Konzepte zu betrachten. Werden im „Selbstmord" weitere Faktoren und Mechanismen identifiziert, die Aufklärung darüber geben können, wann, wie und weshalb Situationen niedriger Integration der Akteure — also Situationen mit einem niedrigen Anteil alter-bezogener im Vergleich zu selbstbezogenen Handlungen — entstehen und aus denen pathologische Effekte für Interaktionen resultieren? Der Bezug dieser Frage ist der sogenannte „egoistische Selbstmord". Durkheim selbst hat in seiner Explikation des Egoismus keine Beziehung zur von ihm als „eine weitere Form pathologischer Arbeitsteilung" bezeichneten und von mir als „normierter Handlungs-Egoismus" interpretierten Konstellation hergestellt; vielmehr hat er im „Selbstmord" den Egoismus ja als Gegenstück zum Altruismus entworfen. (Auf diesen Umstand ist unten zurückzukom-

---

tation — aus diskontinuierlichen Interaktionen schlechte Kooperationsergebnisse resultieren, dann kann dies von den betroffenen Akteuren (wenn dies nach Durkheims Theorie auch falsch ist) nicht einem Zuwenig, sondern einem Zuviel an *Inter*aktionen zugeschrieben werden: es habe sich eben gezeigt, daß wenigstens bestimmte Aufgaben nicht kollektiv und arbeitsteilig, sondern nur von einem allein und alleinverantwortlich handelnden Individuum wahrgenommen werden könnten. Eine solche Deutung bedeutet eine Affirmation, womöglich sogar eine Radikalisierung der normierten individualistischen Orientierungen; wo entsprechende normative Modelle noch nicht existieren, könnte ihre Entwicklung u. U. dadurch veranlaßt werden. Der Effekt solcher Deutungen wird jedenfalls der sein, daß Kooperationen noch seltener eingegangen, bzw. — wenn unvermeidbar — noch skeptischer betrachtet und zurückhaltender durchgeführt werden, was, nach Durkheims Theorie, eine weitere Verschlechterung des kollektiv erstellten Produkts bewirken wird. — In Durkheims Formulierung des normierten Handlungs-Egoismus war von einer Rückwirkung schlechter Kooperationsresultate, vermittelt über die Deutung der Situation, auf die Akteure keine Rede; jetzt hat es sich gezeigt, daß, vermittelt über die Deutung der Situation, die Art der Handlungsergebnisse zu einer wichtigen Quelle für den Grad der Individualisierung der Handlungsorientierung werden kann.

men.) Daher hat auch die folgende Darstellung der Beziehung zwischen egoistischem Selbstmord und normiertem Handlungs-Egoismus spekulative Züge. Ich vertrete die These, daß man den egoistischen Selbstmord am besten als — in der hier verwendeten Terminologie gesagt — „normierten Ziel-Egoismus" verstehen kann. Diese Auffassung ist zunächst zu begründen; sodann ist nach den Ursachen und nach den pathologischen Effekten für Interaktionen zu fragen.

bb) Normierter Ziel-Egoismus

In den beiden dem Egoismus gewidmeten Kapiteln im „Selbstmord" analysiert Durkheim unterschiedliches Selbstmordverhalten in Abhängigkeit von der Ausprägung von drei institutionellen Bereichen, nämlich religiösem, familialem und politischem Sektor. Die Art der Ausprägung dieser Bereiche wird in allen Fällen durch die Dimension des „Grades an Integration" charakterisiert. Durkheim vertritt die These, daß in Konstellationen hoher Integration des religiösen, des familialen und des politischen Bereichs die Wahrscheinlichkeit von Selbstmordhandlungen gering ist, in Konstellationen niedriger Integration dagegen ansteigt. Wieso aber soll hier eine solche Korrelation bestehen? Als zentralen Mechanismus, der für diese Zusammenhänge verantwortlich sein soll, nennt Durkheim die je unterschiedliche Befriedigung der Bedürfnisse der Akteure nach einer Identität für sich selbst und einem Sinn für ihre Handlungen: In hochintegrierten Kontexten betrachteten Akteure sich als Teile eines größeren Ganzen; ihre Handlungen und Anstrengungen sind auf dieses größere Ganze bezogen und erhalten von daher ihren Sinn. Personen mit gesicherter Identität und kollektivem Sinnbezug für ihre Handlungen werden kaum Selbstmord begehen. In schwach integrierten Kontexten dagegen sehen sich Individuen auf sich selbst verwiesen, da hier die Vorstellung einer Identität als Teil eines größeren Ganzen, für das das Individuum wichtige Funktionen und Aufgaben erfüllen könnte, nicht plausibel ist; da andererseits das Bedürfnis der Individuen danach, etwas zu „bedeuten" und für etwas „Bedeutsames" „Bedeutendes" zu tun, fortbesteht, kommt es zu einer Diskrepanz, die quälend ist und Anlaß zu Selbstmordhandlungen werden kann. Durkheim verschärft sein Argument noch dadurch, daß er die eben geschilderte allgemeine — man könnte sagen anthropologische — Theorie auf moderne, d. h. auf in bestimmter Weise ausgeprägte soziale und kulturelle Kontexte anwendet. Durkheim sagt, daß einerseits in modernen Gesellschaften ein „Kult des Individuums" existiere, der es den Akteuren zur normativen *Pflicht* auferlegt, autonome Persönlichkeit zu sein, d. h. eine gruppenunabhängige Identität zu entwickeln und für sich selbst Aufgaben und Lebenssinn zu konstruieren. Die kollektive normative Definition fordert vom Individuum also eine nicht-kollektive, sondern

2. Durkheims Erklärungsansatz: Arten normativer Muster

ego-bezogene Identität und Orientierung. Andererseits steige für das moderne erwachsene Individuum zugleich auch das Bedürfnis nach Bedeutung (oder — in der hier verwendeten Terminologie über die Determinanten der Ziele von Individuen formuliert: das individuelle „Interesse" nach *kollektiver* Bedeutung), da für diese Akteure das relative Gewicht der organischen Komponente ihres Wesens abnehme und die soziale Komponente ihres Wesens an Gewicht gewinne, so daß ihr Bedürfnis nach *sozialer* Bedeutsamkeit zunehme. Durkheim nimmt hier nämlich an, daß das Bedürfnis, „etwas darzustellen" und „für etwas Wichtiges etwas beizutragen", mit dem Ausmaß steigt, in dem Akteure in *sozialen* Kontexten intensiv partizipieren. Kinder und Greise beispielsweise partizipieren relativ wenig intensiv in vielfältigen sozialen Beziehungen; entsprechend sind *soziale* Beziehungen auch ein wenig gewichtiger Bezug für sie; organisch-körperliche Umstände besitzen eine größere Bedeutung. Egoistischer Selbstmord, der eine der Reaktionen auf unbefriedigt bleibende starke Bedürfnisse nach *sozialer* Bestätigung und Bestärkung der Identität und der Handlungsziele sein kann, ist bei ihnen deshalb seltener[46].

Eine erste Frage, zu der diese Konstruktion Anlaß gibt, betrifft die Ursachen der normativen Konstellation des normierten Ziel-Egoismus. Durkheim arbeitet bei der Erklärung des normierten Ziel-Egoismus im „Selbstmord" mit dem Faktor niedriger sozialer Integration. M. E. ist es wichtig, sich klar zu machen, daß man in diesem Zusammenhang mindestens zwei verschiedene Problemkomplexe vor sich hat; diese nicht deutlich unterschieden zu haben, führt bei Durkheim zu einer gewissen Inkonsistenz der Argumentation, insbesondere was die Bedeutung von „Integration" angeht. Erklärungsbedürftig ist das als empirisch zutreffender Tatbestand unterstellte Phänomen, daß sich die Individuen mit der normativen Forderung konfrontiert sehen, „sich selbst" zu sein und zu entwickeln. Wie läßt sich dies erklären? Die von Durkheim angebotene Argumentation arbeitet mit Arten von Gruppenstrukturen. Die Gruppen sind schwach integriert und vermögen deshalb dem Individuum keinen Halt und keine Orientierung zu geben, so daß es auf sich selbst verwiesen ist. Reicht dieses Argument zur Erklärung der Entstehung des Individualismus aber aus? M. E. nicht. Man kann „(man-

---

[46] Betrachtet man die Elemente, aus denen hier die Spannung resultiert, der die Akteure ausgesetzt sind, dann zeigt sich, daß im Fall der egoistischen Ziel-Normierung substantiell gesehen die gleiche Art der Spannung vorliegt wie im Fall der Ziel-Anomie; in beiden Fällen erhält das Individuum keine soziale Hilfe bei der Formulierung seiner Ziele. Während dies bei Anomie jedoch aus einem Mangel an Normen resultiert, unterbleibt beim Egoismus diese Hilfe als kulturelles Programm. Ob dieser Unterschied Konsequenzen für die Art und den Grad der Belastung des Akteurs hat wäre zu untersuchen; ein Egoist ist der Gefahr kulturellen Scheiterns ausgesetzt, ein Anomiker der Gefahr situativen Scheiterns. Diese Differenz wäre in entsprechende Forschungen einzubringen.

gelnde) Integration" hier als Mechanismus verstehen, der zur Folge hat, daß (höchstens in geringem Ausmaß) normative Muster produziert werden, und daß (eventuell doch) vorhandene normative Elemente (nur geringe) Plausibilität erlangen können. Der Grad der Integration wird hier also wichtig als Ursache für die Entstehung und die plausible, überzeugende Vermittlung von normativen Vorstellungen an Ego. Dies sei als „Integration I" bezeichnet. Der „Kult des Individuums" berührt jedoch einen anderen Zusammenhang. Dieses Konzept bezieht sich nicht auf die Frage der Existenz und plausiblen *Vermittlung* normativer Vorstellungen an die Akteure, sondern auf eine bestimmte *inhaltliche Ausprägung* normativer Muster. Die Frage danach, wie es kommt, daß die Akteure dem normierten Ziel-Egoismus ausgesetzt sind, ist Teil der Frage danach, wie es zur Entstehung des „Kults des Individuums" kommt; denn die normative Forderung, das Individuum *solle* „autonom" werden und sein, ist einer der Aspekte des Syndroms des Kultes des Individuums (zu dem noch andere Aspekte gehören, wie etwa der Respekt und Schutz, den Individuen moralisch genießen). In bezug auf diesen Sachverhalt verwendet Durkheim nun ebenfalls das Konzept der „Integration". Es sei als „Integration II" bezeichnet. Man kann es als „kulturelles Programm" verstehen; im einen Fall (hohe Integration II) wird das Individuum normativ gedrängt, seine Probleme in und mit Gruppen zu lösen; im anderen Fall (niedrige Integration II) „soll" das Individuum selbständig sein.

Man kann diese beiden analytisch unabhängigen Aspekte von Integration aufeinander beziehen und dies etwa in folgendem Schema darstellen:

| | | kulturelles Programm von Gruppen für Individuen | |
		kollektive Problembewältigung (= hohe Integration II)	Autonomie (= niedrige Integration II)
Handlungs-kontext von Individuen	stark (= hohe Integration I)	1	3
	schwach, Isoliertheit von Individuen (= niedrige Integration I)	2	4

Im Rahmen dieses Schemas kann dann die Frage nach den Prozessen der Entstehung eines wirksamen Kultes des Individuums gestellt werden; die Antwort ergibt sich aus einem Zusammenspiel von Integration I und Integration II. Wenn Durkheim sagt, daß der Kult des Individuums historisch eine *Folge* des Zusammenbruchs hoher sozialer Integration gewesen sei, so wird man dies zunächst wohl als Transformation von Zelle (1) in Zelle (2) zu verstehen haben, d. h. als Lockerung der Geltung kollektivistischer Programmatik als Folge der Aufweichung des Handlungskontextes derjenigen Gruppen, die Träger dieser Programmatik waren. Diese Entwicklung macht dann ihrerseits den Weg frei für die Innovation nicht-kollektivistischer normativer Programme.

Die analytische Unterscheidung von Gruppenstruktur (Integration I) und Programmstruktur (Integration II) macht nun deutlich, daß die Entwicklung der egoistischen Ziel-Normierung auch durch Verschiebungen in der kulturellen Struktur ausgelöst werden kann. Daß Durkheim diesem Aspekt eine eigenständige Determinationskraft zuspricht, wurde ja bereits implizit dargestellt. Denn wie oben gezeigt, hat er bei der Erläuterung der egoistischen *Handlungs*normierung in der „Arbeitsteilung" darauf hingewiesen, daß niedrige soziale Integration — also ein geringes Verhältnis von kooperativen zu isolierten Tätigkeiten — eine *Folge* bestimmter normativer Ausprägungen sein könne. Greift man diesen Hinweis auf, dann kann man vermuten, daß auch das normative Phänomen des „Kult des Individuums" nicht stets als Effekt des Zusammenbruchs von Integration (I) gesehen werden muß, sondern seinerseits auch — als eigenständiger kultureller Faktor — soziale Integration I verhindern oder mindestens erschweren kann. Für die theoretische Behandlung des normativen Komplexes des Kultes des Individuums als eines potentiell *autonomen* Faktors spricht auch die folgende Überlegung: Selbst wenn man zugibt (etwa als historisches Datum), daß der Zusammenbruch von sozialer Integration I der Entwicklung des Individualismus vorausging, der letztere Umstand also erst durch den ersteren ermöglicht wurde, bleibt ja noch zu spezifizieren, *wie* sich aus dem Zusammenbruch von Integration I normativer Individualismus entwickelte. Dazu äußert sich Durkheim nicht genauer. Es ist aber ja festzustellen, daß der Zusammenbruch von Integration I bei Gruppen mit kollektiver Programmatik (d. h. Transformation von Zelle (1) in Zelle (2)) zunächst die Entstehung von *Anomie* — also das Fehlen normativer Orientierung — bedeutet; man braucht daher ein *eigenes* Argument dafür, wie sich die *Faktizität* der normativen Isolation der Individuen in eine *normative Forderung* nach individueller Autonomie transformierte. Dies aber dürfte kaum „automatisch" erfolgen, sondern eigene kulturell-normative Ausarbeitungen erfordern; und in diesem Sinne ist die inhaltliche Normierung als autonomer Prozeß aufzufassen. Derartige normative Zumutungen autonomer, „persönlicher" Ziel- und Sinnfindung bedürfen dann aber ihrerseits der plausiblen und wirksamen sozialen Vermittlung an die Akteure; an das obengenannte Konzept der sozialen Integration I als Vermittlungsmechanismus angeknüpft muß also eine Transformation von Zelle (4) in Zelle (3) stattfinden. Zieht man diese beiden Argumentationsstränge zusammen, dann ergibt sich die folgende Konstruktion: Als Folge historischer Prozesse des Zerfalls von Gruppen — religiöser Gruppen, lokaler Gruppen, traditionaler Strukturen der Familie, u. ä. (Transformation von (1) in (2)) — entstehen normative Freiräume, die ausgefüllt wurden durch die Entwicklung des moralischen Kults des Individuums; dieses normative Syndrom wird seinerseits selektive Effekte für die Entwicklung und relative Bedeutung von Gruppenstrukturen haben; Gruppen jeglicher Art nehmen an Bedeutsamkeit relativ ab, die Bildung von Gruppen mit kompakter Integration als Programm (Zelle 1) wird eher behindert, entsprechende existierende Gruppen eher strukturell geschwächt, die Entstehung von Gruppen mit niedrigem Integrationsniveau als Programm wird eher gefördert, entsprechende existierende Gruppen eher strukturell zugelassen (Zelle 3); die einzelnen Akteure befinden sich dann eher in solchen Gruppen, in denen das normative Programm der hohen Autonomie des Individuums effektiv vermittelt wird, weil diese Gruppen strukturell kräftig sind (Zelle 3)[47], oder in solchen Gruppen, die zwar das Programm der kompakten Integration besitzen, die aber strukturell zu schwach sind, um dieses Programm effektiv vermitteln zu können (Zelle 2).

Damit ist als nächstes die Frage der Effekte dieser normativen Konstellation zu behandeln, d. h. das Problem, ob die Konzeption des „Egoismus" im „Selbstmord" — verstanden als „normierter Ziel-Egoismus", also als normativ angesonnene Aufgabe der Ausbildung individualistischer Identitäten und Lebensziele —, in Verbindung mit der dazu widersprüchlichen Annahme eines individuellen Bedürfnisses nach *sozialer* Bestärkung, von Interesse ist für die Analyse der Bedingungen für normale bzw. pathologische *Inter*aktionen. Zunächst ist es ja ein isoliert vorgestellter Aktor, der diesem Widerspruch ausgesetzt ist; welche Effekte werden sich für die *Inter*aktion ergeben, an der *solche* Akteure teilnehmen? *Eine* Möglichkeit steht im Vordergrund von Durkheims Diskussion; wenn der Widerspruch zwischen sozialem Stützungsbedürfnis und normiertem Autonomieansinnen übermächtig wird, kann der Aktor Selbstmord begehen — also soziale Beziehungen (damit) abbrechen. Man kann sich hierbei folgende — von Durkheim selbst nicht explizierte — Prozeßdynamik vorstellen, in der Aspekte des normierten Handlungs-Egoismus und des normierten Ziel-Egoismus sich verstärkend ineinandergreifen und in der auch wieder der Deutungsaspekt der Definition der normativen Situation durch die Akteure wichtig ist. Wie Durkheim ausführt, bewirkt normierter Ziel-Egoismus, daß

---

[47] Ein prägnantes Beispiel für strukturell kompakte Gruppen, deren Programmatik der Individualismus war, sind die von Weber analysierten protestantischen Sekten (Weber 1963a).

2. Durkheims Erklärungsansatz: Arten normativer Muster 133

die Akteure keine plausible Identität als Teile eines größeren Zusammenhangs (wie etwa im Fall des japanischen Betriebs-Korporatismus, vgl. Dore 1973) bzw. auch keine stabile Definition über den kollektiven Zweck der Kooperation erwerben; vielmehr werden sie zur Identitätsbildung und Zweckfindung auf sich selbst verwiesen. Die dennoch vorhandenen Bedürfnisse nach Anerkennung ihrer Person und Leistungen im Hinblick auf einen über sie selbst hinausweisenden Sinn werden dadurch frustriert. Die betreffenden Individuen können nun versuchen, auf diese Diskrepanz dadurch zu reagieren, daß sie die individualistische Zielorientierung zu durchbrechen suchen, und sich dazu an andere Akteure wenden. Einem Erfolg dürften jedoch große Schwierigkeiten entgegenstehen. Einmal haben solche Versuche ja *devianten* Charakter; sie widersprechen dem normierten und von Ego oft auch an sich selbst gerichteten Anspruch der Bildung und Verfügung über autonome Identität, von dem sich Ego nur in zögernden Schritten wird lösen können. Überwindet es diese Hemmschwelle und wendet es sich an Alter, dann wird diese Hinwendung, da ungeübt, ungelenk sein. Drittens werden die Reaktionen Alters, der in vergleichbarer Lage ist, ebenfalls ungelenk und oft hilflos sein. Viertens kann die Reaktion von Alter auch darin bestehen, Ego darin zu bestärken, daß es seine Pflicht sei, mit seinen Problemen allein fertig zu werden. (Gerade dies ist ja zu erwarten, wenn Ego intensiv an einer Gruppe partizipiert — hohe Integration I —; gerade der Schritt des Individuums auf die Gruppe zu wird dann eine Zurückweisung zur Folge haben.) Deshalb können Versuche von Ego, seinen Ziel-Egoismus zu überwinden, leicht zum gegenteiligen Ergebnis einer weiteren Verstärkung dieser Selbstbezogenheit führen. Eine extreme Reaktionsmöglichkeit von Ego besteht, wie von Durkheim gezeigt, darin, daß es sich aus der Interaktion ganz zurückzuziehen versucht, etwa durch Selbstmord. Andere „Optionen" wären zu ermitteln und auf ihre Bedingungen zu untersuchen. Eine denkbare Möglichkeit wäre der Versuch Egos, die Bedeutung des betreffenden Handlungskontextes und seiner Person und Leistungen darin herunterzuspielen. Der Arbeitskontext z. B. kann als Raum bloß lästiger, wenn auch unvermeidbarer Zwänge gedeutet werden, in dem man sich nicht um seiner selbst willen, sondern nur für andere Gruppen, die identitätsgewichtigere Bedeutung haben, z. B. für die Familie, aufhält. Was den Arbeitsbereich jedoch selbst angeht, so wird der Mangel an Sinn, den die Akteure hier mit ihrer Tätigkeit verbinden, ihre Motivationen zu und in Interaktionen reduzieren[48]. Dies dürfte oft zu verschlechterten faktischen Leistungen Egos und zur objektiven Verschlechterung des kooperativen Produkts führen. Das

---

[48] Hier liegt zugleich auch eine mögliche Quelle der Stimulierung von anomischem Verhalten, da die mangelnde Identifizierung mit dem Arbeitskontext die Bereitschaft, sich handlungs- und zielregulierenden Normen zu beugen, vermindern wird. Einem sich in einer derartigen Situation befindenden Individuum wird kaum plausibel zu machen sein, weshalb es auf die Interessen seiner Mitarbeiter Rücksicht nehmen soll.

aber wird leicht seinerseits sowohl direkt als auch vermittelt (über weiteren Rückzug aus Interaktionen) zur verstärkten Unterminierung des Selbstgefühls der Akteure beitragen.

Diese Diskussion des normierten Handlungs- und des normierten Ziel-Egoismus gibt Anlaß, einen kurzen Blick zurück auf die oben geführte Diskussion von Zwang und Altruismus zu werfen. Dort habe ich die These vertreten, daß man „Altruismus" als eine besondere Form von „Bedürfnis-Zwang" auffassen kann, wobei die Besonderheit auf der *Art* der Zwangs-Mittel beruhte, nämlich auf kulturellen normativen Überzeugungen, wonach ein Akteur seine Interessen zugunsten eines größeren Ganzen zurückzustellen habe, ja wonach sich ein Akteur für ein größeres Ganzes womöglich aufopfern solle. Nun stellte Durkheim im „Selbstmord" ja Altruismus und Egoismus als spiegelbildliche Konzeptionen vor; von daher verdient die Frage Interesse, ob man die eben besprochene Relation zwischen „Handlungs-Egoismus" und „Ziel-Egoismus" nicht sinngemäß auch auf den „Altruismus" beziehen kann. Meine These dazu lautet, daß dies möglich ist; man erhält dann den in der „Arbeitsteilung" im Vergleich zum „Selbstmord" „fehlenden" vierten Typ abnormaler normativer Konstellationen. Er läßt sich als „Handlungs-Altruismus" bezeichnen und stellt das Gegenstück zum „Handlungs-Egoismus" dar, also das Gegenstück zu der von Durkheim unbezeichnet gelassenen dritten abnormalen Form von Arbeitsteilung.

cc) Handlungs-Altruismus

Wie läßt sich diese Konstellation des Handlungs-Altruismus näher kennzeichnen? Zunächst ist festzustellen, daß es sich dabei — wie beim Ziel-Altruismus — um eine zwanghafte Situation handelt; die Akteure sind massivem normativen Druck ausgesetzt. Dies entspricht der Konstellation, die oben als „Handlungs-Rigidisierung" oder als „Handlungs-Fatalismus" bezeichnet wurde. Dennoch besteht ein Unterschied, der eine eigene Bezeichnung rechtfertigt; denn wie beim Ziel-Altruismus besitzt die *Art* des Zwanges einen besonderen Charakter. Die Normen, die bewirken, daß die Akteure eines Interaktionsverhältnisses in eine Situation maximaler Integration zueinander geraten, also der autonome Spielraum einzelner Akteure minimiert wird und die gegenseitige Kontrolle und Abhängigkeit massive Formen annimmt, werden gestützt durch die Überzeugung, daß solche Arten von Interaktionen und die sie bewirkenden Normen die einzig wünschenswerten seien. Es handelt sich also um normativ verordnete und von Überzeugungen getragene intensive, allumfassende und dauerhafte Kooperationen, z. B. um normativ geforderte und kulturell gebilligte sowie um von den Akteuren selbst akzeptierte „Gruppen-Arbeit". Solche Situationen sind zu unterscheiden von den Fällen von „Handlungs-Rigidisierung" oder „Hand-

2. Durkheims Erklärungsansatz: Arten normativer Muster   135

lungs-Fatalismus", bei denen ebenfalls eine massive normative Überformung von Handlungen vorliegt, allumfassende Dauerkooperationen erzwungen werden, jedoch diese maximale Gruppenintegration nur durch Gewalt aufrecht erhalten wird — zum Beispiel in „total institutions" —, da diese Normen von den Akteuren nicht freiwillig akzeptiert werden.

Wie sind die interaktiven Effekte des Handlungs-Altruismus einzuschätzen? Solche Konstellationen können — ungeachtet ihrer Gestütztheit auf die Überzeugungen der Akteure — zur Belastung von Interaktionen führen. So kann die andauernde Notwendigkeit, bei eigenen Handlungsimpulsen stets die Interaktionspartner zu berücksichtigen und unter diesem Gesichtspunkt deshalb diese Impulse zu kontrollieren und womöglich zu unterdrücken, zu einem Pendeln zwischen der Verkrampfung Egos in Interaktionen (mit ansteckender Wirkung auf den Interaktionspartner) und gelegentlichen Ausbrüchen Egos führen; beides dürfte die kooperativen Leistungen mindern. Darüber hinaus wird die Enge der Interaktionen direkt (wegen der gegenseitigen Überwachung und der mangelnden Reflexionschancen für die einzelnen) und/oder vermittelt (über die psychische Angespanntheit der Akteure) verhindern, daß neuartige Formen von Interaktionen versucht werden; und eine solche Blockierung von Innovationen kann die Leistungsfähigkeit des kooperativen Verbandes ebenfalls vermindern.

d) Normative Konstellationen und pathologische Effekte: Zusammenfassung

Die wichtigsten Resultate dieser Diskussion über *Arten* (!) normativer Konstellationen und ihre Effekte für die Pathologisierung von Interaktionen lassen sich, etwas schematisiert, mit Hilfe der folgenden vier Dimensionen rekapitulieren.

(1) In Interaktionssituationen sind sowohl Ego als auch Alter mit dem Problem konfrontiert, zu wissen, wie sie miteinander umgehen können und sollen. In bezug auf dieses Problem lassen sich Normen betrachten; Normen können konkretisierte und fixierte Vorstellungen darüber enthalten, wie sich Ego und Alter zueinander verhalten können und sollen. Für die Analyse jeweiliger Interaktionssituationen ist es deshalb von Interesse, zu ermitteln, ob a) entsprechende Normen existieren oder b) ob entsprechende Normen fehlen (= „Anomie"). (Dabei ist es manchmal interessant, zwei mögliche Konstellationen zu unterscheiden. Das Fehlen von Normen kann bloßes Faktum sein; aber Normmangel kann auch seinerseits normativ begründet und bewirkt sein, etwa im Fall der Ideologie der „freien" Marktwirtschaft, die jegliche Regulierung perhorresziert — abgesehen von solchen Regulierun-

gen, die die Freiheit der Märkte sichern sollen, z. B. in Form von Wettbewerbsgesetzgebungen).

Wahrscheinlich ist es für die genauere Analyse oft sinnvoll, die dichotome Formulierung Normiertheit vs. Anomie aufzugeben und statt dessen von einem Kontinuum auszugehen, welches sich auf das Volumen und die Klarheit der Normen bezieht.

(2) Soweit Normen existieren, kann man sie inhaltlich danach charakterisieren, a) ob sie einen eher individuellen oder b) eher kollektiven Bezug haben, d. h. ob sie es Ego als Pflicht auferlegen, bei seinen Handlungen und Erwartungen a) primär in autonomer Weise eigene Vorstellungen zu entwickeln und sich daran orientiert zu verhalten oder b) ob sie verlangen, daß sich Ego primär nach vorgegebenen Vorstellungen zu richten hat, die ein großes Ausmaß an Berücksichtigung von und Unterordnung unter kollektive Gesichtspunkte verlangen. — Auch diese Kategorien sind als Endpunkte eines Kontinuums zu verstehen, das hier nur der Einfachheit halber dichotomisiert wird.

Diese beiden Dimensionen zur Charakterisierung von normativen Konstellationen, denen sich Ego in seiner Interaktion mit Alter ausgesetzt sehen kann, lassen sich graphisch darstellen (siehe folgende Abbildung). Dabei kann man diejenigen normativen Konstellationen, die Durkheim zufolge „solidarische", also häufige, flüssige, befriedigende, höchstens mäßig konflikthafte Interaktionen bewirken, als „Solidaritätsnormen" bezeichnen und durch den Kreis im Zentrum symbolisieren. Die Abbildung macht die Vorstellung deutlich, daß Solidaritätsnormen solche normativen Komplexe sind, die sowohl a) individualistische *und* kollektivistische Komponenten haben, als auch b) den Akteuren einen gewissen Spielraum lassen. Demgegenüber resultieren pathologische Interaktionen aus normativen Extremisierungen, die in drei verschiedenen Richtungen erfolgen können[49]:

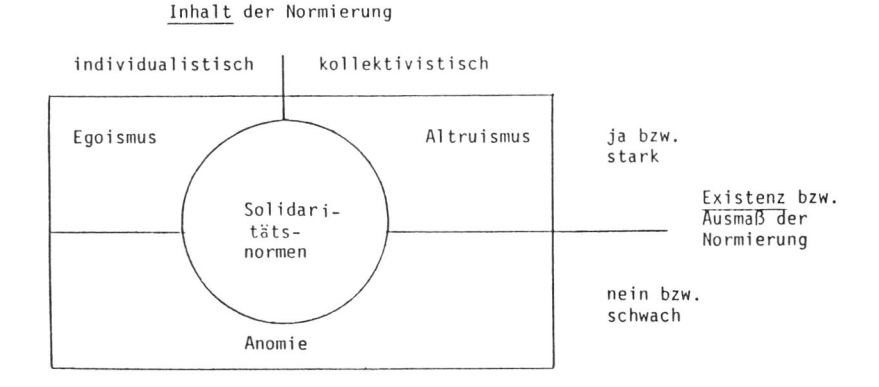

Inhalt der Normierung

individualistisch	kollektivistisch	
Egoismus	Altruismus	ja bzw. stark
Solidaritätsnormen		Existenz bzw. Ausmaß der Normierung
Anomie		nein bzw. schwach

2. Durkheims Erklärungsansatz: Arten normativer Muster

(3) Insbesondere bei der Diskussion der „erzwungenen Arbeitsteilung" hat sich gezeigt, daß für Durkheim auch die Frage wichtig war, ob die Akteure die ihnen angesonnenen Normen freiwillig akzeptieren oder aber ablehnen (so daß ihre Geltung nur durch Zwang zu erreichen war). Man braucht jedoch m. E. diesen Gesichtspunkt nicht nur auf Normen kollektivistischen Inhalts zu beschränken, sondern kann ihn auch auf die anderen Arten normativer Systeme beziehen. Dementsprechend kann Ego das Ansinnen, in autonomer Weise und isoliert, ganz auf sich gestellt, seine Beziehungen zu Alter zu strukturieren, als unerträgliche Zumutung empfinden und ablehnen. Desgleichen kann für Ego die Situation normativer Leere (etwa wegen der resultierenden Unsicherheit) belastend erscheinen und abgelehnt werden. Es kann also ganz generell gefragt werden, ob die Akteure „Definitionen der (normativen) Situation" entwickeln, nach denen a) sie diese Konstellationen positiv bewerten, also die normativen Ansprüche prinzipiell akzeptieren („Konsens"), oder nach denen sie b) die normativen Konstellationen negativ beurteilen, also ablehnen (und deshalb nur mittels Gewalt zu normkonformen Verhalten bewegt werden können).

Dies läßt sich graphisch darstellen:

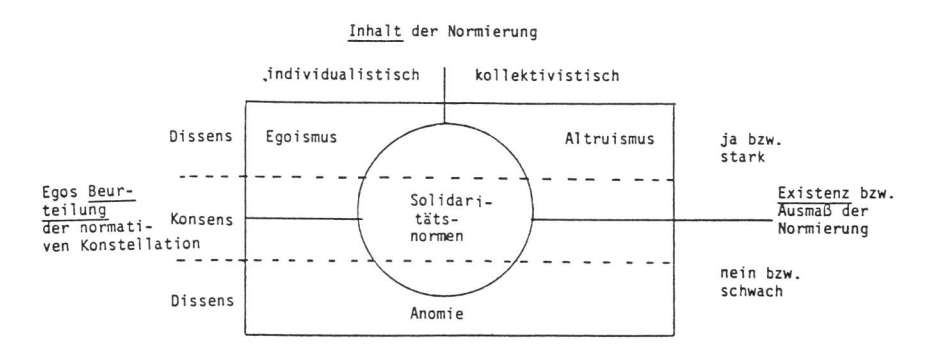

```
                        Inhalt der Normierung
                  individualistisch | kollektivistisch

              Dissens    Egoismus            Altruismus      ja bzw.
                                                             stark
Egos Beur-
teilung              ┌─────── Solidari- ──────┐              Existenz bzw.
der normati- Konsens │          täts-         │              Ausmaß der
ven Konstellation    └─────── normen  ────────┘              Normierung

              Dissens              Anomie                    nein bzw.
                                                             schwach
```

(4) Schließlich hat die Konfrontation der Formulierungen in der „Arbeitsteilung" und im „Selbstmord" aus der Perspektive der „Arbeitsteilung" dazu veranlaßt, ausdifferenzierte arbeitsteilige interaktive Situationen als Gegenstand der Analyse zu verwenden. In solchen Situationen, in denen sich unähnliche, aber gegenseitig abhängige Akteure gegenüberstehen, kann man Ego und Alter nach den „Leistungen" charakterisieren, die sie für den Interaktionspartner erbringen, und nach den „Bedürfnissen", die sie selber an die Interaktion haben.

---

[49] Dieses Schema orientiert sich an Lazarsfeld und Barton (1965: 177 f.), welche sich ihrerseits auf die Interpretation der Typen des Selbstmordes durch Parsons (1949) stützen.

138   III. Struktur und Pathologien moderner Gesellschaften

Das läßt sich wie folgt veranschaulichen:

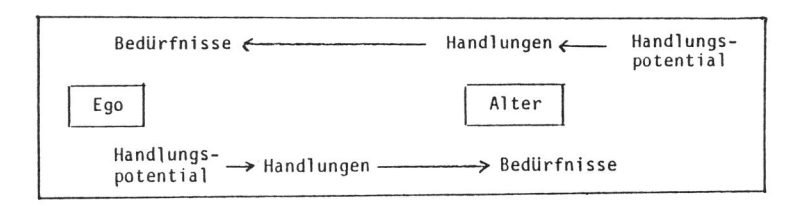

```
┌─────────────────────────────────────────────────────────────┐
│    Bedürfnisse ←─────────────── Handlungen ←──── Handlungs- │
│                                                  potential  │
│   ┌─────┐                                  ┌───────┐        │
│   │ Ego │                                  │ Alter │        │
│   └─────┘                                  └───────┘        │
│    Handlungs-                                                │
│    potential  ──→ Handlungen ──────────→ Bedürfnisse         │
└─────────────────────────────────────────────────────────────┘
```

Derartige Situationen implizieren, daß Ego mit (mindestens) zwei Problemen konfrontiert ist; Ego muß erstens wissen, welche Bedürfnisse er entwickeln kann und soll, und zweitens wissen, welche Leistungen er erbringen kann, soll oder muß. In bezug auf beide dieser Probleme lassen sich normative Konstellationen betrachten; sie haben also eine doppelte Anwendung.

Diese Überlegungen lassen sich graphisch darstellen:

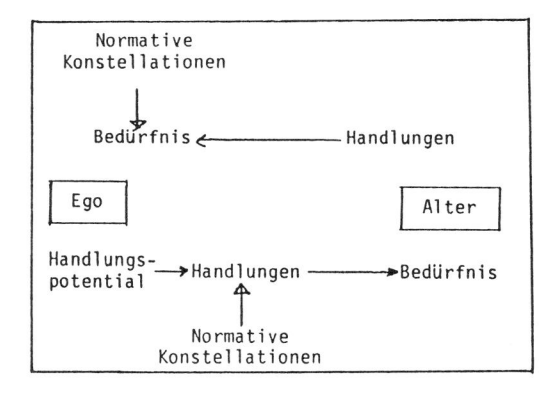

```
┌─────────────────────────────────────────────────────────┐
│              Normative                                   │
│              Konstellationen                             │
│                    │                                     │
│                    ↓                                     │
│         Bedürfnis ←─────────── Handlungen                │
│                                                          │
│   ┌─────┐                              ┌───────┐        │
│   │ Ego │                              │ Alter │        │
│   └─────┘                              └───────┘        │
│    Handlungs-                                            │
│    potential  ──→ Handlungen ──────→ Bedürfnis           │
│                        ↑                                 │
│                   Normative                              │
│                   Konstellationen                        │
└─────────────────────────────────────────────────────────┘
```

Damit kann in der folgenden Tafel ein Überblick über die dargestellten normativen Konstellationen gegeben werden, deren Effekte für die Pathologisierung von Interaktionen diskutiert wurden:

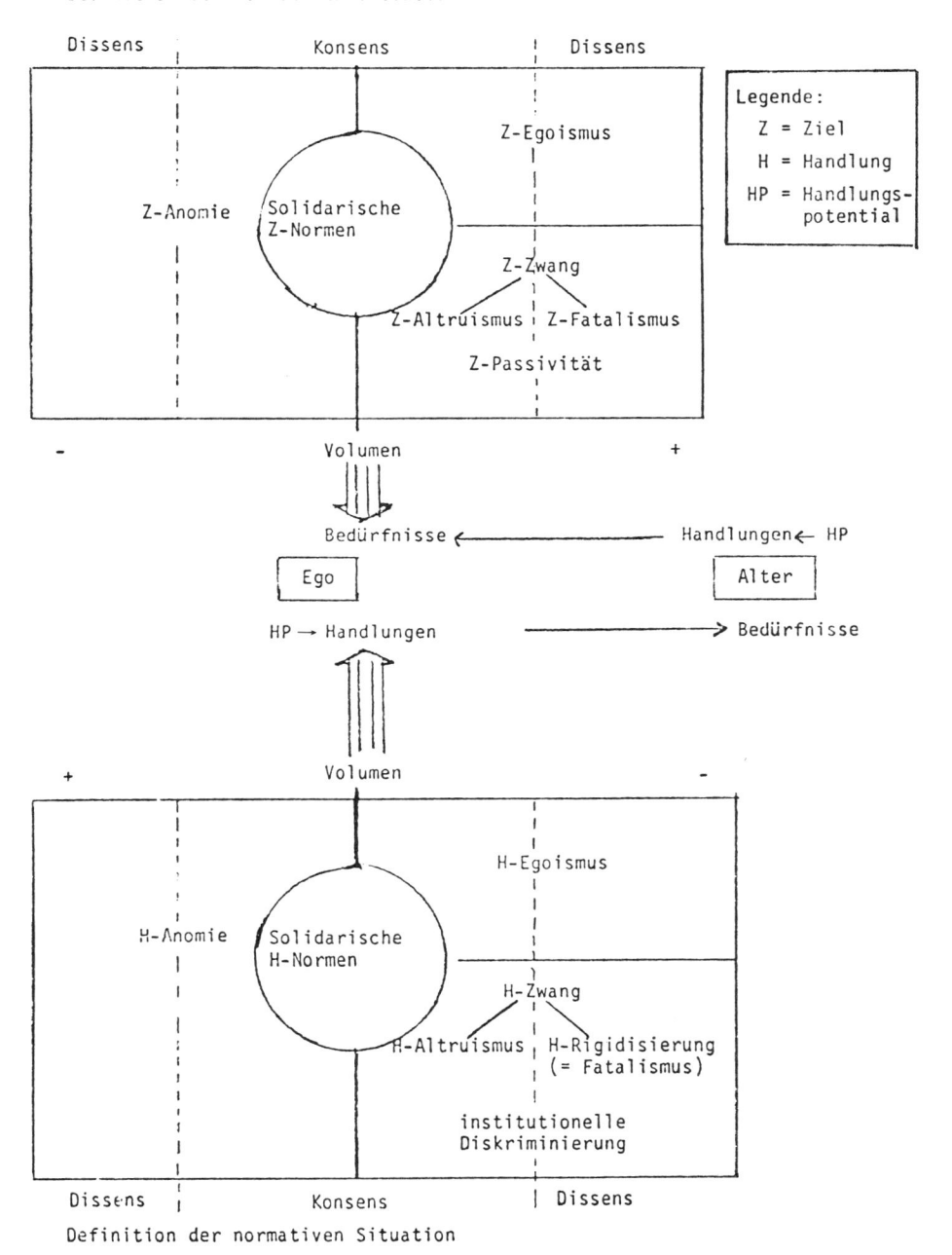

2. Durkheims Erklärungsansatz: Arten normativer Muster

Definition der normativen Situation

```
Dissens          Konsens          Dissens
                                              ┌─────────────────┐
                        Z-Egoismus            │ Legende:        │
                                              │ Z  = Ziel       │
Z-Anomie   Solidarische                       │ H  = Handlung   │
           Z-Normen                           │ HP = Handlungs- │
                        Z-Zwang               │      potential  │
                                              └─────────────────┘
                  Z-Altruismus  Z-Fatalismus
                        Z-Passivität

 −                    Volumen                    +
                        ⇓
              Bedürfnisse ←──────────── Handlungen ← HP
                ┌─────┐                    ┌───────┐
                │ Ego │                    │ Alter │
                └─────┘                    └───────┘
              HP → Handlungen  ─────────────→ Bedürfnisse
                        ⇑
 +                    Volumen                    −

                        H-Egoismus

H-Anomie   Solidarische
           H-Normen
                        H-Zwang
                  H-Altruismus  H-Rigidisierung
                                  (= Fatalismus)
                        institutionelle
                        Diskriminierung

Dissens          Konsens          Dissens
```

Definition der normativen Situation

KAPITEL IV

Das Problem der Akzeptanz von Normen

Die Analysen der Arten von Verhalten und Interaktionen der sozial-ökonomischen Akteure (pathologisch/normal) und der Arten von normativen Konstellationen, innerhalb derer sich diese Akteure befinden können (Anomie, Altruismus etc.), haben die Voraussetzungen dafür geschaffen, präziser als bisher die Frage der Bedeutung von Berufsgruppen als „institutionellem regulativen Überbau" zu diskutieren. — Ich werde im folgenden zunächst zwei systematisch wichtige Aspekte herausarbeiten, unter denen sich die regulative Bedeutung von Berufsgruppen thematisieren läßt. Diese zwei Aspekte dienen dann als Bezugspunkte, im Hinblick auf die Durkheims Behandlung der Berufsgruppen rekonstruiert und nach ihren heuristischen Implikationen befragt wird.

1. Strukturmerkmale von Berufsgruppen und die beiden Probleme der Akzeptanz und der Genese von Normen

Wie dargestellt erfolgt die Regulierung der sozialen Akteure über das Medium von normativen Mustern. Von diesem Ausgangspunkt her lassen sich insbesondere die folgenden Fragen formulieren: 1. Unter dem Stichwort „Akzeptanz von Normen" wird das Problem besprochen, wie die sozialen Akteure mit den sie konfrontierenden normativen Mustern umgehen — ob sie sie freiwillig akzeptieren oder aber ablehnen. Im Hinblick auf dieses Verhalten der sozialen Akteure wird dann die Frage gestellt, welche Bedeutung spezifischen Merkmalen der Berufsgruppen zukommt. Da Durkheim oft auch den Staat als regulativen Akteur behandelt, wird außerdem ein vergleichender Blick auf Merkmale der politischen Organisation geworfen. 2. Unter dem Titel „Genese von Normen" interessiert das Problem der Entstehung der normativen Muster. Speziell wird gefragt, von welchen Determinanten das Verhalten der Berufsgruppen als Träger der Normgenese abhängt. Auch hier werden diese Überlegungen parallel zum staatlichen Verhalten der Normsetzung gesehen. — Diese zwei Fragestellungen sind zunächst etwas genauer zu umschreiben.

1. Strukturmerkmale und Akzeptanz und Genese von Normen

Ganz global gesagt sind die Berufsgruppen nach Durkheim deshalb wichtig für die soziale Ordnung/Pathologie, weil sie bedeutungsvoll für die normativen Muster sind (oder sein sollen). Dies sind mutige Tatsachenbehauptungen (oder Wünsche). Einer vorsichtigeren Haltung entspricht es, wenn man Durkheims Ansichten heuristisch als Anregungen behandelt. Dann liegt es nahe, gegebene Berufsgruppen oder Interessenorganisationen unter der *Fragestellung* zu betrachten, *ob* und welche Art von Bedeutung sie für die normativen Komplexe besitzen.

Wie bereits angesprochen glaubt Durkheim, daß u. a. strukturelle Merkmale der Berufsgruppen wichtig dafür sind, in welcher Weise sie regulierend im Hinblick auf die sozialen Akteure wirken. Durkheim denkt dabei an Fragen wie die Ausstattung der Berufsgruppen mit definitiven Kompetenzen; an ihre Autonomie; an ihre Organisation auf lokaler oder nationaler Ebene; an die Frage, ob sie formal und/oder faktisch Zwangsmitgliedschaft besitzen oder nicht[1].

In welcher Weise lassen sich diese Strukturmerkmale mit der Regulierung des Verhaltens der ökonomischen Akteure verknüpfen? Unter theoretischen Gesichtspunkten erscheint es mir entscheidend wichtig, zu entdecken, daß die Verknüpfung zwischen den Strukturmerkmalen der Berufsgruppen und dem Verhalten der ökonomischen Akteure *unterschiedlich* vermittelt sein kann. Durkheim selbst hat dies nicht explizit gemacht, sondern theoretisch heterogen argumentiert. M. E. läßt sich aber ein bestimmtes Schwergewicht in seinen Analysen identifizieren. Arbeitet man diesen Aspekt heraus, dann erhält man den eigentlichen Kern der Durkheimschen Perspektive über die regulativen Funktionen von Berufsgruppen.

Im Anschluß an die Herausarbeitung unterschiedlicher Ausprägungen des Verhaltens und Interagierens der ökonomischen Akteure (pathologisch/normal) sowie unterschiedlicher Ausprägungen normativer Strukturen (Anomie; Zwang etc.) mag es naheliegen, als nächsten Schritt die Bedeutung der Berufsgruppen für die Interaktionen der ökonomischen Akteure darin zu sehen, daß sie als Schöpfer der normativen Komplexe betrachtet werden. Unter dieser Perspektive der „Normsetzungsfunktion" der Berufsgruppen ergibt sich als Fragestellung das Problem, etwaige Beziehungen zwischen variierenden strukturellen Ausprägungen der Berufsgruppen einerseits und variierenden normativen Komplexen andererseits zu untersuchen, wobei

---

[1] Ich sehe hier von einer Konfrontation von Durkheims Typen der Berufsgruppen mit der von Schmitter entwickelten Typologie ab. Für meine Zwecke sind zunächst nicht so sehr die Fragen der Typologisierung von Berufsgruppen bzw. Interessenorganisationen als Selbstzweck interessant als vielmehr die analytischen Perspektiven, in denen man Berufs- bzw. Interessengruppen betrachten kann; erst dann auch gewinnen ja Typologien theoretisches Interesse. Im Vorbeigehen jedoch ist das immerhin nicht unbedeutende Ausmaß an Übereinstimmung zwischen Durkheims und Schmitters Typologie bemerkenswert und zu notieren.

die Strukturmerkmale der Berufsgruppen als Bestimmungsgründe des „outputs" der Berufsgruppen an normativen Konzepten betrachtet würden. Beispielsweise kann man dann vermuten, daß „anomische" Zustände (die zu pathologischen Interaktionen führen sollen) auf einem Fehlen oder auf mangelhaft ausgeprägten Berufsgruppen beruhen. Durkheim hat in dieser Weise argumentiert. Mir scheint nun aber, daß man die Beziehung zwischen Berufsgruppen, normativem Komplex und Interaktionen sozialer Akteure auch noch auf eine andere Art konstruieren kann, und daß sich bei Durkheim auch dafür Anzeichen finden. Diese zweite Perspektive steht nicht im Widerspruch zur erstgenannten; beide können vielmehr als komplementär betrachtet werden. Allerdings jedoch führt es zu den größten Unklarheiten und Verwirrungen, wenn ihr unterschiedlicher Charakter nicht beachtet wird. Daher ist es wichtig, sich die Differenz zwischen den beiden Mechanismen möglichst explizit vor Augen zu führen. Die Merkmale der Berufsgruppen können nämlich auch dadurch Bedeutung für die Interaktionen der ökonomischen Akteure erlangen, daß sie das Ausmaß und die Art der Bereitschaft der ökonomischen Akteure beeinflussen, sich entsprechend den normativen Mustern — „konform" — zu verhalten. Dies ist die Frage der Bewirkung von Akzeptanz. Beispielsweise kann der Umstand, daß die Berufsgruppen „Selbstverwaltungs"-Einrichtungen der ökonomischen Akteure sein können, dazu führen, daß die Bereitschaft der Hinnahme von durch solche Akteure generierte Normen vergrößert wird. Auch in dieser Weise hat Durkheim des öfteren argumentiert.

Wie läßt sich der Unterschied zwischen diesen beiden Mechanismen der Vermittlung zwischen den Merkmalen der Berufsgruppen und dem Verhalten der ökonomischen Akteure noch präziser bezeichnen? Hier hilft die simple, aber soziologisch entscheidende und weittragende Frage weiter, welches denn eigentlich die je angesprochenen Akteure sind. Dann nämlich zeigt sich, daß die entscheidende Differenz bei diesen beiden Mechanismen darin liegt, daß jeweils andere Akteure hervorgehoben werden. Im ersten Fall — bei der Normsetzungsfunktion der Berufsgruppen — geht es um die Berufsgruppen als Handlungseinheiten; diese werden unter dem Aspekt ihrer normsetzenden Aktivitäten betrachtet. Im zweiten Fall dagegen — bei der Akzeptanzfunktion der Berufsgruppen — geht es um die ökonomischen Akteure als handelnde Einheiten; sie werden unter dem Aspekt ihres Umgangs mit normativen Mustern thematisiert (wobei die Art der Berufsgruppenstrukturen eine wichtige Determinante sein kann). Unter dem Gesichtspunkt der Präzisierung theoretisch interessanter Problemstellungen ergeben sich bei beiden Mechanismen deshalb völlig unterschiedliche Fragen. Im ersten Fall ist das Erklärungsproblem auf die Berufsgruppen bezogen; zu erklären ist, von welchen Umständen es abhängt, welche normsetzenden Aktivitäten die Berufsgruppen zeigen. Auf dieses Problem sind dann die genannten Dimensionen der Variation der Strukturen der Berufsgruppen zu

1. Strukturmerkmale und Akzeptanz und Genese von Normen 143

beziehen, so daß etwa zu fragen ist: Hat das Ausmaß an Autonomie der Berufsgruppen Konsequenzen dafür, welche Art von Normen gesetzt werden? Hat die lokale oder nationale Organisierung Konsequenzen für die Art der selegierten Normen? Im zweiten Fall dagegen ist das Erklärungsproblem auf die ökonomischen Akteure bezogen; es lautet: Von welchen Umständen hängt es ab, wie die ökonomischen Akteure mit normativen Komplexen umgehen, d. h. wovon hängt es ab, ob die ökonomischen Akteure die normativen Ansinnen billigen (sei es etwa, weil sie substantiell mit ihnen einverstanden sind oder sei es, weil sie glauben, die Art der Normsetzung verbürge, daß die Norm akzeptiert werden könne) oder ob sie die Normen ablehnen (und sich entweder deviant oder nur aus Gründen der massiven negativen Sanktionsbedrohung — aus Zwang — konform verhalten)? Auf *dieses* Problem hin ist dann die Bedeutung der strukturellen Merkmale der Berufsgruppen zu ermitteln. Bei diesem zweiten Problem kommt es also gar nicht auf die Erklärung der Handlungen der Berufsgruppen an, sondern einzig auf die Effekte der Berufsgruppen für die Handlungen der ökonomischen Akteure. Diese „Handlungen" bestehen, streng genommen, aus „Deutungen und Orientierungen an der normativen Situation" durch die ökonomischen Akteure und den aus solchen Orientierungen sich ergebenden normkonformen oder abweichenden Handlungen; analysiert werden die Berufsgruppen danach, ob und warum ihnen die Bewirkung einer bestimmten Ausprägung solcher Deutungen und Konformitätsleistungen zugerechnet werden kann.

Der Unterschied zwischen diesen beiden Fragestellungen kann graphisch so veranschaulicht werden:

(1) Normsetzungsfunktion von Berufsgruppen

144   IV. Das Problem der Akzeptanz von Normen

(2) Akzeptanzfunktion von Berufsgruppen

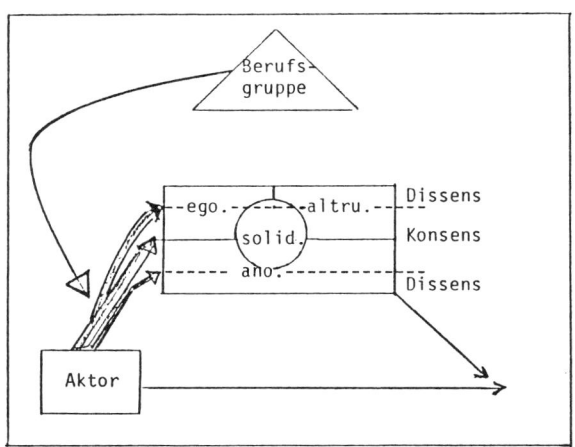

[Diagramm: Berufsgruppe, Aktor, ego./altru./solid./ano. mit Dissens/Konsens/Dissens]

Als werkinterpretatorische These läßt sich behaupten, daß Durkheim sich zwar zu beiden dieser Probleme geäußert hat, daß sich sein größtes Interesse und sein originellster Beitrag jedoch auf Problem (2) — die Frage nämlich, wie soziale Akteure mit normativen Mustern umgehen und wovon dieser Umgang abhängt — bezieht.

Die dergestalt unterschiedlichen Fragestellungen werden im folgenden noch etwas weiter expliziert. Dabei wird mit der Frage (2) begonnen. Die zugrunde gelegte strukturelle Ausgangslage ist die Konstellation, die Durkheim in der „Arbeitsteilung" analysiert hat, also eine Situation sozialer Differenzierung ökonomischer Akteure. Aufgrund ihrer Spezialisierung sind diese Akteure einerseits aufeinander angewiesen[2]. Aufgrund, andererseits, ihrer heterogenen sozialen Lagen und der sozialen Distanzen zwischen ihnen — insbesondere in Form mangelnder gegenseitiger Kontakte und Kenntnisse — entsteht als Problem die Frage, wie die Interaktionen zwischen ihnen vermittelt werden können. Welche Handlungen sollen Ego und Alter dem je komplementären Akteur gegenüber zeigen — z. B. welche Leistungen sollen sie für ihn erbringen —, und welche Erwartungen können sie selbst hegen — z. B. welche Kompensationen für ihre Leistungen können sie fordern? In bezug auf diese Fragen lassen sich normative Muster analy-

---

[2] Wie Durkheim zeigt, z. B. in den Leçons (L: 250), darf diese *prinzipielle* gegenseitige Abhängigkeit nicht als Macht*gleichgewicht* interpretiert werden; die unterschiedlichen zeitlichen Dringlichkeiten der Bedürfnisse und damit der Aufnahme von Interaktionen sind für Machtdifferentiale — etwa zwischen Arbeit und Kapital —verantwortlich.

1. Strukturmerkmale und Akzeptanz und Genese von Normen   145

sieren; man kann sie als Mechanismen verstehen, die die sozialen Distanzen und Unsicherheiten zwischen den Akteuren dadurch überbrücken, daß sie die übergroße Komplexität der offenen Handlungsmöglichkeiten reduzieren.

Für diese potentielle Funktion normativer Muster ist es nun u. a. wichtig, welche „Haltung" die Akteure gegenüber dem „Angebot" der normativen Komplexitätsreduktion einnehmen, ob sie das Angebot in der gegebenen Form freiwillig akzeptieren oder nicht. Normative Muster können sich für die Akteure ja durchaus in ambivalenter Weise darstellen; ihre Bedeutung für die Definition und Strukturierung der Situation mag es den Akteuren leicht machen, ja mag sie sogar dazu motivieren, die Normen zu akzeptieren; auf der anderen Seite können Normen von den Akteuren aber auch Opfer und Einschränkungen verlangen, so daß ihre Akzeptierung nicht schlicht unterstellt werden kann, sondern als problematisch zu betrachten ist. Damit läßt sich folgende, ganz generelle Fragestellung formulieren: Von welchen Umständen hängt es ab, ob Akteure die jeweilige normative Konstellation, der sie sich ausgesetzt sehen, freiwillig akzeptieren oder ablehnen (und also höchstens sich der Aussicht auf Gewalt wegen konform verhalten). Antworten auf diese Frage nach der Reaktion von Akteuren auf normative Ansinnen dürften eine Vielzahl von Faktoren zu berücksichtigen haben und wären daher in verschiedenen Richtungen zu suchen. So kann man etwa bei den sozialen Akteuren selbst ansetzen und fragen, welche Strukturmerkmale und welche Arten von Aufgabenorientierungen dieser Akteure für ihre differentiellen Reaktionen auf Normen verantwortlich sind. Man kann etwa spekulieren, daß sowohl Akteure mit sehr reichlichen als auch solche mit sehr knappen Ressourcen Normen eher zu umgehen versuchen werden; reichliche Ressourcen werden Akteure (die sich oft auch entsprechend selbstbewußt fühlen) nur ungern wegen normativer Restriktionen brach liegen lassen wollen[3]; und Akteure mit sehr knappen Ressourcen können in einer Umgehung von Normen die einzige Chance sehen, ihren Handlungsspielraum wenigstens etwas zu erweitern[4]. Desgleichen kann man untersuchen, ob und gegebenenfalls weshalb die inhaltliche Art der Ausprägung der normativen Muster Konsequenzen für ihre Akzeptierungswahrscheinlichkeit durch die ökonomischen Akteure hat.

Für das hier interessierende Thema der Bedeutung von Berufsgruppen ist jedoch ein anderer Aspekt wichtiger. Es kommt mir ja nicht darauf an, eine

---

[3] Auf diesen Zusammenhang der Lockerung normativer Verbindlichkeiten für Personen mit großen Handlungsspielräumen, wie sie „Reichtum" ja bedeuten, hat Durkheim selbst in seiner Anomie-Analyse hingewiesen.

[4] Vgl. hierzu etwa die Theorie von Homans (1961: 336-58) über die schichtspezifische Neigung zu abweichendem Verhalten und die Anomie-Theorie in der Version von Merton (1968: 131-94).

umfassende Analyse der Arten und Bedingungen der Haltung von Akteuren zu Normen zu entwickeln. Vielmehr ist zu zeigen, daß für dieses generelle Problem *auch* die Struktur der Berufsgruppen als *ein* potentiell wichtiger Faktor angesehen werden kann und also *hier* eine Perspektive zur Untersuchung von Berufsgruppen sich öffnet. Dieser Ansatz dürfte nun auch von Interesse für die Erforschung des Neokorporatismus sein. Die globale These der Herausbildung „neokorporatistischer Verhältnisse", in der eine zunehmende Bedeutung von Interessengruppen postuliert wird, läßt sich damit unter einem bestimmten Aspekt präzisieren, nämlich als Frage danach, ob die Geltung normativer Muster in zunehmendem Umfang Merkmalen von Interessengruppen zugeschrieben werden kann. Wie kann man sich das vorstellen? Vorgreifend sei bemerkt, daß die sozialen Akteure ihre Haltung zu den Normen u. a. von der Haltung der Berufsgruppen zu den Normen abhängig machen können. Wenn sich Berufsgruppen für bestimmte Normen (die wie immer — mit oder ohne Einfluß der Berufsgruppen — entstanden sein mochten) einsetzen, dann kann dies die sozialen Akteure u. U. zur Akzeptanz motivieren (selbst wenn dies „Opfer" impliziert), nämlich etwa dann, wenn die sozialen Akteure den Berufsgruppen ein hohes Ausmaß an Autorität, sachlicher Kompetenz und Gutwilligkeit der Intention zuschreiben. Derartige Zuschreibungen können ihrerseits mit strukturellen Merkmalen von Berufsgruppen zusammenhängen — etwa also dem Grad ihrer Autonomie, der Ebene der Organisierung (lokal/national), der Form der Rekrutierung der Mitgliedschaft.

Damit ist deutlich geworden, daß sich das Problem der Akzeptanz von Normierungen als Bezugspunkt für systematische Hypothesenbildungen und daran orientierten Untersuchungen verwenden läßt. Es handelt sich hier zugleich um ein präzise verengtes *und* um ein generelles Problem. Verengungen können in mehreren Hinsichten festgestellt werden. Es geht nicht um die Frage der Erklärung normsetzender Aktivitäten der Berufsgruppen; vielmehr stehen Verhaltensweisen der ökonomischen Akteure im Vordergrund des Interesses. Dabei wiederum geht es jedoch weder um die Erklärung der konkreten Verhaltensweisen eines Ego gegenüber einem Alter, noch um die Erklärung des normalen oder pathologischen Charakters ihrer Interaktionen; diese letzteren Fragen, die oben ausführlich besprochen wurden, sind ja ein eigenes Problem, bei dem die Prozesse und Mechanismen betrachtet werden, die Akteure im Kontext bestimmter normativer Muster zu bestimmten — normalen oder pathologischen — Verhaltensweisen bewegen. Vielmehr wird lediglich die Frage der Akzeptanz von Normierungen gestellt und diese Frage als Bezugspunkt zur Untersuchung der Bedeutung von Arten von Ausprägungen von Strukturen von Berufsgruppen — als einer Klasse von Determinanten — verwendet. Unbeschadet dieser Eingrenzungen ist andererseits festzustellen, daß die Frage der Akzeptanz von Normierungen ein ganz allgemeines Problem der Soziologie darstellt. Gerade dieser

1. Strukturmerkmale und Akzeptanz und Genese von Normen 147

Umstand läßt sie im gegenwärtigen Zusammenhang attraktiv erscheinen. Das gilt vor allem in zwei Richtungen. Zunächst erhält damit die Diskussion über die regulative Bedeutung der Berufsgruppen einen Bezugspunkt, der im Prinzip nicht partikularistisch auf einen bestimmten Forschungsgegenstand eingegrenzt, sondern genereller Natur ist und nur im Sinne der Anwendung einer allgemeinen Problemstellung auf einen bestimmten Gegenstandsbereich konkretisiert wird. Zweitens gestattet es eben dieser generelle Charakter der Fragestellung, die Diskussion der Bedeutung von Berufs- oder Interessengruppen offen zu halten für Forschungsperspektiven und Ergebnisse zum Problem der Akzeptanz von Normen, die in anderen Bereichen der Sozialwissenschaft (z. B. in der Literatur zur Devianz und zur sozialen Kontrolle (vgl. z. B. Hirschi 1969; Janowitz 1975; 1976; König 1967; Kornhauser 1978; Nadel 1953; Malinowski und Münch 1975; Pitts 1968; Smelser 1976c) entwickelt wurden.

Nach diesen Erläuterungen zum Stichwort „Akzeptanzfunktion der Berufsgruppen" bedarf die andere Fragestellung der „Normsetzungsfunktion der Berufsgruppen" nur noch einiger weniger Bemerkungen. Berufsgruppen können für die Regulierung der sozialen Akteure nicht nur durch ihre Effekte für die Akzeptanz von Normen, sondern auch durch ihre Bedeutung für die Genese von Normen wichtig werden. In diesem Fall sind es die Berufsgruppen selbst, die Entscheidungen über normative Muster treffen. Es ist also ihr Verhalten (der Normenselektion), welches zu beschreiben und erklären ist. Dies unterscheidet diese Fragestellung prinzipiell vom Problem der Akzeptanz — bei dem ja das Handeln der sozialen Akteure thematisiert ist.

Beide Themen — Akzeptanzfunktion und Normensetzungsfunktion der Berufsgruppen — beziehen sich, wenn auch in unterschiedlicher Weise, auf das Problem der Regulierung der sozialen Akteure. Dabei wurde bisher davon ausgegangen, daß die Berufsgruppen diese Funktionen in *direkter* Weise erfüllen. Dem lassen sich nun *indirekte* Formen der Funktionserfüllung durch die Berufsgruppen gegenüberstellen. Der Unterschied zwischen diesen beiden Formen wird deutlich, wenn man beachtet, daß Durkheim neben den Berufsgruppen auch den Staat als regulativen Aktor betrachtet; denn dieser Umstand kann ja zur Frage veranlassen, ob nicht die Berufsgruppen — indem sie in bestimmter Weise auf den Staat einwirken —Konsequenzen für *dessen* Bedeutung im Hinblick auf die Bewirkung von Akzeptanz und die Selektion von Normen haben.

Durch diese Überlegung ergeben sich somit vier Gesichtspunkte der Betrachtung der regulativen Bedeutung von Berufsgruppen. Sie dienen mir im weiteren als Aspekte, unter denen Durkheims verstreute Äußerungen über die Berufsgruppen, deren theoretischer, empirischer und heuristischer soziologischer Gehalt nicht immer offensichtlich ist, betrachtet, reorganisiert und ausgewertet werden.

Eine werkinterpretatorische These bestimmt dabei die Reihenfolge der Darstellung. Wie bereits angedeutet hat die Frage der Akzeptanz bei Durkheim ein zentrales Gewicht; deshalb beginne ich mit der Diskussion dieser Funktion der Berufsgruppen. Im Anschluß daran folgen einige Überlegungen zur Frage der Bewirkung von Akzeptanz durch politische Akteure. Im Kapitel V über die Normgenese wird die Reihenfolge der Darstellung dagegen umgekehrt. Man kann nämlich feststellen, daß Durkheims relativ ausführliche Diskussion des Staates sich auf diese Probleme bezieht. Dagegen fehlt bei Durkheim eine ausgearbeitete Theorie formaler Organisationen. Dementsprechend lückenhaft ist seine Analyse des Normsetzungsverhaltens durch die Berufsgruppen. M. E. kann man jedoch aus seiner Behandlung des Normsetzungsverhaltens des Staates einige allgemeine Implikationen über die Analyse des Entscheidungsprozesses von kollektiven Akteuren entnehmen, die sich auch auf die Berufsgruppen als Akteure beziehen lassen; daher wird die Diskussion des Normsetzungsverhaltens der Berufsgruppen als letztes erfolgen.

Durkheims Vorstellungen über die Bedeutung der Berufsgruppen für die Akzeptanz von Normen durch die sozialen Akteure kommen besonders prägnant in seinem Vorwort zur 2. Auflage der „Arbeitsteilung" zum Ausdruck; dieser Text wird daher zunächst kurz zusammenhängend dargestellt, um im Anschluß daran einige seiner Implikationen zu diskutieren.

2. Das Vorwort zur 2. Auflage der „Arbeitsteilung"

Das Vorwort zur 2. Auflage der „Arbeitsteilung" („Einige Bemerkungen über die Berufsgruppen") von 1902 kann man unter den Stichworten „Diagnose", „Ursachen der Pathologie", „Therapie" darstellen.

a) Diagnose

Durkheim erkennt in den europäischen Gesellschaften seiner Zeit Züge von „Anarchie", die er als „krankhaftes Phänomen" (A: 41) bezeichnet. „Ein trauriges Schauspiel" (A: 40) bieten die „ständig auflebenden Konflikte"; es herrsche „das Recht des Stärkeren" und der „latente oder offene Kriegszustand" sei „chronisch" (A: 41). Diese Phänomene sieht er im ökonomischen Sektor besonders ausgeprägt (A: 40); wegen dessen dominierender Stellung in modernen Gesellschaften (A: 41 f.) strahlen sie jedoch auf die Gesellschaft insgesamt aus.

Durkheim diskutiert zwei mögliche Ursachen dieser Phänomene: die Arbeitsteilung und die Ausprägung des normativen Systems. Der Arbeitsteilung schreibt er keine Verantwortung für die Pathologien zu; die Arbeitsteilung führe im Gegenteil im allgemeinen zu einer spontanen gegenseitigen Anpassung der einzelnen Funktionen aneinander und zur Ausbildung von Verhaltensgewohnheiten. Die Ursache der Probleme sei vielmehr die Ausprägung des normativen Systems. Durkheim nennt speziell die anomische Ausprägung (A: 40): den Mangel an präzisen und zügelnden Normen. Verhaltensgewohnheiten seien nicht ausreichend; es komme auf obligatorische, verpflichtende, den Entscheidungen des einzelnen entzogene Handlungsarten an (A: 43).

b) Ursachen der Pathologie

Für den Mangel an verpflichtenden Normen — die unmittelbare Ursache der Pathologie — macht Durkheim seinerseits Defekte in der sozialen Organisation, und speziell eine mangelhaft ausgeprägte Gruppenstruktur verantwortlich. Denn nur eine „festgefügte Gesellschaft" genieße „die moralische und materielle Überlegenheit, die unerläßlich ist, um den Individuen das Recht zu setzen " (A: 43). Darüber hinaus sei auch und vor allem nur eine solche *Gruppe* zentral und verläßlich an „Ordnung und Frieden" — d. h. an der Vermeidung von Pathologie, an der Normalität — interessiert (A: 43); von den Einzelnen (etwa von dem Starken, der sich selbst durchsetzen kann, oder von dem Schwachen, der die Unterwerfung abschütteln will (A: 41)), könne nur die Verfolgung des „wohlverstandenen Interesses", nicht jedoch „Uneigennützigkeit", „Selbstvergessen", „Opfer" (A: 42) erwartet werden. Entscheidend sei also die Existenz oder Bildung solcher Gruppen (A: 43).

Nun sind, Durkheim zufolge, allerdings nicht alle Arten von Gruppen gleichermaßen gut in dieser Hinsicht geeignet. So spricht er dem Staat die Detailkenntnisse, die angesichts der großen und sich immer mehr verstärkenden Komplexität des ökonomischen Lebens notwendig seien, ab (A: 43). Über diese würde nur eine Gruppe verfügen, „die aus allen Trägern eines gleichen Gewerbes besteht" (A: 44). Darüber hinaus müßten diese Personen „in einem einzigen Verband vereinigt und organisiert" sein (A: 44); die zwischen berufsähnlichen Individuen sich notwendig einstellenden Kontakte seien zu zufällig, hätten meistens individuellen Charakter und seien nur von begrenzter Dauer (A: 44). Erste Ansätze zu einer permanenten Organisierung sieht Durkheim bei den Syndikaten der Arbeitgeber und Arbeitnehmer (seiner Zeit) (A: 44); allerdings hält er es für notwendig, diese Organisationen mit legaler Autorität auszustatten, ihre — etwa gewerbeinterne — Zersplitterung zu verhindern und für die *„legitim und notwendig"* (von Durkheim hervorgehoben, A: 45) voneinander getrennten Arbeitgeber- und Arbeitnehmervereinigungen eine gemeinsame Organisation zu schaffen, in der regelmäßige Kontakte stattfinden und eine gemeinsame Autorität sowie gemeinsame Auffassungen über Rechte entwickelt werden können.

Daß seine Vorstellungen nicht utopisch sind, versucht Durkheim durch eine historisch-komparative Skizze römischer und mittelalterlicher Berufsorganisationen zu zeigen. 1. Aus der Existenz dieser frühen Organisationen schließt er auf die Existenz eines entsprechenden zugrundeliegenden gesellschaftlichen Bedürfnisses nach Regulierung, welches sich parallel und proportional mit dem zunehmenden Gewicht des Gewerbes in zuvor dominant agrarischen Gesellschaften entwickelt (A: 45-48): „Eine derartig beständige Einrichtung kann nicht von einer willkürlichen und zufälligen Besonderheit abhängen; noch weniger ist die Annahme möglich, daß sie das Ergebnis irgendeiner kollektiven Verirrung seien. Wenn sie von der Gründung Roms an bis zum Höhepunkt des Kaiserreichs, vom Beginn der christlichen Gesellschaft bis in die modernen Zeiten notwendig waren, dann waren sie die Antwort auf dauerhafte und tiefe Bedürfnisse" (A: 48). 2. Durch eine Analyse des Inhaltes der Tätigkeiten dieser frühen Verbände versucht Durkheim zudem zu zeigen, daß sie tatsächlich eine „moralische Rolle" ausübten, d. h. individuelle Egoismen zügelten, solidarische Gefühle aufrecht erhielten und die Brutalität des Rechtes des Stärkeren verhinderten (A: 48 f.). Sie dürften also nicht als Akteure betrachtet werden, die „konstitutionell amoralisch" und lediglich Instrumente für eine effektivere Verfolgung ökonomischer Interessen gewesen seien. Durkheim schließt das vor allem aus der großen Bedeutung, die religiöse Momente und gegenseitige Hilfeleistungen in diesen Verbänden hatten (A: 49-53). Diese moralische Komponente erscheint ihm auch aus allgemein-theoretischen Gründen verständlich: „Von dem Augenblick an, wo im Schoß einer politischen Gesellschaft eine bestimmte Anzahl von Individuen Ideen, Interessen, Gefühle und Beschäftigungen gemeinsam haben, die der Rest der Bevölkerung nicht mit ihnen teilt, ist es unvermeidlich, daß sie sich unter dem Einfluß der Gleichartigkeit untereinander angezogen fühlen, daß sie sich suchen, in Verbindung treten, sich vereinen und auf diese Weise nach und nach eine engere Gruppe bilden, die ihre eigene Physiognomie im Schoß der allgemeinen Gesellschaft hat. Sobald aber die Gruppe gebildet ist, entsteht ein moralisches Leben, das auf natürliche Weise den Stempel der besonderen Bedingungen trägt, in denen sie entstanden ist. Denn es ist unmöglich, daß Menschen zusammenleben und regelmäßig miteinander verkehren, ohne nicht schließlich zu fühlen, daß sie mit ihrer Vereinigung ein Ganzes bilden, ohne daß sie sich an dieses Ganze anschließen, sich mit dessen Interessen beschäftigen und es in ihr Verhalten einbeziehen. Nun ist aber dieses Festhalten an etwas, was das Individuum überschreitet, diese Unterordnung der Einzelinteressen unter ein Gesamtinteresse, die Quelle selber jeder moralischen Tätigkeit. Ob sich

2. Das Vorwort zur 2. Auflage der „Arbeitsteilung"

nun dieses Gefühl auf die gewöhnlichsten oder bedeutsamsten Umstände auswirkt und ausbildet, es drückt sich immer in bestimmten Formeln aus; und damit entsteht eine Sammlung moralischer Regeln" (A: 53). Dieser automatisch sich einstellende, durch die „Macht der Dinge" (A: 53) bewirkte Prozeß erfährt eine subjektive Verstärkung: „Aber nicht nur die Gesellschaft ist daran interessiert, daß sich diese Sondergruppen bilden, um die Tätigkeit zu regeln, die sich in ihnen ausbildet und die sonst anarchisch würde; auch das Individuum findet darin eine Quelle der Freude. Denn die Anarchie bereitet auch ihm Schmerzen. Es selbst leidet an den Reibungen und an der Unordnung, die jedesmal entstehen, wenn die zwischenmenschlichen Beziehungen keinem regelnden Einfluß unterworfen sind[5]. Es ist nicht gut für den Menschen, inmitten seiner engsten Umwelt auf dem Kriegsfuß zu leben. Dieses Gefühl einer allgemeinen Feindschaft, das gegenseitige Mißtrauen, das daraus entsteht, und die Spannung, die sie bedingt, sind schmerzhafte Zustände, wenn sie chronisch werden. Wenn wir schon den Krieg lieben, so lieben wir doch auch die Freuden des Friedens, und die sind umso wertvoller für Menschen, je tiefer sie sozialisiert, d. h. (denn die beiden Wörter sind gleichwertig) je tiefer sie zivilisiert sind. ... In dem Maß, wie er (der Mensch) lernt, die Reize dieser neuen Existenz auszukosten, werden sie ihm notwendig, und es gibt keine Art von Tätigkeit, wo er sie nicht leidenschaftlich sucht" (A: 53 f.)[6].

---

[5] Ich weiche in den beiden vorausgegangenen Sätzen von der m. E. irrtümlichen vorliegenden deutschen Übersetzung ab (K. M.).

[6] Man muß zwischen dieser Formulierung, die auch ein Interesse von Individuen an der Aufrechterhaltung der Ordnung annimmt, und der oben erwähnten Feststellung Durkheims, wonach nur die Gruppe an Ordnung interessiert sei, keinen Widerspruch sehen. Der Gegensatz löst sich auf (und läßt dann eine interessante Hypothese deutlich werden), wenn man eine dynamische phasenartige Beziehung zwischen gesellschaftlicher Stabilität und individueller Orientierung unterstellt. Danach werden Individuen in anomischen Kontexten, bei denen Gruppen fehlen, die Ordnung durchsetzen, ihre Überlegenheit ungezügelt ausnutzen bzw. ihre Rache für Unterdrückungen ungehemmt ausleben. Wurde Ordnung durchgesetzt, dann werden Individuen ihrerseits positives Interesse daran entwickeln und so selber zu einer gewissen Stütze der Ordnung werden. Davon unabhängig jedoch glaubt Durkheim, daß letztlich kollektiver Zwang unverzichtbar sei: „Zweifellos ist der Zwang nötig, um den Menschen dahin zu bringen, sich selbst zu übertreffen und seiner physischen Natur eine andere hinzuzufügen" (A: 54). (Eine differenzierte Analyse der hier bereits anklingenden „Homo duplex"-Vorstellung, die Durkheim als eine Quintessenz aus seiner Religionssoziologie 1914 in dem Aufsatz „Der Dualismus der menschlichen Natur und seine sozialen Bedingungen" (1976d) explizit formulierte, enthält Hynes 1975.)

c) Therapie

Nach dem historisch-komparativ geführten Nachweis des „Bedürfnisses" einer Regelung der Ökonomie und der Möglichkeit einer solchen Regulierung durch Berufsorganisationen entwickelt Durkheim einige Vorstellungen über die Art der Strukturprinzipien, die für solche Berufsgruppen in modernen Verhältnissen angemessen seien. Die Struktur der zu etablierenden Korporationen müsse vor allem der Problematik und dem Gewicht des ökonomischen Sektors gerecht werden. a) Die immer weniger lokal begrenzten, sondern immer stärker national (ja international) ausgerichteten ökonomischen Prozesse bedeuten eine Veränderung der zu regulierenden Probleme. Das aber erfordert auch eine entsprechende Veränderung der regulierenden Akteure, da sonst (wie bei den auf ihren engen lokalen Bezug fixierten mittelalterlichen Berufsorganisationen) (A: 63) die Regulierungen immer irrelevanter werden (A: 61 ff.). Notwendig sind also nationale Berufsorganisationen (A: 63). (Lokalen oder regionalen Sonderproblemen könne durch eine entsprechende organisationsinterne Differenzierung Rechnung getragen werden (A: 64)). b) Zu den zu regulierenden Problemen gehört auch die Beziehung zwischen Arbeitgebern und Arbeitnehmern; daher ist ein organisatorischer Rahmen zu schaffen, der diese beiden Komponenten umfaßt und als Kontext dient, in dem sie ihre Beziehungen regeln können (A: 64, Fußnote 34). c) Zwischen den Korporationen und dem zentralen Organ des kollektiven Lebens (= Staat) werden sich notwendigerweise Kontakte und direkte Beziehungen ergeben. Denn Ereignisse eines solchen Gewichtes, daß sie eine arbeitsteilige industrielle Kategorie insgesamt interessieren, werden notwendigerweise sehr allgemeine Rückwirkungen haben (A: 63 f.); sie können daher durch den Staat nicht ignoriert werden, sondern werden diesen zur Intervention veranlassen[7]. Da, andererseits, durch die Arbeitsteilung Problematiken sehr spezifischen Charakters entstehen, zu deren Regelung nur die Beteiligten selbst die notwendigen Kenntnisse haben, ist für die Korporationen relative Autonomie angemessen: „Wenn es auch Sache der Parlamente ist, die allgemeinen Prinzipien der industriellen Rechtgebung zu setzen, so sind sie doch unfähig, sie nach den verschiedenen Industriezweigen abzuwandeln. Diese Abwandlung ist die eigentliche Aufgabe der Berufsorganisation" (A: 64). d) Als Folge der Attraktivität und Stimulanz, die Gruppen für den Einzelnen besitzen, erwartet Durkheim, daß sich die Berufsorganisationen der Zukunft nicht nur mit der Regulierung von beruflichen Fragen im engeren Sinne beschäftigen werden, sondern darüber hinaus auch weitere Tätigkeitsbereiche übernehmen — kulturelle, Bildungs-, gegensei-

---

[7] Die m. E. substantiell gleiche These über die Externalitäten arbeitsteiliger Komplexe als Anlaß für integrationsorientierte Interventionen vertritt z. B. mit großem Aufwand Willke (1978; 1982; 1983) — auch wenn dies wegen der veränderten Sprache nicht sofort deutlich ist.

tige Unterstützungs- und Freizeitaktivitäten (A: 65 f.). e) Schließlich glaubt Durkheim Gründe für die Vermutung zu sehen, daß „die Berufsorganisation zur Basis oder zu einer der wesentlichen Basen unserer politischen Organisation berufen ist" (A: 66). Dafür spreche das zunehmende Gewicht des ökonomischen Sektors und die Transformation der Sozialstruktur. Das für die Vergangenheit feststellbare proportionale Verhältnis zwischen der Zunahme der Bedeutung des ökonomischen Lebens und der Herausbildung öffentlich-politischer Funktionen der Berufsorganisationen könne auch für die Zukunft angenommen werden; und sei nicht der „Gedanke legitim" (A: 66), daß — nachdem die Gemeinde als autonome Einheit sich im Staat und der städtische Markt sich im nationalen Markt verloren habe — die Korporation eine entsprechende Transformation erfahren werde und „die Grundeinteilung des Staates wird, die fundamentale politische Einheit?" (A: 67). Gliederten sich Wahlkollegien nach Professionen anstatt nach örtlichen Wahlkreisen, dann würden sicherlich „auf diese Weise die politischen Versammlungen besser die Verschiedenheit der sozialen Interessen und ihre Beziehungen ausdrücken (...); sie wären eine getreuere Zusammenfassung des sozialen Lebens in seiner Gesamtheit" (A: 67). Wenn jedoch die Nation, um sich ihrer selbst bewußt zu werden, sich nach Berufen gruppieren müsse: hieße das nicht „anzuerkennen, daß die organisierte Profession oder die Berufsorganisation das Hauptorgan des öffentlichen Lebens sein müßte?" (A: 67). Auf diese Weise lasse sich die „tiefe Lücke" (A: 67) in der Struktur der europäischen Gesellschaften ausfüllen, die durch die Abschwächung der Bedeutung territorialer Gruppierungen entstanden sei: „Der Provinzgeist ist endgültig vorbei; der Kirchturmpatriotismus ist ein Anachronismus geworden, den man nicht auf Wunsch wiedererwecken kann" (A: 67). „Nun ist es aber nicht möglich, daß diese innere Organisation einfach verschwindet, ohne daß etwas an ihre Stelle tritt. Eine Gesellschaft, die aus einer Unmasse von unorganisierten Individuen zusammengesetzt ist und die sich ein Überstaat bemüht einzugrenzen, ist ein wahres soziologisches Monstrum. Denn die kollektive Tätigkeit ist immer zu komplex, als daß sie durch das alleinige und einzige Organ des Staates ausgedrückt werden könnte. Im übrigen steht der Staat viel zu weit von den Individuen; er hat mit ihnen nur äußerliche Beziehungen, als daß es ihm möglich wäre, in das individuelle Bewußtsein einzudringen und die Einzelpersonen von innen her zu sozialisieren. Darum ist es dort, wo er die einzige Umwelt ist, in der sich die Menschen für die gemeinsame Lebenspraxis bilden können, unvermeidlich, daß sie sich davon lösen[8], daß sie sich voneinander entfernen und daß sich im selben Maß die Gesellschaft auflöst. Eine Nation kann sich nur dann erhalten, wenn sich zwischen dem Staat und den Bürgern eine ganze Serie von sekundären Gruppen einschiebt, die den Individuen genügend nahe sind, um sie in ihren

---
[8] Ich habe hier die irreführende deutsche Übersetzung verändert (K. M.).

Wirkungsradius einzufangen und sie im allgemeinen Strom des sozialen Lebens mitzureißen. Wir haben gezeigt, daß die Berufsgruppen fähig sind, diese Rolle zu erfüllen, und daß sogar alles sie dafür bestimmt" (A: 67 f.).

Zusammenfassend läßt sich feststellen, daß die „Logik" von Durkheims Argumentation im 2. Vorwort drei Hauptaspekte hatte; durch eine historisch-komparative Skizze versuchte er erstens die Notwendigkeit einer Regulierung der ökonomischen Beziehungen zu zeigen, zweitens die Eignung von Berufsorganisationen für diesen Zweck nachzuweisen und drittens die Gruppenhaftigkeit als Mechanismus herauszustellen, der für diese Eignung verantwortlich ist. Wenn man nur die Bildung von Berufsgruppen zulasse — statt sie durch Vorurteile verblendet zu behindern —, dann würden die gesellschaftlichen Kräfte schon aus sich heraus die notwendigen Prozesse und Mechanismen entwickeln, um die Krise moderner Gesellschaften zu überwinden[9].

Im Zuge dieser Argumentation sprach Durkheim eine Vielzahl unterschiedlicher Sachverhalte an. Welche Thesen oder Implikationen enthalten die dargestellten Vorstellungen Durkheims für die oben von mir aus dem größeren „korporatistischen" Problemzusammenhang (der Regulierung der Ökonomie durch Berufsorganisationen und durch Institutionen wie etwa die Tarifautonomie) isolierte Frage der Bedingungen der Akzeptanz normativer Muster durch die einzelnen ökonomischen Akteure?

3. Strukturmerkmale von Berufsgruppen und die Akzeptanz von Normen

Vor dem Hintergrund der skizzierten Argumentation im „Vorwort" von 1902 ist deutlich, daß die Frage der Akzeptanz einerseits enger, andererseits weiter ist als das Problem, mit dem sich Durkheim dort beschäftigt. Die Verengung besteht darin, daß es mir hier zunächst *nur* um den *Akzeptanz*-Aspekt geht. Das bedeutet eine Konzentration der Analyse auf die einzelnen sozialen Akteure als Handelnde; diese werden danach befragt, ob und welche normativen Orientierungen *sie* entwickeln — in Abhängigkeit von der Art des Kontextes der Berufsgruppen, in dem sie sich befinden. Warum erscheint die Beschäftigung mit den normativen Orientierungen der sozialen Akteure von theoretischem Interesse? Eine Begründung für die Erklärungs-*bedürftigkeit* der Art und des Ausmaßes normativer Orientierung der sozia-

---
[9] Übersetzt in moderne Terminologie kann man damit sagen, daß sich Durkheim für die „prozedurale Steuerung" sozialer und politischer Prozesse ausspricht — also nicht bestimmte substantielle Werte vorgeben, sondern soziale Mechanismen etablieren will, die solche Werte ausarbeiten und implementieren (sollen).

3. Strukturmerkmale von Berufsgruppen und die Akzeptanz von Normen 155

len Akteure kann unterschiedlich erfolgen — etwa unter Hinweis auf deren „Interessen" oder deren „Überforderung" oder deren „Vergeßlichkeit". Im ersten Fall geht man von der Annahme aus (die Durkheim besonders prägnant in seinem Konzept der Anomie und in seinem Konzept der menschlichen Natur als dualistisch (Durkheim 1976d; vgl. auch: Hawkins 1977; Hynes 1975) entwickelt hat), daß Akteure „an sich" dazu neigen, sich an ihren Interessen zu orientieren; dann ergibt sich die soziologische Frage, wie es sozial möglich ist, daß dennoch (gelegentlich) normorientiertes Verhalten — welches Zurückstellungen von Interessen impliziert — beobachtbar ist. Hier kann die Existenz von Normen wichtig sein. Aber diese Antwort erscheint ziemlich vorläufig, denn es bleibt ja noch die Frage, wie diese Normen mit der für die Überwindung der interessenbedingten Widerstände nötigen Autorität ausgestattet werden können. In *diesem* Licht lassen sich dann Berufsgruppen betrachten. Im zweiten Fall geht man (etwa mit Luhmann, aber auch mit Durkheim selbst — s. z. B. das Kapitel über die prekontraktuellen Bedingungen von Verträgen: A: Buch 1, Kp. 7) von der etwas anderen Vorstellung aus, daß viele Handlungs- und Entscheidungssituationen so komplex sind, daß der einzelne Akteur überfordert wird und deshalb eigentlich gar nicht oder nur sehr zögernd zu einer Entscheidung kommen dürfte; dann nämlich läßt sich die soziologische Frage stellen, wie es sozial bewirkt wird, daß Akteure tatsächlich oft keine solche Entscheidungshemmung zeigen, sondern Handlungen schnell, sicher und mit Zuversicht treffen. Auch hier kann die unmittelbare Antwort im Hinweis auf die Existenz von Normen bestehen. Aber auch in diesem Fall kann weitergefragt werden. Auch verhaltensunsichere Akteure brauchen die Überzeugung, daß die Orientierung an Normen eine *„gute"* Lösung ihres Problems darstellt, daß also von den vielfältigen situativen Merkmalen Normen besonderen Respekt verdienen. Außerdem entstehen Unsicherheiten oft daraus, daß mehrere normative Muster angeboten werden, so daß auch hier die Frage der relativen Autorität der Normen und der Bedingungen der Autorisierung entsteht. Auch *dieses* Problem der „Reduktion von Komplexität" kann man zum Bezug der Analyse von Berufsgruppen nehmen. Beim dritten Fall — der unterstellten Vergeßlichkeit der Akteure — nimmt man an, daß im Zeitverlauf das Wissen von sozialen Akteuren, und speziell auch ihr normatives Wissen, durch — etwa — die Fülle von Erlebnissen verschüttet wird und so seinen Einfluß auf die Verhaltensregulierung einbüßt; stellt man dennoch eine andauernde Wirkung von Normen fest, dann erscheint dies erstaunlich und wirft die Frage nach den Mechanismen auf, die die „Erinnerung" der Akteure stützen. (Dieses Argumentationsmuster verwendet Durkheim in seiner Religionssoziologie.) Von hier her ließen sich Berufsgruppen als „Erinnerungsstützen" für die sozialen Akteure verstehen.

Die Frage, ob diese verschiedenen Annahmen miteinander verträglich und ob sie vollständig sind, braucht hier nicht diskutiert zu werden. Vielmehr ist es für die Konstruktion einer Fragestellung über die normative Orientierung der sozialen Akteure ausreichend, festzustellen, daß in allen drei Fällen ein bestimmtes Argumentationsmuster verwendet wird, das drei Aspekte besitzt. 1. Identifizierung einer Varianz. Hier sind zwei Versionen möglich. Entweder es wird als empirischer Tatsache davon ausgegangen, daß Akteure, die in bestimmter Weise vergleichbar sind, ein unterschiedliches Ausmaß der Ausrichtung ihres Verhaltens an Normen aufweisen; der Forschung stellt sich dann die Aufgabe, diese Unterschiede zu erklären. Oder, es wird kontrafaktisch argumentiert, daß man „eigentlich" ein höheres Ausmaß an nicht-konformer Orientierung erwarten müsse, als tatsächlich beobachtbar ist; die Aufgabe der Analyse besteht dann darin, *diese* Diskrepanz zwischen Erwartung und Tatsache zu erklären. 2. Angabe des zugrundeliegenden Wirkungsmechanismus. In beiden Versionen ist es zur Exposition der Fragestellung nützlich, explizite Vermutungen über den Mechanismus zu entwickeln, der der Diskrepanz zugrundeliegt. Etwa also wird angenommen, daß der Mensch „von Natur aus" oder als Ergebnis von bestimmten Sozialisationsbedingungen egoistisch ist und zur Disziplinlosigkeit neigt oder daß er durch die Komplexität der Situation überfordert wird oder daß er vergeßlich ist. 3. Kompensierender Mechanismus und dessen soziale Organisation. Die Annahmen egoistischer Disziplinlosigkeit bzw. situativer Überforderung bzw. von Vergeßlichkeit eignen sich zum Verständnis der Funktionen, die von strukturellen Sachverhalten wie Berufsgruppen für die sozialen Akteure ausgeübt werden können; wenn die sozialen Akteure bei unterschiedlichen Konstellationen von Berufsgruppen unterschiedliche Normorientierungen zeigen, dann läßt sich das auf die durch die Berufsgruppen bewirkten Zurückdrängungen von Interessen bzw. Hilfen bei der Situationsdefinition bzw. Gedächtnisstützung zurückführen.

Wegen der in diesem Kapitel vorgenommenen Konzentration auf das Problem der Akzeptanz von Normen durch die sozialen Akteure bleiben Fragen wie die des Inhaltes, der Träger und des Prozesses der Genese normativer Muster vorerst ausgeklammert. Damit ist aber bereits die Erweiterung der Perspektive angesprochen. Die mich interessierenden Bedingungen für die Akzeptanz von Normen durch die sozialen Akteure können sich prinzipiell auf Normen verschiedensten Inhaltes und verschiedenster Herkunft beziehen. Durkheim konzentrierte sich auf anomische Verhältnisse, und diese betrachtete er ja, genau genommen, gar nicht als Ausprägungen normativer Muster, sondern als Fehlen von Normen. Die Normen, mit denen er sich positiv beschäftigte, beziehen sich auf die *Überwindung* des anomischen Zustands (und dies selbstverständlich in der Art, daß nicht durch z. B. Zwangs-Normen wiederum, wenn auch anders bewirkt, Pathologien entstehen); und für den Aufweis der Möglichkeit solcher „Solidaritätsnormen" hat er zunächst nur historische Analysen liefern und, was die aktuelle gesellschaftliche Situation betrifft, Hoffnungen hegen können[10]. Demgegenüber

3. Strukturmerkmale von Berufsgruppen und die Akzeptanz von Normen 157

interessiert mich nicht nur die Frage der Akzeptanz von Solidaritätsnormen, sondern auch die Frage der Akzeptanz normativer Muster anderen Inhalts. Dazu gehören auch die Hinnahme ungeregelter Zustände als „schlichte Faktizitäten" und die Akzeptanz anomischer Muster als explizites normatives Programm (etwa in Form der Propagierung von „Deregulierungen" und des „freien Marktes"). Damit ist auch schon gesagt, daß nicht nur an Normen restriktiven Inhalts zu denken ist, sondern auch an Normen, die „zustehende Ansprüche" behaupten. Bei Normen solchen Inhalts bewirken Gruppen dann keine „Mäßigungen", sondern „Forderungen", womöglich mit der Folge der Konfliktentstehung oder -verschärfung[11]. Berufsgruppen sind also auch unter dem Aspekt ihres Beitrages zu *solchen* Konstellationen zu thematisieren. Darüber hinaus ist für die Frage Platz zu schaffen, ob und welchen Beitrag Berufsgruppen dafür leisten (können), daß normative Verhältnisse, die gar nicht von *ihnen selbst* generiert wurden, akzeptiert werden; daher sind die — bei Durkheim ungeschiedenen — Fragen von Genese und Akzeptanz zu trennen.

Noch eine weitere Vorbemerkung ist nötig. Das Problem der Akzeptanz von Normen aufgrund der Autorität der Berufsgruppen ist ein Teilaspekt von Durkheims Diskussion des allgemeinen Problems der Krise moderner Gesellschaften, und es steht in engem Zusammenhang mit einer Reihe weiterer und sehr voraussetzungsvoller Vorstellungen, die sich ebenfalls auf diese Krisenproblematik beziehen. Aus pragmatischen Gründen muß aber im folgenden dieser enge Zusammenhang unberücksichtigt bleiben; nur auf diese Weise wird es möglich, das heuristische Potential von Durkheims Behandlung des Akzeptanzproblems herauszuarbeiten, ohne andauernd zu konditionalen Relativierungen gezwungen zu sein. Zwei dieser anderen Problemkomplexe seien deshalb vorweg genannt. Zum einen unterstellt Durkheim bei seiner Analyse der Funktionen, die Berufsgruppen für die Akzeptanz von Normen haben können, *daß* sich entsprechende Berufsgrup-

---

[10] Von diesem Ausgangspunkt der Anomie her — also der Dominanz von Interessen — müßte die Wirkung der zu schaffenden Berufsgruppen natürlich primär „restriktiv" sein. Kann man dagegen von der Existenz von Berufsgruppen ausgehen, dann verschiebt sich die Problematik; man kann dann zwar ebenfalls fragen, welche Arten von Berufsgruppen besonders tüchtig bei der Verminderung der angestrebten Interessen sind — aber auch, welchen Berufsgruppen es gelingt, „radikale" Forderungen erfolgreich zu propagieren. (Diese Sicht entspricht natürlich kaum Durkheims ideologischen „Gesellschaftsbild"; aber man sollte und kann m. E. auch hier versuchen, seine ordnungspolitischen Vorstellungen — wonach Berufsgruppen Ansprüche *mäßigen* sollen — und seine Analyseperspektive — wonach Berufsgruppen Normen *autorisieren* können — zu trennen.)

[11] Geht man davon aus, daß ökonomische Akteure oft einer Vielzahl von Normsendern ausgesetzt sein werden, dann kann es für die Berufsgruppen sich darum handeln, die ökonomischen Akteure aus bestimmten solcher Einflüsse zu „emanzipieren" und ihnen das „richtige" Bewußtsein ihrer Ansprüche zu vermitteln (vgl. Parkin 1972).

pen unschwer entwickeln werden oder bilden lassen; es liege in der Natur der Sache, daß an Spezialfunktionen orientierte ökonomische Akteure miteinander interagieren und sich in Berufsgruppen vergesellschaften „wollten", und nur Vorurteile könnten dies unterbinden. Diese — starke — Annahme lasse ich zunächst unerörtert. Zweitens unterstellt Durkheim, daß bei einem Fehlen geeigneter Berufsgruppen — d. h. solcher Berufsgruppen, die die Strukturmerkmale aufweisen, die für die Akzeptierungswahrscheinlichkeit relevant sind — die von ihm genannten krisenartigen Erscheinungen eintreten werden; auf dem Hintergrund dieser Annahme ergibt sich ja auch sein entsprechender sozialreformerischer Impuls. Auch dies ist eine starke Annahme, denn es könnte ja sein, daß bei fehlenden Berufsgruppen die Krisenphänomene nicht eintreten, weil andere Mechanismen existieren oder sich gebildet haben, die dies bewirken. Aber auch diese Annahme muß hier zunächst unerörtert bleiben[12]. Durkheims Vorstellungen über den Zusammenhang von Berufsgruppenstruktur und Normakzeptanz lassen sich prinzipiell auch dann diskutieren, wenn entsprechende Berufsgruppen nur selten existieren und wenn andere Umstände vergleichbare Effekte haben sollten[13].

Betrachtet man im Hinblick auf die so verstandene Akzeptanzfrage Durkheims Darstellung, dann zeigt sich, daß einige Mechanismen und Bedingungen der Akzeptanzbewirkung relativ explizit genannt sind, andere erschlossen werden können, und wieder andere sich ergänzen lassen. — Ich werde in diesem Kapitel versuchen, diese Mechanismen und Bedingungen herauszuarbeiten. Die mit diesem Versuch verbundene Absicht ist es, einige Hypothesen über Zusammenhänge zwischen Strukturmerkmalen von Berufsgruppen und Akzeptanzverhalten von sozialen Akteuren zu gewinnen. M. E. handelt es sich hier um eine Problematik, die auch im Rahmen der Korporatismusdiskussion Interesse verdient, denn auch dort bemüht man sich ja um die Herausarbeitung von Strukturformen von Interessenorganisationen und um die Frage der „Bedeutung" solcher Strukturen. Vor diesem Hintergrund kann die Diskussion der Beziehung zwischen Merkmalen von Berufsgruppen und Akzeptanzverhalten der sozialen Akteure bei Durkheim eine doppelte Funktion erfüllen. Zum einen könnten sich einige dieser Hypothesen unmit-

---

[12] Am Ende dieses Kapitels werde ich kurz auf die Struktur des Staates und auf die Rolle von Parteien eingehen und dabei fragen, ob diese Akteure für die Akzeptanz wichtig und also als „funktionale Äquivalente" zu den Berufsgruppen gesehen werden können.

[13] Wenn entsprechende Berufsgruppen tatsächlich schwer zu etablieren wären und/oder wenn alternative Mechanismen der Krisenvermeidung existierten, wäre natürlich der politische Impuls zur Etablierung von Berufsgruppen vermindert. Rein wissenschaftlich würden ebenfalls gewisse — technische — Probleme entstehen; die empirischen Fälle und Kontrollkonstellationen, an denen sich Durkheims Vermutungen über Zusammenhänge von Berufsgruppenstrukturen und Normakzeptanz überprüfen ließen, wären entsprechend schwer zusammenzustellen.

3. Strukturmerkmale von Berufsgruppen und die Akzeptanz von Normen 159

telbar auf die Phänomene übertragen lassen, die in der Korporatismusdiskussion behandelt werden; zum anderen könnte diese Diskussion Modellcharakter haben und die Erforschung entsprechender Zusammenhänge bei korporatistischen Phänomenen anregen. In diesem exemplarischen Sinne werde ich mich also im folgenden bemühen, alle von Durkheim zur Charakterisierung der Berufsgruppen verwendeten Strukturmerkmale aufzugreifen und sie je möglichst explizit im Hinblick auf die Frage zu betrachten, welche Wirkungen sie für das Akzeptanzverhalten der sozialen Akteure Normen gegenüber haben dürften.

Aus dem Vorangegangenen ergibt sich, daß man als Durkheims Grundproblem des Akzeptanzaspektes die Frage formulieren kann, wie man die Neigung von Akteuren, ihr Verhalten nicht an Normen, sondern an ihren Interessen auszurichten, vermindern kann. Durkheims Grundvorstellung besteht nun darin, daß Gruppen — und nur Gruppen — die Fähigkeit haben, individuelle Akteure zur Respektierung von Normen zu bewegen; nur Gruppen besäßen die dazu nötige „materielle und moralische Überlegenheit" und das „Interesse" an geordnetem Verhalten.

Nun kann man die Beziehung zwischen den beiden Komponenten „Überlegenheit" und „Interesse" im Hinblick auf die Bewirkung von Normakzeptanz unterschiedlich konstruieren. Ich werde, der Einfachheit halber, in den Interessen der Gruppen Umstände sehen, die zur *Mobilisierung* der überlegenen Mittel der Gruppen führen, wenn sie ihre Interessen an geordneten Verhältnissen nicht gewahrt glauben; dann kann sich die Frage der Bewirkung von Normakzeptanz auf die Komponente der Gruppenüberlegenheit beschränken. Was kann man unter dieser Überlegenheit verstehen? Durkheim hat diese Frage nicht explizit behandelt. M. E. „vertragen" sich aber die folgenden Überlegungen mit seinen Äußerungen. Bei der „Überlegenheit" der Gruppe über den Einzelnen läßt sich etwa an folgende Aspekte denken: a) — sozial — an das Zahlenverhältnis zwischen Einzelnen und Vielen (und die Potenzierung der Bedeutung dieser Differenz durch die kooperative Interaktion der Vielen im Vergleich zu dem isolierten Einzelnen); b) —sachlich — an die Überlegenheit der Vielen wegen des größeren Potentials an Ideen, Wissen, Erfahrung und anderen Ressourcen; c) — zeitlich — an die größere zeitliche Ausdehnung der Gruppe, die, wie Durkheim bemerkt, dem Einzelnen vorausgeht und ihn überlebt; zu diesem zeitlichen Aspekt gehört auch die Fähigkeit der Gruppe, die durch ihre Kooperation ermöglichte Produktivität in *der* Form zu verwenden, daß bestimmte Personen mit der andauernden Spezialaufgabe der „Kontrolle über andere" beauftragt werden und diese Personen dadurch eine besondere Effektivität erzielen können[14].

---

[14] In einem alternativen Modell könnte man etwa von der Überlegenheit von Gruppen über Individuen ausgehen und die Frage problematisieren, weshalb eigentlich generell Gruppen ein Interesse an den Einzelnen nehmen sollen, und von

Durkheim spricht nun weiter nicht nur allgemein von Gruppen, sondern diskutiert Gruppen unterschiedlicher Ausprägung, die in unterschiedlicher Weise zur Bewirkung von Normakzeptanz geeignet sind. Damit liegt es nahe, die im einzelnen genannten Merkmale auf ihre Implikationen für die Akzeptanzfrage zu betrachten. — Ich fasse im folgenden diese Zusammenhänge in 12 Punkten zusammen, die sich 3 Klassen von Faktoren zuordnen lassen, nämlich internen und externen strukturellen sowie prozessuellen Merkmalen von Berufsgruppen.

a) Interne Merkmale von Berufsgruppen und Akzeptanzeffekte

(1) Durkheim hält in modernen Kontexten auf *nationaler* Ebene organisierte Berufsgruppen für nötig; das alte Zunftsystem sei ja u. a. daran gescheitert, daß es die strukturelle Transformation des ökonomischen Systems von lokalen und regionalen zu nationalen und übernationalen Bezügen nicht mit vollzogen habe. Als implizite Thesen Durkheims über die Bewirkung von Normakzeptanz kann man zwei Zusammenhänge ermitteln. 1. Gruppen werden um so eher eine Respektierung von ihnen vertretener Normen erreichen, je „sachgemäßer" ihre Normen sind, d. h. je stärker sie sich auf Sachverhalte beziehen, die von Bedeutung für die Akteure sind, deren

---

welchen speziellen Merkmalen von Gruppen es abhängt, welche Art von Interesse sie gegenüber dem Einzelnen haben. (Eine spezielle Version dieser allgemeinen Frage ist die empirische Wendung des Ordnungsproblems, bei der zu ermitteln ist, wer eigentlich und warum an „Ordnung" als Wert orientiert ist und den Aktor Ego zu einem entsprechenden Verhalten bewegen will.) Konflikte zwischen Ego und Alter werden etwa dann eher die Intervention einer Gruppe auslösen, wenn sich Dritte in der Gruppe direkt belästigt fühlen — was jedoch nicht in allen Gruppen und bei allen Konflikten der Fall sein muß —; oder etwa dann, wenn zwar noch keine direkte Beeinträchtigung Dritter aufgetreten ist, aber die Meinung besteht, man solle „den Anfängen wehren", da andernfalls Eskalationen eintreten könnten; oder etwa dann, wenn *externe* Akteure die Gruppe auf die strikte Einhaltung von Ruhe und Ordnung verpflichten und sie dafür haftbar machen; oder dann, wenn sich die Gruppe in externen Auseinandersetzungen verwickelt sieht und meint, sie könne die interne Absorbierung von Kraft in Konflikten derzeit sich nicht leisten; oder dann, wenn die Gruppe besonders prägnante und enge normative Vorstellungen über Ruhe und Ordnung ausgebildet hat; oder dann, wenn Dritte missionsartige Betreuungsmotive besitzen, weil sie glauben zu wissen, was Ego und Alter „eigentlich" gut täte; oder dann, wenn *Dritte selbst* große Anstrengungen investieren, um sich in die oft schmerzhafte Normkonformität zu zwingen, und deshalb (oft aggressiv) verlangen, Ego und Alter sollten diese Anstrengungen „gefälligst auch" auf sich nehmen; etc.. Das Interesse der Gruppe an einer Intervention in Auseinandersetzungen zwischen den Zugehörigen Ego und Alter ist also *als Variable* zu betrachten. (Die im nächsten Kapitel erfolgende Diskussion des Problems der Genese von Normen betrifft diese Frage, denn dabei handelt es sich ja um die Bildung von Vorstellungen, für die sich die Gruppe „stark machen" will.)

3. Strukturmerkmale von Berufsgruppen und die Akzeptanz von Normen 161

Verhalten reguliert werden soll; ist ein solcher sachlicher Zusammenhang nicht oder nicht mehr gegeben, dann werden die Normierungen durch die ökonomischen Aktore entweder ignoriert oder als Vergewaltigung empfunden (und hindern dann die ökonomische Entwicklung). Lokale oder regionale Sachverhalte sind anderer Natur als nationale oder gar übernationale. Die sachliche Angemessenheit wird dabei bestimmt durch die sozialstrukturellen Verhältnisse, innerhalb derer sich die ökonomischen Akteure befinden, denn diese Verhältnisse sind entscheidend für die Handlungsprobleme, -fähigkeiten und -neigungen der Akteure. 2. Die Wahrscheinlichkeit, daß die Berufsgruppen in diesem Sinne „passende" Normen vertreten, hängt von der Struktur der Berufsgruppen ab; Berufsorganisationen mit einem lokal eng begrenzten Organisationsbereich werden über entsprechend begrenzte Informationen, Erfahrungen und Neigungen verfügen und deshalb auch Normen vertreten, die an den Handlungsproblemen der ökonomischen Akteure vorbeigehen. — In entsprechender Weise kann man auch Durkheims Ablehnung direkter staatlicher Detailregulierung verstehen, nämlich als These, daß der „zu entfernte" Staat sozusagen an den Problemen der Betroffenen vorbeinormiert und deshalb entweder ignoriert oder als oppressiv und hinderlich empfunden wird. Damit Normen respektiert werden, müssen sie „passen"; dazu ist entsprechendes Detailwissen der Normsetzer und -anwender nötig, und über dieses Wissen werden nur in bestimmter Weise organisierte kollektive Akteure (die etwa national ausgerichtet und auf ökonomische Themen spezialisiert sind) verfügen.

Betrachtet man diese Argumentation, so mag sie plausibel erscheinen. Allerdings jedoch ist ihr Zusammenhang mit Durkheims Grundperspektive — wonach Gruppen die nötige Überlegenheit besitzen, einzelne Akteure zur Normakzeptanz zu veranlassen — nicht ganz eindeutig. Wenn die ökonomischen Akteure hier die Normen respektieren, dann ja doch vor allem deswegen, weil sie ihnen sachlich angemessen erscheinen, also zu ihren sozialstrukturellen Umständen und Bedürfnissen passen. Dennoch kann man auch hier gewisse Momente einer „Überlegenheit" der Gruppe über den Einzelnen ausmachen. Man kann nämlich argumentieren, daß Gruppen dem Einzelnen hier insofern „überlegen" sind, als sie über mehr „Wissen" verfügen als die je Einzelnen, einschließlich Wissens über solche Sachverhalte, die für den Einzelnen wichtig sind. Natürlich wird die Überlegenheit der kollektiven Intelligenz nur so groß sein, daß sie zwar manchmal, aber nicht immer den Einzelnen dazu veranlaßt, sich den Vorstellungen der Gruppe zu beugen. Das wird ja auch daran deutlich, daß von den einzelnen Akteuren als „sachfremd" empfundene Normen oft entweder nur mittels „Zwang" durchgesetzt oder ignoriert werden; im letzteren Fall aber *fehlt* den betreffenden Gruppen offenbar die zur Erreichung von Akzeptanz notwendige Überlegenheit. Im ersteren Fall ist zwar Überlegenheit vorhanden, aber es liegt nahe, daß Durkheim hier nicht von der für solidarische Verhältnisse angemessenen oder angemessen verwendeten Überlegenheit sprechen würde, sondern etwa von „erzwungener Arbeitsteiligkeit" oder von „fatalistischer Normierung". Entscheidendes Element in dem Mechanismus, der hier Akzeptanz bewirkt, ist weniger die wissensmäßige Überlegenheit der Gruppe über den Einzelnen, denn mittels Wissensvorsprung allein lassen sich egoistische Widerstände selten effektiv überwinden, als die Tatsache, daß hier die Gruppe in Übereinstimmung mit den sozialstrukturell induzierten Fähigkeiten und Neigungen der Einzelnen handelt. Unter strikten „Macht"-Gesichtspunkten betrachtet sind hier vielmehr *Grenzen* der Berufsgruppe und Gegenmachtformen der Einzelnen gegenüber der Berufsgruppe deutlich[15].

(2) Durkheims Plädoyer für „nationale" Berufsgruppen kann jedoch noch in einer anderen Weise mit der Frage der Normakzeptanz in Beziehung gesetzt werden. Durkheim spricht davon, daß es sinnvoll sei, nationale Berufsgruppen zu bilden; diese wären aber intern zu differenzieren — etwa so, daß lokale und regionale Besonderheiten berücksichtigt würden. Man kann diesen Hinweis natürlich genau im Sinne des eben besprochenen Arguments sehen, wonach die Gruppe die Interessen der Einzelnen „spiegeln" müsse, um ihre Autorität als Gruppe und damit auch die Autorität der von ihr vertretenen Normen zu erhalten. Aber noch ein anderer Zusammen-

---

[15] Eine solche Analyse der Machtverhältnisse im engeren Sinn zwischen dem Einzelnen und der Gruppe hätte auf Art und Größe der Leistungen oder Nachteile zu zielen, die die Gruppe in bezug auf den Einzelnen mobilisieren kann — *relativ gesehen* zu anderen Quellen von Leistungen und Nachteilen für den Einzelnen. Diese Relativierung ist insofern nötig, als ja das Akzeptanzverhalten der *sozialen Akteure* erklärt werden soll und es deshalb naheliegt, zu analysieren, wie *diese* Akteure durch Angebote von Leistungen oder Nachteilen durch die Gruppen beeindruckbar sind; die Wirkung, die Sanktionsmittel haben, wird aber u. a. davon abhängen, welche sonstigen Möglichkeiten die sozialen Akteure zum Erwerb positiver bzw. zur Vermeidung negativer Sanktionen besitzen. Es ist theoretisch nicht sonderlich interessant, zur Erklärung der Normakzeptanz durch die sozialen Akteure auf die „Sanktionsmittel" der Gruppe hinzuweisen. Interessantere Probleme ergeben sich vielmehr entweder dann, wenn man fragt, weshalb Gruppen gerade bestimmte Sanktionsmittel mobilisieren, oder dann, wenn man fragt, weshalb soziale Akteure in bestimmter Weise auf Sanktions-„Angebote" reagieren. In diesem Kapitel konzentriere ich mich auf die letztere Frage. Der Druck, den etwa Zünfte auf einen Produzenten ausüben können, kann z. B. darauf beruhen, daß sie die Mittel haben, die Kunden oder die Mitarbeiter des Produzenten von diesem abzubringen; wenn — z. B. durch die Verbesserung der Kommunikationswege — ein neues Kunden- oder Mitarbeiterpotential entsteht, auf das der Verband keinen Einfluß hat, entsteht für den Produzenten die Möglichkeit, die Vorstellungen des Verbandes zu ignorieren. Eine „Hemmung" der ökonomischen Entwicklung durch Verbände entsteht dann, wenn sie mittels ihrer noch überlegenen Sanktionsmittel für einen Produzenten an sich bestehende Kontaktmöglichkeiten nicht zustande kommen lassen. Die These einer „materiellen und moralischen Überlegenheit der Gruppe über den Einzelnen" unterstellt also einen Mangel an bestimmten Handlungsalternativen von Ego. Sind diese Annahmen zutreffend, dann allerdings mag sich Ego dem Gruppendruck nicht entziehen können.

3. Strukturmerkmale von Berufsgruppen und die Akzeptanz von Normen 163

hang kann hier genannt werden, und dieser steht noch stärker in Übereinstimmung mit Durkheims Grundperspektive. Wenn nämlich in der Berufsgruppe Akteure mit, regional bedingt, unterschiedlichen Interessen repräsentiert sind, und wenn in der Berufsgruppe Normen entwickelt oder —etwa vom Staat — übernommen werden, die differentielle Implikationen für regionale Interessen haben, wenn also auf der Ebene der Berufsgruppe ein Konsens über solche Normen hergestellt wird, dann kann *dies* auf den einzelnen Akteur als „Druck" wirken, die entsprechenden Normen zu respektieren. Der einzelne Akteur ist hier mit der sich im Konsens „symbolisierenden" materiellen und moralischen Überlegenheit der Gruppe konfrontiert.

Einige Aspekte dieses Zusammenhangs seien expliziert. Was die „materielle" Überlegenheit angeht, so bedeutet das Eintreten einer Gruppe für eine Norm für einen Einzelnen, daß er allein mit einer Vielheit anderer konfrontiert ist, der er wenig entgegensetzen kann. Die Überlegenheit dieser Vielheit wird dann noch größer erscheinen, wenn sie als kooperativer Zusammenhalt erlebt wird, der der Einzelne isoliert gegenübersteht. Ein solches Erlebnis ist wahrscheinlich, wenn sich die Gruppe sichtbar zur betreffenden Norm bekannt hat. Jetzt muß der Einzelne damit rechnen, daß die Gruppe bereit ist, Sanktionen gegen einzelne Abweichler einzusetzen. Zudem ist wahrscheinlich, daß bereits diese Konstellation gewisse Effekte hat, die die „moralische" Überlegenheit der Gruppe verstärkt. Denn dem Einzelnen wird sich die Frage aufdrängen, ob nicht die Tatsache, daß so viele andere für die Norm eintreten, ein Anzeichen dafür ist, daß diese Haltung „etwas für sich hat" und er selbst — der Einzelne — sich in einem „Irrtum" befindet. Die Entstehung der „moralischen Überlegenheit" der Gruppe kann schließlich noch durch bestimmte Prozesse gefördert werden, in denen der Gruppenkonsens über die Norm ermittelt wird. Wenn Repräsentanten unterschiedlicher regionaler Interessenten akzeptieren, in *einer* Organisation vereinigt zu sein, und akzeptieren, daß dieser übergreifenden Organisation Handlungen und Entscheidungen zugerechnet werden, dann tragen sie damit zur Entstehung der Vorstellung bei, daß es Probleme gibt, die ihrer Natur nach die Berücksichtigung mehrerer Interessenstandpunkte erfordern, und für deren Lösung deshalb *eine* Organisation, in der mehrere Interessenten teilnehmen, zuständig ist. Die Entscheidung der einen Organisation kann deswegen auf Akzeptanz selbst bei denjenigen Einzelnen rechnen, deren *jetzt* als „partikular" erscheinende Interessen als solche zwar respektiert werden und für deren Realisierung „alles mögliche getan" wurde, die aber schließlich doch nicht voll berücksichtigt werden konnten. Denn gerade diese Diskrepanz zwischen partikularem Interesse und Organisationsentscheidung läßt sich dann als Ausdruck einer „abgewogenen", „ausgewogenen" Behandlung des Problems deuten, für die der Einzelne — der eben „nicht allein auf der Welt" sei —Einschränkungen auf sich zu nehmen und gewisse Opfer zu bringen habe.

Symbolisch kommt diese Unterordnung partikularer Interessen unter ein gemeinsames Interesse darin zum Ausdruck, daß Entscheidungen der übergreifenden Organisation — statt den einzelnen teilnehmenden Akteuren —zugeschrieben werden, und daß entsprechend auch die Inszenierung der Sichtbarkeit des Entscheidungsprozesses und der Entscheidungsverkündigung ausfallen wird. Wenn sich dagegen Vertreter von Interessen weigern, in einer gemeinsamen Organisation zu partizipieren, sondern zu Entscheidungen je eigens als selbständige Akteure zusammenzutreten (wobei dieses Zusammentreten aber sehr wohl auch in zeitlicher, sachlicher und sozialer Hinsicht nach vereinbarten Regeln erfolgen kann; *das* konstituiert noch keine „gemeinsame Organisation"!), dann drückt dies Vorbehalte gegenüber der Vorstellung aus, das zu regelnde Problem erfordere der Natur der Sache nach zu einer optimalen Behandlung prinzipiell die Teilnahme und Gewichtung unterschiedlicher Interessenten. Wenn dennoch mehrere Akteure teilnehmen, dann geschieht dies im Prinzip wegen der gegebenen Machtkonstellationen. Symbolisch wird diese Konstellation sich u. a. darin ausdrücken, daß die einzelnen Partizipanten die Resultate getrennt verkünden und die Abweichungen von ihren Ausgangszielen als unvermeidliche (aber vertretbare) Kompromisse und Konzessionen bezeichnen. Hier wird nicht inszeniert, daß sich mehrere Partikularinteressenten „in einem Boot" befinden, sondern daß es „verschiedene Boote" gibt. Eine solche Definition vermindert aber die Überzeugungskraft der erzielten Entscheidung; es erscheint legitim, zu versuchen, sie bei der nächstbesten Gelegenheit zu verändern, und Verstöße gegen die getroffene Vereinbarung können immer auf ein gewisses Verständnis rechnen. (Daß bestimmte Formen der Konfliktaustragung eine besondere Authentizität zugesprochen erhalten mögen —z. B. Auseinandersetzungen zwischen formal unabhängigen Organisationen —, und daß sich *daraus* akzeptanzfördernde Effekte ergeben, steht dazu nicht unbedingt im Widerspruch. Durkheim kam es aber nicht nur auf eine schlichte Hinnahme von Konfliktergebnissen an, die darauf beruht, daß „alles versucht wurde", aber dem Gegner in der gegebenen Lage nicht mehr abzuringen war, sondern auf soziale Prozesse, die eine inhaltliche Überzeugtheit von der „moralischen" Angemessenheit der Konfliktergebnisse produzieren. Außerdem hätte Durkheim darauf insistiert, daß sich auch organisations*intern* „authentische" Konfliktaustragungsprozesse organisieren lassen[16].)

(3) Die beiden eben genannten Mechanismen der Förderung von Akzeptanz — die Gruppe als Kenner und Berücksichtiger der Interessen der Einzelnen und die Gruppe als Mechanismus der Schaffung und Vertretung von Konsens gegenüber den Einzelnen — lassen sich auch auf die Vorstel-

---

[16] Eine allgemeine Diskussion zur Institutionalisierung „überzeugender" Konfliktlösungsmechanismen enthält Galtung 1973.

3. Strukturmerkmale von Berufsgruppen und die Akzeptanz von Normen 165

lung Durkheims beziehen, wonach Arbeitgeber und Arbeitnehmer in einer gemeinsamen „Korporation" teilnehmen sollen. Was zunächst den Informationsaspekt angeht, so äußert sich zwar Durkheim dazu nicht explizit; es liegt aber in der Logik seiner Argumentation, zu sagen, daß die Chance der Akzeptanz von Normen über die Beziehung zwischen Arbeitgebern und Arbeitnehmern gesteigert wird, wenn in sie eine genaue Kenntnis der Situation und Interessen dieser beiden Rollenkategorien eingeht. Unterstellt man, daß die besten Kenner der Probleme die Betroffenen selbst sind, dann ist auch das ein Plädoyer gegen ein übermäßiges Gewicht des Staates; wenn es sich um Probleme handelt, die die Beziehung zwischen Arbeitgebern und Arbeitnehmern angehen, dann impliziert dies ein Plädoyer für die Etablierung sozialer Prozesse, die sicherstellen, daß die Lage und Interessen beider Kategorien ausgedrückt werden können. Dies ist am wahrscheinlichsten, wenn in der die Normen vertretenden Berufsorganisation beide sozialstrukturellen Kategorien partizipieren.

(4) Bei Durkheims Forderung nach dem Einschließen von Arbeitnehmern und Arbeitgebern in eine einzige korporative Organisation spielt aber wohl zweifellos der andere Mechanismus eine größere Rolle, bei dem einerseits, wie oben dargestellt, zwar in der Berufsorganisation intern „legitim und notwendig" (A: 45) eine strukturelle Differenzierung von Arbeitnehmern und Arbeitgebern eingerichtet, aber andererseits ein kollektiver Konsens über die für die Berufssparte insgesamt gültigen Normen gesichert werden soll. In der Berufsgruppe treffen die unterschiedlichen Kategorien der Arbeitnehmer und Arbeitgeber regelmäßig aufeinander. Diese Kategorien mögen unterschiedlich mächtig sein; aber allein die Tatsache, daß auch die schwächeren Elemente — etwa die Arbeitnehmer — eine feste Position innerhalb der Berufsgruppe besitzen, kann für sie eine gewisse Gratifizierung bedeuten und die Hinnahmebereitschaft jedweder Normen der Berufsgruppe fördern, und allein die Tatsache, daß die stärkeren Elemente — etwa die Arbeitgeber — gezwungen sind, die Existenz und Probleme der Schwächeren regelmäßig wahrzunehmen, kann eine gewisse Hemmung für die maximale Ausnutzung ihrer Stärke bewirken. Darüber hinaus aber ist vor allem wichtig, daß in der Berufsgruppe ein Prozeß veranstaltet wird, aus dem eine kollektiv getragene Zustimmung zu den Normen und zu ihrer Auslegung und Anwendung resultiert. Wie beim Einschluß unterschiedlicher regionaler Interessenten fördert auch der Einschluß von Arbeitgebern und Arbeitnehmern die Entstehung der Vorstellung, daß es Probleme und Aufgaben gäbe, deren Bewältigung *prinzipiell* nur dann optimal sein könne, wenn mehrere Interessengesichtspunkte berücksichtigt würden, so daß, was dem Einzelnen gegenüber zunächst als schmerzliches Opfer erscheinen mag, nicht einem anderen Einzelnen zugute kommt, sondern einem „größeren" Sachverhalt dient, an dem er „eigentlich" ja selbst Interesse haben muß. Werden auf diese Weise eine Billigung, ja Schätzung der Norm durch die

gemeinsame Organisation hergestellt und „gute Gründe" für diese Haltung erarbeitet, dann sehen sich einzelne Mitglieder der Kategorie der Arbeitgeber und der Arbeitnehmer je als Einzelne mit einem kollektiven Konsens konfrontiert. Dieser wird um so übermächtiger werden, wenn sie an dessen Zustandekommen selbst (oder die Vertreter „ihrer" Kategorie) mitgewirkt hatten und/oder wenn ihnen vorgeführt wird, daß ihre eigenen Bedürfnisse eine wichtige Rolle bei der Entwicklung der Norm spielten, jedoch gute Gründe verlangen, daß „Konzessionen" gemacht werden, da der je Einzelne nicht allein stehe, sondern auch andere Gesichtspunkte beachtet werden müßten. Das auf diese Weise entstehende „moralische Übergewicht" der Gruppe aus Arbeitgebern und Arbeitnehmern erhöht die Akzeptierungschancen von Normen durch den Einzelnen (vgl. A: 44 f.). Parallel dazu und diesen Effekt verstärkend wird sich die „materielle Überlegenheit" der Gruppe entwickeln. Erlebt der Einzelne, daß er mit seiner ablehnenden Haltung der Norm gegenüber allein steht, während sich in seiner Umgebung auf der Basis der Billigung der Norm Interaktionen zwischen Arbeitgebern und Arbeitnehmern herausbilden, wird er die Vermutung entwickeln, daß die Gruppe auch bereit sein könnte, ihre Billigung der Norm durch Sanktionen — denen er als Einzelner in aller Regel wenig entgegensetzen kann — Nachdruck zu verleihen. Einer solchen für möglich gehaltenen Handlungsentschlossenheit der Gruppe gegenüber wird der Einzelne sich beugen (zumal ihn diese Handlungsentschlossenheit zur Frage veranlassen wird, ob die „guten Gründe", die die Gruppe, die Arbeitnehmer und Arbeitgeber umfaßt, für ihre Billigung der Norm entwickelt, nicht doch etwas für sich haben könnten). Wenn man Arbeitgeber und Arbeitnehmer nicht in eine gemeinsame Organisation einschließt, herrscht dagegen nach Durkheim eine Lage wie zwischen „zwei autonomen Staaten" (A: 45), die zwar, „so wie es die Völker durch die Vermittlung ihrer Regierungen machen, untereinander Verträge abschließen" könnten, die jedoch stets „nur den jeweiligen Stand der ökonomischen Macht" ausdrücken würden, also den „faktischen Zustand" bestätigten, aber keinen „Rechtsstand" erreichen könnten (A: 45)[17].

---

[17] Wie Durkheim eine Konstellation wie die gegenwärtigen (1987) Beziehungen zwischen Gewerkschaften und Arbeitgeberverbänden in der Bundesrepublik Deutschland beurteilt hätte, läßt sich aus naheliegenden Gründen nicht wissen. Es ist ja natürlich auch eine Frage politischer Bewertung, für *wie* chaotisch und änderungsbedürftig man hier die Beziehungen zwischen Arbeitgebern und Arbeitnehmern hält. Die Erinnerung an die westdeutsche Situation macht darüber hinaus jedoch auf zwei Sachverhalte aufmerksam. 1. Die Kerninstitution der Tarifautonomie entspricht mit ihren selbständigen Trägern der Arbeitgeber- und Arbeitnehmerorganisationen sicher *nicht* den Durkheimschen Vorstellungen *einer* (!) „Korporation". Andererseits wäre bei einer vergleichenden Analyse von Industriebeziehungen natürlich auch das Ausmaß und die Art der normativen, vor allem auch gesetzlichen Überformung dieser Relation zu beachten. Wird die normative Überformung sehr umfangreich, dann schrumpft der Unterschied zu einer „einzigen" „Korporation". Darüber hinaus

3. Strukturmerkmale von Berufsgruppen und die Akzeptanz von Normen 167

Es verdient in diesem Zusammenhang erwähnt zu werden, wie sich Durkheim die Zusammensetzung in den korporativen Gruppen vorstellt; er meint nämlich, daß man das Stärkeverhältnis zwischen Arbeitgebern und Arbeitnehmern von der „öffentlichen Meinung" über die Bedeutung der beiden Komponenten abhängig machen müsse (A: 64, FN). „Objektive" Kriterien — etwa über eine „Parität" — sieht er offenbar nicht gegeben; vielmehr hält er bewertete Einschätzungen von Bedeutsamkeiten für entscheidend. (An Universitäten könnten beispielsweise, bei entsprechender „Meinung", Studenten dominieren, in Unternehmen Arbeiter — oder eben auch Unternehmer.) Man kann versuchen, diesen Aspekt „öffentliche Meinung" wieder als These über die Wahrscheinlichkeit der Akzeptanz von durch eine Berufsgruppe vertretenen Normen durch Einzelne zu formulieren; Individuen werden umso eher Normen akzeptieren, je stärker sich die Verfassung der betreffenden Gruppe auf allgemeine Billigung stützen kann. Haben dagegen die öffentliche Meinung oder größere ihrer Teile Vorbehalte gegen diese Gruppenstruktur, dann steigt die Wahrscheinlichkeit, daß Individuen die von der Gruppe vertretenen Normen nicht (oder nur unter Zwang) akzeptieren.

(5) Es ist interessant festzustellen, daß von Durkheim einzig auf die genannten Differenzierungen zwischen regionalen Akteuren und zwischen Arbeitgebern und Arbeitnehmern eingegangen wird. Andere Aspekte sozialstruktureller Differenzierung als Bezüge von Normierungen und von

---

ist die Schärfe des Unterschiedes zwischen selbständigen Konfliktparteien und Teilen eines korporativen Ganzen eine Variable. Wenn sich die Tarifparteien selbst gemeinsam als „Treuhänder der Wirtschaft" verstehen (die sie etwa gemeinsam vor schädlichen staatlichen Interventionen, dem Druck ausländischer Konkurrenz, der Borniertheit einzelner Interessentenkategorien schützen wollen) und/oder wenn ihnen die gemeinsame Verantwortung für die Wirtschaftssituation extern zugeschrieben wird, wird der Unterschied zu einer Korporation in Durkheims Sinn schmal. (Der Übergang von einer Stabilisierung von Interaktionen durch die von Durkheim ja selbst herausgearbeiteten „nicht-kontraktuellen Bedingungen von Verträgen" zu einer Stabilisierung durch den Einschluß in eine gemeinsame Organisation ist also fließend; das letztere läßt sich als besonders starke Ausprägung des ersteren verstehen.) 2. Die westdeutschen Industriebeziehungen umfassen neben der Institution der Tarifautonomie noch eine Vielzahl anderer Formen von Interaktionen zwischen Arbeitgebern und Arbeitnehmern, z. T. ohne, z. T. mit Beteiligung des Staates (siehe z. B. Süllow 1981; 1982a; 1982b), bei denen nicht einander konfrontierende selbständige Gegner interagieren, sondern die Akteure in einer gemeinsamen Institution aufeinandertreffen. Für die Frage der sozialen Mechanismen, die die Akzeptanz der von den Berufsorganisationen vertretenen Normen bewirken, ist die Beachtung dieses Arenen*geflechtes* wichtig. (So hat etwa Wassenberg 1979; 1982 auf Prozesse der gegenseitigen Stabilisierung zwischen unterschiedlichen Arenen hingewiesen.) — Aus beiden diesen Überlegungen ergibt sich also, daß Durkheims Unterscheidung zwischen Korporationen einerseits und einander „wie Staaten" begegnenden kollektiven Akteuren andererseits aufgegriffen und zum Ausgangspunkt für die Konstruktion von Kontinua und Zwischenformen verwendet werden sollte.

Prozessen, die deren Akzeptanz sichern (zugeschriebene Relevanz der Norm im Hinblick auf die sozialstrukturelle Lage; materieller und moralischer Gruppendruck), werden nicht erwähnt. Zu denken wäre hier etwa an Altersdifferenzen zwischen Akteuren, an Geschlechtsdifferenzen, an religiöse Differenzen, an politisch-ideologische Differenzen, an unterschiedliche Ressourcenausstattungen. Durkheim spricht sich jedoch — ohne näheres zu nennen — bei der Diskussion der Syndikate seiner Zeit gegen ihre unbegrenzte Zahl aus, da sonst ja nicht die „Einheit" der Berufe ausgedrückt werde (A: 44). Man wird den Grund dafür in seiner Vorstellung sehen können, daß die für die moderne Gesellschaft entscheidende Differenzierung sich auf die berufliche Spezialisierung bezieht. Die Arbeitsteilung bewirkt, daß zwischen bestimmten Personen besonders häufig Kontakte auftreten. Das normative System — und deshalb auch die Struktur der Berufsgruppen — hat diesen Kontaktverdichtungen zu entsprechen; das gilt sowohl für die Zahl der Berufsgruppen als auch hinsichtlich ihrer internen Differenzierung. Würden die Berufsgruppen Differenzierungen reflektieren und vermitteln, die sozialstrukturell gesehen unbedeutend wären, dann — würde Durkheim vielleicht gesagt haben — würden Berufsgruppen mindestens ihre Ressourcen vergeuden, die sie für die „relevanteren" Probleme zu verwenden hätten, oder gar zunehmend als irrelevant-abwegig erscheinen; beides hätte eine Verminderung der Akzeptanz von durch solche Interessenorganisationen getragenen Normen zur Folge.

(6) Durkheim hat Berufsgruppen nicht nur als Medien der Vermittlung von Konflikten gesehen. Ausgehend von seiner historischen Analyse von Berufsorganisationen erwartet er, daß die zu etablierenden Korporationen etwa auch sozialpolitische und Bildungsfunktionen für die betreffenden Berufskategorien wahrnehmen werden, also Funktionen, über die von vornherein kein Dissens zwischen regionalen Interessenten oder zwischen Arbeitgebern und Arbeitnehmern besteht, sondern gemeinsame Interessen unmittelbar deutlich sind. Dennoch dürfte auch eine solche nicht auf Konflikte bezogene Tätigkeit von Bedeutung für die Erhöhung der Akzeptanzneigung gegenüber Normen sein. Zunächst einmal werden die kooperativen Erfahrungen auf sozialstruktureller Ebene ganz generell dazu führen, daß solchen Berufsgruppen, die neben der Konfliktvermittlung auch kooperative Projekte betreiben, von den ökonomischen Akteuren Glaubwürdigkeit zuerkannt wird; deshalb werden auch die Normen, für die sich solche Gruppen einsetzen, erhöhte Akzeptierungschancen gewinnen. Darüber hinaus läßt sich einzelnen Akteuren, die sichtbar an durch die Gruppe vermittelten Vorteilen teilhaben, mittels moralischem und materiellem Druck umso wirkungsvoller dann auch das Einverständnis zu gewissen „Opfern" für die Gruppe auf anderen Gebieten abverlangen.

3. Strukturmerkmale von Berufsgruppen und die Akzeptanz von Normen 169

(7) Wie kommen die Korporationen an Mitglieder, und welche Effekte ergeben sich aus der Art der Rekrutierungsmethode für die Akzeptanz? Jedenfalls scheint sich Durkheim eine vollständige Organisationsmitgliedschaft aller Angehörigen einer Berufskategorie vorgestellt zu haben (L: 49). Dabei erscheint ihm die Frage der Methode des Mitgliedererwerbs von „nur sehr begrenztem Interesse" (L: 49). Durkheim spricht zwei Formen an: a) situativen Druck und b) formalen Zwang. a) „In der Tat würde es, vom Tag der Etablierung des korporativen Systems, ein solches Handikap für ein außerhalb bleibendes Individuum sein, daß es aus eigenem Antrieb, ohne die Notwendigkeit irgendwelchen Zwangs, beitreten würde. Einmal konstituiert, zieht eine kollektive Kraft die Nichtzugehörigen in seinen Bereich; diejenigen, die draußen bleiben, werden sich nicht halten können" (L: 49). b) Demgegenüber sei es nicht unbedingt nötig, die Mitgliedschaft formal-obligatorisch (S: 450) zu machen; allerdings seien Skrupel in dieser Hinsicht unverständlich (L: 49). Immerhin sei ja etwa jeder Bürger heute Zwangsmitglied in einer Gemeinde; warum solle dies nicht auch für Berufe gelten? Dies sei umso naheliegender, als ja die avisierte institutionelle Reform auch darauf abziele, als Basis des politischen Systems regionale durch professionelle Einheiten abzulösen.

Durkheim spricht die Frage der Wirkungen dieser Formen der Rekrutierung auf die Akzeptanz der von den Berufsgruppen vertretenen Normen durch die Mitglieder nicht an. Mir scheint, daß in *dieser* Hinsicht der Unterschied zwischen formalem Zwang und formaler Freiwilligkeit doch eine größere Bedeutung besitzen könnte als Durkheim annimmt. Offenbar kommt es nach Durkheim darauf an, *alle* ökonomischen Akteure dem Einfluß der Berufsorganisation auszusetzen; wenn eine Berufsorganisation sich für Normen einsetzt, dann ist es für ein Mitglied „seine" Gruppe, die das tut, und dies erhöht die Akzeptanzwahrscheinlichkeit — im Vergleich zu einem Akteur, der *gar nicht* als Mitglied zu einer Organisation gehört, und für den deren Vorstellungen deshalb völlig irrelevant sein können. Mitgliedschaft rein als solche läßt der Gruppe in den Augen des Einzelnen eine gewisse Bedeutung zukommen; dem Individuum ist die Gruppe und seine Mitgliedschaft darin bekannt; externe Attacken auf die Gruppe werden das Individuum deshalb nicht gleichgültig lassen und — abgesehen von den Fällen, in denen der externe Kritiker für das Individuum eine außerordentlich hohe Integrität besitzt — eher bewirken, daß das Individuum dies als ungebetene Einmischung betrachtet; die Fähigkeit des Individuums, die von der Gruppe vertretenen Normen dauerhaft („trotzend") abzulehnen, dürften begrenzt sein — zumal wenn einzelne Gruppenvorstellungen inhaltlich plausibel erscheinen mögen und wenn das Individuum mit den Meinungen anderer Einzelner konfrontiert ist, die die Gruppe insgesamt und die von ihr vertretenen Vorstellungen bejahen.

Mit Hilfe solcher oder ähnlicher Argumente hätte Durkheim seine Annahme begründen können, daß es zweitrangig ist, ob die Vollmitgliedschaft auf „freiwilligem Beitritt" oder „formalem Zwang" beruht. Immerhin ist jedoch auf einen spezifischen Mechanismus hinzuweisen, der sich aus einer Form der Rekrutierung, die durch die „Logik der Situation" nahegelegt wird, ergibt. In diesem Fall nämlich handelt das Individuum nicht „auf Befehl", sondern „aus freien Stücken"; es wird nicht mit der „Entscheidung" konfrontiert, sich einem Befehl entweder zu beugen oder ihm entgegenzuhandeln, sondern mit der anderen Art von „Entscheidung", zwischen verschiedenen Formen der Realisierung seiner Interessen auszuwählen. Im letzteren Fall erscheint deshalb der Spielraum und ist daher auch — im Vergleich zum ersten Fall — die Entscheidungslast, die auf dem Individuum liegt, größer. Das Individuum muß hier „mehr" und „stichhaltigere" Gründe für seine Entscheidung mobilisieren, als wenn es einem mit übermächtigen Mitteln ausgestatteten Befehlenden nachgibt; dies dürfte zu einer größeren Bereitschaft führen, in den Handlungen und der Politik der Organisation sinnvolle Elemente zu entdecken, und sie deshalb zu akzeptieren. Hier leistet dann das Individuum selbst einen Betrag dazu, den „materiellen" Druck der Gruppe in einen „moralischen" Druck zu transformieren. (Auf der anderen Seite können jedoch auch mit formal-obligatorischer Mitgliedschaft Mechanismen — allerdings solche anderer Art — verbunden sein, die die Akzeptanz der von dieser Organisation vertretenen Normen stützen. Man kann formale Obligatisierung als „politische Subventionierung" (dazu gleich unten näheres) betrachten; und die Tatsache, *daß* eine Organisation offenbar auf politische Stützung zählen kann, mag in den Augen mancher Mitglieder das Vertrauen in diese Organisationen erhöhen und auf diese Weise die Akzeptanzneigung fördern[18].)

---

[18] Sowohl bei aus der Logik der Situation als auch bei aus formalem Zwang resultierender Mitgliedschaft wird die Akzeptanzfrage natürlich von weiteren Umständen — besonders auch solchen der inneren Struktur der Berufsorganisationen —abhängen. Auf die Frage der Binnendifferenzierung nach horizontalen Gesichtspunkten der Territorialität und funktionalen Gesichtspunkten (Arbeitgeber/Arbeitnehmer) wurde schon hingewiesen. Darüber hinaus ist hier wichtig, in welcher Weise und in welchem Ausmaß die Berufsorganisationen auf die Unterstützung ihrer Mitglieder zur Verwirklichung der Geschäfte der Organisation angewiesen sind. Benötigt die Organisation vielfältige und umfangreiche Beiträge (etwa nicht nur finanzielle Mitgliedsbeiträge, sondern in der Organisation und für die Organisation stattfindende Handlungen), dann wird die Organisation, auch wenn die Rekrutierung auf faktischem oder formalem Zwang beruht und von *daher* also Mitgliederinteressen aus Werbungsgründen nicht berücksichtigt werden müssen, große Belehrungs- und Mobilisierungsanstrengungen unternehmen, in deren Mittelpunkt Versuche stehen werden, Beziehungen zwischen der vertretenen Norm und den Erfahrungen und Bedürfnissen der Mitglieder nachzuweisen. Eine solche „Aufklärung" wird jedoch die Akzeptanz der Organisation und der von ihr getragenen Normen erhöhen.

3. Strukturmerkmale von Berufsgruppen und die Akzeptanz von Normen   171

Nach diesen Überlegungen über einige Zusammenhänge zwischen Merkmalen der Binnenstruktur von Berufsgruppen und der Wahrscheinlichkeit der Normakzeptanz sind einige Aspekte zu betrachten, die die externen Beziehungen von Berufsgruppen betreffen.

b) *Kontextverknüpfungen von Berufsgruppen und Akzeptanzeffekte*

(8) Durkheims Hinweis auf die Akzeptanzförderung durch organisatorische Strukturen und Prozesse, die die Verträglichkeit der Normen mit der sozialstrukturellen Situation der ökonomischen Akteure sichern und die einzelnen Akteure dem materiellen Druck der Gruppe und dem moralischen Druck des Gruppenkonsenses aussetzen, impliziert natürlich die These, daß Normen von „fremdgesteuerten" Berufsorganisationen — etwa durch den Staat gesteuerten Gewerkschaften — kaum auf Akzeptierung durch die Einzelnen rechnen können. Denn eine solche Fremdsteuerung wird die Berufsorganisationen zur Vertretung von Normen zwingen, die mit der sozialstrukturellen Lage der ökonomischen Akteure nicht kompatibel sind, und sie wird zu einer Verzerrung der internen Konfliktvermittlungs- und Erläuterungsprozesse führen und deshalb die Glaubwürdigkeit der Berufsgruppen und die Überzeugungskraft der von ihnen vertretenen Normen untergraben. Durkheim macht dieses Argument auch ganz explizit bei der Erklärung des Zusammenbruchs des Systems der Berufsgruppen am Ende der römischen Kaiserzeit. Die Berufsgruppen seien zu bloßen Rädern des administrativen Betriebes geworden und mit dem Zusammenbruch der politischen Macht deshalb selbst untergegangen.

Das bedeutet jedoch nicht, daß Durkheim keine positiven Beziehungen zwischen Berufsgruppen und Staat gesehen und diskutiert hätte. Zwei Aspekte sind hier zu unterscheiden: die Frage der politischen Autorisierung der Berufsgruppen und die Frage der Einschränkung der Autonomie.

(9) Zur Frage der Autorisierung ist zunächst festzustellen, daß Durkheim sich dafür ausgesprochen hat, den Berufsgruppen einen „öffentlichen Status" zu verleihen; er hat dies dahingehend konkretisiert, daß den Berufsgruppen die „*legale* Autorität" (A: 44) zur Normierung eingeräumt werden müsse. Sowohl die frühen römischen Berufsgruppen als auch die Syndikate seiner Zeit seien in ihrer Wirkung durch den mangelnden öffentlichen Charakter, insbesondere durch das Fehlen legaler Normierungsmöglichkeiten, behindert gewesen.

Was bedeutet dieser Hinweis für das Problem der Akzeptanz der Normierung der Berufsgruppen durch den Einzelnen? Von Durkheim wird dies nicht expliziert. Bei der Entwicklung der vermutlichen Implikationen wird man zwei Aspekte trennen müssen. Die Ausstattung von Berufsgruppen mit öffentlichem Status und legalen Kompetenzen kann einerseits als Ausdruck und Form der Akzeptierung der Interessenorganisation und ihrer Tätigkeit *durch den — staatlichen — Kontext* der Berufsgruppe erscheinen; der Kontext — speziell der Staat — ist bereit, die Wirksamkeit der Berufsgruppe zu tolerieren (statt zu verbieten oder zu behindern, und die Berufsgruppe etwa in die Illegalität zu treiben). Von dieser Frage *externer* Akzeptanz hat man jedoch das *hier* zunächst allein interessierende Problem *interner* Akzeptanz zu trennen; und hier deuten tatsächlich einige Bemerkungen Durkheims dahin, daß er die externe Ausstattung von Berufsgruppen mit legaler Kompetenz nicht nur als Form und Ausdruck kontextueller Tolerierung, sondern auch als notwendig für den internen Prozeß der Berufsgruppe ansieht — als notwendige externe „Subventionierung" der Ressourcen der Berufsgruppe über ihre Mitglieder. („Legale" Kompetenz bedeutet ja u. a. vor allem auch, daß die Berufsgruppe die Chance erhält, z. B. staatliche, gerichtliche, polizeiliche Hilfe in Anspruch zu nehmen bei der Durchsetzung *ihrer* Normen gegenüber den Mitgliedern[19].) In diesem Fall stammt die — materielle — Überlegenheit der Gruppe über die Einzelnen also „aus dritter (öffentlicher) Hand"; sie beruht auf externer Subventionierung; und man kann sich das Akzeptierungsverhalten der je Einzelnen so vorstellen, daß sie sich angesichts dieser „großen Koalition" beugen. — Dabei können im einzelnen jedoch verschiedene Mechanismen wirksam sein, die jeweils auch spezifische Grenzen haben. Zunächst kann es sich einfach um einen Zuwachs der materiellen Überlegenheit der Gruppe gegenüber dem Einzelnen handeln, indem die Gruppe direkten oder indirekten Zugang zu Durchsetzungsmitteln erhält. Andererseits kann bei den Mitgliedern jedoch entweder ein „Verdacht" auftauchen, die Gruppe hätte unzulässige Konzessionen für den Erhalt dieser Ressourcen machen müssen, oder die Position verfochten werden, „eigentlich" müsse die Gruppe allein aus eigener Kraft die notwendige Durchsetzungsautorität aufbringen können; beides bedeutet eine Schwächung der moralischen Überlegenheit und kann die Akzeptanzneigung absenken. Für andere Einzelne jedoch kann *gerade* die Tatsache, daß die Gruppe externe staatliche Stützung erhält, die moralische Autorität der Gruppe steigern. Die möglicherweise noch bestehenden Zweifel des Einzelnen, ob *er* sich vor der Gruppe beugen soll, werden zerstreut, wenn wichtige andere Akteure sichtbar den Anspruch der Gruppe auf Gehorsam bestätigen. Im Netto-Effekt mögen sich die beiden genannten Prozesse in manchen Fällen kompensieren, so daß als „Plus" für die Organisation der Gewinn an materieller Überlegenheit verbliebe; unter welchen Umständen dies jedoch eintritt, könnte nur durch eine genauere Analyse der Wirkung externer Steuerung ermittelt werden. Durkheim hat hier mit seinem Konzept des

---

[19] Man braucht bei externer Subventionisierung und ihren Akzeptanzeffekten natürlich nicht nur an die Verleihung legaler Handlungsmöglichkeiten an die Gruppen zu denken; auch die Übertragung von z. B. Geld kann Akzeptanzeffekte haben.

3. Strukturmerkmale von Berufsgruppen und die Akzeptanz von Normen 173

öffentlichen Status eine erste Anregung gegeben, die auszuarbeiten wäre. (Das liegt gerade für die Korporatismus-Forschung nahe, in der die Vorstellung einer „Verstaatlichung der Verbände" und einer „Privatisierung des Staates" eine häufig benutzte Formel ist.)

(10) Eben wurde bereits — als zweiter Aspekt der Beziehung zwischen Staat und Berufsgruppen neben der Ausstattung mit oder Gestattung von legaler Kompetenzausübung — die Frage der Einschränkung der Autonomie von Interessenorganisationen erwähnt, nämlich als Argwohn der Mitglieder über Konzessionen, die die Berufsgruppe an den Staat machen mochte, und die auf eine „Fremdbestimmung" der Interessenorganisation hinausliefe. Auch Durkheim spricht die Frage der Autonomiebegrenzung an, allerdings in einem anderen Zusammenhang. Durkheim hat sich nicht für eine völlige Autonomie der Berufsgruppen ausgesprochen; er plädiert vielmehr für deren partielle Beschränkung durch eine staatliche Rahmennormierung. Er hatte dies mit dem Hinweis begründet, daß Sachverhalte, die eine ganze Berufskategorie tangierten (und daher ein Gegenstand für die Normierung durch die entsprechende Berufsgruppe seien), notwendigerweise auch Rückwirkungen auf die Gesellschaft insgesamt hätten und deshalb staatliche Interventionen veranlassen würden; m. a. W.: arbeitsteilige Komplexe haben „Externalitäten", und deren Regelung wird durch den Staat wahrgenommen[20].

Darüber hinaus wird man noch einen anderen Aspekt staatlicher Intervention nennen können. Durkheim hat oft darauf hingewiesen, daß es dem Staat zukäme, sich für die Verwirklichung allgemeiner Werte (in modernen Gesellschaften: den „Kult des Individuums") einzusetzen. Das kann jetzt bedeuten, daß der Staat dafür zu sorgen sucht, daß *in* der Berufsorganisation — etwa im Prozeß der Entscheidungsfindung — diese Wertprinzipien respektiert werden.

Zur Frage, welche Implikationen solche staatlichen Interventionen für die Akzeptanzproblematik besitzen, hat Durkheim sich nicht im einzelnen geäußert. Einige Vermutungen seien, von Durkheims Vorstellungen ausgehend, entwickelt. Aus Durkheims genereller These, daß Normen umso eher akzeptiert werden, je relevanter und kompatibler sie angesichts der sozialen Lage und Erfahrungen der ökonomischen Akteure sind, und aus der Folgerung, daß strukturell zu sichern ist, daß in die Normbildung entsprechende Informationen eingehen, ergibt sich, daß man hier Unterschiede im Ausmaß

---

[20] Es widerspricht sicherlich nicht Durkheims Konzeptualisierung, wenn man — z. B. angesichts der interventionistischen Wohlfahrtsstaaten zu Ende des 20. Jahrhunderts — den Staat und seine Handlungen und Interessen selber als einen Teil der Umwelt von arbeitsteiligen Komplexen ansieht; nicht nur um der Beziehungen zwischen gesellschaftlichen Komplexen wegen, sondern auch seiner selbst wegen wird der Staat Interventionsneigungen entwickeln.

beachten muß, in dem der Staat über entsprechendes Wissen verfügt. Hier könnte die Unterscheidung eine Rolle spielen, ob Gegenstand der Intervention die Binnenverhältnisse der Berufsgruppe oder die Beziehungen eines arbeitsteiligen Komplexes zu seiner Umwelt sind. In bezug auf die Binnenverhältnisse würde Durkheim wohl sagen, daß der Staat jedenfalls sachlich ignoranter als die Betroffenen ist. Sein „Eindringen" (L: 79) in die sekundären Gruppen sollte daher auf den Themenkomplex des individualistischen Wertkomplexes beschränkt bleiben, sich also auf Fragen der Verfahrensweisen unter dem Gesichtspunkt der Respektierung der Rechte der einzelnen Personen beziehen. Wenn der Staat aber darüber hinaus zu gehen versucht und die Gruppe zwingt, sich substantiellen staatlichen Normen und Vorgaben zu unterwerfen, wird das Ergebnis unsachgemäß ausfallen und damit die Akzeptanzchancen vermindern. (In Schmitters typologischer Definition des Korporatismus nimmt der Staat auf die Selektionen von Führungspersonen und Programmen der Berufsgruppen Einfluß. Manche Autoren vermuten, daß hier die „Achilles-Ferse des Korporatismus" (Teubner 1979: 497) liegt, d. h. daß bei einer zu strikten Orientierung der Politik der Interessenorganisationen am Staat innerhalb der Interessenorganisationen Konflikte zwischen „Basis" und Organisationsführung auszubrechen drohen.) Anders kann der Fall bei der Beziehung zwischen einem arbeitsteiligen Komplex und seiner Umwelt liegen; über diese Umwelt mag der Staat „mehr" wissen als die spezialisierte Berufsgruppe, und deshalb können staatliche Vorgaben an die Berufsgruppe, in die solche Informationen eingehen, die Normierung der Berufsgruppe sachgemäßer machen und damit ihre Akzeptanzchancen erhöhen[21].

Der zweite akzeptanzrelevante Mechanismus betraf die Konfrontation des einzelnen ökonomischen Akteurs mit der Übermacht der Gruppe. Glaubt ein Individuum, daß die anderen Individuen „kooperieren" und also eine „Gruppe" darstellen, und daß diese Gruppe bereit ist, ihre vereinigten Sanktionsmöglichkeiten für die Normgeltung einzusetzen, dann erhöht sich seine Bereitschaft zur Normakzeptanz („kraft materieller Überlegenheit"). Erfährt ein Individuum außerdem, daß in der Gruppe nach ernsthaften Bemühungen und Abwägungen gute Gründe für die Norm erarbeitet wurden, gerät es unter moralischen Druck, diese Norm zu akzeptieren. Dieser Druck ist

---

[21] Eine genauere Analyse hätte zu beachten, daß die durch den Staat betriebene Intervention in sehr verschiedenen Formen erfolgen kann, und daß diese Formen ihrerseits Effekte für die Akzeptanz haben können. Wenn der Staat beispielsweise die Beachtung relevanter Sachverhalte über die Umwelt dadurch sichern will, daß er selbst als Partei an der Normgenese teilnimmt, dann treten Authentizitätsprobleme auf, die u. U. den sachlich vermittelten Akzeptanzgewinn mehr als kompensieren können. Authentizitätsprobleme können ebenfalls auftreten, wenn der Staat versucht, durch staatliche Normierungen eine Interaktion zwischen einem arbeitsteiligen Komplex und seiner Umwelt zu etablieren. (Vgl. dazu unten (11).)

3. Strukturmerkmale von Berufsgruppen und die Akzeptanz von Normen 175

immer dann besonders stark, wenn die Authentizität der Auseinandersetzung um die Norm stark ausgeprägt war, etwa in der Form, daß das Individuum selbst in diesen Prozeß verwickelt (und „kooptiert") wurde. Damit sind Ansatzpunkte genannt, von denen her man die Bedeutung staatlicher Rahmennormierungen für die Akzeptanzchancen von Normierungen durch Interessenorganisationen verstehen kann. Wenn etwa der Staat durch entsprechende Rahmennormierungen bestimmten Teilen der Berufskategorie, die „an sich" interaktiv benachteiligt sind, zu erhöhten Partizipationsmöglichkeiten verhilft, dann können diese Teile sich ebenfalls in den Normierungsprozeß verstricken und deshalb erhöhte Akzeptanzbereitschaften entwickeln. Allerdings sind die Grenzen dieser Art der Akzeptanzförderung durch staatliche Rahmennormierung deutlich; sie liegen neben Schranken in der faktischen Wirksamkeit der Versuche einer staatlichen Aktivierung behinderter Interaktionspotentiale in dem Umstand, daß auch der Staat die schon genannte „öffentliche Meinung" über die Gewichtung der Teile der Berufsgruppen beachten muß und daß durch die staatliche Förderung bestimmter Teile die Gefahr entsteht, daß ein überproportionales Absinken der Akzeptierungsbereitschaft anderer Teile (die zuvor „privilegiert" waren) eintritt. Gelingt es jedoch dem Staat, die „öffentliche Meinung" über das Gewicht, das den Komponenten in der Berufsgruppe zukommen sollte, zu berücksichtigen (ja womöglich sogar als das Instrument dieser öffentlichen Meinung aufzutreten, das sich gegen anders gerichtete Tendenzen innerhalb der Berufsgruppe durchsetzt), und gelingt es ihm, eine zu massive Opposition der Privilegierten zu vermeiden, dann kann die Einschränkung der Autonomie der Berufsgruppen durch den Staat bedeuten, daß er sie sozusagen „vor sich selbst, und in ihrem eigenen — längerfristigen — Interesse, rettet". Diese Argumente finden sich in dieser Form m. W. bei Durkheim nirgends explizit. Aber sie scheinen mir in seinen Ausführungen angelegt. Immerhin hatte Durkheim selbst erstens darauf hingewiesen (allerdings diesen Hinweis — in meinen Augen zu Unrecht — nicht als soziologisch-wissenschaftliches, sondern als politisch-praktisches Argument formuliert), daß die öffentliche Meinung („Vorurteile"), also „Dritte", so gewichtig sein könnte, daß die Existenz von Berufsgruppen unmöglich gemacht würde. Und zweitens besteht sein zentrales theoretisches soziologisches Argument in der These, daß die Verhinderung von Interaktionen zur Entfremdung und zum Absinken von Akzeptanz führen wird (vgl. Marks 1976; Wallwork 1972), so daß der Berufsgruppe selbst an der Aufhebung bestimmter Diskriminierungen gelegen sein müßte. Womöglich kommt ein weiterer Umstand hinzu, der die Vermutung über die akzeptanzförderlichen staatlichen Autonomieeingrenzungen unterstützt. Auch dieser wird von Durkheim zwar selbst nicht genannt, aber es kommt hier wie stets ja nicht primär auf eine „Kritik" an Durkheim an, sondern auf eine möglichste *Stärkung* seiner Position (durch interne Explizierungen und externe Ergänzungen), um möglichst viel davon profitieren zu können. Zwei Zusammenhänge sind zu nennen. Erstens: Durkheims Grundvorstellung ist ja die, daß er dem Einzelnen spontan, unmittelbar, oft nicht offenbar ist, was ihm selbst und seiner Berufskategorie „gut" tut (s. z. B. L: 21) (etwa die Tatsache und die Art der Normierung)[22]. Daher muß in sozialen Prozessen eine entsprechende Überzeugung erst erarbeitet werden. Z. T. wird dabei der Einzelne von bestimmten genauen Vorstellungen („Interessen") abgebracht, z. T. werden Unsicherheiten und Unklarheiten darüber, was eigentlich in seinem Interesse sei, beseitigt. Die mangelnde *eigene* Gewißheit über seine Interessen eröffnet nun dem *Staat* gewisse Chancen, Definitionen einzubringen, ohne daß der Einzelne sicher sagen könnte, daß diese Definitionen nicht etwas „für sich" haben könnten. Womöglich treffen ja die staatlichen Definitionen die dem Einzelnen selbst noch unbekannten Interessen?! Womöglich tritt der Staat als „guter" Sachwalter — als einsichtsvoller und effektiver Anwalt der Lage des Einzelnen — auf[23]? Zweitens: Einzelne handeln ja nicht nur in beruflichen Rollen, noch weniger nur im engen Kontext von Berufsgruppen (als besonders konstituierten Milieus)[24], sondern auch in anderen sozialen Kontexten. In diesen weiteren Kontexten gilt natürlich nicht nur die eben erwähnte, dem Staat — möglicherweise! — zugesprochene und den Berufsgruppen — möglicherweise! — abgesprochene Rolle eines kompetenten Vertreters. Vielmehr können hier staatliche Interventionen auch deshalb auf ein gewisses Verständnis rechnen, weil sie als Vertretung dieser weiteren Bezüge erscheinen gegenüber einer Berufsgruppe, deren Einsichten in *diesen* weiteren Hinsichten ebenfalls begrenzt sind.

Schon diese Überlegungen genügen also, um deutlich zu machen, daß die Konsequenzen einer Eingrenzung der Autonomie der Berufsgruppen nicht auf der Hand liegen, sondern nur bei Berücksichtigung einer Vielzahl von Faktoren und Prozessen, in komplizierten Modellen, erfaßt werden können. Auch diese Erkenntnis erscheint als eine von Durkheim angeregte Hinterlassenschaft, derer sich die Korporatismusforschung annehmen könnte. Die Problematik ließe sich unschwer vertiefen, wenn sie durch andere bei Durk-

---

[22] Das entspricht zunächst genau Max Webers Vorstellung, daß z. B. manifeste Klasseninteressen nicht durch die Klassenlage bereits gegeben, sondern als Produkte von Deutungen anzusehen sind (vgl. Max Weber 1964: 681). Im Unterschied zu Weber gibt es bei Durkheim jedoch die Tendenz, anzunehmen, daß solche Deutungen unterschiedlich „richtig", „angemessen", „der Natur der Sache" entsprechen können; es geht bei ihnen also um Annäherungen an die „Wahrheit".

[23] Man kann diesen Mechanismus mit einer Konstruktion ergänzen, bei der im Durkheimschen Sinn aus Interaktionen beim Einzelnen Sicherheiten darüber erwachsen, *daß* der Staat ein guter Anwalt ist. Man kann auch an bezugsgruppenartige Aspekte denken; selbst wenn *Durkheim* solche nicht stark diskutiert, könnten sie doch faktisch sehr wirksam sein (im Gegenteil zu dem, was Marks 1976 behauptet).

[24] Auf gewisse Neigungen Durkheims, den Unterschied zwischen Beruf als Milieu und Berufsgruppen als Milieu manchmal zu verwischen, wird noch einzugehen sein.

3. Strukturmerkmale von Berufsgruppen und die Akzeptanz von Normen 177

heim angesprochene Aspekte ergänzt würde — wie etwa die im „Austausch" für die Autonomieeingrenzung womöglich erwerbbaren externen Subventionen für die Berufsgruppe, die, wie angedeutet, ihrerseits in komplexen Beziehungen zur Akzeptanzfrage stehen, im Nettoeffekt womöglich aber eine Steigerung der Gesamtakzeptanz bewirken.

(11) Ein möglicher dritter Aspekt der Beziehung zwischen den Berufsgruppen und dem Staat betrifft die oben geschilderte Vorstellung Durkheims, wonach die Berufsgruppen als Grundlage des politischen Systems geeignet wären. Durkheim sieht hier offenbar eine Möglichkeit, die durch die abgeschwächte Bedeutung territorialer Bezüge entstandene direkte Konfrontation der sozialen Akteure mit dem Staat zu vermeiden, indem die Beziehung Staat/Individuen durch funktionale Gruppen vermittelt wird. Diese Idee läßt sich unter sehr verschiedenen Aspekten diskutieren. Auf einige wird unten noch einzugehen sein. Im Augenblick interessiert jedoch einzig die Frage der Akzeptanz der Normen der Berufsgruppe durch die ökonomischen Akteure; welche Effekte ergäben sich *dafür* aus einer Ausstattung der Berufsgruppen mit unmittelbar politischen Funktionen? Zu dieser Frage hat sich Durkheim selbst nicht geäußert. Man kann aber versuchen, einige in anderen Zusammenhängen von ihm verwendete und sonstwie naheliegende Argumente auf dieses Problem zu beziehen.

Man kann sich den Staat hier als Arena oder Forum vorstellen, in oder auf dem die verschiedenen Berufsgruppen untereinander ihre jeweiligen Interessen vermitteln. Einige Zusammenhänge lassen eine Steigerung der Akzeptanz der Normierung der Berufsgruppen durch den Einzelnen erwarten. Zunächst kann allein schon der Umstand, *daß* die Berufsgruppen auf der höchsten Ebene (nationaler) gesellschaftlicher Organisation zugelassen sind, als symbolischer Ausdruck der Bedeutung angesehen werden, die die betreffende Berufskategorie und die sie vertretende Berufsgruppe öffentlich sichtbar zugebilligt erhält; das steigert das Prestige und die moralische Autorität der Berufsgruppe gegenüber dem einzelnen ökonomischen Akteur und erhöht deshalb dessen Neigung, in der von dieser Gruppe vertretenen Norm einen „Sinn" zu vermuten und sie zu akzeptieren. (Dieser Effekt kann durch das erhöhte Selbstbewußtsein der Funktionäre der Berufsgruppe und dessen Ausstrahlung (Popitz 1968: 16) noch vergrößert werden.) Zweitens kann auf der staatlichen Ebene ein organisierter Austausch von inter-beruflichen Informationen stattfinden. Dadurch können solche Normen der einzelnen Berufsgruppen, deren Sinn und Funktionieren von Annahmen über die Umwelt einer Berufsgruppe abhängt, sachgemäßer ausfallen und deshalb eher akzeptiert werden. Ein Teil der Problematik, die unter dem Stichwort „Externalitäten" zusammengefaßt wird, läßt sich so erfolgversprechend bearbeiten. Drittens würden die akzeptanzförderlichen Mechanismen der interaktiven Verstrickung und der Sachgemäßheit auch für die staatlichen Rahmennormierungen gelten, die ja von den Berufsgruppen selbst maßgeblich oder voll bestimmt wären. Und dies käme — viertens — schließlich auch der Überzeugungskraft der Einzelnormierungen zugute. Denn solche Rahmennormierungen eröffnen den einzelnen Berufsgruppen dann ja einen *passenderen* Rahmen, in dem tatsächlich Spielraum für die Berücksichtigung der jeweiligen berufsspezifischen Sonderprobleme besteht, so daß diese wiederum adäquater und deshalb leichter akzeptierbar ausfallen werden.

Durkheim selbst hat sich nicht näher zu eventuellen Schwierigkeiten bei der Etablierung einer solchen politischen Rolle für die Berufsgruppen geäußert. Logischerweise gilt aber auch hier sein ganz generell auf die Einrichtung funktionstüchtiger Berufsgruppen bezogener Hinweis auf die fehlgeleiteten Vorurteile der öffentlichen Meinung gegen die Berufsgruppen. Darüber hinaus würde Durkheim auf näheres Nachfragen wohl antworten, daß es nicht Aufgabe des Soziologen, sondern der Akteure selbst sei, die Details einer Reform auszuarbeiten (A: 63); ins einzelne gehende Pläne nähmen notwendig einen utopischen, künstlichen Charakter an (So: 183 f.; S: 466 f.). Immerhin jedoch kann man versuchen, die Argumente, die Durkheim in anderen Zusammenhängen verwendet, auf das Problem der Einrichtung politischer Funktionen für die Berufsgruppen und ihre Rückwirkungen für die Akzeptanz von Normen durch den Einzelnen zu extrapolieren. 1. Durkheim hat sich nicht über die Gefahr geäußert, daß die politisch tätigen Berufsgruppen von ihren jeweiligen Berufskategorien eben durch diese politischen Funktionen entfremdet werden können. Im Gegenteil war ja eines seiner Hauptargumente *für* die Etablierung einer von Berufsgruppen getragenen Staatsstruktur, daß auf diese Weise sichergestellt werden könne, daß die politisch dominierenden Themen den gesellschaftlich relevantesten Themen entsprechen. Aber die so als Mittel der Problemverhinderung gedachten Berufsgruppen könnten von der gleichen Problematik selbst befallen werden. Gefahren der Entfremdung könnten teils dadurch entstehen, daß die Berufsgruppen genötigt wären, auf der staatlichen Ebene ihre Anliegen gegenüber anderen Berufsgruppen anders zu formulieren als gegenüber ihren Mitgliedern, teils dadurch, daß Berufsgruppen auf staatlicher Ebene überhaupt Themen bearbeiten müßten, deren Bedeutung für die jeweilige Berufskategorie unmittelbar schwer einsehbar wäre. Darüber hinaus kann sich diese sachlich-thematische Differenzierung mit einer Zunahme der Arroganz der „gesamtgesellschaftliche" Perspektiven verwendenten Funktionäre der Berufsgruppe gegenüber der eng-partikularistischen eigenen Klientel verbinden, welche bei den Berufsgenossen wiederum Mißtrauen und deshalb eine Abnahme der Bereitschaft zur Akzeptanz von Normierungen der Berufsgruppen induziert. Man kann vermuten, daß Durkheim dieser Gefahr durch die Inszenierung von sozialen Prozessen — hier durch eine Intensivierung der Kommunikation zwischen den Mitgliedern der Berufskategorien und den Berufsgruppen — zu begegnen versucht hätte. Wird auf

3. Strukturmerkmale von Berufsgruppen und die Akzeptanz von Normen 179

diese Weise die Gefahr der Entfremdung der politisch tätigen Interessengruppen von ihrer Mitgliedschaft als Herausforderung aufgenommen und durch die Intensivierung von Interaktionen beantwortet, dann kann im Resultat eine Steigerung der Akzeptierungsbereitschaft eintreten. Denn durch die verstärkten Interaktionen könnten klarere Abstimmungen zwischen der sozialstrukturell bedingten Lage der einzelnen ökonomischen Akteure und den Normierungsprozessen gefördert, das Bewußtsein der Einzelnen über die Sanktionsbereitschaft der Gruppe erhöht und die Erarbeitung und Vermittlung von Einsicht in den Sinn der Normen intensiviert werden.

2. Explizit dagegen hat Durkheim auf die Problematik des kollektiven Egoismus der Berufsgruppen hingewiesen (s. z. B. A: 49; S.: 453 f.; L: 27). Vielleicht kann man sogar sagen, daß die Annahme, daß Einzelinteressen und Gesamtinteressen nicht notwendig koinzidieren, und daß daher „Opfer" der Einzelnen für die Gesamtheit nötig seien, eines *der* zentralen Themen von Durkheim überhaupt war. U. a. aus diesem Grund schrieb er ja dem Umstand eine so zentrale Bedeutung zu, daß die einzelnen ökonomischen Akteure im Kontext von organisierten Gruppen interagieren — nämlich, um dort eine „soziale" Orientierung zu erwerben. Im Prinzip den gleichen Charakter hat die Lösung, die er für das Problem des *kollektiven* Egoismus vorschlägt; die kollektiven Akteure sind in Interaktionen zu verstricken, in denen sie Informationen übereinander erwerben und in denen sie sich gegenseitig kontrollieren. Man kann sogar noch einen Schritt weiter gehen und die Mechanismen, denen Durkheim in bezug auf die einzelnen ökonomischen Akteure im Kontext einzelner Berufsgruppen so großes Gewicht für die Moralisierung zuspricht, auch auf die kollektiven Akteure selbst anwenden — nämlich neben der Vermittlung von Informationen über strukturell induzierte Bedürfnisse und Fähigkeiten der einzelnen Berufsorganisationen (wobei jetzt *organisations*strukturelle Aspekte im Vordergrund stehen) die Konfrontation der einzelnen Berufsgruppen mit Anzeichen der Sanktionsbereitschaft der kooperierenden anderen Berufsgruppen und die Konfrontation der einzelnen Berufsgruppen mit dem Konsens der anderen Berufsgruppen über Interdependenzen und über Möglichkeiten der Verteilung von Vorteilen und Notwendigkeiten von Opfern. Dies dürfte nun auch Rückwirkungen haben für die hier interessierende Frage der Akzeptanz von Normen durch die einzelnen ökonomischen Akteure. Wenn nämlich durch die Interaktionsprozesse zwischen den verschiedenen Berufsgruppen auf staatlicher Ebene in die Orientierungen der je einzelnen Berufsgruppen auch die Handlungsmöglichkeiten und -bereitschaften der übrigen Berufsgruppen eingehen, dann erhöht dies die faktische Realisierbarkeit der Vorstellungen der einzelnen Berufsgruppe; und da dieser Charakter der Realisierbarkeit wiederum ein wesentlicher Aspekt der Sachadäquatheit von Normen darstellt, wird deshalb die Akzeptanz der Vorstellungen der Berufsgruppen durch die

einzelnen Akteure gesteigert. Darüber hinaus sieht sich der einzelne ökonomische Akteur nun nicht allein oder nicht einmal primär der Sanktionsbereitschaft und dem moralischen Konsens „seiner" jeweiligen Berufsgruppe gegenüber; vielmehr wird er mit dem Einverständnis einer Mehrzahl kooperierender und über umfangreiche Sanktionen und Argumente verfügender Berufsgruppen konfrontiert. Normen, hinter denen eine solch „große Koalition" steht, dürften meistens akzeptiert werden.

3. Schließlich wird durch die Allokation von politischen Funktionen an die Berufsgruppen das Problem der politischen Gewichtung der einzelnen Berufsgruppen aufgeworfen. (Dieses Problem betrifft Fragen wie die, welche Akteure eigentlich in Veranstaltungen wie Konzertierte Aktionen zugelassen werden sollen.) Durkheim selbst hat in dieser Frage keine großen Schwierigkeiten (S: 465) gesehen, sich ansonsten zu ihr aber nicht näher geäußert. Wie hätte er argumentieren können? Eine Extrapolation aus sonstigen seiner Vorstellungen sei versucht. Oben wurde darauf hingewiesen, daß Durkheim korporationsintern für eine differenzierte Struktur plädierte; Sonderinteressen territorialer Art und von Arbeitgebern und Arbeitnehmern sollte organisatorisch Rechnung getragen werden, denn nur auf diese Art könnten sich divergente Interessenten vertreten und vom Konsensbildungsprozeß gebunden sehen, und nur so könne die notwendige Flexibilität der Korporation gesichert werden. Dabei müsse im Hinblick auf das Gewicht, das den einzelnen Komponenten einzuräumen sei, die entsprechende öffentliche Meinung berücksichtigt werden. Dieses Argument wäre entsprechend auf das offenkundige (und von Max Weber (z. B. 1964: 221 f.; 1971a: 255-65; 1971b: 325 f.) so betonte) und delikate Problem der politischen Gewichtung der verschiedenen Berufskategorien bzw. Berufsgruppen zu beziehen. Durkheim hätte also auf die politische Gewichtsproblematik vermutlich nicht durch eine eigene Nennung von Anteilen, sondern durch das Plädoyer für die Etablierung gesellschaftlicher Prozesse reagiert, in denen solche Anteilsvorstellungen ausgearbeitet würden. Da bei mangelndem Konsens über politische Gewichtungen dauernde Auseinandersetzungen über Herrschaftsanteile auftreten — und als Folge die Senkung von Akzeptierungsneigungen — wären Prozesse der Zuschreibung von ökonomischen und deshalb politischen Bedeutsamkeiten an die einzelnen Berufskategorien bzw. die sie vertretenden Berufsgruppen zu organisieren. In ähnlicher Weise, wie die „öffentliche Meinung" für die Verteilung von politischen Gewichten auf z. B. die Arbeitgeber und die Arbeitnehmer innerhalb einzelner Berufsgruppen zu befragen wäre, würde sie bei der Gewichtung der verschiedenen Berufsorganisationen konsultiert werden können. Auf diese Weise ergäbe sich einerseits ein Druck auf die Berufsgruppen, jeweils bestimmte Herrschaftsanteile hinzunehmen, und andererseits auch die Möglichkeit einer späteren Veränderung relativer Gewichte.

3. Strukturmerkmale von Berufsgruppen und die Akzeptanz von Normen 181

Mit dieser Überlegung schließe ich die „konstruktive" Diskussion der Frage ab, in welcher Weise man Zusammenhänge herstellen kann zwischen den von Durkheim genannten internen und externen Strukturmerkmalen von Berufsgruppen einerseits und der Bereitschaft der sozialen Akteure zur Akzeptierung normativer Muster andererseits. Bei dieser Explikation, Deutung und Fortschreibung von Durkheims Auffassung, die sich vor allem am Vorwort zur 2. Auflage der „Arbeitsteilung" orientierte, habe ich versucht, stets in dem Sinne möglichst „konstruktiv" zu argumentieren, daß ich mich um die Entwicklung einer (mir) möglichst „einleuchtenden" und für die heutige Forschung noch heuristisch fruchtbaren Interpretation bemüht habe. Eine zwölfte und letzte Überlegung hat einen anderen Ausgangspunkt; sie setzt nämlich — „kritisch" — an einer bei Durkheim m. E. feststellbaren gewissen Unklarheit an. Diese bezieht sich auf den von Durkheim verwendeten Begriff der „Berufsgruppe". Da mir hier ein systematisches Problem zu liegen scheint, welches einige eigene Aufmerksamkeit verdient, werde ich diesem Punkt einen eigenen Abschnitt widmen.

c) Berufskategorie, Berufsorganisation und der Prozeß der Akzeptanzförderung

Durkheim erklärt es als notwendig, daß die Berufsgruppen „konstituierte" Akteure sind. Mir scheint es zulässig, anzunehmen, daß damit die Bildung „formaler Organisationen" gemeint ist. Berufs„gruppen" sind also Berufs-„organisationen". Als Gegenvorstellung dazu sind dann diejenigen „Gruppierungen" zu sehen, die sich sozusagen auf „natürliche" Weise, „aus der Natur der Dinge", d. h. aus der arbeitsteiligen Spezialisierung bilden. Daß Durkheim diesen Unterschied sieht und macht wird ja z. B. daran deutlich, daß er die „Konstituierung" von Berufsgruppen für nötig hält, daß er auf das Beispiel der „Syndikate" eingeht, und daß er glaubt, zwischen „Arbeitsgruppierung" und „Berufsorganisationen" könne sich ein Widerspruch entwickeln (wie bei den Zünften, die lokal orientiert blieben, während die „Arbeitsgruppen", d. h. die sich im Arbeitsprozeß typisch ergebenden Interaktionsverdichtungen, überlokalen Charakter annahmen). Auf der anderen Seite ist jedoch bei Durkheim eine Neigung festzustellen, den Unterschied zwischen formaler Organisation und spontaner Gruppierung abzuschwächen, wobei der letzteren die größere Bedeutung zugesprochen wird. Diese Neigung Durkheims kommt etwa in der oben zitierten Vorstellung zum Ausdruck, wonach sich „ähnliche" Individuen „gruppieren" werden und „feste Gruppen" entwickeln[25]. Auf diesem Hintergrund erscheinen dann

---

[25] Diese Auffassung des Verhältnisses von formaler Organisation und spontaner Gruppierung (wobei aber die letztere natürlich als strukturell — durch die Arbeitstei-

Diskrepanzen zwischen spontanen Gruppen und formalen Organisationen als a-normal.

Mir kommt es nun nicht auf eine allgemeine Kritik dieser Vorstellung —die auch in der schon oben angesprochenen Frage des Verhältnisses der „Ebenen" der sozialen Struktur und der politischen Institutionen sich spiegelt — an, sondern auf das Sonderproblem, in welcher Weise die Unterscheidung spontane Gruppierung/formale Organisation für das Problem der Erzielung von Akzeptanz für Normen wichtig ist. Durkheim hielt für die Erreichung von Normakzeptanz, wie gezeigt, die Konstituierung formaler Berufsorganisationen für notwendig; aber genau warum? Anders gefragt: Weshalb spricht er den spontanen Arbeitsgruppierungen die notwendige Überzeugungskraft ab? Es ist jedenfalls keine ausreichende Antwort, wenn man hier auf die Notwendigkeit hinweist, geographisch unterschiedlich plazierte ökonomische Akteure und sowohl Arbeitgeber wie Arbeitnehmer zu integrieren; denn *hier* handelt es sich ja darum, daß die Berufs*organisationen* die Gruppierungsprozesse *nach*vollziehen, „reflektieren" sollen, die durch die arbeitsteilige Spezialisierung *spontan bereits entstanden* waren; die Arbeitsteilung führt zur Verdichtung überregionaler Interaktionen und zur Verdichtung von Interaktionen bestimmter spezialisierter Arten von Arbeitgebern und Arbeitnehmern untereinander; deshalb kommt es darauf an, diesen Entwicklungen in den Berufsorganisationen Rechnung zu tragen, statt sie „künstlich" zu ignorieren. Eine gewisse eigenständige Bedeutung des Merkmals „formale Organisation" kann man dagegen in anderen Hinsichten sehen. Aus rein technisch-praktischen Gründen wird sich die Bildung einer formalen Organisation gar nicht vermeiden lassen. Das gilt etwa im Hinblick auf die von Durkheim hervorgehobene Verleihung von „öffentlichem Status" an die Berufsgruppen und für ihre Ausstattung mit „legalen Kompetenzen"; die Ausübung solcher Rechte der Rechtsetzung und Rechtanwendung wird sich ohne ein Minimum an „Formalisierung" — d. h. an Entwicklung von spezifischen Prozeduren — nicht realisieren lassen. Noch offenkundiger und zwingender wird diese Organisation natürlich dann, wenn die verschiedenen Arbeitsgruppierungen auf der Ebene des Staates repräsentiert sind und etwa als dessen entscheidende Einheiten miteinander in Interaktion treten; und soweit dies zur Erhöhung der Akzeptierungsbereitschaft beiträgt — diese

---

lung — induziert zu betrachten ist) entspricht genau Durkheims Vorstellungen der Beziehung zwischen „Sitten", „öffentlicher Meinung" u. ä. einerseits und „Recht" andererseits. Man kann sogar sagen, daß das Verhältnis Gruppierung/Organisation nur ein Spezialfall des Verhältnisses gemeinsame Glaubensvorstellungen und Gefühle/Gesetz darstellt. In der „Arbeitsteilung" hat Durkheim ja — erstens von der Priorität von Glaubensvorstellungen und Gefühlen ausgehend und zweitens unterstellend, daß „normalerweise" ein Entsprechungsverhältnis zwischen Glaubensvorstellungen und Gefühlen einerseits und Gesetzen andererseits besteht — Gesetze als „Indikatoren" für Glaubens- und Gefühlslagen („Solidarität") betrachte.

3. Strukturmerkmale von Berufsgruppen und die Akzeptanz von Normen 183

Frage wurde oben besprochen — ist die Tatsache der Organisierung für die Akzeptanzproblematik also wichtig.

Durkheim hätte diesen Argumenten sicherlich zugestimmt. Seine eigene explizite Begründung für den *organisierten* Charakter von Berufsgruppen — also für die Bildung von Berufs*organisationen* — ist jedoch anders. „Zweifellos stehen die Individuen, die den gleichen Beruf haben, aufgrund ihrer ähnlichen Tätigkeit untereinander in Verbindung. Schon ihre Konkurrenz selbst bringt sie in Berührung. Aber diese Beziehungen sind nicht regelmäßig; sie hängen vom Zufall ab und haben meistens einen rein individuellen Charakter. Dieser Gewerbetätige steht mit jenem in Verbindung; es handelt sich aber nicht um den Gewerbeverband dieses oder jenes Industriezweigs, der zusammenkommt, um gemeinsam zu handeln. Ausnahmsweise kann man beobachten, wie sich alle Mitglieder eines Gewerbes in einem Kongreß versammeln, um eine Frage allgemeinen Interesses zu behandeln. Aber diese Kongresse dauern nur begrenzte Zeit. Sie überleben nicht die besonderen Umstände, die sie hervorgerufen haben, und folglich erlischt das kollektive Leben, für das sie der Anlaß waren, mehr oder weniger vollständig mit ihnen" (A: 44). Für entscheidend hält Durkheim also die durch Organisierung zu sichernden Merkmale 1. des kollektiven Charakters, 2. der Regelmäßigkeit und 3. der Permanenz der Interaktionen zwischen den Zugehörigen einer bestimmten Berufskategorie (A: 44; 42). M. a. W.: Durkheim glaubt, daß nur *organisierte* Gruppen diejenige Art und Intensität von Interaktionen bewirken können, die Normen mit der notwendigen Autorität ausstatten; offenbar nimmt Durkheim an, daß die beruflich vermittelt sich „spontan" ergebenden Kontakte dafür nicht geeignet oder ausreichend sind[26]. Zugespitzt kann man sagen: Das Alltagsleben bringt aus sich heraus keine Moral mit Verpflichtungskraft hervor; dies beruht darauf, daß im Alltag die einzelnen Individuen in einer so wenig konzentrierten Weise mit einzelnen anderen Individuen agieren, daß die Interaktionen als vereinzelte, private Kontakte wahrgenommen werden. Hingegen müssen, damit das Individuum das Erlebnis hat, mit einer ihm materiell und moralisch überlegenen Gruppe konfrontiert zu sein, besonders verdichtete Interaktionen vorliegen, also eine Mehrzahl von Personen mit umfangreichen Ressourcen (inklusive sowohl „Ideen" als auch „Zeit", „Geduld" und „Ausdauer") vorhanden sein, wobei die Wirksamkeit dieser Mittel noch durch Kooperationen gesteigert erscheint. Eine derartig kooperierende Menschenvielzahl wird der Einzelne als Gruppe erleben; Wünsche und Vorstellungen können dann an die

---

[26] „Die Funktionen versuchen, wenn sie untereinander genügend Kontakt haben, sich selbst anzugleichen und zu regulieren" (A: 42 f.); aber „diese Angleichungsart (wird) nur dann eine Verhaltensregel" — „eine *verpflichtende Handlungsart,* d. h. (...) in bestimmter Hinsicht der individuellen Willkür entzogen" —, „wenn eine Gruppe sie mit ihrer Autorität sanktioniert." (A: 43).

Gruppe zugerechnet werden und Autorität erlangen, d. h. von dem Einzelnen als zwingend und verbindlich erlebt werden, weil als ihr Autor eine Gruppe erscheint und weil die Handlungsmittel der Gruppe denen des je isolierten Einzelnen ungleich überlegen sind. Wenn der berufliche Alltag moralisch gesteuert werden soll, und wenn sich „spontan" nicht die dazu nötige Interaktionsverdichtung einstellt, dann muß diese Moral aus externen Quellen — aus besonderen „Organisationen", in denen die notwendigen interaktiven Verdichtungen „veranstaltet" werden — bezogen werden.

Diese Interpretation macht m. E. nun aber auf eine gewisse Inkonsistenz in Durkheims Formulierungen aufmerksam. Sie betrifft das Merkmal der „Permanenz" von Interaktionen als Bedingung der Bewirkung von Normakzeptanz. Wenn man nämlich „Arbeitsgruppierungen" mit „Alltagskontakten" identifiziert und beide den „verdichteten" Interaktionen in den als Organisationen betrachteten Berufsgruppen gegenüberstellt, dann ergibt sich eine beachtenswerte Implikation. „Permanent" finden ja nur „Alltagskontakte" statt, und eben diese permanenten Kontakte sollen nun nicht geeignet sein, die Akzeptanz von Normen zu bewirken; dagegen erfolgt die Teilnahme der Individuen an den „verdichteten" Interaktionen in den Berufsgruppen bloß gelegentlich. Das bedeutet also, daß die moralische Wirkung der Berufsgruppen jedenfalls nicht davon abhängig sein kann, daß sie „permanent" in dem Sinne stattfinden, daß Individuen dauernd — all-täglich — an ihnen beteiligt wären[27]. Eine Analyse, die auf die Frage der moralischen Effekte der Berufsgruppen zielt, darf sich daher auch nicht darauf beschränken, zu untersuchen, in welchem Ausmaß solche Organisationen im ökonomischen Alltagsleben präsent sind. Sicher gibt es hier Variationen. Jeder Arbeitstag könnte ja z. B. mit einer Betriebsversammlung beginnen. In diesem Fall jedoch wird es schwierig, zwischen Arbeitsgruppierungen und Berufsorganisationen zu unterscheiden. Wenn man jedoch an der Unterscheidung festhält zwischen einerseits arbeitsvermittelten Kontakten, die zu wenig dicht sind, um moralische Vorstellungen entstehen zu lassen und mit Autorität zu versehen, und andererseits konstituierten Berufsorganisationen, dann wird klar, daß die Moralisierung des Alltags von außen und gelegentlich erfolgen muß. Soweit also die Berufsgruppen Quellen der Autorität normativer Vorstellungen sind, müssen sie diese Wirkung in gelegentlichen Intervallen entfalten, und soweit die oben genannten Mechanismen der Akzeptanzförderung gelten (z. B. die Wahrnehmung der Ausgleichung verschiedener regionaler Interessen), sind diese für den gewöhnlichen ökonomischen Akteur ebenfalls nur gelegentlich aktiviert. Die Sicherung der Akzeptanz der

---

[27] Das impliziert dann übrigens, daß eines der Argumente, dessentwegen Durkheim den Staat für unfähig zur Moralisierung hielt — seine bloß gelegentliche Präsenz im Bewußtsein der sozialen Akteure — hinfällig wird; davon unberührt bleibt Durkheims Argument, daß der Staat sachlich inkompetent zur Regelung der ökonomischen Detailprobleme sei.

3. Strukturmerkmale von Berufsgruppen und die Akzeptanz von Normen 185

Moral der „gewöhnlichen" ökonomischen Akteure (z. B. der je *einzelnen* Arbeitnehmer und der je einzelnen Arbeitgeber) — *das* ist das zu lösende Problem — erfolgt also über die Wahrnehmung von und womögliche Teilnahme an *außer*-alltäglichen Aktivitäten der Berufsgruppen: Außerhalb des ökonomischen Alltags bemühen sich die Berufsgruppen um informierte, sachgemäße Normbildungen (die wegen ihrer Sachadäquanz hohe Akzeptanzchancen durch die alltagsorientierten ökonomischen Akteure haben) und um die Vermittlung und Ausgleichung von Interessengegensätzen (und beeindrucken mit diesen Inszenierungen die ökonomischen Akteure so, daß diese die ermittelten Normen akzeptieren)[28].

Es ist nun äußerst interessant, daß Durkheim in ganz anderen Teilen seiner Arbeiten Vorstellungen entwickelt hat, die sich auf die Analyse eben solcher Konstellationen wechselnder Interaktionsverdichtungen beziehen, nämlich in seiner Religionssoziologie. Damit ergibt sich eine (vielleicht überraschende) Perspektive zur Analyse der Tätigkeit von Berufs-„Organisationen". Wenn das Problem der Moralisierung des ökonomischen Alltags gestellt ist, dann erscheinen diese formalen Organisationen als außeralltägliche, womöglich intervallartig wiederkehrende („sonntägliche") Veranstaltungen, in denen Interaktionen solcher Art und Intensität inszeniert werden, daß moralische Vorstellungen mit Autoritätscharakter entstehen. Die Vorstellungen und die Überzeugungskraft dieser Vorstellungen, die aus derartig intensiven Kontakten entstehen, hat Durkheim bereits in der „Arbeitsteilung" (A: 141 f.; 210) als „religiös" gekennzeichnet. An dieser Auffassung hat er auch später festgehalten (s. E: 469 ff.). Daher ergibt sich Anlaß, die Probleme, die Durkheim in seinem Vorwort von 1902 angesprochen hat, mit den Mitteln zu behandeln, die er systematisch erst 10 Jahre später — in seiner Religionssoziologie von 1912 — entwickelte. Von hier her gesehen erscheinen die Berufsgruppen nicht nur als Akteure, die „nüchtern Geschäfte" betreiben, und eine Analyseperspektive, die einzig auf — z. B.

---

[28] *Dabei* kann nun auch das von Durkheim angesprochene Merkmal der „Permanenz" der Berufsgruppen wichtig werden. Zwei Hinsichten seien genannt. 1. „Permanente" Berufsgruppen stehen eben *immer* für die Ausübung von *gelegentlichem* Einfluß auf die ökonomischen Akteure zur Verfügung; wären Berufsgruppen nicht permanent vorhanden, dann könnten sie dann, wenn sie gebraucht werden, fehlen und auch kurzfristig nicht aktivierbar sein. In diesem Sinne sind permanente Berufsgruppen also ein stets *vorhandenes Potential* der Moralisierung. 2. Die Permanenz als solche einer Einrichtung kann die Individuen, die darum wissen, veranlassen, einen „Sinn" in der Einrichtung zu vermuten und deshalb eine erhöhte Akzeptierungsneigung auszubilden — und dies noch ganz unabhängig davon, daß permanente Organisationen Traditionen ausbilden und Prestige erwerben und pflegen können, was seinerseits ebenfalls die Bereitschaft von ökonomischen Akteuren steigern wird, diesen Instanzen Autorität zuzusprechen und sich dann deren Autorität zu beugen. Darüber hinaus wird die Wirkung von Veranstaltungen, die zwar für die Individuen nicht permanent, sondern bloß gelegentlich, jedoch aber regelmäßig stattfinden, dadurch vergrößert werden, daß die Wiederholung sich antizipieren läßt.

bürokratische — Strukturmerkmale dieser Akteure zielte, greift zu kurz; vielmehr sind Berufsgruppen als Organisatoren von „Efferveszenzen" (oder als Arrangeure von — wie Max Weber sagen würde — charismatischen Erlebnissen) zu betrachten.

Es ist nun natürlich unbedingt zuzugeben, daß Durkheim selbst in diesem Sinne nicht vom religiösen Charakter von Berufsgruppen gesprochen hat. Selbstverständlich bezieht sich seine Religionssoziologie auf die Analyse primitiver totemistischer Religionen. Wenn er selbst vom religiösen und rituellen Charakter von Berufsgruppen im Altertum und Mittelalter spricht, dann eher in der Form, daß die Berufsorganisationen den *vorgegebenen* moralisch-religiösen Charakter der Berufsgruppierungen „reflektieren" —statt ihn zu „produzieren". Durkheim hat eben keine explizite ausführliche Analyse der Beziehung zwischen „spontaner Arbeitsgruppierung" und „formaler Organisation" geliefert, und seine Bemerkungen zu diesem Problembereich schwanken, indem sie manchmal die Herausbildung von arbeitsteiligen Alltagsrelationen („spontane Arbeitsgruppierungen") für entscheidend halten, dann wieder die Wichtigkeit der Bildung „konstituierter" Organisationen betonen, dann wieder den Unterschied zwischen beiden abschwächen, sogar verwischen. Wenn man jedoch (und zwar vor allem auch, weil dies für die Korporatismusproblematik wichtig ist) auf der klaren Unterscheidung von „spontanen Arbeitsgruppierungen" einerseits und „formalen Organisationen" andererseits besteht, und dadurch dann in die Lage versetzt wird, explizit die Frage der *Relation* dieser Aspekte zu behandeln, und *nun* bei Durkheim nach Anregungen für die Analyse dieser Relation sieht, *dann* scheint mir die Orientierung an seiner Trennung von Alltäglichem und Sakralem legitim und gerechtfertigt zu sein[29].

---

[29] Es ist klar, daß auf diese Weise Durkheim „gegen den Strich" gelesen wird. Durkheim selbst hat Berufsgruppen als *partikulare* Akteure und Religion per Definition als *gesamt*gesellschaftliches Phänomen par excellance betrachtet. Die Beziehung zwischen den partikularen und den gesamtgesellschaftlichen Komponenten hat er sich als System der Verschachtelung gedacht (vgl. Müller 1983: 105). Demgemäß können die partikularen Berufsgruppen in zweierlei Weise mit den gesamtgesellschaftlichen „religiösen" Komponenten in Beziehung stehen: Zum einen können sie, sozusagen von unten, an der Schaffung der gesamtgesellschaftlichen Moral beteiligt sein und in diesem Sinne „religiöse" Funktionen erfüllen. Zum anderen können sie sich auf vorgegebene *gesamt*gesellschaftliche normative Muster („religiöse" Aspekte) stützen. *Mein* Vorschlag läuft nun — ohne die genannten Möglichkeiten der Betrachtung von Berufsgruppen und Religion auszuschließen — darauf hinaus, zwei Aspekte voneinander zu trennen, nämlich die Frage der Schaffung und Vermittlung von normativen und kognitiven Gewißheiten einerseits und dem Systembezug solcher Gewißheiten andererseits. Ich würde von „religiösen" Funktionen von Berufsgruppen bereits dann sprechen, wenn sie überhaupt Gewißheiten (z. B. über legitim zustehende und realistische „Ansprüche") schaffen und vermitteln, auch wenn diese inhaltlich nicht auf die *Gesamt*gesellschaft bezogen wären. Jedenfalls aber enthalten die „Elementarformen" Hinweise auf die Entstehung auch solcher

3. Strukturmerkmale von Berufsgruppen und die Akzeptanz von Normen 187

Unter dieser Perspektive lassen sich folgende Aspekte zum Verhältnis von spontaner Arbeitsgruppierung und Berufsorganisation in ihrer Bedeutung für die Normakzeptanz hervorheben. a) Die Relation zwischen spontaner Arbeitsgruppierung und Berufsorganisation besteht zunächst darin, daß die Berufsorganisation an die durch die Arbeitsteilung entstandenen Interaktionsverdichtungen anknüpft. Sie umfaßt diejenigen Akteure, die „aus der Natur der Sache" besonders oft in Kontakte geraten. Sie ist insofern ein „Ausdruck" der oder ein „Symbol" für die arbeitsteilige Struktur. b) Eine gewisse eigenständige Bedeutung gewinnen Berufsgruppen nun bereits dadurch, daß sie „Instrumente" dieser arbeitsteiligen Gruppierungen sind. Sie können etwa Sammelstellen von Informationen sein und Interessen an den Staat vermitteln. c) Die eigenständige Bedeutung von Berufsgruppen wird insofern noch gesteigert, als sie selbst die vorgegebenen arbeitsteilig entstandenen Interaktionen in einer Form und in einem Ausmaß verdichten, daß autoritätsbehaftete normative Vorstellungen entstehen. Im Vergleich zum Alltagsleben wird von formalen Organisationen zunächst rein zeitlich eine Häufung von Interaktionen von Berufszugehörigen bewirkt. Darüber hinaus läßt sich eine inhaltliche Konzentration bewirken; das Ausmaß, in dem Erlebnisse inhaltlich inkohärent sind, kann durch formale Organisation abgesenkt werden. Schließlich läßt sich durch formale Organisation eine im Alltag selten sich „natürlich" einstellende *soziale* Kohärenz erreichen. Die Konstanz der sorgfältig ausgewählten interagierenden Akteure wird von sich aus die Intensität des Erlebens steigern. Wenn diese Interaktionsverdichtung von den ökonomischen Akteuren als authentisch erlebt wird, ergibt sich ein Impuls für sie, entsprechende Normen anzuerkennen. Ein

---

Gewißheiten, die nicht unbedingt einen gesamtgesellschaftlichen Bezug haben — sei es, daß *diese* Muster etwa zur Legitimierung der Existenz der Berufsgruppen beitragen, und/oder daß sie von den Berufsgruppen aufgegriffen und an die einzelnen ökonomischen Akteure vermittelt würden, die Berufsgruppen also sozusagen in „staatsbürgerlichen" gesamtgesellschaftlichen Erziehungsfunktionen tätig wären. Mit in *dieser* Weise verwendeten Analyseinstrumenten aus Durkheimscher Herkunft lassen sich dann gesellschaftliche Konstellationen (re-)konstruieren, vor denen Durkheim geschaudert hätte (und deretwegen er Religionen als *gesamt*gesellschaftlich konsentiertes normatives System betrachtete), nämlich Situationen, in denen unterschiedliche Gruppierungen innerhalb einer Gesellschaft jeweils ihre eigenen „religiösen" Veranstaltungen betreiben und so gestützt und gestärkt in Kämpfe untereinander geraten. Zweifellos meinte Durkheim, daß Berufsgruppen dazu beitragen *sollen,* solche Kämpfe zu mäßigen. Das aber ist eine normativ-politische Position. Für die soziologische Analyse ist jedoch auch ein Verständnis solcher Berufsgruppen wichtig, die dies nicht tun, und für ein solches Verständnis kann es nützlich sein zu fragen, ob nicht die von Durkheim analysierten religiösen Prozesse aus ihrer definitorischen Fixierung an den gesamtgesellschaftlichen Kontext gelöst und in den Kontext einzelner Gruppen gestellt werden könnten. Mit Durkheimschen Analysemitteln läßt sich dann ein völlig un-Durkheimsches „Gesellschaftsbild" — welches aber womöglich realitätsgerechter ist — entwickeln.

solches Erlebnis kann mehr oder weniger direkt oder vermittelt (z. B. durch die Rezeption von Massenmedien) erfolgen. Durkheim war stets überzeugt (s. Marks 1976), daß seine Intensität größer ist, wenn das Individuum unmittelbar handlungsmäßig partizipiert. Womöglich kann jedoch der Überzeugungs- und Gewißheitseffekt auch eintreten (wenn auch vielleicht weniger intensiv), wenn die Wahrnehmung durch Ego technisch vermittelt erfolgt. In jedem Fall aber wird eine *spezifische Art* von formaler Organisation unterstellt. Es kann sich nicht ausschließlich um eine reine „Dienstleistungsorganisation" handeln, mit der Ego „geschäftsmäßig" durch die „Einzahlung" einer spezifischen Leistung und die Erwartung einer spezifischen Gegenleistung dafür verknüpft ist. Vielmehr muß die Organisation in bestimmter Weise für Ego und seine Alltagsprobleme „offen" sein und Ego in den Prozeß der Erstellung der Gegenleistung selbst einbeziehen. Das setzt nicht unbedingt voraus, daß die Rekrutierung in die Organisation auf „Freiwilligkeit" beruht; sowohl in Schulen (mit Zwangsrekrutierung) kann eine effektive Erziehungsarbeit geleistet werden, als auch tritt in vielen durch „Werbung" zu ihren „Kunden" kommenden Organisationen kein solcher Effekt ein. Nötig ist aber, daß die Individuen bestimmte Organisationsprozesse[30] handlungsmäßig oder mindestens wahrnehmungsmäßig intensiv nachvollziehen können — statt daß diese Prozesse ihnen verschlossen bleiben. Dabei verlangt diese „Offenheit" der Organisation für handlungsmäßige oder erlebnismäßige Partizipation nicht unbedingt, daß demokratisch-egalitäre Partizipationsmuster vorliegen. Individuen können involviert werden, auch wenn sie unter „Anleitung" partizipieren. Unter bestimmten Umständen kann sogar ein gewisses Maß und eine gewisse Form von „Druck" zur Partizipation die Akzeptanzeffekte steigern, nämlich dann, wenn einerseits der Druck stark und diffus (statt in einzelnen Befehlen spezifiziert) ist, und wenn andererseits das Individuum einen großen Anspruch auf Autonomie stellt; in solchen Konstellationen wird leicht eine „Umdeutung" des Druckes durch das Individuum als „freiwillig" auf-sich-genommen eintreten (entsprechend der Theorie der kognitiven Dissonanz). Berufsorganisationen, die sich solche Formen von Offenheit nicht (länger) leisten können oder wollen, werden ihre Effektivität bei der Erzielung von Akzeptanz für Normen einbüßen. Ein Mechanismus, der wichtig dafür ist, ob und daß Berufsorganisationen diese Offenheit bewahren, ist ihre Angewiesenheit auf die „Gelegenheitsarbeit" der „einfachen" Akteure. Das gilt z. B. sowohl für Verbände als auch für „Parteien". Diese sind zur Bewältigung ihrer regelmäßig auftretenden „Krisen" (z. B. Tarifauseinandersetzungen, Wahltermine) und vieler sonstiger Krisen (z. B. Programmrevisionen, Führerauswechslung) auf die Partizipation und Mobilisierung freiwilliger Arbeit und die Erhaltung dieser Freiwil-

---

[30] Nicht alle! — Gerade für die Wirksamkeit von Inszenierungen kann die Nichtwahrnehmbarkeit des Charakters des *artifiziellen* Arrangements eine wichtige Bedingung sein; die „Kongreßregie" muß verborgen bleiben.

3. Strukturmerkmale von Berufsgruppen und die Akzeptanz von Normen 189

ligkeit durch moralische Stärkung angewiesen (vgl. Stinchcombe 1967)[31]. Krisen sind insofern sowohl Anlässe und Ziele, also Aufgaben und Herausforderungen, deren Bewältigung durch Moral versucht wird, als auch Mittel zur Aktivierung von moralischen Vorstellungen und Sicherheiten. d) Darüber hinaus hängt die Akzeptanz der Normen auch vom inhaltlichen Charakter dieser Normen ab. Man kann dies jetzt als Frage der „Entsprechung" zwischen spontaner Arbeitsgruppierung und dem Inhalt der Tätigkeit der formalen Organisation sehen: Trotz ihrer Eigenständigkeit bleibt die formale Organisation insofern an die spontane Arbeitsgruppierung gebunden, als ihre Normen nur dann Autorität behalten werden, wenn sie sich mit den interaktiven Alltagserlebnissen der ökonomischen Akteure verbinden lassen. Hier liegt die sozusagen riskante Kehrseite der formalen Organisation. Die durch zeitliche, sachliche und soziale Konzentration steigerbare Erlebnisintensität ist stets der Gefahr ausgesetzt, gerade nicht als Verdichtung und Klärung des Alltags, sondern als artifizielle Verfehlung der Alltagsprobleme zu erscheinen. Von den Berufsorganisationen vertretene Normen, die diesen plausiblen thematischen Bezug einbüßen, verlieren ihre Überzeugungskraft. Ist diese thematische Entsprechung jedoch gegeben, dann können die Berufsorganisationen Normen mit ausreichender Autorität ausstatten, *obwohl* die Aktivitäten der Berufsorganisationen für die ökonomischen Akteure *nur gelegentlich* nachvollziehbar sind. Dauerhafte Relevanz erhalten diese in gelegentlichen, nicht-dauernden Situationen mit Autorität ausgestatteten Normen dadurch, daß sie sich auf (alltägliche) Situationen beziehen, die ihrerseits dauerhaft vorliegen.

e) Orientiert an der „Pendel-Theorie" der Religionssoziologie (s. z. B. E: 469 ff.; vgl. Nedelmann 1982: 48-52) kann man sagen, daß die Autorität der Normen, die durch das Erlebnis von in den Berufsorganisationen veranstalteten Interaktionsverdichtungen entsteht, die sich auf alltagsrelevante Themen beziehen, ein Bedürfnis nach Umsetzung und Realisierung der normativen Konzepte in Alltagshandlungen auslöst. Nicht nur also ergibt sich die (Wieder-)Aufnahme von Alltagshandlungen aus schierer Notwendigkeit (weil eben die Lebensgrundlagen produziert werden müssen), sondern auch in Form eines moralischen „missionsartigen" Impulses (ganz abgesehen davon, daß sich die intensive Konzentration von Interaktionen in Berufsgruppen durch den Einzelnen nur begrenzte Zeit aushalten läßt);

---

[31] Die Frage, ob Organisationen, die durch *regelmäßig* wiederkehrende Krisen gekennzeichnet sind, andere Arten und Mengen von Moral zur Krisenbewältigung benötigen und mobilisieren können als Organisationen, die unverhofft Krisen ausgesetzt sind, kann hier nicht weiter verfolgt werden. Regelmäßig auftretende Krisen dürften einerseits oft nicht mehr „ganz ernst" genommen werden, so daß die Konzentration auf sie und ihre Bewältigung schwächer ausfällt. Andererseits jedoch lassen sie sich, da antizipierbar, besser vorbereiten und arrangieren, und dies könnte ihre „naturwüchsige" Schwäche kompensieren.

dieser drängende Impuls reicht eine gewisse Zeit aus, um das Alltagshandeln zu kontrollieren. Einerseits trägt dann der Alltag insofern zur Geltung der Norm bei, als er Anlässe beinhaltet, auf die sich die Normen — so sie relevant sind — beziehen; indem Ereignisse auftreten, die die Norm vorsieht, tritt eine Bekräftigung für die Norm selbst ein. Andererseits jedoch ergeben sich im Alltag Prozesse des Vergessens, des Überlagerns, der Verunsicherung, der Verwirrung, der Versuchung, der Entmutigung, die die Deutlichkeit und Geltung der Normen abschwächen. Für die einzelnen Akteure entsteht dann eine Verhaltensverunsicherung, die das Bedürfnis nach einer normativen Vergewisserung, also: nach verstärkter und stärkender Wirkung von Autorität durch eine erneute interaktive Verdichtung, hervorrufen kann.

f) Diese Analyse läßt sich in zweierlei Richtung ergänzen. Was die moralische Ausrichtung eines „gewöhnlichen" ökonomischen Akteurs angeht, so kann diese über das gelegentliche Erlebnis eines Gruppeneinverständnisses hinaus auch dadurch gesteigert werden, daß dieser Akteur in seinen Alltagsinteraktionen auf Vertreter und Wächter der entsprechenden normativen Vorstellungen stößt. Kollegen können Ego an seine Pflichten erinnern, die formale Organisation mag über Funktionäre im Alltagsleben von Ego präsent sein, „Dinge" mögen als Symbole für die Berufsorganisation fungieren und sie im Bewußtsein des Einzelnen lebendig erhalten (E: 316). Hier können also Prozesse der Durchdringung des Sondermilieus der Berufsorganisation und des Alltagskontextes von Ego vorliegen, die die Akzeptierungsbereitschaft von Normen durch Ego vergrößern.

g) Eine eigene, aber entsprechende Analyse wäre für die Funktionäre von Berufsorganisationen anzustellen, d. h. für Personen, die die Tätigkeiten der Berufsorganisationen nicht nur gelegentlich erleben, sondern die an der Berufsorganisation mehr oder weniger alltäglich partizipieren (vgl. Stinchcombe 1967). Diese alltägliche Partizipation wird ihre Fähigkeit, die Normen der Berufsorganisationen mit Überzeugung auszudrücken, steigern, und in vielen Fällen auch die Intensität ihrer tatsächlichen Überzeugtheit von diesen Normen erhöhen, statt sie — etwa — zu Zynikern zu machen.

Zusammengefaßt gesagt hat sich damit gezeigt, daß das Problem der Akzeptanz normativer Muster als Frage der Herstellung von „Gläubigkeit" und „Gläubigen" gefaßt werden kann, und daß daher die Strukturmerkmale der Berufsgruppen sich unter dem Gesichtspunkt ihrer Wirkung als Mechanismen der Glaubensinduzierung und -vergewisserung betrachten lassen. Strukturen formaler Organisationen lassen sich ganz allgemein unter dem Gesichtspunkt ihres rituellen und symbolischen Charakters ansehen (vgl. Meyer und Rowan 1977). So können Organisationsstrukturen selbst als symbolischer Ausdruck bestimmter Glaubens- und Gefühlskomplexe fungieren. Im gegenwärtigen Zusammenhang ist ein anderer Aspekt wichtig.

Für die Frage der Akzeptanz der von einer Gruppe vertretenen Normen durch Einzelne ist nämlich entscheidend, welche Akteure wie oft und wie lange im Hinblick auf welche sachlichen Themen in die Gruppe einbezogen werden, und mit welchen fremden Akteuren und Themen und wie oft und wie lange ein einzelner Akteur Ego mit seinen Bedürfnissen („Nöten", Interessen, Schwierigkeiten) daher konfrontiert wird. Strukturmerkmale von Organisationen haben teils Implikationen dafür, teils beziehen sie sich direkt darauf. Akteure mit beispielsweise auf nationaler Ebene liegenden Alltagskontakten werden Berufsorganisationen, die ebenfalls auf die nationale Ebene bezogen sind, eine größere Relevanz zusprechen als lokal-orientierten Berufsorganisationen, und deshalb die Normen der ersteren eher akzeptieren. Denn die Akteure werden hier davon ausgehen, daß ihre „wahren" Nöte kompetent erkannt und ernst genommen werden. Ein solcher Glaube läßt sich verstärken, wenn der einzelne Akteur miterleben kann, daß seine Bedürfnisse und Schwierigkeiten durch die Berufsorganisation nachdrücklich zu berücksichtigen versucht werden, z. B. in Auseinandersetzungen mit anderen regionalen Interessenten. Zugleich aber kann in solchen Konflikten für den Akteur auch deutlich werden, auf welche Schwierigkeiten nach Größe und Art die Behebung seiner Nöte stößt. Ein Teil dieser Hindernisse mag Ego dann sogar als „legitim" erkennen, z. B. wenn er lernt, in ihnen *eigene* Interessen anderer Art (z. B. längerfristiger Art) zu sehen, aber auch, wenn es sich um Interessen anderer Akteure handelt. Das kann ihn zur Relativierung seiner ursprünglichen Bedürfnisse und zur Bereitschaft zur Hinnahme von „Opfern" bewegen.

4. Politische Aspekte der Akzeptanzförderung durch die Berufsgruppen

Wie gezeigt hat Durkheim u. a. deshalb so großen Wert auf die Berufsgruppen gelegt, weil er *in ihnen* wirkungsvolle Mechanismen der Sicherung der Akzeptanz von Normen durch die sozialen Akteure sah. Für *wie* wirkungsvoll man einen Mechanismus hält, hängt natürlich aber vor allem auch von den zum Vergleich herangezogenen alternativen Möglichkeiten ab. Durkheim hat hier die Berufsgruppen stets mit dem (Zentral-)Staat verglichen. Dessen Fähigkeit, die sozialen Akteure zu einer „freiwilligen" Akzeptanz von Normen zu bewegen — und vor allem darum geht es ihm ja — schienen ihm begrenzt.

Diese Position muß nun aber keineswegs bedeuten, daß man das Problem der Akzeptanz, so wie es eben diskutiert wurde, einzig im Hinblick auf die Relation zwischen Berufsgruppen und sozialen Akteuren verengt zu betrachten hätte. Selbst wenn hier das Schwergewicht von Durkheims Analyse liegt, so sehe ich doch mindestens vier Hinsichten, in denen Durkheims Position mit politischen, d. h. auf den Staat bezogenen Problemen in Zusammenhang gebracht werden kann.

a) Die politische Entlastungsfunktion der Berufsgruppen

Ich habe oben die Funktion der Akzeptanzförderung durch die Berufsgruppen als die Frage danach spezifiziert, durch welche Merkmale der Berufsgruppen sich die sozialen Akteure veranlaßt sehen, „freiwillig" Normen zu akzeptieren. Dabei blieb zunächst sowohl offen, wer diese Normen geschaffen hatte, als auch blieb offen, welche dritten Akteure an der Geltung der Normen positiv oder negativ interessiert sein mochten. Unterstellt man nun, daß diejenigen Normen, deren Akzeptanz seitens der sozialen Akteure durch die Berufsgruppen bewirkt wurde, solche Normen sind, die der Staat gelten lassen will, dann kann man auch sagen, daß die Berufsgruppen hier zugleich positive „politische" Funktionen ausüben. „Negative" politische Funktionen erfüllen die Berufsgruppen hingegen dann, wenn sie bewirken, daß die sozialen Akteure Normen akzeptieren, deren Befolgung der Staat vermieden wissen will, oder wenn sie bewirken, daß die sozialen Akteure Normen nicht befolgen, an deren Geltung dem Staat gelegen ist[32].

---

[32] Es erscheint nicht überflüssig, hier wieder daran zu erinnern, worin genau solche „politischen Funktionen" der Berufsgruppen bestehen. Wenn der Staat Interesse an der Geltung bestimmter Normen hat, dann kann man sagen, daß die Berufsgruppen den staatlichen Willen „durchsetzen" oder „implementieren" und also von „Durchsetzungs-" oder „Implementierungsfunktionen" der Berufsgruppen sprechen. Unter dem Gesichtspunkt der Konstruktion von explikativen Fragestellungen sind solche Formulierungen aber gefährlich unscharf. Die Begriffe „Durchsetzung" oder „Implementierung" binden zusammen, was in aktorzentrierten soziologischen Analysen gerade getrennt werden sollte, nämlich a) Handlungen von Durchsetzern und b) Handlungen von Akzeptanten. Wenn man einem Aktor die Funktion der „Durchsetzung" oder „Implementierung" zuschreibt, dann richtet sich die Aufmerksamkeit der Analyse meist auf die Beschreibung und Erklärung von dessen Handlungen. Die Frage lautet dann, warum ein Aktor eine Norm gerade auf bestimmte — und nicht auf eine andere — Weise durchsetzte. Eben diese Formulierung deckt einen soziologisch entscheidenden Sachverhalt zu; genaugenommen hat man nämlich in bezug auf einen „Durchsetzer" zu fragen, warum dieser Aktor gerade einen bestimmten —und nicht einen anderen — Versuch unternahm, um die Wahrscheinlichkeit der Geltung einer Norm zu vergrößern, und davon die völlig andere Frage zu trennen, weshalb die Akzeptanten sich von solchen Versuchen beeindrucken ließen. Genau um die erste Frage geht es aber im Augenblick nicht. Vielmehr geht es hier um die zweite Frage der Durchsetzung oder Implementierung im Sinne von „Durchgesetztheit" oder „Implementiertheit"; zu beschreiben und zu erklären ist also die Art des Umgangs der sozialen Akteure mit ihnen angesonnenen Normen (und mit ihnen angebotenen bzw. angedrohten Sanktions-„Programmen"). Auf diese scharfe Unterscheidung der jeweils unterschiedlichen Träger von Handlungen ist natürlich entsprechend auch zu insistieren, wenn man die Berufsgruppen als „administrativen Stab" oder als „Instrument" von Regierungen bezeichnet.

4. Politische Aspekte der Akzeptanzförderung durch die Berufsgruppen

Welche Implikationen enthalten diese Feststellungen über die „politischen Funktionen" der Berufsgruppen für die Frage der Konstruktion von Forschungsprogrammen über Berufsgruppen? Es ist zu betonen, daß die Rede von „politischen Funktionen" der Berufsgruppen substantiell keinerlei Einsichten in das Verhalten und die Wirkung von Berufsgruppen enthält oder kausale Fragen über die Berufsgruppen aufwirft, die nicht bereits behandelt wurden. „Politische" Funktionen gewinnen die Berufsgruppen ja lediglich dadurch, daß dem Staat bestimmte Absichten zugeschrieben werden, und daß die Bewirkung von Akzeptanz durch die Berufsgruppen dann unter der *Perspektive* dieser Absichten des Staates *betrachtet* wird. In dieser Weise sind z. B. auch Formulierungen über die „Entlastungsfunktion", die Interessenorganisationen für eine Regierung haben können, zu sehen. Beispielsweise würden die Tarifpartner durch ihr Normsetzungsverhalten im Rahmen der Tarifautonomie und durch ihre Bewirkung der Akzeptanz dieser Normen bei den ökonomischen Akteuren der Arbeitgeber und Arbeitnehmer den Staat von der Aufgabe „entlasten", selbst entsprechende Normen zu innovieren und durchzusetzen. Auch Durkheim verwendete diese Argumentationsfigur; so spricht er etwa im „Selbstmord" (S: 465) von der Notwendigkeit, „die mit Arbeit überhäuften Ministerien ... zu entlasten"; in den „Leçons" (L: 50) weist er auf den Staat hin, der „déjà surchargées de fonctions diverses" sei. U. U. kann man sogar noch einen Schritt weitergehen. Wenn man nicht nur weiß, daß der Staat an der durch die Berufsgruppe bewirkten Akzeptanz interessiert ist, sondern auch Grund zur Annahme hat, daß bei Nichterfüllung der Akzeptanzsicherungsfunktionen durch die Berufsgruppen der Staat dieses selber versuchen und dafür Aufmerksamkeit, Apparat und Verantwortlichkeit mobilisieren müßte, läßt sich von einer durch die Berufsgruppen bewirkten politischen Funktion der „Handlungskapazitätserweiterung des Staates" sprechen. Dies wiederum kann eine Erhöhung der Akzeptanz *solcher* Normen zur Folge haben, für die sich *der Staat* einsetzt (zu der dann also die Berufsgruppen auf indirekte Weise beigetragen hätten). Drei Mechanismen seien genannt. a) Der Staat kann mittels der frei gewordenen Ressourcen zu einem solchen (z. B. Sanktions-)Verhalten befähigt werden, daß sich die Bereitschaft der sozialen Akteure zur Akzeptierung staatlicher Normen erhöht. b) Die Sicherung der Akzeptanz von Normen bestimmter Thematik durch die Berufsgruppen erlaubt es dem Staat, sich auf Normen anderer Thematik zu spezialisieren. Diese Spezialisierung verbessert aber die normativen Produkte des Staates, was wiederum ihre Akzeptierungswahrscheinlichkeit erhöht. c) Wenn die Akzeptanz vieler Normen durch die Berufsgruppen gesichert wird, verringert sich die Zahl der Normen, um deren Akzeptanz der Staat sich bemühen muß; dieses verbleibende Volumen mag unterhalb der Schwelle liegen, von der ab sich gewichtigere Widerstände gegen vom Staat getragene Normen bei den sozialen Akteuren regen[33].

Solche Formulierungen über „politische Funktionen" von Berufsgruppen sind sicher vertretbar; aber wie lassen sich an sie soziologisch interessante Fragestellungen anknüpfen? Dazu muß man sich zunächst vor Augen führen, auf welchen Unterstellungen diese Formulierungen über „politische Funktionen von Berufsgruppen" basieren. M. E. beruhen sie schlicht auf der Kombination — einerseits — der Feststellung, daß die Berufsgruppen eine direkte akzeptanzfördernde Wirkung auf die sozialen Akteure haben, und — andererseits — auf der Zuschreibung bestimmter Annahmen an den Staat. Über die Frage der soziologischen Erklärung der direkten Akzeptanzförderung durch die Berufsgruppen wurde oben das nötige gesagt. Die soziologische Erklärung der „politischen" Funktion verlangt daher eine Erklärung von den Staat — und eben nicht die Berufsgruppen — betreffenden Sachverhalten. Dabei ist vor allem an die folgenden Probleme zu denken. 1. Die Vorstellung, daß durch die von den Berufsgruppen bewirkte Akzeptanzförderung eine „Entlastung" des Staates eintritt, unterstellt dem Staat bestimmte Interessen. Es wird nämlich angenommen, daß der Staat bestimmte Normen akzeptiert sehen, aber nicht selber für diese Akzeptanz sorgen will. An eben diese Unterstellung läßt sich nun mit soziologischen Fragestellungen anknüpfen; empirisch zu ermitteln und zu erklären — statt zu unterstellen — ist nämlich, a) ob und warum der Staat an der Akzeptanz bestimmter Normen interessiert ist, und b) ob und warum der Staat an der Akzeptanzsicherung durch die Berufsgruppen interessiert ist. Die Frage a) zielt auf das Problem, welche Sachverhalte der Staat zu dem Bereich rechnet, in dem „Ruhe und Ordnung" herrschen soll. Die Frage b) macht auf den Umstand aufmerksam, daß einem Staat die Tatsache, daß Berufsgruppen bestimmte Funktionen erfüllen, ja nicht immer als „Entlastung" erscheinen wird, sondern sehr wohl auch als „Entmachtung" gelten kann; von daher stellt sich dann die Frage, von welchen Bedingungen es abhängt, welche Präferenzen der Staat über die Form ausbildet, in der die Normakzeptanz gesichert werden soll. 2. Auch von der Rede über die „politische Funktion der Berufsgruppen im Sinne einer Kapazitätserweiterung des Staates" aus läßt sich

---

[33] Die Rede von den von den Berufsgruppen ausgeübten Funktionen der „Entlastung" oder der „Kapazitätsausweitung" und der indirekten Akzeptanzförderung der Normen des Staates leitet zur Frage, ob die Berufsgruppen hier über ein Machtpotential gegenüber dem Staat insofern verfügen, als sie diesen mit Kapazitätsüberlastungen durch Ankündigungen eines Boykotts bei der Akzeptanzsicherung bedrohen können. Diese Frage wird man mit Ja und Nein beantworten können. Einerseits werden die Berufsgruppen selbst eine solche Drohung kaum *realisieren* wollen, da sie sich dann die eigene Existenzbasis unterminieren; Staat und Berufsgruppen haben hier ein gemeinsames Interesse an der Funktionserfüllung. Andererseits stellt die Aussicht auf die Leistungsunterbrechung, die etwa von akzeptanzverweigernden, „widerspenstigen" Mitgliedern der Berufsgruppe ausgehen mag, eine „reale" Drohung dar, die die Berufsgruppen für ihre Zwecke dem Staat gegenüber zu instrumentalisieren versuchen können. (Über den Nutzen des Konzeptes der „Koalitionsmacht" zur Analyse solcher Konstellationen vgl. Meier 1979.)

4. Politische Aspekte der Akzeptanzförderung durch die Berufsgruppen

dadurch eine aktorbezogene soziologische Fragestellung entwickeln (d. h. eine Problemformulierung gewinnen, die sich auf die Determinanten von Reaktionen von Aktoren auf Verhaltensoptionen bezieht), daß man sich auf den Aktor Staat konzentriert. Dazu hat man wieder zu versuchen, alternative staatliche Verhaltensweisen konzeptuell und empirisch zu erfassen und diese dann zu erklären. „Kapazitätserweiterung" unterstellt ja etwa, daß der Staat die Leistung der Berufsgruppen nicht zum Anlaß nimmt, das Niveau der von ihm mobilisierten Ressourcen — seine Handlungsmöglichkeiten —zu vermindern. Von da her schält sich die Frage heraus, von welchen Determinanten das Niveau der durch den Staat mobilisierten Ressourcen bestimmt wird. Wenn von „indirekten Formen der Akzeptanzförderung durch die Berufsgruppen" gesprochen wird, so wird unterstellt, daß der Staat seine Kapazitäten speziell dafür nutzt, seine Sanktionspläne zu verändern und/oder sich auf Normen bestimmter Thematik zu spezialisieren. Beide dieser Annahmen lassen sich zum Ausgangspunkt für soziologische Fragestellungen verwenden; denn da es ja nicht selbstverständlich ist, daß der Staat die Funktion der Berufsgruppen zum Anlaß einer Revision seiner eigenen Sanktionspläne und/oder zu einer thematischen Spezialisierung nimmt, ergibt sich als eigene Problematik die Frage, unter welchen Bedingungen derartige staatliche Reaktionen eintreten (die ja erst die Voraussetzung dafür sind, daß man von „politischen" Funktionen der Berufsgruppen sprechen kann). 3. Wenn man von „indirekten Akzeptanzfunktionen" von Berufsgruppen spricht, dann unterstellt man schließlich ein bestimmtes Verhalten auch der sozialen Akteure. Es wird nämlich ja angenommen, daß sich die Bereitschaft der sozialen Akteure, solche Normen hinzunehmen, für die sich der Staat einsetzt, dadurch erhöht, daß die Akzeptanz einer Reihe anderer Normen durch die Berufsgruppe bewirkt wird. Diese Annahme über die sozialen Akteure ist jedoch nicht selbstverständlich; vielmehr erscheint es ratsam, eine eigene Untersuchung darüber anzustellen, wie sich die Akzeptanzneigungen der sozialen Akteure davon abhängig verändern, ob ihnen Normen von einer oder von mehreren Seiten zugemutet werden.

b) Unterstützungsleistungen der Berufsgruppen für den Staat

Durkheims strikte Auffassung, daß man zwar von den Berufsgruppen, kaum aber vom Staat die Bewirkung von Normakzeptanz bei den sozialen Akteuren erwarten könne, läßt sich auch dann etwas relativieren, wenn man eine weitere Art möglicher „symbiotischer" Beziehungen zwischen Staat und Berufsgruppen berücksichtigt. Gerade wenn die Berufsgruppen (etwa auf Grund der Prozesse, die oben diskutiert wurden) in den Augen der sozialen Akteure ein hohes Maß an Glaubwürdigkeit und Autorität erwerben können, dann erwächst für sie die Möglichkeit, diese Ressourcen zur Unterstützung des Staates zu verwenden. Die Berufsgruppen können nämlich durch entsprechende propagandistische Tätigkeiten die sozialen Akteure von der Integrität und Legitimität des Staates und vom Sinn und der Sachgemäßheit staatlicher Normen überzeugen. (Man kann hier von einer „gesellschaftlichen Subventionierung der Berufsgruppen" sprechen.) — Ein auf diese Zusammenhänge gerichtetes Forschungsprogramm hätte sich vor allem auf die beiden Fragen zu konzentrieren, von welchen Bedingungen a) die Bereitschaft der Berufsgruppen zu solchen „staatstragenden" Aktivitäten und b) die Wirksamkeit dieser Art von Aktivitäten bei den sozialen Akteuren abhängt.

c) Staatsstruktur, Berufsgruppen und Akzeptanz

Durkheim hat, wie dargestellt, für die strukturelle Fusionierung von Staat und Korporationen plädiert und sich dadurch u. a. eine Erhöhung der Normakzeptanz versprochen. Dieses Projekt ist in den gegenwärtigen westlichen Demokratien nicht erfüllt worden. Aber die (oben zu explizieren versuchten) Mechanismen, die zur Akzeptanzerhöhung beitragen können, lassen sich auch auf variierende staatliche Verfahrensweisen und Inszenierungen beziehen. Eine Voraussetzung einer solchen Analyse wäre allerdings eine unter dieser Perspektive entsprechend detaillierte Behandlung des Aktors „Staat", der dazu begrifflich als Variable (Nettl 1968) zu fassen ist. Einige von Durkheims Vorstellungen dazu werden im nächsten Kapitel besprochen. Hier muß der Hinweis genügen, daß Strukturen von Staaten *in solchen* Hinsichten variieren können, die nach Durkheim für die Bereitschaft der sozialen Akteure zur Akzeptanz von Normen wichtig sind. Zwei unterscheidbare Zusammenhänge sind hier zu beachten. Erstens: Wenn auch Durkheim selbst eine staatliche Dezentralisierung als „unzeitgemäßen Regionalismus" betrachtet und sich eine modernen Verhältnissen angemessene Dezentralisierung eben durch Berufskorporationen vorgestellt hat, so braucht ja natürlich diese Auffassung *Politiker* nicht daran zu hindern, administrative Dezentralisierungen, Bürgerbeteiligungsverfahren, sichtbare Konfliktvermittlungsprozesse und dergleichen einzurichten. Diese Einrichtungen könnten dann die Akzeptanzbereitschaft steigern, und zwar auf Grund von Mechanismen, die Durkheim analysiert, aber irrtümlicherweise auf Berufsgruppen beschränkt gesehen hatte. Wenn man diese Restriktionen aufgibt, dann kann man aus Durkheims Vorstellungen über die Wirkung von Berufsgruppen Hinweise darauf gewinnen, von welchen Bedingungen die Akzeptanz von Normen abhängt, für die sich der Staat einsetzt.

Zweitens: Als einen besonderen Aspekt der staatlichen Struktur kann man die Arten betrachten, in denen Berufsgruppen (oder allgemeiner: Interessenorganisationen) mit staatlichen Institutionen verflochten sind. Solche

4. Politische Aspekte der Akzeptanzförderung durch die Berufsgruppen 197

Verflechtungen brauchen vielleicht nun nicht unbedingt die Intensität der Durkheimschen Vorstellung der Fusion von Staat und Berufsgruppen anzunehmen, um die Effekte für die Normakzeptanz zu besitzen, auf die es Durkheim ankam. Von hier her lassen sich insbesondere zwei Fragestellungen formulieren. Zum einen ist zu ermitteln, durch welche Arten der Partizipation von Berufsgruppen an staatlichen Verfahren sich soziale Akteure in ihrem Akzeptanzverhalten gegenüber vom Staat vertretenen Normen beeinflussen lassen. Die Anlayse von Phänomenen wie staatlichen Beratungsgremien[34] kann so einen theoretisch interessanten Bezug erhalten; denn Formulierungen wie etwa die, daß derartige Beiräte o. ä. eine „Konsensbildungsfunktion" hätten, grenzt ja an eine Tautologie, wenn sie schlicht den Tatbestand meint, daß die Mitglieder in solchen Gremien sich (gelegentlich) einigen. Zum zweiten stellt sich die — vom Problem der soziologischen Erklärung der Akzeptanz aus gesehen einen Schritt tiefer ansetzende —ganz andere Frage danach, von welchen Umständen es abhängt, ob die Berufsgruppen die Bereitschaft entwickeln, sich in derartige Verflechtungen mit dem Staat (mit ihren akzeptanzrelevanten Effekten) zu begeben oder aber sie zu vermeiden.

d) Politische Parteien und Normakzeptanz

Durkheim hat politische Parteien nicht diskutiert. Er hat noch nicht einmal begründet, weshalb er sich diesen Organisationen nicht gewidmet hat, sondern sie schlicht ignoriert. Man ist dieser Nichtbeachtung gegenüber daher auf Spekulationen angewiesen. Zwei Vermutungen seien formuliert. Erstens: Ich habe bereits auf die Gewichtung hingewiesen, die Durkheim sozial-strukturellen im Vergleich zu politischen Phänomenen gegeben hat. Entsprechend seiner These der zunehmenden Arbeitsteiligkeit sozialer Strukturen und des Primats der Ökonomie konnte es plausibel erscheinen, die Berufsgruppen für wichtiger als politische Parteien einzuschätzen und die Analyse dementsprechend auf sie zu konzentrieren. Zweitens: Diese Position darf jedoch nicht mit einem morphologischen Determinismus verwechselt werden; vielmehr hat sich ja gerade Durkheim ausführlich mit „kulturellen" Strukturen beschäftigt — so dem Kollektivbewußtsein (in der „Arbeitsteilung"), sozialistischen Doktrinen (So.), pädagogischen Theorien (1977b), Formen primitiver Klassifikation (1969d), religiösen Vorstellungen (E). Aber auch hier ist es bezeichnend, *wie* Durkheim diese kulturellen Phänomene diskutiert hat; stets hat er nämlich versucht, ihre Entsprechung zu morphologischen Verhältnissen herauszuarbeiten. Der ganz generellen

---
[34] Vgl. z. B. Ackermann 1979; Buksti und Johanson 1979; Christensen und Egeberg 1979; Helander 1979; Hirsch 1960; Hotz 1979; Nedelmann und Meier 1979; Süllow 1981; 1982a; Wassenberg und Kooiman 1980.

morphologischen Transformation von segmentären zu funktional-differenzierten Sozialstrukturen entspricht auf kultureller Ebene die ebenso ganz generelle Transformation von religiösen zu wissenschaftlichen Bewußtseinsstrukturen. Das läuft natürlich auf eine These des „Endes der Ideologie" hinaus. Für den gegenwärtigen Zusammenhang ist die Art, wie er den „Sozialismus" (So) behandelte, besonders aufschlußreich. Dieser wird nämlich ja nicht etwa als Partei-Ideologie diskutiert, sondern einerseits als Symptom der krisenhaften Entwicklung zur Moderne und andererseits als Bewegung, in der es um die Bildung einer „rationalen Moral" und „wissenschaftlicher" Methoden der Steuerung der sozialen und vor allem der ökonomischen Interaktionen geht. Die Idee unterschiedlicher kulturell-ideologischer Deutungsmuster der gesellschaftlichen Realität, die alle gleichermaßen Gültigkeitsansprüche erheben können (statt, gemessen an der „Natur der (gesellschaftlichen) Sache", mehr oder weniger „richtig" zu sein), und die Idee einer autonomen Handlungssphäre der Macht, die bei Max Weber eine so große Rolle spielt (Weber 1963: 546 ff.) und der Parteien als Akteure zugeordnet werden (Weber 1964: 678-89), finden sich bei Durkheim nicht[35].

Angesichts dieses Sachverhaltes liegt die Reaktion nahe, sich bei der Behandlung der Frage, ob etwa Merkmale von Parteien wichtig sind für die Bereitschaft der sozialen Akteure, vom Staat getragene Normen zu akzeptieren, von Durkheim ab- und anderen Autoren zuzuwenden. M. E. aber wäre dies eine vorschnelle Reaktion. Sie verkennt das heuristische soziologische Potential sowohl von Durkheims Fragestellung als auch von Durkheims eigenen Antwortversuchen. Zum ersten ist festzuhalten, daß die Frage nach den Akzeptanzneigungen eine im Kern „Durkheimsche Frage" ist, auf der in dieser Nachdrücklichkeit wenige andere Autoren bestanden haben. Will man unter Durkheimscher Perspektive Parteien analysieren, dann kann das jetzt heißen, daß man sie im Hinblick auf ihre Wirkung für das Akzeptanzverhalten der sozialen Akteure gegenüber staatlich getragenen Normen betrachtet. Was die Relevanz von Durkheims Antwortversuchen für die Analyse von Parteien angeht, so ist zunächst einzuräumen, daß Durkheim die Bedeutung der „reinen Sphäre der Macht" und von *politischen* Ideologien, also Deutungen der und Visionen für die Gesamtgesellschaft, verkannt hat. Die Idee, daß es auf morphologischer und auf kultureller Ebene wichtige andere Konfliktlinien geben könne als zwischen den Vertretern des alten Systems der strukturellen und kulturellen Tradition und des neuen Systems der strukturellen — arbeitsteiligen — und kulturellen — wissenschaftlichen — Modernität, liegt ihm fern. Man selbst aber braucht sich ja nicht an diese

---

[35] Am nächsten kommt Durkheim einer solchen Vorstellung bei seiner Analyse der historischen Entwicklung der Institutionen der höheren Bildung und der pädagogischen Doktrinen (1977b; vgl. auch Cherkaoui 1981).

4. Politische Aspekte der Akzeptanzförderung durch die Berufsgruppen

Beschränkung zu halten. Das bedeutet dann zunächst, daß man zugesteht, daß die Mobilisierung von politischer Unterstützung ein eigenes Handlungsfeld darstellt, daß die sozialen Akteure in ideologische Lager aufgespalten sein können und daß die Konstruktion ideologischer Konzepte über Arten, wie Gesamtgesellschaften organisiert sein sollen, einen eigenständigen Bereich kultureller Tätigkeit ausmacht. Von diesen Annahmen aus kann man dann jedoch zu Durkheim zurückkehren und an seine Analyse über die Bedingungen und die Formen anknüpfen, die Berufsgruppen bedeutsam für das Akzeptanzverhalten der sozialen Akteure werden lassen. Von Durkheim für akzeptanzrelevant gehaltene Merkmale von Interessengruppen wie die Art ihrer Mitgliedersicherung und die Homogenität und Heterogenität der Mitgliedschaft und Klientel, die Formen des internen Interessenausgleichs, die „milieuartige" Anreicherung der Kernfunktionen, die Subventionierung durch den Staat, der Grad der Inkorporiertheit in das politische System, d. h. die Abgabe von Teilen von Autonomie, die periodische Inszenierung von Efferveszensen lassen sich als Ausgangspunkte zur soziologischen Beschreibung auch der Parteien und zur soziologischen Erklärung der Bedeutung der Parteien für die Bewirkung von Normakzeptanz bei den sozialen Akteuren verwenden.

Schließlich lassen sich womöglich auch im Hinblick auf Parteien indirekte Formen der Akzeptanzsicherung durch Berufsgruppen feststellen; davon hätte man dann zu sprechen, wenn gegebene Muster von Berufsgruppen Effekte für die Strukturen von Parteien haben, die ihrerseits wichtig für das Akzeptanzverhalten der sozialen Akteure sind.

KAPITEL V

Das Problem der Genese von Normen

Nach der Diskussion der Fragen der Normakzeptanz durch die ökonomischen Akteure ist das Problem der Normsetzung zu betrachten. Lassen sich bei Durkheim Vorschläge für eine Behandlung dieses Problems finden? Dazu sind zunächst einige Vorbemerkungen nötig, die sich a) auf das Problem, b) auf die Träger und c) auf den Prozeß der Normgenese beziehen.

1. Vorbemerkungen

a) Das Problem der Normgenese

Es ist wichtig, sich möglichst klar zu machen, worin genau dieses Problem der Normgenese besteht. Oben wurde ausführlich diskutiert, daß Durkheim die Pathologien (die „Krankheiten") moderner Gesellschaften als Folge der Wirkung bestimmter normativer Muster ansieht. Inwieweit diese Vermutung zutrifft, kann letztlich natürlich nur empirisch ermittelt werden. In den vorhergehenden Kapiteln habe ich einige konzeptuelle und theoretische Überlegungen angestellt, die für die Entwicklung eines solchen, letztlich empirischen Forschungsprojektes wichtig sein könnten. Diese Überlegungen bezogen sich schwerpunktmäßig auf Versuche der Präzisierung einerseits von Arten normativer Konstellationen — und hypothetisch mit ihnen verbundener Prozesse der Induzierung von Pathologien —, und andererseits von Bedingungen und Mechanismen, unter denen derartige Normen gesellschaftlich Geltung erlangen können — das Problem der Normakzeptanz. Diese Diskussion konnte sich relativ eng an Durkheims eigene Formulierungen halten — an seine Unterscheidung verschiedener Arten von Pathologien und an seine Behandlung von Prozessen sozialer Kontrolle, speziell an seine Diskussion der Rolle von Berufsgruppen und Staat für die Bewirkung von Normakzeptanz.

Es liegt nun in der Logik dieser Fragestellung nach den Ursachen der Pathologie moderner Gesellschaften, wenn als nächstes das Problem der *Genese* derartiger normativer Muster thematisiert wird. Was eigentlich sind die Bedingungen dafür, daß normative Muster bestimmten Inhaltes entstehen (deren Akzeptanz und deren soziale Wirkung dann erforscht werden können)? Bei der Diskussion dieses Problems werde ich nun allerdings um eine drastische Vereinfachung nicht umhin können. Oben wurde einiger Aufwand getrieben, um zu zeigen, daß die im „Selbstmord" erreichte formale begriffliche Eleganz der Unterscheidung von je zwei Paaren polarer normativer Verhältnisse (Anomie/Fatalismus; Egoismus/Altruismus) etwas vordergründig ist und insbesondere dann zerfällt, wenn man die in der „Arbeitsteilung" aufgeworfene Frage der Normalität oder Pathologie von Interaktionen zwischen differenzierten sozialen Akteuren zu lösen versucht. Es ist mir nun aber bei der jetzt anstehenden Diskussion der Normgenese nicht möglich, alle vorgeschlagenen Modifikationen und Ergänzungen stets mitzubehandeln. Zum einen überfordert das meine derzeitigen Möglichkeiten. Zweitens würde ein solcher Versuch auch von dem Ziel der vorliegenden Arbeit abführen, nämlich aus Durkheims Formulierungen Hinweise darüber zu gewinnen, mit welchen Problemen sich eine Analyse von Berufsgruppen zu beschäftigen hätte. Denn es liegt ja auf der Hand: Man kann kaum damit rechnen, bei Durkheim selbst Argumente über die Entstehung von normativen Mustern zu finden, die er in dieser Weise gar nicht konzeptualisiert hat. Angesichts dieses Dilemmas, daß eine Revision von Durkheimschen Vorstellungen zwar geboten erscheint, aber andererseits dadurch die Verbindung zu Durkheimschen Anschlußargumenten erschwert wird, wird sich die folgende Diskussion der Frage der Normgenese auf denjenigen Kernbereich der konzeptuellen Konstruktion beziehen, der sowohl bei Durkheim selbst als auch bei der revidierten Version vorliegt. Zur Charakterisierung des normativen Systems eignen sich dann die beiden Dimensionen des Volumens und des Inhaltes der Normen: In je spezifischen Interaktionskontexten können den sozialen Aktoren wenige oder zahlreiche Normen zur Verfügung stehen, an denen sie ihr Verhalten orientieren können und sollen (Anomie/Nicht-Anomie), und die Normen können den Aktoren eine selbstbezogene Orientierung erlauben oder abverlangen (Nicht-Anomie: Egoismus), oder aber ihnen eine auf die Respektierung des Interaktionspartners bezogene Orientierung zumuten (Nicht-Anomie: Altruismus). Diesen drei extremen Ausprägungen steht der normative „Misch-Typ" gegenüber (von dessen Geltung sich Durkheim „normale" Interaktionen verspricht), bei dem zwar ein System von Normen vorliegt, ohne daß jedoch diese Normen so zahlreich wären, daß für individuelle Spontaneität kein Spielraum mehr bliebe, und bei dem diese Normen weder eine völlige Selbstaufgabe zugunsten der Interaktionspartner noch eine Orientierung allein an eigenen Möglichkeiten und Bedürfnissen verlangen, sondern bei denen diese Normen eine balancierte Berücksichtigung eigener *und* fremder Bedürfnisse und Handlungsmöglichkeiten zumuten. — Da also Durkheim in diesen Arten der Ausprägung normativer Muster — sollte ihre Akzeptanz erreicht werden — eine wichtige Determinante für normale oder pathologische Interaktionen sieht, und da Durkheim an der Erklärung solcher Interaktionen interessiert ist, liegt es nahe, nach der Genese *solcher* normativer Muster zu fragen; zu ermitteln sind deshalb die Bedingungen für die Entstehung von unterschiedlichen Mengen an Normen und von inhaltlich unterschiedlich balancierten Normen.

b) Die Träger der Normgenese

Durkheim hat, wie gezeigt, große Hoffnungen auf sekundäre Gruppen, speziell Berufsgruppen (die er von sozialen Akteuren einerseits und vom Staat andererseits unterscheidet) für die Überwindung und Vermeidung interaktiver Pathologien gesetzt. Oben wurde diese Hoffnung im Hinblick auf die Bedeutung, die diese sekundären Gruppen für die Bewirkung von Normakzeptanz haben könnten, präzisiert und diskutiert; jetzt ist die Frage zu besprechen, ob diese kollektiven Akteure nicht auch dann segensreich wären, wenn die Setzung von Normen unter ihren Einfluß käme. Das bedeutet also jetzt die Vermutung, daß unter dem Einfluß von Berufsgruppen eine besonders große Wahrscheinlichkeit besteht, daß „Solidaritäts-Normen" selegiert werden. Welche Gründe kann man für diese Vermutung anführen? Man mag auch an der Gültigkeit dieser Vermutung zweifeln; aber auf welche Gründe kann man diese Zweifel stützen? Aus Durkheims soziologischer und Krisenperspektive stellt sich jedenfalls also die Frage, welche Normsetzungen man unter dem Einfluß von Berufsgruppen erwarten kann und auf welchen Faktoren und Mechanismen im einzelnen eine solche Selektion von Normen beruhen wird.

Zur Behandlung dieser Frage wird es nun wichtig, die globale Rede vom „Einfluß von Berufsgruppen auf die Normsetzung" zu differenzieren, indem man wieder eine direkte von einer indirekten Version unterscheidet. Die globale Formulierung deckt ja sowohl den einen Fall ab, daß die Normsetzung durch die Berufsgruppen unmittelbar selbst erfolgt, als auch den anderen Fall, daß die Normsetzung von anderen Akteuren getragen wird — wobei hier speziell der Staat interessiert —, auf den aber die Berufsgruppen Einfluß haben. Unter dem Gesichtspunkt der Konstruktion explikativer soziologischer Fragestellungen sind dies aber gänzlich heterogene Phänomene. Im ersten Fall bezieht sich die soziologische Analyse ja auf die Berufsgruppen als Handlungseinheiten; ihr stellt sich daher die Aufgabe, die Handlungen *der Berufsgruppen* zu beschreiben und zu erklären; im zweiten Fall dagegen wird der Staat als Handlungseinheit betrachtet; daher müssen *dessen* Handlungen soziologisch beschrieben und erklärt werden.

Zunächst zum Fall der Berufsgruppen als Autoren von Normen; betrachtet man unter dieser Perspektive Durkheims Äußerungen, dann stellt man schnell fest, daß sich eine explizite und umfangreichere Diskussion nicht findet¹. Daraus folgt: Durkheims Plädoyer für die Etablierung der Berufsgruppen als Mittel zum Abbau gesellschaftlicher Pathologien hat — jedenfalls was die Genese „richtiger" Normen durch die Berufsgruppen betrifft —den Charakter einer von ihm nicht näher begründeten Hoffnung. Wie soll man auf diesen Sachverhalt reagieren? Man kann entweder diesen Mangel konstatieren, Durkheim dafür kritisieren und sich zur Behandlung dieser Probleme auf andere Autoren oder eigene Kräfte stützen. Alternativ kann man jedoch auch versuchen, die von Durkheim selbst nicht explizit geleistete Begründungsarbeit nachzuholen. Ich werde im folgenden diese zweite Möglichkeit versuchen. Dabei ist zweierlei zu beachten. Zunächst ist festzustellen, daß man sich nicht — wie Durkheim dies offenbar tat — auf die Vermutung festlegen muß, wonach durch die Etablierung von Berufsgruppen gewährleistet sei oder doch die Wahrscheinlichkeit erhöht werde, daß durch sie die „richtigen" Normen selegiert werden; vielmehr kann man — vorsichtiger — ein Forschungsprogramm zur Frage zu skizzieren versuchen, welche Arten von Normenselektionen unter welchen Bedingungen von welchen Arten von Berufsgruppen zu erwarten sind. Durkheims gesellschaftspolitische Hoffnung würde dann zum Gegenstand einer empirisch-theoretischen Untersuchung, aus der sich Anhaltspunkte für die Frage ergeben, unter welchen Umständen mit einer Realisierung seiner Hoffnungen gerechnet werden kann. Auf diese Art läßt sich vielleicht in produktiver Weise auf Bellahs (1973: XXXII) Bemerkung reagieren, wonach Durkheims Ansichten über die Berufsgruppen „far from irrelevant even at present" seien; womöglich könnten, „especially in the advanced industrial nations, Durkheim's proposals have more to teach us than we have usually recognized". Zweitens: Die Feststellung, daß Durkheim selbst der Frage nicht ausführlicher nachgegangen ist, warum mit einer Selektion von Solidaritätsnormen durch Berufsgruppen zu rechnen ist, bedeutet nicht, daß man bei Durkheim keinerlei Hinweise dazu finden kann, wie sich die Frage der Normgenese soziologisch anpacken läßt. Im Gegenteil werde ich mich im folgenden bemühen zu zeigen, an welchen Stellen seiner Arbeiten man entsprechende Argumente lokalisieren kann, worin diese Argumente bestehen, und wie sie sich auf die Frage der Setzung von Normen durch Berufsgruppen beziehen lassen.

M. E. kann man — als werkinterpretatorische These — behaupten, daß Durkheim in seiner politischen Soziologie der Frage der Normgenese durch den Staat eine gewisse Aufmerksamkeit widmet. Diese Vorstellungen über den Staat sind aus hauptsächlich zwei Gründen für die Korporatismusdebatte von Interesse und deshalb darzustellen und zu würdigen. Zum einen nämlich zeigt sich, daß Durkheim bei der Erklärung des staatlichen Norm-

---

¹ Man wird dies wohl als Konsequenz der Tatsache deuten können, daß Durkheim eben keine Theorie formaler Organisationen ausgearbeitet hat. (Vgl. auch Müller 1983: 103)

setzungsverhaltens auf die Berufsgruppen zu sprechen kommt; er betrachtet sie „funktional", als — eine — Determinante staatlichen Handelns. Zweitens kann man m. E. aus der Art, wie Durkheim das Problem des staatlichen Normsetzungsverhaltens faßt, einige Folgerungen zu dem anderen Problem ableiten, wie sich die Frage der Genese von Normen *durch die Berufsgruppen* behandeln ließe. Ich werde diese Folgerungen für die „sozialen Funktionen der Berufsgruppen" — jetzt verstanden als von den Berufsgruppen direkt getragene Handlungen der Normselektion — stets im Anschluß an die Diskussion des Staates als Autor von Normen zu formulieren versuchen.

c) Der Prozeß der Normgenese

Sieht man sich unter dem Gesichtspunkt der Normselektion Durkheims Formulierungen in der Religionssoziologie und im 2. Vorwort zur „Arbeitsteilung" an, so zeigt sich, daß Durkheim dort u. a. auch von der Genese von Normen spricht, diese Frage aber stets in einem Zuge mit der Frage der Akzeptanz behandelt, auf der auch der größere Nachdruck liegt. Gerade von einem Autor, der so großes Gewicht auf die normative Regulierung von Verhalten legt, hätte man nun aber eigentlich auch eine regelmäßige ausführliche eigene soziologische Diskussion des Problems der Genese entsprechender Normen erwarten können. Tatsächlich aber sind Durkheims entsprechende Äußerungen hier eher sporadisch und beiläufig und meist mit der Akzeptanzproblematik verbunden. Wie kann man diese gemeinsame Behandlung von Akzeptanz und Genese verstehen?

M. E. resultiert sie aus einer bestimmten Perspektive Durkheims zum Prozeß der Normgenese und aus Durkheims Orientierung an bestimmten strukturellen Konstellationen. Erstens: Der zentrale Mechanismus, der Akzeptanz bewirkt, liegt nach Durkheim darin, daß aufgrund bestimmter sozialer Prozesse die je einzelnen sozialen Akteure in einen effereszenten Zustand geraten, bei dem sie die Vorstellung und das Gefühl entwickeln, die ihnen zugemuteten Normen seien „nützlich" und „gut", vom Kollektiv als Ganzes gestützt und „sollten" gelten. Die Verknüpfung zwischen den sozialen Prozessen und der Akzeptanz wird also durch einen Prozeß der „Schöpfung" von auf die Normen bezogenem „Sinn" (als gut, als nützlich, als angemessen, als fair) bewirkt. Ganz ähnlich kann man sich den Prozeß der *Genese* von Normen vorstellen: In Prozessen intensiver Interaktion entstehen „sich aufzwingende" Vorstellungen und Gefühle darüber, welche Normen von der Gruppe insgesamt für die Gruppe für gut und nützlich gehalten werden. Sowohl bei Akzeptanz als auch bei Genese handelt es sich um „Schöpfungsprozesse": Unter den Bedingungen intensiver sozialer Kontakte erfolgt bei der Genese von Normen eine Neu-Schöpfung von überzeugungs-

1. Vorbemerkungen

kräftigem und in diesem Sinne „zwingendem" Sinn, bei der Akzeptanz von Normen eine Nach-Schöpfung von Sinn, also eine Art Wiederholung der Neu-Schöpfung[2]. (Diese Wiederholung muß man sich nicht unbedingt inhaltlich identisch vorstellen. Der kreative Schöpfungsprozeß bei der Akzeptanz kann einerseits an Elemente des ursprünglichen Geneseprozesses anknüpfen, kann darüber hinaus aber andererseits auch eigene neue kognitive und affektive Überzeugungen und Gewißheiten hervorbringen[3]).

Zweitens: Nicht nur diese gemeinsame kreative Komponente bei Neu-Schöpfung und Nach-Schöpfung, sondern auch die Identität der betroffenen Akteure in den von ihm in der Religionssoziologie und im Vorwort zur 2. Auflage der „Arbeitsteilung" betrachteten empirischen Konstellationen konnte Durkheim dazu veranlassen, keine Unterscheidung zwischen Genese und Akzeptanz zu machen. Bei der Anlayse der totemistischen Religion geht Durkheim davon aus, daß *alle* Vollmitglieder des Stammes, für die die Normen gelten sollen, auch an der Normgenese teilnehmen. Bei den Berufskorporationen scheint er ähnliche Verhältnisse anzunehmen.

Man kann nun aber diese beiden Annahmen der Identität des Überzeugungsprozesses bei Neu- und Nach-Schöpfung und der Identität der betroffenen Akteure als auf empirische Sonderfälle bezogen betrachten. Lockert man diese Annahmen, werden andere Konstellationen sichtbar, bei denen sich die Überzeugungsprozesse und die betroffenen Akteure nur mehr oder weniger partiell überlappen. Dann jedoch wird die Notwendigkeit für eine eigene Analyse des Genese- und des Akzeptanz-Problems, genauer: der bei der Normgenese im Vergleich zur Akzeptanz eigentümlichen Momente, sichtbar. Durch einen Wechsel des Vokabulars, der m. E. geeignet ist, theoretische Assoziationen auszulösen (und der deshalb heuristisch nützlich erscheint), jedoch an den von Durkheim analysierten Sachverhalten sub-

---

[2] Der von Durkheim so betonte Zustand der Efferveszenz hat bestimmte Ähnlichkeiten mit Webers Vorstellung von charismatischen Situationen. Beide beziehen sich auf außeralltäglich intensive Befindlichkeiten. M. E. liegt aber Durkheims Efferveszenz auf einer anderen — höheren — Ebene als Webers Charisma, jedenfalls soweit man an Webers Typ charismatischer Herrschaft denkt. Weber unterscheidet ja etwa traditionale von charismatischer Herrschaft. Aus Durkheimscher Perspektive könnte man dazu sagen, daß auch *traditionale* Herrschaft auf dem efferveszenten Nachvollzug von Begründungen und Gewißheiten für das gegebene Normensystem beruht.

[3] Ein Beispiel dafür ist das durch die Auslegung von Gesetzen durch Richter geschaffene Richterrecht; Richter können sich auf Begründungen stützen, die der Gesetzgeber hinterließ, darüber hinaus aber eigene Argumente innovieren (z. B. aus dem übrigen rechtlichen Kontext, in den ein bestimmtes Gesetz gestellt wird), die das zu deutende Gesetz mit Sinn versehen und so dessen Akzeptanz fördern. Dies ist ein Beispiel für die von Weber oft betonten Prozesse der Umbildung traditionaler Herrschaft durch die Entwicklung „neuer" Einsichten in das „eigentlich" Gemeinte der traditionalen Vorstellungen.

stantiell nichts ändert, läßt sich dies noch unterstreichen. Man kann nämlich die Fragen nach der Akzeptanz und nach der Genese von Normen als Fragen nach einem „Herrschaftsprozeß" auffassen; die Akzeptanzfrage bezieht sich dann auf die Bereitschaft der Beherrschten, einem Befehl — der Norm — nachzukommen, und die Genesefrage bezieht sich auf die Bedingungen, von denen es abhängt, welche Befehle (Normen) die Herrschenden auswählen. (Auch Poggi (1972: 249 f.) weist auf die Möglichkeit dieser Sichtweise hin —um dies dann aber kritisch, statt zugunsten von Durkheim zu wenden.) „Gehorsamsprozesse" (Normakzeptanz) und „Beherrschungsprozesse" (Normgenese) — als zwei Komponenten von Herrschaftsprozessen — erfordern aber sicherlich je eigenständige Analysen. Zwar können Herrscher bzw. Normsetzer identisch sein mit den Beherrschten bzw. Normakzeptierern (wie bei Konstellationen unmittelbarer Demokratie), jedoch müssen sie dies nicht (etwa dann, wenn es bestimmten der insgesamt in einem sozialen System vorhandenen Akteuren gelingt, Herrschafts-, d. h. Normsetzungschancen zu monopolisieren); im ersten Fall hat die Unterscheidung zwischen Herrschern und Beherrschten also analytischen, im zweiten empirischen Charakter; und zwar können die Faktoren und Prozesse, die die Herrscher zur Auswahl bestimmter Befehle veranlaßten, auch bei der Motivierung des Gehorsams der Herrschaftsunterworfenen diesen Befehlen gegenüber eine Rolle spielen; aber sowohl bei der Entscheidung von Herrschern für Befehle bestimmten Inhalts als auch bei der Entscheidung der Beherrschten für Gehorsam oder Ablehnung können und werden je eigene Faktoren und Prozesse hinzukommen. Diese Argumentation impliziert, daß eine Reihe der Umstände (wie die Art der Sozialstruktur, die Art der Struktur der Berufsorganisationen) und der Zustände (wie durch Interaktionsverdichtungen bewirkte kognitive und affektive Gewißheiten), die oben auf die Frage des Fügsamkeitsverhaltens der Herrschaftsunterworfenen bezogen wurden, also nochmals aufzugreifen sind; sie sind nun aber im Hinblick auf die andere Frage der Befehlsselektion durch die Herrschenden zu betrachten[4].

---

[4] Eine weitere Beobachtung heuristischer Art sei notiert. Die Bezeichnung der bei Durkheim aufgeworfenen Frage der Normgenese durch den bei Durkheim nicht vorkommenden Begriff des Beherrschungsprozesses (der eher mit einer soziologischen Perspektive wie der von Max Weber vereinbar erscheint) eignet sich nicht nur dazu, die Unterschiedlichkeit der Prozesse von Normgenese und Normakzeptanz zu unterstreichen. Wenn man nämlich, sozusagen wieder umgekehrt, die Herrschaftsproblematik, und jetzt speziell die Komponente der Beherrschung, aus der Durkheimschen Perspektive der Normgenese — also als Resultat eines Gruppenprozesses — betrachtet, dann ergibt sich auch auf diese Weise ein interessanter heuristischer Effekt. Wie Poggi (1972: 250) es genannt hat, „atmet" bei Durkheim die Gruppe insgesamt in einem phasenweise auftretenden Zustand der Efferveszenz, der durch einen Prozeß der Interaktionsverdichtung entstand, Normen aus. Diese Vorstellung steht in offenbarem Gegensatz zu den Bildern, mit welchen oft die Handlungen von Herrschern charakterisiert werden. Danach sei für Herrscher gerade die voluntaristische Willkür spezifisch, mit der sie „ihren Willen" auswählen, um ihn dann anderen

1. Vorbemerkungen

Nach diesen Vorbemerkungen läßt sich der Gegenstand dieses Kapitels fixieren. 1) Was die Art des Verhaltens angeht, so interessiert die als eigenständige Problematik identifizierte Frage der Normgenese (bzw. des Herrschaftsverhaltens im Sinne der Selektion von Befehlen). Wie gezeigt gibt Durkheim dazu im Vorwort zur 2. Auflage der „Arbeitsteilung" relativ wenig explizierte, direkte Hinweise, denn sein Hauptinteresse ist dort auf die Frage der Akzeptanz von Normen — den Gehorsam gegenüber Befehlen — bezogen. Gewisse Anknüpfungspunkte lassen sich dagegen in seiner Religionssoziologie ausmachen. 2) Was den Träger des Verhaltens angeht, so wird zunächst der Staat als Autor der Normen betrachtet. Ihm gegenüber stehen andere Akteure als Aspekte seines Kontextes — wie die Berufsgruppen, die sozialen Akteure, die Öffentlichkeit. 3) Schließlich werden einige Folgerungen für das Problem, wie man das Normselektionsverhalten von Berufsgruppen analysieren könnte, zu formulieren versucht. — Von diesen Vorgaben ausgehend wird nun Durkheims politische Soziologie, so wie sie vor allem in den „Leçons de sociologie" (L) entwickelt ist, betrachtet. Es kommt dabei darauf an, einige begriffliche Dimensionen, Faktoren und Mechanismen zu explizieren, die von Bedeutung für die soziologische Beschreibung und Erklärung der „normativen Produktivität" des Staates sind.

---

aufzuzwingen. Die situativen Beschränkungen, denen Herrscher unterliegen, werden dann nicht bei der Entwicklung ihres „Willens" gesehen — hier erscheinen sie vielmehr „frei" —, sondern bei der *Durchsetzung* ihres Willens im Sinne dessen, was hier als Akzeptanz verstanden wird. Durkheims Perspektive ist nun geeignet, diese vermutlich oft überzogenen und unrealistischen Voluntarismusvorstellungen zu korrigieren, indem sie mit Nachdruck auf die kollektiven Prozesse hinweist, aus denen sich „Wille", „Befehle", „Normen" ergeben. (Hier ist daran zu erinnern, daß die Rede von der „Durchsetzung" von Normen oder Befehlen — unter dem Aspekt der Konstruktion explikativer soziologischer Fragestellungen betrachtet — gefährlich unklar ist. Das zeigt sich, wenn man wieder die — simple — Frage stellt, aus welchen und wessen Handlungen denn „Durchsetzung" besteht. Dann nämlich wird deutlich, daß man die eine Frage der Akzeptierung von Normen durch Normadressaten strikt von der anderen Frage der Mobilisierung von Durchsetzungsmitteln durch den Normsender zu unterscheiden hat. Die Mobilisierung von Sanktionsmitteln ist ein Teil des Herrscherverhaltens; zum Verhalten der Beherrschten dagegen gehört es, ob und wie sie sich von diesen Sanktionsmitteln beeindrucken lassen. Beides sind völlig andere Sachverhalte, die völlig andere soziologische Erklärungsprobleme aufwerfen. — Ich selbst werde mich aus pragmatischen Gründen im folgenden auf das Problem der Genese substantieller Normen, nicht dagegen auf das Problem der Genese von „Sanktionsplänen", konzentrieren).

2. Deskriptive soziologische Analyse des Normsetzungsverhaltens des Staates

Bei der soziologischen Analyse des staatlichen Normsetzungsverhaltens behandele ich zwei Hauptfragen. Zum einen und zunächst wird die Frage der näheren soziologischen Charakterisierung des Herrscherverhaltens diskutiert. In welcher Weise verhalten sich Herrscher *unterschiedlich?* Welche Dimensionen dienen zur Konstruktion abhängiger Variablen? Auf der anderen Seite und später werden Hinweise über Faktoren und Mechanismen festgehalten, die für eine soziologische Erklärung solcher Verhaltensunterschiede von Interesse erscheinen. Bei diesen unabhängigen Variablen kann man auch an den Kontext des Staates denken, und für die Korporatismus-Debatte wird man speziell die Bedeutung der Berufsgruppen für das staatliche Normsetzungsverhalten beachten.

Von der Frage der Kontinuität von Durkheims Denkweise aus gesehen ist es interessant festzustellen, daß die Problemexposition in der politischen Soziologie, soweit sie sich in den „Leçons de sociologie. Physique des moers et du droit" (L) findet, ähnlich ist zu der in der „Arbeitsteilung". Zentraler Ausgangspunkt in der „Arbeitsteilung" war die Frage, welche Haltung „man" — der Zeitgenosse — zum Phänomen der Arbeitsteilung einnehmen solle; soll man sie ablehnen, beklagen, rückgängig machen oder möglichst behindern, oder aber soll man sie begrüßen und fördern? Dieses normative Problem versuchte Durkheim in ein empirisch-soziologisches zu verwandeln; er schlug vor, die normative Haltung an der *faktischen* sozialen Bedeutung der Arbeitsteilung zu orientieren. Diese faktische Bedeutung sei jedoch nicht offenkundig, sondern müsse erst durch wissenschaftliche Analysen ermittelt werden. Seine eigene Untersuchung erbrachte als Ergebnis die These, daß die Arbeitsteilung *integrative* — statt desintegrierende — soziale Effekte hat, ja daß sie den für moderne Gesellschaften zentralen Integrationsmechanismus darstellt. Jedem „vernünftigen" und gutwilligen Menschen müsse aber an sozialer Integration, an sozialer Gesundheit — statt an Desintegration — gelegen sein. Daher habe man sich der Arbeitsteilung gegenüber positiv zu verhalten, habe man sie zu begrüßen und zu fördern (s. A: „Einführung" (79-86) und „Zusammenfassung" (437-450)).

In der politischen Soziologie ist, wenn auch nicht ganz so offenliegend und konsequent verfolgt, eine ähnliche Argumentationsfigur auszumachen. Die im Hintergrund stehende Frage lautet: Welche Haltung gegenüber verschiedenen Staatsformen „soll" man einnehmen? Für eine Antwort auf diese Frage werden wiederum nicht die dogmatischen Vorstellungen der politischen Philosophie, sondern die Effekte unterschiedlicher Staatsformen wichtig sein. Diese Effekte sind jedoch nicht offensichtlich, sondern verlangen eine empirisch-theoretische wissenschaftliche Erforschung. Diese wird historisch-komparativ angelegt sein und verschiedene Konstellation von Staatsformen und sozialen Verhältnissen systematisch und evolutionär herausarbeiten. Das Ergebnis solcher Forschung kann die Erkenntnis sein, daß bestimmte Staatsformen und bestimmte soziale Verhältnisse zueinander „passen", andere nicht. „Vernünftigerweise" wird man solche Staatsformen unterstützen, praktizieren, etablieren, die „passend" sind. — Diese Argumentation verlangt zunächst einmal die soziologische Konstruktion unterschiedlicher Staatsformen. Durkheims entsprechende Vorstellungen sind im folgenden herauszuarbeiten.

a) Durkheims soziologische Staatsformenlehre

Inhaltlich vertritt Durkheim die These, daß zu modernen sozialen Verhältnissen „demokratische" Staatsformen „passen" (für die man sich deshalb sinnvollerweise einzusetzen habe); Demokratie kann in modernen Verhältnissen deshalb als „normal" (L: 114) betrachtet und die Relation zwischen einem demokratischen Staat und einer modernen (d. h. von ökonomischen Handlungen dominierten und arbeitsteilig strukturierten) Gesellschaft als „solidarisch" bezeichnet werden.

Zum Verständnis dieser These ist es notwendig, die demokratische Staatsform mit anderen Formen des Staates zu vergleichen. Dabei ist Durkheim terminologisch nicht immer konsistent; von der Sache her aber stellt er der (echten) demokratischen Staatsform drei andere Formen gegenüber, a) die „primitive Demokratie" (L: 94 f., 100, 107), b) die „Pseudo-Demokratie" (L: 110 ff.)) und c) die autoritäre oder absolute Staatsform (L: 104 ff.). Diese vier Staatsformen bezieht Durkheim in unterschiedlicher Weise aufeinander; so finden sich Elemente systematischer Vergleiche (L: 92, 95 f.), polemischer Kontrastierungen (z. B. L: 99, 108, 110), dogmengeschichtlicher Erörterungen (z. B. L: 56 f., 63 ff., 66, 80, 92 ff.), evolutionärer Perspektiven. Dementsprechend vielfältig sind auch die Möglichkeiten, die Durkheims Formulierungen für kritische und weiterführende Fragen enthalten. Zwei dieser Möglichkeiten seien kurz skizziert; damit wird zugleich ein Teil des Materials aufbereitet, das sich für die Konstruktion explikativer soziologischer Fragen über das Staatsverhalten als wichtig herausstellen wird.

aa) Die Staatsformen unter evolutionärer Perspektive

Man kann bei Durkheim, sozusagen leitmotivisch, eine evolutionäre Perspektive identifizieren. Danach beginnt die Entwicklung staatlich-politischer Formen mit der „primitiven Demokratie", bei der die Interrelationen zwischen organisierten Gruppen (vor allem verwandtschaftlicher Art) zunächst durch ad hoc sich versammelnde Räte, später durch Häuptlinge hergestellt werden. Von der Ausdifferenzung eines „Staates" kann noch nicht gesprochen werden (L: 94 f., 100 f., 107). Dies wird vielmehr auf der folgenden Stufe der Evolution mit der Herausbildung eines „autoritären Systems" erreicht (L: 97 f., 104 ff., 118 ff.); jetzt gibt es neben einer komplexen Struktur von organisierten Gruppen ein institutionalisiertes politisches Zentrum. Diese Akteure existieren aber eher nebeneinander als daß sie in geregelter Weise interagieren würden (L: 103 ff.). Die verschiedenen Gruppen umfassen in der Art totaler Institutionen die Individuen und kontrollieren deren Verhalten. Der Staat mag zwar Gewalt über je einzelne Individuen ausüben können, ist aber unfähig, die gesellschaftliche Struktur zu beeinflussen (L: 106); er beschäftigt sich mit „reiner" (besonders Außen-)Politik und militärischen Aktionen (L: 104 f.), deren Rückwirkungen auf die Gesellschaft jedoch gering bleiben. „Autoritär" ist ein solches System in doppelter Weise; einerseits insofern, als der „absolute" Staat über Leben und Tod der Individuen entscheiden kann (nicht aber über die gesellschaftliche Struktur und deren Träger: die organisierten Gruppen wie Kirchen, Klöster, Städte, Zünfte, etc.), zum anderen insofern, als die Gruppen die Individuen „total" umfassen; Personen sind nicht als eigenständige Akteure sozial anerkannt, sondern nur als Mitglieder entsprechender Gruppen. In dieser letzten Hinsicht bestehen die gleichen Verhältnisse wie bei der primitiven Demokratie; neu ist beim autoritären System die institutionelle Ausdifferenzierung des Staates. Den nächsten Schritt der Evolution bildet die Entstehung der „Pseudo-Demokratie" (L: 110 ff.). Ihre positive Errungenschaft ist die Erfindung der sozialen Anerkennung für das Individuum als autonomem Aktor, ihre negative Errungenschaft die Zurückdrängung der sozialen Gruppen bis zur Bedeutungslosigkeit. Die Pseudo-Demokratie ist das Resultat von zwei aufeinanderfolgenden Prozessen. Zunächst bilden sich aus der Konkurrenz und gegenseitigen Behinderung von Staat und Gruppen faktische Freiräume für die Individuen, die schließlich auch kulturell-normativ (im Konzept der „autonomen Persönlichkeit") überformt werden (und auf deren Förderung sich der Staat als Programm verpflichten kann). Später geraten die organisierten Gruppen sowohl von Seiten der (jetzt) autonomen Individuen her (die etwa weitreichende wirtschaftliche Beziehungen untereinander aufnehmen) als auch von Seiten des Staates unter Druck und werden an den Rand gedrängt, zum Teil sogar vernichtet. Das Resultat — die Pseudo-Demokratie — entspricht dem, was z. B. William Kornhauser (1959) als „Massengesellschaft" bezeichnet hat und was Durkheim selbst als für seine Zeit gegeben und für deren Krisen verantwortlich ansieht: Einem zentralisierten Staat steht eine Masse isolierter Individuen gegenüber. Als letzten evolutionären Schritt schließlich sieht Durkheim die Herausbildung der „(echten) Demokratie" an; sie ist dadurch gekennzeichnet, daß die Individuen und der

Staat als anerkannte soziale Einrichtungen bestehen bleiben, aber als dritter Aktorstyp sich (wieder, aber neuartige) Gruppierungen bilden, die zwischen Staat und Individuen „vermitteln".

bb) Die Staatsformen als gesamtgesellschaftliche deskriptive soziologische Modelle

Man kann Durkheims Staatsformen auch als deskriptive gesamtgesellschaftliche soziologische Modelle betrachten, die mittels der Spezifizierung von Struktureinheiten und von Relationen zwischen diesen Einheiten konstruiert werden. Welche Momente gehen in diese Konstruktionen ein? Drei Aspekte lassen sich unterscheiden[5]. 1) Zunächst ist die Frage der strukturell-institutionellen Ausdifferenzierung von Aktoren und speziell des Staates angesprochen; gesamtgesellschaftliche Systeme werden soziologisch danach unterschieden, ob eine solche Ausdifferenzierung fehlt („primitive Demokratie") oder vorliegt. 2) Bei gegebener Ausdifferenzierung läßt sich die Frage der Relation von Staat und Gesellschaft (= Gruppen und Individuen) stellen; Durkheim schlägt vor, gesamtgesellschaftliche Systeme soziologisch danach zu unterscheiden, ob die Kommunikation zwischen Staat und Gesellschaft nur schwach („autoritäres System") oder stark ausgeprägt ist. (Die Stärke der Kommunikation läßt sich dabei nach der Häufigkeit und Kontinuierlichkeit der Interaktionen der Einheiten (selten/oft) und nach dem inhaltlichen Umfang der behandelten Themen (wenige/viele) bemessen[6]. 3) Schließlich kann man im Falle starker Kommunikation zwischen einem ausdifferenzierten Staat und der Gesellschaft danach fragen, wie sich die Kommunikation vollzieht. Dabei setzt Durkheim voraus, daß sich parallel zur Ausbildung einer starken Kommunikation zwischen Staat und Gesellschaft eine Emanzipation von Individuen als sozial anerkannten Aktoren ergeben hat; daher läßt sich in bezug auf die Form der Kommunikation jetzt unterscheiden, ob die — starke — Kommunikation zwischen Staat und Individuen direkt (= „Pseudo-Demokratie") oder aber indirekt — durch intermediäre Instanzen vermittelt — erfolgt (= „Demokratie").

Diese Modelle gesamtgesellschaftlicher Konstellationen — konstruiert aus Arten von Strukturelementen und Relationen zwischen ihnen, die als

---

[5] Ich greife damit auf die oben bereits entwickelte Skizze der politischen Soziologie Durkheims zurück.

[6] Durkheim erwähnt diese Aspekte der Kommunikation auch bei der primitiven Demokratie mit nur rudimentär ausdifferenzierter politischer Zentralstruktur. Er sieht hier eine Gegenläufigkeit von Themenbreite und Kommunikationshäufigkeit. Ältestenräte oder Stammeshäuptlinge haben einerseits enge Kontakte mit den gesellschaftlichen Ereignissen und Prozessen, andererseits ist der Umfang der gesellschaftlich entstehenden Themen, die politisch zu behandeln wären, gering.

integrierende kommunikative Prozesse konzeptualisiert sind — lassen sich unter verschiedenen Gesichtspunkten würdigen. Zunächst einmal verdienen sie als Selbstzweck Interesse. Sie stellen Vorstellungen dar, mit Hilfe derer sich eine immer übermäßig komplexe gesamtgesellschaftliche Realität auf eine überschaubare Reihe von Grundzügen — Grundstrukturen und Grundprozessen — reduzieren läßt. Als solche sind sie vereinfachende soziologische Deutungen, die sich als Antworten auf z. B. die Frage verwenden lassen, in welcher Weise sich moderne politische Verhältnisse kennzeichnen und von vormodernen Verhältnissen unterscheiden lassen. Zweitens können solche deskriptiven soziologischen Konstruktionen auch als Ausgangspunkte für die Formulierung explikativer soziologischer Fragen dienen. Vielleicht am naheliegendsten ist dabei die Frage nach den Bedingungen für die Ausbildung der einen oder der anderen Staatsform bzw. gesamtgesellschaftlichen Konstellation. Aber gerade diese Frage dürfte sich am schwersten befriedigend beantworten lassen — jedenfalls aus der aktorzentrierten soziologischen Perspektive, für die hier plädiert wird. Das sei am Beispiel der (echten) Demokratie deutlich gemacht. In dieser Konstellation wird von drei Arten von Handlungseinheiten ausgegangen — sozialen Akteuren, intermediären Akteuren und Staat. Da nun soziologische Erklärungen sich stets auf die Erklärungen der Handlungen angebbarer Akteure richten sollten, ergibt sich als Forschungsprogramm die Aufgabe, die Bedingungen für autonome Handlungen von drei Aktorstypen — zwischen denen auch noch interdependente Beziehungen anzunehmen sind — zugleich zu ermitteln. Ein solches Programm aber überfordert jedenfalls meine derzeitigen konzeptuellen und theoretischen Möglichkeiten. Daher ist eine andere Art vorzuziehen, in der sich an solche deskriptiven gesamtgesellschaftlichen Modelle als Ausgangspunkt für explikative Zwecke anknüpfen läßt. Dabei versucht man das eben skizzierte explikative soziologische Programm sozusagen schrittweise zu bewältigen. Zu diesem Zweck konzentriert man sich jeweils auf einen einzigen Aktor als Bezugspunkt der Analyse; während dessen Verhalten zu erklären ist, behandelt man die anderen in dem deskriptiven gesamtgesellschaftlichen Modell genannten Aktore als Elemente des Kontextes, die als Verhaltensdeterminanten eine Rolle spielen können.

In diesem Sinne konzentriere ich mich in diesem Kapitel zunächst auf den Staat als Träger der Genese von Normen. Von hier aus gesehen gewinnen Durkheims soziologische Modelle von Staatsformen insofern Interesse, als man durch sie erstens auf Variationen im staatlichen Verhalten aufmerksam gemacht werden kann, und als sie zweitens Hinweise auf Variationen im Kontext des Staates enthalten, die für soziologische Erklärungszwecke wichtig sein könnten. Zu diesem Kontext gehören auch, wie die Staatsformen deutlich machen, intermediäre Akteure wie die Berufsgruppen. Unter diesen Aspekten sind daher die von Durkheim unterschiedenen Staatstypen zu betrachten. (Im Anschluß daran lassen sich — gestützt auf die Analyse des

Staates und die Beschreibung der intermediären Akteure in der Typologie der Staatsformen — entsprechende Fragen über Verhaltensweisen und Verhaltensdeterminanten auf die Berufsgruppen beziehen, die dann also ihrerseits als Träger der Genese von Normen gesehen werden.)

b) Arten von Entscheidungshandlungen des Staates

Für die hier interessierende Frage nach der Genese von Normen durch den Staat und die Bedeutung der Berufsgruppen dafür liegt es nahe, zu überlegen, welche Arten von Entscheidungen aus derartigen Konstellationen resultieren werden. Bei primitiven Demokratien gehen in die Entscheidung des Rates der Gruppen oder des Häuptlings in unmittelbarer Weise die Gefühle, Vorstellungen und Wissensbestände der sozialen Gruppen ein (L: 100, 106 f.). Denn die personelle Identität zwischen Rat bzw. Häuptling und Gruppenvorständen sorgt für einen ungehinderten Kommunikationsfluß. Das bedeutet aber auch, daß all die Vagheiten, Unklarheiten, Widersprüchlichkeiten, Konventionalitäten, Traditionalismen der im sozialen Milieu verbreiteten Meinungen (L: 61) ungefiltert in die Politik gelangen. Substantiell werden die zentral getroffenen Entscheidungen daher inkonsistent und konservierend-innovationsfeindlich sein. Andererseits werden die Gruppen eifersüchtig über ihre jeweiligen Autonomiebereiche wachen; deshalb ist mit einem geringen Volumen an zentral getroffenen Entscheidungen zu rechnen, zu denen es auch nur unregelmäßig — je nach situativ sich einstellendem Bedarf — kommt. Bei der autoritären Staatsform hat sich ein selbständiger Staat institutionell ausdifferenziert. Dieser wird versuchen, sich einen eigenen Entscheidungsbereich zu erschließen und zu erhalten. Da es ihm nicht gelingt, die vielfältige Machtstruktur der Gruppen zu durchdringen, wird er sich auf außenpolitische, dynastische und militärische Themen konzentrieren (L: 103). Die Gruppen ihrerseits werden eifersüchtig gegeneinander und gegen den Staat ihre jeweiligen Machtbereiche zu sichern versuchen. Damit ergibt sich schwergewichtig eine thematische Spezialisierung zwischen Staat und Gruppen, tendenziell verbunden mit einem Abbruch des gesamtgesellschaftlichen Kommunikationsprozesses (L: 97 ff.). Entscheidende Determinanten der staatlichen Entscheidungen sind deshalb das Staatspersonal selbst (statt, wie bei der primitiven Demokratie, die Gruppen); das Volumen dieser staatlichen Entscheidungen wird — wegen der thematischen Spezialisierung — zunehmen können. Diese zunehmende Bedeutung des Gewichtes staatlicher Entscheidungen muß jedoch — gesamtgesellschaftlich gesehen — relativiert werden durch die bei den Gruppen verbleibenden Machtbereiche (L: 100 f.). Bei der Pseudo-Demokratie (L: 110 ff.) ist die Emanzipation der Individuen als legitime Handlungseinheiten und die Zurückdrängung der Gruppen als legitime Handlungseinheiten charakteristisch. Die Individuen werden versuchen, den Staat zum Instrument ihrer Gefühle und Vorstellungen zu machen, und, nach Durkheim, damit Erfolg haben, denn das Staatspersonal (etwa die wiederwahlabhängigen Parlamentsabgeordneten) kann dem wenig entgegensetzen (L: 114 f.). Die Definition des Staatswillens gerät also in die Hände der Masse der Individuen. Deren Vorstellungen und Gefühle sind vielfältig, vage und schwankend; daher wird es ein großes Volumen staatlicher Entscheidungen geben, welches aber, inhaltlich gesehen, kaum eine konsistente Politik ermöglichen wird (L: 113). Da jedoch die Vorstellungen und Gefühle der Masse der Individuen zwar extreme Ausschläge haben können, aber im Kern eher konservativ sind, wird auch die staatliche Politik, trotz aller kurzfristigen Sprünge, längerfristig betrachtet konservativ sein. Dies wird dadurch verstärkt werden, daß durch das ungesicherte Staatspersonal eine Gewichtsverlagerung zur exekutiven Bürokratie sich ergeben wird. Bei der (echten) Demokratie schließlich nehmen an der staatlichen Willensbildung unmittelbar zwei Typen von Akteuren entscheidend Anteil, nämlich das Staatspersonal einerseits und die erneuerten wiedererstarkten Gruppen andererseits. Dabei stehen diese Gruppen ihrerseits in Kontakt zu den Individuen, deren Gefühle und Vorstellungen sie aufnehmen, konzentrieren und in dieser bearbeiteten Form an den Staat weitervermitteln. Dieser wiederum wird durch die Gruppen vom unmittelbaren Druck durch die Individuen befreit und erwirbt die Chance, eigene Vorstellungen ohne Zeit- und politischen Druck zu entwickeln und in die Entscheidungen einzubringen.

Die Art, in der Durkheim die Handlungen des Staates, die Variationen des Kontextes und die Verbindung zwischen beiden konstruiert, läßt sich noch deutlicher herausarbeiten, wenn man Durkheims Versuch in die Betrachtung einbezieht, bestimmte Relationen zwischen Staat und Gesellschaft als „normal", andere als „pathologisch" zu charakterisieren. Es wurde ja schon darauf hingewiesen, daß sich Durkheim nicht auf die Analyse von politisch-gesellschaftlichen Konstellationen und von Geneseprozessen staatlicher Entscheidungen beschränkt, sondern daß er vielmehr — wenn auch beiläufiger und impliziter als in der „Arbeitsteilung" — außerdem Vorstellungen über die Angemessenheit oder Unangemessenheit, die Normalität oder Pathologie derartiger Konstellationen entwickelt.

Wie geht er dabei vor? Aufschlußreich ist hier der Vergleich zwischen Pseudo-Demokratie (= Kornhausers Massengesellschaft) und (echter) Demokratie. Durkheim versucht zu zeigen, daß die Pseudo-Demokratie mit ihrer direkten Konfrontation von zentralem Staat und autonomen isolierten Individuen verantwortlich für die sozialen und politischen Krisen seiner Zeit ist; und er plädiert dafür, durch die Schaffung von intermediären Gruppen in Form von Berufsorganisationen zur echten Demokratie zu gelangen, von der er sich die Überwindung dieser Krisen verspricht. Faßt man nun „Krisen" moderner Gesellschaften als „anormale" oder „pathologische" Zustände auf, die Überwindungen der Krisen dagegen als „normale" oder „solidarische" Zustände, dann lassen sich auf Durkheims politische Soziologie Konzepte und Fragestellungen beziehen, wie sie in der „Arbeitsteilung", den „Regeln" und im „Selbstmord" verwendet werden. Zwischen Durkheims Analyse politischer Phänomene einerseits und seiner Analyse anderer Gegenstände (wie Selbstmord, Arbeitsteilung) lassen sich dann Ähnlichkeiten im allgemeinen soziologischen Ansatz und Ähnlichkeiten substantieller Art hervorheben. Diese wiederum gestatten es, die soziologische Analyse politischer Phänomene in Orientierung an Durkheims sonstigen Untersuchungen voranzutreiben. Die Relation zwischen Staat und Gesellschaft wird dann als Frage der Interaktion zwischen strukturell differenzierten Einheiten behandelbar; damit ist eine Anknüpfung zur Problematik der „Arbeitsteilung" gegeben. Die Formen der Ausprägung dieser Relation und die Lage der an dieser Relation beteiligten Einheiten lassen sich als normal oder pathologisch beschreiben; damit läßt sich ebenfalls an die „Arbeitsteilung" anknüpfen, darüber hinaus auch an die „Regeln" — besonders die Diskussion über Normalität, Kap. 3 — und an den „Selbstmord".

Von hier aus ist die Frage zu wiederholen: Weshalb genau betrachtet Durkheim Pseudo-Demokratie als „krisenhaft"? Durkheim selbst formuliert diese Frage nicht in dieser Schärfe, und daher finden sich auch keine expliziten Beurteilungskriterien. Aber auf zwei Sachverhalte spielt er immer wieder an, und es scheint mir legitim, sie als solche Kriterien anzusehen. Wie oben bereits gezeigt, versucht Durkheim ganz generell häufig, seiner Beurteilung von Phänomenen als „normal" den Charakter subjektiver Willkürlichkeit zu nehmen, indem er sie als evolutionär wahrscheinlich bezeichnet; pathologische Phänomene dagegen erscheinen als — worauf immer im einzelnen beruhende — Abweichungen von oder Hindernisse auf diesem evolutionären Trend. Daher verwundert es nicht, wenn Durkheim die Herausbildung der echten Demokratie in modernen Gesellschaften als „normale" Entwicklungsperspektive behandelt und wenn sich die Kriterien dieser Qualifizierung als „normal" in den angenommenen Ursachen dieses Trends versteckt finden.

Durkheim definiert Demokratie als politisches System, „durch das die Gesellschaft ein Bewußtsein ihrer selbst in seiner reinsten Form (L: 107, üb. K. M.) erlangt, weil 1) eine enge Kommunikation zwischen Gesellschaft und Staat besteht und weil 2) prinzipiell alle gesellschaftlichen Themen zum Gegenstand der Reflexion des Staates werden können. „Ein Volk ist umso demokratischer, je bedeutsamer beim Gang der öffentlichen Angelegenheit die Rolle von Abwägen, Reflexion, kritischem Geist ist. Es ist es dagegen umso weniger, je vorherrschender mangelnde Bewußtheit, unerforschte Praktiken, obskure Gefühle, der Untersuchung entzogene Vorurteile sind"

(L: 107 f., üb. K. M.). Wodurch nun entstehen derartige Systeme? 1) „Je größer und komplexer Gesellschaften sind, desto mehr bedürfen sie für ihr Funktionieren der Reflexion. Blinde Routine und uniforme Tradition eignen sich nicht zur Regelung des Ablaufes eines delikateren Mechanismus. Je komplexer das soziale Milieu wird, desto mobiler wird es; daher muß sich die soziale Organisation im gleichen Ausmaß ändern, und zu diesem Zweck muß sie sich ihrer selbst bewußt und reflexionsfähig sein... Deshalb werden beratende Versammlungen zu einer immer allgemeiner verbreiteten Institution; sie sind das Organ, durch das Gesellschaften über sich selbst reflektieren, und, als Folge, das Instrument der fast ununterbrochenen Veränderungen, welche die gegenwärtigen Bedingungen der kollektiven Existenz erfordern" (L: 108 f., üb. K. M.). 2) „Gleichzeitig mit den so durch den Zustand des sozialen Milieus notwendig gewordenen Fortschritten der Demokratie werden diese gleichermaßen durch unsere fundamentalsten moralischen Ideen hervorgerufen. Die Demokratie — so, wie wir sie definiert haben — ist in der Tat das politische Regime, welches am stärksten mit unserer heutigen Vorstellung des Individuums konform geht. Der Wert, den wir der individuellen Person zuerkennen, bewirkt, daß wir seine Reduzierung auf ein mechanisches Instrument, das durch die soziale Autorität von außen bewegt wird, verabscheuen. Eine Person ist nur in dem Maße sich selbst, in dem sie eine autonome Handlungseinheit ist.... Autonom sein heißt für den Menschen zu verstehen... Dies macht die moralische Überlegenheit der Demokratie aus. ... Da es hier die dauerhaften Kommunikationen zwischen ihnen (den Bürgern) und dem Staat gibt, ist der Staat für die Individuen nicht länger wie eine äußerliche Kraft, die ihnen einen ganz mechanischen Impuls aufdrückt. Dank des dauernden Austausches zwischen ihm und ihnen verknüpft sich sein Leben mit dem ihren, wie sich ihr Leben mit dem seinen verknüpft." (L: 109 f., üb. K. M.). Kurz gesagt sind Demokratien also deshalb „normal", weil sie 1) „sozial-adäquat" sind, d. h. der Differenziertheit und Mobilität moderner Verhältnisse Rechnung tragen, und weil sie 2) „moral-adäquat" sind, d. h. den modernen moralischen Vorstellungen über die Bedeutung des Individuums entsprechen. Als pathologisch wären demgegenüber dann solche politischen Verhältnisse zu bezeichnen, die 1) der Differenziertheit und Veränderlichkeit moderner Gesellschaften nicht genügen würden und/oder bei denen 2) der moralische Individualismus beeinträchtigt wäre.

Die beiden Kriterien der Sozialadäquanz und der Moraladäquanz eignen sich auch zur Unterscheidung von normalen und pathologischen Versionen der politischen Arrangements der primitiven Demokratie und des autoritären Systems (was Durkheim selbst jedoch nicht ausführte). Allerdings sind diese Kriterien dann inhaltlich anders zu interpretieren. Das ergibt sich als Konsequenz von Durkheims genereller methodischer Forderung, daß man die Normalität bzw. Pathologie sozialer Phänomene stets nur relativ zu bestimmten gesellschaftlichen Typen ermitteln könne (vgl. insbesondere

2. Analyse des Normsetzungsverhaltens des Staates

„Regeln", Kap. 4). Die primitive Demokratie und das autoritäre System werden also je danach unterschiedlich zu bewerten sein, von welchem Entscheidungsbedarf und von welchen normativen Mustern man jeweils auszugehen hat (wobei, wie der Vergleich von echter Demokratie und Massengesellschaft impliziert, ein wichtiger Aspekt der moralischen Muster sich auf die Qualifizierung von sozialen Einheiten als „sozial bedeutsam" und deshalb zu kollektiven Entscheidungsprozessen zugelassen bezieht). Die Willensbildung in der „primitiven Demokratie" ist durch die sporadisch stattfindende Produktion eines geringen Volumens gesamtgesellschaftlich bindender Entscheidungen gekennzeichnet. Der Inhalt dieser Entscheidung ist überwiegend entweder technischer Natur (z. B. Verabredungen zu gemeinsamer Jagd oder Kriegsunternehmen) oder traditionalistisch-ritueller Natur. Das zentrale Gewicht kommt dabei den sozialen Gruppen zu. Solche Arten der Entscheidung sind „normal", solange a) der gesellschaftliche Entscheidungsbedarf gering ist — bei stationären sozialen Verhältnissen — und/oder b) solange die als relevante soziale Akteure geltenden Einheiten vorwiegend Gruppen, nicht jedoch Individuen und kaum schon „Staaten" sind; die der primitiven Demokratie entsprechenden Entscheidungsformen werden jedoch „pathologisch", wenn a) der gesellschaftliche Bedarf an Entscheidungen steigt (der aber dann unbefriedigt bleiben muß) und/oder wenn b) Individuen oder das Staatspersonal beginnen, ihrerseits Ansprüche auf Gewicht im Hinblick auf die Bestimmung des gesamtgesellschaftlichen Willens zu erheben (wobei diese Ansprüche jedoch nicht realisiert werden). Bei der autoritären Staatsform kann formal analog, inhaltlich jedoch verändert argumentiert werden. Die autoritäre Staatsform ist durch eine Produktion von gesamtgesellschaftliche Geltung beanspruchenden Entscheidungen gekennzeichnet, an der nebeneinander die Gruppen und der nun ausdifferenzierte Staat beteiligt sind. Diese Situation der Spezialisierung ermöglicht ein größeres Entscheidungsvolumen und eine Qualitätsverbesserung der Entscheidungen (insbesondere über außenpolitische und militärische Fragen). Derartige Entscheidungen sind „normal", a) wenn sie dem gesamtgesellschaftlichen Entscheidungsbedarf entsprechen (der nun, im Vergleich zur primitiven Demokratie, also etwas größer sein kann) und/oder b) wenn bzw. solange die handlungsqualifizierten Akteure Gruppen und Staat die Aufteilung von Entscheidungsthemen respektieren und die nicht-qualifizierten Individuen keine Entscheidungsansprüche erheben; „pathologisch" wird dieses Entscheidungsmuster entsprechend a) dann, wenn der Entscheidungsbedarf stärker anwächst und/oder b) dann, wenn zwischen Staat und Gruppen Auseinandersetzungen um die Aufteilung der Entscheidungsthemen entstehen oder wenn die Individuen Entscheidungsansprüche stellen, aber nicht eingeräumt erhalten.

Aus diesen Überlegungen lassen sich nun einige Folgerungen heuristischer Art für die soziologische Analyse des staatlichen Entscheidungsverhaltens ziehen; welche?

c) Heuristische Folgerungen für die vergleichende soziologische Analyse von Staaten

Ich habe eben Durkheims politische Soziologie als eine „Staatssoziologie" dargestellt, d. h. ich habe mich — gemäß der in dieser Arbeit insgesamt favorisierten Perspektive — darum bemüht, stets eine bestimmte Handlungseinheit — den Staat — zu thematisieren. Dieses Insistieren hat zwei Gründe. Der eine ergibt sich aus einer werkinterpretatorischen These; obwohl nämlich Durkheim in den Lektionen 4 bis 9 der „Leçons" sehr verschiedene Fragen anspricht — vom Problem der Entstehung des moralischen Individualismus bis zum Problem der Struktur intermediärer Akteure — und obwohl der genaue Zusammenhang dieser Themen untereinander nicht ganz deutlich ist, kann man doch feststellen, daß der Schwerpunkt seiner Analyse sich auf die Frage staatlichen Entscheidens bezieht. Dieser Gesichtspunkt bietet sich deshalb auch für einen Versuch der Rekonstruktion von Durkheims politischer Soziologie an. Zweitens ist die Frage der Verwendung von Durkheims politischer Soziologie als Ausgangspunkt für die Formulierung von Fragestellungen für die Korporatismusforschung zu beachten; das Insistieren auf der Betrachung des Staates als Handlungseinheit erlaubt die Unterscheidung und die Präzisierung von zweierlei Formen, in denen die Berufsgruppen Bedeutung für die gesellschaftliche Regulierung erlangen können. Auf der einen Seite ergibt sich nämlich die Anregung, staatliches Verhalten der Regulierung der Gesellschaft zu thematisieren und in bezug darauf die Berufsgruppen — als (eine) Determinante — zu analysieren. Auf der anderen Seite lassen sich aus diesen Überlegungen dann Folgerungen für das ganz andere Problem ziehen, wie sich Berufsgruppen als Setzer von Normen analysieren lassen.

Zur Konkretisierung dieser beiden Perspektiven ist zunächst die Spezifizierung von *unterschiedlichen Arten* staatlichen Verhaltens der Normselektion nötig. Für eben diese Spezifizierung enthalten Durkheims Staatsformen wichtige Hinweise. Diese liegen nun aber nicht ganz offen zutage, und es braucht einigen Aufwand, um sie zu extrahieren. Verschiedene Umstände sind für diese Unexpliziertheit verantwortlich. So lassen Durkheims evolutionäre Auffassungen es unklar erscheinen, ob und welche Aspekte seiner Analyse der primitiven Demokratie und des autoritären Systems in eine Untersuchung *moderner* Verhältnisse übernommen werden können. In seine Auseinandersetzungen mit Positionen anderer Autoren (Rousseau, Kant, Spencer, Montesquieu) gehen oft Einwände logischer, begrifflicher und ideologischer Art kaum unterschieden über in Vorbehalte empirischen und theoretischen Charakters. Dabei wird die Unklarheit noch durch Durkheims Neigung vergrößert, die eigene Position dadurch zu stärken, daß er sie gegen empirische Probleme durch definitorische Setzungen zu schützen sucht.

Trotz dieser Probleme lassen sich jedoch eine Reihe von Merkmalsdimensionen zur soziologischen Charakterisierung des staatlichen Entscheidungsverhaltens identifizieren. Drei dieser Dimensionen seien explizit hervorgehoben:

aa) Das Volumen der Entscheidungen

Wie oben gezeigt (speziell bei der Diskussion der Sozialadäquanz des Verhaltens des Staates als Kriterium seiner Beurteilung als pathologisch oder normal) hat Durkheim darauf hingewiesen, daß moderne Gesellschaften hochkomplex und hochveränderlich sind und deshalb einen hohen Entscheidungsbedarf haben. Diesem Bedarf kann durch die Produktion eines mehr oder weniger großen Volumens von Normen mehr oder weniger entsprochen werden. Staatliches Verhalten läßt sich also durch eine Dimension variierender normativer Produktivität charakterisieren. — Als ein explikatives Problem, dem sich eine aktorzentrierte soziologische Analyse des Staates zuwenden könnte, ergibt sich damit die Frage nach den Umständen, von denen dessen variierende Produktivität bei der Entwicklung von Vorstellungen, Gefühlen und Entscheidungen darüber abhängt. Dies ist zugleich ein Bezugspunkt für die Analyse der mittelbaren „indirekten" Funktionen von Berufsgruppen für die Selektion von Normen; zu ermitteln ist nämlich speziell, ob und welche Merkmale von Berufsgruppen von Bedeutung für die variierende staatliche normative Produktivität sind.

bb) Die Ausgewogenheit (Gerechtigkeit, Balance) von Entscheidungen

Bei der Diskussion der Normalität oder Pathologie des staatlichen Entscheidungsverhaltens wurde neben der Sozialadäquatheit auch die Moraladäquatheit berührt. Verschiedene Aspekte solcher normativen Komplexe lassen sich unterscheiden. Sie berühren, zum einen, den Prozeß oder das Verfahren der Normselektion; hier betreffen sie das Gewicht, welches verschiedenen Aktoren darin zuerkannt wird. Zum anderen beziehen sie sich auf den *Inhalt* der Entscheidungen des Staates. Hier berühren sie die Frage der „Gerechtigkeit". Man kann dies als Frage der Balance oder Ausgewogenheit in dem Sinne verstehen, als es hier darum geht, ob die verschiedenen Akteure, die durch eine Entscheidung betroffen werden, in vergleichbarer

Weise begünstigt oder belastet werden, bzw. ob die Entscheidungen des Staates dazu geeignet sind, gerechte Verhältnisse zu fördern (siehe z. B. L: 86 f.).[7]

Für die aktorzentrierte soziologische Analyse ergibt sich damit die kausale Fragestellung, diejenigen Umstände zu ermitteln, von denen es abhängt, ob der Staat gerechte oder nichtgerechte Normen selegiert. Diese Fragestellung ist wiederum als Bezugspunkt für die Analyse von Berufsgruppen verwendbar; zu untersuchen ist dann, ob für die variierende Ausgewogenheit staatlicher Entscheidungen Arten von Berufsgruppen verantwortlich sein können.

Sieht man nun die genannten beiden Aspekte von staatlicher Normselektion — Volumen und Balance — zusammen, so wird deutlich, daß es sich bei ihnen um ziemlich genau *diejenigen* Dimensionen handelt, mit Hilfe derer Durkheim in der „Arbeitsteilung", im „Selbstmord" und in der „Moralischen Erziehung" die Grundzüge seiner Typologie normativer Muster konstruierte. Denn erstens werden mit Hilfe der Dimension „Zahl von Normen" dort ja anomische normative Verhältnisse (nämlich: fehlende oder wenige Normen) von nicht-anomischen Verhältnissen unterschieden. Insofern kann man also feststellen, daß das Thema von Durkheims politischer Soziologie unmittelbar mit seinen sonstigen zentralen soziologischen Interessen — wie sie in der „Arbeitsteilung", im „Selbstmord" und in der „Moralischen Erziehung" formuliert werden — verknüpft ist; auch die politische Soziologie betrifft dieses zentrale Interesse — die Frage der „Normalisierung" sozialer Beziehungen durch „angemessene" normative Muster. Das gilt — zweitens — auch für die Dimension der „Gerechtigkeit"; denn nicht-balancierte, ungerechte Entscheidungen bedeuten doch, daß Normen gesetzt werden, die bestimmten sozialen Akteuren Egoismus ermöglichen und anderen sozialen Akteuren Altruismus zumuten. Weil in dieser Weise die Beschreibung des Entscheidungsverhaltens des Staates gerade in solchen Kategorien erfolgt, die Durkheim zur Charakterisierung der normativen Muster verwendet, die die sozialen Akteure zu pathologischen oder normalen Interaktionen veranlassen, d. h. die sich auf das Problem der sozialen Ordnung beziehen, ergibt sich, daß man über eine Erklärung des entsprechenden staatlichen Entscheidungsverhaltens auch einen Beitrag zur Erklärung der sozialen Pathologie bzw. Normalität, also des Problems der sozialen Ordnung, leisten kann.

---

[7] Es liegt vielleicht nahe, die Frage der Gerechtigkeit staatlicher Entscheidungen zunächst einmal auf gesellschafts*interne* Verhältnisse zu beziehen. Aber staatliche Entscheidungen können auch internationale „Externalitäten" haben, und ein —erweiterter — Gerechtigkeitsbegriff könnte auch diese Bezüge umfassen. Durkheim selbst hat verschiedentlich die Frage der „Internationalisierung" moralischer Ideen angesprochen (z. B. L: 87-91; So: Kp. 9; 1973e: 124-7).

2. Analyse des Normsetzungsverhaltens des Staates

cc) Der Inhalt der Entscheidungen

Durkheim beschränkt sich in der politischen Soziologie zur Charakterisierung von Entscheidungen nicht auf die beiden Dimensionen des Volumens und der Ausgewogenheit. Vielmehr arbeitet er noch mit einer Reihe von weiteren Merkmalen, die z. T. ebenfalls in seiner allgemeinen Charakterisierung moderner Gesellschaften eine Rolle spielen, so daß auch hier die enge Verbindung zwischen seiner politischen Soziologie und seinem allgemeinen soziologischen Ansatz deutlich wird. So enthält seine Staatsformenlehre mehr oder weniger explizite Andeutungen über variierende Inhalte, die den Bezug für Entscheidungen abgeben können:

a) Unter dem hier zunächst allein interessierenden Aspekt der Handlungen der zentralen politischen Einheit „Staat" legt die Unterscheidung zwischen primitiven Demokratien einerseits und autoritärem System, Pseudo-Demokratie sowie echter Demokratie andererseits zum einen die Beachtung einer Dimension „Gleichrangigkeit oder Vorrangigkeit der Themen, über die der Staat Vorstellungen, Gefühle und Entscheidungen ausbildet", nahe; in primitiven Demokratien entwickeln der Rat oder der Häuptling über *alle* auftretenden Themen gleichermaßen Vorstellungen (seien diese Themen etwa ökonomischer, politischer oder religiös-kultureller Natur), in den anderen Systemen dagegen kristallisieren sich thematische Prioritäten heraus.
—Man kann diesen Unterschied als Möglichkeit zur Formulierung einer explikativen soziologischen Problemstellung nutzen; zu fragen ist dann also, von welchen Bedingungen es abhängt, ob zentrale politische Einheiten thematische Prioritäten ausbilden oder ob sie zugleich an einer Vielzahl gleichrangiger Probleme orientiert sind. Für die soziologische Korporatismusforschung mit ihrem Interesse an der Bedeutung von Berufsgruppen ist damit ein Analysebezugspunkt spezifiziert; zu untersuchen wäre nämlich, ob sich die Art von Berufsgruppen als eine der Determinanten des staatlichen Verhaltens der Prioritätsbildung identifizieren läßt.

b) Durkheims Charakterisierung des autoritären Systems einerseits und der Pseudo-Demokratie sowie der echten Demokratie andererseits legt als weiteres Unterscheidungskriterium der Handlungsbezüge von Staaten die Beachtung der inhaltlichen Art der je priorisierten Themen nahe. In autoritären Systemen besteht die thematische Verengung daran, daß der sich ausdifferenzierende Staat sich auf außenpolitische und militärische Fragen beschränkt, über die er ein Monopol gewinnt. Demgegenüber könnten andere Staaten sich durch ihre Konzentration auf ökonomische Themen auszeichnen. Man kann sich bereits durch Durkheims allgemeine Soziologie auf diesen Unterschied gestoßen sehen, an dem Durkheim also auch in seiner politischen Soziologie bei der Charakterisierung moderner Gesellschaften festhält (siehe z. B. L: 86 f.), daß nämlich diese Gesellschaften primär ökonomische Gesellschaften sind; Staaten könnten diese Priorität reflektieren, indem sie sich primär an ökonomischen Themen orientieren. — Damit läßt sich wieder eine soziologische Problemstellung formulieren; zu ermitteln sind nämlich die Bedingungen, von denen es abhängt, welche Arten von Prioritäten — politische, ökonomische, sonstige — Staaten verfolgen. Für die Korporatismusforschung dürfte insbesondere die Frage von Interesse sein, ob zu den Determinanten der Prioritätsbildung des Staates Strukturen und Verhalten der Berufsgruppen zu rechnen sind. (Etwa wäre hier nach Vorstellungskomplexen zu forschen, nach denen dem Staat die Qualifiziertheit für bestimmte Themen zu- oder abgesprochen wird.)

c) Ein dritter Aspekt staatlicher Orientierung an und Entscheidungen über Themen klingt bei Durkheim an. Man kann Staaten danach charakterisieren, ob sie zwischen verschiedenen Themen Interdependenzen wahrnehmen und diese in ihren Entscheidungen systematisch beachten oder ob sie Themen voneinander isolieren. Die zentrale politische Einheit bei der primitiven Demokratie befaßt sich zwar mit einer Mehrzahl inhaltlich unterschiedlicher Themen, behandelt sie jedoch von Fall zu Fall, ohne an der Ermittlung und Berücksichtigung von Themeninterdependenzen systematisch interessiert zu sein. Das autoritäre System konzentriert sich auf dynastische und außenpolitische Probleme; dabei behandelt es diese Problembereiche isoliert, indem Interdependenzen zu anderen Themenbereichen nicht hergestellt und berücksichtigt werden. Durkheims Charakterisierung des modernen Staates betont die Vielzahl seiner Funktionen. Das kann zur Fragmentierung der Orientierung führen. Aber ein solches Resultat ist nicht zwangsläufig; vielmehr kann es sich um ein System handeln, das unter einem dominierenden thematischen Gesichtspunkt — wie dem der Ökonomie — die Relevanz einer Vielzahl interdependenter anderer Umstände bemerkt und beachtet. — Diese Überlegungen gestatten damit die Formulierung des kausalen soziologischen Problems, die Umstände zu ermitteln, die Staaten zu einem isolierenden und fragmentierenden Umgang mit Themen bzw. zu einer Orientierung an und Berücksichtigung von Interdependenzen zwischen Themen bewegen. Für die soziologische Korporatismusforschung ergibt sich die spezielle Anregung, zu ermitteln, ob zu diesen Umständen auch die Art der Berufsgruppen gehört, mit denen der Staat konfrontiert ist.

d) Ein vierter Aspekt zur Charakterisierung des Inhaltes des Entscheidungsverhaltens des Staates muß schließlich noch hervorgehoben werden. Oben wurde dargestellt, daß Durkheim den normativen Komplex des Kultes des Individuums als Ursache und Beurteilungskriterium moderner politischer Staatsformen ansieht. Eine genauere Betrachtung zeigt nun, daß damit zwei Dimensionen angesprochen sind, von denen bisher aber nur eine berücksichtigt wurde. Der Kult des Individualismus enthält als normativer Komplex zum einen die für jede Art von Moral wichtige Frage der ausgewo-

2. Analyse des Normsetzungsverhaltens des Staates 223

genen Berücksichtigung der Bedürfnisse und Leistungen verschiedener Aktore. Dieser Aspekt zur Charakterisierung des Entscheidungsverhaltens des Staates wurde bereits berücksichtigt. Daneben muß jedoch die Art der sozialen Einheiten beachtet werden, denen sozial Gewicht zugeschrieben wird. Beim moralischen Individualismus steht die Frage der Respektierung von Rechten und Ansprüchen *einzelner Personen* im Zentrum. Davon ist die soziale Gewichtung nichtpersonaler sozialer Akteure (wie Gruppen, Staat) zu unterscheiden. Dementsprechend läßt sich das Entscheidungsverhalten von Staaten danach charakterisieren, ob es primär auf personale Aktore oder auf Kollektive bezogen ist. Eben hierin liegt ja eine häufig von Durkheim variierte Thematik — die Rolle des (modernen) Staates als Veranstalter und Förderer des Kultes des Individualismus. Im zweiten Fall ist das Entscheidungsverhalten des Staates an einem kollektiven Ideal orientiert (etwa an der Maximierung von Ehre, Macht oder Reichtum des staatlichen Kollektivs); die Entscheidungen des Staats werden prinzipiell den Bedürfnissen der Individuen kein Gewicht einräumen. Diese Individuen befinden sich insofern in einer „totalen Institution", in der ihnen eine völlige Unterordnung unter kollektive Gesichtspunkte zugemutet wird. Im ersten Fall dagegen orientiert sich der Staat an einem Ideal, welches sich auf einzelne personale Aktore bezieht; er versucht, z. B. die Macht, das Ansehen, den Reichtum der einzelnen Personen zu fördern. (Das kann sich u. U. darin ausdrücken, daß der Staat sich in seinen Entscheidungen auf die Selektion von *Rahmen*-Normierungen beschränkt, die es der Spontaneität der einzelnen individuellen sozialen Akteure überläßt, diesen Rahmen durch Spezialverabredungen auszufüllen.) — Auch diese Unterscheidung zwischen einer kollektivistischen und einer individualistischen Orientierung des Staates bei der Selektion von Normen eignet sich zur Formulierung eines explikativen soziologischen Problems; von Interesse erscheint jetzt nämlich die Ermittlung der Umstände, die Staaten dazu veranlassen, sich an kollektivistischen oder individualistischen Zielen und Idealen zu orientieren (und entsprechende Normen zu selegieren). Auch diesem Problem läßt sich im Rahmen der soziologischen Korporatismusforschung Interesse abgewinnen; als untersuchenswert erscheint nun die Frage, ob man in der Struktur von Berufsgruppen einen der Faktoren identifizieren kann, die den Staat zur Selektion kollektivistischer oder individualistischer Ideale bewegen.

Damit läßt sich eine Zwischenbilanz ziehen. Die Betrachtung der politischen Soziologie Durkheims unter dem Gesichtspunkt, mit Hilfe welcher Dimensionen das Entscheidungsverhalten von Staaten deskriptiv gekennzeichnet werden kann (und also etwa Arten von Staaten beschreibbar wären), hat folgendes Ergebnis erbracht: Das Entscheidungsverhalten von Staaten kann 1) durch seine Produktivität gekennzeichnet werden, 2) durch seine Ausgewogenheit, 3) inhaltlich durch a) die Gleichrangigkeit oder Priorität von Themen, b) durch den substantiellen Charakter der Themen, c) durch die fragmentierte oder interdependente Perspektive, unter der diese Bezüge behandelt werden und d) durch die Art sozialer Einheiten, auf die das Entscheidungsverhalten bezogen ist. Diese Merkmale lassen sich je auch als „abhängige Variablen" auffassen; die soziologische Forschung erhält damit nicht nur ein Hilfsmittel zur Beschreibung des Entscheidungsverhaltens von Staaten an die Hand, sondern zugleich das Programm, sich um die Ermittlung der Determinanten entsprechender Verhaltensausprägungen zu bemühen. Was speziell die soziologische Korporatismusforschung angeht, so hätte sie sich darum zu bemühen, die Bedeutung von Strukturen von Berufsgruppen für diese Arten des staatlichen Verhaltens der Normselektion herauszuarbeiten.

Nun erschöpfen aber die genannten Kategorien über das Entscheidungsverhalten von Staaten noch nicht den begrifflichen Rahmen, der Durkheims politischer Soziologie zugrunde liegt. Wichtig erscheinen vielmehr mindestens zwei weitere Merkmale, mit Hilfe derer er die handelnden Aktore charakterisiert, nämlich — wie ich es hier nennen will — ihren Status und ihre Rezeptivität.

dd) Der Status der Akteure

Die Art, in der Akteure für die Selektion von Normen wichtig werden, kann variieren. Konzentriert man sich bei der Betrachtung der Staatsformen auf den Aktor Staat, so wird dies nicht ganz deutlich, denn wenn immer der Staat sich überhaupt bestimmten Themen zuwendet, so wird ihm fast definitorisch die „(End-)Entscheidung" über diese Themen zugeschrieben. Bei den verschiedenen Staatsformen variiert ja eher der Umfang und die Thematik, über die der Staat entscheidet, als die Qualität des „Bindens". Worauf beruht diese Bindungsfähigkeit? Begrifflich kann man einen Aktor, der die Kompetenz der End-Entscheidung hat, also Entscheidungen mit bindender Wirkung treffen darf, durch den Besitz eines „Entscheidungs-Status" kennzeichnen. Davon lassen sich andere Statusformen unterscheiden, die sich auf andere Handlungen beziehen, über die Akteure für Entscheidungen wichtig werden können. Anregungen dafür lassen sich in Durkheims Typen von Staatsformen finden. Vom „Entscheidungsstatus" kann man einen „Einfluß-Status" von Aktoren unterscheiden; den betreffenden Aktoren wird dabei die Chance eingeräumt, „Meinungen", also Vorstellungen und Gefühle über Themen zu entwickeln und zu äußern, ohne daß sie diesen ihren Auffassungen jedoch formale gesellschaftliche Bindungskraft verleihen könnten, so daß sie darauf angewiesen sind, sich mit entsprechenden Wünschen und Forderungen an die je entscheidungskompetenten Aktoren zu wenden. Die Unterscheidung Einfluß-Status/Entscheidungs-Status eignet sich dazu, gewisse Merkmale der primitiven Demokratie zu erfassen. Die vergleichsweise geringe Bedeutung des zentralen politischen Elementes (Ältestenrat oder Häuptling) mag z. T. genau darin bestehen, daß ihm nur wenige Entscheidungsrechte zugebilligt werden, und daß es primär nur als Träger von Einfluß wirken darf, während die Gruppen es sich vorbehalten, diesen Einfluß in ihren Entscheidungen anzunehmen oder zu ignorieren. Schließlich mag es Themenbereiche geben, in bezug auf die dem Staat weder Entscheidungs- noch Einflußberechtigungen zugebilligt werden — staatsfreie, „private" Sphären, bei denen dem Staat also nicht einmal die Äußerung einer „Meinung" zugestanden wird („Exklusions-Status")[8].

Diese Formen unterschiedlichen Status' von Staaten, die von Durkheim implizit in seiner Typologie von Staatsformen verwendet werden, lassen sich nun wieder als soziologisch zu erklärende Sachverhalte behandeln. Das Forschungsprogramm lautet also, zu ermitteln, von welchen Faktoren es abhängt, ob Staaten Entscheidungs-, Einfluß- oder Exklusionsstatus besitzen.

Daß diese Fragestellung nun allerdings noch ziemlich heterogene Aspekte verbirgt und deshalb weiter spezifizierungsbedürftig ist, wird spätestens wieder deutlich, wenn man „Besitz von Status" als *Handeln* angebbarer Akteure zu betrachten versucht. Dann zeigt sich nämlich, daß man unter Entscheidungsstatus, Einflußstatus und Exklusionsstatus zugleich die Sachverhalte versteht, daß der Staat Anspruch auf bindende Geltung seiner Vorstellungen, auf Gehör ohne Bindungsanspruch und auf passives Existieren stellt *und* daß diese Ansprüche von relevanten Akteuren in der Umwelt dem Staat zugestanden werden. Davon sind dann solche Situationen zu unterscheiden, in denen der Staat einen Anspruch auf einen bestimmten Status erhebt, diesen jedoch von seiner Umwelt nicht zugebilligt erhält bzw. in denen der Staat einen Status zurückweist, der ihm zugemutet wird. Die systematische Beachtung solcher Diskrepanzen dürfte insbesondere bei der soziologischen Analyse von Statusänderungen nützlich sein. Da es mir im Augenblick jedoch nur um die Konstruktion von soziologischen Forschungsproblemen geht, die auf den Staat als handelnder Aktor bezogen sind, sehe ich vom Problem der *Erklärung* des Handelns *der Umwelt* ab; als zu lösende soziologische Frage bleibt dann die Erklärung variierender Ansprüche des Staates.

---

[8] Die Charakterisierung von Akteuren nach ihrem entscheidungsbezogenen Status erschöpft natürlich nicht die Relevanz, die Akteure für die faktischen Entscheidungen gewinnen können. Man kann diese Statusmerkmale als *eine* Art von Ressourcen — neben anderen — sehen, die es Aktoren ermöglichen, auf das Ergebnis von Entscheidungsprozessen einwirken. Aktore mit „Entscheidungsstatus" mögen z. B. mangels anderer Ressourcen kaum mehr als Entscheidungen formal ratifizieren können. Aktore, die „nur" Einflußstatus haben, können das Ergebnis von Entscheidungen de facto kontrollieren — kraft des sonstigen Handlungspotentials, das sie mobilisieren können; selbst Aktore mit Exklusionsstatus können z. B. durch ihre bloße Existenz und durch ihre absehbaren Reaktionen für Entscheidungen Gewicht erlangen.

Zu erklären ist also, warum der Staat eine bestimmte Art von Status — Entscheidungs-, Einfluß-, Exklusionsstatus — besitzen oder vermeiden will. Als *unabhängige* Variable, als Determinante der Status-Ansprüche können nun aber natürlich Einverständnisse, Zumutungen oder Einsprüche der Umwelt wichtig sein. So liegt es z. B. nahe, zu vermuten, daß Staaten umso eher *selbst* Bindungsansprüche ausbilden, wenn diese Chancen ihnen von wichtigen Elementen der Umwelt eröffnet werden. Zu solchen wichtigen Umwelt-Elementen können natürlich auch die für die Korporatismusforschung zentralen Interessenorganisationen gehören; als entsprechendes soziologisches Forschungsprogramm ergibt sich also die Aufgabe, zu ermitteln, ob und welche Bedeutung die Interessenorganisationen für die Ausbildung von Statusansprüchen des Staates besitzen.

ee) Die Rezeptivität der Aktore

Durkheims Charakterisierung von Staatsformen enthält oder impliziert schließlich bestimmte Hinweise auf den Prozeß, der zur Ausbildung von sich in „Entscheidungen", „Normsetzungen" oder „Befehlen" verdichtenden Vorstellungen und Gefühlen führt. Dem in seiner politischen Soziologie dominierenden Interesse am Verhalten des Staates entsprechend wird dies in bezug auf diesen Aktor besonders deutlich. Man kann hier, in einem ersten Ansatz, von einer Dimension der „Selbstbezogenheit von Aktoren" sprechen. Bei hoher Selbstbezogenheit stützt sich ein Aktor — hier der Staat — bei der Ausbildung von Vorstellungen und Gefühlen einzig auf sich selbst, bei mittlerer Selbstbezogenheit gewinnen daneben auch fremde Aktoren Bedeutung für die selegierten Entscheidungen, und bei niedriger Selbstbezogenheit ist der Staat kaum mehr als der Reflex, das Instrument von fremden Aktoren. In der primitiven Demokratie sind die Entscheidungen des „Staates" (soweit man diesen Begriff auf den Rat oder Häuptling überhaupt beziehen kann) primär durch eine niedrige Selbstbezogenheit gekennzeichnet, d. h. sie ergeben sich als Reflex der Vorstellungen und Gefühle der Gruppen (während diese Gruppenvorstellungen ihrerseits autark, hochselbstbezogen ausgebildet werden und insbesondere den Individuen kein eigenes Gewicht zukommt). Im autoritären System entwickelt zusätzlich auch der Staat eine solche „Borniertheit". Eine drastische Veränderung liegt bei der Pseudo-Demokratie vor. Der Staat zeigt hier eine extreme Rezeptivität; er wird zum Reflex und Instrument fremder Vorstellungen und Gefühle, und zwar solcher der Individuen, die inzwischen Einflußstatus erlangt haben und entweder direkt auf den Staat einwirken oder indirekt über die —Restbestände der — sekundären Gruppen, die ihrerseits instrumentalisiert sind. Die echte Demokratie schließlich ist durch eine mittlere Rezeptivität des Staates, vor allem gegenüber dem Gewicht der Gruppen (in denen ihrerseits in mittlerem Ausmaß die Vorstellungen und Gefühle der Individuen Bedeutung erlangen) gekennzeichnet; in die Entscheidungen des Staates gehen daneben als gewichtige Komponente auch Vorstellungen und Gefühle des Staatspersonals selbst ein. — Fragt man sich wieder, zu welcher Art von kausalem soziologischen Forschungsprogramm über das Entscheidungsverhalten des Staates man sich durch diese Überlegungen angeregt sehen kann, so ergibt sich, daß sie die Aufmerksamkeit auf die Frage der Bedingungen lenken können, von denen es abhängt, ob sich der Staat gegenüber den Aktoren des Kontextes hoch-selbstbezogen und borniert, gemäßigt rezeptiv oder absorbierend verhält. Zu diesen Bedingungen können nun auch die Berufsgruppen gehören, denn sie bilden ja stets einen Teil der Aktore im Kontext. Als Fragestellung im Rahmen der soziologischen Korporatismusforschung ergibt sich somit die Aufgabe, zu ermitteln, ob die Berufsgruppen dazu beitragen, daß sich der Staat den sozialen Akteuren, der Öffentlichkeit und den Berufsgruppen selbst gegenüber mehr oder weniger „offen" oder „geschlossen" verhält[9].

Damit ist die Darstellung der forschungsprogrammatischen Anregungen für die soziologische Analyse des Entscheidungsverhaltens des Staates, soweit sie sich aus den wichtigsten konzeptuellen Elementen, mit Hilfe derer Durkheim in seiner politischen Soziologie arbeitet, extrahieren lassen, abgeschlossen. Es hat sich gezeigt, daß das Entscheidungsverhalten von Staaten nicht nur durch Merkmale der Entscheidungen selbst (Volumen, Ausgewogenheit, Inhalt), sondern auch durch Merkmale des Staates selbst (Status, Rezeptivität) charakterisiert werden kann, und daß durch beides Dimensionen formuliert sind, auf die sich soziologische Erklärungsanstrengungen beziehen können.

Bevor nun gleich einige Überlegungen zu möglichen Erklärungsfaktoren des staatlichen Verhaltens der Normselektion angestellt werden, sind ein paar Folgerungen zur Frage einzuschieben, wie sich denn Situationen analysieren lassen, bei denen die Berufsgruppen nicht als Determinanten staatlichen Normselektionsverhaltens, sondern bei denen sie selber direkt als Setzer von Normen fungieren.

3. Deskriptive soziologische Analyse des Normsetzungsverhaltens der Berufsgruppen

Die Spezifizierung von Formen staatlichen Verhaltens erfolgte ja, weil Durkheim den Staat u. a. als Träger der gesellschaftlichen Regulierung be-

---

[9] Wie unten ausführlich diskutiert wird, hat hier eine Theorie der Oligarchie von Organisationen und eine Theorie „intelligenter Führung" ihren systematischen Stellenwert.

trachtet. Das ist das Leitthema seiner politischen Soziologie. Gelegentlich weist nun Durkheim aber auch darauf hin (etwa wenn er bemerkt, daß die Berufsgruppen die Spezifizierung genereller, durch den Staat gesetzter Normen betreiben können (vgl. A: 64)), daß die Berufsgruppen selbst Akteure sein können, die Normen selegieren. Wie läßt sich dieses Thema behandeln, das für Durkheim ein „Nebenthema", für die Korporatismusforschung aber zentral ist? Diese Frage wirft zunächst das Problem auf, mit Hilfe welcher Kategorien sich *deren* Verhalten der Normselektion soziologisch beschreiben läßt. Es scheint mir nun möglich, sich bei der Konstruktion entsprechender Konzepte an dem zu orientieren, was oben über das staatliche Normsetzungsverhalten entwickelt wurde.

(1) Zur Charakterisierung staatlichen Verhaltens wurde auf das Ausmaß normativer Produktivität hingewiesen; dieses Merkmal ist aber auch geeignet zur Beschreibung von Berufsgruppen. — Als explikatives Problem einer aktorzentrierten soziologischen Analyse von Berufsgruppen ergibt sich dann also die Frage nach den Umständen, von denen deren variierende Produktivität von Vorstellungen, Gefühlen und Entscheidungen darüber in Form von Normen für die sozialen Akteure abhängt.

(2) Das staatliche Normselektionsverhalten wurde weiter durch seine „Ausgewogenheit" charakterisiert. Auch dieses Merkmal läßt sich nun zur Beschreibung des Normselektionsverhaltens der Berufsgruppen heranziehen. Unmittelbarer Bezug werden dabei die sozialen Akteure sein, im Hinblick auf die die Berufsgruppen über Entscheidungskompetenzen verfügen. Das Verhalten von Gewerkschaften beispielsweise wäre danach zu charakterisieren, ob die Interessen sowohl der Fach- als auch der un- und angelernten Arbeiter wahrgenommen werden und ob die Gewerkschaften — bei ihren gemeinsam mit den Unternehmerverbänden getroffenen Entscheidungen — sowohl die Interessen der Arbeitnehmer als auch die der Arbeitgeber „angemessen" berücksichtigen[10]. — Als kausales Problem einer aktorbezogenen soziologischen Analyse des Normsetzungsverhaltens von Berufsgruppen ergibt sich dann die Aufgabe, die Bedingungen zu ermitteln, die Berufsgruppen zur Selektion unterschiedlich ausgewogener oder gerechter Normen bewegen.

(3) Das staatliche Normsetzungsverhalten wurde schließlich in verschiedener Weise durch seine inhaltlichen Bezüge gekennzeichnet. Von den dabei entwickelten Konzepten kann nun auch eine soziologische Analyse profitieren, in der es die Berufsgruppen sind, die als Setzer von Normen

---

[10] Auch hier läßt sich dieser Gerechtigkeitsbegriff dadurch erweitern, daß man auch die Externalitäten beachtet, die solche Entscheidungen haben können. Tarifpartner können sich beispielsweise darin unterscheiden, ob sie die Konsequenzen für beschäftigungslose Personen, die sich aus Tarifabschlüssen ergeben können, berücksichtigen oder nicht.

betrachtet werden. Durkheims eigene Charakterisierung von Berufsgruppen legt diese Analogisierung nahe. Insofern, als Durkheim sekundäre Gruppen für wichtig bei der Selektion von Entscheidungen ansieht, verwundert es ja nicht, daß er Arten solcher sekundären Gruppen danach unterscheidet, ob sie primär an ökonomischen Themen orientiert sind — Berufsgruppen —oder nicht — z. B. regionale Gruppen (und daß er für die Etablierung und Stärkung von Berufsgruppen als institutionelles Reformprogramm eintritt). Auf der anderen Seite aber spricht er sich gegen eine Verengung der Berufsgruppen auf eine rein ökonomische Interessenpolitik aus; er plädiert für eine Anreicherung der Tätigkeiten in z. B. sozialpolitischer, kulturell-rekreativer und bildungsmäßiger Hinsicht. Diesen Hinweis auf die Verknüpfung verschiedener Themen kann man unter zwei unterschiedlichen — einander aber nicht ausschließenden — Aspekten sehen. Erstens ist dies ein Ausdruck von Durkheims Vorstellung, daß die Berufsgruppen „moralische Milieus" — „Lebenswelten" — darstellen sollten; dabei werden diese zusätzlichen Themen *innerhalb* der Berufsgruppen strukturiert und konsumiert. Zweitens aber kann man mit ihm auch die Frage der Interdependenz von Themen angesprochen sehen; die dominierende Orientierung an ökonomischen Themen schließt nicht aus, daß die Interdependenz zu anderen Fragen wahrgenommen und beachtet wird.

Diese Andeutungen Durkheims über die Inhalte der Tätigkeiten von Berufsgruppen entsprechen ziemlich genau dem, was oben über die Inhalte des staatlichen Verhaltens der Normselektion herausgearbeitet wurde; sie lassen sich in folgender Weise resümieren. a) Die Dimension der „Gleichrangigkeit/Vorrangigkeit von Themen" erscheint auch zur vergleichenden Charakterisierung sekundärer Gruppen nützlich; Gruppen können sich entweder mit einer großen Fülle von Themen beschäftigen oder sich „spezialisiert" bloß auf eine einzelne Frage konzentrieren. b) Substantiell kann man unterschiedliche Schwerpunkte der Tätigkeiten der Gruppen unterscheiden. So können sich Gruppen etwa primär an askriptiven Merkmalen wie Alter, Geschlecht, Rasse orientieren oder aber auch an funktionalen Merkmalen wie Arten beruflicher Tätigkeiten und ökonomischer Funktionen. Durkheims nachdrückliche Unterscheidung zwischen regionalen intermediären Gruppen einerseits und funktionalen Gruppen — speziell Berufsgruppen — andererseits bezieht sich auf diesen Prioritätsaspekt. c) Auch Gruppen lassen sich dadurch charakterisieren, ob sie die Themen, mit denen sie sich beschäftigen, entweder als isolierte Fragen behandeln oder aber in ihren Interdependenzbeziehungen wahrnehmen. d) Schließlich lassen sich auch sekundäre Gruppen danach charakterisieren, ob sie an individualistischen oder an kollektivistischen Idealen orientiert sind, ob sie also primär individuelle Akteure (vor allem also die einzelnen Gruppenmitglieder) oder kollektive Akteure (z. B. und vor allem sich selbst) fördern wollen. — Diese Möglichkeiten der deskriptiven Charakterisierung von Gruppen durch die

Merkmale der Gleichrangigkeit oder Priorität von Themen, des inhaltlichen Bezugs von Themen, der fragmentierten oder Interdependenzen berücksichtigenden Behandlung von Themen, und der Orientierung an individualistischen oder kollektivistischen Idealen kann zugleich als Ausgangspunkt zur Entwicklung von soziologischen Erklärungsfragen dienen; durch die Korporatismusforschung zu ermitteln wären die Umstände, die Gruppen zu derartig unterschiedlichen Selektionen von Aufgaben veranlassen.

Der zuletzt genannte Aspekt der kollektivistischen oder individualistischen Orientierung von Berufsgruppen verdient noch eine Erläuterung. Ich habe diese Dimension der Personenorientierung versus Kollektivorientierung zur Beschreibung des Entscheidungsverhaltens von Gruppen zunächst einfach dadurch gewonnen, daß ich Durkheims Unterscheidung von Arten der Orientierung des Staates auf sekundäre Gruppen übertragen habe. Über diese bloße Analogisierung hinaus läßt sich eine derartige Charakterisierung der Orientierung der sekundären Gruppen jedoch begründen, wenn man eine spezifische Interpretation von Durkheims Theorie der Entstehung des Individualismus vornimmt. Nach Durkheim hat man bei allen kollektiven Akteuren — sowohl bei den sekundären Gruppen als auch beim Staat —stets von totalitären Neigungen auszugehen. Alle Kollektive werden stets dazu tendieren, sich die Individuen völlig unterzuordnen: „Eben weil die Gruppe eine überlegene moralische Kraft im Vergleich zu den Teilen ist, tendiert sie notwendig dazu, sich die letzteren zu unterwerfen. Diese können es nicht verhindern, unter ihre Abhängigkeit zu fallen. Das ist ein Gesetz der moralischen Mechanik, das ebenso unausweichlich ist, wie die Gesetze der physikalischen Mechanik. ... Jede Gesellschaft ist despotisch..." (L: 74, üb. K. M.). Dieser Despotismus nähme zwar mit der Größe der Gruppe ab, da dann das Kontrollpotential über eine größere Zahl von Mitgliedern verteilt werden müsse. „In der Folge können individuelle Unterschiedlichkeiten leichter zum Tragen kommen, vermindert sich die kollektive Tyrannei, etabliert sich der Individualismus zunächst als Tatsache und, mit der Zeit, wird aus dieser Tatsache ein Recht" (L: 75, üb. K. M.). Diese Entwicklung trete aber nur unter einer Bedingung ein: „Im Inneren dieser Gesellschaft dürfen sich keine sekundären Gruppen bilden, die sich einer genügend großen Autonomie erfreuen, um je als einzelne einer Art kleiner Gesellschaft im Schoß der großen zu werden... Eine Gesellschaft aus nebeneinander bestehenden Klans, aus mehr oder weniger unabhängigen Städten oder Dörfern, oder aus zahlreichen Berufsgruppen mit beträchtlicher gegenseitiger Autonomie würde fast so erdrückend für jegliche Individualität sein, als wäre sie aus einem einzigen Klan, aus einer einzigen Stadt, aus einer einzigen Korporation gebildet" (L: 75 f., üb. K. M.). „Um ein solches Ergebnis zu verhindern, um Raum für die individuelle Entwicklung zu gewinnen, ist daher die Größe einer Gesellschaft nicht ausreichend... Über all diesen... sekundären Mächten muß es (...) eine allgemeine Macht geben, die das

3. Analyse des Normsetzungsverhaltens der Berufsgruppen 231

Gesetz für alle erläßt, die jede einzelne von ihnen daran erinnert, nicht das Ganze, sondern ein Teil des Ganzen zu sein, und sich nicht für sich etwas vorzubehalten, was im Prinzip dem Ganzen zugehört. Das einzige Mittel zur Verhinderung dieses kollektiven Partikularismus und seiner Implikationen für das Individuum ist ein besonderes Organ, das darauf verpflichtet ist, gegenüber diesen partikularen Kollektivitäten das Gesamtkollektiv, dessen Rechte und Interessen, zu repräsentieren" (L: 76 f.). „Einzig dadurch, daß er (der Staat, K. M.) die elementaren Gesellschaften, die er umfaßt, zurückhält, hindert er sie an der Ausübung jenes erdrückenden Einflusses über das Individuum, den sie ansonsten ausüben würden.... Aber wird der Staat nicht seinerseits despotisch werden? Sicher, zweifellos, unter der Bedingung, daß er kein Gegengewicht hat. In diesem Fall produziert er, als einzig existierende kollektive Kraft, die Effekte, die jede kollektive Kraft für die Individuen erzeugt, die durch eine entgegengesetzte Kraft gleicher Art nicht neutralisiert wird. Er selbst wird nivellierend und erdrückend" (L: 77). Als Schlußfolgerung ergibt sich, daß die „kollektive Kraft, die der Staat ist, selbst der Gegengewichte bedarf, um Befreier des Individuums zu sein; sie muß begrenzt werden durch andere kollektive Kräfte, nämlich durch jene sekundären Gruppen... Wenn es auch nicht gut ist, wenn sie alleine sind, so muß es sie doch geben. Und es ist dieser Konflikt der sozialen Kräfte, aus den die individuellen Freiheiten geboren werden" (L: 77 f.). Damit ergibt sich also, daß die Koexistenz von Staat und sekundären Gruppen die Bedingung der Emanzipation der Individuen ist; sowohl die sekundären Gruppen als auch der Staat sind entscheidend für die Herausbildung des Individualismus.

Nun läßt sich die Idee der Entstehung eines Spielraums durch Gegengewichte im Detail jedoch noch unterschiedlich interpretieren. Das wird deutlich, wenn man — entsprechend der in dieser Arbeit allgemein verfolgten aktorzentrierten soziologischen Perspektive — fragt, aus genau welchen Handlungen denn eigentlich dieser Spielraum für die Individuen erwächst. Da nach diesem Programm soziologische Erklärungen sich stets auf die Erklärung von Handlungen beziehen sollten, ist deren genaue Spezifizierung ja entscheidend wichtig. Eine solche Spezifizierung läßt sich erreichen, wenn man fragt, wer der Träger der entsprechenden Handlungen ist. Dann nämlich werden zwei Versionen der Verknüpfung von Gegengewichten und Handlungsspielraum deutlich, die jedoch völlig andere soziologische Erklärungsaufgaben stellen. In einem ersten Modell kann man annehmen, daß die von Durkheim unterstellten Neigungen von Kollektiven, ihre Mitglieder sich völlig unterzuordnen, in den Programmen und Verhaltensweisen dieser Kollektive sich *faktisch* äußern. Dennoch können Individuen hier Spielräume haben. Ganz entsprechend nämlich zur rollentheoretischen Vorstellung multipler widersprüchlicher Erwartungen können die Individuen hier womöglich wählen, unter welche — jeweils totale — kollektive Macht und für wie lange sie sich begeben wollen. Die Freiheit des Individuums beruht hier auf seiner Chance, sich zwischen verschiedenen Kollektiven — mit je totalitären Ansprüchen — entscheiden und wechseln zu können. Explikative soziologische Fragen könnten sich demnach hier auf zweierlei Sachverhalte beziehen. Was die Individuen betrifft, so wäre zu ermitteln, wovon es abhängt, ob und wie sie diese Chance faktisch nutzen. Im Hinblick auf die Kollektive dagegen erschiene es interessant, nach den Bedingungen für die Existenz einer Vielzahl von Kollektiven und für die Formulierung totaler Ansprüche inhaltlich entgegengesetzten Charakters an die Individuen zu fragen.

In einem zweiten Modell dagegen betrachtet man den Totalitarismus von Kollektiven als *Neigung*, die jedoch nicht unter allen Umständen praktisch zum Ausdruck kommt. Existiert nämlich eine Mehrzahl von Kollektiven, dann sieht jede einzelne davon ab, Ansprüche auf totale Kontrolle der Mitglieder überhaupt erst zu entwickeln und weiter zu verfolgen. Wie kann man sich das vorstellen? Hypothetisch sei eine Möglichkeit genannt. Ein Kollektiv A mag deshalb davon absehen, seiner Neigung der totalen Kontrolle von Individuen nachzugeben, weil es glaubt, ansonsten mit schmerzhaften Gegenreaktionen durch die anderen Kollektive B, C, etc. rechnen zu müssen. (Etwa kann A annehmen, daß B, C, etc. befürchten, durch eine totale Kontrolle der Individuen die eigene Handlungsbasis einzubüßen und daß sie deshalb zu Gegenaktionen greifen werden.) In diesem Modell (das mir der Vorstellung von Durkheim näher zu kommen scheint als das zuerst genannte) stellen sich einer soziologischen Erklärung also ganz andere Aufgaben. Nicht das Verhalten der Individuen interessiert hier, sondern die Frage, unter welchen Bedingungen und weshalb die Kollektive von der Realisierung ihrer „eigentlichen" Neigung zur Erhebung totalitärer Ansprüche an die Individuen absehen und sich stattdessen mit solchen Ansprüchen zufrieden geben, die den Individuen faktisch einen Spielraum in jedem einzelnen Kollektiv lassen. Immerhin ist ja zu beobachten, daß es auch in sozialen Systemen mit multiplen Akteuren mehr oder weniger große „Nischen" gibt, in denen totale Kontrollverhältnisse einzelner Gruppen über Individuen fortbestehen. Handelt es sich hier um Arten von Individuen, an denen nur wenige Kollektive interessiert sind? Und was zeichnet solche Individuen (wie etwa Kinder, Heiminsassen) aus? Handelt es sich hier um Situationen, in denen es einzelnen Kollektiven erfolgreich gelang, die Interventionen anderer Kollektive zurückzuweisen, und worauf beruhten solche Erfolge? Formuliert im Hinblick auf die Beziehung von Staat und sekundären Gruppen werden die Individuen im ersten Modell mit rivalisierenden, sich ausschließenden, inhaltlich entgegengesetzten Ansprüchen von Staat und Gruppen konfrontiert, in bezug auf die die Individuen Wahlchancen haben; *dies* ist der zu erklärende Sachverhalt. Im zweiten Modell dagegen stehen die Individuen Ansprüche des Staates und der Gruppen gegenüber, die miteinander ver-

3. Analyse des Normsetzungsverhaltens der Berufsgruppen

träglich und in dem Sinne gemäßigt sind, daß sie für die Individuen von vornherein einen bedeutenden Handlungsspielraum vorsehen; daher ist zu erklären, welches die Bedingungen solcher Mäßigung und Verträglichkeit sind. Damit ist nun zugleich aber auch deutlich geworden — und dies sollte ja gezeigt werden —, daß man nicht nur die Entscheidungen des Staates, sondern auch die Entscheidungen der sekundären Akteure danach charakterisieren kann, ob sie primär an der Förderung des Kollektivs als solchem orientiert sind oder an der Förderung der individuellen Mitglieder. Diese Varianz wiederum eignet sich als explikative Problemstellung für die soziologische Korporatismusforschung.

Endlich wurde oben der Staat als handelnder Akteur durch Formen von Status und durch Formen der Rezeptivität gekennzeichnet. Demgemäß ist jetzt zu überlegen, ob sich auch diese Merkmale auf die Berufsgruppen beziehen lassen, wenn *sie* als Träger der soziologisch zu erklärenden Handlungen der Normselektion thematisiert werden. Das scheint in der Tat der Fall. Zunächst zur Status-Dimension. Die Annahme, daß nicht nur der Staat, sondern auch die Berufsgruppen als Entscheider handeln, d. h. Normen mit gesellschaftlichem Bindungsanspruch selegieren können, war ja der Ausgangspunkt für den Versuch, Analogien zu konstruieren zwischen dem Hauptthema in Durkheims politischer Soziologie — dem Entscheidungsverhalten des Staates — und dem Nebenthema — dem Verhalten der Berufsgruppen. Betrachtet man Durkheims Typologie von Staatsformen unter dem Gesichtspunkt, über welchen Status die Berufsgruppen im Hinblick auf die Selektion von Entscheidungen verfügen, so stellt man auch in bezug auf diese Akteure Variationen fest. Als eines der Hauptmerkmale sowohl der primitiven Demokratie als auch des autoritären Systems verweist Durkheim ja auf die große Bedeutung, die Berufsgruppen als Endentscheider über Normen besitzen. Und wenn Durkheim im Falle echter Demokratien davon spricht, daß die Berufsgruppen staatlich gesetzte Globalnormierungen im Hinblick auf die speziellen Bedingungen und Bedürfnisse bestimmter Berufskategorien konkretisieren, dann wird insofern den Gruppen ja nicht nur die eine Funktion zugeschrieben, auf den Staat als Entscheider einzuwirken, sondern auch die andere Funktion, eigenständig Entscheidungen zu treffen[11].

---

[11] Man kann sich fragen, wie sich Durkheims Plädoyer für multiple Entscheidungseinheiten mit seinem Interesse an der Bewirkung sozialer Ordnung verknüpfen läßt. Für das letztere kommt es zunächst ja doch nur auf den *Inhalt* der gesetzten Normen an, nicht aber auf die Frage der *Träger* der Normselektion. Zwei mögliche (und sich nicht ausschließende) Verknüpfungen zwischen Entscheider-Struktur und Ordnungsproblem seien skizziert. Zum einen kann man vermuten, daß eine multiple Entscheidersituation die einzelnen Entscheider dazu motiviert, bei der Selektion von Normen besondere Sorgfalt und Umsicht zu entfalten. Zum anderen könnte die Existenz multipler Entscheider den einzelnen Akteuren eine Spezialisierung ermöglichen und deshalb die Qualität ihrer Entscheidungen erhöhen; die Konzentration von

Durkheims Charakterisierung der sekundären Gruppen — und speziell der Berufsgruppen — in der echten Demokratie arbeitet also mit der Vorstellung, daß diese intermediären Akteure für Entscheidungen über die Selektion von Normen dadurch wichtig werden können, daß sie über Entscheidungs- oder Einflußstatus verfügen. In der Pseudo-Demokratie können die intermediären Akteure zwei Formen von Status besitzen. Entweder verengen sich die Handlungen der Berufsgruppen auf die Ausübung von „Einfluß" auf den entscheidenden Staat. Bei einer noch extremeren Ausbildung der Massengesellschaft wird den sekundären Akteuren weder Entscheidungs- noch Einflußkompetenz in bezug auf Entscheidungen der Normselektion zugebilligt; vielmehr werden sie von jeder eigenständigen aktiven Intervention in den Normsetzungsprozeß ausgeschlossen (Exklusionsstatus). Dies kann z. B. darauf beruhen, daß diese Aktore überhaupt keine soziale Anerkennung finden — wie die Individuen in der primitiven Demokratie und im autoritären System; oder darauf, daß sich die Anerkennung dieser Aktore auf die Duldung ihrer Existenz beschränkt. Zu beachten ist auch hier allerdings, daß der Exklusionsstatus von Aktoren nicht bedeutet, daß diese Aktore keinerlei Relevanz für die Normselektion haben würden; sie können nämlich in *der* Form eine Bedeutung für die Entscheidungsfindung gewinnen, daß sie „zu beachtende Umstände" darstellen (wie etwa Untertanen, denen ein Minimum an Fürsorge entgegengebracht wird). — Die Möglichkeit der deskriptiven Charakterisierung von intermediären Akteuren durch unterschiedliche Formen von Status läßt sich als Ausgangspunkt zur Formulierung einer explikativen soziologischen Fragestellung nutzen; zu ermitteln sind die Faktoren, die für die Art von Status verantwortlich sind, den die Berufsgruppen einnehmen. Unter aktorzentrierter soziologischer Perspektive läßt sich die Frage noch genauer fassen; was die sekundären Akteure als Handlungseinheiten angeht, so sind die Umstände aufzudecken, die sie zur Entwicklung bestimmter Arten von Status-*Ansprüchen* bewegen.

(5) Schließlich erscheint es möglich, nicht nur den Staat, sondern auch die Berufsgruppen durch ihr Verhalten der Rezeption zu kennzeichnen. In der primitiven Demokratie, im autoritären System und in der echten Demokratie verfügen Gruppen über Entscheidungsstatus; während sie aber in den beiden traditionalen Staatsformen Entscheidungen „borniert" treffen, öffnen sie sich in der echten Demokratie dem Einfluß der Individuen und des Staates. — Die soziologische Korporatismusforschung könnte diese Verhaltensunterschiedlichkeit zum Ausgangspunkt der Formulierung eines kausalen Forschungsprogrammes verwenden; zu ermitteln wären die Umstände,

---

Entscheidungen bei *einem* Aktor — z. B. dem Staat — wird also schon deshalb „schlechte" Normsetzungen bewirken, weil dieser eine Aktor mit Aufgaben überlastet wäre. (Diese beiden Konstruktionen sind nicht unplausibel, bedürfen aber sicher der Explikation und Qualifikation. Ich komme darauf zurück.)

die Berufsgruppen dazu bewegen, sich ihrem Kontext gegenüber mehr oder weniger zu öffnen oder zu verschließen.

Nach diesen Folgerungen zur Frage, in welcher Weise sich nicht nur der Staat, sondern auch die sekundären Akteure als Setzer von Normen betrachten und darauf bezogen soziologische Forschungsprobleme formulieren lassen, kehre ich zu Durkheims Leitthema in seiner politischen Soziologie —dem Normsetzungsverhalten des Staates — zurück. Nach der deskriptiven soziologischen Analyse des staatlichen Normsetzungsverhaltens wird nun die Frage der soziologischen Erklärung dieses Verhaltens aufgeworfen. Parallel dazu erfolgt die Diskussion des Problems der soziologischen Erklärung der Normsetzung durch Berufsgruppen. Auch im Hinblick auf diese beiden Probleme versuche ich, Argumente von Durkheim aufzugreifen, um herauszuarbeiten, ob und welches Anregungspotential dieser soziologische Klassiker für die Ausarbeitung systematischer explikativer Perspektiven enthält (die von Interesse auch für die Korporatismusforschung sein dürften).

4. Ein Ansatz zur soziologischen Erklärung der Normsetzung durch den Staat und durch die Berufsgruppen

a) Determinanten des staatlichen Normsetzungsverhaltens

Vom allgemeinen Bezugspunkt des Problems der „gesellschaftlichen Ordnung" her gesehen — also der Frage der Regulierung der Beziehungen zwischen differenzierten interdependenten sozialen Aktoren — bietet sich eine bestimmte Zuordnung der eben explizierten Dimensionen zur Charakterisierung von Staaten an. 1. Da die gesellschaftliche Ordnung als abhängig von der Geltung normativer Muster bestimmter Art angesehen wird, empfiehlt es sich, als „abhängige Variable" das Normselektionsverhalten des Staates zu verwenden. Dieses wiederum wurde charakterisiert durch die Aspekte (1) des Volumens der produzierten Normen, (2) der Balanciertheit der Normen, (3) des Inhalts der Normen (multiple Themen oder Prioritätsbildung; ökonomische oder andere Themen; Fragmentierung oder Interdependenz von Themen; individualistischer oder kollektivistischer Wertbezug). 2. In diesem Kapitel konzentriere ich mich zunächst auf den Fall der Selektion von Normen mit bindendem Anspruch durch den Staat; ich unterstelle damit also eine wesentliche Bedingung der Regulierung der sozialen Akteure durch den Staat als gegeben, nämlich die Verfügung des Staates über „Entscheidungsstatus". Diese Verfügung über Entscheidungsstatus ließe sich natürlich auch problematisieren; und für die soziologische Korporatismusforschung würde es sich dann, wie gezeigt, speziell um die Frage handeln, welche Bedeutung Interessenorganisationen dafür zukommt, welche Art von Status (Entscheidungs-, Einfluß-, Exklusionsstatus) der Staat selbst beansprucht und zuerkannt erhält. Demgemäß wären z. B. die Fragen von Interesse, ob sich die Beschränkung oder Ausweitung der wirtschaftsregulierenden und Umverteilungs-Aktivitäten des Staates — auch — auf eine entsprechende Propaganda von Berufsgruppen zurückführen läßt. 3. Bei unterstellter Entscheidungskompetenz des Staates verbleiben somit als für soziologische Erklärungsversuche interessante Aspekte einerseits Arten von Entscheidungen des Staates, andererseits die Rezeptivität des Staates. Für die Frage der Normalität oder Pathologie der gesellschaftlichen Interaktionen zwischen sozialen Aktoren sind nun unmittelbar nur die *Art der Entscheidungen* — die Art der selegierten Normen — wichtig. Konzentriert man sich auf *dieses* Problem und sucht man bei Durkheim Anregungen zu seiner soziologischen Lösung, so wird deutlich, daß der Rezeptivitätsdimension große Bedeutung beigemessen werden sollte. Durkheim selbst sieht nämlich in der Rezeptivität des Staates eine wichtige Determinante seines Entscheidungsverhaltens. Mir scheint, daß sich diese Vermutung am besten dadurch berücksichtigen läßt, daß man die Rezeptivität als intervenierenden Prozeß versteht; ihre Ausprägung ist wichtig dafür, welche Aspekte des Kontextes in welcher Weise durch den Staat wahrgenommen und deshalb als Determinanten der Normselektion wirksam werden können. Als wichtige Elemente dieses Kontextes selbst erscheinen, wie die bisherige Darstellung impliziert, folgende Sachverhalte: 1. Die Art der sozialen Akteure, 2. die Art sekundärer Akteure und 3. die Art vorliegender normativer Muster bzw., als deren mögliche Träger, residuale Akteure einer „Öffentlichkeit". Die soziologische Korporatismusforschung wird sich dabei unter dem Gesichtspunkt der indirekten — politisch vermittelten — Funktionen von Berufsgruppen für die Normgenese speziell auf die Struktur der Interessenorganisationen als eines der Elemente des Kontextes des Staates konzentrieren.

Diese Konstruktion erlaubt dann die Formulierung etwa folgender Vermutungen: Extrem selbstbezogene Staaten minimieren die Bedeutung der kontextuellen Umstände für ihr Selektionsverhalten; dieses wird stattdessen überwiegend durch interne Umstände und Prozesse des Staates bestimmt. Wie wird das Normsetzungsverhalten dann aussehen? Genauere Hypothesen werden unten entwickelt. Hier sei zunächst nur ganz pauschal vermutet, daß solche Staaten eher eine geringe normative Produktivität zeigen werden — da ihnen nämlich kaum Anlässe für Normsetzungen durch den Kontext vermittelt werden. Außerdem werden ihre Entscheidungen häufig nicht ausgewogen „balanciert" sein, da sie von dem Druck abgeschirmt sind, der von solchen Betroffenen-Kategorien ausgehen wird, die sich durch bestimmte Normvorhaben in einseitiger Weise benachteiligt und zu Protesten veranlaßt sehen. Auch was den inhaltlichen Charakter der Entscheidungen betrifft, ist von „bornierten" Staaten ein im Hinblick auf moderne gesell-

4. Ein Ansatz zur soziologischen Erklärung der Normsetzung

schaftliche Verhältnisse „unpassendes" Normsetzungsverhalten zu erwarten (mit der Folge der Entstehung gesellschaftlicher Pathologien); solche Staaten können es nämlich versäumen, sich von der Beschäftigung mit allen möglichen Themen zu lösen, sich statt dessen zu spezialisieren und also die Transformation des gesellschaftlichen Primates von nicht-ökonomischen zu ökonomischen Themen wahrzunehmen und sich daran anzupassen. Darüber hinaus wird ihr Verständnis für die Interdependenz verschiedener ökonomischer Sachverhalte untereinander und zwischen ökonomischen und nicht-ökonomischen Phänomenen eher gering sein und zu dementsprechend verengten Entscheidungen führen. Und schließlich wird die Orientierung des Staates dominant an sich selbst die Neigung entstehen lassen, eher die Interessen der kollektiven Organisation zu fördern als die — ja gar nicht zum Ausdruck kommen, also nur spekulativ zuschreibbaren — Bedürfnisse der einzelnen sozialen Akteure.

Extrem rezeptive Staaten dagegen sinken zum Reflex der kontextuellen Umstände herab, ohne sie gewichten und kreativ verarbeiten zu können. Auf rasch wechselnde Umstände werden sie mit hektischer normativer Produktivität reagieren, die bei stagnierenden kontextuellen Verhältnissen schnell erlahmen wird. Der Versuch, sich gemäß der jeweiligen „Logik der Situation" zu verhalten, also sich an die jeweiligen äußeren Umstände anzupassen, d. h. fremde Entscheidungen als Datum zu akzeptieren und fremden Einfluß als Befehl hinzunehmen, wird jedoch selten eine Ausgewogenheit der Entscheidungen ergeben, da auf diese Weise stets nur die gerade aktuelle Kräftekonstellation berücksichtigt wird. Substantiell werden die Entscheidungen solcher Staaten zwar dem jeweils vorliegenden gesellschaftlichen Primat entsprechen (soweit sich dieser im Zuge der Evolution klar herausgebildet hatte, statt während einer krisenhaften Übergangsperiode noch uneindeutig und unstabil zu sein; vgl. So: 160, 167); der Zwang zu kurzfristigen Reaktionen wird jedoch der Interdependenz verschiedener Themen nur selten gerecht werden und zum Rückgriff auf Routineprogramme nötigen.

Staaten mit mittlerer Rezeptivität dagegen sind sowohl in der Lage, variierende Umweltzustände aufzunehmen, als auch haben sie die Fähigkeit, diese Variationen nach eigenen Gesichtspunkten zu gewichten und kreativ zu verarbeiten.

Ich werde gleich versuchen, diese Andeutungen über Erklärungsmöglichkeiten des staatlichen Verhaltens der Normselektion genauer auszuarbeiten. Zuvor ist jedoch zu bemerken, daß sich auch Berufsgruppen, werden sie als Setzer von Normen betrachtet, in analoger Weise analysieren lassen.

b) Determinanten des Normsetzungsverhaltens der Berufsgruppen

Auch hier wird zunächst der Sachverhalt als gegeben unterstellt, *daß* die sekundären Gruppen über Entscheidungsstatus verfügen; die soziologische Erklärungsproblematik verengt sich somit — einerseits — auf Arten von Entscheidungen (Zahl, Balanciertheit, Inhalte von Normen) und — andererseits — auf das Rezeptionsverhalten. Die Rezeptivität läßt sich dann als Mechanismus sehen, über den die Beziehung zwischen den Berufsgruppen und ihrem Kontext vermittelt wird. Dieser Kontext seinerseits wird durch 1. die sozialen Akteure, 2. den Staat, 3. andere sekundäre Akteure und 4. die Öffentlichkeit konstituiert.

Hoch-selbstbezogene intermediäre Gruppen — wie in der primitiven Demokratie und im autoritären System — sind dadurch gekennzeichnet, daß den Gruppenvorständen entscheidendes, den Kontextelementen geringes Gewicht bei der Normselektion zukommt; dies wird zur Blindheit dem Kontext gegenüber führen und die Wahrscheinlichkeit der Verkrustung, des kollektiven Egoismus und der Produktion solcher Normen erhöhen, die ohne Bezug zu den Handlungsmöglichkeiten und Bedürfnissen der Elemente des Kontextes, einschließlich denen der Mitglieder, sind. Hochrezeptive sekundäre Akteure — wie in der Pseudo-Demokratie — werden dagegen zum „Spielball" der jeweiligen Konstellation in ihrem Kontext werden. Zu einer konsistenten Politik werden nur sekundäre Gruppen in der Lage sein, die sowohl gegenüber ihrem Kontext geöffnet sind als auch eine eigenständige Verarbeitung solcher Einflüsse vermögen.

Nach diesem kurzen Seitenblick auf die Determinanten des Normsetzungsverhaltens intermediären Gruppen kehre ich zu Durkheims Hauptthema — der Regulierung der Gesellschaft durch den normsetzenden Staat — zurück. Dieses Thema ist nun detaillierter zu behandeln.

5. Die Selektion von Normen durch den Staat

Es liegt nach dem oben gesagten auf der Hand, daß für eine soziologische Analyse des Normsetzungsverhaltens von Staaten dem sozialen Kontext des Staates und der Dimension der Rezeptivität besondere Bedeutung zukommt. Diese beiden Konzepte verdienen daher einige genauere Überlegungen. Ich werde diese in zwei Schritten entwickeln. Zunächst wird eine überblicksartige Darstellung dieser Konzepte und der Art gegeben, in der man sich ihre Bedeutung für die Erklärung des staatlichen Normsetzungsverhaltens vorstellen kann; daran anschließend erfolgt eine mehr ins einzelne gehende Analyse dieser Faktoren und des Mechanismus ihrer Wirkung.

5. Die Selektion von Normen durch den Staat   239

a) Kontext, Macht, Kommunikation und relative Autonomie

Wie bereits angedeutet kann man aus Durkheims politischer Soziologie Konzepte über den objektiven Kontext, innerhalb dessen sich Staaten befinden, und der vermutlich von Bedeutung für ihr Normselektionsverhalten ist, extrahieren. Mindestens die folgenden Strukturelemente sind dann zu beachten: 1. Die Sozialstruktur — d. h. die sozialen Akteure und die Art ihrer Beziehungen; 2. die Art intermediärer Akteure. 3. Schließlich erscheint es mir sinnvoll, einen weiteren Aktor „Öffentlichkeit" zu konstruieren. Diese kann man vor allem als Träger normativer Vorstellungen betrachten. Weshalb ist eine solche Konstruktion ratsam? Wie gezeigt behandelt Durkheim den Staat oft als Träger normativer Vorstellungen (so des Kultes des Individualismus). Mitunter jedoch kann der Staat daneben noch oder überhaupt andere moralische Vorstellungen verfolgen (z. B. nationale Größe und Sicherheit, den „Geist des Stadtstaates"). Offenbar also ist die Art der normativen Orientierung des Staates empirisch variabel und ein wichtiges Erklärungsproblem. Wenn nun der Individualismus ein gesellschaftlich relevantes Phänomen ist, ohne daß der Staat als sein Träger fungiert: wie ist dann dieses Phänomen konzeptualisierbar? Durkheim spricht gelegentlich von „öffentlicher Meinung". Mir scheint jedoch, daß in diesem Begriff zwei Momente zusammengebunden sind, die besser getrennt werden sollten. Zum einen sind dies inhaltliche moralische Vorstellungen; da diese jedoch nur wirken können, wenn sie sozial vermittelt werden, liegt es nahe — zum anderen —, eine „Öffentlichkeit" als Träger anzunehmen.

Wie lassen sich nun die Relationen zwischen dem Staat und den Elementen seines Kontextes näher analysieren? Zunächst einmal läßt sich sagen, daß bei Durkheim die Gesellschaft als „Aufgabe" oder als „Herausforderung" für den Staat behandelt wird. Durkheim geht es ja zentral — sozusagen als *die* abhängige Variable schlechthin — um das Problem der sozialen Ordnung, also um normale oder pathologische Ausprägungen der Beziehungen zwischen den sozialen Akteuren. In bezug auf diese „Aufgabe" werden die regulierenden Handlungen des Staates gesehen[12] (und beurteilt). Dann je-

---

[12] Man sollte sich dabei daran erinnern, daß Durkheim zu einer definitorischen Verknüpfung der Charakterisierung der gesellschafts*internen* Beziehungen der sozialen Akteure untereinander als normal oder pathologisch und der Charakterisierung der Beziehung *zwischen* Gesellschaft und Staat als normal oder pathologisch tendiert. Das kommt ja in den oben herausgearbeiteten beiden Kriterien der Sozialadäquanz und der Moraladäquanz zum Ausdruck, nach denen ein Staat dann „normal" ist, wenn er die Fähigkeit besitzt, solche Normen zu selegieren, die den sozialen und den moralischen Bedingungen der Gesellschaft entsprechen und deshalb gesellschaftsintern solidarische Verhältnisse bewirken. Man kann hier natürlich die Frage aufwerfen, ob es glücklich ist, den Aspekt der gesellschafts*internen* Relationen mit dem Aspekt der Beziehungen *zwischen* Staat und Gesellschaft in dieser Weise zu identifizieren. Diese Frage läuft auf das Problem hinaus, ob sich nicht Relationen

doch liegt auch eine erste Vermutung zur Erklärung des staatlichen Verhaltens der Normselektion nahe; die genaue Art der gesellschaftlichen Ordnungsprobleme wird Effekte dafür haben, wie der Staat — durch Normsetzung — mit ihnen umgeht. Insofern also dürften die Art der sozialen Akteure und die Art der Relationen zwischen den sozialen Akteure, denen sich der Staat gegenübersieht, bedeutsam für das Normsetzungsverhalten des Staates — für seine „Reaktion" — sein.

Diese Antwort zur Erklärung des staatlichen Normsetzungsverhaltens ist nun aber offensichtlich ziemlich vorläufig; wenn die Art der „Aufgabe" die Art der staatlichen „Lösungsversuche" bestimmt, dann liegt es vielmehr als nächstes nahe, nach den Mechanismen zu fragen, durch die vermittelt der Staat eine Definition über die zu lösenden Aufgaben erwirbt. Soziologisch zu erklären ist also das Problem, weshalb eigentlich der Staat sich zu Interventionen überhaupt — statt zur Ignorierung der sozialen Verhältnisse — und zu Selektionen bestimmter Normen veranlaßt sieht.

Es ist praktisch, hier zwei Klassen von Mechanismen zu unterscheiden, nämlich externe und interne Determinanten. Was die externen Determinanten angeht, so sind hier wiederum zwei Fragen zu unterscheiden; ein erstes Problem betrifft die Frage, wovon es abhängt, ob und daß der Kontext einen durch den Staat nicht ignorierbaren Druck zur Intervention ausüben kann; worauf beruht diese „Fähigkeit" des Kontextes? Andererseits kann die Richtung, in die der Staat durch den Kontext gedrängt wird, dadurch variieren, daß der Kontext nach Inhalt und Umfang unterschiedliche Vorstellungen und Bedürfnisse ausbildet. Daher ergibt sich als ein zweites Problem die Frage, wovon es abhängt, welche Art von inhaltlichen Vorstellungen der Staat über die Lage und die Bedürfnisse der sozialen Akteure erwirbt.

---

zwischen Staat und Gesellschaft feststellen lassen (die ebenfalls normal oder pathologisch sein können), die *nicht* zugleich — jedenfalls nicht unmittelbar — die Relationen *zwischen* gesellschaftlichen Akteuren betreffen. Das ist wahrscheinlich. Staatliche Politik ist nicht auf das Ordnen (oder gar auf die Schlichtung) der Beziehungen zwischen sozialen Akteuren beschränkt. Sie kann sich vielmehr z. B. auch auf den Staat selbst beziehen (z. B. auf die Versorgung des Staatspersonals); auf das soziale System insgesamt (z. B. bei Verteidigungsmaßnahmen); auf andere Nationen; auf die Bildung sozialer Akteure. In all diesen Fällen ergeben sich höchstens in sehr vermittelter Weise Konsequenzen für die Ordnung der Beziehungen zwischen gegebenen sozialen Akteuren (z. B. in der Form, daß ein ressourcenstarker Staat eher geeignet ist, schwache soziale Akteure gegenüber starken sozialen Akteuren zu stützen oder in der Form, daß durch bestimmte außenwirtschaftliche Politiken die Relationen zwischen verschiedenen ökonomischen Kategorien berührt werden). Implikationen für die Frage der Relation der sozialen Akteure untereinander ergeben sich bei solchen Fällen primär aus der Frage, welche sozialen Akteure welche Anteile an den *Kosten* der entsprechenden staatlichen Politik aufbringen sollen. In Orientierung an Durkheims eigene Gewichtung beschränke ich mich jedoch auf die Frage des sich in der Schaffung von Normen ausdrückenden Verhaltens des Staates, das auf das Ordnen der Beziehungen zwischen sozialen Akteuren bezogen ist.

5. Die Selektion von Normen durch den Staat

Diese beiden Probleme lassen sich dann als Bezugspunkte zur soziologischen Analyse der indirekten Funktionen der Berufsgruppen für die Normgenese verwenden; zu ermitteln ist also, welche Bedeutung die Berufsgruppen haben 1) für die Größe des Gewichtes, welches der Staat dem Kontext beimißt, und 2) für die Art der substantiellen „Probleme", die der Kontext in den Augen des Staates aufweist.

Ich habe mich eben auf die Relation zwischen Staat und sozialen Akteuren konzentriert. Nun wurden oben aber als weitere Elemente des Kontextes des Staates die Öffentlichkeit und die Berufsgruppen genannt. Dementsprechend lassen sich hier analoge soziologische Fragestellungen entwickeln; es scheint interessant zu ermitteln, welches Gewicht und welche Problematik der Staat diesen Akteuren zuschreibt, und welche Rolle die Berufsgruppen als — eine — Determinante solcher Zuschreibungen besitzen.

Was nun die „internen Determinanten" des staatlichen Verhaltens der Normselektion angeht, so ist hier die von Durkheim in seiner politischen Soziologie nachdrücklich angesprochene Frage der „relativen Autonomie des Staates" seinem Kontext gegenüber zu behandeln. Diese Frage hat ebenfalls zwei Aspekte; sie betrifft einerseits das Problem der Eigenmacht des Staates gegenüber dem Kontext und andererseits das Problem der Entwicklung „origineller" substantieller Vorstellungen des Staates über den Kontext. — Auch diese internen Determinanten staatlichen Verhaltens können als Bezugspunkte zur soziologischen Analyse der Berufsgruppen dienen; zu ermitteln ist also, ob diese sekundären Akteure dafür von Bedeutung sind, ob der Staat „eigenwillige" Vorstellungen über den Kontext entwickelt und ob diesen bei seinen Normselektionen faktisches Gewicht zukommt.

Die vorgeschlagene Kontrastierung von externen und internen Determinanten des staatlichen Verhaltens impliziert, daß mindestens auf konzeptueller Ebene von keinem nullsummenartigen Erklärungsansatz ausgegangen wird. Ein Staat, der sich bei seinem Verhalten der Selektion von Normen genötigt sieht, den Vorstellungen der Akteure seines Kontextes Gewicht einzuräumen, braucht sich deshalb nicht unbedingt bloß wie ein „Reflex" dieser externen Vorstellungen zu verhalten; vielmehr mag er zusätzlich in der Lage sein, eigene Vorstellungen und Beurteilungen zu entwickeln und zur Geltung zu bringen. Umgekehrt kann man aus der Tatsache, daß ein Staat von externem Druck frei ist, nicht umstandslos darauf schließen, daß er — in „absoluter Autonomie" oder Souveränität — eigene Vorstellungen über den Kontext entwickeln und zur Geltung bringen wird. Beide Faktoren sind also getrennt zu untersuchen.

Ich beginne mit der Diskussion der externen Determinanten des staatlichen Normsetzungsverhaltens.

b) *Externe Determinanten staatlichen Normsetzungsverhaltens: Macht*

aa) Die Macht der sozialen Akteure

Daß die Art der „Sozialstruktur", der ein Staat gegenüber steht, Effekte hat für das Entscheidungsverhalten des Staates, erscheint vielleicht selbstverständlich. So liegt die Vermutung nahe, daß ein Staat, der mit einer modernen „organisierten" Gesellschaft konfrontiert ist, ein anderes Normsetzungsverhalten zeigen wird als ein Staat, dem eine segmentäre Gesellschaft gegenübersteht. Beispielsweise kann man Zusammenhänge wie die folgenden erwarten: a) Moderne Gesellschaften sind strukturell komplex, d. h. die Zahl und Vielfalt der Interrelationen der sozialen Akteure nimmt zu; daher ist mit einem größeren Volumen und einer inhaltlichen Vielfalt an staatlichen Normsetzungen zu rechnen; b) in modernen Gesellschaften tritt eine Individualisierung der sozialen Akteure ein; daher werden die staatlichen Normen individualistischen Charakter annehmen; c) für moderne Gesellschaften ist die Moralisierung des Individualismus kennzeichnend; daher wird der Staat solche Normen setzen, die „gerechte" Beziehungen zwischen Individuen zum Ziele haben; d) moderne Gesellschaften sind kompliziert; daher werden die staatlichen Normen oft pauschal bleiben; e) moderne Gesellschaften sind durch das Primat ökonomischer Handlungen gekennzeichnet; daher werden sich die meisten staatlichen Normen auf diesen Handlungsbereich beziehen; f) in modernen Gesellschaften steht der dominierende ökonomische Handlungsbereich in interdependenten Beziehungen zu anderen „Subsystemen" (z. B. Familie, Wissenschaft); daher wird die staatliche Normsetzung auf die Verknüpfung dieser Subsysteme gerichtet sein. Aber bereits der gängige Einwand auf derartige pauschale Vermutungen, daß man staatliches Verhalten oft „nicht einfach" als „Reflex" der gesellschaftlichen Verhältnisse verstehen könne, eignet sich als Anlaß, das soziologische Problem aufzuwerfen, wie man sich denn genauer die „selbstverständliche" Beziehung zwischen Sozialstruktur und staatlichem Normsetzungsverhalten denken kann. Eine Möglichkeit, einen Aspekt der Problematik zu behandeln, besteht darin, daß man fragt, weshalb eigentlich man von der Vermutung einer solchen Verbindung ausgehen soll, welches also die Mechanismen sind, über die sozialstrukturelle Verhältnisse Bedeutung für den Staat gewinnen. Diese Mechanismen könnten nämlich Hinweise auf die Stärke und auf die Grenzen der Beeinflussung staatlichen Entscheidens durch die Sozialstruktur enthalten.

Zur Behandlung dieses Problems kann der folgende soziologische Analyserahmen dienen, in dem sich die Beziehung zwischen Staat und Sozialstruktur als „Machtrelation" fassen läßt. Dabei denkt man sich die Verknüpfung zwischen Kontext und Normsetzungsverhalten des Staates in der Form, daß man unterstellt, daß der Staat Vorstellungen über zwei Relationen ent-

5. Die Selektion von Normen durch den Staat

wickelt, nämlich a) über eigene Interessen und über die Fähigkeiten der Elemente des Kontextes, die Befriedigung dieser Interessen des Staates zu ermöglichen oder zu verhindern, sowie b) über die Anlässe, die die Elemente des Kontextes zur Aktivierung ihrer Sanktionsfähigkeiten bewegen, und die Möglichkeiten, die der Staat selbst hat, diese Aktivierung zu beeinflussen. Orientiert an diesen Vorstellungen wird der Staat versuchen, solche Handlungen auszuwählen, die eine Aktivierung belohnender Verhaltensweisen des Kontextes zu versprechen scheinen, und solche Handlungen zu vermeiden, die eine Aktivierung von bedrohlichen Handlungen durch den Kontext auslösen. Wenn also der Staat z. B. bestimmte Bedürfnisse oder Interessen darüber entwickelt hat, wie die Gesellschaft — die Beziehungen zwischen den sozialen Akteuren — sein soll, dann können die sozialen Akteure durch ihr diesen Vorstellungen entsprechendes oder widersprechendes Verhalten (bzw. durch die Ankündigung oder die Antizipierbarkeit eines solchen Verhaltens) den Staat zu bestimmten Verhaltensweisen bewegen. Hat sich ein Staat etwa auf „Ruhe und Ordnung" als den von ihm erwünschten gesellschaftlichen Zustand verpflichtet, dann kann er durch unruhige und unordentliche soziale Akteure zum Handeln bewegt werden; hat er sich auf Wirtschaftswachstum festgelegt, dann wird er genötigt, gegen unproduktive soziale Einheiten vorzugehen (sei es etwa, indem er ihren Untergang beschleunigt, oder sei es, indem er sie zu hoher Produktivität zu zwingen, zu locken, zu überreden oder zu verpflichten versucht). Keine solchen Effekte gegenüber dem Staat haben dagegen sowohl solche sozialen Akteure, die — worauf immer beruhend — „von sich aus" Ruhe und Ordnung bzw. Produktivität zeigen, als auch solche sozialen Akteure, deren Handlungen ohne Bedeutung für Ruhe und Ordnung bzw. Wirtschaftswachstum sind bzw. zu sein scheinen.

Von der „Macht" der Akteure seines Kontextes über den Staat in einem engeren Sinne kann man nun sprechen, wenn die Handlungen der Kontextakteure direkt an den Staat adressierte positive oder negative Sanktionen sind, wenn also die Akteure in ihren Handlungen eine Bewertung des Staates ausdrücken bzw. auszudrücken scheinen[13].

Für diese Konzeption ist es zunächst unerheblich, *weshalb* der Staat an solchen Vorstellungen darüber, wie der Kontext sein soll, orientiert ist. Z. B. können sie Ausdruck ideologischer Überzeugungen des Staates sein; denkbar ist auch, daß eine nähere Analyse sie als Folge des „Eigeninteresses" des Staatspersonals erklären könnte, wobei etwa das Produktivitätsinteresse aus

---

[13] Im nächsten Abschnitt besprüche ich unter dem Stichwort „Kommunikation" den anderen Mechanismus, über den der Kontext auf das staatliche Verhalten einwirkt, bei dem aber eine solche bewertende Adressierung nicht vorliegt. *Alle* Handlungen der Akteure seines Kontextes, die seine Interessen tangieren, stellen Impulse für staatliche Reaktionen dar; aber nicht alle diese Handlungen der Kontextakteure haben den Charakter von an den Staat adressierte Sanktionen.

Steuerinteressen und dieses wiederum aus Einkommensinteressen des Staatspersonals resultiert; womöglich könnten die Vorstellungen des Staates darüber, wie die Gesellschaft sein soll — m. a. W. die Bedürfnisse des Staates an der Gesellschaft — auch als Resultat von Machtbeziehungen anzusehen sein, indem z. B. wahlabhängige oder finanzabhängige Politiker und Parteien ihre Ämterbesetzungsinteressen oder Einkommenschancen vom glaubhaften Einsatz für solche Werte abhängig glauben. Worauf auch immer im einzelnen die Bedürfnisse des Staates an der Gesellschaft beruhen, so ist entscheidend dafür, daß die soziale Struktur auf das Verhalten des Staates „durchschlägt", zunächst lediglich, *daß* der Staat über Bedürfnisse (Verpflichtungen, Vorstellungen über „unabweisbare Notwendigkeiten") verfügt, deren Erfüllung durch das Verhalten der sozialen Akteure und deren gegenseitiges Verhältnis berührt erscheint; dabei kann dies „Durchschlagen" auf „Macht" beruhen, nämlich dann, wenn die sozialen Akteure ihrem Verhalten den Charakter von an den Staat adressierte Sanktionen verleihen (oder wenn der Staat dies antizipiert).

Im Rahmen dieser Konstruktion sehe ich vor allem drei Bezugspunkte für die soziologische Analyse der indirekt politischen und hier auf das staatliche Normselektionsverhalten bezogenen Funktionen von Berufsgruppen. Zum einen können Berufsgruppen dadurch für dieses staatliche Verhalten wichtig werden, daß sie Effekte im Hinblick auf die sozialen Akteure haben, genauer gesagt für deren durch den Staat nicht-ignorierbare Fähigkeit und Bereitschaft, die Interessen des Staates zu verletzen oder zu befriedigen. Ein an Ruhe und Ordnung orientierter Staat kann die Industriearbeiter so lange „übersehen" und also auch in seinem Normierungsverhalten unberücksichtigt lassen, so lange den Arbeitgebern die Disziplinierung gelingt; wenn durch Gewerkschaften die Effektivität dieser Disziplinierung untergraben wird, dann können die einzelnen Arbeitnehmer, indem sie die Arbeitgeber attackieren und industrielle Unruhe bewirken, damit zugleich „Macht" gegenüber dem Staat gewinnen; und dieser kann sich dann etwa zur Entwicklung von Normen z. B. über die Arbeitgeber-Arbeitnehmerbeziehung veranlaßt sehen[14]. Zweitens können Berufsgruppen in der Weise politische Funktionen ausüben, daß sie bewirken, daß der Staat bestimmte Vorstellungen über

---

[14] Diese Zusammenhänge werden oft unter Stichworten wie „Organisationsfähigkeit" und „Konfliktfähigkeit" von sozialen Akteuren diskutiert. Die Überlegungen im Text implizieren, daß man beim Umgang mit diesen Konzepten stets Sorgfalt darauf zu verwenden hat, die jeweiligen Aktorbezüge zu spezifizieren. Für die Frage des Normselektionsverhaltens des Staates ist insbesondere die Unterscheidung zwischen zwei Arten von Relationen wichtig. a) Soziale Akteure können untereinander mehr oder weniger konfliktfähig (z. B. als Folge ihrer jeweiligen Organisationsfähigkeit) sein. b) In bezug auf viele dieser Konflikte wird der Staat jedoch kein Interesse ausgebildet haben; sozialer Konfliktfähigkeit entspricht dann also keine politische Konfliktfähigkeit. Die letztere ergibt sich nur in Relation zur Existenz bestimmter staatlicher Interessen.

das Gewicht und die Wünschbarkeit bestimmter Zustände in der Gesellschaft entwickelt. So können Berufsgruppen z. B. als Symbole wirken, die als Indikatoren für die Wichtigkeit bestimmter sozialer Zustände und Bereiche gelten. Ein Staat könnte sich beispielsweise durch die Existenz einer traditionsreichen Industriegewerkschaft im Glauben bestärkt sehen, die „wirklich wichtigen" gesellschaftlichen Fragen bezögen sich auf den industriellen Sektor; die Akteure *dieses* Sektors gewinnen dann ein Machtpotential über den Staat, während andere Arten sozialer Akteure — z. B. agrarische Interessenten, ökologische Interessenten, kulturelle Interessenten — nicht zum Bezug staatlicher Normierung würden. Der entwickelte Bezugsrahmen weist schließlich noch auf eine dritte Möglichkeit hin, in der Berufsgruppen Funktionen als Determinanten des staatlichen Normierungsverhaltens erlangen können. Ihre Bedeutung braucht nämlich nicht nur aus dem Aspekt der Entstehung von sozialer Macht gegenüber dem Staat — durch Einwirkung auf die Handlungsfähigkeiten und Neigungen der sozialen Akteure — und/ oder aus den Interessen des Staates zu erwachsen, sondern kann sich auch dadurch ergeben, daß sie die Vorstellungen des Staates (mit-)bestimmen, wie am besten auf die sozialen Verhältnisse zu reagieren sei.

Nach diesen Überlegungen zu dem Mechanismus, in dem „die Gesellschaft", d. h. die sozialen Akteure mittels Macht Bedeutung für das Normsetzungsverhalten des Staates erlangen können, liegt ein entsprechender Blick auf die übrigen Elemente im Kontext des Staates nahe. Zunächst ist hier an die Berufsgruppen selbst zu denken.

bb) Die Macht der Berufsgruppen

Daß die Berufsgruppen dadurch „politische Funktionen" gewinnen können, daß sie Effekte für die Relation zwischen Sozialstruktur und Staat haben, wurde eben argumentiert; jetzt geht es um das andere Problem, ob die Berufsgruppen selbst — unabhängig von ihrer Bedeutung für die Relation zwischen sozialen Akteuren und Staat — wichtig für das staatliche Normsetzungsverhalten werden können. Es ist interessant festzustellen, daß sich Durkheim zu dieser Frage nicht geäußert hat. Am nächsten kommen diesem Problem seine gelegentlichen Andeutungen über „kollektiven Egoismus". Man wird spekulieren können, daß diese Unterlassung aus Durkheims Konzentration auf die „vermittelnden" Funktionen von Berufsgruppen zwischen Sozialstruktur und Staat resultiert. Wie läßt sich das Problem der direkten Beziehung zwischen Berufsgruppen und Staat soziologisch fassen? M. E. kann man, formal, in eben der Weise argumentieren, wie das gerade in bezug auf die sozialen Akteure versucht wurde. Der Staat kann ein Interesse an bestimmten Leistungen durch die Berufsgruppen entwickeln, und aus eben diesem Umstand kann sich für die Berufsgruppen Macht ergeben — nämlich dann, wenn die Berufsgruppen die Erbringung oder den Vorenthalt dieser Leistungen mit „Bedingungen" versehen können. Wenn beispielsweise der Staat daran interessiert ist, daß — etwa zu seiner „Entlastung" — die Berufsgruppen die Regulation der sozialen Akteure (mit) übernehmen, dann können die Berufsgruppen versuchen, ihre Bereitschaft von der Erfüllung von Forderungen durch den Staat abhängig zu machen.

Schließlich wurde oben vorgeschlagen, als weiteren wichtigen Aktor im Kontext des Staates die Öffentlichkeit zu beachten. In dieser Hinsicht kann man ebenfalls so argumentieren, wie dies oben für die zwischen Staat und sozialen Akteuren „vermittelnden" Handlungen der Berufsgruppen versucht wurde.

cc) Die Macht der Öffentlichkeit

Für den Staat mag beispielsweise die Beurteilung seiner Politik in der Wissenschaft und in den Massenmedien — die ihrerseits etwa daran orientiert sein mögen, ob der Staat individualistische Werte verfolgt — wichtig sein. In dem Ausmaß nun, in dem die Berufsgruppen relevant für die Urteile solcher Akteure werden, gewinnen sie auch Bedeutung für das Verhalten des Staates, der sich bemüht, schlechte Urteile zu vermeiden und positive Urteile zu provozieren.

Nach diesen Überlegungen zu dem Macht-Mechanismus, der den Elementen des Kontextes Bedeutung für das Normsetzungsverhalten des Staates zukommen läßt, ist Durkheims Hinweis auf die Kommunikationsbeziehungen zwischen dem Staat und seinem Kontext zu bedenken.

c) *Externe Determinanten staatlichen Normsetzungsverhaltens: Kommunikation*

Da die Erklärung des staatlichen Normselektionsverhaltens interessiert, lassen sich die inhaltlichen Bezüge der Kommunikation zwischen Staat und Kontext aus den bisherigen Überlegungen entnehmen; für die staatliche Normselektion werden Informationen über die Akteure im staatlichen Kontext wichtig sein — soziale Akteure, Berufsgruppen, Öffentlichkeit; dabei handelt es sich speziell um Informationen über deren jeweilige Bedürfnisse — die Anlässe der Kontextelemente für Sanktionierungen darstellen — und über deren jeweilige Handlungsfähigkeiten — die Möglichkeiten der Sanktionierung bezeichnen.

Daß der Staat mittels „Macht" nur dann durch die Akteure in seinem Kontext unter Druck gesetzt werden kann, wenn er über „Informationen"

5. Die Selektion von Normen durch den Staat   247

— genauer gesagt über „Annahmen" — über deren Fähigkeit und Bereitschaft zu sanktionierenden Handlungen verfügt, versteht sich von selbst. Im folgenden geht es um etwas anderes. Für Macht spezifisch ist die Situation, daß der Staat deshalb bestimmte Normen selegiert, weil er sich in Abhängigkeit von seinem Normsetzungsverhalten mit an ihn adressierten Sanktionen durch die Akteure in seinem Kontext konfrontiert sieht. Der Staat geht hier also davon aus, daß er — sein Normsetzungsverhalten — durch seinen Kontext bewertet wird und daß die Art der Bewertung den Kontext zu sanktionierenden Verhaltensweisen bewegt. Tatsächlich nun können Staaten aber auch zu Normsetzungen veranlaßt werden, ohne daß ihr Kontext sie aufgrund einer derartigen Bewertung bedroht, gelockt, gelobt oder an sie appelliert hätte oder ein solches Verhalten des Kontextes zu erwarten wäre. Vielmehr mag für den Staat der Handlungsimpuls allein daraus resultieren, daß er den Akteuren in seinem Kontext bestimmte Bedürfnisse zuschreibt, deren Befriedigung er von sich aus als wünschenswert ansieht oder bei deren Nichtbefriedigung er mit Entwicklungen rechnet, die er für nicht wünschenswert hält, ohne daß diese Entwicklungen jedoch als an ihn durch einen beurteilenden Kontext adressierte Sanktionen zu verstehen wären. In diesem Fall wird das staatliche Handeln allein durch „Informationen" über die Bedürfnisse und über die zu erwartenden Handlungen der Akteure seines Kontextes ausgelöst. Beispielsweise nehmen im Prozeß der Transformation von segmentären in organisierte Gesellschaften die interdependenten Verknüpfungen zwischen den verschiedenen sozialen Akteuren zu; für einen einzelnen sozialen Akteur bedeutet das u. a., daß sowohl er selbst zunehmend durch externe Effekte der Handlungen anderer Akteure betroffen wird als auch, daß seine eigenen Handlungen zunehmend Externalitäten gewinnen. Damit werden soziale Spannungen wahrscheinlich, und ein an Ruhe und Ordnung orientierter Staat kann sich dadurch zu Interventionen veranlaßt sehen, ohne doch explizit durch an ihn adressierte negative Sanktionen bedroht oder positive Sanktionen gelockt worden zu sein; vielmehr wird sein Handeln allein durch die Wahrnehmung bestimmter sozialer Phänomene und ihre Definition als „Störungen" ausgelöst.

Durkheims Äußerungen zum Kommunikationsproblem beziehen sich nun speziell auf zwei Aspekte, nämlich auf die Frage des Inhaltes und Umfangs und der Erwerbsformen von Informationen. Allerdings empfiehlt es sich m. E., diese von Durkheim nicht systematisch geschiedenen Fragen zu trennen; außerdem lädt die hier favorisierte aktorzentrierte Perspektive zu dem Versuch ein, sie als Handlungsprobleme angebbarer Aktore zu reformulieren.

Bei der Diskussion der demokratischen Staatsform betont Durkheim, daß dort die Kommunikationen zwischen dem Staat und den anderen Teilen der Gesellschaft „zahlreich, regelmäßig und organisiert" sind (L: 103). „Die

Bürger sind über das Handeln des Staates auf dem Laufenden, und der Staat ist periodisch oder selbst kontinuierlich darüber informiert, was in den Tiefen der Gesellschaft geschieht. Der Staat ist, sei es auf administrativem Wege, sei es durch das Mittel der Konsultation der Wähler, darüber belehrt, was selbst in den entferntesten und dunkelsten Schichten der Gesellschaft vor sich geht, und diese haben ihrerseits über die Ereignisse Kenntnis, die in den politischen Milieus entstehen. Die Bürger nehmen aus der Distanz an manchen der Überlegungen in den politischen Zirkeln teil; sie kennen die getroffenen Maßnahmen, und ihr Urteil und das Resultat ihrer Überlegungen kehrt zum Staat über spezialisierte Kanäle zurück. Das ist es, was in Wahrheit die Demokratie ausmacht" (L: 103 f.; üb. K. M.).

An diesem Zitat ist für meine Zwecke dreierlei von Interesse. Zunächst wird deutlich, daß Durkheim Informationen zwischen Staat und Gesellschaft „zirkulieren" sieht. — Dies ist in meinen Augen eine für deskriptive soziologische Modelle interessante, an kybernetische Vorstellungen (vgl. dazu Lacroix 1981: 231-49) gemahnende Formulierung, die jedoch, wie gleich argumentiert wird, für soziologische Erklärungszwecke aus der Perspektive von Aktoren betrachtet werden sollte. Zweitens werden die beiden Aspekte des Umfangs des Informationsflusses und der Erwerbsformen der Informationen genannt; der Staat kann zu Informationen über die Gesellschaft durch unterschiedliche Strukturen gelangen — auf „administrativem Wege" oder durch „das Mittel der Konsultation". — Dazu gleich Näheres. Drittens ist es interessant zu sehen, daß Durkheim die Frage der sozialen Organisation des Informationsflusses außerordentlich unideologisch, pragmatisch angeht; er betont stärker die Unterschiede im Ausmaß der Informationen als die Art der Strukturen, mittels derer diese Informationen übertragen werden.

Was das variierende Informationsniveau angeht, so läßt es sich leicht mit der hier interessierenden Frage der Normselektion durch den Staat in Beziehung setzen; bei niedrigem Informationsniveau „weiß" der Staat nur Vages über die Umstände, die den Kontext zur Aktivierung von Handlungen veranlassen, sind also seine Kenntnisse über die Bedürfnisse des Kontextes beschränkt, und „weiß" der Staat nur Vages über die Fähigkeiten und Handlungen des Kontextes. Angesichts einer solchen Informationslage wird sich der Staat bei der Selektion von Normen entweder von sehr groben Vorstellungen leiten lassen und entsprechend pauschale Normen auswählen müssen; verzichtet er dennoch nicht auf die Selektion detaillierter Normen, dann wird er diese auf spekulative Zuschreibungen über Bedürfnisse und Handlungspotentiale des Kontextes basieren. Im Fall hohen Informationsniveaus dagegen kann der Staat die Auswahl von Normen auf genaue Vorstellungen über die Bedürfnisse und Handlungspotentiale der Elemente des Kontextes — der sozialen Akteure, der intermediären Akteure, der Öffentlichkeit — stützen.

5. Die Selektion von Normen durch den Staat

Wenn in dieser Weise das Informationsniveau als ein für die Erklärung des Normselektionsverhaltens des Staates wichtiger Faktor erscheint, dann lohnt auch eine kurze Überlegung zur Frage, wie man eine soziologische Perspektive entwickeln kann, aus der sich seinerseits das variierende Informationsniveau erklären läßt. Dazu ist es nun nützlich, die Vorstellung von zwischen Gesellschaft und Staat zirkulierenden Informationsströmen als Handeln von Aktoren zu verstehen. Zwischen Staat und Gesellschaft zirkulierende Informationen bedeuten dann, daß der Staat Informationen „nimmt", die die Gesellschaft „hergibt", und daß die Gesellschaft ihrerseits Informationen „nimmt", die ihr der Staat „gibt". Der Informationsfluß bricht zusammen, wenn eine dieser Handlungen unterbleibt. Im gegenwärtigen Zusammenhang interessiert lediglich die Versorgung des Staates mit Informationen über die Gesellschaft (als eine wichtige Bedingung für sein Verhalten der Normselektion). Es ist jetzt klar, daß in dieser Versorgung zwei gänzlich heterogene Handlungsarten enthalten sind, nämlich das Hervorbringen und Abgeben von Informationen durch die Gesellschaft und das Annehmen von Informationen durch den Staat. In Durkheims deskriptivem Modell der Zirkulation von Informationen wird dieser Unterschied verdeckt. Entsprechend vage bleiben seine Andeutungen darüber, wie man die — von ihm für so zentral gehaltene — Ausweitung des Volumens der zirkulierenden Informationen in Demokratien erklären kann (L: 97 ff.). Demgegenüber lassen sich präzisere explikative soziologische Fragen formulieren, wenn man sich auf das Verhalten der einzelnen beteiligten Akteure konzentriert.

Einige Andeutungen müssen hier genügen. Was die Gesellschaft, also die sozialen Akteure, angeht, so wäre hier der Zusammenhang zwischen der zunehmenden Arbeitsteilung und der Entstehung neuer Bedürfnisse bei den sozialen Akteuren zu untersuchen. Man kann sich die Veränderung von Bedürfnissen etwa durch die Verlängerung und Intensivierung von Kontakten vermittelt vorstellen, durch die Vergleiche der Akteure untereinander ermöglicht werden; zur Erfüllung dieser Wünsche können sie sich dann an den Staat wenden. Z. B. wäre auch zu ermitteln, ob bzw. wann die Strukturveränderung von segmentären zu arbeitsteiligen Verhältnissen die Zahl der Situationen vermehrt, die die sozialen Akteure zur Entwicklung von Wünschen nach regulierenden Interventionen veranlaßt. Ein Effekt von arbeitsteiligen Spezialisierung ist die Zunahme von Externalitäten, durch die soziale Akteure betroffen werden; zum Schutz vor negativen Externalitäten könnten sich immer mehr soziale Akteure immer öfter an den Staat mit dem Wunsch der Intervention wenden. Ob und wie der Staat seinerseits auf solche Ersuchen (sollten sie tatsächlich auftreten) reagiert, ist eine eigene und eigens zu untersuchende Frage. Beispielsweise wird man hier die Interventionsfähigkeit des Staates beachten müssen; bei konstanter Fähigkeit würden immer mehr Interventionsersuchen unberücksichtigt bleiben, und man kann vermuten, daß ein derartiger Staat versuchen wird, die Augen vor einem solchen Problemstau zu verschließen und also seine Wahrnehmung sozialer Konstellationen zu vergröbern. Außerdem ist zu berücksichtigen, daß der Staat natürlich nicht nur solche sozialen Sachverhalte wahrnimmt, die ihm gegenüber als Wünsche artikuliert werden, sondern daß er auch von sich aus eine mehr oder weniger intensive soziale Beobachtung betreiben kann. Auch das Informationsannahmeverhalten des Staates ist also als eine Variable zu verstehen, denn man kann nicht davon ausgehen, daß die mit dem Fortschreiten der Modernisierung sich ergebende wachsende soziale Komplexität „automatisch" das Wissen des Staates über die Gesellschaft steigert. Dementsprechend könnten sich soziologische Erklärungsversuche auf die Bedingungen u. a. dafür konzentrieren, daß der Staat unterschiedlich starke Bereitschaften zur Informationsabnahme entwickelt. Durch diese Umformulierung ist wieder bewerkstelligt worden, worum eine aktorzentrierte soziologische Analyse sich generell bemühen sollte, nämlich in ihren soziologischen Fragestellungen die Handlungsprobleme der handelnden Akteure zu erfassen. Was die im Augenblick interessierende Frage des Informationsverhaltens des Staates angeht, so bedeutet das, daß man sich Staaten mit dem „Problem" konfrontiert vorstellt, „Meinungen" darüber zu entwickeln, für wie „interessant" sie Informationen über die Gesellschaft halten sollen und wieviele Informationen sie dementsprechend über ihren gesellschaftlichen Kontext haben wollen; auf dieses „Problem" können sie unterschiedlich reagieren. Die soziologische Untersuchung hätte sich nun um die Ermittlung der Umstände zu bemühen, von denen solche unterschiedlichen Reaktionen abhängen. Man kann eben ja nicht als selbstverständlich davon ausgehen, daß alle Staaten immer möglichst umfassende Informationen über die Gesellschaft haben wollen; beispielsweise ist die Beschaffung und Verarbeitung von Informationen mühsam und kostspielig und die Größe dieses Aufwandes dürfte sich — in Verbindung mit der Menge an Ressourcen, über die Staaten verfügen — auf die Größe des Interesses an Informationen auswirken; durch Informationen könnten sich Hinweise auf Handlungszwänge ergeben — die man besser gar nicht erst kennenlernen will; ob Informiertheit überhaupt „interessant" erscheint, hängt auch von der Fähigkeit und Bereitschaft zur Formulierung von Fragen, zur Ausbildung klarer Pläne, zur Entfaltung von Neugier und Phantasie ab; etc. — Damit hat sich also ergeben, daß man nicht nur die Frage der Genese von Normen aus der Sicht von Aktoren, als deren Handlungsproblem fassen kann („Welche Normen will ich wollen?"), sondern auch die als Determinante dafür u. a. wichtige Frage der Informationsmenge.

Damit ist nun auch ein Problem formuliert, das sich als Bezug für die soziologische Analyse von Berufsgruppen eignet; zu ermitteln ist, ob die unterschiedlich ausgeprägte „Neugier" von Staaten auch auf Merkmale von Berufsgruppen zurückgeführt werden kann (vgl. Wilensky 1983). (Verschiedene Mechanismen erscheinen hier denkbar; das Informationsinteresse der

5. Die Selektion von Normen durch den Staat

Regierung kann z. B. durch das relative Wissen, über das Berufsgruppen verfügen (und dem der Staat entsprechen will) und durch die gesellschaftliche Bewertung von Wissen, die von den Berufsgruppen mitgetragen wird, beeinflußt werden.)

Damit ist nun der zweite der von Durkheim angedeuteten Aspekte der kommunikativen Verknüpfung zwischen Staat und Gesellschaft zu behandeln, nämlich die Frage der Erwerbsformen. Wenn Durkheim auch die Frage der Informationsmenge stärker betont, so deutet er doch eine Unterscheidung zwischen verschiedenartigen Strukturen — konsultative und administrative — an, über die Informationen vermittelt werden können. Ich will hier von „Einfluß" gegenüber „Selbsterwerb" sprechen. Wie läßt sich diese Unterscheidung zwischen Arten spezialisierter Kanäle — „administrative" Form (= „Selbsterwerb von Wissen") und „Konsultation der Wähler" (= „Einfluß") — genauer umschreiben? Um „Einfluß" handelt es sich dann, wenn der Staat Aktoren seines Kontextes das Recht zugesteht, Vorstellungen und Gefühle ihm gegenüber zu äußern und darin durch den Staat „ernst" genommen zu werden; das externe Element ist also für den Staat kein bloßes „Objekt", sondern ein „Aktor", dem der Anspruch zukommt, daß sich der Staat mit ihm interaktiv auseinandersetzt (wobei entsprechende Interaktionen mehr oder weniger formalisiert institutionalisiert sein können — z. B. in Form von Wahl- und Abstimmungsverfahren). Inhaltlich ist dabei die Vermittlung von „Bedürfnissen" (Wünschen, „Problemen", Ansprüchen etc.) und von wahrscheinlichen Reaktionen auf die Erfüllung oder Nichterfüllung der Bedürfnisse zentral. Neben solchen „Einfluß"prozessen dürfen aber andere Formen, in denen der Kontext für den Staat wichtig werden kann, nicht übersehen werden. Wenn sich ein Staat auf „administrative" Kanäle des Informationserwerbs stützt, erscheinen die Kontextelemente als „Umstände", als „Logik der Situation" und werden als solche für sein Entscheidungsverhalten wichtig. Alltagssprachlich wird dies ebenfalls oft „Einfluß" genannt; aber hierbei gesteht der Staat den Elementen des Kontextes kein Recht auf Gehör zu, sondern er behandelt diese als „Objekte", über die er sich selbst zu informieren und an die er sich anzupassen sucht. Bei den sozialen Aktoren beispielsweise mag der Staat von sich aus einen Bedürfniswandel ermitteln, der die Legitimität der bisherigen Politik zu vermindern droht; diese Annahme kann den Staat zur Selektion ganz bestimmter Normen (die er für „zentraler" im Hinblick auf die neuen Bedürfnisse vermutet) führen. Auch die Berufsgruppen — als weitere seiner Kontextelemente — können zu Objekten der Beobachtung durch den Staat werden. Schließlich können Staaten von sich aus die Träger der öffentlichen Meinung beobachten und bei ihrem Normsetzungsverhalten beachten — etwa, indem sie der — zum individualistischen Moralkomplex gehörigen — Forderung nach „Partizipation" nachkommen.

Wie kann man diese bei Durkheim nur angedeutete Unterscheidung zwischen Einfluß und Selbsterwerb zum Ausgangspunkt einer explikativen soziologischen Fragestellung verwenden? Durkheim hat sich dazu nicht geäußert. M. E. ist es vielversprechend, auch hier eine Handlungsproblematik von Staaten zu konstruieren. Bei gegebenem Informationsinteresse stehen sie regelmäßig vor der Frage, Präferenzen darüber ausbilden zu müssen, auf welchem Wege eigentlich sie zu diesen Informationen gelangen wollen; als Option ergibt sich dabei die Möglichkeit, sich auf eigene oder auf fremde Erwerbsstrukturen zu stützen. Staaten können und werden unterschiedlich auf diese Alternative reagieren; und für die soziologische Analyse erscheint es deshalb interessant, die Bedingungen solcher Strukturpräferenzen zu ermitteln. Zu diesen Determinanten können nun auch Berufsgruppen gehören. Es ist ja offensichtlich, daß der Aufbau und das Management von eigenen informationsbeschaffenden Strukturen für den Staat Mühe und Kosten impliziert; deshalb kann man gewisse Neigungen erwarten, sich auf fremde Strukturen zu stützen. Auf der anderen Seite mag dadurch eine durch den Staat selbst nicht mehr kontrollierbare Abhängigkeit entstehen. Daher läßt sich vermuten, daß Staaten sich umso eher auf Berufsgruppen als informationsbeschaffende Strukturen stützen werden, je kostengünstiger dieser Weg erscheint und als je größer die Aussichten gelten, daß dieser Weg auch in Zukunft gangbar ist.

Damit sind die Überlegungen über die externen Determinanten des Normsetzungsverhaltens des Staates abgeschlossen. Von zentraler Bedeutung für das staatliche Verhalten der Normselektion erschienen zwei Fragen, nämlich einmal die vom Staat angenommene Fähigkeit und Bereitschaft der Akteure des Kontextes, Normsetzungshandlungen des Staates zu beurteilen und davon abhängig Interessen des Staates zu fördern oder zu schädigen („Macht"), und zum anderen der Umfang der „relevanten" Informationen im Hinblick auf den Kontext, über die der Staat verfügt.

Tatsächlich macht Durkheim jedoch noch auf eine weitere Klasse möglicher Determinanten aufmerksam. Er regt dazu an, neben solchen „externen" auch „interne" Determinanten — die „Autonomie" eines Entscheiders — zu beachten. Wie läßt sich das verstehen?

*d) Interne Determinanten staatlichen Normsetzungsverhaltens:
Die relative Autonomie des Staates*

Ich habe oben darauf hingewiesen, daß man die externen und die internen Determinanten des Normenselektionsverhaltens des Staates nicht nullsummenmäßig verstehen darf; auch bei Nicht-Ignorierbarkeit der Wünsche und der Handlungen der Akteure seines Kontextes — soziale Akteure,

5. Die Selektion von Normen durch den Staat   253

Berufsgruppen und Öffentlichkeit — ist ja noch nicht unbedingt entschieden, *wie* der Staat bei der Selektion von Normen mit diesen Ansinnen und Aussichten verfährt. Der Staat kann diese Ansinnen entweder in der Art von „Befehlen" betrachten oder aber sie als „Material" behandeln, auf das sich bei der Produktion von Normen eigene kreative Bemühungen der Interpretation und der originellen Reaktion richten. Im ersten Fall handelt der Staat im wesentlichen „fremdgesteuert", im zweiten Fall dagegen bringt er zusätzlich eigene Impulse in die Normselektion ein, so daß eine Relativierung der Fremdsteuerung durch Eigensteuerung erfolgt.

Durkheim hat — unter den Stichworten „relative Autonomie des Staates" und „Erhöhung der Klarheit des gesellschaftlichen Bewußtseins durch den Staat" — großen Wert auf diese Unterscheidung gelegt; sie vor allem ist das Kriterium, mit Hilfe dessen er die Pseudo-Demokratie von der echten Demokratie zu unterscheiden versucht. Im folgenden wird versucht, die Idee der „relativen Autonomie" des Staates zu explizieren, um damit weitere Bezugspunkte für die soziologische Analyse der politischen Funktionen von Berufsgruppen zu gewinnen. Durkheim verwendet die Vorstellung „relative Autonomie", gibt aber keine explizite Definition. Um die Bedingungen und die Wirkungsweise von Autonomie verstehen zu können, ist jedoch eine solche genauere Bestimmung nötig.

aa) Der Begriff der relativen Autonomie

Oben wurde der gemeinte Sachverhalt als das Ausmaß an „Selbstbezogenheit" eines Entscheiders — das groß, mittel oder gering sein könne —umschrieben; wie läßt sich diese Idee präziser fassen? Betrachtet man dabei speziell die Relation zwischen Staat und dem sozialen Segment seines Kontextes, dann bezieht sich Nichtautonomie auf den Sachverhalt der „Fremdsteuerung" des Staates durch die Gesellschaft, Autonomie dagegen auf die Relativierung, die Abschwächung dieser „Fremdsteuerung". Nichtautonomie bedeutet, daß die Entscheider — die Akteure, die den Staat bilden — sich den Wünschen der gesellschaftlichen Akteure gegenüber verhalten, als ob es sich dabei um „Befehle" handelt, denen möglichst umgehend und wortwörtlich nachzukommen ist. Bei Autonomie dagegen berücksichtigen die Entscheider die Interessen der sozialen Akteure zwar einerseits ebenfalls, aber andererseits nur als einen unter einer Mehrzahl anderer zu beachtender Sachverhalte. So gesehen geht es also um das Ausmaß der „Entfremdung" der staatlichen Entscheidungselite von der sozialen Basis. Wie kann man diesen Sachverhalt deuten?

Um Durkheims Ansatz prägnant herauszuarbeiten, ist es nützlich, ihn mit einer anderen Perspektive zu vergleichen. Wenn man die Autonomiefrage in der Relation von Staat und Gesellschaft als Problem der Distanz zwischen Entscheidern und sozialer Basis formuliert, dann erscheint es möglich, auf Konzeptionen wie Robert Michels' Theorie der Oligarchie in Organisationen zurückzugreifen (Michels 1970). Dieser Ansatz bezieht sich zwar manifest auf formale Organisationen; aber der Versuch könnte lohnend sein, in entsprechender Weise die „Entfremdung" des Staates von der Gesellschaft zu konzeptualisieren. Dabei werden unterschiedliche Entscheidungen von Staaten auf das Ausmaß zurückgeführt, in dem sie sich gegenüber den gesellschaftlichen Aktoren verselbständigt haben und so die Chance erlangen, ihre eigensüchtigen Interessen — statt die Interessen der sozialen Basis — zu verfolgen. Die Unterscheidung zwischen geringer bzw. fehlender Autonomie oder großer Autonomie wird also, etwas zugespitzt formuliert, als Situation der Erfüllung oder des „Verrats" der sozialen Bedürfnisse verstanden. Soziale Prozesse, die zur Entwicklung von Autonomie für die Entscheider führen, sind daher als Prozesse zu verstehen, die die Verwirklichung der Interessen der sozialen Aktore gefährden. Dementsprechend wird die Frage der Kontrolle oder des Kontrollverlustes der sozialen Aktore über die staatlichen Entscheider aufgefaßt und dies wiederum mit der Frage der Förderung oder des Verrats der sozialen Interessen identifiziert. (Konsequenterweise wird ein sozial-technologisches Programm, welches auf die Förderung der gesellschaftlichen Interessen gerichtet ist, Mechanismen zu etablieren versuchen, die die Autonomisierung der Entscheider unterbinden).

Von dieser Position weicht Durkheims Behandlung der Dimension Nichtautonomie/Autonomie deutlich ab; denn Durkheim weist der Autonomisierung der Entscheider *positive* Funktionen und dem Abbau der Autonomie negative Funktionen zu. Zum Verständnis dieser Differenz ist es nun aber nötig, genauer zu spezifizieren, in welcher Hinsicht dieser Kontrast besteht. Man könnte versucht sein, diesen Widerspruch als Reflex unterschiedlicher ideologischer Präferenzen zu verstehen; danach würde dann etwa ein gegebener mittlerer Grad der Distanz zwischen sozialen Akteuren und staatlicher Führung von der einen Position als ein bedauerliches Ausmaß der Verselbständigung der Führung von der Gesellschaft, von der anderen dagegen als ein bedauerliches Ausmaß der Beschränkung des Staates durch die Gesellschaft betrachtet. Im letzteren Fall würde also von unterschiedlichen Interessen von sozialen Aktoren und zentralen Entscheidern ausgegangen — und dann für den Vorrang der letzteren (oder wenigstens für deren gleichgewichtige Beachtung) votiert. Tatsächlich jedoch ist das nicht Durkheims Position. Durkheim ist — in dieser Hinsicht genau wie die Vertreter der Oligarchietheorie auch — am Problem der optimalen Förderung der gesellschaftlichen Interessen orientiert; dies ist eine der Formen, in denen sich das von ihm betonte Primat der „Gesellschaft" gegenüber „Staat" und „Politik" ausdrückt. Der entscheidende Unterschied zur

5. Die Selektion von Normen durch den Staat

Oligarchietheorie liegt vielmehr darin, daß Durkheim in fehlender Autonomie der Führung ein Hindernis für die Realisierung der gesellschaftlichen Interessen vermutet und daß er in der Autonomisierung, also der Distanzierung der Entscheider von den sozialen Akteuren, ein Mittel zur besseren Verwirklichung der sozialen Interessen sieht. Durch soziale Prozesse, die zum Abbau der Autonomie der Entscheider führen, ergibt sich deshalb eine Gefährdung der Verwirklichung der sozialen Interessen. Dementsprechend läuft eine Erklärung des Abbaus oder Aufbaus von Führerautonomie auf eine Erklärung der Verfehlung oder der Realisierung der sozialen Interessen hinaus. Als sozialtechnologische Konsequenz ergibt sich, daß man zur Förderung der Interessen der Gesellschaft Mechanismen zu installieren hat, die die Autonomie des Staates garantieren und schützen.

M. E. läßt sich die offenbare Widersprüchlichkeit dieser beiden Ansätze zumindest auf begrifflicher Ebene auflösen. Sowohl die Oligarchie-Theorie als auch Durkheims Position leiden darunter, daß sie — wie genaueres Hinsehen zeigt — gar nicht die Dimension „Nichtautonomie/Autonomie" diskutieren, sondern Nichtautonomie mit einer bestimmten und *je anderen Form* von Autonomie kontrastieren. Um dies explizit zu machen, ist es nützlich, statt mit einer mit zwei Dimensionen zu arbeiten. Zunächst —erstens — läßt sich der Entscheidungsprozeß durch das Ausmaß der Autonomie kennzeichnen, über das die Entscheider in ihm verfügen; a) bei fehlender Autonomie handelt der Staat als Instrument der sozialen Aktore, b) bei hoher Autonomie bringt der Staat eigene Impulse in die Entscheidung ein. Man kann diesen Unterschied Nichtautonomie/Autonomie damit auch durch die Frage kennzeichnen, ob die Vorstellungen, die der Staat entwickelt und verfolgt, a) prinzipiell identisch mit denen der sozialen Aktore sind oder aber b) prinzipiell von denen der Gesellschaft abweichen[15]. Diese Charakterisierung trifft sowohl auf die von der Oligarchietheorie als auch auf die von Durkheim entwickelte Konstruktion zu; sie gleichen sich in bezug auf die Unterscheidung Nichtautonomie/Autonomie bzw. Identität/Nichtidentität der Vorstellungen. Wie läßt sich dann der *Unterschied* zwischen beiden Konzeptionen formulieren? M. E. kann man dies mittels einer zweiten Dimension, die auf eine nähere inhaltliche Charakterisierung der Vorstellungen der Entscheider zielt, versuchen. Dafür besteht zwar im Fall der Nichtautonomie, die sich in der Identität der Vorstellungen der sozialen Aktore

---

[15] Der Hinweis auf die „prinzipielle" Identität oder Diskrepanz der Vorstellungen von Gesellschaft und Staat versucht die — wohl seltenen — Konstellationen zu erfassen, bei der die Entscheider nach und trotz „reiflicher eigener Überlegung" zu einem Ergebnis kommen, welches inhaltlich genau den Wünschen der Gesellschaft entspricht. Auch das gilt hier als „autonomes" Handeln des Staates. — Der Einfachheit halber gehe ich im Text aber weiter von den wohl häufigeren Fällen aus, in denen sich die Autonomie des Staates in der Entwicklung von Vorstellungen ausdrückt, die diskrepant zu denen der Gesellschaft sind.

und des Staats ausdrückt, kein Anlaß[16]. Wohl aber besteht dazu Anlaß im Fall der Autonomie des Staats bzw. der Nichtidentität der Vorstellungen zwischen sozialen Aktoren und Staat; hier kann man a) den einen Fall, daß die staatlichen Entscheider ihre Autonomie zur Entwicklung und Verfolgung „selbstsüchtiger" Ziele verwenden, während sie die Gesellschaft im Hinblick darauf entweder als Last, als Störung oder höchstens als notwendiges Mittel betrachten (so die Oligarchietheorie), von b) dem anderen Fall unterscheiden, in dem sie die Autonomie auf das Ziel der Förderung der Interessen der Gesellschaft beziehen, während sie sich selbst als helfendes, hilfreiches „Mittel" dafür betrachten[17]. (Dies entspricht Durkheims Vorstellungen). Da nun sowohl Durkheims Konzept der relativen Autonomie als auch die Oligarchietheorie von der normativen Vorstellung ausgehen, wonach es primär auf die Realisierung der Interessen der Gesellschaft ankommt (dies wird im folgenden als „Prioritätsnorm" oder „normierter Ziel-Altruismus" bezeichnet), läßt sich, vom Staat her gesehen, die Situation, die Durkheim vorschwebt, als „altruistische Diskrepanz" kennzeichnen; hier entwickeln die staatlichen Entscheider „diskrepante" Vorstellungen zu denen der sozialen Aktore, wobei die Entscheidervorstellungen gleichwohl „altruistisch" auf die Förderung der sozialen Interessen bezogen bleiben. Bei der von der Oligarchietheorie behandelten Situation dagegen handelt es sich um „egoistische Devianz", da der Staat sich hier der Verpflichtung, primär die sozialen Interessen zu fördern, in „egoistischer" Weise entzieht.

Diese Rekonstruktion hat eine hervorzuhebende Implikation. Die Konfrontation von Oligarchietheorie und Durkheims Position legt es nahe, bestimmte Neigungen, die mit diesen Konzeptionen oft einhergehen, als irreführend zu erkennen und zu korrigieren. Die Oligarchietheorie interessiert sich für die *egoistische* Form der Abweichung der staatlichen Entscheider von den Bedürfnissen der Gesellschaftsmitglieder, und sie neigt dazu, die Nichtabweichung der Entscheider von den Vorstellungen der Gesellschaft

---

[16] In anderem Zusammenhang wird es sich später allerdings als nützlich erweisen, auch für den Fall der Identität der Vorstellungen von Staat und Gesellschaft inhaltlich anzugeben, worin diese Vorstellungen bestehen. Soziale Systeme, die alle gleichermaßen durch einen Konsens zwischen Staat und Gesellschaft gekennzeichnet sind, lassen sich im Hinblick auf die Sachverhalte unterscheiden, auf die sich dieser Konsens bezieht.

[17] Daß auch Akteure mit „Mittel"-Status Bedürfnisse haben versteht sich; anderenfalls wäre ja rasch mit der Aufopferung des Mittels für den Zweck zu rechnen, d. h. mit einem baldigen Zusammenbruch der Beziehung. „Kluge" egoistische staatliche Entscheider werden daher die Gesellschaft bis zu einem gewissen Maß „pflegen" (im Sinne der Wirtschaft als der sprichwörtlichen „Kuh", die ja Milch geben soll, und die daher zunächst zu füttern statt zu schlachten ist), und altruistische Entscheider werden sich nicht völlig verausgaben. Wichtig aber ist, daß die Bedürfnisse des Aktors mit Mittel-Status klar *sekundäres* Gewicht im Vergleich zu den Bedürfnissen des Aktors mit Ziel-Status haben.

5. Die Selektion von Normen durch den Staat

mit einer „altruistischen" Orientierung der Entscheider zu identifizieren. Eben diese Identifizierung wird jedoch durch die Durkheimsche Position in Frage gestellt. Denn Durkheim sieht ja in der Identität der Vorstellungen von sozialen Aktoren und Staat gerade ein Hindernis für die Realisierung der sozialen Interessen. Gerade spiegelbildlich wird jedoch auch Durkheims Position durch die Oligarchietheorie relativiert. Durkheim ist an altruistischer Unähnlichkeit der Vorstellungen des Staates interessiert, und er neigt dazu (worauf unten noch näher eingegangen wird), die dazu kontrastierende Situation der Ähnlichkeit der Vorstellungen zwischen Staat und Gesellschaft als eine Art von „Egoismus" der staatlichen Entscheider (die sich etwa opportunistisch an die Gesellschaftsmitglieder anpassen) zu verstehen. Das ist terminologisch und heuristisch unglücklich, denn die Situation der Ähnlichkeit der Vorstellungen und der devianten egoistischen Unähnlichkeit sind strukturell so heterogen, daß ihre gemeinsame Behandlung als „Egoismus" irreführend ist. Es ist denn auch bezeichnend, daß Durkheim m. W. nirgends die Situation des devianten Egoismus, für die sich die Oligarchietheorie interessiert, in den Blick gerät[18]. — Diese Überlegungen führen somit zu dem Ergebnis, daß man die beiden Dimensionen 1) Ausmaß der Autonomie (bzw. Grad der Ähnlichkeit der Vorstellungen) und 2) Art der Verwendung der Autonomie (bzw. Richtung der Unähnlichkeit: egoistische Devianz oder altruistische Diskrepanz) scharf voneinander trennen sollte.

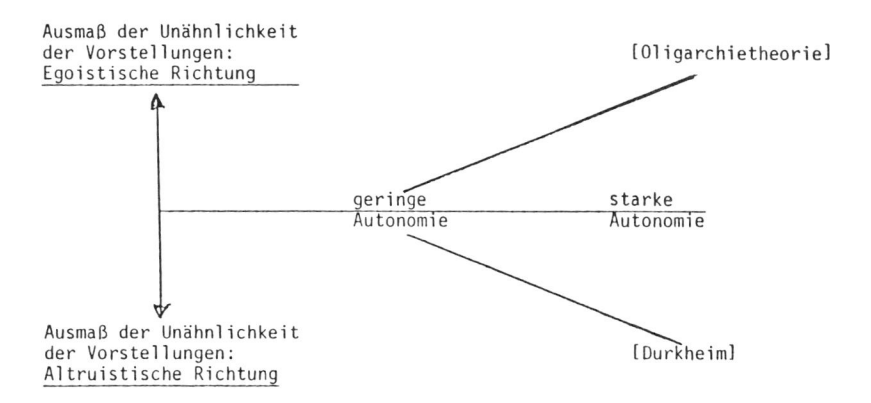

```
Ausmaß der Unähnlichkeit
der Vorstellungen:                              [Oligarchietheorie]
Egoistische Richtung
        ▲
        |
        |_____
                         geringe          starke
                         Autonomie        Autonomie
        |
        |
        ▼
Ausmaß der Unähnlichkeit
der Vorstellungen:                              [Durkheim]
Altruistische Richtung
```

Diese begrifflichen Überlegungen führen damit zur Vermutung, daß Durkheims Konzept der relativen Autonomie eine ganz spezifische Situation und

---

[18] Selbst bei seiner — unten aufzugreifenden — Diskussion der Berufsgruppen, in der Durkheim explizit auf die Möglichkeit diskrepanter Orientierungen zwischen Mitgliedern und Organisation hinweist, begründet er dies eher mit strukturellen Verhärtungen (L: 46; 48) als mit dem Egoismus der Organisationsspitze.

Problematik betrifft, die sich von den Fällen unterscheidet, die der Oligarchietheorie wichtig sind (so daß nicht länger von „widersprüchlichen theoretischen Vorstellungen", sondern von der Thematisierung unterschiedlicher Sachverhalte zu sprechen wäre). Durkheim problematisiert erst gar nicht die Dimension altruistische/egoistische Orientierung des Staates; vielmehr geht er davon aus, daß die staatlichen Entscheider den normierten Ziel-Altruismus respektieren und also altruistisch orientiert sind. In diesem — begrenzten — Rahmen fragt er dann nach Bedingungen für die Autonomie oder Nichtautonomie des Staates — ausgehend von der Vermutung, daß autonome Entscheider (deren altruistische Orientierung ja unterstellt ist) förderlicher für die Verwirklichung der sozialen Interessen sein werden als nichtautonome Entscheider. Die Relevanz von Durkheims Problematik und Analyse ist damit auf die Fälle begrenzt, bei denen man von altruistischen Orientierungen der Entscheider ausgehen kann. Demgegenüber geht die Oligarchietheorie von der anderen Situation aus, bei der der Staat den normierten Ziel-Altruismus nicht respektiert, sondern mit seiner egoistischen Orientierung deviant davon abweicht; in bezug auf diese — begrenzten — Fälle fragt sie nach den Bedingungen der Autonomie (d. h. nach den sozialen Konstellationen, die die Realisierung von Egoismus ermöglichen). Da diese Ansätze also für je andere Sachverhalte relevant sind (abgesehen davon, daß sie sich bei der Situation der Nichtautonomie bzw. Identität der Vorstellungen von Gesellschaftsmitgliedern und Staat berühren), kann man also auch nicht von „widersprüchlichen Aussagen" der beiden Positionen sprechen; als sachliches soziologisches Problem ergibt sich vielmehr die Frage, ob und unter welchen Bedingungen mit dem Vorliegen der einen oder der anderen Situation gerechnet werden kann[19].

---

[19] Die hier entwickelte Vermutung, daß sich die Oligarchietheorie und Durkheims Konzeption relativer Autonomie auf verschiedene Situationen beziehen, braucht natürlich nicht unbestritten zu bleiben. Was könnte man einwenden? M. E. ist hier der entscheidende Punkt, wie die *manifesten* Bedürfnisse der Gesellschaftsmitglieder qualifiziert und bewertet werden. Ein „radikaler" Vertreter der Oligarchietheorie könnte nämlich die Position beziehen, daß die sozialen Aktore selbst über eine derartige Fähigkeit zur rationalen Klärung, zum konsistenten Ausdrücken und zur Entwicklung von intelligenten Befriedigungsstrategien ihrer Bedürfnisse verfügen, daß für eine Betreuung und Beratung durch einen altruistisch gesinnten distanzierten Staat weder Anlaß noch Raum ist. Seine Ratschläge könnten dann gar nicht anders als unangebracht und unangemessen sein (und wären häufig nur als verschleierte Formen von Egoismus zu verstehen). Tatsächlich dürften unterschiedliche Auffassungen über die Aufklärungsbedürftigkeit und -fähigkeit der Gesellschaft über ihre Bedürfnisse von Bedeutung dafür sein, ob eher die Oligarchietheorie oder das Konzept der relativen Autonomie „passend" erscheinen. Merkmale sozialer Aktore wie ihr Bildungs- und Informationsniveau sind in diesem Zusammenhang wichtig. Was Durkheim angeht, so erscheint allerdings äußerst zweifelhaft, ob er von solchen Entwicklungen auf die zunehmende Überflüssigkeit einer altruistischen „Betreuung" der Gesellschaft durch einen autonomen Staat geschlossen hätte. So hat er ja nachdrücklich auf den seiner Meinung nach unumkehrbaren Trend einer Expansion von

5. Die Selektion von Normen durch den Staat

Bevor gleich auf das so gefaßte explikative soziologische Problem eingegangen wird, sind noch einige konzeptuelle Überlegungen gebracht. Sie versuchen, unter Orientierung an Durkheimschen begrifflichen Vorschlägen den soziologisch zu erklärenden Sachverhalt möglichst präzise herauszuarbeiten. Die Konzepte egoistische Devianz und altruistische Diskrepanz gewinnen ihren Sinn beide durch den Bezug auf normierten Ziel-Altruismus, also die Vorstellung, wonach den Interessen der Gesellschaftsmitglieder eines sozialen Systems Priorität vor den Interessen des Staates zukommen soll; sie sind also als zwei Subtypen des normierten Ziel-Altruismus aufzufassen. Es sei nun hier darauf aufmerksam gemacht, daß man sich durch Orientierung an Durkheims Konzepten zu weiteren präzisierenden Ausarbeitungen in zwei Richtungen angeregt sehen kann (die von Durkheim nur teilweise, von der Oligarchietheorie gar nicht thematisiert werden). Einerseits kann man dem Typ des „normierten Ziel-Altruismus" andere Typen der Zielorientierung zur Seite stellen, nämlich „normierten Ziel-Egoismus", „Ziel-Anomie" und „Ziel-Solidarität". 1) Ein Beispiel für (legitimen) „normierten Ziel-Egoismus" der Entscheider ist ein kapitalistischer Unternehmer; von diesem wird man in der Regel erwarten, daß er „sein" (!) Unternehmen nicht primär im Interesse der bei ihm Beschäftigten, sondern in seinem eigenen „selbstsüchtigen" Interesse führt. Ein anderes Beispiel ist ein soziales System, in dem die Dominanz der Interessen des Staates über die Gesellschaft als legitim gilt; in diese Richtung gehen Durkheims Bemerkungen (L: 66 f.) über den „Geist des Stadtstaates" und seine Diskussion der Hegelschen Staatsauffassung. Hier handelt es sich um „politisierte" Gesellschaften. 2) Bei Ziel-Anomie fehlen klare normative Vorstellungen darüber, welchen Inhalt und Priorität die Ziele haben sollen, die von Staat und Gesellschaft zu verfolgen sind. 3) Bei Ziel-Solidarität werden den staatlichen und den gesellschaftlichen Aktoren inhaltlich unterschiedliche, aber gleichermaßen wichtige Ziele normativ zugeordnet, wobei von deren prinzipieller Komplementarität ausgegangen wird. (Diese Komplementarität kann etwa in Prozessen der Kompromißbildung erarbeitet werden.)

Die zweite Richtung der Differenzierung der soziologischen Analyse unter Zuhilfenahme von Durkheimschen Konzepten besteht in der systematischen Konstruktion von Subtypen. Das sei am Fall des normierten Ziel-Altruismus erläutert. Ein erster Schritt zur Konstruktion von Subtypen stellt ja die diskutierte Unterscheidung von egoistischer Devianz (entsprechend der Oligarchietheorie) und altruistischer Diskrepanz (entsprechend Durkheims

---

staatlichen Tätigkeiten hingewiesen. Dies steht u. a. auch in Übereinstimmung mit seiner allgemeinen Vorstellung des Abbaus des Dilettantismus durch die Zunahme von arbeitsteiliger Spezialisierung; denn wenn er Rationalisierung als prinzipiell nie abgeschlossenen Prozeß betrachtet, wird er auch die aufklärende Beratung von sozialen Aktoren durch den Staat, der als „Treuhänder" wirkt, *stets* für sinnvoll betrachtet haben.

Vorstellungen) dar. Diese altruistische Diskrepanz ist ein „konformer" Umgang mit dem normierten Ziel-Altruismus. Tatsächlich nun läßt sich aber die *Art des Umgangs* des Staates mit dem normierten Ziel-Altruismus genauer beschreiben als lediglich in Termini von Devianz und Konformität. Gerade der erwähnte Umstand, daß die von Durkheim behandelte Situation der Nicht-Diskrepanz der Vorstellungen von Staat und Gesellschaft (in der Pseudo-Demokratie) eben nicht einfach als Devianz im Sinne der Oligarchietheorie zu fassen ist, kann zu einer solchen genaueren Problemfassung veranlassen. Dabei zeigt es sich dann, daß Durkheim mit seiner Kontrastierung von Nichtautonomie bzw. Identität der Vorstellungen von Gesellschaft und Staat einerseits und der als altruistische Distanzierung des Staates verstandenen relativen Autonomie andererseits nicht alle Möglichkeiten gesehen (oder aber jedenfalls nicht voll ausgeschöpft) hat, die sein analytisches Instrumentarium für die Untersuchung von Pathologien im Verhältnis von Staat und Gesellschaft gestattet. In Frage steht ja die Relation von Staat und Gesellschaft im Kontext des normierten Ziel-Altruismus unter dem Gesichtspunkt, unter welchen Bedingungen eine möglichst optimale Förderung der sozialen Interessen möglich ist. Durkheim hält hier die Ausdifferenzierung oder Autonomie des Staates für wichtig. Interpretiert man nun diese Hypothese als einen Fall der Anwendung des allgemeinen Prinzips der Arbeitsteilung, dann lassen sich die Analyse-Instrumente, die generell auf arbeitsteilige Konstellationen bezogen sind, auch für die Betrachtung der Relation von Staat und Gesellschaft nutzen. a) Eine „optimale" Befriedigung der sozialen Interessen ergibt sich aus „relativer Autonomie", und diese ist jetzt als „solidarisch-kooperative" Beziehung zwischen staatlichen Entscheidern und Gesellschaftsmitgliedern zu verstehen. Hier orientiert sich der Staat in der Weise an der Gesellschaft, wie sich z. B. Ärzte Patienten (idealerweise) zuwenden. Nicht-optimale Bedürfnisbefriedigungen ergeben sich aus „pathologischen" Beziehungen, und diese können aus unterschiedlichen Konstellationen resultieren. b) Sie sind zum einen dann zu erwarten, wenn keine Autonomie — wie im Fall der Pseudo-Demokratie — besteht, wenn also die Mitgliedervorstellungen „demokratistisch" auch für die Entscheider unmittelbar verbindlich werden (= altruistisch-demokratistische Pathologie). c) Mit pathologischen Effekten hat man, zweitens, aber auch dann zu rechnen, wenn der Staat eindeutig über die Gesellschaft dominiert, so daß die sozialen Akteure eingeschüchtert und zu eigenen Impulsen unfähig werden, während der Staat seinerseits an „fachidiotischer" Realitätsblindheit und expertistischer Selbstüberschätzung oder auch, gerade umgekehrt, unter dem Zwang zur Prätention von und der Ahnung des Mangels an Allwissenheit leidet — dies alles aber wohlgemerkt in ziel-altruistischer Weise, bei der z. B. die Experten die Klienten zu *deren* Glück (!), in welches nur sie glauben kompetent Einsicht zu haben, zwingen (!) wollen („egoistisch-expertistische Pathologie" — z. B. bei „gelenkten" Demokratien). d) Schließlich, drittens, werden pathologische Effekte dann resultieren, wenn die Relation zwischen Staat und Gesellschaft unter-strukturiert ist, so daß zwischen ihnen Unsicherheiten und — etwa — Tauziehen resultiert, was zu inkohärenten Entscheidungen führt — bei allerdings wiederum generellem Konsens über die Wertdominanz der Mitgliederinteressen. —

Damit hat sich also ergeben, daß bei unterstelltem normativem Ziel-Altruismus sich eine Reihe von unterschiedlichen Formen konzeptualisieren lassen, in denen der Staat sich gegenüber der Gesellschaft orientieren kann; abgesehen von der (oligarchischen) Devianz von diesem normativen Komplex kann der Staat solidarisch-professionell, egoistisch-expertistisch, altruistisch-demokratistisch oder anomisch-chaotisch auf die Gesellschaft bezogen sein. (Nur angedeutet sei, daß auch der legitime Ziel-Egoismus einer solch detaillierten Analyse zugeführt werden könnte. So hätte man beispielsweise „egoistische" Konstellationen nackter kurzfristiger „Ausbeutung" der Mitarbeiter durch Unternehmer von solchen „solidarischen" Fällen zu unterscheiden, in denen — wenn auch sekundär — die Interessen der primär als „Mittel" verstandenen Mitarbeiter auf dem Wege von Kooperativität sichernden Regelungen über „Mitbestimmung" berücksichtigt werden.)

Nach diesen begrifflichen Erörterungen ist nun die soziologische Frage zu behandeln, welches die Bedingungen der relativen Autonomie sind — verstanden als eine Art der Distanzierung des Staates von der Gesellschaft, die der Haltung von Professionellen gegenüber Laien-Klienten entspricht.

bb) Das Problem der Erklärung der relativen Autonomie

Auch für dieses Problem ist nun die Konfrontation von Durkheims Position mit der Oligarchietheorie nützlich. Von der Oligarchietheorie ausgehend stellt sich als soziologisches Erklärungsproblem die Frage, welche Umstände dafür verantwortlich sind, ob der Staat über mangelnde Autonomie verfügt (und so daran gehindert wird, Egoismus zu entfalten), oder ob er viel Autonomie besitzt (und deshalb seinen Egoismus praktizieren kann und wird). Demgegenüber lautet bei Durkheims Position die soziologische Frage, welche Umstände die Absorption des Staatspersonals in die Gesellschaftsmitglieder bewirken (so daß es keine Gelegenheit zur Entfaltung seiner speziellen und den sozialen Akteuren nützlichen Fähigkeiten erlangt) bzw. welche Umstände es dem Staat ermöglichen, in der Art von Professionellen für die Gesellschaft nützlich zu werden.

Welches sind nun die jeweiligen theoretischen soziologischen Strategien zur Beantwortung dieser Fragen? Was die Oligarchietheorie angeht, so liegt die brillante soziologische Leistung darin, daß sie ihr Problem aktorzentriert, als Handlungsproblem der betreffenden Akteure selbst, formuliert — mit der wichtigen Folge, daß für den analysierenden Betrachter das Erklärungsproblem den Charakter eines „Rätsels" über die — jetzt nicht selbstverständlich erscheinenden — Beweggründe und Handlungschancen der Akteure annimmt. Worauf beruht diese Leistung? Wie schon angedeutet kann man m. E. die Oligarchietheorie als eine Devianzanalyse auffassen. Dabei hat man nun aber die daraus folgende a) „moralische" Interessantheit von b) der soziologischen Interessantheit zu unterscheiden. Die Oligarchietheorie ist insofern eine Analyse von Devianz, als sie Bezug nimmt auf die Vorstellung des Ziel-Altruismus, nach der der Staat „eigentlich" die Interessen der sozialen Basis fördern soll — es aber praktisch nicht tut. Die Feststellung dieser Abweichung ist geeignet, Aufmerksamkeit auf sich zu ziehen und Empörung auszulösen, und insofern die Analyse „interessant" erscheinen zu lassen. a) „Moralische" Empörung ist nun bereits dadurch erzielbar, daß die Norm über die Priorität der gesellschaftlichen Interessen „von außen", vom Betrachter, den betreffenden Handelnden aufoktroyiert wird. Bei solchen „ideologiekritischen" Analysen verlangt der *Betrachter,* die handelnden Akteure *sollten* an dieser Prioritätsnorm orientiert sein, also sowohl die sozialen Akteure sollten den Anspruch erheben, daß die Förderung *ihrer* Interessen den Zweck des Kollektivs darstellt, als auch den selbstsüchtigen staatlichen Entscheidern *sollte* bewußt sein, daß sie Verrat begehen. In Wirklichkeit aber haben die handelnden Akteure ganz andere Dinge im Kopf, und diese tatsächlich wirksamen Beweggründe und Handlungschancen werden von den Ideologiekritikern regelmäßig nicht erfaßt. Unter dem Gesichtspunkt soziologischer Erklärung sind derartige Analysen daher ohne Bedeutung, denn sie enthalten keine Aufklärung darüber, welche Umstände die Akteure zu den von ihnen gezeigten Verhaltensweisen veranlaßten[20]. b) Das soziologisch Interessante der Oligarchietheorie besteht nun darin, daß sie ebenfalls auf die Prioritätsnorm Bezug nimmt, aber diese als Element der Situation der handelnden Akteure selbst auffaßt, statt diese Norm zu oktroyieren. Auf diese Weise ergibt sich eine Devianzanalyse aus der Sicht der Handelnden selbst. Wenn man zu Recht — was natürlich *empirisch* festgestellt werden *muß* — davon ausgehen kann, daß die Prioritätsnorm ein Element der sozialen Situation darstellt, *dann* entsteht als „Rätsel" die Frage, wie es dazu kommt, daß ihr nicht entsprochen wird; wenn schon erstaunen kann, wie sich Wenige gegenüber Vielen dominierend durchsetzen können, so ist dies noch weniger selbstverständlich, wenn diesen Vielen auch noch der *Anspruch* auf Dominanz normativ zugestanden ist. In bezug auf die Gesellschaftsmitglieder wird es dann interessant, etwa zu fragen, ob und welche Defizite es gibt, die sie daran hindern, ihre Ansprüche durchzusetzen (ob z. B. ihre „Transaktionskosten" zu hoch sind oder ob der Charakter der Prioritäts-

---

[20] An die von Ideologiekritikern geschilderte Situation könnte eine soziologisch-explikative Analyse allerdings über die Frage ansetzen, warum (!) in der gegebenen Situation die oktroyierte Norm keine Geltung beanspruchte.

5. Die Selektion von Normen durch den Staat

norm als „öffentliches Gut" ein nicht-ausreichender Handlungsanreiz in größeren Gruppen darstellt), und in bezug auf die staatlichen Entscheider wird es dann interessant zu fragen, warum und wie sie die normativen Ansprüche unterlaufen.

Zusammengefaßt läßt sich zur Art, wie die Oligarchietheorie ihr soziologisches Erklärungsproblem konstruiert, folgendes feststellen. 1) Ihr Hauptinteresse — ihre „abhängige Variable" — bezieht sich auf die Art der Orientierung der staatlichen Entscheider; diese kann identisch mit den Interessen der Gesellschaftsmitglieder sein oder aber von den sozialen Bedürfnissen abweichen, und zwar in eigensüchtig-„egoistischer" und illegitimer Form. 2) Diesen Unterschied bringt sie — in einer allerdings nicht ganz durchsichtigen Weise — in Zusammenhang mit der Autonomiefrage, wobei Nichtautonomie/Autonomie als Merkmal der Situation der Entscheider aufgefaßt wird. Mitunter scheint sie Nichtautonomie/Autonomie als kausale Bedingung — also als erklärenden Faktor — für das Auftreten von Altruismus/Egoismus zu verstehen. Und auch das läßt sich unterschiedlich vorstellen. So kann man entweder von einem latent immer vorhandenen Egoismus von staatlichen Entscheidern ausgehen; Nichtautonomie oder Autonomie sind dann Bedingungen dafür, ob die Manifestierung dieser latenten Neigungen verhindert oder ermöglicht wird. Alternativ kann man von der generellen Unterstellung eines latenten Egoismus der staatlichen Entscheider absehen und sich denken, daß bei fehlender Autonomie nicht nur keine Möglichkeit der Praktizierung von Egoismus besteht, sondern auch gar keine Interessen an Egoismus sich entwickeln, während eine zunehmende Autonomisierung der staatlichen Entscheider zur Entwicklung sowohl der objektiven Möglichkeit als auch des subjektiven Interesses an Egoismus führt. Mitunter wiederum erscheint das Ausmaß der Autonomie aber auch eher als Anzeichen für und Folge von egoistischen Orientierungen; egoistisch orientierte staatliche Entscheider werden (gegebenenfalls erfolgreich) versuchen, sich die Bedingungen zu verschaffen, unter denen sie diesen Egoismus ausleben und absichern können. (Als zirkulären Prozeß kann man schließlich versuchen, diese verschiedenen Formen der Relation von Egoismus/Nichtegoismus und Autonomie/Nichtautonomie in *einem* Modell gegenseitiger Steigerung zusammenzufassen). 3) Wie immer auch im einzelnen die Relationen von Nichtegoismus/Egoismus und Nichtautonomie/Autonomie konstruiert sind, so ist für die Konstruktion des soziologischen Erklärungsproblems die Tatsache entscheidend, daß für die betreffende Situation von der Existenz des Geltungsanspruchs des normativen Ziel-Altruismus, wonach der Staat primär an der Förderung der Bedürfnisse der Gesellschaft orientiert sein soll, ausgegangen wird. Empirisch beobachtbares egoistisches Verhalten der staatlichen Entscheider mußte sich also über diese normative Barriere hinwegsetzen; und die zu beantwortende Frage — das zu lösende soziologische Rätsel — lautet daher, wie es den staatlichen Entscheidern gelang, dieses normative Hindernis zu überwinden. Eben damit ist eine Fragestellung „aus der Perspektive der handelnden Akteure" konstruiert; die sozialen Akteure sind mit dem Anspruch ausgestattet und die staatlichen Entscheider mit der Zumutung konfrontiert, die Gesellschaftsbedürfnisse zu fördern; daher müßte man „eigentlich" mit einem nichtegoistischen Verhalten der staatlichen Entscheider rechnen; tatsächlich aber bestehen die Gesellschaftsmitglieder nicht auf der Einlösung ihres Anspruchs und tatsächlich ignorieren die staatlichen Entscheider die auf sie gerichtete Zumutung; wie ist *das* zu erklären?

Die Oligarchietheorie ist also eine Theorie unsanktionierter Devianz. Soziologisch erklärenswert sind daher zum einen das Auftreten von Devianz der Entscheider und zum anderen das Ausbleiben von Sanktionen durch die sozialen Akteure (etwa aufgrund der Schwierigkeiten der sozialen Akteure, sich — wegen ihrer großen Zahl — so zu organisieren, daß sie sanktionierend handeln können; der Schwierigkeiten der sozialen Akteure, das staatliche Verhalten genau zu überschauen; der rhetorischen Möglichkeiten des Staates; des Wissensvorsprungs der staatlichen Entscheider; der erleichterten Kooperationsfähigkeit der staatlichen Akteure; etc.). (Es liegt natürlich nahe, im Ausbleiben der Sanktionen eine der Bedingungen für das Auftreten von Devianz zu vermuten.) Wenn man hingegen nicht von der Existenz des normierten Altruismus ausgehen kann, dann büßt die Frage danach, warum der Staat Normen selegiert, die nicht den Vorstellungen der sozialen Akteure entsprechen, jegliches Interesse ein. Natürlich kann man auch dann Verhaltensunterschiede zwischen verschiedenen Staaten erklären wollen; aber die Konzeptualisierung dieser Unterschiede im Hinblick auf ihre Identität mit oder Diskrepanz von den Vorstellungen der sozialen Akteure verliert dann jeden Sinn. Die staatlichen Entscheider befinden sich in einer anderen Lage als die sozialen Akteure. Wenn weder auf den Staat die Zumutung gerichtet ist, den Vorstellungen der sozialen Akteure entsprechend Normen zu selegieren, noch den sozialen Akteuren der Anspruch zusteht, daß ihren Vorstellungen Geltung eingeräumt werden soll, dann ist es „kein Wunder" — und dann entbehrt es konsequenterweise auch jedes soziologischen Erklärungsinteresses —, wenn Diskrepanzen zwischen den staatlichen Normen und den gesellschaftlichen Vorstellungen auftreten[21].

---
[21] Diese Argumentation impliziert u. a., daß sich die Oligarchietheorie auf Situationen *legitimer* egoistischer Autonomie — z. B. auf selbstsüchtige Kapitalisten —*nicht* bezieht, denn in diesem Fall wird ja nicht von der Geltung der Prioritätsnorm als Element der sozialen Situation der Akteure ausgegangen. Höchstens Ideologiekritiker könnten darauf bestehen, den Kapitalisten Selbstsucht *nachzuweisen* und dies als „Skandal" zu bezeichnen. Aber natürlich stellen Situationen legitimen Egoismus auch für die empirisch-theoretische soziologische Analyse Erklärungsprobleme dar. Wie könnte man hier ansetzen? Wenigstens einige Andeutungen seien gemacht. a) Wenn man — was zu ermitteln wäre — davon ausgehen kann, daß zu

5. Die Selektion von Normen durch den Staat

Vor dem Hintergrund dieser Konstruktion der soziologischen Fragestellung in der Oligarchietheorie ist nun zu überlegen, wie sich an Durkheims Konzept der relativen Autonomie orientiert — also der Vorstellung, daß der Staat Vorstellungen entwickelt, die von denen der Gesellschaftsmitglieder abweichen, aber altruistischer Natur sind —, eine aktorzentrierte soziologische Erklärungsproblematik konstruieren läßt. 1) Sowohl die Oligarchietheorie als auch Durkheims Konzept der relativen Autonomie unterstellen eine Situation normierten Ziel-Altruismus'. Von dieser Annahme ausgehend konzentrieren sich beide Konzeptionen auf die Orientierung der staatlichen Entscheider. Aber während das zentrale Interesse der Oligarchietheorie bei dieser Dimension der Entscheidungsorientierung sich auf die Unterscheidung zwischen der Situation der Ähnlichkeit der Vorstellungen von Staat und Gesellschaft und der Situation der devianten egoistischen Form von Unähnlichkeit richtet, stehen bei Durkheim andere Ausprägungen der Orientierungen als abhängige Variablen im Mittelpunkt, nämlich einerseits die Ähnlichkeit der Orientierungen zwischen Staat und sozialen Akteuren und andererseits eine Form der Unähnlichkeit, die gerade daraus resultiert, daß sich der Staat am „wohlverstandenen Interesse" der sozialen Akteure orientiert und dabei zu einer Auffassung gelangt, die von den durch die sozialen Akteure selbst entwickelten Vorstellungen abweicht. Durkheim nennt diese Art des Verhaltens eines Aktors, welches auf „Einsicht" beruht, „autonomes" Handeln; hier handelt ein Aktor „aus sich" — aus *seiner*

---

einem *früheren* Zeitpunkt normierter Ziel-Altruismus galt, dann wäre (legitimer) normierter Ziel-Egoismus als Frage nicht der Devinanz von Normen, sondern des Wandels von Normen zu thematisieren. (Devianz vom Ziel-Altruismus könnte sich als Zwischenphase auf dem Wege von Ziel-Altruismus zu normiertem Ziel-Egoismus herausstellen.). Zu klären wäre also, welche Umstände es ermöglichen, daß die Elite das Recht der Selbstsüchtigkeit beansprucht und die soziale Basis dieses Recht konzediert —wo doch früher entgegengesetzte Normen galten. Als „erstaunlich" erscheint dabei speziell das Verhalten der sozialen Aktore; denn für sie läuft der Normwandel ja auf eine Verengung der legitimen Ansprüche hinaus. Wenn man dagegen in bezug auf ein gegebenes soziales System von keinem solchen Normwan*del* ausgehen kann, bleiben vor allem zwei — nicht unbedingt unvereinbare — Ansätze zur Konstruktion von soziologischen Fragestellungen. b) Vorsoziologisch-„anthropologisch" kann man etwa von der Annahme ausgehen, daß auch normativ *gedeckter* Egoismus damit rechnen muß, auf gewisse Widerstände zu stoßen; jede Norm muß mit Nichtkonformen rechnen, und wenn die Norm Herrschaftsasymmetrien betrifft, dann umso mehr. (Die erste Annahme entspricht Durkheims Postulat der Unvermeidbarkeit von Devianz (R: Kp. 3), die zweite Annahme Dahrendorfs Postulat, daß Macht und Herrschaft *immer* Anlässe zu Auseinandersetzungen sein werden — und also die Aufrechterhaltung von Macht staunenswert ist.) c) Bei einem im engeren Sinn soziologischen Ansatz müßte man versuchen, die Fragestellung an komparativen Analysen orientiert zu konstruieren. Dabei wären Systeme mit und ohne legitimen Zielegoismus zu vergleichen und unter Hinweis auf weitere Merkmale dieser Systeme zu zeigen, weshalb in einem Fall diese Norm nützlich und/oder geboten erscheint, auf die man im anderen Fall verzichtet.

Einsicht — heraus. Dies ist etwa zu unterscheiden von solchen Handlungen, die auf äußerem Druck beruhen, oder solchen Handlungen, die sich aus Routine oder impulsiv ergeben; in diesen Fällen ist es nicht der Aktor, der („bewußt") eine Situation kontrolliert, sondern es sind äußere oder innere Impulse, denen ein Aktor unterworfen ist, und die ihn zu einem bestimmten Verhalten veranlassen (vgl. 1973 e: 163). 2) Auch Durkheim bringt diesen Verhaltensunterschied — autonomes oder nicht-autonomes Verhalten — mit der Situation des Aktors in Verbindung. Man kann Situationen danach unterscheiden, wie groß der Handlungsspielraum ist, den sie einem Aktor überlassen. Dies wird oft ebenfalls als Situation unterschiedlich großer Autonomie bezeichnet. Fragen des Sprachgebrauchs sind an sich unwichtig. Es ist hier aber darauf hinzuweisen, daß große Verwirrungen entstehen, wenn das Verhalten und die Situation eines Aktors mit den gleichen Begriffen belegt wird. Das wird wieder drastisch deutlich, wenn man aus aktorzentrierter Perspektive soziologische Erklärungsfragen zu formulieren sucht. Um autonomes *Verhalten* von X zu erklären, hat man zu zeigen, warum X sich für ein Verhalten aus Einsicht (statt aus Tradition oder Impuls) „entschied". Um die autonome *Situation* von X zu erklären, hat man zu zeigen, weshalb die Akteure Y, Z, etc. den Aktor X von bestimmten Zumutungen verschonen. Großer Handlungsspielraum kann insofern als (kausale) Bedingung angesehen werden, als sie es dem Staat ermöglicht, Vorstellungen darüber zu entwickeln, wie sich die Bedürfnisse der Gesellschaft möglichst wirkungsvoll fördern lassen; diese Möglichkeit wird hingegen verhindert, wenn staatliche Entscheider wegen mangelnden Spielraums nur solche Vorstellungen entwickeln können, die identisch mit denen der Gesellschaftsmitglieder sind. 3) Als soziologische Problemstellung liegt dann die Frage nahe, von welchen Umständen es abhängt, ob der Staat über den — für professionell-solidarisches Verhalten nötigen — Spielraum verfügt oder nicht. Nach dem eben gesagten verdeckt die Formulierung „verfügt" aber zwei gänzlich heterogene Aspekte, nämlich „nutzen" und „eingeräumt haben"; zu unterscheiden sind also die beiden Fragen: Wovon hängt es ab, ob ein Staat einen ihm verfügbaren Verhaltensspielraum für autonomes Handeln „nutzt"?, und: Wovon hängt es ab, ob einem Staat ein solcher Verhaltensspielraum eingeräumt wurde? Betrachtet man von dieser Unterscheidung her Durkheims Äußerungen, dann stellt man fest, daß sich seine Problemstellung auf die erste Frage bezieht; Durkheims Konzept der Autonomie als autonomes, d. h. einsichtsgesteuertes Verhalten betrifft das Problem der *Nutzung* des Spielraums. Wovon also hängt es ab, wie der Staat einen ihm verfügbaren Handlungsspielraum verwendet[22]?

---

[22] In diesem Zusammenhang liegt natürlich das Argument nahe, daß zwischen genutztem und eingeräumtem Spielraum insofern Beziehungen bestehen, als mangelnder faktischer Spielraum per Definition seine Nutzung ausschließt, und als vorhandener Spielraum seine Nutzung ermöglicht. Diese Feststellung ist zwar rich-

5. Die Selektion von Normen durch den Staat

Mir scheint nun, daß ein heuristisch fruchtbarer soziologischer Ansatz darin liegen könnte, daß man die Problematik wieder aus der Sicht der betroffenen Akteure zu formulieren versucht. Hier interessiert das Verhalten der staatlichen Entscheider; aus *deren* Sicht wäre dann also die Konstellation zu rekonstruieren. Man stellt sich dabei zunächst diese Akteure so vor, daß sie in einer Situation mit gegebenem Handlungsspielraum mit dem Zwang zur Reaktion auf die Option konfrontiert sind, ob sie — in der Haltung von Professionellen, die mit ihren Klienten solidarisch-kooperative Beziehungen aufnehmen — eigene kreative Bemühungen dazu unternehmen sollen, wie die gesellschaftlichen Interessen zu fördern wären, oder ob sie von solchen Bemühungen um die Entwicklung eigenständiger Vorstellungen absehen und stattdessen sich — demokratistisch — schlicht an den manifesten Wünschen der Gesellschaft orientieren sollen[23]. Dann hat man sich darum zu bemühen, Faktoren zu ermitteln, die von Bedeutung für die Art der Reaktion auf diese Optionen sein könnten.

Wenn man nun die altruistische Distanzierung der staatlichen Entscheider von den Gesellschaftsgliedern erklären will — wie Durkheim dies m. E. tut —, weil man dieses Verhalten „erstaunlich" findet, dann hat man zu begründen, warum „an sich" damit zu rechnen wäre, daß sich die staatlichen Entscheider nicht von den Gesellschaftsmitgliedern (in Form der Entwicklung „eigener" Vorstellungen) distanzieren. Wie kann man hier argumentieren? Bei Durkheim finden sich die folgenden Argumente nicht; sie erscheinen mir aber wichtig, um einen Hintergrund zu konstruieren, vor dem Durkheims Position seine soziologische Interessantheit gewinnt. Es ist ja unterstellt, daß der Staat altruistisch orientiert ist; außerdem wird davon ausgegangen, daß dem Staat ein gewisser Verhaltensspielraum offen steht. Vor diesem Hintergrund lautet die Frage also, ob es „Hemmungen" für Altruisten gibt, sich von den manifesten Bedürfnissen der sozialen Aktore zu distanzieren. Eben dies kann man argumentieren; eine ganze Reihe von Mechanismen drängt staatliche Entscheider, die an der Prioritätsnorm orientiert sind, in die Richtung der Entwicklung von Vorstellungen, die sich *nicht* von denen der Gesellschaftsmitglieder unterscheiden.

---

tig, aber soziologisch nicht sehr interessant. — Auch Durkheim hat, wie unten gezeigt wird, in dieser Weise argumentiert, und dabei zur Verquickung der Probleme der Entstehung und der Nutzung von Spielräumen tendiert.

[23] Zu wiederholen ist, daß die Konfrontierung des Staates mit genau zwei Orientierungsmöglichkeiten Durkheims Kontrastierung von „direkter (Pseudo-)Demokratie" und „echter Demokratie" aufgreift und sich darauf beschränkt (vor allem aus pragmatischer Anpassung an die dieser Arbeit auferlegten äußeren Beschränkungen, aber auch deshalb, um eine zu weite Entfernung von Durkheims eigenen Äußerungen in seiner politischen Soziologie zu vermeiden); seine eigene Pathologie-Analyse weist jedoch, wie gesagt, darüber hinaus auf die Möglichkeiten anomischer und egoistisch-expertistischer Entscheidungsorientierungen hin (ganz abgesehen von dem in der Oligarchietheorie thematisierten Fall der Devianz der Entscheider).

1. Zunächst einmal sind normative Orientierungen ja „interne" Zustände von Aktoren, die als solche „äußerlich" nicht sichtbar sind. Staatliche Entscheider, die sich an normiertem Zielaltruismus orientieren, wollen etwas für die Gesellschaft tun, *und* sie wollen oft auch, daß die Gesellschaft dies erfährt[24]. Dann aber ist ein Verhalten zu wählen, das diese Orientiertheit an den Bedürfnissen anderer symbolisiert. Eine naheliegende Möglichkeit besteht darin, daß der Respekt vor den Bedürfnissen des Anderen durch die Sakralisierung der Bedürfnisse und ihre Behandlung als unantastbar ausgedrückt wird, denn ein „distanzierter", „relativierender" Umgang mit ihnen läuft Gefahr, als „Manipulation" und „Profanisierung" gedeutet zu werden. Distanzierung und Relativierung setzt sich ja stets dem Verdacht aus, ein Zeichen des Bestreitens der Authentizität, Dignität, Gewichtigkeit und Dringlichkeit von Bedürfnissen zu sein.

2. Weshalb wollen staatliche Entscheider sich am normierten Zielaltruismus orientieren? Zu einer solchen Orientierung kann es etwa dann kommen, wenn sich die staatlichen Entscheider mit den Gesellschaftsmitgliedern in *einem* Kollektiv gemeinsam verbunden sehen. Dann liegt es nahe, diese Gemeinschaft zu symbolisieren, und eine Art des Ausdrucks dieser Gemeinsamkeit besteht darin, Ähnlichkeiten in möglichst vielen Hinsichten zu entwickeln und zu betonen. Das kann sich auch auf die Definition von und die Art des Umgangs mit Bedürfnissen erstrecken; staatliche Entscheider werden dann aus der Furcht heraus, Zweifel an Zugehörigkeit und Zusammengehörigkeit zu erwecken, von der Entwicklung „eigenständiger" Vorstellungen über die Bedürfnisse der Gesellschaftsmitglieder und Formen von deren Befriedigung absehen.

3. Über diese Gefahren von „Mißverständnissen" hinaus impliziert die Distanzierung des Staates von den Bedürfnissen der Gesellschaft stets ja die tatsächliche Gefahr, daß der staatliche Entscheider die wirklichen Probleme der sozialen Aktore nicht erkennt, sondern — vorschnell — seine eigenen Konzepte den Gesellschaftsmitgliedern oktroyiert. Gerade unter der Herrschaft des Primats der gesellschaftlichen Interessen liegt als Reaktion der Versuch des Staats nahe, sich möglichst „eng" an die Manifestationen der

---

[24] Dieses Interesse, in seinen Orientierungen nicht „verkannt" zu werden, kann im einzelnen auf verschiedenen Umständen beruhen. Eine offenbar gewordene altruistische Orientierung kann von den Interaktionspartnern positiv sanktioniert werden —z. B. durch die Wiederwahl (von Ärzten durch Patienten, von Politikern durch Wähler) oder durch Prestigegewinn; sie kann den staatlichen Entscheider auch intrinsisch befriedigen — und sei es nur in der Form, daß ihm das Offenbarsein seiner „wirklichen" Motive als Frage der Wahrheit wichtig ist; sie kann auch den Gesellschaftsmitgliedern zugute kommen, denn das Wissen, daß staatliche Entscheider es „gut" mit ihnen meinen, kann ihr Selbstgefühl, ihre Zuversicht und ihre produktive Kooperativität erhöhen.

5. Die Selektion von Normen durch den Staat 269

sozialen Akteure zu halten, statt ihre Bedürfnisse womöglich aus „arroganter Besserwisserei und Schulmeisterei" zu verfehlen.

4. Das Wissen, über das staatliche Entscheider verfügen, um „Lösungen" für die Bedürfnisse der Gesellschaft zu entwickeln, wird oft lückenhaft sein. Das kann dazu führen, daß den staatlichen Entscheidern gar keine Lösung einfällt, oder daß die Wirksamkeit ihrer Vorstellungen unsicher und womöglich dazu noch mit großen Risiken für die Gesellschaft behaftet ist. Eine dann naheliegende Reaktion des Staats ist es, sich „eng" an den Gesellschaftsmitgliedern zu orientieren und *von diesen* Hinweise auf mögliche Lösungen zu erhoffen bzw. auf diese die Selektion unsicherer und u. U. riskanter Therapien und die Verantwortung dafür zu überwälzen.

5. Selbst wenn man von Fällen des Opportunismus und der Einfallslosigkeit von staatlichen Entscheidern absieht, kann es für sie *dann* zu einer Anpassung an die Vorstellungen der Gesellschaft kommen, wenn eine Situationsdefinition herrscht, nach der diskrepante Auffassungen gar keine Aussichten auf Befolgung hätten. Zusammen mit Hilfskonstruktionen wie etwa der, sich *jetzt* zur Sicherung der staatlichen Entscheidungsposition „anzupassen", um dann bei *späterer* Gelegenheit eigenständige Impulse einbringen zu können, kann sich faktisch ein System dauerhaften rationalisierten Konformismus ergeben.

6. Schließlich dürften auch bestimmte Merkmale der sozialen Aktore Bedeutung dafür haben, ob die staatlichen Entscheider von der Entwicklung „eigenständiger" Konzeptionen absehen. Ein solches Verhalten wird dann wahrscheinlicher werden, wenn *viele* Gesellschaftsmitglieder gleichermaßen bestimmte Bedürfnisse artikulieren und/oder bestimmte Formen ihrer Befriedigung nahelegen (denn diese Kohärenz wird den — womöglich seinerseits unsicheren — Staat beeindrucken); wenn die sozialen Aktore über „Macht" gegenüber dem Staat verfügen (denn dies erhöht das Risiko für den staatlichen Entscheider, selbst Vorstellungen zu entwickeln, die sich nicht mit denen der Gesellschaftsmitglieder decken); wenn die sozialen Aktore aufgeklärt und selbstbewußt auftreten (denn dies gebietet es dem Staat, die Manifestationen der sozialen Aktore als womöglich sachlich gehaltvoll zu betrachten). Treten solche Merkmale gemeinsam auf, wird die Entwicklung eigenständiger Vorstellungen durch die staatlichen Entscheider vermutlich entsprechend unwahrscheinlicher.

Zusammengefaßt läßt sich damit feststellen, daß man bei unterstellter Geltung des normativen Zielaltruismus, wonach sich der Staat für die Gesellschaft einsetzen soll, „eigentlich" damit zu rechnen hat — es zumindest aber nicht unplausibel ist —, daß sich der Staat „instrumentalisiert", daß also die Vorstellungen des Staats ähnlich denen der Gesellschaft sein werden. Auf *diesem* Hintergrund erscheint dann die Entwicklung diskrepanter Vorstellungen durch den Staat „unwahrscheinlich" und daher soziologisch erklärungsbedürftig.

Zwei Versionen von Diskrepanzen wurden im Vorangegangenen hervorgehoben. Die Oligarchietheorie interessierte sich für „Ziel-Devianzen", d. h. für solche Situationen, bei denen die staatlichen Entscheider sich nicht (mehr) an den Interessen der Gesellschaft, sondern an egoistischen Interessen orientieren. Das theoretische soziologische Problem besteht dann in der Ermittlung der Bedingungen dieser Art des Normverstoßes. Demgegenüber betrifft Durkheims Konzept des relativ autonomen Verhaltens des Staates einen anderen Sachverhalt, der durch zwei Aspekte zu kennzeichnen ist. Auf der einen Seite handelt es sich hier um eine Art der Diskrepanz, bei der der Staat sich auf einer allgemeineren abstrakteren Ebene und/oder in längerfristiger Perspektive zwar an den gesellschaftlichen Interessen orientiert, in konkreten und gegenwärtigen Hinsichten jedoch eigenständige Interessendefinnitionen und Lösungsvorschläge entwickelt. Mit dieser altruistisch gemeinten Distanzierung riskiert er die Glaubwürdigkeit seiner unbedingten Orientierung an den Gesellschaftsinteressen; daher ergibt sich soziologisch die Frage, was ihn zu einem solchen Risiko veranlaßt und befähigt. Zweitens versucht der Staat dabei, wie in Durkheims Konzeptualisierung der echten Demokratie als hohe Intensität zweiseitiger Kommunikation impliziert ist, eine enge, kooperative „solidarische" Beziehung zu den sozialen Akteuren aufrecht zu erhalten. Beide Aspekte zusammen bezeichne ich als „professionelle" Orientierung; sie steht im Gegensatz zur „demokratistischen" Orientierung[25].

cc) Determinanten der relativen Autonomie: Ressourcen und Normen

Durkheims Antworthinweise auf diese Frage — die Bedingungen für „staatlichen Professionalismus" angesichts der Neigung zum Demokratismus — beziehen sich auf zwei Klassen von Faktoren, Ressourcen und normativ-ideologische Elemente. Sie liegen allerdings nicht offen zutage,

---

[25] Nochmals sei daran erinnert, daß Demokratismus und Professionalismus nicht die Möglichkeiten der Orientierung zielaltruistisch gesinnter Staaten an der Gesellschaft erschöpfen, zu deren Formulierung man sich durch Durkheims Pathologie-Analyse angeregt sehen kann. Zu denken ist hier ja noch an expertistische und anomische Reaktionen ziel-altruistisch gesinnter Staaten. Staatliche Entscheider können ihre Schwierigkeit (ihr „Handlungsproblem") — nämlich, in glaubwürdiger Weise ihre Verpflichtetheit auf normierten Ziel-Altruismus darzustellen —, „expertistisch" auch dadurch zu beheben versuchen, daß sie das Monopol auf die Definition, welches die „eigentlichen" Bedürfnisse der Gesellschaft sind und wie diesen gedient werden kann, erringen, oder daß sie — anomisch — zwischen der Selbstunterwerfung unter die sozialen Bedürfnisse (als das „Eigentliche", „Authentische") und dem „schulmeisterlichen Überstülpen" von Bedürfnis-Definitionen haltlos schwanken.

5. Die Selektion von Normen durch den Staat

sondern werden erst deutlich, wenn man Elemente aus den Analysen über Pathologien der Arbeitsteilung und über die Relation von Gesellschaft und Staat miteinander verbindet und auf den Staat als Akteur bezieht.

„Professionalismus" unterscheidet sich von „Demokratismus" darin, daß die staatlichen Entscheider nicht die gleichen, sondern andere Vorstellungen als die Gesellschaftsmitglieder selbst über die Bedürfnisse der Gesellschaft und über ihre Befriedigungsmöglichkeiten entwickeln, wobei diese Unähnlichkeit als solche den staatlichen Entscheidern nicht als fehlende Loyalität den Gesellschaftsmitgliedern gegenüber ausgelegt wird. Inwiefern nun kann man eine solche, als loyal geltende Unähnlichkeit von normativideologischen Elementen und von Ressourcen abhängig sehen? Zur soziologischen Analyse dieses Problems kann man auf den Bezugsrahmen zurückgreifen, der oben bei der Untersuchung der Macht der Kontextelemente (und insbesondere der sozialen Akteure) über den Staat entwickelt wurde. Dabei entschließt man sich, die Relation zwischen staatlichen Entscheidern und Gesellschaft entsprechend den arbeitsteiligen Beziehungen zwischen spezialisierten sozialen Akteuren zu betrachten. Die Grundkonstellation läßt sich resümmierend so kennzeichnen, daß der Staat über die Kompetenz zur bindenden Selektion von Normen verfügt, also den Status des End-Entscheiders „hat", während die Gesellschaftsmitglieder (als Elemente des Kontextes) Bedürfnisse haben und Handlungschancen besitzen; diese Bedürfnisse fungieren im Hinblick auf den Staat als Anlässe, diese Handlungschancen in der Weise zu aktivieren, daß eine positive oder negative Sanktionierung des Staats — genauer: wichtiger Interessen oder Bedürfnisse des Staats — eintritt. Nach dieser Konstruktion beantwortet sich die Frage, weshalb der Kontext von Bedeutung für die Normselektionen des Staats ist, mit dem Hinweis, daß der Staat daran orientiert ist, die Aktivierung negativer Sanktionen zu vermeiden und positiver Sanktionen zu bewirken und daß er deshalb solche Normen selegieren wird, die für die Kontextelemente Anlässe für entsprechende Aktivierungen darstellen. Dies ist ein einfaches Tauschmodell sozialer Differenzierung. Es entspricht etwa der Beziehung zwischen Produzenten und Konsumenten, wobei Konsumentensouveränität unterstellt ist. Aufgrund ihrer Situation und Erfahrungen verfügen die Kontextelemente einerseits über Vorstellungen und Gefühle (Ansichten, Bedürfnisse, Wünsche, Forderungen) und andererseits über Handlungsmöglichkeiten (wie etwa die Fähigkeit zu Steuerzahlungen; Beteiligungen an Wahlen; Protesten). Damit werden die herrschenden Kreise des Staats konfrontiert; für sie ergibt sich dann der Zwang und die Aufgabe, ihre Fähigkeit zur Normsetzung so zu verwenden, daß die Gefühle und Vorstellungen der Kontextelemente gratifiziert werden und deshalb die Beiträge „fließen".

In diesem Rahmen läßt sich nun auch die Frage behandeln, unter welchen Bedingungen der Staat kreative eigene Impulse bei der Normselektion einbringt. Auf zwei hierfür wichtige Anregungen stößt man in Durkheims politischer Soziologie. Durkheim spricht zum einen — bei dem Vergleich zwischen echter und Pseudo-Demokratie — davon, daß auf den Staat normativ-ideologische Vorstellungen, in denen etwa ein imperatives Mandat gefordert wird, gerichtet sein können; hier wird also der Staat als bloßes Instrument gesellschaftlicher Akteure verstanden. (Durkheim selbst lehnt, wie dargestellt, solche Vorstellungen scharf ab; er geht so weit, sie als im Widerspruch zum „Begriff" des Staates stehend zu disqualifizieren (L: 99; 111).) Zweitens kennzeichnet Durkheim Staaten durch das Ausmaß der Verfügung über Sachverhalte wie „Zeit" und „Chancen zur Konzentration durch die Möglichkeit des Rückzugs von äußerem Druck"; er sieht darin offenbar Handlungsmittel, die für die kreative Selektion von Normen wichtig sind. M. E. kann man an diese beiden Hinweise Durkheims anknüpfen. Sie müssen dazu aber etwas anders behandelt werden, als dies durch Durkheim selbst geschieht. Ich sehe vor allem zwei Schwierigkeiten in Durkheims Äußerungen; die erste betrifft die Beziehung zwischen diesen beiden Faktoren, die zweite den Charakter der Handlungsmittel selbst.

(1) Was die Beziehung zwischen den normativen und den nichtnormativen Bedingungen autonomen Verhaltens angeht, so tendiert Durkheim dazu, den Unterschied zwischen diesen beiden Sachverhalten in gewisser Weise wieder zu verwischen. Er beantwortet nämlich die selbstgestellte Frage (L: 114), wie es zur Entstehung von Vorstellungen wie der des imperativen Mandats komme, mit der wissenssoziologischen Vermutung, daß sich in ihnen der *faktische* Zustand der Struktur des sozialen Systems spiegele; man habe die Vorstellung, daß der Staat unmittelbar den gesellschaftlichen Kräften und Interessen dienstbar sein solle, als Reflex des Umstandes zu betrachten, daß in dem betreffenden sozialen System tatsächlich keine Strukturen und Mechanismen existierten, die den Staat vor dem unmittelbaren Druck der gesellschaftlichen Interessenten schützen würden. M. E. ist dies eine ziemlich starke These, und bevor nicht eine Präzisierung des unterstellten Wirkungsmechanismus und eine systematische Überprüfung vorgenommen wurde, tut man gut daran, die beiden Aspekte — normativ-ideologische Vorstellungen und strukturelle Verhältnisse — als eigenständige Faktoren zu betrachten[26]. In gewisser Weise kann man sagen, daß Durkheim hier, in

---

[26] Entsprechende Überlegungen und Untersuchungen könnten in folgende beiden — gut miteinander verträglichen — Richtungen gehen. 1. Entsprechend der Anomietheorie ist es nur eine Frage der Zeit, bis sich aus neu entstandenen strukturellen Verhältnissen „passende" Normen entwickeln. (Mit permanenter Anomie hat man nur dann und in den gesellschaftlichen Sektoren zu rechnen, in denen der Wandel so rasch und andauernd erfolgt, daß die Entwicklung angemessener Normen sozusagen stets hinterherhinkt.) 2. Soziale Akteure werden stets versuchen, solche Normen zu

5. Die Selektion von Normen durch den Staat

seiner politischen Soziologie, eine Argumentation wiederholt, wie er sie in der „Arbeitsteilung" bereits verwendet hatte — und die dort schon zu Schwierigkeiten und zur Notwendigkeit impliziter Modifikationen führte. Einerseits nämlich versuchte er dort, Normen als Reflexe von und Indikatoren für gesellschaftliche Verhältnisse — Arten von Arbeitsteiligkeiten und dadurch bewirkten Solidaritätsgefühlen — zu betrachten; das war ja die zentrale Begründung dafür, die Analyse primitiver und moderner Gesellschaften über das Rechtssystem zu versuchen. Andererseits aber ergibt eine genauere Betrachtung der Organischen Solidarität und der pathologischen Formen der Arbeitsteilung, daß arbeitsteilige Gesellschaften aus sich heraus keine stabile Ordnung hervorbringen, sondern daß sie eher eine Herausforderung für die soziale Ordnung darstellen; Normen sind dementsprechend dann nicht mehr als Reflex geordneter sozialer Verhältnisse zu sehen, sondern im Gegenteil als zentrale kausale Mechanismen für die Herstellung geordneter sozialer Verhältnisse. Auf den gegenwärtigen Problemzusammenhang der Selektion von Normen bezogen legt es diese Argumentation nahe, bei der Erklärung des staatlichen Selektionsverhaltens vorsichtig zu argumentieren und sowohl strukturelle, nicht-normative Umstände als auch normative Umstände — Handlungsberechtigungen und -auflagen — zu beachten. Für eine soziologische Lösung des Problems, weshalb Staaten gesellschaftliche Bedürfnisse entweder als verpflichtende Befehle ansehen, denen möglichst unmittelbar und wortwörtlich nachzukommen ist („Demokratismus"), oder aber als Material, welches zu Reaktionen veranlaßt, deren inhaltliches Ergebnis aber nicht determiniert („Professionalismus"), erscheint es daher geboten, den Staat einerseits im Hinblick auf seine Handlungsressourcen und andererseits im Hinblick auf normativ-ideologische Muster zu analysieren. Was die Verknüpfung zwischen den Handlungsressourcen und den normativ-ideologischen Mustern angeht, so kann man sich das so vorstellen, daß die normativen Muster die Beziehung zwischen Staat und Gesellschaft „überformen" und die staatlichen Entscheider — nur diese interessieren ja im Augenblick — dazu veranlassen, ihre Entscheidungskompetenz und ihre Handlungsressourcen in spezifischer Richtung zu verwenden. Da es nun bei diesen Entscheidungen um die Selektion von Normen geht, kann man auch davon sprechen, daß durch ideologische Muster eine „Normierung des Normierungsprozesses" bewirkt wird.

---

etablieren, die ihnen und zu ihnen passen. Daher kann man etwa erwarten, daß sich Verteilungsstrukturen von Ressourcen auf Akteure in „entsprechenden" normativ-ideologischen Mustern ausdrücken werden. — Man kann Durkheims Vorstellung über sich automatisch-notwendig herausbildende Entsprechungen zwischen sozialer Struktur und normativen Mustern daher ganz in der Art des Schemas von materiellem Unterbau und ideologischem Überbau von Marx lesen. Umgekehrt trifft aber dann die Kritik am Marxschen Automatismus ebenso gut auch auf Durkheim zu.

Wie gezeigt betont Durkheim selbst die eine bestimmte inhaltliche „Option", ob sich die staatlichen Entscheider an den manifesten Bedürfnissen der Gesellschaftsmitglieder möglichst getreu zu orientieren versuchen, sich selbst also „instrumentalisieren", oder ob sie Anstrengungen zur Entwicklung eigenständiger Vorstellungen über die sozialen Bedürfnisse unternehmen. Man kann jetzt sagen, daß die „Wahl" zwischen diesen Optionen bei gegebenen Handlungsressourcen durch normativ-ideologische Strömungen beeinflußt wird. Um „demokratistische" Normierungen von Normierungsprozessen handelt es sich, wenn sich der Staat der „direkten Demokratie" der Gesellschaft unterwerfen soll, ihm also lediglich die Bedeutung eines „Instrumentes" ohne Anspruch auf eigenständige Reflektion von Normierungen zugebilligt wird. In diesem Fall sollen also etwa die Zahl und der Inhalt der zu normierenden Themen durch die sozialen Aktore bestimmt werden, ebenso der Zeitpunkt der Normierung und der für die Norm-Selektion zu verwendende Zeitraum sowie die Wertgesichtspunkte, unter denen die Normierung vorzunehmen ist. Die Praktizierung solcher ideologischer Muster dürfte Konsequenzen für den Inhalt der bei solchen Verfahren ausgewählten Normen haben. Geht man davon aus, daß die ökonomischen Akteure ihrerseits sozial heterogen sind, unterschiedliche Bedürfnisse und Handlungschancen haben und primär sich nicht mit dem Problem der Normsetzung, sondern mit Interaktionen mit komplementären ökonomischen Akteuren beschäftigen, also Normsetzungs-„Amateure" sind, dann kann man vermuten, daß das auf diese Weise generierte normative System intern widersprüchlich und inkohärent sein wird und sich in Sprüngen „entwickeln" — oder besser: bloß „verändern" — dürfte. Wie gewichtig diese Konsequenzen für die Normalisierung oder Pathologisierung der gesellschaftlichen Beziehungen werden, hängt insbesondere auch davon ab, wie groß der Bereich von inzwischen säkularisierten Themen ist, über die daher durch bewußte Normierung in der genannten Weise verfügt werden kann.

Während in dieser Weise durch demokratistische normativ-ideologische Muster die Bereitschaft des Staates verstärkt werden dürfte, sich als Instrument zu begreifen und den manifesten Wünschen der Gesellschaftsmitglieder zu unterwerfen, können „professionalistische" normativ-ideologische Muster die relative Autonomisierung der staatlichen Entscheider begünstigen. In diesem Fall einer „professionalistischen Normierung des Normierungsprozesses" ist der Staat einerseits berechtigt und verpflichtet, a) selbst Überlegungen über die zu normierenden Themen anzustellen, b) sich die Zeit zu nehmen, um mit Umsicht und Einsicht die Formulierung und Auswahl der Normen zu betreiben, und c) konsistente Wertgesichtspunkte zum Tragen zu bringen. Andererseits ist mit diesen Zumutungen an den Staat die Verpflichtung verbunden, in der Form in eine „relevante" Kommunikation mit den Mitgliedern der Gesellschaft einzutreten, daß a) deren thematische Wünsche angehört und geprüft werden, daß b) auf geäußerte zeitliche Dring-

5. Die Selektion von Normen durch den Staat 275

lichkeiten eingegangen wird und daß c) die Wertgesichtspunkte der Gesellschaft berücksichtigt werden. Durkheim glaubt, daß bei einem solchen Verfahren normative Muster generiert werden, die sich auf für die ökonomischen Akteure *relevante* Themen beziehen und die — da aus gründlichen Überlegungen hervorgegangen — sachadäquat (statt etwa „fatal") sind. Damit vermindern sich bei der Implementierung der Normen zugleich auch mögliche Anlässe für die Verwendung negativer Sanktionen; vielmehr werden die primär verwendeten Medien der Beeinflussung in Erklärungs- und Überzeugungsbemühungen bestehen.

Durkheims eigene Konzentration in seiner politischen Soziologie auf den Kontrast zwischen echter Demokratie und Pseudo-Demokratie braucht einen nicht daran zu hindern, auch andere Formen der Relation zwischen Staat und Gesellschaft zu beachten und im Hinblick auf ihre normative Überformung zu untersuchen. Aus der Perspektive seiner allgemeinen Pathologie-Analyse erschien die echte Demokratie mit relativer Autonomie des Staates als „solidarische" Beziehung zwischen Staat und Gesellschaft, die sich als eine Art „arbeitsteilige" Relation deuten ließ, die Pseudo-Demokratie dagegen als Pathologie; normativ-ideologische Muster — professionelle bzw. demokratistische — trugen dabei zu diesen Phänomenen bei. Diese Sicht des Normsetzungsprozesses als solidarisches oder pathologisches Verhältnis zwischen Staat und Gesellschaft provoziert die Überlegung, ob sich auch normativ-ideologische Muster vorstellen lassen, die egoistisch-pathologische und anomisch-pathologische Normselektionsprozesse begünstigen. Das ist in der Tat der Fall. „Expertistische" Ideologien können allein den Staat — nicht aber die sozialen Akteure — als einsichtsfähig in die „wahren" Bedürfnisse der Gesellschaft und in die besten Formen ihrer Befriedigung definieren; nur der Staat gilt deshalb als für die Auswahl der Normen qualifiziert. Die Wahrscheinlichkeit pathologischer Effekte eines solchen Verfahrens liegt auf der Hand; es wird oft zu Normselektionen führen, die den Bedürfnissen und der sozialen Lage der ökonomischen Akteure nicht gerecht werden, sondern auf Unverständnis und Ablehnung stoßen. Dies wiederum wird entweder — nämlich dann, wenn der Staat über ein entsprechendes Potential verfügt — die Wahrscheinlichkeit der Verwendung repressiver Sanktionsformen zur Brechung von Widerständen erhöhen, oder aber eine zunehmende Ignorierung der Normierungsbemühungen durch die sozialen Akteure bewirken.

„Anomische" Situationen der Normierung sind durch einen Mangel an normativen Fixierungen über das Vorgehen bei der Setzung von Normen gekennzeichnet. Dieses Defizit an Verfahrensnormen kann entweder Resultat der Neuheit der sozialen Konstellation sein, die noch keine Herausbildung von Prozeduren zuließ, oder aber auch — und das ist im gegenwärtigen Zusammenhang interessanter — sich aus „spontaneistischen-populistischen" ideologisch-normativen Mustern ergeben, in denen eine Formalisierung der Beziehung zwischen den staatlichen Entscheidern und den Mitgliedern der Gesellschaft als „entfremdender Formalismus" perhorresziert wird, der nur die spontane Unmittelbarkeit aller Mitglieder des Kollektivs stören könne. Welche Konsequenzen hat die Praktizierung einer solchen Ideologie? Der Staat und die sozialen Aktore müssen stets erneut ihr jeweiliges Gewicht ermitteln und auf dieser schwankenden und nicht kalkulierbaren Grundlage Vorstellungen über Normen bilden. Das wird zum Alternieren zwischen Perioden hektischer normativer Produktivität und Perioden normativer Stagnation führen; darüber hinaus werden die unter solchen Umständen entwickelten normativen Vorstellungen oft Formelkompromisse sein, deren regulativer Wert deshalb beschränkt bleiben muß. Auf diese Weise wird also die Anomie des Normsetzungsprozesses die Anomie in den Interaktionen der ökonomischen Akteure fördern; mangelnde Geordnetheit des Vermittlungsprozesses führt zur Selektion von Normen, die zur Verstärkung des Problems der Ordnung in der Gesellschaft beitragen.

Damit zurück zu Durkheims Kontrastierung von Pseudodemokratie und echter Demokratie. Es hat sich gezeigt, daß für die Ersetzung des instrumentalistisch-demokratistischen Verhaltens von Staaten durch ein autonomes Verhalten die Existenz von normativen Mustern wichtig ist, durch die die Richtung bestimmt wird, in der der Staat ihm verfügbare Handlungsmittel verwendet.

(2) An dieser Stelle ist nun auf eine schon angedeutete zweite Schwierigkeit in Durkheims Argumentation einzugehen, die sich auf die *Art* dieser Handlungsmittel bezieht. Durkheim hat, wie gezeigt, diese Handlungsmittel des Staates als „Spielraum" beschrieben, der aus dem Schutz des Staates vor äußerem Druck erwachse. Wie ist diese Argumentation zu beurteilen? M. E. berührt Durkheim hier eine notwendige — aber keine hinreichende —Bedingung für ein autonomes Verhalten von Staaten; zudem bleibt der Hinweis so pauschal, daß er mehr Probleme aufwirft als er löst.

Worin genau bestand das zu lösende soziologische Problem? Es betraf ja das nichtautonome oder autonome Verhalten des Staates und lautete: Unter welchen Umständen verzichten staatliche Entscheider auf die Entwicklung eigener Vorstellungen über die für die Gesellschaft „besten" Normen bzw. unter welchen Umständen nehmen sie die Mühe und das Risiko für eine solche „Originalität" auf sich? Durkheims Lösungsversuch bestand im Hinweis einerseits auf normative Muster, die den Staat entweder als Exekutionsorgan der gesellschaftlichen Vorstellungen definierten oder ihm die Verpflichtung zur Kreativität auferlegten, und andererseits auf mehr oder weniger große Handlungsressourcen des Staates, die ihrerseits als vom mehr oder weniger starken und andauernden Druck der sozialen Interessenten abhängig gesehen wurden. M. E. kann man das erste — normative — Argument im gegebenen Zusammenhang akzeptieren, nicht jedoch das zweite. Denn dieses zweite Argument über variierende staatliche Ressourcen, die als Ausmaß des externen Drucks auf den Staat verstanden wurden, bezieht sich ja, genau genommen, gar nicht auf die anstehende Frage, wie ein Staat mit dem ihm *verfügbaren* Handlungsspielraum *umgeht*, sondern auf die andere Frage der *Größe dieses Spielraums selbst*. Selbstverständlich kann ein Staat sich nur kreativ verhalten, wenn ihm die Möglichkeit dazu eingeräumt wird; insofern ist die Größe seines Spielraums eine notwendige Bedingung und als solche ein wichtiger Erklärungsfaktor für sein Verhalten. Aber der Hinweis auf diese notwendige Bedingung reicht nicht aus, um das vorliegende Problem zu lösen, bei dem es ja um die Ermittlung der Umstände geht, unter denen Staaten einen *ihnen verfügbaren* Spielraum entweder kreativ nutzen oder von der Entwicklung eigenständiger Vorstellungen absehen. Nur wenn man annehmen würde, daß staatliche Entscheider auf Spielräume *immer* mit deren kreativer Ausgestaltung reagieren, wäre hier der Hinweis auf den staatlichen Spielraum ausreichend. Aber eben diese Annahme wird ja in der vorliegenden Problemstellung gerade in Frage gestellt.

Zur Vermeidung der geschilderten Schwierigkeit ist zunächst einmal nochmals an die entscheidende Wichtigkeit der Beachtung der Trennung der Frage der Größe des Spielraums des Staates einerseits und der Frage der Nutzung des Spielraums andererseits zu erinnern. Beide diese Fragen werfen je völlig unterschiedliche soziologische Probleme auf. Die Frage, die Durkheim lösen wollte, betraf die Umstände, unter denen sich Staaten demokratisch-opportunistisch oder kreativ-professionalistisch verhalten. Die Formulierung dieser Frage ist aber sinnvoll nur dann möglich, wenn man voraussetzt, daß den Staaten ein gewisser Handlungsspielraum durch eine Freigesetztheit von äußerem Druck verfügbar ist. Vor dem Hintergrund einer solchen Voraussetzung kann man dann sagen, daß die Staaten „Optionen" haben, und dann an „Handlungsressourcen" als einen wichtigen Faktor des staatlichen Umgangs mit diesen Optionen denken; es handelt sich um solche Handlungsmittel, die für die Nutzung von Spielraum wichtig sind. Damit Staaten eigenständige Vorstellungen über die Regulierung der Gesellschaft entwickeln können, bedürfen sie Ressourcen wie etwa Intelligenz, Phantasie, Erfahrung, Selbstbewußtsein, Bereitschaft zu konzeptuellen Anstrengungen, Orientierungsmöglichkeiten an konsistenten Programmen und Visionen, gut funktionierende Beratungsgremien u. ä. Das sind Handlungsmittel völlig anderer Art als die Faktoren, die den Staat von äußerem Druck befreien. Man hat also analytisch streng zu trennen zwischen spielraumkonstituierenden Ressourcen einerseits (wie die Ausstattung mit End-Entscheiderstatus, die Verfügung über Zeit durch die Einräumung von Fristen) und kreativitätsrelevanten Ressourcen andererseits. Wenn man also an Durkheims eigenes Problem des demokratistischen Opportunismus oder der professionellen Kreativität anknüpfend eine soziologische Problemstellung formulieren will, dann ergibt sich zunächst die Frage, wovon es abhängt, ob ein Staat über derartige kreativitätsrelevante Ressourcen verfügt oder nicht.

Diese Argumentation bedeutet nun natürlich nicht, daß Durkheims Hinweis auf die Frage der Größe des Handlungsspielraums unwichtig für das autonome Verhalten von Staaten sei. Ganz im Gegenteil; dieser ist ja eine notwendige Bedingung dafür, daß Staaten der Option ausgesetzt werden, sich entweder eher demokratistisch oder eher professionell zu verhalten, und geht insofern als Voraussetzung in Durkheims Problemstellung ein. Allerdings jedoch ist dieses Argument über die Notwendigkeit von Spielraum zwar richtig und wichtig, aber theoretisch relativ trivial; es ist kein sehr befriedigendes Argument, zur Erklärung der Kreativität von Staaten darauf hinzuweisen, daß sie über entsprechende Möglichkeiten verfügten. Daher stellt sich die Frage, wie man das Problem des Spielraums selbst in eine soziologisch interessante Fragestellung transformieren kann.

dd) Determinanten der relativen Autonomie: Die Bedingtheit der Autonomie

Ein Ansatz zur soziologischen Behandlung dieses Problems läßt sich dann gewinnen, wenn man versucht, „Spielraum" aus aktorzentrierter Perspektive zu betrachten, d. h. es als Handeln von Akteuren zu verstehen; dann nämlich werden die Konturen einer soziologischen Fragestellung sichtbar. Variierender Spielraum gegenüber der Gesellschaft ergibt sich für den Staat je danach, ob die sozialen Akteure den Staat andauernd oder selten und mit genauen oder mit vagen Ansprüchen konfrontieren und diesen Ansprüchen durch Sanktionen Nachdruck verleihen. Damit ist ein Bezug für eine explikative Fragestellung über den staatlichen Handlungsspielraum formuliert; man erklärt staatlichen Handlungsspielraum dadurch, daß man Verhaltensweisen der sozialen Akteure erklärt; zu ermitteln sind die Umstände, die die sozialen Akteure zu „bedrängenden" oder zu „zurückhaltenden" Verhaltensweisen veranlassen[27].

Diese Fragestellung über die Bedingungen, die die sozialen Akteure zu unterschiedlich großer Zurückhaltung dem Staat gegenüber bewegen, ist

---

[27] Komplementär läßt sich in diesem Zusammenhang auch eine auf den Staat selbst bezogene Fragestellung formulieren. Wenn auch autonomes Verhalten des Staates die „Ressource" „Handlungsspielraum" voraussetzt, und diese wiederum auf dem Abstinenzverhalten der sozialen Akteure beruht (welches deshalb erklärungsbedürftig erscheint), so ist doch im gegenwärtigen Zusammenhang insofern auch an variierendes staatliches Verhalten zu denken, als Staaten ja in unterschiedlicher Intensität darauf insistieren können, *daß* ihnen Spielraum eingeräumt wird; denn dies kann wiederum wichtig dafür sein, wie groß der Spielraum ist, den sie faktisch erlangen. Deshalb erscheint auch die Frage der Bedingungen unterschiedlich ausgeprägter Ansprüche auf Spielraum von Staaten von Interesse.

5. Die Selektion von Normen durch den Staat

nun — neben ihrem intrinsischen Wert — für Durkheims eigene Problemstellung wichtig. Sie ist nämlich geeignet, einen Ansatz aufzuzeigen, von dem aus sich eine gewisse Widersprüchlichkeit in seiner Argumentation beheben lassen könnte. Durkheim war ja daran interessiert, daß sich der Staat nicht nur „autonom", sondern auch „im besten Interesse der Gesellschaft" verhält, d. h. daß er dem Ziel-Altruismus gegenüber konform verpflichtet bleibt, statt oligarchisch deviant davon abzuweichen. Wie aber kann man sich dies vorstellen, wenn der Staat — wie Durkheim vorschlägt — von äußerem Druck freigesetzt wird? Durkheim hat diese Frage m. W. nicht behandelt; vielmehr hat er die Loyalität der staatlichen Entscheider unterstellt. Von dieser Annahme ausgehend hat er in der Freisetzung des Staates von äußerem Druck eine Art „Rezept" gesehen, durch das sich der Nutzen des Staates für die Gesellschaft steigern lasse.

Diese Position erscheint aus zwei Gründen fragwürdig. Zum einen ist sie — wie Oligarchietheorie deutlich macht — übermäßig optimistisch; Zweifel an der unbedingten Loyalität des Staatspersonals sind sicherlich angebracht. Auf konzeptueller Ebene läuft die Idee der Freisetzung des Staates von äußerem Druck zudem auf eine unzulängliche nullsummenartige Vorstellung der Determinanten des Verhaltens des Staates hinaus, wonach der Staat dann und in dem Maß sein Verhalten selbst kontrolliert, in dem äußere Umstände — wie die sozialen Akteure — daran gehindert werden, ihrerseits Macht und Einfluß auszuüben. Zweitens ist die unqualifizierte Idee der Freisetzung des Staates von äußerem Druck auch theoretisch nicht plausibel. Nicht nur liegt also ein Problem darin, ob die Freisetzung des Staates von externem Druck tatsächlich segensreich wäre; fraglich ist vielmehr auch, ob sich dieses Rezept überhaupt verwenden ließe. Durkheim hat dies unterstellt. Aber die aktorzentrierte Betrachtung des Problems des Handlungsspielraums des Staates läßt hier Zweifel entstehen. Wie gezeigt, entsteht ein Handlungsspielraum für den Staat dann, wenn die sozialen Akteure davon absehen, den Staat andauernd mit genau umschriebenen Zumutungen zu konfrontieren. Wann aber werden sie sich zu einer solchen Zurückhaltung bereitfinden? Man wird hier an viele verschiedene Faktoren denken müssen. Z. B. kann das soziale Prestige, das staatlichen Entscheidern wegen ihrer Umgangsformen, ihrer Herkunft, ihrer Bildungspatente, ihres Erfolgs verliehen werden mag, die Bereitschaft zur Einräumung von Spielräumen erhöhen. Wichtig dürfte aber auch das Ausmaß sein, in dem die sozialen Akteure glauben, mit der Überlassung von Spielraum kein übermäßiges Risiko einzugehen. Dies wird u. a. dann der Fall sein, wenn die Überlassung von Spielraum irgendwie limitiert ist — sei es, daß (sachlich) ein bestimmter inhaltlicher Rahmen vorgegeben wird, dessen Einhaltung kontrollierbar erscheint, sei es, daß (zeitlich) der Spielraum befristet ist.

Damit nun können die beiden bei Durkheim unbehandelt gelassenen Fragen der Loyalität des Staates und der Gewährung von Spielraum durch die sozialen Akteure miteinander verknüpft werden. Man kann sich diese Verknüpfung als zirkulären Prozeß vorstellen. Eine wichtige Bedingung dafür, daß die oligarchische Devianz nicht eintritt, kann gerade in der Konditionalisiertheit des dem Staat überlassenen Handlungsspielraums gesehen werden; denn das Wissen um die sachliche und/oder zeitlich-periodische Begrenztheit des ihm überlassenen Spielraums wird den Staat zur Loyalität motivieren, also dazu, sich als vertrauenswürdig darzustellen. Sicherlich kann der Staat eine loyale Orientierung gelegentlich bloß prätendieren; aber *tatsächlich* loyales Verhalten wird besonders große Chancen haben, als loyal bei den sozialen Akteuren auch zu gelten, so daß sich für den Staat ein Impuls zu faktischer Loyalität ergibt. Ähnliches gilt etwa für Verfahrensweisen bei der Entscheidungsgenese. Zu den Bedingungen, die das Vertrauen der sozialen Akteure in die Loyalität des Staates erhöhen, wird etwa auch die Sichtbarkeit des Entscheidungsprozesses und die Partizipation der sozialen Akteure oder ihrer Vertreter am Entscheidungsprozeß gehören; wenn nun ein Staat im Interesse an der Erhaltung eines Anscheins an Loyalität die Sichtbarkeit und die Partizipation erhöht, dann ergibt sich für ihn dadurch ein Impuls, sich auch faktisch loyal zu verhalten. Diese faktische Loyalität sowie das sichtbare und partizipative Verfahren der Entscheidungsbildung werden ihrerseits die Bereitschaft der sozialen Akteure erhöhen, dem Staat auch weiterhin Vertrauen entgegenzubringen und Handlungsspielraum zu überlassen.

Damit sind die Überlegungen zum Problemkomplex der relativen Autonomie des Staates gegenüber der Gesellschaft abgeschlossen. Die relative Autonomie hängt von drei Faktoren ab: 1) Bestimmte Ressourcenausstattungen und 2) bestimmte ideologisch-normative Muster ermöglichen es den staatlichen Entscheidern, der Neigung zum Absorbiertwerden in die Gesellschaft zu entgehen; 3) wegen seines Interesses, die sozialen Akteure zur Überlassung von Spielraum zu bewegen, wird der Staat sich als loyal und glaubwürdig darstellen; dadurch wird die Wahrscheinlichkeit faktischer Loyalität der staatlichen Entscheider vergrößert und so eine „Domestizierung" dieser Autonomie im Rahmen der Konformität zum normierten Zielaltruismus erreicht.

Aus dieser Analyse der relativen Autonomie des Staates von der Gesellschaft und ihrer Bedingungen lassen sich nun auch Bezugspunkte zur soziologischen Untersuchung der indirekten politischen Funktionen von Berufsgruppen für das staatliche Normsetzungsverhalten gewinnen.

e) Funktionen der Berufsgruppen für die gesellschaftliche Autonomie des Staates

Eben wurde das autonome Normsetzungsverhalten des Staates gegenüber der Gesellschaft besprochen; jetzt lautet die Frage, ob und in welcher Weise die Berufsgruppen dafür bedeutsam sein können. Man kann dies als die „Kornhauser-Problematik" (orientiert an Kornhauser 1959) bezeichnen. Wie läßt sich hier ansetzen?

Durch die Verwendung der aktorzentrierten soziologischen Analyse-Perspektive ist deutlich geworden, daß man bei der Kennzeichnung des Staates als „autonom" zwei sehr unterschiedliche Aspekte zu unterscheiden hat, nämlich das autonome, d. h. durch eigene Einsicht gesteuerte Verhalten der Normselektion des Staates einerseits und die „autonome Situation" des Staates, die aus einem Verhalten der Zurückhaltung der sozialen Akteure dem Staat gegenüber besteht, andererseits. Außerdem wurde klar, daß der Hinweis auf die autonome Situation des Staates zur Erklärung seines autonomen Verhaltens zwar wichtig, aber ziemlich trivial ist. Auf soziologisch interessantere Fragen wird man dagegen aufmerksam, wenn man, aktorzentriert, zum einen danach fragt, wie ein Staat mit einem ihm verfügbaren Spielraum umgeht, und zum anderen danach fragt, was die sozialen Akteure zu ihrer Zurückhaltung bewegt. Eben diese Fragen lassen sich als Bezugspunkte zur Analyse der indirekten politischen Funktionen der Berufsgruppen für die staatliche Normsetzung verwenden.

Was den Umgang des Staates mit Spielräumen angeht, so wurden oben die drei Faktoren der kreativitätsrelevanten Ressourcen, der normativen Muster und der Mechanismen der Loyalitätssicherung herausgearbeitet. Zu den Ressourcen des Staates gehören neben Informationen über die Bedürfnisse und Handlungsneigungen der sozialen Akteure, neben Empathie, Selbstbewußtsein und Erfahrung im Umgang mit den sozialen Akteuren beispielsweise auch die Fähigkeiten, in einer gegebenen sozialen Situation Handlungsspielräume zu entdecken und Ideen für den Umgang mit diesen Spielräumen — also für die „Reduktion von Komplexität" — zu entwickeln. Für beides — den Erwerb von Situationsdefinitionen und die Selektion der „besten" Reaktionen durch den Staat — können Berufsgruppen (etwa durch ihre Beratung) wichtig werden. Aus aktorzentrierter Perspektive lassen sich an diese Beobachtung zwei soziologisch interessante Problemstellungen anknüpfen; zu ermitteln wären nämlich erstens die Bedingungen für die Bereitschaft der Berufsgruppen, den Staat mit solchen Ressourcen zu versehen oder diese Ressourcen ihm zu verweigern, sowie zweitens die Bedingungen für die Bereitschaft des Staates, sich an die Berufsgruppen zum Erwerb solcher Ressourcen zu wenden oder aber sich auf andere Quellen zu stützen.

Was die normativen Muster angeht, so wurden diese oben durch die beiden Aspekte charakterisiert, a) ob sich überhaupt feste solcher Muster herausgebildet hatten oder nicht, und b) ob — bei entwickelten Mustern — diese den Staat dazu auffordern, sich entweder stets als „Diener" der gesellschaftlichen Interessenten verfügbar zu halten oder aber originelle, komplexe, konsistente, langfristige Konzepte über die Gesellschaft zu entwickeln. Als Muster, in welchem diese verschiedenen Elemente zusammengebunden waren, ergab sich der „Professionalismus", bei dem der Staat dazu aufgefordert ist, Originalität zu entwickeln, dabei aber in geregelten kooperativen Kontakten mit den sozialen Akteuren zu bleiben. Auch hiermit ist ein Bezug für die soziologische Analyse von Berufsgruppen genannt; zu ermitteln wäre nämlich erstens, wovon es abhängt, ob und welche dieser normativen Muster durch die Berufsgruppen aufgegriffen werden (z. B. in der Form, daß die Berufsgruppen den Staat an dessen „Pflicht" erinnern, kreative Anstrengungen zur Entwicklung von Konzepten über die Möglichkeiten der Befriedigung der Bedürfnisse und die Behebung der Probleme der sozialen Akteure zu unternehmen), und wovon es, zweitens, abhängt, ob der Staat sich durch derartige Aktivitäten der Berufsgruppen beeindrucken läßt.

Schließlich können die Berufsgruppen auch unter dem Aspekt betrachtet werden, ob sie für die Wahrscheinlichkeit wichtig sind, daß sich der Staat „loyal" den Bedürfnissen der sozialen Akteure gegenüber verhält. Im Augenblick wird das Problem der Beziehung zwischen sozialen Akteuren und Staat besprochen; daher interessieren jetzt die Berufsgruppen unter der Perspektive, ob sie als Mechanismen fungieren, durch die die Loyalitätskontrolle des Staates durch die sozialen Akteure ausgeübt wird. Aus aktorzentrierter soziologischer Perspektive ergeben sich hier vor allem drei Fragestellungen; zu ermitteln sind die Bedingungen dafür, 1. ob die sozialen Akteure den Berufsgruppen eine solche Funktion einräumen oder dies ablehnen, 2. ob und wie die Berufsgruppen diese Funktion zu erfüllen versuchen (ob sie also z. B. eine kritische Beobachtung und publizistische Begleitung der staatlichen Handlungen versuchen oder ob sie von solchen Handlungen absehen), und 3. ob das Ausmaß staatlicher Loyalität durch derartige Kontrollversuche der Berufsgruppen beeinflußt wird.

Die eben entwickelten Problemstellungen konzentrierten sich auf den Staat als Aktor, nämlich auf dessen Umgang mit dem ihm durch die sozialen Akteure eingeräumten Handlungsspielraum; als Bezüge zur Analyse von Berufsgruppen wurde nach ihrer Bedeutung dafür gefragt, ob der Staat über die Fähigkeiten verfügt, mit der sozialen Situation kreativ umzugehen, sie etwa als „offen" zu erkennen, ob der Staat sich der normativen Zumutung beugt, eigene Konzepte über den Umgang mit der sozialen Situation zu entwickeln, und ob der Staat dabei der Gesellschaft gegenüber loyal bleibt. Eine vierte indirekte Funktion für das Normsetzungsverhalten des Staates

5. Die Selektion von Normen durch den Staat   283

können Berufsgruppen nun dadurch ausüben, daß sie dafür wichtig sind, wie groß der Spielraum ist, über den der Staat verfügen kann. Den Bezug der Funktion der Berufsgruppen bilden jetzt nicht Verhaltensweisen des Staates, sondern vielmehr Verhaltensweisen der sozialen Akteure; denn der dem Staat verfügbare Spielraum ergibt sich ja im wesentlichen dadurch, daß die sozialen Akteure ihre Vorstellungen an den Staat in bestimmten Formen äußern. Unter der Einwirkung der Berufsgruppen nun mögen sie z. B. ganz davon absehen, sich mit ihren Bedürfnissen an den Staat zu wenden; teils auch mögen sie ihre Vorstellungen so vage äußern, daß sich dem Staat die Offenheit der Situation geradezu aufdrängt; teils endlich mögen ihre Vorstellungen einen solchen Inhalt haben, daß es dem Staat leicht wird, auf sie bezogen eigene kreative normative Konzepte zu entwickeln. Als soziologische Fragestellung ergibt sich also das Problem, unter besonderer Beachtung der Berufsgruppen die Mechanismen zu spezifizieren, die die sozialen Akteure dazu bewegen, sich in unterschiedlicher Weise dem Staat gegenüber zu verhalten.

Nun habe ich oben darauf hingewiesen, daß Durkheim bei seiner Kontrastierung von Pseudo-Demokratie und echter Demokratie auf die „Mediatisierung" der sozialen Akteure durch die Berufsgruppen großen Wert gelegt hat; warum? Zur Beantwortung dieser Frage ist noch einmal auf die beiden Kriterien der Sozial-Adäquanz und der Moral-Adäquanz zurückzukommen, mit Hilfe derer Durkheim die Relation zwischen Staat und Gesellschaft betrachtet. Dabei ist, wie ebenfalls bereits gezeigt, ein doppelter Aspekt zu beachten. Einerseits verwendet Durkheim diese Kriterien zur *Beurteilung* der Relationen zwischen staatlichen Formen und gesellschaftlichen Verhältnissen. Andererseits versucht er, den Anschein der Verwendung willkürlicher subjektiver Maßstäbe dadurch zu vermeiden, daß er die als adäquat bezeichneten Verhältnisse als mögliche und wahrscheinliche gesellschaftliche Entwicklungsperspektiven behauptet. Das bedeutet jetzt, daß in bezug auf die Mediatisierung der sozialen Akteure durch die Berufsgruppen zwei Fragen zu behandeln sind. Einerseits ist zu überlegen, ob und inwiefern man die Mediatisierung der sozialen Akteure durch die Berufsgruppen als sozialadäquat und als moraladäquat bezeichnen kann. Zweitens ist die Frage zu behandeln, ob man in eben diesen Angemessenheitsverhältnissen einen Faktor sehen kann, der diese Mediatisierung möglich und wahrscheinlich erscheinen läßt.

Zunächst zum Kriterium der Sozialadäquanz; weshalb soll der Staat sozialadäquatere Normen setzen können, wenn ein entwickeltes System von sekundären Akteuren (speziell von Berufsgruppen) existiert und die sozialen Akteure mediatisiert? Diese Frage ist jetzt relativ leicht zu beantworten. Die Idee der Sozialadäquanz bezieht sich auf einen relationalen Sachverhalt; die Normen, die ein Staat selegiert, lassen sich als angemessen oder unangemessen nur im Hinblick auf die Art der sozialen Verhältnisse kennzeichnen, auf die sie sich beziehen. Konsequenterweise sind auch soziale Arrangements (wie die Mediatisierung der sozialen Akteure durch Berufsgruppen), die für die Wahrscheinlichkeit der Selektion bestimmter Arten von Normen wichtig sind, nur in Relation zu bestimmten sozialen Gegebenheiten als „passend" oder „unangemessen" zu beurteilen. Nun stellen, wie gezeigt, nach Durkheim moderne soziale Verhältnisse komplizierte und vielfältige Entscheidungsherausforderungen. Deren adäquate Behandlung verlangt konzentriertes Überlegen und Abwägen zur Erschließung von Reaktionsalternativen und zur Abschätzung der Folgewirkungen solcher Alternativen, d. h. hohe Auf-Klärungs-Anstrengungen. Laut Durkheim liegt in eben dieser Klärungsfunktion die zentrale Aufgabe des Staates. Er wird sie jedoch nur dann erfüllen können, wenn er vom unmittelbaren dauernden Druck der sozialen Akteure freigesetzt wird; denn diese Akteure sind durch unklare Gefühle, vage Vorstellungen, vorurteilsvolle Meinungen gekennzeichnet; dies ist der Grund, weshalb das staatliche Personal nicht durch Einrichtungen wie das imperative Mandat zum bloßen Instrument der sozialen Akteure gemacht und auf die Exekutierung von deren Meinungen verpflichtet werden darf. Als möglichen Mechanismus, der diese Schutzwirkung haben könnte, betrachtet Durkheim Berufsgruppen. Statt den Staat — d. h. die Gruppe von Personen, die mit der Reflexion (und Entscheidung) über die Probleme der Gesellschaft insgesamt beauftragt sind — von den Individuen etwa direkt wählen, direkt beauftragen und ihnen gegenüber direkt verantwortlich werden zu lassen, schlägt Durkheim eine indirekte Wahl, Beauftragung und Verantwortlichkeit vor; danach würden die Individuen die Vorstände ihrer Berufsgruppen wählen, denen dann ihrerseits die Wahl des politischen Personals zukäme. Als Ergebnis verspricht sich Durkheim, daß die Menge und vor allem die Qualität der durch den Staat getroffenen Entscheidungen steigen. Ohne eine solche Abschottung des Staates sei zwar ebenfalls mit einem großen Umfang staatlicher Entscheidungen zu rechnen; es handele sich dabei dann jedoch um eine oberflächliche Hektik, der keine wirklichen und tiefergreifenden Veränderungen entsprächen. Denn der unmittelbare Druck der sich in ihren Stärkeverhältnissen und in ihren Vorstellungen rasch wandelnden Individuen veranlaßt zwar eine Vielfalt von Entscheidungen, die sich jedoch im Zeitablauf gegenseitig aufheben würden. Dazu kämen — mit konservativer Wirkung — noch zwei Umstände; zum einen die bei den Individuen auch in modernen Verhältnissen noch vorhandenen Restbestände traditionalistischer Art, zu deren Aufweichung durch reflektierende Aufklärung der Staat nicht in der Lage sei, so daß sie — durch die Hektik hindurch — ihr Gewicht behielten; und zum anderen das relativ zunehmende Gewicht, das dem administrativen Apparat des Staates mit seiner Neigung zu Grobschlächtigkeit, Unbeweglichkeit und Routine gegenüber seinen reflektierenden Elementen zuwachse.

5. Die Selektion von Normen durch den Staat

Wenn nun auch durch diese Argumentation der „Nutzen" der Mediatisierung der sozialen Akteure verständlich zu machen versucht werden kann, so läßt sie jedoch die Frage noch unbeantwortet, ob und gegebenenfalls weshalb sich die *sozialen Akteure* durch die Berufsgruppen mediatisieren *lassen*. Aber gerade *das* muß ja erklärt werden, um eine Erklärung für den Spielraum des Staates zu erhalten. Wie könnte man hier argumentieren? Zwei Argumente seien genannt. Erstens: Wenn der von Durkheim erwartete Effekt eintritt und also der Staat zur Selektion „guter" Normen befähigt wird, dann können die sozialen Akteure eine Zufriedenheit auch mit dem institutionellen Arrangement, in dem sie durch die Berufsgruppen mediatisiert werden, entwickeln. Zweitens: Die sozialen Akteure können sich durch die genannte große Komplexität moderner Gesellschaften überfordert sehen und deshalb von sich aus darauf verzichten, den Staat ununterbrochen mit genau umschriebenen Ansprüchen zu konfrontieren; statt dessen wird ihre Bereitschaft wachsen, die Formulierung und Vertretung ihrer Interessen „Experten" zu überlassen. Allerdings wird diese Bereitschaft dann größer sein, wenn sie nicht auf eine *völlige* Abgabe von Kontrolle hinausläuft. Dies kann bei der Vertretung durch Berufsgruppen gegeben sein. Der *Berufs*bezug dieser kollektiven Akteure mag für die sozialen Akteure als Garant erscheinen, daß ihre „relevanten" Bedürfnisse vermittelt werden; wegen der Überschaubarkeit der Berufsgruppen mag sich der einzelne soziale Aktor ein eigenes Urteil darüber zutrauen, welche Personen fähiger als er selbst zur Formulierung und Vertretung seiner Interessen sind, so daß er ihnen vertraut und Handlungsspielraum überträgt; intern in den Berufsgruppen mögen sich die einzelnen sozialen Akteure mit einem solchen Ausmaß an Macht oder Einfluß ausgestattet sehen, daß sie eine Mißachtung ihrer Interessen wirkungsvoll zu sanktionieren können glauben.

Damit zum zweiten Kriterium der Qualifizierung demokratischer Verhältnisse als „normal" bzw. pseudo-demokratischer als „abnormal"; welche Beziehung besteht also zwischen der Existenz oder dem Fehlen von intermediären Strukturen, speziell Berufsgruppen einerseits und der Moral des Individualismus andererseits? Man muß an dieser Stelle sehr genau argumentieren. Wie bereits gezeigt erklärt Durkheim die Entstehung dieser für die Moderne spezifischen Moral aus den Kontrollansprüchen von sekundären Instanzen und Staat über die Individuen, die sich — statt ihre je eigenen totalitären Tendenzen zu entfalten — gegenseitig partiell neutralisieren. Hier erscheint also der Individualismus als *Wirkung* einer Konkurrenzsituation zwischen Staat und sekundären Akteuren, als Ergebnis eines „countervailing process". Im gegenwärtigen Zusammenhang interessiert jedoch etwas anderes; ausgehend vom *bereits vorliegenden* Individualismus als normatives Muster stellen sich die beiden Fragen, ob der moralische Individualismus mit der Mediatisierung der sozialen Akteure durch die Berufsgruppen verträglich ist und welche Effekte aus einer solchen Mediatisierung für die Qualität der staatlichen Entscheidungen resultieren. Wie läßt sich hier argumentieren?

Wiederum muß die Beantwortung vorsichtig erfolgen, denn Durkheim selbst hat das Problem in dieser Zuspitzung nicht formuliert, so daß ich nur versuchen kann, seine etwas verstreuten Bemerkungen unter diesen Gesichtspunkten zu organisieren. Man könnte versucht sein, die Etablierung indirekter Beziehungen zwischen den Individuen und dem Staat durch sekundäre Akteure als Bevormundung der Individuen zu bewerten und deshalb hier einen krassen Widerspruch zum Individualismus konstatieren. Das aber ist offenkundig nicht die Position Durkheims. Vielmehr finden sich bei ihm einige Äußerungen, von denen aus *gerade* vom normativen Individualismus her gesehen die Mediatisierung der sozialen Akteure durch die Berufsgruppen gerechtfertigt, ja gefordert erscheint. Bezeichnend dafür ist seine soziologische Analyse und die Art seines politisch-pädagogischen Appells über das Verhalten in der Massengesellschaft, also einem System ohne gewichtige sekundäre Akteure: „Es ist die Masse der Individuen, auf der das gesamte Gewicht der Gesellschaft ruht. Sie hat keine andere Stütze" (L: 130). Das aber ist „eine Rolle für die das Individuum nicht gemacht ist" (L: 130). Angesichts dieses Engpasses — ungeeignete Individuen, aber mangelnde Alternativen — appelliert Durkheim an die „staatsbürgerliche Pflicht", am „öffentlichen Leben teilzunehmen" (L: 128), indem sich die Individuen zum „Staatsmann transformieren" (L: 130). „Wir dürfen uns nicht in unsere beruflichen Beschäftigungen zurückziehen, denn im Augenblick hat das öffentliche Leben keine anderen Agenten als die Vielzahl der individuellen Kräfte" (L: 130). Dabei besteht das Ziel darin, nicht „eifersüchtig diese Rechte und diese Privilegien zu bewahren" (L: 130), sondern durch Schaffung sekundärer Akteure die Individuen von dieser für sie ungeeigneten Aufgabe zu entbinden. Offenbar also sieht Durkheim die „mediatisierten" Individuen gar nicht als „entmachtet" an; vielmehr bezweifelt er sowohl die Neigung als auch die Eignung der Individuen, neben dem Staat als einziges weiteres tragendes Element der politischen Struktur zu fungieren. Aus der Annahme der mangelnden Neigung zur Teilnahme am öffentlichen Leben und zur Beschränkung auf die beruflichen Tätigkeiten erklärt sich sein Appell zur Partizipation; und auf die Annahme der mangelnden Eignung bezieht sich sein Appell an die Individuen, als „Staatsmann" zu handeln und die krisenverursachende strukturelle Situation nicht durch ein falsch verstandenes Bestehen auf Rechten und Privilegien für die Individuen zu verlängern und zu verschärfen, sondern sie durch die Etablierung von sekundären Akteuren möglichst umgehend zu beenden. (Durkheim hat sich diese Auffassungen als Teil eines staatsbürgerlichen Erziehungsprogramms vorgestellt (L: 128)). Damit ist deutlich: Gerade von verantwortungsvollen, also moralisch orientierten Individuen erwartet Durkheim die Einsicht in die strukturellen Defekte des Systems der Massengesellschaft und die Bereit-

5. Die Selektion von Normen durch den Staat

schaft, auf deren schnellstmögliche Beseitigung hinzuwirken. Da diese Defekte z. T. auf der Überlastung der Individuen mit für sie ungeeigneten Aufgaben beruhen, kommt es darauf an, für ihre Entlastung zu arbeiten.

Dabei läßt sich nun noch präzisieren, genau worauf diese Überlastung beruht und worin dementsprechend die Entlastung zu bestehen hätte. Zwei Aspekte spielen hier eine Rolle, die Frage der sachlichen und der moralischen Kapazität von Individuen. Erstens: Durkheims Hinweise auf die Neigung der Individuen, sich auf ihre beruflichen Tätigkeiten zurückzuziehen, und Durkheims Betonung der sachlichen Kompliziertheit der in modernen Gesellschaften zu behandelnden Probleme deuten an, in welcher Hinsicht er die Individuen in modernen Massengesellschaften für überlastet ansieht: ihr politisches Verhalten wird dilettantisch sein; die Überlastung besteht also darin, daß sie hier mit Entscheidungsproblemen konfrontiert werden, die ihre sachliche Kompetenz überfordern. Und eben hier läßt sich die Verbindung zum *normativen* Komplex des moralischen Individualismus herstellen; zur *autonomen* Persönlichkeit gehört nämlich u. a., daß das Individuum „kompetent" und mit „Einsicht" in die Natur der Dinge entscheidet. Aus *normativen* Gründen ist es also geboten, die Individuen von Aufgaben zu verschonen, denen sie sachlich nicht gewachsen sein können, und sie nur mit solchen Fragen zu konfrontieren, zu deren kompetenter Beurteilung sie in der Lage sind.

Zweitens: Der moralische Individualismus ist ein *normativer* Komplex, ein kulturelles Muster, und darf als solcher nicht umstandslos mit Verhaltensweisen und Neigungen konkreter Personen identifiziert werden. Solche konkreten Verhaltensweisen und Strebungen können vielmehr egoistisch sein und von diesem Komplex also deviant abweichen, und die Funktion dieses Komplexes besteht gerade darin, als verbindliche Richtschnur bei der Handlungs- und Bedürfnisselektion durch die Individuen zu dienen. Als Komplex von Normen, als „Moral" enthält der Individualismus nun aber —wie jede Moral — die Zumutung an die Individuen, bei der Selektion von Handlungen und Zielen nicht nur eigene persönliche Interessen als legitim gelten zu lassen, sondern auch nicht-individuelle Sachverhalte. Im Fall der Moral des Individualismus wird von Person A verlangt, auch den Personen B, C, etc. bestimmte Rechte und Ansprüche zuzuerkennen. Von der Existenz und Stabilisierung einer solchen „altruistischen" Komponente aber kann man — gerade angesichts des Opfers, das sie vom einzelnen Aktor verlangt — nicht selbstverständlich ausgehen; da sie nicht genetisch-biologisch gegeben ist, bedarf ihre Sicherung *sozialer* Mechanismen, wozu nach Durkheim neben kindlicher Sozialisation (vgl. 1973e) vor allem auch an intensive Interaktionen zu denken ist. Die Festigung von Moral geschieht durch Interaktionen. Nun beruht aber die Massengesellschaft gerade auf einer Isolierung und Atomisierung der einzelnen Personen; daher werden die Handlungen solcher Individuen durch ein hohes Ausmaß an moralischer Unverantwortlichkeit, durch eine Nichtberücksichtigung der Interessen anderer Aktore gekennzeichnet sein.

Diese Interpretation läuft also darauf hinaus, zu behaupten, daß die Massengesellschaft die Individuen in eine — vom Standpunkt der Moral des Individualismus betrachtet — „unmögliche" Lage versetzt; die Personen werden genötigt, über Dinge zu entscheiden, die sie sachlich gar nicht übersehen und verantworten können, und sie werden genötigt, Entscheidungen mit Konsequenzen für andere Aktore zu treffen, ohne das notwendige Wissen über und den Respekt für die Bedürfnisse dieser anderen Aktore erworben haben zu können. Durkheim selbst hat diese Widersprüchlichkeit zwischen moralischem Individualismus und Massengesellschaft m. E. nirgends in dieser expliziten Weise formuliert. Mir scheint jedoch, daß sich diese Interpretation auf zwei seiner Bemerkungen stützen kann, die von ihm selbst aber eher ad hoc und beiläufig gemacht werden (L: 125 ff.). Bei der Diskussion der Bedeutung der Etablierung der von ihm befürworteten Berufsgruppen als sekundären Akteuren kommt er — nach der Behandlung ihrer Funktion als Mechanismus der Kommunikation zwischen Staat und Gesellschaft — auf „zwei weitere erwähnenswerte Vorteile" (L: 125) zu sprechen. Erstens: Allgemeines Wahlrecht sei oft durch sachliche Inkompetenz sowohl der Wähler als auch der — auf die getreuliche Erfüllung des Wählerauftrags verpflichteten — Abgeordneten gekennzeichnet. Bei auf Berufsgruppen basierenden Wahlkörpern könne man dagegen davon ausgehen, daß die einzelnen Berufsgenossen zur Beurteilung der sachlichen Qualifikation ihrer Vertreter in der Lage seien; hier also würden die Individuen mit einer von ihnen sachlich bewältigbaren Situation konfrontiert. Zweitens: Die Kontakte, die sich für die einzelnen Personen im Kontext der Berufsgruppen notwendig ergeben, haben moralisierende Wirkungen für die einzelnen Personen. Wenn nun die Auswahl des politischen Personals aus den Berufsgruppen erfolgt, dann werden sich die Kontakte innerhalb der Berufsgruppen auch auf dieses Thema erstrecken und zu einem *moralischen* Umgang der Individuen mit ihm führen. Dies wird ihren „individualistischen Partikularismus" (L: 126) zu Gunsten einer „kollektiven" Orientierung abbauen.

Zusammengefaßt ergibt sich damit: Durkheim sieht in der Mediatisierung der Individuen durch sekundäre Akteure nicht nur keine Beeinträchtigung der Moral des Individualismus, sondern im Gegenteil die geeignetste Möglichkeit, diese Moral in Handlungen zu implementieren; denn da diese Moral ein kompetentes und ein rücksichtsvolles Verhalten der Individuen fordert, wird ihr durch solche sozialen Einrichtungen am ehesten Genüge getan, die kompetentes und rücksichtsvoll-verantwortliches Verhalten der Individuen bewirken. Und umgekehrt werden Personen, die am moralischen Individualismus orientiert sind, danach streben, ihre Interessen in Berufsgruppen zu

5. Die Selektion von Normen durch den Staat

klären und mittels dieser Strukturen durchzusetzen — statt sich direkt an den Staat zu wenden —, da diese Berufsgruppen einen sozialen Kontext bereitstellen, in dem sie kompetent und verantwortlich handeln können. Insofern kann man sagen, daß eine Orientierung an dieser Moral die Etablierung einer indirekten, durch Berufsgruppen vermittelten Beziehung zwischen Individuen und Staat nahelegt. Man kann somit gerade im Individualismus eine Ursache oder mindestens eine förderliche Bedingung für die partielle Freisetzung des Staates von einer dauernden direkten Konfrontation mit den Individuen sehen.

Übrigens kann ein solches strukturelles Arrangement seinerseits wiederum förderliche Wirkungen für den individualistischen Moralkomplex selbst haben. Zwei Mechanismen seien angedeutet. 1. Wenn Individuen in der genannten Weise kompetent und sozial-verantwortlich handeln können, wird das für sie eine positive Erfahrung darstellen, ein Interesse an der Wiederholung solcher Erlebnisse verstärken und in ihnen die Überzeugung von und Verpflichtung und den Anspruch auf diesen Wertkomplex verstärken. 2. Wenn die Individuen in der genannten Weise auf den Staat einwirken, wird dies die Art des staatlichen Handelns mitbestimmen. Interessierte Individuen verlangen dem Staat qualitativ bessere Normselektionen ab; Individuen, die sich zu den Bereichen äußern, für die sie kompetent sind, erhöhen die Qualität des „Materials", an das der Staat mit weiteren Überlegungen „autonom" anknüpfen kann; und Individuen, die an individualistischen moralischen Vorstellungen orientiert sind, werden bewirken, daß dann auch die staatliche Normselektion eher individualistisch ausfallen wird.

Damit ist die Diskussion der indirekten Funktionen der Berufsgruppen für die gesellschaftliche Autonomie des Staates bei der Selektion von Normen abgeschlossen. Es hat sich gezeigt, daß sowohl die Determinanten des autonomen Verhaltens des Staates als auch die Situation des Staates sich fruchtbar als Bezugspunkte zur soziologischen Analyse von Berufsgruppen verwenden lassen. Dabei wurden die Berufsgruppen in ihrer spezifischen Bedeutung für die „Vermittlung" der Beziehung zwischen Staat und Gesellschaft — d. h. den sozialen Akteuren als eines der Elemente des Kontextes des Staates — betrachtet.

Nun ist jedoch daran zu erinnern, daß zu den Elementen des Kontextes ja auch die Berufsgruppen selbst sowie die Öffentlichkeit gehören, so daß sich auch ihnen gegenüber die Frage der Autonomie des Staates stellt. Ich werde mich hier auf die Diskussion der Berufsgruppen beschränken.

f) Die relative Autonomie des Staates gegenüber den Berufsgruppen

Die eben diskutierte Möglichkeit, daß die Berufsgruppen die Relation zwischen Staat und Gesellschaft vermitteln, indem sie die sozialen Akteure mediatisieren, impliziert natürlich, daß die Berufsgruppen selbst in unmittelbaren Kontakt mit dem Staat treten. Das aber wirft die Frage nach der Autonomie des Staates gegenüber den Berufsgruppen selber auf.

Sucht man zur Behandlung dieses Problems bei Durkheim nach Hinweisen, dann stößt man auf eine doppelte Schwierigkeit; sowohl nämlich bleiben seine Aussagen über die institutionellen Beziehungen zwischen Staat und Berufsgruppen generell ziemlich vage, als auch hat er verschieden weitgehende Vorstellungen über die politische Rolle von Berufsgruppen entwickelt, so daß sich für eine Diskussion unterschiedliche Ausgangspunkte ergeben. Wenn die Berufsgruppen selbst zum tragenden Element der Staatsstruktur gemacht würden (also etwa eine Versammlung der Berufsgruppen eine Art Parlament bilden würde, welches das Kernelement des Staates bildet), stellt sich die Frage der staatlichen Autonomie anders als wenn Staat und Berufsgruppen je institutionell getrennte Identitäten behalten. Daher muß ich mich auf einige Extrapolationen aus der Analyse der Autonomie des Staates gegenüber den sozialen Akteuren beschränken.

Auf die Möglichkeit, daß das Verhältnis zwischen Staat und Berufsgruppen durch ein unterschiedliches Ausmaß an Autonomie des Staates gekennzeichnet sein kann, zielt z. B. die Idee, daß der Staat kaum etwas anderes sei als das Vollzugsorgan des Parallelogramms der Kräfte der Interessenorganisationen, daß man also von einer „Herrschaft der Verbände" (Eschenburg: 1955) oder einer Art von Feudalismus der Verbände sprechen könne. Zur soziologischen Ausarbeitung dieses Problems niedriger oder hoher Autonomie des Staates gegenüber den Berufsgruppen ist es wieder nützlich, eine aktorzentrierte Perspektive zu verwenden, die es ermöglicht, die beiden Probleme des dem Staat überlassenen Spielraums und der Nutzung dieses Spielraums durch den Staat voneinander zu trennen. Eine soziologische Analyse der Größe des dem Staat verfügbaren Spielraums hätte sich auf die Erklärung der Verhaltensweisen der Berufsgruppen zu beziehen. Speziell wären zunächst Konzepte zur Erfassung unterschiedlich starken Drucks der Verbände auf den Staat zu entwickeln; wie permanent oder wie gelegentlich und periodisch erfolgt die Artikulation von Wünschen, Forderungen, „Anregungen" u. ä. an den Staat?; wie präzise oder wie vage sind diese Forderungen?; und welche Art und Massivität an Sanktionen werden in Verbindung mit der Erfüllung oder Nichterfüllung dieser Forderungen in Aussicht gestellt? Dann wären Hypothesen über Faktoren zu entwickeln, die den Berufsgruppen die Formulierung solcher unterschiedlichen Ansprüche und deren Ausstattung mit unterschiedlichem Nachdruck ermöglichen[28].

5. Die Selektion von Normen durch den Staat

Einige solcher Faktoren seien genannt. a) Eine sehr große Zahl kleiner Verbände weist auf die Schwäche der Verbände hin; außerdem wird sie dazu führen, daß sich die Verbände in Auseinandersetzungen untereinander verstricken und so die Aufmerksamkeit, die sie dem Staat widmen können, vermindern. Eine geringe Anzahl sehr großer Verbände dagegen wird strategiefähig sein, d. h. die einzelnen Verbände können sich eine längerfristige und an Prioritäten ausgerichtete Politik erlauben; außerdem werden die herrschenden Kreise solcher Verbände „Verständnis" für die organisatorischen Probleme und strukturellen Zwänge des Staatspersonals aufbringen können; schließlich lassen sich derartige Verbände für ihre Politik „haftbar" machen. Daher kann man hier damit rechnen, daß es zu „Arrangements" zwischen Verbänden und Staat — statt zu permanentem und aggressivem Druck der Verbände auf den Staat — kommt. b) Der Staat mag über Ressourcen (z. B. Informationen, Subventionen, Konzessionen) verfügen, an deren Erhalt den Verbänden ihrerseits gelegen ist; das kann sich im Zuge von Tauschgeschäften darauf auswirken, wie sie ihre Forderungen gegenüber dem Staat formulieren und mit Nachdruck versehen. c) Sowohl die Aussicht auf als auch die faktisch genutzte Möglichkeit des Staates, in die Struktur der Verbände einzugreifen (etwa Rahmennormierungen für Satzungen zu erlassen), kann die Art mitbestimmen, in der sich die Verbände mit ihren Ansprüchen an den Staat wenden. d) Schließlich können Verbände in der Art, wie sie sich an den Staat wenden, auch davon beeinflußt werden, ob es dem Staat gelingt, *sich* als Vertreter des Gesamtwohls, dem das Recht und die Verantwortlichkeit für die verbindliche Setzung der Grundlinien der Politik für die Gesamtgesellschaft zukommt, zu definieren und sich bei diesem Anspruch auf Vorbehalte der Öffentlichkeit und der sozialen Akteure über einen „zu starken Einfluß der Verbände" zu stützen.

Die eben genannten Faktoren bezogen sich auf die Größe des dem Staat gegenüber den Verbänden verfügbaren Spielraums, der vor allem aus der Art resultiert, wie sich die Berufsgruppen dem Staat gegenüber verhalten. Davon ist jedoch die andere Frage zu trennen, wie der Staat mit so ermöglichten Spielräumen umgeht. Betrachtet man die Frage der Autonomie des Staates von den Berufsgruppen (oder eine Formel wie die von der „Herrschaft der Verbände") unter diesem Gesichtspunkt der Nutzung von Spielraum, so wird klar, daß es bei diesem Thema soziologisch nicht etwa um die Erklärung der Handlungen der Berufsgruppen geht, sondern um die Erklärung der Handlungen des Staates; in diesem Zusammenhang ist also eine Frage wie die nach der „Herrschaft der Verbände" zu verstehen als Frage nach der Bereitschaft des Staates, sich durch die Verbände beherrschen oder

---

[28] Hinweise über den konzeptuellen Rahmen, innerhalb dessen derartige Fragen soziologisch behandelbar erscheinen, wurden oben, in den Abschnitten 5 bb und 5 c dieses Kapitels, formuliert.

nicht beherrschen zu lassen. Dementsprechend sind die Handlungen des Staates unter dem Gesichtspunkt zu beschreiben, ob sie den Vorstellungen der Verbände entsprechen oder davon abweichen. Diese Varianz gilt es soziologisch zu erklären; und für diesen Zweck ist dann insbesondere zu ermitteln, ob 1. der Staat Ressourcen hat, die kreativitätsrelevant sind und ihn in die Lage versetzen, von den Verbänden unabhängig eigenständige Konzepte zu entwickeln; ob 2. auf den Staat normativ-ideologische Muster gerichtet sind, die ihm eine Distanzierung von den Vorstellungen der Berufsgruppen abverlangen; und ob 3. zugleich Mechanismen am Werk sind, die verhindern, daß durch diese Distanzierung des Staates von den Verbänden die Verbände „ins Abseits" geraten; ob dies letztere geschieht oder nicht hängt vor allem davon ab, ob sich der Staat gehalten sieht, in seinen Handlungen im Prinzip die Interessen der Berufsgruppen zu respektieren —sei es etwa, weil er an manchen Diensten der Berufsgruppen interessiert ist, sei es etwa aus ideologisch-ordnungspolitischen Gründen, denen gemäß eine Pluralität von Berufsgruppen existieren und auch Wünsche und Ansprüche artikulieren soll.

Mit dieser Überlegung schließe ich die Diskussion des Normsetzungsverhaltens durch den Staat ab und wende mich der Frage zu, welche Implikationen diese Analyse für das Problem der Selektion von Normen durch die Berufsgruppen selber enthält.

6. Die Selektion von Normen durch die Berufsgruppen

Als Einheit der Analyse sind bei dieser Frage nach den „direkten" Funktionen der Berufsgruppen für die Normgenese die Berufsgruppen — genauer ihre herrschenden Kreise — zu betrachten. Sie befinden sich in einem Kontext, der u. a. folgende wichtige Segmente enthält: 1. Die sozialen Akteure; ein Teil dieser Akteure kann Mitglied der Berufsgruppen sein, 2. andere intermediäre Akteure, 3. die Öffentlichkeit, 4. der Staat.

Für die soziologische Erklärung des Normsetzungsverhaltens durch die herrschenden Kreise der Berufsgruppen[29] dürfte, zum einen, die Art ihres Kontextes wichtig sein. Im Hinblick auf die sozialen Akteure ist etwa zu vermuten, daß deren mit der Modernisierung einhergehende zunehmende Individualisierung, Partizipation in multiplen Rollen und Milieus, Mobilität in sozialer und geographischer Hinsicht, Konsequenzen für die Art der von den Berufsgruppen selegierten Normen haben wird. Desgleichen ist die

---

[29] Der Einfachheit der Formulierung wegen werde ich dann, wenn es unmißverständlich ist, oft auch bloß von den „Berufsgruppen" als Normsetzern sprechen; gemeint sind immer die „herrschenden Kreise" der Berufsgruppen.

6. Die Selektion von Normen durch die Berufsgruppen

Vermutung naheliegend, daß Veränderungen der Struktur und der Handlungen des Staates — so ein zunehmender staatlicher Interventionismus — auf das Normsetzungsverhalten der Berufsgruppen „durchschlagen" werden. Solche Vermutungen sind nun aber eher als Anstöße zur Formulierung soziologischer Fragestellungen denn als soziologische Antworten zu sehen. Allein schon die Tatsache, daß nicht alle Veränderungen im Kontext der Berufsgruppen „durchschlagende" Wirkungen haben, sollte Anlaß sein, die Analyse auf das Problem der Aufhellung der Mechanismen zu konzentrieren, durch die der Kontext für die Berufsgruppen Relevanz und Gewicht erlangt. Neben diesen „externen" Determinanten ist auch — zweitens — an „interne" Determinanten zu denken; auch die herrschenden Kreise der Berufsgruppen können — so wie der Staat — einen mehr oder weniger großen Spielraum gegenüber ihrem Kontext haben und diesen in autonomer Weise bei der Normselektion verwenden.

Aus pragmatischen Gründen konzentriere ich mich im folgenden zunächst auf dasjenige Kontextsegment der Berufsgruppen, welches durch die sozialen Akteure konstituiert wird.

Wie kann man sich die Verknüpfung zwischen der Art des Kontextes und dem Normsetzungsverhalten der Berufsgruppen vorstellen? Ganz pauschal gesagt wird der Kontext auf eine Berufsgruppe als „Herausforderung" wirken, auf die sie durch die Selektion von Normen reagiert. Für die Art der Reaktion wird dabei vor allem a) der zugeschriebene Grad der Unabweisbarkeit der Herausforderung wichtig sein sowie b) ihr inhaltlicher Charakter. Die Unabweisbarkeit kann das Resultat der „Macht" sein, über die die sozialen Akteure — besonders auch die Mitglieder — gegenüber den herrschenden Kreisen der Berufsgruppen verfügen mögen; für den inhaltlichen Charakter der Herausforderung werden die Strukturen der Kommunikation zwischen den Berufsgruppen und den sozialen Akteuren entscheidend sein.

a) Externe Determinanten: Macht

Was den Machtaspekt betrifft, so ergibt sich dann ein Impuls für die herrschenden Kreise der Berufsgruppen zur Selektion von Normen, wenn sie einerseits bestimmte Interessen oder Bedürfnisse ausgebildet haben, deren Befriedigung andererseits von den Handlungen der sozialen Akteure abhängt, wobei diese wiederum die Berufsgruppe davon abhängig sanktionieren, welche Normen sie selegiert. Im Licht dieser Konzeption läßt sich z. B. das Problem sehen, wann und warum die Art der Mitgliedschaft und des Organisationsbereichs von Berufsgruppen wichtig zur Erklärung der Normen sind, die durch die Berufsgruppen ausgewählt werden. Wie läßt sich diese Vorstellung präzisieren?

Wenn eine Berufsgruppe bestimmte Kategorien von sozialen Akteuren als Mitglieder behalten oder erwerben will — sei es etwa, weil die Mitgliedschaft als solche belohnend erscheint, sei es wegen der Leistungen, die Mitglieder einer Organisation für diese erbringen können —, ergibt sich bereits daraus ja für die sozialen Akteure in Form ihrer Entscheidung, aus der Organisation auszutreten oder nicht in sie einzutreten, die Verfügung über eine negative Sanktion. Die Organisation wird daher versuchen, bei ihren Normselektionen solche Ereignisse zu vermeiden, die Anlaß für Austritts- oder Nicht-Eintrittsentscheidungen sein könnten, und statt dessen derartige Normselektionen vorzunehmen, daß Ereignisse auftreten, die Anlaß für Entscheidungen der Fortsetzung oder der Neuaufnahme von Mitgliedschaften sind. Wenn und weil eine Organisation Beitritts- und Beitragsinteressen entwickelt, gewinnen die Entscheider über die Erfüllung dieser Interessen — die sozialen Akteure — Macht über die Organisation. Wenn die Organisation spezifische Beitritts- und Beitragsvorstellungen nach Art und Umfang entwickelt, gewinnen spezifische soziale Aktore nach Art und Umfang Macht über die Organisation. In bezug auf diese sozialen Akteure werden die herrschenden Kreise davon ausgehen, daß sie — die faktischen oder potentiellen Mitglieder — ihre Beitritts- und Beitragshandlungen u. a. von Implikationen abhängig machen, die alternative Normsetzungen für ihre Bedürfnisse haben. Andere Kategorien von sozialen Aktoren dagegen — solche, an deren Beitritt/Beitrag die Organisation (derzeit) nicht interessiert ist — verfügen über keine entsprechende Macht; ihre Bedürfnisse werden *von daher* auch nicht für das Normsetzungsverhalten der Berufsgruppe Bedeutung gewinnen.

Diese Konzeption, wonach die Bedeutung sozialer Akteure für das Normsetzungsverhalten der Berufsgruppen auf Definitionen über angestrebte Beitritte und Beiträge beruht, bedarf mindestens zweier Qualifikationen. Zum einen ist zu beachten, daß auch soziale Aktore, an deren Beitritt und Beitrag die Organisation nicht interessiert ist, Bedeutung für und Macht über eine Organisation gewinnen können. Von solchen Aktoren mag eine Organisation beispielsweise etwa hemmende Einwirkungen auf die Beitritts- und Beitragsneigungen derjenigen anderen sozialen Akteure befürchten, an denen sie interessiert ist; an sich „uninteressante" soziale Aktore können auch dadurch Relevanz gewinnen, daß sie die Neigung zeigen, sich ihrerseits zu organisieren und damit Aufmerksamkeit auf sich ziehen; beides kann als Drohung oder Lockung an die Adresse der Berufsgruppen gerichtet erscheinen und dazu führen, daß die herrschenden Kreise einer gegebenen Berufsgruppe in ihrem Normsetzungsverhalten auch diese Möglichkeiten mitzubeachten suchen. Zweitens läßt sich die Entwicklung von Beitritts- und Beitragsdefinitionen selber als Problem thematisieren und der Versuch unternehmen, sie auf Machtkonstellationen zwischen Aktoren zurückzuführen; dann basieren Machtbeziehungen also nicht auf Definitionen, sondern

6. Die Selektion von Normen durch die Berufsgruppen

dann sind Definitionen ihrerseits das Resultat von Machtprozessen. Beispielsweise kann eine Organisation der drohenden Mobilisierung und Organisierung von sozialen Aktoren, an denen sie bislang nicht interessiert war, dadurch zuvorzukommen suchen, daß sie ihre Definition darüber, wer in ihr Mitglied werden kann und soll, erweitert[30].

Von solchen Möglichkeiten abgesehen scheint jedoch der zentrale Mechanismus, über den soziale Aktore Bedeutung für das Normsetzungsverhalten gewinnen können, auf ihrer Fähigkeit zu beruhen, Interessen der Organisation am Erwerb und Erhalt von Beitritten und Beiträgen befriedigen oder frustrieren zu können; diese Chancen werden zu „Macht" im engeren Sinne, wenn sie von den sozialen Akteuren verwendet werden, um ihre Haltung zu den Berufsgruppen und speziell zu deren Normsetzungsverhalten auszudrücken[31].

Unter diesem Gesichtspunkt lassen sich verschiedene von Durkheims Äußerungen über die Bedeutung von Formen von Organisationsbereichen sehen. Durkheim macht, wie oben gezeigt, die Unterscheidung zwischen Berufsorganisationen und durch die Arbeitsteilung induzierten Arbeitsgruppen. Er selbst versucht, mit Hilfe dieser Unterscheidung die mögliche Konstellation zu erfassen, daß sich die Berufsorganisationen und die sozialen Akteure in einander nicht entsprechenden Formen verändern; dies kann dann dazu führen, daß die Berufsorganisationen Normen generieren, die nicht (mehr) „passend" für die Bedürfnisse und Fähigkeiten aller sozio-ökonomischen Akteure bestimmter Art sind, sondern sich für manche störend und hemmend darstellen.

In drei Versionen taucht diese Argumentationsfigur auf. a) Die mittelalterlichen Gilden hielten auch dann noch an ihrer lokalen Orientierung fest, als viele ökonomischen Akteure schon längst überregionale Kontakte entwickelt hatten. Das führte dazu, daß eine zunehmende Zahl von sozialen Akteuren durch die Berufsgruppen gar nicht mehr organisiert wurde. Durkheim deutet an, daß solche Definitionen des Organisationsbereichs Konse-

---

[30] Vermutlich wird es nicht immer möglich sein, in dieser Weise „Definitionen" aus Machtkonstellationen zwischen angebbaren Akteuren herzuleiten. Vielmehr werden viele Definitionen zum kulturellen Repertoire gehören, in bezug auf das Konsens besteht. Ein Beispiel dafür ist ein Konzept wie „der Arbeiter". Daß mit einem solchen Begriff spezifische Handlungen und Bedürfnisse verbunden werden, die es naheliegend erscheinen lassen, für die betreffenden Personen *eine einzige* Organisation zur Interessenvertretung zu bilden, mag für die Funktionäre der Organisation wie für die sozialen Akteure selbstverständlich sein. Dann kann man von „der Macht von Begriffen über Akteure" (statt von „der Macht von Akteuren übereinander") reden. — Zur Herausbildung solcher Konzepte vgl. z. B. Simmel: 1958: 305-44.

[31] Ich sehe also im Augenblick noch von der Möglichkeit ab, daß „Mitgliedern" spezielle Beteiligungsformen am Prozeß der Entwicklung von Vorstellungen über die zu selegierenden Normen offenstehen können, die für Nichtmitglieder nicht zugänglich sind.

quenzen für das übrige Verhalten der Berufsgruppen haben. Damit impliziert er eine These, die die hier interessierende Geneseproblematik (bzw. Beherrschungsproblematik) betrifft; er nimmt offenbar an, daß die Art der in einer Organisation vertretenen sozialen Akteure Konsequenzen hat für die Art der Entscheidungen, die von der Organisation getroffen werden (und daß damit der Bereich der Willkürlichkeit, mit der die Berufsgruppe bzw. die in ihr Entscheidungen treffenden Akteure handeln können, reduziert wird). Man kann sich das so vorstellen, daß in Abhängigkeit von der Art der in einer Organisation vertretenen sozialen Akteure diesen sozialen Akteuren bestimmte Bedürfnisse und Sanktionsfähigkeiten zugeschrieben werden, und daß von der Erfüllung oder Nichterfüllung der Bedürfnisse die Aktivierung von Sanktionspotentialen zu Belohnungen oder Bestrafungen abhängig erscheint.

b) Vergleichbares läßt sich im Hinblick auf die Relation zwischen Arbeitgebern und Arbeitnehmern sagen. Kontakte zwischen diesen Rollenkategorien sind sozial-strukturell induziert. Damit die Wahrscheinlichkeit erhöht wird, daß die Berufsgruppen Entscheidungen mit Relevanz für diese Kontakte treffen, sollten beide Kategorien in *eine* Berufsorganisation eingeschlossen werden. Berufsorganisationen mit einer solchen Mitgliedschaft legen also die Richtung fest, in der die Entscheider sich verhalten werden. Diese Vermutung beruht auf der Annahme, daß es sich die Entscheider einer Organisation, die heterogene Mitgliederkategorien enthält, „nicht leisten" können oder wollen, einseitige Normsetzungen vorzunehmen.

c) Die Idee möglicher Diskrepanzen zwischen Sozialstruktur und Organisationsstruktur dürfte schließlich auch Durkheims Warnung vor einer Zersplitterung von Berufsgruppen zugrunde liegen. Denn man kann diese ja als Hinweis auf die Möglichkeit verstehen, daß Berufsorganisationen Merkmale als mitgliedschaftskonstitutiv verwenden, die einerseits in der Sozialstruktur nicht oder nicht länger von Bedeutung sind, andererseits aber die Art der Entscheidungen der Berufsorganisation beeinflussen. Von Durkheims Auffassung des primär ökonomischen und berufsmäßig verfaßten Charakters moderner Sozialstrukturen her gesehen gehören hierzu wohl Merkmale wie Alter, Geschlecht, Religionszugehörigkeit, aber auch politische Ideologie. Rein theoretisch besteht also die Möglichkeit, daß die Struktur der Berufsorganisationen, als Gesamtheit betrachtet, komplexer sein könnte als die Sozialstruktur — wegen der Möglichkeit der „künstlichen" Konservierung „veralteter", inzwischen unbedeutender sozialstruktureller Unterschiedlichkeiten oder gar der Innovation „künstlicher" Unterschiede. Durkheims Plädoyer scheint jedoch auf das umgekehrte Komplexitätsgefälle zu zielen, bei dem die Berufsgruppen in dem Sinne „integrierend", „abstrahierend", „generalisierend" wirken (und deshalb insofern als Mechanismen struktureller Vereinfachung dienen), als sie bestimmte sozialstrukturelle Unterschiede

6. Die Selektion von Normen durch die Berufsgruppen

in sich absorbieren und vermitteln, andere sogar völlig ignorieren. Jedenfalls aber hat Durkheim die Möglichkeit „fehlerhafter" Orientierungen von Berufsgruppen gegenüber den sozialen Aktoren mit der Konsequenz der Setzung „fehlerhafter" Normen angenommen; *daß* eine solche Relation vermutet wird, beruht dabei auf der Unterstellung, daß es Mechanismen gibt, die die Art des sozialstrukturellen Bezugs von Organisationen bedeutsam für das Normselektionsverhalten der Berufsgruppen werden lassen. Die Entscheider werden nicht darum herum können, der faktischen und angestrebten Mitgliedschaft Bedürfnisse zuzuschreiben und dementsprechende Normsetzungen vorzunehmen, da sie glauben, auf diese Weise Bedrohungen abwehren bzw. Belohnungen erwerben zu können.

Von Interesse für die Frage der Genese von Normen durch Berufsgruppen — für die Frage also: welche Befehle erlassen die (herrschenden Kreise der) Berufsgruppen? — dürfte noch ein anderer von Durkheim erwähnter Aspekt sein, der sich ebenfalls auf die Relation zwischen Organisation und Sozialstruktur bezieht, den Durkheim selbst jedoch nicht im Hinblick auf die Normselektion gesehen hat: die rekrutierungsbezogene Option der freiwilligen oder Zwangsmitgliedschaft. Damit ist nicht derjenige Zwang gemeint, der nötig sein mag, um Arbeitgeber und Arbeitnehmer in *eine* Berufsorganisation einzusperren; vielmehr geht es hier um die Frage, ob alle oder nur manche Arbeitnehmer und Arbeitgeber in einer Berufsorganisation Mitglied sein sollen. Wenn die Organisation mittels Zwang zu Mitgliedern kommt, dann kann dies einerseits den Handlungsspielraum der die Entscheidungen der Organisation treffenden Aktoren erweitern, da sie nun ja nicht länger das Problem der Anlockung von Mitgliedern beachten müssen. Andererseits finden die Entscheider innerhalb der Organisation nun zusätzliche Aktoren vor, und diese Mitglieder dürften sich bei Entscheidungen kaum einfach ignorieren lassen. Vielmehr wird sich für eine Organisation, die das Problem des Beitritts durch „Zwang" „lösen" konnte, um so deutlicher das Problem der „Beiträge" der Mitglieder stellen, da man in diesem Fall von vielen schwachmotivierten Mitgliedern ausgehen kann; dies wird die Organisation zu einem entsprechenden — für die Mobilisierung von Beiträgen geeignet erscheinenden — Entscheidungsverhalten nötigen.

Ausgangspunkt dieses Abschnitts waren Durkheims Andeutungen über die Bedeutung der Art der Mitgliedschaft von Organisationen für das Entscheidungsverhalten der herrschenden Kreise von Organisationen. Als dieser Relation zugrundeliegenden Mechanismus habe ich die „Macht" angenommen, die die Entscheider den Mitgliedern einräumen müssen, weil sie an deren Beitritten und Beiträgen interessiert sind und weil sie mit der sanktionsgestützten Bewertung ihres Normsetzungsverhaltens durch die sozialen Aktoren rechnen. Unter aktorzentrierter soziologischer Perspektive sind — auf die herrschenden Kreise der Berufsgruppen bezogen — damit die zwei folgenden Fragestellungen von strategischem Interesse: a) Wovon hängt es ab, welcher Art und wie groß das Interesse der Organisation an Beitritten und Beiträgen von sozialen Akteuren ist? Man kann ja eben nicht schlicht davon ausgehen, daß Berufsgruppen stets immer „möglichst viel" an Beitritten und Beiträgen mobilisieren wollen; Beitritte und Beiträge haben variierende „Grenznutzen", die z. B. von den Berufsgruppen verfügbaren Mobilisierungsmitteln und von der institutionell mitbestimmten Verwendbarkeit von erworbenen Beitritten und Beiträgen abhängen[32]. b) Wovon hängt es ab, welche Vorstellungen die Berufsgruppen darüber ausbilden, wie ihr Normsetzungsverhalten durch die sozialen Akteure bewertet wird und welche sanktionierenden Reaktionen diese Bewertungen auslösen werden[33]?

Eben wurden die Mitglieder als Teile der „sozialen Akteure" und als Elemente des Kontextes der Berufsgruppe verstanden. Diese Auffassung impliziert eine Perspektive, die es erlaubt, einen entsprechenden Blick auch auf die anderen Elemente des Kontextes der Berufsgruppe zu werfen. Von Durkheim selbst finden sich zu diesen weiteren Fragen, nämlich wie die übrigen Elemente des Kontextes — Staat, andere Berufsgruppen, Öffentlichkeit — Bedeutung für das Normsetzungsverhalten einer Berufsgruppe erlangen können, nur wenige und unsystematische Bemerkungen. Jedoch hat die eben entwickelte Darstellung u. a. den Vorzug, daß sich etwas genauer umschreiben läßt, welche weiteren soziologischen Fragestellungen sich hier ergeben. Am ausführlichsten noch hat sich Durkheim zur Bedeutung des Staates für die Berufsgruppen geäußert; jedenfalls kann man seine Bemerkungen über die Aufgabe/Funktion des Staates, für die Geltung moralischer Prinzipien — in modernen Gesellschaften der Prinzipien des Individualismus — zu sorgen, in dieser Weise sehen. Man hat dazu allerdings „Aufgabe" und „Funktion" nicht als dem Staat angesonnene Verpflichtung, sondern als *Beschreibung* von dessen faktischem Handeln bzw. Orientierung zu sehen. Im Hinblick auf die Berufsgruppen spricht Durkheim davon, daß der Staat *in* die sekundären Akteure eindringe (L: 79), um so diesen Prinzipien Geltung zu verschaffen. Darunter wird man vermutlich zunächst einmal verstehen können, daß der Staat sich für solche Verfahrensweisen der Entscheidungsfindung und für solche Entscheidungen einsetzt, die den als legitim geltenden Interessen der einzelnen individuellen Mitglieder inner-

---

[32] Über Mobilisierungsmittel von Gewerkschaften berichtet materialreich und ausführlich z. B. Streeck 1981; zu institutionell definierten Schwellen des Interesses von Organisationen an Mitglieder vgl. Stinchcombe (1975: 661-9) (der sich allerdings auf Parteien bezieht, so daß man sich von ihm zu Analogien über Interessengruppen anregen lassen kann).

[33] Eine komplementäre — aber eben andere — Frage könnte sich auf die sozialen Akteure selbst beziehen und auf deren tatsächliche Bewertungen der Berufsgruppen und auf den Ausdruck dieser Bewertung im Vorenthalt oder der Übertragung von Beiträgen zielen.

6. Die Selektion von Normen durch die Berufsgruppen

halb der Berufsgruppen gegenüber den Organisationen als Kollektiven gerecht werden[34]. Darüber hinaus jedoch betrachtet ja Durkheim den Staat als Hüter des *gesamt*gesellschaftlichen Interesses. Inhaltlich gesehen nimmt dieses Interesse in modernen Gesellschaften, Durkheims Vermutung zufolge, zunehmend individualistischen Charakter an; *überall* in der Gesellschaft soll der moralische Individualismus respektiert werden. Von hierher lassen sich unschwer Interventionen des Staates in die einzelnen Berufsgruppen rechtfertigen, die diese zur Beachtung der Externalitäten bewegen sollen, die sich für nichtzugehörige Individuen ergeben. Schließlich weist Durkheim selbst darauf hin, daß auch in modernen Gesellschaften Restbestände von Werten kollektivistischen Inhaltes zu finden sein werden (L: 84 f.), deren Beachtung durch die einzelnen Berufsgruppen der Staat fordern mag.

Bei diesen staatlichen Vorstellungen handelt es sich zunächst einmal um „Wünsche" oder „Forderungen", die der Staat den Berufsgruppen gegenüber entwickeln mag; daher ist für das soziologische Thema des Normsetzungsverhaltens *der Berufsgruppen* die Frage aufzuwerfen, worauf die Wirksamkeit einer solchen Intervention des Staates beruhen könnte. Es liegt nahe, bei einer Analyse dieses Problems an die Sanktionsmittel des Staates den Berufsgruppen gegenüber zu denken. Durkheim selbst hat diesen Aspekt durch seine strikte Trennung des Staates als Denk- und Entscheidungszentrum einerseits von der Administration als exekutivem Apparat andererseits (und seine Beschränkung der Betrachtung auf den Staat) völlig verstellt. Dies wäre zu korrigieren. Dabei käme es aber im Augenblick — für das Thema des Normsetzungsverhaltens *der Berufsgruppen* — nicht auf eine eigenständige generelle Analyse des administrativen Verhaltens an, sondern auf die Annahmen, die die Berufsgruppen über den Staat ausbilden. Ein Hauptkomplex solcher Deutungen betrifft Vermutungen über die Bewertungen ihrer Normsetzungsaktivitäten durch den Staat; ein zweiter bezieht sich auf die Fähigkeit und Bereitschaft des Staates, in Abhängigkeit von diesen Bewertungen die Berufsgruppen positiv oder negativ zu sanktionieren. Insbesondere an zwei Klassen von Sanktionen ist in diesem Zusammenhang zu denken. Auf der einen Seite kann das staatliche Insistieren auf der Beachtung individualistischer Vorstellungen oder sonstiger Werte dann Bedeutung für das Normsetzungsverhalten der Berufsgruppen gewinnen, wenn der Staat die Fähigkeit zu besitzen scheint, auf die Bereitschaft sozialer Akteure einzuwirken, Beitritte und Beiträge für die Berufsgruppe zu leisten. Denn damit würde ein zentrales Interesse der Berufsgruppe berührt; das Rekrutierungsinteresse wäre also der Hebel, der die staatlichen Vorstellungen wirksam werden läßt. (Man kann sich das z. B. entweder so vorstellen,

---

[34] Zur neueren Diskussion über diese Frage vgl. besonders Alemann und Heinze (1979), Teubner (1979).

daß der Staat auf die Bildung einer „Kluft" zwischen den Berufsgruppen und ihren einzelnen Mitgliedern zielt; dabei versucht er, durch die staatliche Propagierung von individualistischen und/oder anderen Werten entsprechende Ansprüche bei den sozialen Aktoren zu induzieren und so zu erreichen, daß die sozialen Akteure dann *ihr* Sanktionspotential entsprechend verwenden. Der Staat kann aber auch direkt den Berufsgruppen gegenüber bestimmte Wertorientierungen als wünschenswert ausgeben und diesem Wunsch selber — durch die Erleichterung oder Erschwerung von Beitritts- und Beitragserwerb, z. B. durch die steuerliche Absetzbarkeit von Mitgliedsbeiträgen — Nachdruck verleihen). Eine zweite — residuale — Klasse von Sanktionen ergibt sich, wenn man Hinweise auf weitere Arten von Interessen der Berufsgruppen hat, deren Erfüllung oder Nichterfüllung durch den Staat kontrollierbar erscheint. Beispielsweise mag dem Staat die Verfügung über gesellschaftspolitische Optionen zugeschrieben werden, die den ideologischen Vorstellungen der herrschenden Kreise der Berufsgruppen entsprechen oder widersprechen; auf diese Weise gewinnt der Staat einen Ansatzpunkt, um die Fügsamkeit der Berufsgruppen seinen Forderungen gegenüber wahrscheinlicher zu machen. Aus aktorzentrierter soziologischer Perspektive verlangt die Analyse der auf Macht beruhenden Wirksamkeit staatlicher Interventionen also zentral zunächst einmal eine auf *die Berufsgruppen* bezogene Untersuchung. Zu ermitteln ist a), welche Interessen die Berufsgruppen ausbilden und welches die Determinanten solcher Interessendefinitionen sind, und b), welche Einschätzungen die Berufsgruppen über die Sanktionswahrscheinlichkeit des Staates ausbilden. Darüber hinaus könnte die Analyse durch eine Untersuchung der tatsächlichen staatlichen Sanktionsneigungen und ihrer Determinanten ergänzt werden.

Was schließlich die anderen Berufsgruppen und die Öffentlichkeit als Elemente des Kontextes einer Berufsgruppe und ihrer Macht dieser gegenüber angeht, so finden sich bei Durkheim keine näheren Ausführungen. Die Beachtung auch dieser Elemente liegt jedoch in der Logik seiner Analyse; diese gestattet es somit, Forschungslücken zu identifizieren und damit weiteren soziologischen Untersuchungen zugänglich zu machen. Vermutlich hat Durkheim den Interrelationen von Berufsgruppen deshalb wenig Beachtung geschenkt (bis auf seinen Hinweis, daß das *System* der Berufsgruppen zur Grundlage des Staates werden könne), weil es ihm zunächst einmal primär auf die Demonstration der Bedeutung *dieses Typs* von Aktor —neben Individuen und Staat — ankam. Angesichts der Relevanz von Konstellationen gegnerischer Berufsgruppen (z. B. die Relation von Arbeitgeberverbänden und Gewerkschaften im Kontext der Tarifautonomie) und konkurrierender Berufsgruppen (z. B. konkurrierende Gewerkschaften) für das Entscheidungsverhalten einzelner Berufsgruppen erscheint jedoch eine systematische Ausweitung der soziologischen Analyse sinnvoll und möglich. Hierbei wäre wiederum zu ermitteln, durch welche Art der Mobilisierung

6. Die Selektion von Normen durch die Berufsgruppen

welcher Sanktionen anderer sekundärer Akteure sich eine Berufsgruppe beeindrucken läßt (so daß sich ein Impuls für sie ergibt, bei ihrer Selektion von Normen diese Mobilisierungen zu berücksichtigen).

Was endlich die Öffentlichkeit (z. B. als Träger moralischer Vorstellungen und Gefühle) angeht, so unterbleibt ihre nähere soziologische Analyse durch Durkheim wohl — wie schon angedeutet — vor allem deshalb, weil in dem von ihm häufiger verwendeten Begriff der „öffentlichen Meinung" beides — Moral und Träger — zusammengebunden wird, und weil er als Träger moralischer Vorstellungen oft die anderen genannten Aktore — neben den Individuen, die Autonomieansprüche erheben mögen, besonders den Staat als Träger des Individualismus — behandelt. Will man jedoch der Neigung, den Staat definitorisch mit der Vertretung bestimmter moralischer Vorstellungen zu verbinden, entgegentreten, dann erscheint die Konstruktion einer Öffentlichkeit als Träger von moralischen Vorstellungen sinnvoll. Im Hinblick auf die soziologische Erklärung des Entscheidungsverhaltens der Berufsgruppe ergibt sich dann als Aufgabe, zu ermitteln, welche solcher Vorstellungen sie der Öffentlichkeit zuschreibt und welche Sanktionen — rekrutierungsbezogene oder andere — sie im Falle der Beachtung oder Mißachtung dieser Vorstellungen annimmt (so daß sich ein Impuls zur Berücksichtigung dieser Vorstellungen der Öffentlichkeit im Normsetzungsverhalten ergibt).

Nach dieser Diskussion von „Macht" als Mechanismus, der von Bedeutung für die Normselektion durch die Berufsgruppen sein wird, ist die Frage der Kommunikationsstrukturen als weitere externe Determinante zu behandeln.

b) Externe Determinanten: Kommunikation

Bei durch „Macht" veranlaßter Selektion von Normen rechnen die Berufsgruppen damit, daß sie, in Abhängigkeit von der Art der selegierten Normen, mit an sie adressierten Sanktionen konfrontiert werden. Eine solche Adressierung ist jedoch nicht unbedingt nötig, um die Berufsgruppen zur Setzung von solchen Normen zu bewegen, die die Struktur und die Veränderung der Akteure des Kontextes reflektieren; allein die Informiertheit über Bedürfnisse von Akteuren des Kontextes und über die Effekte der Befriedigung oder Nichtbefriedigung dieser Bedürfnisse kann ein derartiges Normsetzungsverhalten auslösen. Die Berufsgruppen mögen die Bedürfnisse als solche wie „Befehle" betrachten und ihnen unbedingt glauben nachkommen zu müssen; sie können aber auch als Folge der Befriedigung oder Nichtbefriedigung der Bedürfnisse Effekte erwarten, die sie entweder schätzen oder vermeiden wollen.

Betrachtet man unter dieser Perspektive Durkheims Staatsformen, dann stellt man Implikationen für dieses Problem fest. In der primitiven Demokratie und im autoritären System befinden sich die sozialen Akteure „voll im Griff" der intermediären Akteure, so daß sich ein Kommunikationsproblem erst gar nicht stellt. Ein solches Problem ergibt sich dagegen in der Pseudo-Demokratie und in der echten Demokratie, in denen den sozialen Akteuren ja eigener Handlungsspielraum eingeräumt ist. Aus aktorzentrierter Perspektive kann man, von den Berufsgruppen aus gesehen, feststellen, daß im Falle der echten Demokratie die Berufsgruppen sehr gut, im Fall der Pseudo-Demokratie dagegen sehr schlecht über die sozialen Akteure informiert sind. (Ein Aspekt dessen, was man unter „schwachen Berufsgruppen" im Fall von Massengesellschaften verstehen kann, läßt sich als mangelnde Kenntnis von Berufsgruppen über ihre Mitglieder spezifizieren.) Diese Unterschiede werden Konsequenzen für die selegierten Normen haben. So werden Berufsgruppen, die über wenig Informationen über ihre Mitglieder verfügen, entweder entsprechend wenige oder grobschlächtige Normen selegieren oder sich bei der Setzung von Normen detaillierteren Inhaltes auf Spekulationen stützen und mit einer großen Zahl „unangemessener" Normen rechnen müssen.

An die Charakterisierung von Berufsgruppen durch ihr Informationsniveau läßt sich mit einer explikativen Fragestellung ansetzen; als soziologisches Problem stellt sich hier die Ermittlung der Bedingungen für ein unterschiedlich ausgeprägtes Informationsverhalten. Dabei wird sich vermutlich zeigen, daß man ein hohes oder niedriges Informationsniveau von Berufsgruppen nicht umstandslos als Effizienz oder Defizienz von Berufsgruppen betrachten kann; denn dabei würde ja die zweifelhafte Unterstellung gemacht, daß *alle* Berufsgruppen stets an „möglichst umfassender" Informiertheit interessiert sind. Davon jedoch wird man kaum ausgehen können. Vielmehr erscheint es gerade interessant, die Determinanten variierenden Informationsinteresses von Berufsgruppen zu ermitteln. In dieser Hinsicht läßt sich etwa an die für die Informationsverarbeitung verfügbaren Ressourcen, an die Breite der Programmatik der Berufsgruppen, an ihre Fähigkeit zur Neugier denken[35].

Von der Frage der Informationsmenge ist die andere soziologische Frage der Form des Informationserwerbs zu trennen. Durkheims auf den Staat bezogene Unterscheidung zwischen „administrativem" und „konsultativem" Weg kann auch auf den Fall der Berufsgruppen bezogen und zum Ausgangspunkt für differenziertere Klassifikationen verwendet werden. Beim „konsultativen" Weg räumen die Berufsgruppen den Akteuren ihres Kontextes Äußerungschancen ein. Sozialen Akteuren, die Mitglieder in ihr sind, wird eine

---

[35] Anschauliches Material zu diesen Fragen enthält Streecks Bericht aus dem Leben der deutschen Gewerkschaften (Streeck 1981).

6. Die Selektion von Normen durch die Berufsgruppen 303

Berufsgruppe oft einen solchen „Einflußstatus" konzedieren; es wird innerhalb der Berufsgruppe Verfahren geben, in dem die Mitglieder sich äußern können und dürfen. Auch dem Staat kann die Berufsgruppe das Recht auf ernstgenommene Äußerungen ihr gegenüber zubilligen (auch wenn sie die Meinungen des Staates letztlich inhaltlich zurückweisen mag) und bestimmte Prozeduren der Artikulation einräumen. (So werden Gewerkschaften staatliche Aufforderungen zur Beachtung gesamtwirtschaftlicher Daten und Einladungen zur Diskussion der volkswirtschaftlichen Lage oft nicht unbeantwortet lassen können — statt etwa sich solche Äußerungen als „Zumutungen" zu verbieten.) Tendenziell weniger werden sich die einzelnen Beurfsgruppen für verpflichtet halten, Äußerungen anderer sekundärer Akteure über sie zu beachten. Äußerungen aus der Öffentlichkeit (z. B. aus den Massenmedien, der Wissenschaft, den Kirchen) dürfte eine Berufsgruppe eher von Fall zu Fall als Einfluß oder als irrelevant qualifizieren.

Was den „administrativen" Weg betrifft, so macht sich eine Berufsgruppe hier von den „spontanen" Äußerungen der Kontextakteure frei und verwendet statt dessen entweder eigene, von ihr selbst kontrollierte Methoden des Informationserwerbs oder „Hilfe" von dritter Seite; zur Beobachtung ihrer Mitglieder kann sich eine Gewerkschaft z. B. auf sich selbst — ihren Funktionärskörper — stützen oder auf „Hilfen", z. B. durch Arbeitgeber, Betriebsräte oder Wissenschaftler. (Der Vorschlag von Streeck (1981) zur Charakterisierung von „Neokorporatismus" hat hier seinen Kern; danach sind korporatistische Verhältnisse als Konstellation zu verstehen, in denen Akteure wie Arbeitgeber, die Industrieverbände, die Gewerkschaften und der Staat einander gegenseitig derartige Hilfeleistungen erbringen.)

Auch diese variierenden Formen des Informationserwerbs eignen sich zur Formulierung explikativer soziologischer Fragen. Unter aktorzentrierter Perspektive und auf die Berufsgruppen bezogen sind derartige Möglichkeiten zunächst als „Optionen" zu verstehen, auf die die Berufsgruppen zu reagieren gezwungen sind; hiervon ausgehend erscheint es insbesondere interessant, zu ermitteln, von welchen Bedingungen die Bereitschaft der Berufsgruppen abhängt, das „Risiko" des Informationserwerbs über Konsultationen oder durch Hilfe von dritter Seite oder aber die „Kosten" der Verwendung eigener Informationserwerbsstrukturen auf sich zu nehmen.

Damit schließe ich die Diskussion der „externen" Determinanten des Normenselektionsverhaltens der Berufsgruppen ab und wende mich den „internen" Determinanten zu — der „Autonomie" der herrschenden Kreise der Berufsgruppe gegenüber ihrem Kontext.

c) Interne Determinanten: Relative Autonomie

Zur Erklärung des Normenselektionsverhaltens der herrschenden Kreise der Berufsgruppen ist sicher die Beachtung des externen Drucks wichtig, unter den sie durch ihren Kontext (etwa durch ihre Mitglieder oder durch den Staat) gesetzt werden — sei es in der Form, daß der Kontext die Normsetzungsaktivitäten zu beurteilen und davon abhängig zu sanktionieren bereit scheint („Macht"), sei es in der Form, daß die Berufsgruppe zu wissen glaubt, daß durch die Normenselektion Bedürfnisse oder Verhaltensweisen der Kontextakteure berührt werden („Kommunikation"). Aber auch auf nicht-ignorierbaren Druck können Berufsgruppen womöglich noch unterschiedlich reagieren; nur in Sonderfällen erscheint die Verwendung eines nullsummenartigen Kontinuums plausibel, wonach einem „mehr" an externe Kontrolle stets ein entsprechendes „weniger" an interner Kontrolle über die Entscheidungen (oder umgekehrt) entspricht. In aller Regel wird es sinnvoll sein, die Frage nach internen Quellen der Variation des Verhaltens der Berufsgruppen als eigenständiges soziologisches Problem zu fassen. Wie lassen sich solche Unterschiedlichkeiten konzeptualisieren, und wovon werden solche unterschiedlichen Reaktionen abhängen?

Es erscheint mir möglich, bei der Behandlung dieses Problems auf Überlegungen zurückzugreifen, die oben unter dem Stichwort „relative Autonomie" zum Normsetzungsverhalten des Staates vorgetragen wurden. Dies liegt umso näher, als ich dort ja einen Vergleich zwischen Durkheims Konzeption und der Oligarchietheorie versucht habe und die letztere natürlich als ihren primären Anwendungsbezug nicht Staaten, sondern formale Organisationen (z. B. bei Michels (1970) Parteien, bei Lipset u. a. (1962) Gewerkschaften) verwendet.

Ich betrachte zunächst die Beziehungen zwischen den herrschenden Kreisen der Berufsgruppen einerseits und demjenigen Segment ihres Kontextes andererseits, das durch die sozialen Akteure, zu denen speziell auch die aktuellen und potentiellen Mitglieder gehören, konstituiert wird. Eine Autonomie-„Problematik" für die Berufsgruppen ergibt sich hier erst dann, wenn man empirisch von der Existenz der normativen Forderung des Ziel-Altruismus ausgehen kann, wenn also die herrschenden Kreise der Berufsgruppen primär daran orientiert sein *sollen*, die Bedürfnisse der sozialen Akteure, speziell ihrer jeweiligen Mitglieder, zu fördern und sich selbst als „Mittel" zu sehen[36].

---

[36] Ebenso wie Staaten sind auch intermediäre Gruppen denkbar, auf die andere normative Vorstellungen bezogen sind; Durkheims Konzepten gemäß ist an „normierten Egoismus" zu denken, bei dem die Kollektive — praktisch oft die Funktionäre — den Zweck darstellen und die (einfachen) Mitglieder die Mittel dafür beisteuern sollen; an „normierte Solidarität", bei der den Mitgliedern und dem Kollektiv gleichrangige, inhaltlich unterschiedliche, aber als komplementär angesehene Be-

6. Die Selektion von Normen durch die Berufsgruppen 305

Auf diesem Hintergrund des normierten Ziel-Altruismus lassen sich verschiedene Versionen faktischen Verhaltens der Berufsgruppen unterscheiden. Die Oligarchietheorie interessiert sich für die Version der egoistischen Devianz, eben die „Oligarchie", der herrschenden Kreise. Auf zwei weitere Versionen wird man aufmerksam, wenn man versucht, Durkheims Diskussion von echter Demokratie und Pseudodemokratie auf den Kontext der Berufsgruppen zu übertragen. Einerseits ergibt sich dann eine Konstellation, bei der in periodischen Zusammenkünften sowohl die Vorstellungen und Bedürfnisse der Mitglieder artikuliert als auch durch die herrschenden Kreise Deutungen dieser Bedürfnisse, Interpretationen der Situation und Konzepte zur Abhilfe von Problemen offeriert werden; dabei sind die herrschenden Kreise in der Art von Professionellen ratend-beratend an der Ermittlung der „eigentlichen" Bedürfnisse der Mitglieder orientiert, während die letzteren wiederum kooperativ zu diesem Klärungsprozeß beitragen. Bei der anderen Konstellation ist eine konsequente „innerverbandliche Demokratie" verwirklicht, die sich in normativen Mustern wie etwa über „imperative Mandate" und „Funktionärsrotationen" ausdrücken wird[37].

Diese Konstellationen werden Konsequenzen für die Art der selegierten Normen haben (und auf diese Weise Bedeutung für die Normalität oder Pathologie der durch sie überformten sozialen Beziehungen erlangen). Das sei an der Dimension der normativen Produktivität erläutert, die zwischen Anomie und Übernormierung variieren kann. Bei der professionalistischen Version wird sich das Volumen der Normen auf einem mittleren Niveau halten. Einerseits werden alle Bedürfnisse der Mitglieder erkannt und vermittelt; daraus ergibt sich eine Tendenz zur Selektion zahlreicher Normen. Andererseits werden sich in dem stattfindenden Klärungsprozeß Definitionen über die Unterscheidung zwischen tiefliegenden Grund- und Oberflächenbedürfnissen sowie zwischen Scheinbedürfnissen und echten Bedürfnissen entwickeln; das führt zur Verringerung der Themen, die einer normativen Entscheidung bedürfen. Zu dieser Reduktion des Volumens trägt außerdem bei, daß die autonome und kompetente Führung zur Entwicklung längerfristiger Perspektiven fähig ist und deshalb zur *Streckung* der Reaktion auf manche Bedürfnisse raten kann; daß im kollektiven Klä-

---

dürfnisse als legitim zugeschrieben werden; und an anomische Verhältnisse, bei denen die Priorität der Interessen von Mitgliedern und Kollektiv/Funktionären normativ nicht vorentschieden ist.

[37] Im Prinzip ließen sich, wie im Fall von Staaten, als zwei weitere Versionen des normierten Zielaltruismus expertistische und anomische Typen von Berufsgruppen nennen; während bei den ersteren die herrschenden Kreise allein Einsicht in die „eigentlichen" Bedürfnisse der Mitglieder behaupten und diese autoritär (z. B. paternalistisch) betreuen, erfolgt in den letzteren die Normsetzung in einem normativ ungeregelten und sich in Abhängigkeit von den jeweiligen konkreten Konstellationen entwickelnden Prozeß.

rungsprozeß Widersprüche aufgespürt und deshalb gegensätzliche Normierungen vermieden werden; und daß der Gewinn an Einsicht und Handlungskompetenz, den auch die Mitglieder durch diese Klärungsprozesse erlangen, es ermöglicht, manche Sachverhalte nicht kollektiv zu regeln, sondern der Spontaneität der einzelnen sozialen Akteure zu überlassen. Bei demokratistischen Konstellationen dagegen ist mit einem großen Volumen an Normen zu rechnen, die einen engen zeitlichen Horizont aufweisen und inhaltlich häufig widersprüchlich sein werden. Denn da es keine Artikulationsbarrieren gibt, werden viele der sozialen Akteure tatsächlich Forderungen und Wünsche äußern; wenn jede Artikulation von Wünschen als solche wertvoll ist, dann wird der Versuch ihrer Rationalisierung durch „Klärungs"bemühungen als arrogante Besserwisserei gelten; die Vielzahl der auf eine normative Antwort drängenden Äußerungen wird eine Ermittlung von Verträglichkeiten nur begrenzt zulassen und die Tendenz zur Setzung vieler Normen (in der Hoffnung, daß sie sich schon als vereinbar erweisen werden) haben.

Welches sind nun die Bedingungen für die professionalistische bzw. die demokratistische Version des normierten Zielaltruismus? Um aus Durkheimscher Perspektive und in Orientierung an der Analyse des staatlichen Verhaltens einen soziologischen Ansatz zur Behandlung dieses Problems zu gewinnen, muß man auch hier die Unterschiedlichkeit der beiden Probleme der Bildung von Handlungsspielraum für und der Nutzung von Handlungsspielraum durch die herrschenden Kreise der Berufsgruppen beachten. Erstens: Entscheidend für den Spielraum für die herrschenden Kreise der Berufsgruppen ist ein bestimmtes Verhalten der sozialen Akteure, speziell der Mitglieder der Berufsgruppen; denn aus dem Ausmaß ihrer Zurückhaltung erwächst ja das Ausmaß des Spielraums für die Organisationselite, d. h. für den definierten Kreis von Personen, der den Status als End-Entscheider innehat. Oben wurden die „Macht" und die kommunikationsvermittelte Bedeutung der sozialen Akteure als Determinanten der Entscheidungen der Organisation dargestellt. Als Aufgabe für die soziologische Analyse schält sich jetzt damit das weitere Problem heraus, die Bedingungen zu ermitteln, die die sozialen Akteure zu einer Zurückhaltung bei der Verwendung ihrer Macht bewegen bzw. die ihre kommunikationsvermittelte Bedeutung relativieren.

Zweitens: Durkheims „eigentliche" Problemstellung aber bezieht sich auf etwas anderes; Träger des ihn interessierenden und zu erklärenden Verhaltens sind die herrschenden Kreise der Berufsgruppen — und nicht etwa die sozialen Akteure. Bei unterstelltem normiertem Ziel-Altruismus dieser Organisationselite ist das Durkheim *theoretisch* als problematisch erscheinende (aber nach Durkheims normativer Überzeugung: praktisch segensreiche) Verhalten die *Distanzierung* der herrschenden Kreise von den Vorstellungen der „Basis"; denn „eigentlich" liegt es nahe, daß ein allgemein

6. Die Selektion von Normen durch die Berufsgruppen 307

als „Mittel" betrachteter und auch sich selbst als „Mittel" ansehender Aktor sich den Vorstellungen seines „Klienten" *unterwirft.* Durkheims Hinweise zur Lösung dieses seines Problems erwiesen sich z. T. als ungenügend. Insbesondere mußte oben — bei der Analyse des Staates — und muß auch jetzt — bei der Analyse der Berufsgruppen — sein Argument zurückgewiesen werden, daß sich die herrschenden Kreise dann in einer kreativen Weise verhalten werden, wenn ihnen durch das Zurückhaltungsverhalten der Organisationsmitglieder großer Handlungsspielraum eröffnet wird. Denn dieses Argument löste nicht nur nicht sein Problem des *Umgangs* der Eliten mit einem verfügbaren Handlungsspielraum, sondern erschien auch geeignet, das von der Oligarchietheorie beschriebene deviante Verhalten der Organisationsführung heraufzubeschwören. Soziologische Lösungen dieser Probleme aber zeichnen sich ab, wenn man sich an Durkheims Analysen von Interaktionssituationen zwischen sozial differenzierten Akteuren in der „Arbeitsteilung" erinnert. Dann nämlich liegt es nahe, kreatives oder opportunistisches Führerverhalten vom Vorhandensein von kreativitätsrelevanten Ressourcen einerseits und normativen Mustern, die zu deren Aktivierung verpflichten, andererseits abhängig zu sehen. (Eine eine Stufe „tiefer" ansetzende soziologische Analyse könnte sich um die Aufhellung der Bedingungen bemühen, unter denen den Eliten derartige Ressourcen verfügbar sind und unter denen sie sich derartigen normativen Mustern unterwerfen.) Was schließlich die Möglichkeit des oligarchich-devianten Verhaltens der Organisationseliten angeht, so findet sich bei Durkheim keine genauere Analyse dieses Problems. So beschränkt er sich (z. B. gegenüber den Zünften) auf den Hinweis auf strukturelle Verhärtungen, denen in den neu zu etablierenden Berufsgruppen durch komplexe Organisationsstrukturen, die eine Flexibilität garantieren würden, entgegengewirkt werden solle (A: 64 f.). M. E. verstellte sich Durkheim die nähere soziologische Behandlung dieses Problems vor allem wegen der Verwendung ungenügend differenzierter Konzepte, so durch seine unqualifizierte Vorstellung, die herrschenden Kreise müßten von äußerem Druck freigesetzt werden. Eine Lösung dieses Problems erscheint denkbar, wenn man sich den externen Druck als *bedingt* wirkungsvoll vorstellt — etwa in der Form, daß er nur periodisch wirksam wird, oder daß er sich auf die Auswahl von Personen, nicht aber auf die Auswahl von Politiken bezieht, oder daß durch ihn die Einhaltung bestimmter breiter Richtlinien für die Selektion von Normen, nicht aber die Entscheidung über die Auswahl der Normen im Detail kontrolliert wird.

Diesen Überlegungen über die relative Autonomie der Berufsgruppen gegenüber ihrer sozialen Basis lassen sich schließlich auch Anregungen dafür entnehmen, wie man die Bedeutung des Staates für das Normsetzungsverhalten der Berufsgruppen zum Gegenstand soziologischer Problemstellungen machen kann. Einige Mechanismen, über die der Staat (gezielt) „Macht" und (kommunikationsvermittelt) Bedeutung für das Normsetzungsverhalten der Berufsgruppen gewinnen kann, wurden oben genannt. Durch diese Macht und Bedeutung des Staates wird für die Berufsgruppen natürlich ein organisationspolitisch potentiell außerordentlich brisantes Problem aufgeworfen, das dann virulent wird, wenn die Bedürfnisse der Mitglieder und die des Staates voneinander abweichen. Schon aus diesem Grund verdient die Frage Interesse, ob die Berufsgruppen dem Staat gegenüber Autonomie gewinnen können und wovon dies abhängen wird. Nach dem bisher gesagten ist dazu zunächst nötig, daß sich der Staat den Berufsgruppen gegenüber Zurückhaltung auferlegt; da damit jedoch kaum immer zu rechnen ist, ergibt sich für eine aktorzentrierte soziologische Perspektive hier als Forschungsprogramm die Frage, von welchen Bedingungen ein variierender Druck des Staates auf die Berufsgruppen abhängen wird. Bezieht man die im Hinblick auf die Oligarchie-Thematik angestellten Überlegungen auf den gegenwärtigen Zusammenhang, dann erhält man für die Frage nach dem variierenden Druck des Staates auf die Berufsgruppen noch eine spezifische Anregung. Dieser Druck ist dann nicht einfach nur als mehr oder weniger stark aufzufassen. Vielmehr wären auch die Möglichkeiten zu beachten (und diesbezügliche Konzepte zu entwickeln sowie dann die Bedingungen dafür zu ermitteln), daß dieser Druck eine zeitliche Rhythmik aufweisen und inhaltlich unterschiedlich detailliert ausfallen kann. Bei verfügbarem Handlungsspielraum wäre endlich die Frage seiner Nutzung durch die Berufsgruppen aufzugreifen, wobei als Determinanten des Nutzungsverhaltens vor allem an die Verfügung über kreativitätsrelevante Ressourcen und an die Existenz normativer Muster, die Richtungen der Verwendung dieser Ressourcen zumuten (die z. B. also entweder zu regelmäßigen gemeinsamen Beratungen mit oder zur Distanz zu den Vertretern des Staates auffordern), zu denken wäre.

d) Zusammenfassung

Damit können die Überlegungen zum Problem der Analyse der Genese von Normen in Berufsorganisationen zusammengefaßt werden. Durkheim selbst hatte sich dazu — etwa im Vergleich zu seiner intensiven Behandlung des Problems der Akzeptanz von Normen — nicht sehr explizit geäußert. Durch Rückgriff auf andere Argumentationsfiguren bei Durkheim — vor allem über staatliches Normsetzungsverhalten als dem Hauptthema seiner politischen Soziologie — wurde es jedoch immerhin möglich, drei Klassen von Faktoren zu identifizieren, die hierfür von Interesse erscheinen. Die Genese von Normen läßt sich als Beherrschungsproblem sehen, d. h. als Fixierung von Mustern oder Programmen für Verhalten. Diese Muster oder Programme sind Vorstellungen darüber, was die Gruppe sein und tun soll; sie definieren damit zugleich die Anlässe, für die gegebenenfalls die Sanktionsressourcen der Gruppe gegenüber Einzelmitgliedern aktiviert werden. Zu erklären ist also das Herrscherverhalten. Dieses ist nicht willkürlich und den Herrschern als Aktoren allein zuzurechnen, sondern durch kollektive Umstände determiniert. (Etwas mißverständlich wird das durch die Formel ausgedrückt, daß „die Gruppe" die in ihr geltenden Normen hervorbringt.) Das Selektionsverhalten der Herrscher wird je nach dem unterschiedlich ausfallen, 1. welche Arten und Mengen an Belohnungs- und Bedrohungsverhalten die Berufsgruppe — genauer: ihre entscheidenden Kreise — den Kontextakteuren (den sozialen Akteuren und speziell den Mitgliedern, dem Staat, sowie darüber hinaus auch anderen sekundären Akteuren und der Öffentlichkeit) als gezielte Reaktionen auf ihr Normsetzungsverhalten zuschreibt („Macht"); 2. in welchem Ausmaß die Berufsgruppe die Umwelt rezipiert (sei es als Einfluß, sei es durch eigene Anstrengungen des Informationserwerbs) und so zu Vorstellungen über die Auswirkungen ihres Normsetzungsverhaltens gelangt; und 3. in welchem Umfang und in welcher Art die Entscheider sich „autonom" verhalten und eigene Impulse in die Entscheidungen einbringen.

KAPITEL VI

Determinanten der Genese und Strukturformen von Berufsgruppen

Nach der Diskussion der Bedeutung von Berufsgruppen für die Akzeptanz von Normen und für die Genese von Normen ist als letzter Fragenkomplex das oben sogenannte „Schmitter-Problem" zu behandeln, also das Problem der Entstehung unterschiedlicher Arten von Interessengruppen. Welche Anregungen lassen sich bei Durkheim hierzu identifizieren?

Bei der Diskussion dieser Frage ist in noch stärkerem Maß als bisher schon zu unterscheiden zwischen einerseits Durkheims entsprechenden expliziten Äußerungen und andererseits Vorstellungen, die Durkheim selbst nicht auf das anstehende Problem bezogen hat, denen man vielleicht aber dennoch gewisse Anregungen dafür abgewinnen kann. Seine eigene explizite Behandlung der Frage der Entstehung von Berufsgruppen kann kaum befriedigen. Wie sieht sie aus? Sein Ausgangspunkt waren Pathologien in modernen Gesellschaften; diese sah er als das Ergebnis „fehlerhafter" oder mangelnder Normen an, und dies wiederum führte er auf bestimmte Ausprägungen relevanter regulativer kollektiver Akteure — besonders Staat und Berufsgruppen — zurück. Dabei unterschied er zwischen Pseudodemokratie und echter Demokratie, also zwischen Situationen, in denen Berufsgruppen ganz fehlen oder nur schwach ausgeprägt sind, und Situationen, die durch stark ausgebildete Berufsgruppen gekennzeichnet wären. An diesem Unterschied können nun z. B. Politiker interessiert sein, die über bestimmte ordnungspolitische Vorstellungen verfügen, aber auch wissenschaftliche Soziologen mit komparativen und Erklärungsinteressen; für die letzteren lautet die Frage: Unter welchen Umständen ist mit dem Auftreten oder dem Ausbleiben von Berufsorganisationen zu rechnen? Durkheims Appell für die Etablierung von Berufsgruppen ist natürlich eine *politische* Forderung; als *soziologische* These impliziert sie zunächst nur die Annahme, *daß* Berufsgruppen gebildet werden könnten. Detailliertere soziologische Argumente dagegen darf man bei der Analyse der Gründe erwarten, warum (zu Durkheims Zeit) keine Berufsgruppen (mit relevantem Gewicht — d. h. einem solchen Gewicht, daß die Akzeptanz und die Genese „richtiger" Normen gesichert wird) existierten.

In Durkheims Äußerungen kann man zunächst eine Reihe negativer Argumente finden; etwa könne das Fehlen von Berufsgruppen nicht einem mangelnden Bedürfnis nach Regulierung oder einer mangelnden Neigung zur Organisierung zugeschrieben werden. Was das Regulierungsbedürfnis angeht, so betont er: „(Wir) wissen () wohl, daß wir beim besten Willen diese ganze Seite des Lebens (gemeint ist das Berufsleben, K. M.)... nicht unorganisiert lassen können" (S: 451). So sei es z. B. auch nicht möglich gewesen, die Entwicklung der Manufakturen sich selbst zu überlassen (wobei die Regulierung, da „passende" Berufsgruppen nicht existierten, vom Staat betrieben wurde (A: 62)). Im Hinblick auf die Organisationsneigung ist an seine schon zitierte Vorstellung zu erinnern, wonach Personen mit gleichen Interessen u. a. danach streben, sich zu vereinen (A: 53; L: 31). „Es gibt keinen Berufszweig in der Gesellschaft, der diese Organisation nicht will und der sich ihr nicht unterstellen würde" (S: 453). Vor diesem Hintergrund muß es „erstaunen" (und sind daher besondere soziologische Erklärungsanstrengungen angebracht), wenn dennoch „Massengesellschaften", „Pseudodemokratien", also Situationen ohne kräftige intermediäre Gruppen und besonders ohne Berufsgruppen, entstehen konnten[1].

Das nun von Durkheim immer wieder (z. B. S: 453; A: 45; L: 23) vorgetragene Argument zur Erklärung des Fehlens von Berufsgruppen bezieht sich auf den „schlechten Ruf" (S: 453), den derartige Einrichtungen besäßen und der aus den Erfahrungen mit den Zünften während der Zeit des ancien régime stamme. Die Zünfte waren damals zu einer „Sperre gegen den so nötigen Fortschritt" geworden. Es sei „unmöglich" gewesen, die „ungezügelte Selbständigkeit" der streng lokal orientierten Zünfte, die sich gegen jeden äußeren Einfluß abriegelten, und „durch die sie zu einem Staat im Staate" wurden, „weiter aufrechtzuerhalten, als die in alle Gebiete vordringende verwaltende Tätigkeit des Staates begann, sich die sekundären Verwaltungseinrichtungen der Gesellschaft unterzuordnen" (S: 453). Historisch gesehen gingen die Berufsorganisationen also vor allem aus zwei Ursachen zugrunde; zum einen erlitten sie eine Funktionsauszehrung, die daraus resultierte, daß sie ihren lokalen Bezug behielten, während die ökonomischen Akteure immer stärker überlokale Beziehungen aufnahmen. (In etwas weniger „funktionalistischer" Terminologie kann man sagen, daß die neuartige Situation, in die immer mehr soziale Akteure gerieten, ihre Bereitschaft

---

[1] Dies ist wiederum ein Beispiel für eine Art der Argumentation, die sich bemüht, soziologische Erklärungsprobleme dadurch zu konstruieren, daß sie bestimmte Phänomene vom Blickwinkel der handelnden Akteure aus (und nicht etwa von normativen Postulaten des Betrachters her) als „unerwartet" behauptet. Denn Durkheim schreibt ja *den Akteuren* eine Neigung zu, sich zu organisieren (so daß er zu erklären hat, warum es den Akteuren faktisch nicht gelingt, *ihre* Bedürfnisse zu realisieren); Durkheim analysiert die Akteure nicht danach, warum sie nicht das tun, was er —Durkheim — für sinnvoll und richtig hält.

zunehmend verminderte, sich von den bisherigen Berufsgruppen regulieren zu lassen und für diese Kollektive Leistungen zu erbringen.) Zum anderen verloren die Berufsgruppen den Machtkampf gegen den expandierenden Zentralstaat (vgl. z. B. Durkheim 1973e: 268 f., 273). Was die aktuelle Periode (also die Zeit der Wende vom 19. zum 20. Jahrhundert, in der Durkheim seine Auffassungen entwickelte) angehe, so werde die Wiederherstellung der Berufsgruppen effektiv dadurch gehindert, daß aus einer einzelnen Degenerationsperiode fälschlicherweise auf die prinzipielle Ungeeignetheit der Berufsgruppen zur Lösung der Regulierungsprobleme moderner Gesellschaften geschlossen werde.

Wie ist dieses Argument über das in der (d. h. in Durkheims) Gegenwart durch „Vorurteile" bewirkte intermediäre Vakuum zu beurteilen? Sein äußerst pauschaler Charakter ist offensichtlich. Es beschränkt sich auf die mentalistisch-„idealistische" Ebene. Es handelt sich eher um eine Kritik am antikollektivistischen und vorurteilsbehaftetem Geist der Zeit als um eine soziologische Analyse. Wie läßt sich diese Mangelhaftigkeit erklären? Drei — miteinander zusammenhängende — Umstände dürften eine Rolle spielen. Zum einen hat man sich wieder daran zu erinnern, daß Durkheim keine systematische Theorie über formale Organisationen (z. B. über Bürokratien oder Genossenschaften) entwickelt hat (Müller 1983: 103), sondern daß die für ihn zentralen Aktorskategorien „Personen" und „Gruppen" waren. Zweitens hat er das Projekt einer historisch ausgerichteten Analyse der Geschichte der Berufsorganisationen (S: 466; A: 39), von dem er sich selbst viel versprach, nicht realisiert. Drittens hat er die Konstruktion konkreter Organisationsstrukturen als Aufgabe für den Praktiker und nicht für den wissenschaftlichen Soziologen betrachtet (S: 466 f.; A: 71).

Man kann sich nun von diesen Mängeln und ihrer plausiblen Erklärbarkeit derartig überzeugt sehen, daß man sich im Hinblick auf das Problem der Erklärung von Strukturen von Berufsgruppen von Durkheim abwendet und sich auf andere Autoren oder eigene Kräfte konzentriert. M. E. wäre eine solche Reaktion jedoch etwas vorschnell; dadurch würde das Anregungspotential Durkheims nicht voll genutzt. Ich werde im folgenden versuchen, einige Aspekte dieses Potentials herauszuarbeiten. In einem ersten Schritt knüpfe ich an Durkheims „Zeitdiagnose" an; dabei versuche ich sie als ein Element aufzufassen, welches sich in einen systematischen soziologischen Erklärungsansatz integrieren läßt. Mit Hilfe der dabei gewonnenen Anregungen gehe ich anschließend auf Durkheims historische Skizzen ein; am Beispiel der Organisierung von Berufsgruppen auf lokaler oder auf nationaler Ebene versuche ich, die Art von Fragestellungen herauszuarbeiten, denen sich ein soziologisches Forschungsprogramm widmen müßte, dem es auf die Erklärung variierender Ausprägungen von Berufsgruppen ankommt. Schließlich formuliere ich den Vorschlag, die angedeutete Erklärungsstrategie auch in bezug auf weitere von Durkheim angesprochene Strukturmerkmale von Berufsgruppen zu verwenden.

1. Durkheims Zeitdiagnose über das Fehlen starker Berufsgruppen

Wenn man sich bemüht, Durkheims Argument, wonach zu seiner Zeit „Vorurteile" verantwortlich für den Mangel an Berufsgruppen sind, als ein Element zu einer soziologischen Analyse aufzufassen, dann kann man zumindest zweierlei feststellen. Erstens: Durkheim unterstellt, daß es historische Perioden gibt, in denen die — oder jedenfalls die ausschlaggebenden —Mitglieder der Gesellschaft das ordnungspolitische Problem der intermediären Strukturen in *dichotomer* Weise formulieren; die Frage lautet für sie, ob oder ob nicht intermediäre Akteure, und speziell Berufsgruppen, etabliert werden sollten. Diese Dichotomisierung wurde im vorliegenden Fall durch, wie Durkheim annimmt, die Erinnerung an die Vergangenheit des ancien régime bewirkt; die andere Frage, *welche Art* von Berufsgruppen eingerichtet werden könnten, stellt sich den Akteuren — jedenfalls den durchschlagskräftigen —, genauer: *stellen sich* diese Akteure also gar nicht. Zweitens: Vorurteile sind Vorstellungssyndrome, und für eine soziologische Analyse liegt die Frage nach der genauen Identifizierung der Träger derartiger Vorstellungen sowie nach den relativen Durchsetzungschancen der Vertreter unterschiedlicher Vorstellungen nahe. Durkheim selbst hat dieses Problem der Träger von Vorstellungen über Berufsgruppen und ihrer Durchsetzungskraft für seine Zeit nicht formuliert und systematisch analysiert. Formuliert man es jedoch, dann kann man versuchen, bei Durkheim Hinweise zu seiner Bearbeitung zu finden. An welche Träger wäre hier zu denken?

Für den Untergang der Zünfte hatte Durkheim u. a. den expandierenden Zentralstaat verantwortlich gemacht. Über die Haltung des Staates zu dieser Frage zu seiner Zeit äußert er sich m. W. nicht explizit. Unterstellt man, *daß* die Haltung des Staates ein für die Einrichtung starker Berufsgruppen wichtiger Faktor ist (wie Durkheim selbst vielfach deutlich macht[2]), dann verlangt die Realisierung von Durkheims Programm der institutionellen Reform einer korporativen Dezentralisierung einen dazu bereitwilligen und hilfreichen Staat. Damit ist nun die Möglichkeit angesprochen, daß die Haltung des Staates zu den intermediären Strukturen variieren kann, und diese Möglichkeit wiederum eignet sich als „Einstieg" für die Formulierung eines soziologi-

---

[2] Erinnert sei hier z. B. an die oben analysierte Bedeutung, die der Kooperation von Staat und Berufsgruppen für die Akzeptanz von Normen und für die Genese solcher Normen, die die gesellschaftlich wichtigen (bes. die ökonomischen) Themen betreffen, zukommt.

schen Forschungsprogramms; für eine kausale Analyse der Ausbildung oder des Ausbleibens von Berufsgruppen ergibt sich dann die Frage, von welchen Bedingungen variierende Orientierungen des Staates zur Frage der Zulassung von intermediären Strukturen in Form von Berufsgruppen abhängen. Gemäß der unterstellten Dichotomisierung zwischen prinzipieller Ablehnung von Berufsgruppen überhaupt und der Befürwortung von Berufsgruppen brauchte sich diese komparative und/oder historisch orientierte soziologische Analyse nicht um die Frage zu kümmern, worin im einzelnen die Vorstellungen der Befürworter von Berufsgruppen bestehen, in welchen Punkten es hier Unterschiede gibt und von welchen Umständen diese Unterschiede abhängen. Vielmehr könnte sie sich auf die Ermittlung der Faktoren beschränken, die für das Übergewicht von Gegnern oder Befürwortern der Etablierung von Berufsgruppen verantwortlich sind. Eine systematische Analyse dieses Problems sehe ich bei Durkheim nicht. Der Hinweis auf die „Vorurteile" nennt ja eher das Problem, als daß er es löst. Durch soziologische Untersuchungen wären die Prozesse zu ermitteln, die zum Aufbau oder zur Aufweichung derartiger „Vorurteile" und daran orientierter unterstützenden oder hemmenden Handlungen des Staates beitragen. Wenn auch Durkheim selbst eine solche Untersuchung nicht durchgeführt hat, so wird doch allein schon durch die Tatsache, daß seine Äußerungen zur Formulierung dieses Problems veranlassen, eine Forschungsperspektive eröffnet und damit eine wichtige und weiterführende Forschungsanregung gegeben.

In entsprechender Weise kann man nun auch im Hinblick auf andere Arten von Akteuren argumentieren, die z. T. von Durkheim selbst angesprochen wurden oder die sich unabhängig davon im Laufe dieser Arbeit als interessant herausgestellt haben. Entscheidend für die Einrichtung von Berufsgruppen sind neben dem Staat natürlich die sozialen Akteure und ihre Bereitschaft, sich an derartigen Kollektiven zu beteiligen (statt es vorzuziehen, isoliert zu bleiben). Durkheims Auffassung zu diesem Problem ist nicht ganz klar. Einerseits rechnet er, wie schon angeführt, damit, daß Individuen in ähnlicher Lage eine natürliche spontane Affiliationsneigung besitzen, und daß dies für alle Berufszweige gelte. Andererseits leuchtet dann seine Andeutung, auch gegen Zwangsmitgliedschaften seien Skrupel nicht angebracht, nicht ganz ein. Zu erinnern ist hier auch an sein Argument, daß „richtig" verstandener moralischer Individualismus die Aufforderung enthalte, sich nur mit Problemen zu beschäftigen, für die man kompetent sei, und daß sich die Individuen daher möglichst schnell der für sie unpassenden Rolle als „Staatsmann" entledigen und sich stattdessen die Berufsgruppen als Forum ihrer Aktivitäten wählen sollten; aber der moralische Individualismus könnte ja „falsch" verstanden werden und dann zur Begründung von Ansprüchen auf unmittelbare politische Partizipation dienen! Zu bedenken ist hier auch Durkheims eigene Beobachtung, daß staatsnahe Berufe stärker organisiert sind als staatsferne (L: 13f.); dies könnte auf sozialstrukturell unterschiedliche Affiliationsneigungen hinweisen. Schließlich hat Durkheim selbst gelegentlich gewisse Zweifel daran geäußert, ob in ausreichendem Maß der „Geist der Assoziation" verbreitet sei. (Als Nationalmerkmal sieht er z. B. in Frankreich geringere Affiliationsneigungen als in Deutschland (1973e: 268-74)). Angesichts dieser einander etwas relativierenden, ja widersprechenden Äußerungen erscheint es ratsam, auch in bezug auf die sozialen Akteure zunächst einmal von der Möglichkeit variierender Organisationsbereitschaften auszugehen. Die Überprüfung der Möglichkeit solcher Variationen könnte eine Aufgabe für deskriptive soziologische Studien sein; daran ließen sich Erklärungsversuche anknüpfen. Unterstellt man, daß entsprechende Voraussetzungen durch den Staat gegeben wären, dann könnte man die Existenz oder das Fehlen starker Berufsgruppen auf derartig unterschiedlich verbreitete Assoziationsneigungen der sozialen Akteure zurückführen.

Von Bedeutung für die Etablierung von Berufsgruppen als intermediäre Akteure könnten auch Vorstellungen in der „Öffentlichkeit" sein. So verweist Durkheim auf die schlechten Erfahrungen, die „die, die guten Willens sind" (S: 451), mit den unflexiblen und unpassenden staatlichen Normierungen gemacht hätten, und die Anlaß dafür sein könnten, sich für die Etablierung von Berufsgruppen einsetzen. Aber vor allem kann man ja auch Durkheims eigene und als wissenschaftlich begründbar geglaubte Propagierung der Korporationen in dieser Weise verstehen, nämlich als Versuch, das „Vorurteil" über die prinzipielle Unzeitgemäßheit von Berufsgruppen mit Hilfe der Soziologie zu bekämpfen. In der Zerstörung derartiger Vorurteile und in der Ermittlung von Gesichtspunkten über die Notwendigkeit und die Möglichkeit sozialer Einrichtungen sah Durkheim ja den Kern der Praxisrelevanz der Soziologie als Wissenschaft. So könnten aus Studien über das Berufsverbandswesen und die Gesetze seiner Entwicklung präzisere Hinweise über die strukturellen Merkmale der einzurichtenden Korporationen erwartet werden (S: 466). Es paßt in diesen Zusammenhang, wenn er die Pseudodemokratie als „soziologisches" (!) — statt als „soziales" — Monstrum (A: 68) bezeichnet. Aber natürlich können andere und womöglich durchschlagskräftigere Elemente der Öffentlichkeit sich der Einrichtung der Berufsgruppen gegenüber ablehnend verhalten. Als soziologisches Problem ergibt sich also auch hier die Frage, von welchen Bedingungen die Haltung der Öffentlichkeit bzw. einzelner ihrer Elemente zur Organisierung oder Nichtorganisierung der sozialen Akteure in Berufsgruppen abhängt. Ein wichtiger Aspekt dabei ist die besondere Frage, von welchen sozialen Bedingungen das gesellschaftliche Gewicht der Soziologie zur Durchsetzung ihrer Erkenntnisse (hier über die segensreiche Wirkung von Berufsgruppen) gegenüber den Vorurteilen und der Ignoranz bei anderen gesellschaftlichen Akteuren abhängt.

Schließlich erscheint es nützlich, noch eine vierte Kategorie von Akteuren zu beachten, die Durkheim selbst jedoch im gegenwärtigen Zusammenhang gar nicht erwähnt. Vergegenwärtigt man sich die Komponenten, die zur Etablierung von Berufsgruppen nötig sind, dann wird man außer an die Hinnahme- und Unterstützungsbereitschaft durch die sozialen Akteure, den Staat und die Öffentlichkeit auch an die Bereitschaft von fähigen Personen denken, sich kontinuierlich für die Aufgabe der Organisierung zur Verfügung zu stellen. Auch davon, daß es stets in notwendigem Ausmaß kompetente „politische Unternehmer" oder „Funktionäre" geben wird, kann man nicht umstandslos ausgehen; für eine soziologische Analyse erwächst damit die Aufgabe, die Bedingungen zu ermitteln, unter denen man mit einer derartigen Bereitschaft und Kompetenz rechnen kann.

Die eben entwickelten Überlegungen nahmen Durkheims Kontrastierung von Pseudodemokratie und echter Demokratie zum Ausgangspunkt. Diese Staatsformen unterscheiden sich im Kern durch die Existenz bzw. das Fehlen starker Berufsgruppen als intermediäre Akteure. Als Erklärungsproblem stellte sich dann die Frage, ob bei den für die Bildung von Berufsgruppen wichtigen Akteuren die nötige Bereitschaft und Fähigkeit zur Assoziierung vorhanden ist oder nicht. Implizit scheint Durkheim dabei davon auszugehen, daß — wenn nur die nötige *generelle* Assoziationsneigung und -fähigkeit vorhanden sei — man damit rechnen könne, daß sich dann auch die „richtigen" *Formen* der Berufsgruppen (also solche Formen, die dazu führen, daß die Akzeptanz und die Genese „richtiger" Normen bewirkt wird) durch die Bedürfnisse und die Erfahrungen der Praxis und durch die Einsicht der Wissenschaft herausbilden werden. Das jedoch erscheint als außerordentlich globale und optimistische und auf jeden Fall im einzelnen näher begründungsbedürftige Annahme. Sie geht erstens davon aus, daß sich für die einzelnen Akteure immer die eine bestimmte Frage stellt, ob sie eher für oder gegen die Assoziierung sind. Damit jedoch wird die andere Möglichkeit verdeckt, daß die Akteure zwar eine Assoziierung des Typ A der Isolation vorziehen könnten, daß sie aber eher die Isolation präferieren als eine Assoziierung nach Typ B unterstützen würden. Aber gerade von solchen Möglichkeiten wird man ausgehen müssen. Zweitens wird unterstellt, daß es einen Konsens *zwischen* den verschiedenen für die Bildung von Berufsgruppen gleichermaßen wichtigen Akteuren geben wird; ist dies aber realistisch — könnte nicht z. B. ein Staat an der Bildung von Berufsgruppen interessiert sein, während die sozialen Akteure isoliert bleiben wollen? Da nun schließlich diese beiden Komplikationen (der Präferenzen über *Formen* der Organisierung und der unterschiedlichen Präferenzen der verschiedenen Akteure) gemeinsam zu beachten sind, wird der extreme Sondercharakter der eben entwickelten Skizze über den Kontrast zwischen Pseudodemokratie und echter Demokratie deutlich; man wird nur in sehr seltenen Fällen damit rechnen können, daß sich 1) für *alle* für die Organisationsbildung wichtigen

1. Durkheims Zeitdiagnose über das Fehlen starker Berufsgruppen 317

Akteure die dichotome Frage der Bereitschaft oder der Ablehnung einer formalen Organisierung stellt, und daß 2) alle diese wichtigen Akteure zu einer einmütigen Beantwortung dieser Frage kommen.

Wie kann man diese beiden Komplikationen zu berücksichtigen versuchen? Zunächst einmal erscheint es möglich und ratsam, auch hier die eben behandelten und von Durkheim z. T. selbst verwendeten vier Arten von Akteuren zu berücksichtigen. Deren Unterstützungsbereitschaft wäre jedoch jeweils getrennt und jeweils im Hinblick auf einzelne Merkmalsdimensionen von Berufsgruppen konkretisiert zu ermitteln[3]. Damit wird natürlich ein enormes soziologisches Forschungsgebiet sichtbar. Betrachtet man von hier aus Durkheims Äußerungen über die Berufsgruppen, dann werden immerhin einige Hinweise deutlich, die für seine Bewältigung wichtig sein könnten. Dabei ist speziell auch an die Anregungen zu denken, die Durkheims historische Skizzen enthalten.

Wie gezeigt hat Durkheim für die (d. h. für seine) Gegenwart Berufsgruppen als Hilfsmittel oder Rezepte empfohlen, um soziale Pathologien zu bekämpfen. Die nähere Analyse hat dann ergeben, daß diese (erhofften) Wirkungen von Berufsgruppen darauf beruhen, daß diese kollektiven Akteure Effekte für die Akzeptanz von Normen und für die Genese von Normen besitzen. Damit diese Effekte aber eintreten, sind, wie Durkheim oft und nachdrücklich betont, besondere *Arten* von Berufsgruppen nötig. Zwar könne eine Präzisierung der Frage, um genau welche Arten von Berufsgruppen es sich handeln müsse, erst durch die Praxis und erst durch Fortschritte wissenschaftlicher soziologischer Erkenntnisse ermöglicht werden; aber einige Grundzüge ließen sich doch bereits angeben. An die dabei von Durkheim genannten und oben, in den Kapiteln über die Akzeptanz und über die Genese von Normen diskutierten einzelnen Merkmale läßt sich nun dadurch mit systematischen Fragen anknüpfen, daß man sie als „abhängige

---

[3] Dem Plädoyer für die Ausrichtung der Untersuchung auf *je einzelne* Merkmalsdimensionen von Berufsgruppen liegt die Vorstellung zugrunde, daß die verschiedenen Eigenschaften, die empirisch gegebene Berufsgruppen stets zugleich aufweisen, je unterschiedliche Ursachen haben können. Empirische Berufsgruppen sind immer komplexe, und das heißt theoretisch heterogene, Phänomene, auf die sich daher auch keine „eine" erklärende Theorie beziehen kann. Eine gewisse Ausnahme stellt die eben besprochene Situation dar, in der das Problem für die handelnden Akteure selbst auf die dichotome Frage der Bereitschaft oder Ablehnung der Organisierung reduziert ist; dieses Merkmal könnte sich als theoretisch homogen auffassen lassen. Aber auch dies gilt nur in engen Grenzen. Eine gegebene Bereitschaft zur Organisierung auf seiten des Staates und der sozialen Akteure kann sich etwa — braucht sich eben aber nicht — darin ausdrücken, daß die Existenz und Verfahrensweisen von Berufsgruppen durch formale Regeln überformt werden. Insofern ist also schon die Frage, unter welchen Umständen eine Institutionalisierung von Berufsgruppen eintritt, ein Problem, das unabhängig von der anderen Frage ist, unter welchen Umständen eine Bereitschaft zur Organisierung entsteht.

Variable" verwendet, um deren Erklärung sich eine Soziologie der intermediären Vermittlung bemühen müßte. Die dabei einzuschlagende Strategie der Argumentation sei am Beispiel der Organisierung von Berufsgruppen auf nationaler Ebene illustriert.

2. Das Problem der Organisierung von Berufsgruppen auf nationaler Ebene

Bei der Analyse der Effekte der Berufsgruppen für die Akzeptanz von Normen durch die sozialen Akteure hat sich u. a. gezeigt, daß und warum Durkheim die Bildung von Berufsgruppen auf *nationaler* Ebene (die intern jedoch nach Regionen differenziert sein könnten) für wichtig ansah. Diese „Empfehlung" (nämlich: moderne Berufsgruppen nicht wie die alten Zünfte auf strikt lokaler Basis zu organisieren) läßt sich nun in eine soziologische Problemstellung umwenden; zu ermitteln sind dann nämlich die Bedingungen, von denen es abhängt, ob sich tatsächlich national zentralisierte und intern regional differenzierte Berufsgruppen bilden oder nicht. Faßt man „Strukturmerkmale" — wie es das Programm einer aktorzentrierten Analyse nahelegt — als „Handeln" angebbarer Akteure auf[4], dann stellen sich u. a. die folgenden vier Untersuchungsprobleme:

1. Für die Bildung und Fortexistenz von auf nationaler Ebene organisierten und regional differenzierten Berufsgruppen ist die Bereitschaft der sozialen Akteure wichtig, zu *eben solchen* Kollektiven beizutreten und beizutragen; daher stellt sich die Frage, wovon die Bereitschaft zu solchen Beitritten und Beträgen abhängt. *Das* ist das zu lösende Problem, und zwar sowohl das Problem der sozialen Akteure (die sich „entscheiden" müssen, ob sie am Beitritt und Beitrag zu nationalen Berufsgruppen interessiert sein sollen oder ob sie andere Organisationsformen oder gar die Unorganisiertheit vorziehen wollen) als auch das Problem des Soziologen (der die Bedingungen für die

---

[4] Auf eine Diskussion über Formen und Sinn des Strukturbegriffs muß hier verzichtet werden. Sieht man z. B. Schmitters zitierte Typen von Interessenorganisationen an, die von ihm als „Strukturtypen" verstanden werden, dann wird klar, daß dort mindestens zwei unterschiedliche Verständnisse von Struktur zusammengebunden werden, nämlich Struktur im Sinne von sich wiederholendem und von vielen Akteuren gezeigtem Verhalten, und Struktur im Sinne von normativen Mustern — „Ordnungen" — für Verhalten. Dies sind ziemlich heterogene Sachverhalte. Aus aktorzentrierter Perspektive wären „normative Ordnungen" — z. B. Verbandssatzungen — unter der Perspektive zu behandeln, warum sich Akteure für eine „Formalisierung" entschlossen (statt die betreffenden Fragen uninstitutionalisiert zu lassen) und welche Handlungen den Fortbestand des betreffenden Handlungsmusters bewirken (warum z. B. die normativen Muster befolgt und wie ihre Überwachung praktiziert werden).

2. Das Problem der Organisierung von Berufsgruppen auf nationaler Ebene

Art der Reaktion auf diese Option zu ermitteln hat)[5]. Bei Durkheim finden sich einige Äußerungen, die bei einem Versuch zur Lösung dieses Problems wichtig sein könnten. So läßt sich an seine Charakterisierung „moderner" Sozialstrukturen durch Aspekte wie die zunehmende Spezialisierung und die zunehmende Ausweitung der Märkte anknüpfen. Allerdings jedoch sollte sich eine Analyse nicht auf den Versuch der Ermittlung von statistischen Korrelationen zwischen derartig gekennzeichneten sozialstrukturellen Änderungen und Arten von Organisationsneigungen beschränken, sondern vor allem auch explizit die Mechanismen zu formulieren versuchen, deretwegen ein solcher Zusammenhang erwartet werden kann. Zu argumentieren ist also, weshalb bzw. unter welchen Bedingungen mit veränderten Organisationsneigungen bei Akteuren zu rechnen sein soll, die sich zunehmend spezialisieren und die zunehmend geographisch weitreichendere Kontakte aufnehmen. Beispielsweise ließe sich denken, daß einem Unternehmer eine eigene Beurteilung des Leumunds weitentfernter Geschäftspartner schwerfallen wird und er *deshalb* die Neigung entwickeln könnte, in eine Organisation einzutreten, die ihm relevante Informationen liefert. Zugleich macht diese (bloß illustrationsweise genannte) Möglichkeit aber auch auf Grenzen für die Erwartung eines Zusammenhangs zwischen geographischer Ausweitung ökonomischer Kontakte und Bereitschaften des Beitritts in überlokale Berufsgruppen aufmerksam; wenn sich der Unternehmer eigene Repräsentanten und Informanten leisten oder sich auf eine funktionierende staatliche Stelle als Informanten und Helfer gegenüber Geschäftspartnern stützen kann, dann wird seine Ausweitung von Kontakten kaum seine Bereitschaft erhöhen, in überlokale Berufsorganisationen einzutreten und zu ihnen beizutragen[6].

Entsprechende Überlegungen wären im Hinblick auf die Frage anzustellen, weshalb man bei einer Zunahme der „Spezialisierung" — als einem weiteren von Durkheim für die Moderne für zentral gehaltenen sozialstrukturellen Merkmal — mit einer wachsenden Beitritts- und Beitragsneigung zu

---

[5] Es muß nicht eigens betont werden, daß die im Text angesprochene Frage der lokalen/nationalen Ebene der Organisierung sich nicht nur auf Phänomene wie Zünfte im engeren Sinn bezieht, sondern z. B. auch auf das Ausmaß und das Gewicht, in dem die Interessen von abhängig Beschäftigten „lokal" — z. B. auf der Ebene von Betrieben — organisiert werden. Die entsprechende Frage hier lautet dann, wovon es abhängt, ob z. B. Arbeiter es vorziehen (und *wenn* sie die Chance dazu gewinnen, in dieser Richtung ihren Einfluß geltend machen), daß ihre Interessen etwa durch einen Betriebsrat statt durch eine national operierende Gewerkschaftsorganisation vertreten werden.

[6] Wenn die überlokale Ausweitung der Geschäftskontakte mit wirtschaftlichem Erfolg in Zusammenhang stünde (als dessen Ursache oder dessen Folge), dann könnte gerade dieser wirtschaftliche Erfolg es einem Unternehmer erlauben, sich eigene Informanten zu leisten oder sich den Zugang zu staatlichen Stellen zu eröffnen und also davon abzusehen, sich der Dienste einer Berufsgruppe zu bedienen.

überlokalen Berufsgruppen rechnen soll. An mehrere Zusammenhänge ließe sich hier denken (und *diese* wären es dann — statt die Korrelation zwischen Datenreihen über den Spezialisierungsgrad und die nationale vs. lokale Organisationsneigung —, die empirisch zu überprüfen wären). Abgesehen davon, daß die Spezialisierung ihrerseits Effekte für die geographische Ausweitung der Kontakte haben kann (und dann die eben genannten Mechanismen relevant würden), ließe sich beispielsweise vermuten, daß die Spezialisierung zur Marginalisierung der Betroffenen im lokalen Kontext und zur Ausbildung eines Sonderbewußtseins führen kann; für die entsprechenden Akteure wird es dann zur sozialen Bekräftigung ihrer Identität wichtig sein, sich mit Akteuren in gleicher Lage zusammenzutun. Es ist klar, daß man einen solchen Effekt nicht von *jeder* Art von Spezialisierung erwarten kann; von daher kann man also ebenfalls von vornherein kaum mit einer perfekten Korrelation zwischen der Spezialisierung von Akteuren und der Beitrittsneigung zu überregionalen Berufsorganisationen rechnen. Ein weiterer Zusammenhang sei angedeutet, der den (möglichen) Effekt der Marginalisierung kompensieren könnte. Durkheim hat den Fortschritt der Spezialisierung ja als Möglichkeit beschrieben, dem Konkurrenzdruck, den die sozialen Akteure aufeinander ausüben, erfolgreich zu entkommen. Konsequenterweise kann man gewisse Zusammenhänge zwischen dem Spezialisierungsniveau und dem sozialen Erfolg von Akteuren (der sich z. B. in deren Einkommen ausdrücken kann) erwarten. Erfolgreiche soziale Akteure wiederum könnten aber in geringerem Ausmaß auf die Organisierung angewiesen sein als bedrängte soziale Akteure[7]. Von daher wird ihre Organisationsneigung abgeschwächt werden (abgesehen von ihrer Bereitschaft zur Teilnahme an Organisationen, die primär Gesellgkeitsbedürfnissen dienen); wenn sie sich überhaupt organisieren, dann eher auf regionaler und lokaler Ebene und dann eher in einer Weise, daß die Handlungsvollmachten, die sie an die Organisation abtreten, gering gehalten werden.

Noch in einer anderen Weise kann man, an Durkheim anknüpfend, argumentieren. Oben wurde auf die „Akzeptanzfunktion" von national organisierten Berufsgruppen hingewiesen; zum einen ließen sich in solchen Organisationen wegen der Mehrzahl der vertretenen Gesichtspunkte sachlich vernünftigere Normen bzw. besser begründete Urteile über die sachliche Angemessenheit von Normen entwickeln; zum anderen könne auf das einzelne Mitglied ein wirksamerer Druck auf die freiwillige Akzeptanz von Normen ausgeübt werden. An derartige „funktionalistische" Zusammenhänge dürften sich nun z. T. auch kausale Vermutungen anknüpfen lassen, die sich auf die Art der Organisationsneigung der sozialen Akteure bezie-

---

[7] Allerdings setzt *jede* freiwillige Organisierung ein gewisses Minimum an Handlungsressourcen und an Deutungen über erfolgversprechende Möglichkeiten der Verwendung dieser Handlungsressourcen voraus; besonders stark bedrängte Akteure weisen daher besonders niedrige Organisationsneigungen auf.

2. Das Problem der Organisierung von Berufsgruppen auf nationaler Ebene

hen. Manche der Effekte von Organisationen werden ja durch die potentiellen Mitglieder antizipierbar oder durch die aktuellen Mitglieder erlebbar sein und ein Motiv zur Aufnahme oder Beibehaltung der Mitgliedschaft darstellen können. Allerdings wird man sich auch hier davor hüten müssen, eine „mechanische" Umdeutung von funktionalen Zusammenhängen in Motivationsdeterminanten vorzunehmen (so daß auch in diesem Fall nicht mit perfekten Korrelationen zwischen feststellbaren Funktionen und Beitritts- und Beitragsbereitschaften zu rechnen ist); eine Erklärung von (hier: Beitritts- und Beitrags-) Handlungen unter Hinweis auf ihre Effekte ist nur dann schlüssig, wenn man zeigen kann, daß ohne diese Handlung der Eintritt eines bestimmten Ergebnisses (hier: die Normakzeptanz) gefährdet gewesen wäre, daß durch die Beitrittshandlung sich diese Gefährdung abwenden ließ, und daß der Aktor einem Druck unterlag, am Eintritt dieses Ereignisses interessiert zu sein (vgl. Stinchcombe 1968: 80-101). Einem soziologischen Forschungsprogramm über die Ausbildung von Arten von Berufsgruppen würde sich aber eben diese Aufgabe stellen: Es hätte also zu untersuchen, ob und welche der oben genannten Zusammenhänge zwischen Arten von Berufsgruppen und der Akzeptanz und der Genese von Normen auch Hinweise auf die Bereitschaft der Akteure enthalten, sich an der Bildung und Reproduktion solcher Arten von Organisationen durch Beitritte und Beiträge zu beteiligen.

2. Für die Bildung und Fortexistenz lokaler oder nationaler Berufsgruppen sind nun aber u. U. nicht nur die Bereitschaft und Fähigkeit der sozialen Akteure wichtig, sich in solchen Formen zu organisieren, sondern auch entsprechende Neigungen und Fähigkeiten von Staaten. Im extremen Fall können Staaten versuchen, bestimmte Organisationsformen durch Verbote und Gebote zu erzwingen; in weniger drastischen Fällen können Staaten verschiedene Formen der Organisierung selektiv fördern[8]. Daher erscheint

---

[8] Wenn Staaten eine „aktive" Politik gegenüber den Berufsgruppen betreiben und durch Verbote, Gebote und selektive Förderungen bestimmte Strukturformen wirkungsvoll durchsetzen, dann kann man zurecht sagen, daß der Staat — seine Präferenzen und Handlungsmittel — die entscheidenden kausalen Variablen darstellen, durch die sich die Formen der Berufsgruppen erklären lassen. (Schmitter würde hier von „staatlichen" Formen der Interessenvermittlung durch Interessenorganisationen sprechen.) Die Neigungen der sozialen Akteure zur Organisierung mochten in andere Richtungen gehen; sie hatten aber keine Möglichkeit, sich auszudrücken. M. E. sollte diese Möglichkeit aber nicht dazu verführen, die soziologische Analyse auf die jeweils in diesem Sinne „entscheidenden" Akteure allein zu konzentrieren. Vielmehr sind auch die jeweils nicht sozial relevant werdenden Akteure zu betrachten und dabei speziell auch die Bedingungen dafür zu untersuchen, weshalb sie mit ihren womöglich anderen Präferenzen nicht „zum Zuge" kommen. Ihre derzeitige soziale Irrelevanz ist also als Variable und als erklärungsbedürftig aufzufassen. (Ein Grund dafür, warum auch Soziologen immer wieder von gesellschaftlichen Entwicklungen „überrascht" werden, könnte in ihrer Neigung bestehen, ihre Analysen auf die jeweils durchsetzungskräftigen sozialen Akteure zu verengen. Dann aber entgehen ihnen

es für eine soziologische Analyse von Interesse, die Bedingungen zu ermitteln, unter denen Staaten unterschiedliche Präferenzen über Arten der beruflichen Organisierung entwickeln sowie unterschiedliche Mittel verwenden, diesen ihren Präferenzen Nachdruck zu verleihen.

Durkheim selbst hat, wie gezeigt, den Untergang des alten Zunftsystems mit der Herausbildung des nationalen Zentralstaates in Verbindung gebracht. Selbst wenn man dieses Argument hinnimmt, dann erscheint es mir doch konkretisierungs- und ergänzungsbedürftig; und dabei werden dann mögliche Zusammenhänge zwischen bestimmten Veränderungen der Staatsstruktur und der Staatshandlungen einerseits und der Struktur der Berufsgruppen andererseits sichtbar. Die Behauptung einer Beziehung zwischen der Herausbildung eines nationalen Zentralstaates und der Zerschlagung intermediärer Akteure gerät leicht in die Nähe einer Tautologie. Handelt es sich um keine Tautologie, dann ist die These doch äußerst pauschal. Um diese Schwierigkeiten zu bewältigen, könnte es nützlich sein, explizit die Art der Orientierung von Staaten an und Reaktionen auf intermediäre Strukturen als eine Variable zu fassen und dann zu fragen, unter welchen Umständen und weshalb man erwarten soll, daß sich zentralisierende Staaten eine Zerstörung von intermediären Akteuren anstreben und durchsetzen. So gesehen tauchen gewisse Zweifel an der Annahme auf, daß die nationale Zentralisierung und der zunehmende Interventionismus von Staaten stets auf Kosten (der Liquidierung) der intermediären Strukturen gehen muß. Durkheim betrachtet Staaten als die höchste souveräne Macht, über die gesellschaftliche Gebilde verfügen, d. h. Staaten erheben den Anspruch auf und stehen unter der Zumutung der Ausübung einer globalen Kompetenz für die Gesellschaft als Ganze. Strukturveränderungen innerhalb der Gesellschaft — wie eine zunehmende Interdependenz der verschiedenen gesellschaftlichen Elemente und die damit verbundenen Externalitäten —lassen sich daher durch den Staat nicht ignorieren, sondern setzen ihn unter einen Interventionsdruck. Mit *welcher Art* von Politik der Staat auf diesen Druck reagiert ist damit jedoch noch nicht determiniert. *Eine* Möglichkeit besteht sicher darin, daß er die intermediären Instanzen zerstört[9].

Verschiebungen in den Präferenzen und Durchsetzungspotentialen bei den gerade nicht — noch nicht — dominierenden Akteuren. Durch die Formulierung einer Palette von Fragestellungen, durch die sichergestellt wird, daß nicht allein die jeweils durchsetzungskräftigen Akteure thematisiert, sondern systematisch auch andere Akteure erfaßt werden, könnte eine gewisse Vorkehrung gegen derartige Verengungen versucht werden.)

[9] Eine andere Art der Reaktion ist es, eine explizite Politik der Nichtintervention zu verfolgen. Auf einige Umstände, die für Variationen im Ausmaß wichtig sind, in dem die Auseinandersetzungen zwischen ihren Mitgliedern für eine Gruppe als Interventionsanlaß gelten, habe ich oben hingewiesen. Diese Überlegungen lassen sich entsprechend auf die Beziehung zwischen Gesellschaft und Staat übertragen.

2. Das Problem der Organisierung von Berufsgruppen auf nationaler Ebene

Damit ein solches Ergebnis erwartet werden kann, könnten sich aber Zusatzannahmen als nötig erweisen wie z. B. die, daß der sich bildende Nationalstaat über monopolistische Neigungen verfügt, also versucht, alle Lebensbereiche möglichst voll unter *seine* Kontrolle zu bekommen; oder daß er für die Visionen, die er für die Gesellschaft verfolgte (z. B. eine ökonomische Modernisierung in großem Maßstab) die intermediären Strukturen als ideologisch oder praktisch hinderlich betrachtete; oder daß er in den intermediären Gruppen einen Hort politischer Opposition und Obstruktion sah, der ihm politisch gefährlich erschien. Liegen derartige Bedingungen aber nicht vor, dann könnte man gerade von einem *zentralen* Staat die Präferenz für und die Förderung von Berufsgruppen erwarten, die ebenfalls auf *nationaler* Ebene organisiert sind; denn mit einer begrenzten Zahl national organisierter Berufsgruppen, die deshalb auch für nationale Belange wichtige Perspektiven und Verantwortungsgefühle entwickeln dürften, wird ein Staat eher politische Einverständnisse erzielen können als mit einer Vielzahl regional und lokal operierender und orientierter Berufsgruppen. Man kann spekulieren, daß Staaten generell (und besonders „aktive" Politiken betreibende Staaten) stets daran interessiert sein werden, daß die anderen politisch relevanten Einheiten entweder so schwach (und das heißt oft: so zahlreich und klein) sind, daß sie in den meisten Hinsichten für die praktische Politik ignoriert werden können, oder aber daß diese politisch relevanten Akteure so groß und zahlenmäßig so begrenzt sind, daß Verhandlungen und Verabredungen technisch möglich werden, daß Verständnis für „größere Zusammenhänge" erwartet werden kann und daß sich diese Akteure „in die Pflicht" nehmen lassen, sie also haftbar und verantwortlich gemacht werden können. (Diese Neigung könnte noch z. B. dann verstärkt werden, wenn der aktive Interventionsstaat selbst beginnt, unter seiner — ja bereits von Durkheim notierten (S: 465) — administrativen Überlastung zu leiden, oder wenn er auf die Defizite an Akzeptanzbewirkung, die er erreichen kann, und auf die mangelnde sachliche Adäquatheit von Normen, zu deren Setzung er fähig ist, aufmerksam wird, oder wenn er bei der Mobilisierung und Stabilisierung von Unterstützung über rein politische Kanäle (Wahlen, Parteien und Koalitionen) auf Schwierigkeiten stößt; in all diesen Fällen wird seine Neigung wachsen, ein Bündnis mit einer überschaubaren Anzahl verläßlicher und als verantwortlich geltender — und das dürfte meist u. a. auch heißen: national organisierter und national gesinnter — Berufsgruppen zu bilden. Er wird deshalb die Herausbildung und Stabilisierung von derartigen Strukturformen von Berufsgruppen unterstützen).

Insgesamt ergibt sich damit also, daß es zur Klärung der Frage, warum sich Berufsgruppen auf lokaler oder auf nationaler Ebene organisieren, von Interesse sein dürfte, die Bedingungen zu ermitteln, unter denen Staaten Präferenzen über und Unterstützungsbereitschaften für solche unterschiedlichen Arten von Berufsgruppen entwickeln.

3. Auch die Haltung und das Gewicht von Akteuren der „Öffentlichkeit" kann für eine Frage wie die, ob sich Berufsgruppen auf lokaler oder auf nationaler Ebene organisieren, bedeutsam sein. Zu denken ist hier z. B. an die Massenmedien. Die Art der Unterstützung, die Berufsgruppen durch die Medien erfahren können, besteht etwa darin, daß über ihre Aktivitäten und Ziele berichtet wird und ihnen Möglichkeiten der Selbstdarstellung eingeräumt werden. Je weniger die Berufsgruppen über ein eigenes leistungsfähiges Kommunikationssystem verfügen, desto wichtiger wird für sie der Zugang zu diesen Medien werden. Dann aber ergibt sich die für die Akteure selbst wichtige und (deshalb) auch für eine aktorzentrierte Soziologie interessante Frage, ob, weshalb und unter welchen Bedingungen die Medien selektiv Unterstützungsbereitschaften für Berufsgruppen in Abhängigkeit davon entwickeln, ob die Berufsorganisationen auf nationaler oder auf lokaler und regionaler Ebene primär tätig sind. Man kann etwa vermuten, daß dann, wenn die oder wichtige Elemente der Medien selbst eine nationale Reichweite haben, sie sich besonders solcher Sachverhalte annehmen werden, die einen „nationalen" Nachrichtenwert besitzen; und ein solcher Wert dürfte oft eher solchen Berufsgruppen zugeschrieben werden, die ihrerseits einen nationalen Einzugsbereich haben.

Wie schon angedeutet kann man auch die Wissenschaften als Elemente der Öffentlichkeit betrachten. Dabei interessieren im gegenwärtigen Zusammenhang die Sozialwissenschaften und speziell auch die Soziologie. Hier wird dann eine Möglichkeit sichtbar, wie eine „Soziologie der Soziologie" einen gewissen Beitrag zur Lösung der Frage leisten könnte, ob sich Berufsgruppen auf lokaler oder nationaler Ebene organisieren. Dabei wird man u. a. drei von Durkheim oft gemachte Annahmen explizit als Komponenten der Fragestellung zu fassen versuchen. Durkheim geht erstens davon aus, daß es die Soziologie als eine ihrer Aufgaben betrachtet, aufklärend für die sozialen Akteure zu wirken (vgl. z. B. R: 141 ff.); zu untersuchen wäre, unter welchen Umständen die Soziologen ein solches Aufgabenverständnis entwickeln und also die Bereitschaft zur Formulierung von „Empfehlungen" für die gesellschaftliche Praxis ausbilden (statt etwa selbst ihrer Wissenschaft die Praxisrelevanz abzusprechen oder ihre Wissenschaft so ätherisch zu betreiben, daß Praxisbezüge undeutlich bleiben). Durkheim geht zweitens davon aus, daß die Soziologie einen inhaltlichen Konsens über gesetzesartige Zusammenhänge des sozialen Lebens und etwa auch über die Gesetze des Berufsverbandswesens (S: 466) entwickeln kann (auf den sie dann ihre Empfehlungen stützt); zu untersuchen wäre, unter welchen Umständen sich ein solcher Konsens innerhalb der Soziologie — der im Falle von Durkheim selbst u. a. wohl z. B. die Überwindung einer Soziologie à la Spencer verlangt hätte — erreichen läßt. Und Durkheim nimmt schließlich drittens an, daß in modernen Gesellschaften das soziale Gewicht der Wissenschaften generell und auch das der Sozialwissenschaften zunimmt; zu

2. Das Problem der Organisierung von Berufsgruppen auf nationaler Ebene

untersuchen wäre hier, unter welchen Umständen den Soziologen und ihren Empfehlungen gesellschaftlich Autorität eingeräumt werden wird. Dabei bedarf diese zuletzt genannte Frage aus der in dieser Arbeit favorisierten aktorzentrierten Perspektive einer Präzisierung. Zwei Aspekte müssen voneinander geschieden werden. Wenn man die „Autorität der Wissenschaft" als „Handeln" betrachtet, wird klar, daß es hier im Kern nicht um Handlungen der Wissenschaftler, sondern um (Respekts-)Handlungen von Akteuren im sozialen Kontext der Wissenschaft geht. Was das im Augenblick allein interessierende Verhalten der Wissenschaftler betrifft, so besteht dieses darin, daß sie den *Anspruch* erheben, *daß* ihre Erkenntnisse gesellschaftlich respektiert werden. Ein Soziologe hätte hier die Bedingungen zu ermitteln, unter denen es zu einem solchen Anspruchsverhalten kommt. (Zu diesen Umständen dürfte nun u. a. auch das *faktische* gesellschaftliche Prestige der Wissenschaften gehören; die Wissenschaftler werden sich ihres Anspruchs auf Respekt um so sicherer sein und ihn deshalb um so öfter formulieren, je häufiger sie faktisch Respektierungserlebnisse haben[10].)

4. Die Bildung nationaler oder lokaler Berufsgruppen wird schließlich auch von Faktoren abhängen, die bei den Berufsgruppen selbst liegen. Als Problem der „Optionen" von Akteuren formuliert lautet hier die Frage, unter welchen Umständen „politische Unternehmer" bzw. die herrschenden Kreise in Berufsgruppen unterschiedliche Neigungen über geographische Einzugsbereiche entwickeln und diese Präferenzen, soweit es ihnen die jeweilige Konstellation ermöglicht, zu fördern versuchen werden. Dabei wird man vor allem an zwei Klassen von Umständen denken. Erstens: Für die Art der Strukturpräferenzen der Betreiber je bestimmter Berufsgruppen dürfte wichtig sein, in welcher Form sich je andere Berufsgruppen organisieren. Solche strukturellen Entsprechungen sind z. B. im Fall gegnerischer Interessenorganisationen wie Gewerkschaften und Unternehmerverbände deutlich; wenn es — aus welchen Gründen immer — zur Verlagerung des Gewichtes in der einen Berufsgruppe kommt, wird für die gegnerische Berufsgruppe ein Druck entstehen, entsprechende Verschiebungen vorzunehmen. Aber auch von konkurrierenden Berufsgruppen werden Impulse zur Entwicklung strukturell ähnlicher Muster für eine gegebene Berufsgruppe ausgehen. Zweitens: Für die Ausbildung von Strukturpräferenzen auf Seiten der Betreiber von Berufsgruppen dürfte auch die Art und die Zahl des für Organisationsaufgaben verfügbaren Personals und die Art der verfügbaren Verwaltungstechnologie (wie z. B. die Verfügung über Möglichkeiten zur elektronischen Datenverarbeitung, vgl. Streeck 1981) wichtig sein; schwach entwickelte Informationsverarbeitungskapazitäten werden lokale Strukturformen „naheliegend" erscheinen lassen, während hochentwickelte Informationskapazitäten den

---

[10] Umgekehrt wiederum dürfte sich durch entsprechend selbstbewußt und überzeugt auftretende Wissenschaftler die Chance erhöhen, daß ihnen durch Nichtwissenschaftler Respekt entgegengebracht wird.

Spielraum für die Auswahl verschiedenartiger Strukturformen vergrößern dürften.

3. Aufgaben einer Analyse von Strukturmerkmalen von Berufsgruppen

Diese Überlegungen über Möglichkeiten zur soziologischen Behandlung der Frage der Entwicklung und Reproduktion von lokalen oder nationalen Strukturen von Berufsgruppen waren paradigmatisch zu verstehen. Sie sollten einen Vorschlag illustrieren, dessen Verwendbarkeit im Hinblick auch auf andere Merkmale von Berufsgruppen zu ermitteln wäre. Von Durkheims Vorstellungen über die Voraussetzungen dafür ausgehend, daß durch Berufsgruppen die Akzeptanz von Normen und die Genese „richtiger" Normen bewirkt wird, ist hier an solche weiteren Merkmale zu denken wie die Art der Organisierung der Kontakte zwischen Arbeitgebern und Arbeitnehmern; die Art des Erwerbs von Mitgliedern und sonstiger Formen externer Unterstützung; die Art und Breite der von den Berufsgruppen behandelten Themen (und damit verbunden auch die lebensweltlich-milieuartige oder dienstleistungsartige Struktur); die Darstellung der Politik der Berufsgruppen als Beitrag zur Förderung des Gemeinwohls; die Art der internen Kommunikations- und Willensbildungsstrukturen; die Entwicklung von politischen Einfluß- und Entscheidungsberechtigungen und die sichtbare Teilnahme an politischen Entscheidungsprozessen; und die Legalitäts- und Legitimitätsbasis der Existenz und Autonomie der Berufsgruppen. Für deskriptive Zwecke kann man sicher eine Mehrzahl solcher Merkmalsdimensionen in der Art, wie dies Schmitter bei der Entwicklung der Konstrukte von Korporatismus und Pluralismus vorschlägt, zu „Bündeln" zusammenfassen und diese in der Art von Idealtypen verstehen. Für die Formulierung von soziologischen Erklärungsfragen ist es jedoch m. E. günstiger, diese Komplexe zu desaggregieren und je im Hinblick auf die einzelnen Merkmalsdimensionen nach den Bedingungen ihrer Ausprägung zu fragen. Dabei wäre dann jeweils auf die vier Kategorien von Akteuren (soziale Akteure, Staat, Öffentlichkeit, Berufsgruppen selbst) einzugehen. In einem ersten Schritt könnten diese verschiedenen Akteure durch globale Trends charakterisiert werden wie die berufliche Spezialisierung, die Individualisierung und die geographische Mobilität (im Fall der sozialen Akteure), die Intensität und Richtung der Intervention und die Verpflichtung auf Wertkomplexe wie den Individualismus (im Fall des Staates), die Entwicklung von ordnungspolitischen Modellen, Zeitgeistströmungen und wissenschaftlichen Erkenntnissen (im Fall der Öffentlichkeit), und die Verfügung über Techniken der Organisierung (im Fall der Berufsgruppen selbst). In einem zweiten Schritt wären derartige Trends jedoch stets explizit im Hinblick darauf zu analysie-

3. Aufgaben einer Analyse von Strukturmerkmalen von Berufsgruppen

ren, zur Ausbildung genau welcher Arten von Strukturpräferenzen über die Berufsgruppen sie die verschiedenen Akteure veranlassen und welche Möglichkeiten sie diesen Akteuren eröffnen, ihren Präferenzen Gewicht zu verleihen.

Abschließende Bemerkungen

Das Ziel dieser Arbeit war eine Rekonstruktion der Vorstellungen des soziologischen Klassikers Emile Durkheim über die Berufsgruppen. Zugleich wurde versucht, einen Beitrag zur aktuellen Debatte um den Neokorporatismus zu leisten.

Es konnte gezeigt werden, daß für Durkheim die zentrale Problematik moderner Gesellschaften in der Interaktion sozial differenzierter und interdependenter Akteure liegt. Vor diesem Hintergrund hat er drei mit den Berufsgruppen zusammenhängende Fragenkomplexe diskutiert. Erstens: Welche Bedeutung haben die Berufsgruppen für die Bereitschaft der sozialen Akteure, sich fügsam gegenüber normativen Zumutungen zu verhalten? Zweitens: Welche Bedeutung haben die Berufsgruppen für die Genese normativer Muster? Drittens: Von welchen Bedingungen hängt die Entstehung von Berufsgruppen ab?

Durkheims Behandlung dieser Fragen ist unterschiedlich intensiv und explizit. Am ausführlichsten beschäftigt er sich mit der Frage der Fügsamkeit sozialer Akteure gegenüber Normen. Ich habe zu zeigen versucht, daß man seine entsprechenden Vorstellungen als Hypothesen über die Effekte verstehen kann, die unterschiedliche Strukturmerkmale von Berufsgruppen für das Verhalten der sozialen Akteure haben. Bei der Frage der Genese der normativen Muster erschien es zunächst nötig, die beiden Möglichkeiten der Setzung von Normen durch den Staat und der Setzung von Normen durch die Berufsgruppen zu unterscheiden; zur Erklärung des Normsetzungsverhaltens des Staates bzw. der Berufsgruppen selbst erschien dann ebenfalls die Beachtung von Strukturmerkmalen der Berufsgruppen wichtig. Durkheims Diskussion der Entstehung von Arten von Berufsgruppen konnte am wenigsten überzeugen. Immerhin ließen sich einige wichtige Elemente für die Behandlung dieser Frage identifizieren. Durkheims Vorstellungen über die für die Normakzeptanz und die Normgenese wichtigen Merkmale von Berufsgruppen sowie seine historischen Skizzen über die Entwicklung des Berufsverbandswesens enthalten Ansatzpunkte zur Formulierung erklärungsbedürftiger Unterschiede zwischen Berufsgruppen; seine Vorschläge zur Charakterisierung von Veränderungen der Sozialstruktur, der Struktur und des Verhaltens des Staates sowie der „öffentlichen Meinung" weisen auf potentiell wichtige erklärende Faktoren hin.

Durkheim selbst hat keine ausführliche zusammenhängende und systematische Darstellung seiner Auffassungen über die Berufsgruppen vorgelegt. Zudem sind seine verstreuten und bei der Diskussion unterschiedlicher sachlicher Gegenstände entwickelten Vorstellungen über die Berufsgruppen von Polemiken mit anderen Autoren, von moralisierenden Betrachtungen und von sozialreformerischen Ideen durchsetzt. Das hat mich bei der Interpretation zu zahlreichen Spekulationen genötigt. Wenn immer möglich, habe ich auf Unklarheiten oder Lücken in Durkheims Argumentation dadurch zu reagieren versucht, daß ich mich zur Lösung dieser Schwierigkeiten an den übrigen soziologischen Arbeiten Durkheims orientiert habe. Gleichwohl waren einige Mängel und Einseitigkeiten festzustellen, die sich auf diese Weise nicht beheben ließen, obgleich sie für die Frage der Akzeptanz und der Genese von Normen wichtig erscheinen. Erwähnt seien neben dem Fehlen einer Theorie formaler Organisationen vor allem die Nichtbeachtung von bestimmten Aspekten der politischen Sphäre; dabei ist insbesondere zu denken an die Prozesse der Mobilisierung politischer Unterstützung; die Bedeutung politischer Parteien als politische Akteure (und als alternative Kandidaten für die Vermittlung zwischen Gesellschaft und Staat); die Bedeutung politischer Ideologien (als Systeme von Deutungen, durch die andere Aspekte der Sozialstruktur als ihre berufliche Dimension Gewicht erlangen können); das staatliche Verhalten der Selektion von Sanktionen und der Administrierung (neben seinem „konstruktiven" Verhalten der Selektion von Normen). Es ist wichtig, diese Mängel nicht zu übersehen. M. E. ist es aber nicht gerechtfertigt, ihretwegen Durkheims Vorstellungen über die Berufsgruppen als uninteressant zu behandeln (und die praktische Konsequenz zu ziehen, sich mit ihnen nicht auseinanderzusetzen). Auf die konstatierten Unzulänglichkeiten könnte „produktiv" reagiert werden, indem man sie als Aufgaben auffaßt, Durkheims eigene Vorstellungen zu ergänzen (sei es durch die Entwicklung eigener Ideen, sei es durch die Verknüpfung mit Argumentationen anderer Autoren).

Für die Teilnehmer an der Debatte um den Neokorporatismus (und für Forscher, die sich ebenfalls für das Problem der Vermittlung zwischen Staat und Gesellschaft durch intermediäre Akteure interessieren, ohne dafür den Titel „Neokorporatismus" zu verwenden) erscheint eine Auseinandersetzung mit diesen Vorstellungen möglich und nützlich. Das Potential an Anregungen, das Durkheims Behandlung der Berufsgruppen für sie enthält, liegt auf zwei Ebenen. Auf einer konkreten Ebene lassen sich seinen Vorstellungen einzelne Hinweise über Strukturmerkmale und Wirkungsmechanismen von Berufsgruppen entnehmen. An die Eigenschaften von Berufsgruppen, die nach Durkheim wichtig dafür sind, ob soziale Pathologien auftreten oder ausbleiben, läßt sich bei den Bemühungen in der aktuellen Korporatismusdebatte, Typen von Interessenorganisationen zu konstruieren, anknüpfen. Durkheims Diskussion der Bedeutung der Berufsgruppen für die Akzeptanz und die Genese von Normen enthält Präzisierungen der und Hypothesen über die Mechanismen, die die Berufsgruppen zur Ausübung ökonomischer und politischer Funktionen befähigen, und berührt damit also ebenfalls zentrale Problemkomplexe der aktuellen Debatte um den Neokorporatismus.

Über diese einzelnen Anregungen hinaus aber impliziert Durkheims Behandlung der Berufsgruppen einen Hinweis, der auf der Ebene der Strategie der soziologischen Problemformulierung liegt. Am Beginn der Korporatismusdiskussion dominierten „große" Fragen wie etwa danach, ob der Korporatismus eine Gefährdung oder eine Förderung des demokratischen Systems darstelle; oder ob er eine Überwindung oder eine Stützung des Kapitalismus bedeute; oder ob er auf eine Art modernen Feudalismus hinauslaufe. Diese Fragen sind noch immer offen. Z. T. hat sich die Debatte von ihnen abgewandt und sich auf deskriptive Untersuchungen verengt, bei denen eine Orientierung an leitenden Problemstellungen allgemeineren Charakters nicht mehr sichtbar oder nachvollziehbar ist, z. T. beschränkt sie sich auf die Wiederholung der großen Fragen.

Beides ist unbefriedigend. Resultiert diese Lage aus Eigentümlichkeiten dieser Fragen selbst, die sie für theoretisch-empirisch orientierte Sozialwissenschaften prinzipiell unlösbar werden lassen? (Und liegt dies etwa an der deutlichen Wertbehaftetheit dieser Fragen?) Ich glaube nicht. Vielmehr erscheint es mir möglich, ihrer Lösung dadurch näher zu kommen, daß man diese Fragestellungen reformuliert. Eine wichtige Anregung dabei könnte die aktorzentrierte soziologische Perspektive sein. Sie fordert z. B. bei einem Problem wie der Bedeutung des Korporatismus für das demokratische System — ich beschränke mich in diesen abschließenden Bemerkungen auf diesen Themenkomplex — zunächst dazu auf, „demokratisches System" als Variable zu sehen (z. B. als Ausmaß des demokratischen Charakters des Systems, oder als Stabilitätsgrad des Systems) und dann als variierendes Handeln anzugebender Akteure zu fassen. Dieser m. E. entscheidende Schritt mag offenkundig und trivial erscheinen; aber vielleicht unterbleibt er eben deshalb so oft. Dabei stellt er sich bei näherem Zusehen als gar nicht einfach zu gehen heraus. Die Formel „Das Ausmaß oder die Stabilität des demokratischen Systems, gefaßt als unterschiedlich ausgeprägtes Handeln angebbarer Akteure" kann ja in höchst verschiedenen Weisen konkret ausgelegt werden. Wie groß ist die Fähigkeit und Neigung von Staatsbürgern, sich regelgemäß an Wahlen zu beteiligen (statt sich etwa ganz vom politischen Leben zurückzuziehen oder — etwa mit Hilfe von Geld oder Gewalt — zu „direkten Aktionen" zu greifen)?; von Parteien, Wähler zu mobilisieren, politisch-programmatische Alternativen zu entwickeln, Personal für Staatsämter zur Verfügung zu stellen und zu kontrollieren?; von Beamten, sich den Anweisungen der Politiker zu unterwerfen?; von Polizei und Gerichten, Verstöße gegen demokratische Verfassungsnormen aufzuspüren, zu verfolgen und zu unterdrücken?; von Massenmedien, „Skandale" aufzudecken? Die aktorzentrierte soziologische Perspektive zwingt dazu, sich solche Möglichkeiten der Umformulierung des Konzepts „demokratisches System" in „normrelevantes Verhalten angebbarer Akteure" (von denen es viele weitere gibt), bewußt zu machen und sich für die Zwecke einzelner Untersuchungen für bestimmte von ihnen zu entscheiden. Solange diese Entscheidungen ausbleiben, werden die Ergebnisse der Forschung vage ausfallen müssen und ist mit einer Kumulation von Wissen kaum zu rechnen. Selbstverständlich ist damit keine „Lösung" des Problems „Welche Bedeutung hat der Korporatismus für das demokratische System?" erreicht, sondern zunächst lediglich eine Reformulierung der Problemstellung erfolgt. Diese gestattet es nun aber, theoretisch wichtige soziologische Fragen zu identifizieren. Bei diesen wird in bezug auf einzelne angebbare Akteure danach gefragt, weshalb sie auf unterschiedliche Kontexte unterschiedlich reagieren und angesichts welcher Arten von Kontextvariationen sie welche Arten von Verhaltensweisen auswählen. Demgemäß ist nach der dimensionalen Charakterisierung von Arten von Systemen von Interessenorganisationen (z. B. durch ihre Zahl, durch die Ebene ihres Operierens, durch ihren Organisationsgrad) je explizit zu argumentieren, und dann empirisch zu untersuchen, warum gerade bei vorhandenem „Korporatismus" (verstanden etwa als System von Wirtschaftsverbänden, das aus wenigen Akteuren besteht, das auf nationaler Ebene operiert, das hohe Organisationsgrade aufweist) zu erwarten sein soll, daß sich die Staatsbürger zu verändertem Wählerverhalten veranlaßt sehen; daß die Parteien ihr Mobilisierungs-, Programmentwicklungs- und Ämterbesetzungsverhalten variieren; daß sich die Unterordnungsbereitschaft der Beamten verschiebt; daß Polizei und Gerichte jetzt anders kontrollieren und sanktionieren; daß die Massenmedien ihre Sensibilität gegenüber Fragen der politischen Kultur verändern.

Diese Arten von Fragen sind sowohl, im Prinzip, empirisch behandelbar als auch theoretisch orientiert; darüber hinaus behalten sie die Verbindung zu normativen Problemen und bewahren damit ihre „Relevanz". In Durkheims Behandlung der Themen der Pathologien moderner Gesellschaften, der Akzeptanz und der Genese von Normen sowie der kollektiven Organisierung ist dieser „Stil" der Formulierung soziologischer Fragestellungen angelegt. Um ihn einzuüben, erscheint eine Orientierung an und eine Auseinandersetzung mit den Schriften dieses soziologischen Klassikers — dessen Klassizität man nicht zuletzt in seiner Fähigkeit sehen kann, normativ brisante Themen aufzugreifen *und* in theoretisch interessante *und* empirisch bearbeitbare Fragestellungen zu reformulieren — auch weiterhin lohnend.

Literaturverzeichnis

Abrahamson, Mark (1980): Sudden Wealth, Gratification and Attachment: Durkheim's Anomie of Affluence Reconsidered. In: American Sociological Review, vol. 45, 49-57.

Ackermann, Charbel (1979): Kooperation Staat-Wirtschaft. Ein Fall im Bereich des Umweltschutzes und seine Lokalisierung in einem allgemeinen Problemkreis. Dokumente und Informationen zur Schweizerischen Orts-, Regional- und Landesplanung, 54, 45-49.

Alber, Jens (1981): Durkheims Arbeitsteilung auf deutsch: Anmerkungen zur mißratenen Vorstellung eines soziologischen Klassikers. In: Kölner Zeitschrift für Soziologie und Sozialpsychologie, Jg. 33, Heft 1, 166-173.

Albrecht, Günter (1981): Zwerge auf der Schulter eines Riesen? Neuere Beiträge der Theorien abweichenden Verhaltens und sozialer Kontrolle in der Tradition Emile Durkheims. In: Alemann, Heine von; Thurn, Hans Peter (Hg.): Soziologie in weltbürgerlicher Absicht. Festschrift für René König. Opladen, 323-358.

Alemann, Ulrich von (1980): Verbändestaat oder Staatsverbände? In: Die Zeit, 19.9.1980.

— (Hg.) (1981): Neokorporatismus. Frankfurt, New York.

— (1981a): Einleitung. In: ders. (Hg.) Neokorporatismus 1981, 7-13.

Alemann, Ulrich von; *Heinze*, Rolf G. (Hg.) (1979): Verbände und Staat. Vom Pluralismus zum Korporatismus. Analysen, Positionen, Dokumente. Opladen, 2. Aufl. 1981.

Alemann, Ulrich von; *Heinze*, Rolf G. (1979a): Verbändepolitik und Verbändeforschung in der Bundesrepublik. In: Dies. (Hg.): Verbände und Staat, 1979, 12-37.

Alemann, Ulrich von; *Heinze*, Rolf G. (1979b): Neo-Korporatismus. Zur neuen Diskussion eines alten Bergriffs. In: Zeitschrift für Parlamentsfragen, Jg. 10, Heft 4, 469-487.

Alemann, Ulrich von; *Heinze*, Rolf G. (1979c): Auf dem Weg zum liberalen Ständestaat? Einführung in die Korporatismusdiskussion. In: dies. (Hg.): Verbände und Staat, 1979, 38-49.

Alemann, Ulrich von; *Heinze*, Rolf G. (1981b): Kooperativer Staat und Korporatismus: Dimensionen der Neo-Korporatismusdiskussion. In: Alemann, Ulrich von (Hg.): Neokorporatismus, 1981, 43-61.

Allardt, Erik (1968): Emile Durkheim: Sein Beitrag zur politischen Soziologie. In: Kölner Zeitschrift für Soziologie und Sozialpsychologie, Jg. 20, 1-16.

Anderson, Charles W. (1979): Political Design and the Representation of Interests. In: Schmitter, Philippe C. und Lehmbruch, Gerhard (Hg.): Trends Towards Corporatist Intermediation. London, 1979, 271-298.

Armingeon, Klaus (1983a): Neo-Korporatistische Einkommenspolitik. Eine vergleichende Untersuchung von Einkommenspolitiken in westeuropäischen Ländern in den 70er Jahren. Frankfurt a. M.

— (1983b): Neo-korporatistische Einkommenspolitik im internationalen Vergleich. Diskussionspapier Nr. 1, 1983, Fachgruppe Politikwissenschaft/Verwaltungswissenschaft, Sozialwissenschaftliche Fakultät, Universität Konstanz.

Aron, Raymond (1971): Hauptströmungen des soziologischen Denkens. Bde 1+2, Köln.

Barnes, Harry E. (1920): Durkheim's Contribution to the Reconstruction of Political Theory. In: Political Science Qarterly, vol. 35, 236-254.

Beer, Samuel H. (1969): Modern British Politics. London.

Bellah, Robert N. (1973): Introduction. In: ders. (ed.): Emile Durkheim. On Morality and Society. Chicago, IX-LV.

Bendix, Reinhard (1971): Two Sociological Traditions. In: ders. und Roth, Guenther (eds.): Scholarship and Partisanship. Berkeley, Los Angeles, London, 282-89.

Berger, Suzanne (ed.) (1981): Organizing Interests in Western Europe: Pluralism, Corporatism, and the Transformation of Politics. Cambridge.

Besnard, Philippe (1978): Merton à la recherche de l'anomie. In: Revue française de sociologie, t. XIX, 3-38.

— (1981): Une étude sur Durkheim et le politique. In: Etudes durkheimiennes. Bulletin d'information, 1981, 6, 1-5.

Beyme, Klaus von (1980): Interessengruppen in der Demokratie. München.

— (1981): Der liberale Korporatismus als Mittel gegen die Unregierbarkeit? In: Alemann, Ulrich von: Neokorporatismus, 80-91.

Birnbaum, Pierre (1976): La conception durkheimienne de l'Etat: l'apolitisme des fonctionaires. In: Revue française de sociologie, t. 17, 2, 247-258.

Black, Antony (1984): Guilds and Civil Society in European Thought. London.

Böckenförde, Ernst-Wolfgang (1976): Die politische Funktion wirtschaftlich-sozialer Verbände und Interessenträger in der sozial-staatlichen Demokratie. In: Der Staat 15, 457-483.

Bohle, Hans Hartwig (1975): Soziale Abweichung und Erfolgschancen. Die Anomietheorie in der Diskussion. Neuwied und Darmstadt.

Bohnen, Alfred (1984): Handlung, Lebenswelt und System in der soziologischen Theoriebildung: Zur Kritik der Theorie des kommunikativen Handelns von Jürgen Habermas. In: Zeitschrift für Soziologie, Jg. 13, 191-203.

Bottomore, Tom (1981): A Marxist Consideration of Durkheim. In: Social Forces, vol. 59, 4, 902-917.

Bregnsbo, Henning (1978): Some Concepts of Neo-Corporatism. A Critical Inspection. Paper prepared for the ECPR-Workshop on „Corporatism in Liberal Democracies", Grenoble, April 1978.

Buksti, Jakob A.; Johansen, Lars Nørby (1979): Variations in Organizational Participation in Government: The Case of Denmark. In: Scandinavian Political Studies, vol. 2 (new series), no. 3, 197-220.

Buksti, Jakob A.; *Eliassen*, Kjell (Hg.) (1979): Sonderheft über „Corporate Pluralism in Nordic Democracies". Scandinavian Political Studies, vol. 2 (new series), no. 3.

Cashion, Barbara G. (1970): Durkheim's Concept of Anomie and its Relationship to Divorce. In: Sociology and Social Research, vol. 55, 72-81.

Cawson, Alan (1983): A Preliminary Bibliography of Modern Corporatism. Sussex Working Papers in Corporatism, no. 1, April 1983.

Chazel, François (1967): Considerations sur la nature de l'anomie. In: Revue française de sociologie, t. 8, 2, 151-168.

Cherkaoui, Mohamed (1981): Changement social et anomie: Essai de formalisation de la théorie durkheimienne. In: Archives européennes de sociologie, t. XXII, 3-39.

— (1981a): Consensus or Conflict? Return to Durkheim's Proteiform Theory. In: Theory and Society, vol. 10, 127-138.

Christensen, Tom; *Egeberg*, Morton (1979): Organized Group-Government Relations in Norway: On the Structured Selection of Participants, Problems, Solutions, and Choice Opportunities. In: Scandinavian Political Studies, vol. 2, (new series), no. 3, 239-259.

Clinard, Marshall B. (ed.) (1964): Anomie and Deviant Behavior. New York.

Collins, Randall; *Makowsky*, Michael (1972): The Discovery of Society. New York.

Coser, Lewis A. (1964): Durkheim's Conservatism and its Implications for his Sociological Theory. In: Wolff, Kurt H. (ed.): Essays on Sociology and Philosophy by Emile Durkheim et al., New York, 211-232.

Cresswell, Peter (1972): Interpretations of Suicide. In: British Journal of Sociology, vol. 23, 133-145.

Cox, Andrew (1981): Corporatism as Reductionism. The Analytical Limits of the Corporatist Thesis. In: Government and Opposition, vol. 16, 78-95.

Crouch, Colin (1977): Class Conflict and the Industrial Relations Crisis. Compromise and Corporatism in the Politics of the British State. London.

Crouch, Colin; *Pizzorno*, Alessandro (eds.) (1978): The Resurgence of Class Conflict in Western Europe Since 1968. London and Basingstoke.

Crozier, Michael (1964): The Bureaucratic Phenomenon. Chicago.

Czada, Roland; *Lehmbruch*, Gerhard (1981): Economic Policies and Societal Consensus Mobilization. „Sectoral Tripartism" versus „Corporatist" Integration. Paper Prepared for the ECPR-Joint Sessions, Workshop on „Interest Representation in Mixed Polities". Lancester, March 29-April 4.

Dahme, Heinz-Jürgen; *Hegner*, Friedhart (1982): Wie autonom ist der autonome Sektor? Zum Verhältnis von Staat und freigemeinnütziger Wohlfahrtspflege bei der Umstrukturierung ambulanter Pflegedienste. In: Zeitschrift für Soziologie, Jg. 11, Heft 1, 28-48.

Dettling, Warnfried (1976): Macht der Verbände — Ohnmacht der Demokratie. München, Wien.

Dettling, Warnfried; *Groser*, Manfred (1979): Korporatismus und ordnungspolitische Problematik von Wirtschafts- und Sozialräten. Vortrag gehalten auf der „Korporatismus"-Tagung der Deutschen Vereinigung für Politische Wissenschaft, Neuss.

Dore, R. P. (1973): British Factory — Japanese Factory. London.
Douglas, Jack D. (1967): The Social Meanings of Suicide. Princeton.
Durkheim, Emile: A = 1977a.
Durkheim, Emile: E = 1981.
Durkheim, Emile: L = 1950.
Durkheim, Emile: R = 1961.
Durkheim, Emile: S = 1973d.
Durkheim, Emile: So = 1962.
Durkheim, Emile (1885a): Schäffle, A.: Bau und Leben des sozialen Körpers. Erster Band. In: Revue philosophique, t. 19, 84-101. (zit. nach 1975a; 355-377; engl. Übers. 1978d, 93-114).
— (1893): De la division du travail social. Etude sur l'organisation des sociétés supérieurs. Paris (deutsche Übers. 1977a) (7. Aufl. = 1960d).
— (1897): Le Suicide. Etude de sociologie. Paris. (deutsche Übers. 1973d; engl. Übers. 1966b).
— (1900c): L'Etat. Fragment eines Kurses zwischen 1900 und 1905. Posthume Veröffentlichung durch R. Lenoir. In: Revue philosophique, t. 148, 1958, 432-437 (neu abgedruckt in 1975c, 172-178).
— (1901a): Deux lois de l'évolution pénale. In: Année sociologique, t. 4, 65-95 (neu abgedruckt in 1969c, 245-273; engl. Übers. = 1973 f.)
— (1921a): La famille conjugale. Conclusion du cours sur la famille. In: Revue philosophique, t. 90, 2-14, hrsg. von Marcel Mauss mit einer Vorbemerkung (zit. nach Neuauflg. 1975c, 35-49; engl. Übers. 1978o, 229-239; auch: 1965a).
— (1950): Leçons de sociologie. Physique des moeurs et du droit. Avant-propos de H. N. Kubali. Introduction de G. Davy. Paris (engl. Übers. 1957).
— (1957): Professional Ethics and Civic Morals. Translated by C. Brookfield. London (= Engl. Übers. von 1950).
— (1960d): De la division du travail social. 7. Aufl. Paris.
— (1961): Regeln der soziologischen Methode. Neuwied.
— (1962): Socialism. New York. (auch 1958 in engl. Übers. als: Socialism and Saint-Simon. Introduction by A. W. Gouldner. Ohio.
— (1963b): L'Education Morale. Avertissement de P. Fauconnet. Nouvelle édition (1925). Paris. (deutsche Übers. 1973e, engl. Übers. 1973g).
— (1964a): The Division of Labor in Society. New York, London.
— (1965a): A Durkheim Fragment: The Conjugal Family. In: American Journal of Sociology, vol. LXX, 5, 527-536.
— (1966b): Suicide. London. (deutsche Übers. = 1973d).
— (1969c): Journal Sociologique. Introduction et notes de J. Duvignaud. Paris.
— (1973): On Morality and Society. Ed. and with an Introduction by R. N. Bellah. Chicago.
— (1973b): Individualism and the Intellectuals. In: Durkheim 1973, 43-57.
— (1973d): Der Selbstmord. Mit einer Einleitung von K. Dörner. Nachwort von René König. Neuwied-Berlin (deutsche Übers. von 1897).

— (1973e): Erziehung, Moral und Gesellschaft. Vorlesung an der Sorbonne 1902/03. Einleitung von P. Fauconnet. (= Deutsche Übers. von L. Schmidts von 1963b; engl. Übers. 1973g).
— (1973f): Two Laws of Penal Evolution. In: Economy and Society, vol. 2, 278-308.
— (1973g): Moral Education. A Study in the Theory and Application of the Sociology of Education. Forword by Paul Fauconnet, transl. by Everett K. Wilson and Herman Schnurer, edited with a new introcuction by Everett K. Wilson. New York - London.
— (1975): Textes. Présentation et avant-propos de V. Karady. Drei Bde. Paris.
— (1975a): Eléments d'une théorie sociale. Bd. I von Durkheim 1975.
— (1975b): Religion, morale, anomie. Bd. II von Durkheim 1975.
— (1975c): Fonctions sociales et institutions. Bd. III von Durkheim 1975.
— (1976b): Soziologie und Philosophie. Mit einer Einleitung von Theodor W. Adorno. Frankfurt.
— (1976d): Der Dualismus der menschlichen Natur und seine sozialen Bedingungen. In: Jonas, Friedrich: Geschichte der Soziologie, Bd. 2, Reinbek bei Hamburg, 368-380.
— (1977a): Über die Teilung der sozialen Arbeit. Eingeleitet von Niklas Luhmann und übersetzt von L. Schmidts. (französische Ausgaben: Durkheim 1893 bzw. 1960d; engl. Ausg. 1964a.)
— (1977b): Die Entwicklung der Pädagogik. Zur Geschichte und Soziologie des gelehrten Unterrichts in Frankreich (= deutsche Übers. von L'évolution pédagogique en France. Introduction de Maurice Halbwachs. Deuxième edition. Paris 1969).
— (1978): On Institutional Analysis. Ed., transl. and with an Introduction by M. Traugott. Chicago, London.
— (1978d): Review of Albert Schäffle: Bau und Leben des sozialen Körpers, Erster Band (= engl. Übers. von Durkheim 1885a). In: Durkheim 1978, 93-114.
— (1978o): The Conjugal Family. In: Durkheim 1978, 229-239.
— (1981): Die elementaren Formen des religiösen Lebens. Frankfurt a. M. (Deutsche Übers. von L. Schmidts).
Durkheim, Emile; *Mauss*, Marcel (1969d): De quelques formes primitives de classification. In: Durkheim 1969c, 395-461.
Ehrmann, Henry W. (ed.) (1958): Interest Groups in Four Continents. Pittsburgh.
— (1968): Interest Groups. In: International Encyclopedia of the Social Sciences, vol. 7, New York, 486-492.
Elvander, Nils (1966): Interesseorganisationerna i dagens Sverige. Lund.
Esser, Josef (1982): Gewerkschaften in der Krise. Frankfurt a. M.
Esser, Josef; *Fach*, Wolfgang (1981): Korporatistische Krisenregulierung im ‚Modell Deutschland'. In: Alemann, Ulrich von 1981, 158-179.
Falter, Jürgen W.; *Fenner*, Christian; *Greven*, Michael Th. (Hg.) (1984): Politische Willensbildung und Interessenvermittlung. Opladen.
Filloux, Jean-Claude (1970): Introduction. In: ders. (ed.) Durkheim, Emile: La science sociale et l'action. Paris, 5-68.

— (1977): Durkheim et le socialisme. Genève.
Friedmann, Georges (1956): Emile Durkheim und die modernen Formen der Arbeitsteilung. In: Kölner Zeitschrift für Soziologie und Sozialpsychologie, Jg. 8, 12-25.
Galtung, Johan (1973): Institutionalisierte Konfliktlösung. Ein theoretisches Paradigma. In: Bühl, Walter L. (Hg.): Konflikt und Konfliktstrategie. München, 113-177.
Garson, G. David (1978): Group Theories of Politics. Beverly Hills + London.
Gerhard, Dietrich (1980): Assemblies of Estate and the Corporate Order. In: Rausch, Heinz (Hg.): Die geschichtlichen Grundlagen der modernen Volksvertretung. Darmstadt, 303-324.
Giddens, Anthony (1971a): Durkheim's Political Sociology. In: Sociological Review, vol. 19, 477-519. (Auch in: ders.: Studies in Social and Political Theory. London 1977, 208-234.)
— (1971b): Capitalism and Modern Social Theory. Cambridge.
— (1972): Introduction: Durkheim's Writings in Sociology and Social Philosophy. In: ders. (ed.): Emile Durkheim: Selected Writings. London, 1-50.
— (1977): Studies in Social and Political Theory. London.
Gilb, Corinne L. (1981): Public or Private Governments? In: Nystrom, P. C. and Starbuck, W. H. (ed.) Handbook of Organizational Design, vol. 2, Oxford.
Gouldner, Alvin W. (1962): Introduction to: Emile Durkheim: Socialism. London, 7-31.
Groser, Manfred (1981): Pluralismus, Korporatismus und Neue Politische Ökonomie. In: Alemann, Ulrich von 1981, 117-134.
Habermas, Jürgen (1981): Theorie des kommunikativen Handelns. Bde 1 = 2, Frankfurt a. M.
Halebsky, Sandor (1976): Mass Society and Political Conflict. Towards a Reconstruction of Theory. Cambridge.
Harrison, Reginald J. (1980): Pluralism and Corporatism. London.
Hawkins, M. J. (1977): A Re-Examination of Durkheim's Theory of Human Nature. In: Sociological Review, vol. 25, 229-251.
Hayward, J. E. S. (1960): Solidarist Syndicalism: Durkheim und Duguit. In: Sociological Review, vol. 8, Parts 1 and 2, 17-36; 185-202.
Heckscher, Gunnar (1958): Interest Groups in Sweden: Their Political Role. In: Ehrmann, Henry W. 1958, 154-172.
Helander, Viotto (1979): Interest Representation in the Finnish Committee System in The Post-War Era. In: Scandinavian Political Studies, vol. 2, (new series), no. 3, 221-237.
Heinze, Rolf G. (1981): Verbändepolitik und „Neokorporatismus". Opladen.
— (1981a): Neokorporatistische Strategien in Politikarenen und die Herausforderung durch neue Konfliktpotentiale. In: Alemann, Ulrich von 1981, 137-157.
Heisler, Martin O. (1979): Corporate Pluralism Revisited: Where is the Theory? In: Scandinavian Political Studies, vol. 2, (new series), no. 3, 277-297.
Hennis, Wilhelm (1961): Verfassungsordnung und Verbändeeinfluß. In: Politische Vierteljahresschrift. Bd. 2, 23-35.

Hirsch, Joachim (1966): Die öffentlichen Funktionen der Gewerkschaften. Eine Untersuchung zur Autonomie sozialer Verbände in der modernen Verfassungsordnung. Stuttgart.

Hirschi, Travis (1969): Causes of Delinquency. Berkeley and Los Angeles.

Hirsch-Weber, Wolfgang (Hg.) (1955): Gewerkschaften im Staat. Düsseldorf.

— (1969): Politik als Interessenkonflikt. Stuttgart.

Hofmann, Gunter (1980): Die Handschrift des Kanzlers. Helmut Schmidt sucht den Rückhalt von Unternehmern und Gewerkschaftern. In: Die Zeit, Nr. 33, 8. August 1980.

Hofrichter, Jürgen (1982): Zur analytischen Bedeutung des Neokorporatismusansatzes: Konzeptuelle Probleme und empirische Befunde. Diplom-Arbeit, Fakultät für Sozialwissenschaften, Universität Mannheim.

Homans, George C. (1961): Social Behavior. Its Elementary Forms. London.

Hotz, Beat (1979): Die Zusammenarbeit von Staat und Verbänden bei der Erfüllung wirtschaftspolitischer Aufgaben. Der Verflechtungsbereich zwischen Staat und Wirtschaft als Forschungsgegenstand. Dokumente und Informationen zur Schweizerischen Orts-, Regional- und Landesplanung, 54, 37-44.

Hynes, Eugene (1975): Suicide and Homo Duplex: An Interpretation of Durkheim's Typology of Suicide. In: Sociological Quarterly, vol. 16, 87-104.

Janowitz, Morris (1975): Social Control and Sociological Theory. In: American Journal of Sociology, vol. 81, 82-108.

— (1976): Social Control of the Welfare State. Chicago, London.

Jessop, Bob (1979): Corporatism, Parliamentarism and Social Democracy. In: Schmitter and Lehmbruch 1979, 185-212.

Johansen, Lars Nørby; *Kristensen,* Ole P. (1982): Corporatist Traits in Denmark 1946-1976. In: Lehmbruch und Schmitter 1982, 189-218.

Johnson, B. (1965): Durkheim's One Cause of Suicide. In: American Sociological Review, vol. 30, 875-886.

Jones, Anthony T. (1981): Durkheim, Deviance and Development: Opportunities Lost and Regained. In: Social Forces, vol. 59, 1009-1024.

Kastendiek, Hans (1978): Problemperspektiven und Forschungsstrategien der Korporatismusanalyse (Thesen und Fragestellungen). Manuskript.

— (1979a): Konzeptionelle Probleme der Korporatismus-Analyse. Papier für die 10. Arbeitstagung des Arbeitskreises „Parteien-Parlamente-Wahlen" der Deutschen Vereinigung für Politische Wissenschaft in Neuss, Februar. Manuskript.

— (1979b): Corporatist Structures — an Organizational Network of Economic and Political Relations. Paper Presented to the European Consortium for Political Research, Joint Sessions of Workshops, Brussels, April.

— (1981): Die Selbstblockierung der Korporatismus-Diskussion. In: Alemann, Ulrich von 1981, 92-116.

König, René (1967): Soziale Kontrolle. In: ders. (Hg.): Fischer-Lexikon Soziologie. Frankfurt a. M., 277-280.

— (1976): Emile Durkheim. Der Soziologe als Moralist. In: Käsler, Dirk (Hg.): Klassiker des soziologischen Denkens. Bd. 1, München, 312-364.

— (1978): Emile Durkheim zur Diskussion. München-Wien.
— (1978a): Nachwort zum Suicide. In: ders. 1978, 208-238.
Kornhauser, Ruth Rosner (1978): Social Sources of Delinquency. An Appraisal of Analytical Methods. London + Chicago.
Kornhauser, William (1959): The Politics of Mass Society. New York.
Köser, Helmut (1973): Parteien und Verbände in westlichen Demokratien. In: Jäger, Wolfgang (Hg.): Partei und System. Stuttgart, 152-81.
Kremendahl, Hans (1977): Pluralismustheorie in Deutschland. Leverkusen.
Lacroix, Bernard (1973): Regulation et anomie selon Durkheim. In: Cahiers internationaux de sociologie, t. LVIII, 20, 265-292.
— (1976): La vocation originelle d'Emile Durkheim. In: Revue française de sociologie, t. 17, 213-245.
— (1981): Durkheim et le politique. Paris.
Lazarsfeld, Paul F.; Barton, Allan (1965): Qualitative Measurement in the Social Sciences: Classifications, Typologies, and Indices. In: Lerner, Daniel; Lasswell, Harold D. (Hg.): The Policy Sciences. Stanford, 155-192.
Lehmbruch, Gerhard (1974): Consociational Democracy, Class Conflict and the New Corporatism. In: Schmitter and Lehmbruch 1979, 58-61. (erstmals 1974 als Paper Presented to the Round Table der International Political Science Association in Jerusalem, September 1974).
— (1977a): Liberal Corporatism and Party Government. In: Schmitter and Lehmbruch 1979, 147-183 (erstmals 1977 In: Comparative Political Studies, vol. 10, no. 1, April, 91-126).
— (1977b): „Overload" and Changing Mechanisms of Consensus-Building: An Outline of the Problem. Paper Presented to the European Consortium for Political Research, Joint Sessions, Berlin, March 28 - April 1, 1977.
— (1978a): Corporatism, Labour, and Public Policy. Paper Presented to the Symposium on „Social Policies in Comparative Perspective", 9th World Congress of the International Sociological Association, Uppsala, August 14-19, 1978.
— (1979a): Parteiensystem und Interessenverbände in der Politikentwicklung. In: Matthes, Joachim (Hg.): Sozialer Wandel in Westeuropa. Verhandlungen des 19. Deutschen Soziologentages Berlin. Frankfurt, 591-610.
— (1979b): Wandlungen der Interessenpolitik im liberalen Korporatismus. In: Alemann, Ulrich von und Heinze, Rolf G., 1979, 50-71.
— (1979c): Einige Entwicklungslinien und Probleme in der „Korporatismus"-Diskussion. Papier für die 10. Tagung des Arbeitskreises „Parteien-Parlamente-Wahlen" der Deutschen Vereinigung für Politische Wissenschaft in Neuss, Februar 1979, Manuskript.
— (1979d): Concluding Remarks: Problems for Future Research on Corporatist Intermediation and Policy Making. In: Schmitter and Lehmbruch 1979, 299-309.
— (1982): Introduction: Neo-Corporatism in Comparative Perspective. In: Lehmbruch and Schmitter, Philippe (eds.): Patterns of Corporatist Policy Making. Beverly Hills, London.
— (1983): Interorganisatorische Verflechtungen zwischen Parteien und organisier-

ten Interessen im Neokorporatismus. Diskussionsbeitrag zur Fachtagung „Politische Willensbildung und Interessenvermittlung" der Deutschen Vereinigung für Politische Wissenschaft, Mannheim, 11.-12. Oktober 1983. (Gekürzt erschienen in Falter, J. W.; Fenner, Chr.; Greven, M. Th. 1984, 467-482.)

— (1983a): Neokorporatismus in Westeuropa: Hauptprobleme im internationalen Vergleich. Diskussionspapier Nr. 1/1983, Fachgruppe Politikwissenschaft/Verwaltungswissenschaft, Sozialwissenschaftliche Fakultät der Universität Konstanz.

Lehmbruch, Gerhard; *Lang*, Werner (1977): Die „Konzertierte Aktion". Ansätze zu einem neuen Korporatismus in der Bundesrepublik. In: Der Bürger im Staat. Hrsg. von der Landeszentrale für Politische Bildung Baden-Württemberg. Jg. 12, Heft 1, 202-208.

Lehmbruch, Gerhard and *Schmitter*, Philippe C. (eds.) (1982): Patterns of Corporatist Policy Making. Beverly Hills and London.

Lehner, Franz (1979): Grenzen des Regierens: Eine Studie zur Regierungsproblematik hochindustrialisierter Demokratien. Königstein/Ts.

Lindenberg, Siegwart (1975): Three Psychological Theories of a Classical Sociologist. In: Mens en Maatschappi, Jg. 50, 133-153.

Lipset, Seymor M.; *Trow*, M. A.; *Coleman*, J. S. (1956): Union Democracy — The Internal Politics of the International Typographical Union. Glencoe, Ill.

Lockwood, David (1971): Soziale Integration und Systemintegration. In: Zapf, Wolfgang (Hg.): Theorien des sozialen Wandels. Köln-Berlin, 124-137.

Lousse, Emile (1980): Parlamentarismus oder Korporatismus. Die Ursprünge der Ständevertretungen. In: Rausch, Heinz (Hg.): Die geschichtlichen Grundlagen der modernen Volksvertretung. Bd. 1, Darmstadt, 278-302.

Luhmann, Niklas (1970): Wirtschaft als soziales System. In: ders.: Soziologische Aufklärung. Opladen, 204-231.

— (1972): Knappheit, Geld und die bürgerliche Gesellschaft. In: Jahrbuch für Sozialwissenschaft, 23, 186-210.

Lukes, Steven (1975): Emile Durkheim. His Life and Work. A Historical and Critical Study. London.

Malinowski, Peter; *Münch*, Ulrich (1975): Soziale Kontrolle. Soziologische Theoriebildung und ihr Bezug zur Praxis der sozialen Arbeit. Neuwied und Darmstadt.

Malloy, James M. (ed.) (1977): Authoritarianism and Corporatism in Latin America. Pittsburgh.

Marks, Stephen R. (1975): Durkheim's Theory of Anomie. In: American Journal of Sociology, vol. 80, no. 2, 329-363.

— (1975/6): Durkheim's Theory of Anomie Reconsidered — A Reply to McCloskey. In: American Journal of Sociology, vol. 81, 1488-1494.

Massing, Otwin (1969): Parteien und Verbände als Faktoren des politischen Prozesses. In: Kress, Gisela; Senghaas, Dieter (Hg.): Politikwissenschaft. Eine Einführung in ihre Probleme. Frankfurt a. M., 324-367.

Mawson, A. R. (1970): Durkheim and Contemporary Social Pathology. In: British Journal of Sociology, vol. 21, 3, 298-313.

Mayer-Tasch, Peter Cornelius (1971): Korporativismus und Autoritarismus. Eine Studie zu Theorie und Praxis der berufsständischen Rechts- und Staatsidee. Frankfurt a. M.

McCloskey, D. (1976): On Durkheim, Anomie, and the Modern Crisis. In: American Journal of Sociology, vol. 82, 1481-1488.

Meier, Kurt (1978b): Corporatism and Interest Mediation: Some Comments on Areas for Research. Paper Presented to the Workshop on Corporatism in Liberal Democracies, European Consortium for Political Research, Grenoble, April 1978.

— (1979): Interesse, Macht und Einfluß: Entwicklung eines begrifflichen Bezugsrahmens und Interpretation einer historischen Episode. Königstein/Ts.

— (1980): Die deutschen Gewerkschaften nach dem 2. Weltkrieg und in der Ära Adenauer. In: Zeitschrift für Politik, Jg. 27, Nr. 2, 173-197.

— (1981): Durkheims Programm für die Politische Soziologie. Arbeitspapier für die Tagung „Durkheim" der Sektion „Soziologische Theorien" der Deutschen Gesellschaft für Soziologie, 30.-31. Januar 1981, Münster.

— (1982): Probleme der Bedürfnisartikulation aus Durkheimscher Perspektive. Arbeitspapier vorgelegt beim „Anbahnungskolloquium Emile Durkheim" der Werner-Reimers-Stiftung, Bad Homburg, 10.-12. Februar 1982.

— (1982): Some Problems of Defining Corporatism as State/Interest Groups Constellation. In: Journal of Voluntary Action Research, vol. 11, no. 4, October-December, 53-62.

— (1982a): Anomietheorie und Krisenanalyse. Vortrag für die Tagung der Sektion „Soziologische Theorien" im Rahmen des 21. Deutschen Soziologentages, 13.-16. Oktober 1982, Bamberg.

— (1983): Anomietheorie und Krisenanalyse. In: Heckmann, Friedrich; Winter, Peter (Hg.): 21. Deutscher Soziologentag 1982. Beiträge der Sektions- und ad hoc-Gruppen. Opladen, 381-384.

— (1983a): Rezension von Lacroix, Bernard: Durkheim et le politique. In: Kölner Zeitschrift für Soziologie und Sozialpsychologie, 35. Jg. Heft 1, 144-146.

— (1984): Soziologische Theorien und Korporatismusanalyse. Referat für die Arbeitsgruppe 6 „Verbände zwischen politischer Willensbildung und Interessenvermittlung" der Wissenschaftlichen Fachtagung der Deutschen Vereinigung für Politische Wissenschaft über „Politische Willensbildung und Interessenvermittlung", Universität Mannheim, 11.-13. Oktober 1983. (Gekürzt erschienen in Falter, J. W.; Fenner, Chr.; Greven, M. Th. 1984, 506-516).

Merton, Robert K. (1965): Notes on Problem-Finding in Sociology. In: Merton, Robert K.; Broom, Leonard; Cottrell, Leonard S.: Sociology Today. New York, IX-XXXIV.

— (1968): Social Theory and Social Structure. New York-London.

Meyer, John W.; *Rowan*, Brian (1977): Institutionalized Organizations: Formal Structure as Myth and Ceremony, In: American Journal of Sociology, vol. 83, 340-363.

Michels, Robert (1970): Soziologie des Parteienwesens in der modernen Demokratie. Stuttgart. 2. Aufl.

Müller, Hans-Peter (1983): Wertkrise und Gesellschaftsreform. Emile Durkheims Schriften zur Politik. Stuttgart.

Nadel, Siegfried F. (1953): Social Control and Self-Regulation. In: Social Forces, vol. 31, 265-273.

Narr, Wolf-Dieter; *Offe,* Claus (1976): Was heißt hier Strukturpolitik? Neokorporatismus als Rettung aus der Krise. In: Duve, F. (Hg.): Technologie und Politik. Reinbek, 5-26.

Naschold, Frieder (1971): Zur Theorie der Verbände. In: Narr, Wolf-Dieter; Naschold, Frieder: Theorie der Demokratie. Stuttgart, 204-238.

Nedelmann, Birgitta (1982): Eigendynamische soziale Prozesse. Freiburg. Unveröffentlichtes Manuskript, 1-73.

Nedelmann, Birgitta; *Meier,* Kurt G. (1977): Theories of Contemporary Corporatism: Static or Dynamic? In: Comparative Political Studies, vol. 10, no. 1, 39-60. Auch in: Schmitter, Philippe C. and Lehmbruch, Gerhard (eds.) 1979, 95-118.

Nettl, J. P. (1968): The State as a Conceptual Variable. In: World Politics, vol. 20, 559-592.

Newton, Ronald (1970): On „Functional Groups", „Fragmentation", and „Pluralism" in Spanish American Political Society. In: Hispanic American Historical Review, L, no. 1, Febr., 1-29.

Nisbet, Robert A. (ed.) (1965): Emile Durkheim. Englewood Cliffs, N. J.

— (1966): The Sociological Tradition. New York.

— (1975): The Sociology of Emile Durkheim. London.

Nocken, Ulrich (1981): Korporatistische Theorien und Strukturen in der deutschen Geschichte des 19. und frühen 20. Jahrhunderts. In: Alemann, Ulrich von 1981, 17-39.

Nuscheler, Franz (1979): Regierung auf Vereinbarung der „neuen Stände"? Diskussion und Befund des Korporatismus in Großbritannien. In: Zeitschrift für Parlamentsfragen, Jg. 10, 503-524.

Nuscheler, Franz; *Steffani,* Winfried (Hg.) (1972): Pluralismus. München.

Offe, Claus (1969): Politische Herrschaft und Klassenstrukturen. In: Kress, Gisela; Senghaas, D. (Hg.): Politikwissenschaft. Frankfurt, 155-189.

— (1973): „Krisen des Krisenmanagements": Elemente einer politischen Krisentheorie. In: Jänicke, M. (Hg.): Herrschaft und Krise. Opladen, 197-223.

— (1979): Die Institutionalisierung des Verbandseinflusses — eine ordnungspolitische Zwickmühle. In: Alemann, Ulrich von; Heinze, Rolf G. 1979, 72-91.

Offe, Claus; *Wiesenthal,* H. (1980): Two Logics of Collective Action: Theoretical Notes on Social Class and Organizational Form. In: Political Power and Social Theory, vol. 1, 67 ff.

Olsen, Johan P. (1981): Integrated Organizational Participation in Government. In: Nystrom, P. C.; Starbuck, W. H. (eds.): Handbook of Organizational Design, vol. 2, Oxford, 492-516.

Olsen, Mancur (1965): The Logic of Collective Action. Cambridge, Mass.

Olsen, Marvin E. (1965): Durkheim's Two Conceptions of Anomie. In: Sociological Quarterly, vol. 6, 1, 37-44.

Pahl, Robert E.; *Winkler,* Jack T. (1974): The Coming Corporatism. In: New Society, October 10, 1974, 72-76. Auch in: Challenge, vol. 18, March/April 1975, 28 ff.

Panitch, Leo (1976): Social Democracy and Industrial Militancy. Cambridge.
— (1979): The Development of Corporatism in Liberal Democracies. In: Schmitter, Philippe C. and Lehmbruch, Gerhard 1979, 119-146.
— (1980): Recent Theorizations of Corporatism: Reflections on a Growth Industry. In: The British Journal of Sociology, vol. 31, June, 159-187.
Parkin, Frank (1972): Class Inequality and Meaning Systems. In: ders.: Class Inequality and Political Order. London, 79-102.
Parsons, Talcott (1949): The Structure of Social Action. Vol. I + II. New York.
— (1966): The Political Aspect of Social Structure and Process. In: Easton, David (ed.): Varieties of Political Theory. Englewood Cliffs, N. J., 71-112.
— (1968): Durkheim. In: International Encyclopedia of the Social Sciences, vol. 4, New York, 311-320.
Parsons, Talcott; *Smelser*, Neil J. (1956): Economy and Society. London.
Piel, Dieter (1979): Des Kanzlers diskrete Runde. Helmut Schmidts Seelen-Massage-Kabinett. In: Die Zeit, Nr. 48, 23. Nov.
Pike, Fredrick; *Stritch*, Thomas (eds.) (1974): The New Corporatism. Social Political Structures in the Iberian World. London.
Pitts, Jesse R. (1968): Social Control. In: Sills, David L. (ed.): International Encyclopedia of the Social Sciences, vol. 14, New York, 381-396.
Pizzorno, Alessandro (1963): Lecture actuelle de Durkheim. In: Archives européennes de sociologie, t. IV, 1, 1-36.
Poggi, Gianfranco (1972): Images of Society. Essays on the Sociological Theories of Tocqueville, Marx, and Durkheim. Stanford.
Poole, Michael (1982): Some Problems of Method and Operational Techniques in the Study of Corporatism. In: European Journal of Political Research, vol. 10, no. 3, 255-263.
Pope, Whitney (1975): Concepts and Explanatory Structure in Durkheim's Theory of Suicide. In: The British Journal of Sociology, vol. 26, 417-434.
Popitz, Heinrich (1968): Prozesse der Machtbildung. Tübingen.
Prager, J. (1981): Moral Integration and Political Inclusion: A Comparison of Durkheim's and Weber's Theories of Democracy. In: Social Forces, vol. 59, 918-950.
Purcell, Susan Kaufman (1981): Mexico: Clientilism, Corporatism, and Political Stability. In: Eisenstadt, S. N.; Lemarchand, René (eds.): Political Clientelism, Patronage, and Development. Beverly Hills + London. 191-216.
Raschke, Peter (1978): Vereine und Verbände. Zur Organisation von Interessen in der Bundesrepublik Deutschland. München.
Richter, Melvin (1960): Durkheim's Politics and Political Theory. In: Wolff, Kurt H. (ed.): Emile Durkheim et al., Essays on Sociology and Philosophy. New York, 170-210.
Rokkan, Stein (1966): Norway: Numerical Democracy and Corporate Pluralism. In: Dahl, Robert A. (ed.): Political Opposition in Western Democracies. New Haven, 70-105.
— (1970): The Comparative Study of Political Participation. In: ders.: Citizens, Elections, Parties. New York, Oslo, 13-45.

Ronge, Volker (1979): Bankpolitik im Spätkapitalismus. Politische Selbstverwaltung des Kapitals? Frankfurt a. M.
— (1980): Am Staat vorbei. Politik der Selbstregulierung von Kapital und Arbeit. Frankfurt a. M./New York.
Rueschemeyer, Dietrich (1982): On Durkheim's Explanation of Division of Labor. In: American Journal of Sociology, vol. 88, 579-589.
Ruin, Olof (1974): Participatory Democracy and Corporativism: The Case of Sweden. In: Scandinavian Political Studies, vol. 9, 171-184.
Salisbury, Robert H. (1975): Interest Groups. In: Greenstein, Fred and Polsby, H. (eds.): Handbook of Political Science, vol. IV, Reading, Mass., 175-228.
Schmid, Michael (1981): Struktur und Selektion. Emile Durkheim und Max Weber als Theoretiker struktureller Selektion. In: Zeitschrift für Soziologie, Jg. 10, Heft 1, 17-37.
Schmitter, Philippe C. (1974): Still the Century of Corporatism? In: Pike, F. and Stritch, Th. 1974, 85-131. Auch in: Schmitter, Ph. C. and Lehmbruch, G. 1979, 7-52.
— (1976): Associability and Governability. Paper Presented to the European University Institute Conference on „Overloaded Governments", Florence, December, mimeo.
— (1977): Modes of Interest Intermediation and Models of Societal Change in Western Europe. In: Comparative Political Studies, vol. 10, no. 1, 7-38. Auch in Schmitter, Ph. C. and Lehmbruch 1979, 63-94.
— (1979a): Interessenvermittlung und Regierbarkeit. In: Alemann, Ulrich von und Heinze, Rolf G. 1979, 92-114.
— (1981): Interest Intermediation and Regime Governability in Contemporary Western Europe and North America. In: Berger, Suzanne 1981, 285-327.
Schmitter, Philippe C. and *Lehmbruch*, Gerhard (eds.) (1979): Trends Toward Corporatist Intermediation. London.
Selvin, H. C. (1965): Durkheim's Suicide: Further Thoughts on a Methodological Classic. In: Nisbet, Robert A. (ed.): Emile Durkheim, Englewood Cliffs, N. J. 113-136.
Shils, Edward (1975): The Theory of Mass Society. In: ders.: Center and Periphery. Essays in Macrosociology. Chicago and London, 91-107.
Shonfield, Andrew (1965): Modern Capitalism. The Changing Balance of Public and Private Power. London.
Simmel, Georg (1968): Die Kreuzung sozialer Kreise. In: ders.: Soziologie. Berlin (1908), 305-344.
Simon, William; *Gagnon*, John H. (1977): The Anomie of Affluence: A Post-Mertonian View. In: American Journal of Sociology, vol. 82, 356-378.
Smelser, Neil J. (1963): The Sociology of Economic Life. Englewood Cliffs, N. J.
— (1976a): Emile Durkheim's Theory of Suicide. In: Smelser, Neil J. and Warner, Stephen R.: Sociological Theory: Historical and Formal. Morristown, N. J., 161-178.
— (1976b): Durkheim's Comparative Sociology. In: ders.: Comparative Methods in the Social Sciences. Engelwood Cliffs, N. J., 72-113.

— (1976c): Talcott Parsons' Theory of Deviance and Social Control. In: Smelser, N. J. and Warner, St. R. 1976b, 179-204.

Steeman, T. M. (1963): Durkheim's Professional Ethics. In: Journal for the Scientific Study of Religion. vol. 2, 163-181.

Steffani, Winfried (1980): Pluralistische Demokratie. Opladen.

Stinchcombe, Arthur L. (1967): Formal Organizations. In: Smelser, N. J. (ed.): Sociology: An Introduction. New York, London, Sydney, 151-202.

— (1968): Constructing Social Theories. New York, Chicago, San Francisco, Atlanta.

— (1975): Social Structure and Politics. In: Greenstein, Fred J. and Polsby, N. W. (eds.): Handbook of Political Science. vol. 3, Reading, Mass., 557-622.

Streeck, Wolfgang (1981): Gewerkschaftliche Organisationsprobleme in der sozialstaatlichen Demokratie. Königstein/Ts.

— (1982): Organizational Consequences of Corporatist Cooperation in West German Labour Unions. A Case Study. In: Lehmbruch, G. and Schmitter, Ph. C. 1982, 29-81.

Süllow, Bernd (1981): Die gewerkschaftliche Repräsentation in öffentlichen Gremien. Ein Beispiel für korporative Interessenvermittlung. In: Soziale Welt, Jg. 32, 39-56.

— (1982a): Korporatistische Repräsentation der Gewerkschaften. Zur institutionellen Verbandsbeteiligung in öffentlichen Gremien. Frankfurt a. M.

— (1982b): Die Selbstverwaltung in der Sozialversicherung als korporatistische Einrichtung. Bern.

Tenbruck, Friedrich H. (1981): Emile Durkheim oder die Geburt der Gesellschaft aus dem Geist der Soziologie. In: Zeitschrift für Soziologie, Jg. 10, Heft 4, 333-350.

Teubner, Gunther (1979): Neo-Korporatistische Strategien rechtlicher Organisationssteuerung: Staatliche Strukturvorgaben für die gesellschaftliche Verarbeitung politischer Konflikte. In: Zeitschrift für Parlamentsfragen, Jg. 10, 487-502.

Thompson, James D. (1967): Organizations in Action. New York.

Tiryakian, Edward A. (1979): Emile Durkheim. In: Bottomore, Tom; Nisbet, R. A.: A History of Sociological Analysis. London, 187-236.

Varain, Heinz Josef (Hg.) (1973): Interessenverbände in Deutschland. Köln.

Warner, Stephen R. (1976): Emile Durkheim: Sociologist and Physician to Modern Society. In: Smelser, N. J.; Warner St. R.: Sociological Theory: Historical and Formal. Morristown, N. J., 69-90.

Wassenberg, Arthur F. P. (1979): Social Change and „Neo"-Corporatism: Notes on the Growing Contradictions Between Logistics (Unterbau) and Logics (Überbau). In: Matthes, J. (Hg.): Sozialer Wandel in Westeuropa. Verhandlungen des 19. Deutschen Soziologentages, Frankfurt a. M., 423-442.

— (1982): Neo-Corporatism and the Quest for Control — The Cuckoo Game. In: Lehmbruch, G. and Schmitter, Ph. C. 1982, 83-109.

Wassenberg, Arthur F. P.; Kooiman, Jan (1980): Advice and Reduction of Overload. In: Rose, Richard (Hg.): Challenges to Governance. London, 127-150.

Wallwork, Ernest (1972): Durkheim: Morality and Milieu. Cambridge, Mass.

Weber, Jürgen (1977): Die Interessengruppen im politischen System der Bundesrepublik Deutschland. Stuttgart.

Weber, Max (1963): Zwischenbetrachtung: Theorie der Stufen und Richtungen religiöser Weltablehnung. In: ders.: Gesammelte Aufsätze zur Religionssoziologie I. Tübingen, 536-573.
— (1963a): Die protestantischen Sekten und der Geist des Kapitalismus. In: ders.: Gesammelte Aufsätze zur Religionssoziologie I. Tübingen, 207-236.
— (1964): Wirtschaft und Gesellschaft. Köln, Berlin.
— (1971a): Wahlrecht und Demokratie in Deutschland. In: ders.: Gesammelte politische Schriften. Tübingen, 245-291.
— (1971b): Parlament und Regierung im neugeordneten Deutschland. In: ders.: Gesammelte politische Schriften. Tübingen, 306-443.
Westergaard, John (1979): Class, Inequality, and ‚Corporatism'. In: Hunt, A. (ed.): Class and Class Structure, London, 165-186.
Wiesenthal, Helmut (1981): Die Konzertierte Aktion im Gesundheitswesen. Ein Beispiel für Theorie und Politik des modernen Korporatismus. Frankfurt a. M., New York.
Wilensky, Harold L. (1983): Political Legitimacy and Consensus. Missing Variables in the Assessment of Social Policy. In: Spiro, Shimon E.; Yuchtman-Yaar, Ephraim (eds.): Evaluating the Welfare State: Social and Political Perspectives. New York, 51-74.
Willke, Helmut (1978): Zum Problem der Integration komplexer Sozialsysteme: Ein theoretisches Konzept. In: Kölner Zeitschrift für Soziologie und Sozialpsychologie. Jg. 30, Heft 2, 228-252.
— (1979): Zur Integrationsfunktion des Staates. Die Konzertierte Aktion in der neuen staatstheoretischen Diskussion. In: Politische Vierteljahresschrift, Jg. 20, 221-240.
— (1982): Die Disjunktion von Rechtsformen und Machtformen — am Beispiel der Konzertierten Aktion. In: Gessner, Volkmar; Winter, Gerd (Hg.): Rechtsformen der Verflechtung von Staat und Wirtschaft. Opladen, 200-21.
— (1983): Der Staat am Verhandlungstisch. Das Beispiel der Konzertierten Aktion. In: Voigt, Rüdiger (Hg.): Abschied vom Recht? Frankfurt a. M. 298-315.
Wilson, Everett K. (1973): Editor's Introduction. In: Durkheim, Emile: Moral Education. New York, London, IX-XXVIII.
Winkler, Heinrich August (1972): Pluralismus oder Protektionismus? Verfassungspolitische Probleme des Verbandswesens im Deutschen Kaiserreich. Wiesbaden.
Winkler, Jack T. (1975): Law, State, and Economy: The Industrial Act 1975 in Context. In: British Journal of Law and Society, vol. 2, 103-128.
— (1976): Corporatism. In: Archives européennes de sociologie, t. 17, no. 1, 100-136.
— (1977): The Coming Corporatism. In: Skidelsky, R. (ed.): The End of the Keynesian Era. Essays on the Desintegration of the Keynesian Political Economy. London, 78-87.
— (1977a): The Corporatist economy: Theory and Administration. In: Scase, Richard (ed.): Industrial Society. Class, Cleavage and Control. London, 43-58.

— (1979): The Industrial State and Corporatism. In: Klages, Helmut (Hg.): Beiträge der Organisationsforschung zur Analyse industrieller Gesellschaften. Berlin-München, 34-42.

Zeuner, Bodo (1976): Verbandsforschung und Pluralismustheorie. Etatozentristische Fehlorientierungen politologischer Empirie und Theorie. In: Leviathan, Jg. 4, 137-177.